中小企业数智化转型发展若干问题的理论和实践

汤临佳　池仁勇　方汉青　等◎著
傅　克　阮鸿鹏

科　学　出　版　社

北　京

内 容 简 介

新发展格局下,中小企业开展以数字化、智能化为特征的转型发展成为极为重要的战略方向。本书基于此研究背景,系统分析了中小企业数智化转型过程中的重要理论和实践问题,包括中小企业数智化转型的支持政策研究、组织结构的理论与实践、决策管理的理论与实践、区域创新理论与实践,以及推动共同富裕建设的理论与实践等研究内容。本书为探索中小企业数智化转型发展的基础理论提供了系列研究成果,并发表于国内外优秀期刊;围绕政策和实践热点问题形成多项决策参考报告获省部级及以上领导肯定性批示。

本书适合中小企业的理论研究工作者、相关政策研究者及企业管理实践者参考和阅读。本书研究内容对于中小企业数智化转型的理论和实践研究能够起到"敲门"作用,从而引起学术界和实践部门对中小企业数智化转型更高程度的关注和研究。

图书在版编目(CIP)数据

中小企业数智化转型发展若干问题的理论和实践 / 汤临佳等著. —北京:科学出版社,2023.12
　　ISBN 978-7-03-074554-5

　　Ⅰ.①中… Ⅱ.①汤… Ⅲ.①中小企业-企业管理-数字化 ②中小企业-企业信息化-企业管理 Ⅳ.①F276.3-39

中国版本图书馆 CIP 数据核字(2022)第 252851 号

责任编辑:郝　悦 / 责任校对:姜丽策
责任印制:张　伟 / 封面设计:有道设计

科 学 出 版 社 出版
北京东黄城根北街 16 号
邮政编码:100717
http://www.sciencep.com

北京中科印刷有限公司 印刷
科学出版社发行　各地新华书店经销

*

2023 年 12 月第 一 版　开本:720×1000　1/16
2023 年 12 月第一次印刷　印张:33 1/4
字数:680 000
定价:298.00 元
(如有印装质量问题,我社负责调换)

国家社会科学基金重大项目（17ZDA088）阶段性成果

国家社会科学基金重大项目（18ZDA056）阶段性成果

国家社会科学基金重大项目（19ZDA078）阶段性成果

浙江工业大学中小微企业转型升级协同创新中心科研成果

浙江省新型重点专业智库

——浙江工业大学中国中小企业研究院重点资助项目研究成果

浙江省哲学社会科学重点研究基地

——技术创新与企业国际化研究中心资助项目科研成果

前　　言

　　中小企业是实施大众创业、万众创新的重要载体，在增加就业和促进经济增长、科技创新、社会和谐稳定等方面具有不可替代的作用，对国民经济和社会发展具有重要的战略意义。与此同时，随着5G、物联网、云计算、大数据、人工智能（artificial intelligence，AI）、区块链等新型数字化技术和应用的快速发展，中小企业面向以数字化、智能化为特征的转型发展已不是"选择题"，而是关乎生存和长远发展的"必修课"。中国电子技术标准化研究院调查数据显示，2021年约有80%的企业开始尝试数字化转型，其中，中小企业处于数字化转型初步探索阶段的企业占比为79%，处于应用践行阶段的企业占比为12%，达到深度应用阶段的企业占比为9%。在新发展格局下，中小企业需更加积极拥抱数字化、智能化的趋势和浪潮，深度借助数字技术赋能，充分利用数据驱动方式，实现新产品设计的数智化、制造流程的数智化及管理决策的数智化等多维度的转型升级，真正迈上高质量发展的道路。

　　中小企业的数智化转型程度决定了国民经济未来发展活力和竞争能力的高度，所以系统化分析研究中小企业数智化转型发展过程中的若干关键理论和实践问题成为迫切需求。在数字化浪潮下，中小企业"不想转""不敢转""不会转"的问题依然突出。中小企业如何突破困境加快数智化转型步伐，已成为理论阐释和实践应对的焦点，协助和指导中小企业数智化转型发展也成为各级政府职能部门的工作重点与难点。2022年11月，工业和信息化部办公厅印发《中小企业数字化转型指南》，从"增强企业转型能力"、"提升转型供给水平"和"加大转型政策支持"三方面提出了14条具体举措。该指南特别提出扶持和培育中小企业数字化转型发展，要加大5G、工业互联网、大数据等新型基础设施建设力度，为中小企业提供优质高效的网络服务；引导工业互联网平台企业加强与中小企业合作，带动中小企业数字化转型；健全优质服务体系，建设一批中小企业数字化转型公共服务平台等。以上政策举措都为我国培育一批可持续发展的"专精特新"型中小企业指明了数字化发展方向和实现路径。

笔者著《中小企业数智化转型发展若干问题的理论和实践》正是基于以上重要发展背景，旨在通过前沿理论研究、应用对策研究及实证分析研究等，对我国中小企业如何加快数智化转型发展提出理论指导。本书从相关理论点出发，全面系统地剖析了中小企业数智化转型发展的若干理论和实践问题。本书通过综合我国的宏观政策资料、中观行业数据及微观企业调查等素材，开展比较研究。对我国先行地区的发展经验进行归纳整理与对比分析，为探讨中小企业数智化转型路径分析提供了一定的参考价值，这将有助于回应部分中小企业数智化转型发展的核心理论问题，为实现我国中小企业快速转型发展，改善我国中小企业管理决策效率低下和转型成本高的现状提供应对方案和解决途径，同时对实现我国中小企业数智化转型发展目标提供政策参考。

本书的理论贡献和社会价值主要体现在以下两个方面。

第一，在理论贡献方面，本书抓住了当前新发展格局下经济社会凸显特征，并以此为背景，结合中小企业数智化转型发展的若干理论问题，进行了多方位、多角度的探索性分析。本书提出了从中小企业数智化转型的政策引导、组织结构治理、企业决策管理及区域创新实践促进等方面来阐述中小企业的数智化转型发展的理论问题，并提出了相应的理论方案和对策思路。本书还围绕中小企业如何通过数智化转型发展来带动共同富裕，提出了中小企业转型发展影响城乡收入差距、数智科技人才赋能落后山区县共同富裕建设等理论观点。本书主要阶段性研究成果已公开发表在《新华文摘》、《科研管理》、《科学学研究》、*Journal of Management Studies*、*Entrepreneurship Theory and Practice*、*Journal of Small Business Management* 等国内外优秀期刊。这些研究成果不仅为中小企业的数智化转型发展提供了明确的理论指导，而且为深化中小企业创新能力进而更好实现转型升级目标夯实了科学研究的基础。

第二，在应用对策方面，本书将转型发展扶持政策引导对于中小企业数智化转型影响的理论分析结果与政策实践紧密联系起来，特别是围绕国家提出的"中国制造 2025"、"大众创业、万众创新"、《中小企业数字化转型指南》、"中小企业区域创新生态系统"等政策内容，经过广泛调研后整理形成研究报告，为政府决策部门提供了政策参考。《关于进一步推动上海人工智能发展的对策与建议》《紧紧抓住长三角一体化战略机遇　乘势推进浙江民营经济高质量发展》《对标对表国内外经验　数据要素驱动经济高质量发展的对策建议》《发挥中小微企业生力军作用　力促全省经济稳进提质》等多份研究报告获得包括时任上海市委书记、浙江省委书记、浙江省省长等领导肯定性批示，并被浙江省经济和信息化厅、浙江省科学技术厅、浙江省中小企业协会等政府职能部门和组织机构采纳与应用。另外，部分研究成果也较好支撑了来自国家部委和省级部门的研究课题，包括工业和信息化部、浙江省发展和改革委员会、浙江省经济和信息化厅等委托的重点软科学课题，为中小企业数智化转型发展提供了积极的政策建言。

本书共设置了五篇三十一章内容进行具体阐述，通过对各研究主题进行深入剖析和解答，目前已得到一些重要的研究成果。

第一篇是中小企业数智化转型发展的若干政策研究，内容包括第一章至第五章。具体内容如下：中国中小企业数智化转型发展扶持政策的演化与升级；中国中小企业"创业创新"系列政策（以下简称"双创"系列政策）实施评价及其组合效应研究；战略性新兴产业政策对中小企业的创新激励效应研究；智能制造（intelligent manufacturing，IM）政策趋势与中小企业创新发展的研究报告；人工智能政策趋势与中小企业转型发展的调查报告。

第二篇是中小企业数智化转型的组织结构理论研究，内容包括第六章至第十一章。具体内容如下：智能制造创新生态系统的功能评价体系及治理机制；智能制造与中小企业组织变革研究；数字化推动中小企业制造过程与商业模式的双重转型研究；数据要素驱动中小企业高质量发展的调查报告；民营中小企业数智化研发的多元目标管理研究；内外部创新资源要素影响下的民营中小企业研发战略研究。

第三篇是中小企业数智化转型的决策管理理论研究，内容包括第十二章至第十八章。具体内容如下：民营中小企业多元战略风险的管理决策优化研究；绩效反馈下的中小企业创新管理决策优化研究；极端绩效反馈对民营中小企业创新管理决策的动态影响研究；科技型中小企业技术创新管理能力的动态演进研究；数智化转型背景下民营中小企业的创新战略持续性研究；数智化转型背景下民营中小企业的国际化机会搜索和决策管理；数智化转型背景下非家族管理介入与民营中小企业绩效研究。

第四篇是中小企业数智化转型的区域创新实践研究，内容包括第十九章至第二十五章。具体内容如下：数智化转型背景下中小企业助力国内大循环的调查报告；长三角一体化背景下民营中小企业高质量发展的调查报告；数智化转型背景下的大湾区产业生态和创新生态融合演化研究；发挥中小微企业生力军作用　力促全省经济稳进提质；零碳数智园区的建设模式与路径研究；平台组织演化与中小企业数字化技术范式转换研究；民营中小企业专业化管理中的行业和信息不对称研究。

第五篇是中小企业数智化转型与共同富裕建设研究，内容包括第二十六章至第三十一章。具体内容如下：数智化背景下中小企业转型发展对城乡收入差距的影响机制研究；数字化改革政策对共同富裕建设的影响研究；数智化背景下中小企业对高质量发展建设共同富裕示范区认知情况的调查报告；数智科技人才赋能落后山区县共同富裕建设的调查报告；数智化背景下少数民族地区参与共同富裕建设的调查报告；数智化背景下民营中小企业"本地反哺"对企业绩效的影响研究。

图 0-1 是本书的逻辑框架、内容安排和成果去向。

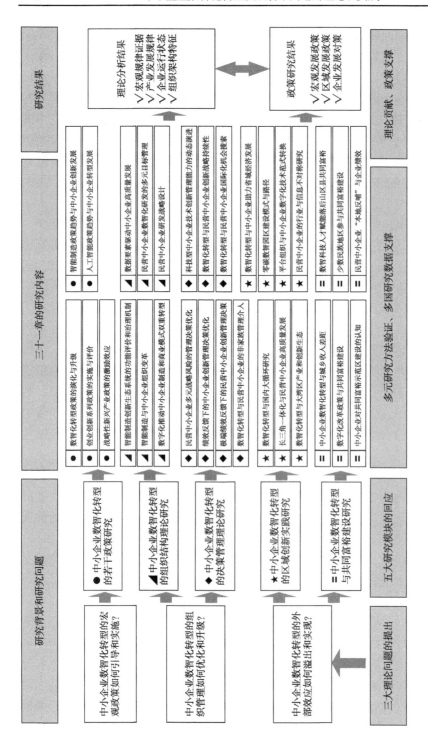

图 0-1　本书的逻辑框架、内容安排和成果去向

　　本书是国家社会科学基金重大项目（17ZDA088）、国家社会科学基金重大项目（18ZDA056）、国家社会科学基金重大项目（19ZDA078）、浙江省哲学社会科学规划项目（22FNSQ19YB）、浙江省软科学重点项目（2022C25017）等的阶段性成果，是浙江省新型重点专业智库浙江工业大学中国中小企业研究院、浙江省中小微企业转型升级协同创新中心重点资助出版的科研成果。全书由汤临佳、池仁勇负责出版策划、组织和统撰工作。参加本书各章节内容编写的成员有（以姓氏笔画数为序）：王淑翠、方汉青、池仁勇、汤临佳、阮鸿鹏、李翱、吴宝、范瑾瑜、郑伟伟、查建锋、郭元源、郭迎迎、蒋子燕、傅克、廖雅雅等，感谢林一回、王龙宇、周晓燕、张婕雯、俞灵丽等助理研究人员的努力工作。汤临佳负责对全书进行统稿工作。

　　本书在研究和撰写过程中，一直得到教育部社会科学司、工业和信息化部中小企业司、中共浙江省委办公厅、浙江省政府办公厅、浙江省发展和改革委员会、浙江省经济和信息化厅、浙江省工业和信息化研究院、浙江省中小企业协会、世界工业技术研究组织协会（World Association of Industrial and Technological Research Organizations，WAITRO）等国内外有关组织机构的大力支持，其对本书充实内容、收集资料、完善数据等工作做出很大贡献，在此一并表达笔者诚挚的感谢。

　　同时，还要感谢科学出版社编辑的辛勤工作，他们为本书的出版付出了诸多心血和努力，他们严谨的态度和专业的操作保证了本书的顺利出版。

　　尽管本书内容是笔者在中小企业高质量发展研究领域近十年潜心研究的成果，但是中小企业数智化转型发展面临着复杂而多变的外部环境影响，有越来越多的热点、难点需要得到理论阐释，加之编撰本书时间紧张，难免存在不足之处。本书中如有不妥之处，敬请各位读者批评指正。

汤临佳
2022 年 12 月

目　　录

第一篇　中小企业数智化转型发展的若干政策研究

第二篇　中小企业数智化转型的组织结构理论研究

第三篇　中小企业数智化转型的决策管理理论研究

第四篇　中小企业数智化转型的区域创新实践研究

第五篇　中小企业数智化转型与共同富裕建设研究

第一篇

中小企业数智化转型发展的若干政策研究

本篇内容的逻辑观点认为政策支持是中小企业实现数智化转型发展的重要推动力量。通过面上政策的系统梳理和重点数智化政策领域的单点解析，我们更加清晰地勾勒出中小企业数智化转型发展的支持政策现状及其作用机制。本篇从内容架构上主要基于以下几个方面展开：①中国中小企业数智化转型发展扶持政策演化与升级；②中国中小企业"双创"系列政策实施评价及其组合效应研究；③战略性新兴产业政策对中小企业的创新激励效应研究；④智能制造政策趋势与中小企业创新发展的研究报告；⑤人工智能政策趋势与中小企业转型发展的调查报告，其中，第一章和第二章从系统观的视角，分别从我国支持数智化转型以及"双创"的政策体系视角，研究政策形成发展等演化问题，并进一步探讨政策系统结构内的组合效应问题；通过纵向十年的政策数据开展实证分析，解释了"双创"系列政策的组合效应作用机制及其政策效果评价等。第三章是基于产业横截面的视角，针对战略性新兴产业的政策激励，将具体研究落脚到新能源汽车的产业政策激励，并实证检验了其对中小企业转型发展的激励效应问题。第四章和第五章基于政策点的视角，具体针对在数智化领域的热点政策方向开展单点政策解析，分别选取智能制造、人工智能等领域的政策实践作为典型案例，研究了其对于中小企业转型和创新发展的影响。

第一章 中国中小企业数智化转型发展扶持政策的演化与升级

第一节 国家及各部委的中小企业数智化转型发展扶持政策

一、中小企业数智化转型发展的财政扶持、税收优惠、金融扶持政策

财政金融扶持政策是降低企业经营压力、促进中小企业数智化转型发展的直接性政策。2014 年以来，国家以"优化营商环境"作为主要目标，深入开展以中小企业发展专项资金为主要方式的财税扶持政策，并陆续出台一系列金融扶持政策，进一步拓展融资渠道、扩大融资规模、降低融资成本、精简融资流程、健全融资体系，着力解决中小微企业数智化转型发展难题。

（一）中小企业数智化转型发展的财政扶持政策

2014 年 4 月 11 日，财政部、工业和信息化部、科技部和商务部印发《中小企业发展专项资金管理暂行办法》（已废止），对于专项资金的支持重点做出规定，指出专项资金是指中央财政预算安排，用于支持中小企业特别是小微企业科技创新、改善中小企业融资环境、完善中小企业服务体系、加强国际合作等方面的资金。在支持科技创新方面，专项资金安排专门支出支持中小企业围绕电子信息、光机电一体化、资源与环境、新能源与高效节能、新材料、生物医药、现代农业及高技术服务等领域开展科技创新活动（国际科研合作项目除外）。在改善融资环境方面，专项资金运用业务补助、增量业务奖励、资本投入、代偿补偿、创新奖励等方式，对担保机构、再担保机构给予支持。在完善服务体系方面，专项资金安排专门支出支持各类中小企业公共服务平台和服务机构的建设和运行，

增强服务能力、降低服务成本、增加服务种类、提高服务质量，为中小企业提供全方位专业化优质服务。专项资金重点支持以下内容：科技服务、商贸服务、综合性服务，以及其他促进中小企业发展的服务。在促进国际合作方面，专项资金安排专门支出支持国内中小企业与欧盟企业、研究单位等在节能减排相关领域开展科研合作。

2015年7月17日，财政部关于印发《中小企业发展专项资金管理暂行办法》（财建〔2015〕458号）的通知，对于专项资金的支持重点做出规定，指出专项资金是指中央财政预算安排，用于优化中小企业发展环境、引导地方扶持中小企业发展及民族贸易、少数民族特需商品定点生产企业发展的资金。专项资金支持范围包括小微企业创业创新基地城市示范、中小企业参加重点展会、完善中小企业公共服务体系、中小企业创新活动、融资担保及国内贸易信用保险等，民族贸易和少数民族特需商品定点生产企业发展及其他促进中小企业发展的工作。专项资金旨在引领带动地方积极探索政府扶持中小企业的有效途径，支持改善中小企业发展环境，加大对薄弱环节的投入，突破制约中小企业发展的短板与瓶颈，建立扶持中小企业发展的长效机制，有效促进形成大众创业、万众创新的良好局面。

2021年1月23日，财政部联合工业和信息化部发布《关于支持"专精特新"中小企业高质量发展的通知》（财建〔2021〕2号），旨在通过中央财政资金引导，促进上下联动，将培优中小企业与做强产业相结合，引导地方完善扶持政策和公共服务体系，并通过支持部分国家（或省级）中小企业公共服务示范平台强化服务水平，聚集资金、人才和技术等资源，带动1万家左右中小企业成长为国家级专精特新"小巨人"企业。

（二）中小企业数智化转型发展的税收优惠政策

1. 综合性减税降费政策

2014年1月13日，在税收扶持方面，财政部、国家税务总局发布《关于科技企业孵化器税收政策的通知》（财税〔2013〕117号），指出科技企业孵化器（也称高新技术创业服务中心）是以促进科技成果转化、培养高新技术企业和企业家为宗旨的科技创业服务载体。孵化器是国家创新体系的重要组成部分，是创新创业人才培养的基地，是区域创新体系的重要内容。该通知规定，2013年1月1日至2015年12月31日，对符合条件的孵化器自用以及无偿或通过出租等方式提供给孵化企业使用的房产、土地，免征房产税和城镇土地使用税；对其向孵化企业出租场地、房屋及提供孵化服务的收入，免征营业税。

2014年2月25日，工业和信息化部办公厅发布了《关于开展2014年国家中小企业公共服务示范平台（技术类）享受科技开发用品进口免税政策资格申报工作的通知》（工信厅企业函〔2014〕126 号），将符合条件的国家中小企业公共服务示范平台中的技术类服务平台纳入现行科技开发用品进口税收优惠政策范围。经认定可享受科技开发用品进口税收优惠政策的示范平台，在 2015 年 12 月 31 日前，在合理数量范围内进口国内不能生产或者性能不能满足需要的科技开发用品，免征进口关税和进口环节增值税、消费税。

2016 年 8 月 11 日，财政部联合国家税务总局发布《关于科技企业孵化器税收政策的通知》（财税〔2016〕89 号），2016 年 1 月 1 日至 2018 年 12 月 31 日，对符合条件的孵化器自用以及无偿或通过出租等方式提供给孵化企业使用的房产、土地，免征房产税和城镇土地使用税。

2017 年 8 月 25 日，工业和信息化部办公厅、财政部办公厅、海关总署办公厅、国家税务总局办公厅发布《关于公布享受支持科技创新进口税收政策的国家中小企业公共服务示范平台（2017 年批次）名单的通知》（工信部联企业〔2017〕89 号），根据支持科技创新进口税收政策的要求，工业和信息化部、财政部、海关总署、国家税务总局审核确定了享受支持科技创新进口税收政策的国家中小企业公共服务示范平台（2017 年批次）名单，同意河北清华发展研究院等 17 家国家中小企业公共服务示范平台，自本通知印发之日起享受支持科技创新进口税收政策。

2017 年 9 月 5 日，商务部办公厅发布《关于进一步做好鼓励类外商投资企业进口设备减免税有关工作的通知》（商办资函〔2017〕367 号），为深化外商投资管理体制改革，继续有效实施《国务院关于调整进口设备税收政策的通知》（国发〔1997〕37 号）进口设备税收政策，并根据《商务部关于做好取消鼓励类外商投资企业项目确认审批后续工作的通知》（商资函〔2015〕160 号），进一步对备案适用范围内鼓励类外商投资企业进口设备减免税等工作做出安排。

2018 年 1 月 30 日，工业和信息化部中小企业局发布《关于开展 2018 年国家中小企业公共服务示范平台（技术类）享受科技创新进口免税政策资格申报工作的通知》（工企业函〔2018〕27 号），符合条件的示范平台向所在省、自治区、直辖市及计划单列市、新疆生产建设兵团中小企业主管部门提出书面申请，并按照《关于支持科技创新进口税收政策管理办法的通知》要求提交相关申请材料；并要求各省、自治区、直辖市及计划单列市、新疆生产建设兵团中小企业主管部门组织好辖区内示范平台享受科技创新进口免税资格申报工作。

2018 年 5 月 14 日，财政部、国家税务总局发布《关于创业投资企业和天使投资个人有关税收政策的通知》（财税〔2018〕55 号），规定公司制创业投资企业采取股权投资方式直接投资于种子期、初创期科技型企业满 2 年（24 个月，下同）的，可以按照投资额的 70%在股权持有满 2 年的当年抵扣该公司制创业投资企业的应纳税所得额；当年不足抵扣的，可以在以后纳税年度结转抵扣。

2019 年 12 月 4 日，《中共中央 国务院关于营造更好发展环境支持民营企业改革发展的意见》提出进一步减轻企业税费负担。该意见指出，切实落实更大规模减税降费，实施好降低增值税税率、扩大享受税收优惠小微企业范围、加大研发费用加计扣除力度、降低社保费率等政策，实质性降低企业负担。建立完善监督检查清单制度，落实涉企收费清单制度，清理违规涉企收费、摊派事项和各类评比达标活动，加大力度清理整治第三方截留减税降费红利等行为，进一步畅通减税降费政策传导机制，切实降低民营企业成本费用。

2022 年 3 月 23 日，财政部联合国家税务总局和科技部发布《关于进一步提高科技型中小企业研发费用税前加计扣除比例的公告》（财政部 税务总局 科技部公告 2022 年第 16 号），为进一步支持科技创新，鼓励科技型中小企业加大研发投入，科技型中小企业开展研发活动中实际发生的研发费用，未形成无形资产计入当期损益的，在按规定据实扣除的基础上，自 2022 年 1 月 1 日起，再按照实际发生额的 100% 在税前加计扣除；形成无形资产的，自 2022 年 1 月 1 日起，按照无形资产成本的 200% 在税前摊销。

2. 中小微企业所得税优惠政策

2016 年 9 月 20 日，财政部、国家税务总局发布《关于完善股权激励和技术入股有关所得税政策的通知》（财税〔2016〕101 号），为支持国家大众创业、万众创新战略的实施，促进我国经济结构转型升级，经国务院批准，就完善股权激励和技术入股有关所得税政策做出规定。

2016 年 11 月 10 日，财政部、国家税务总局、商务部、科技部、国家发展改革委联合发布《关于在服务贸易创新发展试点地区推广技术先进型服务企业所得税优惠政策的通知》（财税〔2016〕122 号），为加快服务贸易发展，进一步推进外贸结构优化，根据国务院有关决定精神，就在服务贸易创新发展试点地区推广技术先进型服务企业所得税优惠政策做出规定。

2017 年 5 月 2 日，财政部、国家税务总局、科技部联合发布《关于提高科技型中小企业研究开发费用税前加计扣除比例的通知》（财税〔2017〕34 号），规定科技型中小企业开展研发活动中实际发生的研发费用，未形成无形资产计入当期损益的，在按规定据实扣除的基础上，在 2017 年 1 月 1 日至 2019 年 12 月 31 日期间，再按照实际发生额的 75% 在税前加计扣除；形成无形资产的，在上述期间按照无形资产成本的 175% 在税前摊销。

2018 年 5 月 19 日，财政部、国家税务总局、商务部、科技部、国家发展改革委发布《关于将服务贸易创新发展试点地区技术先进型服务企业所得税政策推广至全国实施的通知》（财税〔2018〕44 号），规定自 2018 年 1 月 1 日起，对经认定的技术先进型服务企业（服务贸易类），减按 15% 的税率征收企业所得税。

2019 年 8 月 5 日，科技部发布《关于新时期支持科技型中小企业加快创新发展的若干政策措施》（国科发区〔2019〕268 号），指出加大财政资金支持力度。通过国家科技计划加大对中小企业科技创新的支持力度，调整完善科技计划立项、任务部署和组织管理方式，对中小企业研发活动给予直接支持。加强政策落实与宣讲。进一步落实高新技术企业所得税减免、技术开发及技术转让增值税和所得税减免、小型微利企业免增值税与所得税减免等支持政策。

3. 中小微企业增值税优惠政策

2019 年 11 月 11 日，财政部、商务部、国家税务总局发布《关于继续执行研发机构采购设备增值税政策的公告》（财税〔2019〕91 号），指出为了鼓励科学研究和技术开发，促进科技进步，继续对内资研发机构和外资研发中心采购国产设备全额退还增值税。

2020 年 3 月 4 日，科技部火炬中心发布《关于做好创业孵化机构科学防疫推进创业企业有序复工复产保持创新创业活力的通知》（国科火字〔2020〕66 号），要求进一步落实科技企业孵化器、大学科技园、众创空间在房产税、土地使用税和增值税等方面的引导支持政策，及时做好新升级国家级科技企业孵化器和国家备案众创空间的免税申报入库工作。

表 1-1 梳理了 2014~2021 年国家层面中小企业数智化转型发展的重要财政税收政策。

表 1-1　2014~2021 年国家层面中小企业数智化转型发展的重要财政税收政策

颁布时间	政策文号	出台部门	政策名称	政策要点
2014 年 4 月 11 日	财企〔2014〕38 号	财政部、工业和信息化部、科技部、商务部	中小企业发展专项资金管理暂行办法	对于专项资金的支持重点做出规定，指出专项资金是指中央财政预算安排，用于支持中小企业特别是小微企业科技创新、改善中小企业融资环境、完善中小企业服务体系、加强国际合作等方面的资金。在支持科技创新方面，专项资金安排专门支出支持中小企业围绕电子信息、光机电一体化、资源与环境、新能源与高效节能、新材料、生物医药、现代农业及高技术服务等领域开展科技创新活动（国际科研合作项目除外）。在完善服务体系方面，专项资金安排专门支出支持各类中小企业公共服务平台和服务机构的建设和运行，重点支持内容包括科技服务、商贸服务、综合性服务等
2015 年 7 月 17 日	财建〔2015〕458 号	财政部	中小企业发展专项资金管理暂行办法	对于专项资金的支持重点做出规定，明确专项资金是指中央财政预算安排用于优化中小企业发展环境、引导地方扶持中小企业发展及民族贸易、少数民族特需商品定点生产企业发展的资金

续表

颁布时间	政策文号	出台部门	政策名称	政策要点
2014 年 1 月 13 日	财税〔2013〕117 号	财政部、国家税务总局	关于科技企业孵化器税收政策的通知	孵化器是国家创新体系的重要组成部分,是创新创业人才培养的基地,是区域创新体系的重要内容。提出自 2013 年 1 月 1 日至 2015 年 12 月 31 日,对符合条件的孵化器自用以及无偿或通过出租等方式提供给孵化企业使用的房产、土地,免征房产税和城镇土地使用税;对其向孵化企业出租场地、房屋以及提供孵化服务的收入,免征营业税
2014 年 2 月 25 日	工信厅企业函〔2014〕126 号	工业和信息化部办公厅	关于开展 2014 年国家中小企业公共服务示范平台(技术类)享受科技开发用品进口免税政策资格申报工作的通知	对符合条件的国家中小企业公共服务示范平台中的技术类服务平台纳入现行科技开发用品进口税收优惠政策范围,对其在 2015 年 12 月 31 日前,在合理数量范围内进口国内不能生产或者国内产品性能尚不能满足需要的科技开发用品,免征进口关税和进口环节增值税、消费税
2019 年 8 月 5 日	国科发区〔2019〕268 号	科技部	关于新时期支持科技型中小企业加快创新发展的若干政策措施	加大财政资金支持力度。通过国家科技计划加大对中小企业科技创新的支持力度,调整完善科技计划立项、任务部署和组织管理方式,对中小企业研发活动给予直接支持。加强政策落实与宣讲。进一步落实高新技术企业所得税减免、技术开发及技术转让增值税和所得税减免、小型微利企业免增值税和所得税减免等支持政策
2019 年 11 月 11 日	财税〔2019〕91 号	财政部、商务部、国家税务总局	关于继续执行研发机构采购设备增值税政策的公告	为了鼓励科学研究和技术开发,促进科技进步,继续对内资研发机构和外资研发中心采购国产设备全额退还增值税
2021 年 2 月 22 日	档办发〔2021〕1 号	国家档案局办公室、财政部办公厅、商务部办公厅、国家税务总局办公厅	关于进一步扩大增值税电子发票电子化报销、入账、归档试点工作的通知	加快增值税电子发票应用和推广实施工作,降低企业交易成本,推进"六保""六稳"工作,助力国家数字经济发展,按照国务院有关要求,在前两批试点的基础上,国家档案局会同财政部、商务部、国家税务总局拟再选定一批单位开展增值税电子发票电子化报销、入账、归档试点工作,形成示范效应

资料来源:笔者根据 http://www.gov.cn/、http://www.chinatax.gov.cn 等官方网站政策资料整理得到

(三)中小企业数智化转型发展的金融扶持政策

"融资难""融资慢""融资贵"是长期以来制约中小企业健康发展的重要因素。2014 年以来,国家以拓展融资渠道、扩大融资规模、降低融资成本、精简融资流程、健全融资体系作为主要目标,陆续出台一系列金融扶持政策,进一步解决中小微企业数智化转型发展过程中的融资难题。

2020 年 1 月 13 日,科技部联合中国邮政储蓄银行发布《关于加强科技金融合作有关工作的通知》(国科发资〔2020〕9 号),旨在完善科技创新投入和科技金融政策,进一步推动科技和金融深度结合。科技部与中国邮政储蓄银行加大资

源整合力度，综合发挥政策和金融服务优势，共同做好高新技术企业和科技型中小企业的金融支持工作。

2020年10月14日，国家发展改革委等六部门联合发布《关于支持民营企业加快改革发展与转型升级的实施意见》（发改体改〔2020〕1566号），提出引导商业银行增加制造业民营企业信贷投放，大幅增加制造业中长期贷款，满足民营制造业企业长期融资需求。加大"信易贷"等以信用信息为核心内容的中小微企业融资模式推广力度，依托全国中小企业融资综合信用服务平台、地方征信平台等各类信用信息服务平台，加大信用信息归集力度，更好发挥对小微企业信用贷款的支持作用。

2021年9月9日，科技部办公厅联合国家开发银行办公室发布《关于开展重大科技成果产业化专题债有关工作的通知》（国科办区〔2021〕108号），提出以支撑国家重大能力平台建设为目标，发行专题债用于支持国家技术创新中心、国家重点实验室、国家工程技术研究中心等国家级、省级科技创新基地，以及大学科技园、专业化众创空间等创新创业载体，打造核心技术攻关策源地、重大基础研究成果转化地、中小企业培育孵化地，推进国家战略科技力量整体提升。以提升企业技术创新能力为目标，发行专题债用于支持创新联合体有关企业及科技领军企业，促进各类创新要素向企业聚集，构建以企业为中心，高等学校、科研院所围绕企业创新开展科研活动、企业为主导推动创新发展的新模式，提升创新型领军企业的技术创新能力，带动一批科技型中小微企业成长壮大。

2021年11月26日，中国银保监会发布《关于银行业保险业支持高水平科技自立自强的指导意见》（银保监发〔2021〕46号），要求开发性、政策性银行要深刻领会高水平科技自立自强的重大意义，优化内部流程，提升服务质量，积极为科技创新提供中长期融资支持。要在风险可控、依法合规前提下，积极参与符合职能定位的产业基金，合理提高转贷款业务中的科技型小微企业融资比重。推动商业银行科技金融服务提质增效。要积极支持高新技术企业、"专精特新"中小企业等创新发展，保持高技术制造业中长期贷款合理增长，加大科技型中小企业知识产权质押融资、信用贷款、首贷和续贷投放力度。

2021年12月22日，国务院办公厅《关于印发加强信用信息共享应用促进中小微企业融资实施方案的通知》（国办发〔2021〕52号），提出加强社会信用体系建设、促进中小微企业融资的决策部署，围绕保市场主体、应对新的经济下行压力，加快信用信息共享步伐，深化数据开发利用，创新优化融资模式，加强信息安全和市场主体权益保护，助力银行等金融机构提升服务中小微企业能力，不断提高中小微企业贷款可得性，有效降低融资成本，切实防范化解风险，支持中小微企业纾困发展，保持经济平稳运行，为构建新发展格局、推动高质量发展提供有力支撑。

2022年4月6日，中国银保监会办公厅发布《关于2022年进一步强化金融支持小微企业发展工作的通知》（银保监办发〔2022〕37号），为稳步增加银行业对小微企业的信贷供给，更好地为小微企业提供融资增信和保障服务明确了六项政策要求和二十一项具体措施。坚持稳中求进，持续改进小微企业金融供给；深化供给侧结构性改革，提高信贷资源配置效能；强化对重点领域和薄弱环节小微企业的金融支持，助力畅通国民经济循环；做实服务小微企业的专业机制，提升综合金融服务能力；推动加强信用信息共享应用，促进小微企业融资；监管靠前担当作为，凝聚合力强化支持保障。

2022年4月7日，国家发展改革委办公厅联合中国银保监会办公厅发布《关于加强信用信息共享应用推进融资信用服务平台网络建设的通知》（发改办财金〔2022〕299号），要求各银保监局要发挥监管部门了解银行的优势，及时收集并反映银行服务中小微企业的实际需求，推动各地更加精准、更加全面地归集共享信息，优化数据交换方式，提升信用信息的可用性，为银行提高中小微企业服务能力做好数据支撑。鼓励各级平台采用联合建模、隐私计算等方式与金融机构深化合作，更好地服务于金融机构产品研发、信用评估和风险管理，推动扩大中小微企业贷款规模。该通知还提出各银行业金融机构要积极对接各级平台，把握好信用信息共享深化的有利时机，强化自身数据能力建设，充分利用信用信息资源和银行内部金融数据，综合运用大数据等金融科技手段，扎实推进小微企业、涉农贷款业务的数字化转型。

表1-2梳理了2019~2022年国家层面中小企业数智化转型发展的重要金融政策。

表1-2　2019~2022年国家层面中小企业数智化转型发展的重要金融政策

颁布时间	政策文号	出台部门	政策名称	政策要点
2019年9月12日	发改财金〔2019〕1491号	国家发展改革委、中国银保监会	关于深入开展"信易贷"支持中小微企业融资的通知	建立健全信用信息归集共享查询机制，建立健全中小微企业信用评价体系，支持金融机构创新"信易贷"产品和服务，创新"信易贷"违约风险处置机制，鼓励地方政府出台"信易贷"支持政策，加强"信易贷"管理考核激励
2020年1月13日	国科发资〔2020〕9号	科技部、中国邮政储蓄银行	关于加强科技金融合作有关工作的通知	科技部和邮储银行加大资源整合力度，综合发挥政策推动和金融服务优势，共同做好高新技术企业和科技型中小企业的金融支持工作
2020年10月14日	发改体改〔2020〕1566号	国家发展改革委等六部门	关于支持民营企业加快改革发展与转型升级的实施意见	加大"信易贷"等以信用信息为核心内容的中小微企业融资模式推广力度，依托全国中小企业融资综合信用服务平台、地方征信平台等各类信用信息服务平台，加大信用信息归集力度，更好发挥对小微企业信用贷款的支持作用

续表

颁布时间	政策文号	出台部门	政策名称	政策要点
2021 年 11 月 26 日	银保监发〔2021〕46 号	中国银保监会	关于银行业保险业支持高水平科技自立自强的指导意见	开发性、政策性银行要深刻领会高水平科技自立自强的重大意义，优化内部流程，提升服务质量，积极为科技创新提供中长期融资支持。要在风险可控、依法合规前提下，积极参与符合职能定位的产业基金，合理提高转贷款业务中的科技型小微企业融资比重。要积极支持高新技术企业、"专精特新"中小企业等创新发展，保持高技术制造业中长期贷款合理增长，加大科技型中小企业知识产权质押融资、信用贷款、首贷和续贷投放力度
2022 年 4 月 6 日	银保监办发〔2022〕37 号	中国银保监会办公厅	关于 2022 年进一步强化金融支持小微企业发展工作的通知	为稳步增加银行业对小微企业的信贷供给，更好地为小微企业提供融资增信和保障服务明确了六项政策要求和二十一项具体措施。坚持稳中求进，持续改进小微企业金融供给：深化供给侧结构性改革，提高信贷资源配置效能，强化对重点领域和薄弱环节小微企业的金融支持，助力畅通国民经济循环，做实服务小微企业的专业机制，提升综合金融服务能力，推动加强信用信息共享应用，促进小微企业融资，监管靠前担当作为，凝聚合力强化支持保障
2022 年 4 月 7 日	发改办财金〔2022〕299 号	国家发展改革委办公厅、中国银保监会办公厅	关于加强信用信息共享应用推进融资信用服务平台网络建设的通知	各银保监局要发挥监管部门了解银行的优势，及时收集并反映银行服务中小微企业的实际需求，推动各地更加精准、更加全面地归集共享信息，优化数据交换方式，提升信用信息的可用性，为银行提高中小微企业服务能力做好数据支撑。鼓励各级平台采用联合建模、隐私计算等方式与金融机构深化合作，更好地服务于金融机构产品研发、信用评估和风险管理，推动扩大中小微企业贷款规模。各银行业金融机构要积极对接各级平台，把握好信用信息共享深化的有利时机，强化自身数据能力建设，充分利用信用信息资源和银行内部金融数据，综合运用大数据等金融科技手段，扎实推进小微企业、涉农贷款业务的数字化转型

资料来源：笔者根据 http://www.gov.cn/、http://www.chinatax.gov.cn 等官方网站政策资料整理得到

二、中小企业数智化转型发展的创业创新扶持政策

2014 年以来，国家运用互联网云计算、大数据、移动互联网等信息技术，不断完善中小企业的服务体系，全面提升小微企业信息化发展的水平和两化深度融

合的能力，推动技术创新成果转移转化，扩散新技术、新模式，培育新业态、新产业，促进区域产业集群发展、创新发展。

2015 年 5 月 4 日，国务院发布《关于大力发展电子商务加快培育经济新动力的意见》（国发〔2015〕24 号），明确了三点原则，提出了七方面的政策措施。

2015 年 7 月 1 日，国务院印发《关于积极推进"互联网+"行动的指导意见》（国发〔2015〕40 号），提出坚持改革创新和市场需求导向，突出企业的主体作用，大力拓展互联网与经济社会各领域融合的广度和深度。随后组织实施"互联网+小微企业行动计划"，以支持小微企业创业创新为目标，以中小企业信息化推进工程为载体，运用互联网云计算、大数据、移动互联网等信息技术，不断完善中小企业的服务体系，全面提升小微企业信息化发展的水平和两化深度融合的能力。

2015 年 9 月 18 日，国务院办公厅印发《关于推进线上线下互动加快商贸流通创新发展转型升级的意见》（国办发〔2015〕72 号），鼓励建设商务公共服务云平台，为中小微企业提供商业基础技术应用服务。

2016 年 3 月 16 日，国务院办公厅发布《关于深入实施"互联网+流通"行动计划的意见》（国办发〔2016〕24 号），提出进一步推进线上线下融合发展，从供需两端发力，实现稳增长、扩消费、强优势、补短板、降成本、提效益。

2016 年 8 月 19 日，工业和信息化部印发《关于完善制造业创新体系，推进制造业创新中心建设的指导意见》（工信部科〔2016〕273 号），要求打造高水平有特色的国家制造业创新平台和网络，形成以制造业创新中心为核心节点的制造业创新体系，推动中国制造业向价值链中高端跃升，为制造强国建设提供有力支撑。

2016 年 12 月 30 日，工业和信息化部发布《关于进一步推进中小企业信息化的指导意见》（工信部企业〔2016〕445 号），进一步提升中小企业信息技术应用水平，增强创业创新活力，形成经济发展新动能。

2017 年 12 月 4 日，工业和信息化部发布《关于举办 2018 年"创客中国"创新创业大赛的通知》（工信部企业函〔2017〕552 号），提出为贯彻落实党中央、国务院关于大众创业、万众创新和促进中小企业健康发展的战略部署，助力"中国制造 2025"和"互联网+"行动深入实施，促进大中小企业融通发展，工业和信息化部按年度举办"创客中国"创新创业大赛。

2017 年 7 月 8 日，国务院发布《关于印发新一代人工智能发展规划的通知》（国发〔2017〕35 号），提出了面向 2030 年中国新一代人工智能发展的指导思想、战略目标、重点任务和保障措施，部署构筑中国人工智能发展的先发优势，加快建设创新型国家和世界科技强国，并从大力发展智能企业、推广应用智能工厂、加快培育人工智能产业领军企业等方面提出中小企业推进政策。

2018 年 1 月 11 日，国家发展改革委关于印发《国家产业创新中心建设工作指引（试行）》的通知（发改高技规〔2018〕68 号），提出国家产业创新中心是整合联合行业内的创新资源、构建高效协作创新网络的重要载体，是特定战略性领域颠覆性技术创新、先进适用产业技术开发与推广应用、系统性技术解决方案研发供给、高成长型科技企业投资孵化的重要平台，是推动新兴产业集聚发展、培育壮大经济发展新动能的重要力量。

2018 年 9 月 18 日，国务院发布《关于推动创新创业高质量发展打造"双创"升级版的意见》（国发〔2018〕32 号），提出深入实施创新驱动发展战略，通过打造"双创"升级版，进一步优化创新创业环境，大幅降低创新创业成本，提升创业带动就业能力，增强科技创新引领作用，提升支撑平台服务能力，推动形成线上线下结合、产学研用协同、大中小企业融合的创新创业格局，为加快培育发展新动能、实现更充分就业和经济高质量发展提供坚实保障。

2019 年 3 月 7 日，工业和信息化部联合财政部发布《关于举办 2019 年"创客中国"中小企业创新创业大赛的通知》（工信部联企业〔2019〕58 号），激发创新潜力，集聚创业资源，营造"双创"氛围，共同打造为中小企业和创客提供交流展示、产融对接、项目孵化的平台，发掘和培育一批优秀项目和优秀团队，催生新产品、新技术、新模式和新业态。

2019 年 8 月 5 日，科技部印发《关于新时期支持科技型中小企业加快创新发展的若干政策措施》的通知（国科发区〔2019〕268 号），旨在加快推动民营企业特别是各类中小企业走创新驱动发展道路，强化对科技型中小企业的政策引导与精准支持。该措施提出以习近平新时代中国特色社会主义思想为指导，全面贯彻党的十九大和十九届二中、三中全会精神，以培育壮大科技型中小企业主体规模、提升科技型中小企业创新能力为主要着力点，完善科技创新政策，加强创新服务供给，激发创新创业活力，引导科技型中小企业加大研发投入，完善技术创新体系，增强以科技创新为核心的企业竞争力，为推动高质量发展、支撑现代化经济体系建设发挥更加重要的作用。

2020 年 3 月 21 日，科技部印发《关于科技创新支撑复工复产和经济平稳运行的若干措施》的通知（国科发区〔2020〕67 号），指出科技创新是推动复工复产、保障经济平稳运行、做好"六稳"工作的重要支撑保障。其中，实施科技型中小企业创新发展行动，要大力推动科技创新创业，加快壮大科技型中小企业规模，要加大对科技型中小企业的支持力度。同时，还需加大对高新技术企业的激励引导。

2020 年 10 月 14 日，国家发展改革委联合其他部门发布《关于支持民营企业加快改革发展与转型升级的实施意见》（发改体改〔2020〕1566 号），就激发民营企业发展活力，营造优良营商环境特别提出九个方面关键任务和三十八项具体实施举措。

2021 年 2 月 10 日，科技部联合财政部印发《国家技术创新中心建设运行管理办法（暂行）》的通知（国科发区〔2021〕17 号），提出国家技术创新中心定位于实现从科学到技术的转化，促进重大基础研究成果产业化。创新中心以关键技术研发为核心使命，产学研协同推动科技成果转移转化与产业化，为区域和产业发展提供源头技术供给，为科技型中小企业孵化、培育和发展提供创新服务，为支撑产业向中高端迈进、实现高质量发展发挥战略引领作用。

2021 年 3 月 19 日，财政部联合国家知识产权局办公室发布《关于实施专利转化专项计划助力中小企业创新发展的通知》（财办建〔2021〕23 号），强调以更高质量的知识产权信息开放和更高水平的知识产权运营服务供给，主动对接中小企业技术需求，进一步畅通技术要素流转渠道，推动专利技术转化实施，唤醒未充分实施的"沉睡专利"，助力中小企业创新发展，推动构建新发展格局。

2021 年 3 月 16 日，国家发展改革委等部门联合发布《关于加快推动制造服务业高质量发展的意见》（发改产业〔2021〕372 号），强调制定重点行业领域数字化转型路线图。抓紧研制两化融合成熟度、供应链数字化等亟需标准，加快工业设备和企业上云用云步伐。实施中小企业数字化赋能专项行动，集聚一批面向制造业中小企业的数字化服务商。提出推进"5G+工业互联网"512 工程，打造 5 个内网建设改造公共服务平台，遴选 10 个重点行业，挖掘 20 个典型应用场景。在冶金、石化、汽车、家电等重点领域遴选一批实施成效突出、复制推广价值大的智能制造标杆工厂，加快制定分行业智能制造实施路线图，修订完善国家智能制造标准体系。开展联网制造企业网络安全能力贯标行动，遴选一批贯标示范企业。

表 1-3 梳理了 2014~2022 年国家层面中小企业数智化转型发展的重要创业创新政策。

表 1-3　2014~2022 年国家层面中小企业数智化转型发展的重要创业创新政策

颁布时间	政策文号	出台部门	政策名称	政策要点
2015 年 7 月 1 日	国发〔2015〕40 号	国务院	关于积极推进"互联网+"行动的指导意见	组织实施"互联网＋小微企业行动计划"，以支持小微企业创业创新为目标，以中小企业信息化推进工程，中小企业两化融合能力，运用互联网云计算、大数据、移动互联网等信息技术，不断完善中小企业的服务体系，全面提升小微企业信息化发展的水平和两化深度融合的能力
2016 年 12 月 30 日	工信部企业〔2016〕445 号	工业和信息化部	关于进一步推进中小企业信息化的指导意见	进一步提升中小企业信息技术应用水平，增强创业创新活力，形成经济发展新动能
2018 年 9 月 18 日	国发〔2018〕32 号	国务院	关于推动创新创业高质量发展打造"双创"升级版的意见	深入实施创新驱动发展战略，通过打造"双创"升级版，进一步优化创新创业环境，大幅降低创新创业成本，提升创业带动就业能力，增强科技创新引领作用，提升支撑平台服务能力，推动形成线上线下结合、产学研用协同、大中小企业融合的创新创业格局，为加快培育发展新动能、实现更充分就业和经济高质量发展提供坚实保障

续表

颁布时间	政策文号	出台部门	政策名称	政策要点
2018 年 1 月 11 日	发改高技规〔2018〕68 号	国家发展改革委	关于印发《国家产业创新中心建设工作指引（试行）》的通知	国家产业创新中心是整合联合行业内的创新资源、构建高效协作创新网络的重要载体，是特定战略性领域颠覆性技术创新、先进适用产业技术开发与推广应用、系统性技术解决方案研发供给、高成长型科技企业投资孵化的重要平台，是推动新兴产业集聚发展、培育壮大经济发展新动能的重要力量
2019 年 8 月 1 日	国科发高〔2019〕265 号	科技部	国家新一代人工智能开放创新平台建设工作指引	通过建设开放创新平台，着力提升技术创新研发实力和基础软硬件开放共享服务能力，鼓励各类通用软件和技术的开源开放，支撑全社会创新创业人员、团队和中小微企业投身人工智能技术研发，促进人工智能技术成果的扩散与转化应用，使人工智能成为驱动实体经济建设和社会事业发展的新引擎
2019 年 8 月 5 日	国科发区〔2019〕268 号	科技部	关于新时期支持科技型中小企业加快创新发展的若干政策措施	以培育壮大科技型中小企业主体规模、提升科技型中小企业创新能力为主要着力点，完善科技创新政策，加强创新服务供给，激发创新创业活力，引导科技型中小企业加大研发投入，完善技术创新体系，增强以科技创新为核心的企业竞争力，为推动高质量发展、支撑现代化经济体系建设发挥更加重要的作用
2020 年 2 月 28 日	国科办函区〔2020〕21 号	科技部办公厅	关于做好国家高新区科学防疫推动企业有序复工复产的通知	加快科技成果转化应用及产业化，支持企业围绕数字化、智能化等方向，加快重组产业领域和要素资源，加速推进人工智能、大数据与传统产业深度融合，推动产业价值链的延伸或突破。加快在线消费、医疗健康、互联网教育等领域新技术、新产品、新服务的商业化和落地实施
2020 年 3 月 4 日	国科火字〔2020〕66 号	科技部火炬中心	关于做好创业孵化机构科学防疫推进创业企业有序复工复产保持创新创业活力的通知	积极开展线上服务，利用线上平台开展创业辅导、项目路演、导师分享、资源对接等各类创新创业活动，持续保持创新创业活力；探索利用互联网、大数据、区块链、人工智能等新技术新方式，提升孵化服务智能化水平。鼓励创业孵化机构把握疫情防控需求，发挥科技创业企业研发快、转型快、成长快的特点和优势，主动在新型检测试剂、智能医疗和检测设备、互联网教育、远程办公等领域，发掘优秀创业项目，为创业团队和企业提供研发合作、市场开拓、供应链对接等服务，催生相关新产品新企业，培育新业态新产业
2020 年 4 月 29 日	国科火字〔2020〕85 号	科技部火炬中心	关于深入推进创新型产业集群高质量发展的意见	推动国家重大科技计划成果在创新型产业集群中进行产业化，鼓励集群内优秀科技企业承担各类政府资助项目。支持创新型产业集群领军企业的技术研发、技术改造和提档升级，促其成为具有核心竞争力、市场影响力和行业话语权的国际领先企业
2020 年 7 月 3 日	工信部联企业〔2020〕108 号	工业和信息化部等十七部门	关于健全支持中小企业发展制度的若干意见	建立和健全中小企业创新发展制度。完善创业扶持制度；完善中小企业创新支持制度；完善支持中小企业"专精特新"发展机制；构建以信息技术为主的新技术应用机制。健全"专精特新"中小企业、专精特新"小巨人"企业和制造业单项冠军企业梯度培育体系、标准体系和评价机制

续表

颁布时间	政策文号	出台部门	政策名称	政策要点
2020 年 10 月 14 日	发改体改〔2020〕1566 号	国家发展改革委联合其他部门	关于支持民营企业加快改革发展与转型升级的实施意见	切实降低企业生产经营成本，强化科技创新支撑，完善资源要素保障，着力解决融资难题，引导扩大转型升级投资，巩固提升产业链水平，深入挖掘市场需求潜力
2021 年 3 月 19 日	财办建〔2021〕23 号	财政部办公厅、国家知识产权局办公室	关于实施专利转化专项计划助力中小企业创新发展的通知	拓宽专利技术供给渠道，鼓励国有企业分享专利技术，通过先使用后缴纳许可费等方式，降低中小企业专利技术获取门槛，推进专利供需精准对接，以中小企业集聚区域为重点，支持服务机构帮助中小企业获取目标专利，组织高校院所、国有企业深入中小企业开展专利技术对接活动，提高中小企业专利实施能力，调整优化专利资助奖励政策，更大力度支持中小企业专利转化运用
2021 年 3 月 16 日	发改产业〔2021〕372 号	国家发展改革委等部门	关于加快推动制造服务业高质量发展的意见	制定重点行业领域数字化转型路线图。抓紧研制两化融合成熟度、供应链数字化等亟需标准，加快工业设备和企业上云用云步伐。实施中小企业数字化赋能专项行动，集聚一批面向制造业中小企业的数字化服务商。推进"5G+工业互联网"512 工程，打造 5 个内网建设改造公共服务平台，遴选 10 个重点行业，挖掘 20 个典型应用场景。在冶金、石化、汽车、家电等重点领域遴选一批实施成效突出、复制推广价值大的智能制造标杆工厂，加快制定分行业智能制造实施路线图，修订完善国家智能制造标准体系。开展联网制造企业网络安全能力贯标行动，遴选一批贯标示范企业
2021 年 11 月 6 日	工信部企业〔2021〕170 号	国务院促进中小企业发展工作领导小组办公室	关于印发为"专精特新"中小企业办实事清单的通知	为贯彻落实党中央、国务院决策部署，进一步支持"专精特新"中小企业（含省级"专精特新"中小企业和国家级专精特新"小巨人"企业）高质量发展，带动更多中小企业走"专精特新"发展之路，加大财税支持力度：2021 年底前，中央财政安排不少于 30 亿元，支持 1300 家左右专精特新"小巨人"企业高质量发展，为其提供"点对点"服务，同时引导地方财政加大对"专精特新"中小企业支持力度；开展税收服务"春雨润苗"专项行动，开通税费服务直通车，为"专精特新"中小企业提供"点对点"精细服务，建立"一户一档"，实施"一户一策"，进行滴灌式辅导培训，推送红利账单，确保税费政策直达快享、应享尽享

资料来源：笔者根据 http://www.gov.cn/、http://www.chinatax.gov.cn 等官方网站政策资料整理得到

三、中小企业数智化转型发展的公共服务平台政策

中小企业公共服务平台是采用战略联盟组织形式建设和运营，由法人单位建设和运营，经工业和信息化部认定，围绕大众创业、万众创新，以需求为导向，为中小企业提供信息、技术、创业、培训、融资等公共服务，管理规范、业绩突

出、公信度高、服务面广，专注于为产业园区和中小微型企业提供"一站式"增值服务的高端智慧型价值服务示范平台。加强中小企业公共服务平台建设，对于提高中小企业产品质量技术水平，优化产品结构，增强自主创新能力，实现战略转型及增强产业集群竞争力，加快中国生产性服务业发展具有重要的现实意义。

2014 年以来，围绕国家实施"互联网+"行动、"中国制造 2025"及大众创业万众创新重要部署，按照工业和信息化部实施"互联网+小微企业"行动的要求，依托中小企业信息化推进工程和中小企业两化融合能力提升行动，要求相关单位积极探索进一步推进中小企业信息化的新思路，全面提升中小企业信息化服务能力。

2015 年 5 月 14 日，工业和信息化部办公厅发布《关于做好 2015 年中小企业公共服务平台网络建设有关工作的通知》（工信厅企业函〔2015〕344 号），指出各地中小企业主管部门、财政部门要按照《工业和信息化部办公厅、财政部办公厅关于中小企业公共服务平台网络在建项目有关问题的复函》（工信厅联企业〔2013〕185 号）中的有关要求，结合年度资金安排，加大对本地区平台网络在建项目的推进力度，确保项目建设按批复要求按时完工，并提前做好项目验收的准备工作，按时完成验收工作。

2015 年 7 月 10 日，工业和信息化部发布《关于进一步促进产业集群发展的指导意见》（工信部企业〔2015〕236 号），按照国务院促进中小企业发展和《中国制造 2025》的要求，就推动产业集群转型升级，进一步促进产业集群发展等方面，提出以下意见：加强规划引导，促进产业集群科学发展；提升龙头骨干企业带动作用，强化专业化协作和配套能力；加强区域品牌建设，推动要素聚集和价值提升；提高产业集群信息化水平，建设智慧集群；提升创新能力，增强集群竞争优势；提升公共服务能力，支撑产业集群转型升级；加强指导和政策支持，优化产业集群发展环境。

2016 年 2 月 14 日，国务院办公厅发布《关于加快众创空间发展服务实体经济转型升级的指导意见》（国办发〔2016〕7 号），要求继续推动众创空间向纵深发展，在制造业、现代服务业等重点产业领域强化企业、科研机构和高校的协同创新，加快建设一批众创空间。

2016 年 5 月 8 日，国务院办公厅发布《关于建设大众创业万众创新示范基地的实施意见》（国办发〔2016〕35 号），旨在加强顶层设计和统筹谋划，通过试点示范完善双创政策环境，推动双创政策落地，扶持双创支撑平台，构建双创发展生态，调动双创主体积极性，发挥双创和"互联网+"集众智汇众力的乘数效应，发展新技术、新产品、新业态、新模式，总结双创成功经验并向全国推广，进一步促进社会就业，推动形成双创蓬勃发展的新局面，实现发展动力转换、结构优化，促进经济提质增效升级。

2016年12月5日，工业和信息化部等多部门联合发布《关于推动小型微型企业创业创新基地发展的指导意见》（工信部联企业〔2016〕394号），要求进一步优化小型微型企业创业创新环境，促进小型微型企业创业创新基地规范发展，推动中小企业转型升级。

2017年7月26日，工业和信息化部联合财政部印发《关于推动中小企业公共服务平台网络有效运营的指导意见》（工信部联企业〔2017〕187号），充分发挥平台网络的作用，促进平台网络平稳和有效运营发展。以各地平台网络为依托，推动"互联网+"中小企业服务深度融合，广泛集聚各类社会服务资源，提升中小企业公共服务能力，优化创业创新服务环境，不断完善中小企业公共服务体系。

2018年6月28日，工业和信息化部办公厅发布《关于组织开展2018年制造业"双创"平台试点示范项目申报工作的通知》（工信厅信软函〔2018〕221号），围绕"双创"平台+要素汇聚、+能力开放、+模式创新、+区域合作4个领域，遴选若干产业应用基础好、发展前景广阔、带动作用强的试点示范项目，支持制造业"双创"平台建设和应用推广，培育一批基于互联网的制造业新模式新业态，提升制造业重点行业骨干企业互联网"双创"平台普及率。

2019年4月10日，工业和信息化部办公厅发布《关于开展2019年度中小企业公共服务体系重点服务活动的通知》（工信厅企业函〔2019〕81号），强化体系建设。要求充分发挥中小企业公共服务平台网络的骨干架构作用，发挥中小企业公共服务示范平台、小型微型企业创业创新示范基地的示范带动作用，加强大中小企业融通型、专业资本集聚型等特色载体和双创示范基地双创支撑平台能力建设。创新服务模式，利用云计算、大数据等新一代信息技术创新服务模式，通过服务券、购买服务等方式调动各类服务机构的积极性，推动提升服务质量和水平，为中小企业提供更多精准快捷、物美价廉的服务产品。

2019年8月1日，国务院办公厅发布《关于促进平台经济规范健康发展的指导意见》（国办发〔2019〕38号），深入推进"互联网+创业创新"。要求加快打造"双创"升级版，依托互联网平台完善全方位创业创新服务体系，实现线上线下良性互动、创业创新资源有机结合，鼓励平台开展创新任务众包，更多向中小企业开放共享资源，支持中小企业开展技术、产品、管理模式、商业模式等创新，进一步提升创业创新效能。加强网络支撑能力建设。深入实施"宽带中国"战略，加快5G等新一代信息基础设施建设，优化提升网络性能和速率，推进下一代互联网、广播电视网、物联网建设，进一步降低中小企业宽带平均资费水平，为平台经济发展提供有力支撑。

2019年10月11日，工业和信息化部、国家发展改革委等十三部门印发《制造业设计能力提升专项行动计划（2019—2022年）》（工信部联产业〔2019〕218号），要求建设一批设计领域公共服务平台，衔接产业链上下游资源，提升公共服务能力和水平。加强创新创业特色载体建设对设计类产业园区和中小企业的支持，促进大中小企业共享研发设计资源。

2020年2月28日，科技部办公厅发布《关于做好国家高新区科学防疫推动企业有序复工复产的通知》（国科办函区〔2020〕21号），鼓励科技企业孵化器、专业化众创空间、技术转移机构、检验检测平台等服务载体搭建在线服务平台，强化创新资源共享，为企业特别是科技型中小企业提供全周期全链条服务。

2020年3月6日，工业和信息化部办公厅发布《关于推动工业互联网加快发展的通知》（工信厅信管〔2020〕8号），促进企业上云上平台。推动企业加快工业设备联网上云、业务系统云化迁移。加快各类场景云化软件的开发和应用，加大中小企业数字化工具普及力度，降低企业数字化门槛，加快数字化转型进程。

2020年4月9日，工业和信息化部办公厅发布《关于开展2020年中小企业公共服务体系助力复工复产重点服务活动的通知》（工信厅企业函〔2020〕72号），搭建线上产销对接平台，组织企业开展网上洽谈、在线签约等灵活多样的营销和招商活动。指导企业建立网上直播间、网上会客厅、新媒体营销平台，构建企业与电子商务（以下简称电商）平台对接桥梁，助力企业快速拓展销售渠道。支持企业运用招标采购平台和中小企业自采平台，实现网络化招标采购。

2020年4月29日，科技部火炬中心发布《关于深入推进创新型产业集群高质量发展的意见》的通知（国科火字〔2020〕85号），支持建设多元投入、市场主体、公益目标的创新型产业集群新型协同创新平台。加强集群"双创"平台建设，鼓励众创空间、科技企业孵化器、科技中介机构等不断提高服务水平，推动专业孵化、产业孵化，促进企业加速器建设。强化公共技术服务平台和技术转移服务平台建设，不断提高面向全产业链的服务能力。

2021年5月28日，工业和信息化部办公厅发布《关于开展中小企业服务月活动的通知》（工信厅企业函〔2021〕134号），要求充分发挥中小企业公共服务平台网络的骨干架构作用，发挥中小企业公共服务示范平台、小型微型企业创业创新示范基地、各地中小企业服务中心带动引领作用，提升创新创业特色载体的辐射能力，发动志愿服务专家队伍，引导带动广大市场化服务机构为中小企业提供优质服务，务求服务实效，切实提升中小企业获得感，为中小企业健康发展提供有力的服务支撑。针对"专精特新"中小企业的特色需求开展专项服务，鼓励面向企业的不同发展阶段，量身定制专属"服务包"，分层培育"专精特新"中小企业和专精特新"小巨人"企业，分类促进企业做专、做精、做大、做强。要积极运用云计算、大数据、5G、人工智能、区块链等新一代信息技术创新服务模式，推动服务供给和需求的精准、高效匹配。通过服务券、创新券、购买服务等方式调动各类服务机构的积极性，推动创新服务方式，提升服务质量和水平，为中小企业提供专业化、高质量的服务产品。

2021 年 12 月 24 日，国家发展改革委等部门发布《关于推动平台经济规范健康持续发展的若干意见》（发改高技〔2021〕1872 号），鼓励平台企业发展跨境电商，积极推动海外仓建设，提升数字化、智能化、便利化水平，推动中小企业依托跨境电商平台拓展国际市场。试点探索"所有权与使用权分离"的资源共享新模式，盘活云平台、开发工具、车间厂房等方面闲置资源，培育共享经济新业态。鼓励平台企业开展创新业务众包，更多向中小企业开放和共享资源。

2022 年 3 月 24 日，工业化和信息化部办公厅发布《关于开展"一起益企"中小企业服务行动的通知》（工信厅企业函〔2022〕58 号），以"宣传政策、落实政策，纾解难题、促进发展"为主题，要求充分发挥中小企业公共服务平台骨干支撑作用，汇聚和带动各类优质服务资源，组织服务进企业、进园区、进集群，为中小企业送政策、送管理、送技术，稳定市场预期，坚定发展信心，促进中小企业平稳健康发展。精准推送政策，发挥"政企"桥梁作用，帮助中小企业享受政策，加强专业服务，开展创业培育服务、创新赋能服务、数字化转型服务等。

表 1-4 梳理了 2014~2022 年国家层面中小企业数智化转型发展公共服务平台建设方面的重要政策。

表 1-4　2014~2022 年国家层面中小企业数智化转型发展公共服务平台建设方面的重要政策

颁布时间	政策文号	出台部门	政策名称	政策要点
2015 年 5 月 14 日	工信厅企业函〔2015〕344 号	工业和信息化部办公厅	关于做好 2015 年中小企业公共服务平台网络建设有关工作的通知	指出各地中小企业主管部门、财政部门要按照《工业和信息化部办公厅、财政部办公厅关于中小企业公共服务平台网络在建项目有关问题的复函》（工信厅联企业〔2013〕185 号）中的有关要求，结合年度资金安排，加大对本地区平台网络在建项目的推进力度，确保项目建设按批复要求按时完工，并提前做好项目验收的准备工作，按时完成验收工作
2016 年 5 月 8 日	国办发〔2016〕35 号	国务院办公厅	关于建设大众创业万众创新示范基地的实施意见	旨在加强顶层设计和统筹谋划，通过试点示范完善双创政策环境，推动双创政策落地，扶持双创支撑平台，构建双创发展生态，调动双创主体积极性，发挥双创和"互联网+"集众智汇众力的乘数效应，发展新技术、新产品、新业态、新模式，总结双创成功经验并向全国推广，进一步促进社会就业，推动形成双创蓬勃发展的新局面，实现发展动力转换、结构优化，促进经济提质增效升级
2017 年 7 月 26 日	工信部联企业〔2017〕187 号	工业和信息化部、财政部	关于推动中小企业公共服务平台网络有效运营的指导意见	充分发挥平台网络的作用，促进平台网络平稳和有效运营发展。以各地平台网络为依托，推动"互联网+"中小企业服务深度融合，广泛集聚各类社会服务资源，提升中小企业公共服务能力，优化创业创新服务环境，不断完善中小企业公共服务体系

续表

颁布时间	政策文号	出台部门	政策名称	政策要点
2019年8月1日	国办发〔2019〕38号	国务院办公厅	关于促进平台经济规范健康发展的指导意见	加快打造"双创"升级版，依托互联网平台完善全方位创业创新服务体系，实现线上线下良性互动、创业创新资源有机结合，鼓励平台开展创新任务众包，更多向中小企业开放共享资源，支撑中小企业开展技术、产品、管理模式、商业模式等创新，进一步提升创业创新效能。加强网络支撑能力建设。深入实施"宽带中国"战略，加快5G等新一代信息基础设施建设，优化提升网络性能和速率，推进下一代互联网、广播电视网、物联网建设，进一步降低中小企业宽带平均资费水平，为平台经济发展提供有力支撑
2019年10月11日	工信部联产业〔2019〕218号	工业和信息化部、国家发展改革委等十三部门	制造业设计能力提升专项行动计划（2019—2022年）	建设一批设计领域公共服务平台，衔接产业链上下游资源，提升公共服务能力和水平。加强创新创业特色载体建设对设计类产业园区和中小企业的支持，促进大中小企业共享研发设计资源
2020年2月28日	国科办函区〔2020〕21号	科技部办公厅	关于做好国家高新区科学防疫推动企业有序复工复产的通知	鼓励科技企业孵化器、专业化众创空间、技术转移机构、检验检测平台等服务载体搭建在线服务平台，强化创新资源共享，为企业特别是科技型中小企业提供全周期全链条服务
2020年3月21日	国科发区〔2020〕67号	科技部	关于科技创新支撑复工复产和经济平稳运行的若干措施	搭建人才与企业技术需求信息交互服务平台，推动科技人员与企业精准对接服务，建立人才与企业需求双向互动交流机制。优化外国人来华服务管理，提供出入境便利。加快组织实施疫情防控有关的高端外国专家项目，探索离岸创新、远程合作等智力引进新模式
2020年4月9日	工信厅企业函〔2020〕72号	工业和信息化部办公厅	关于开展2020年中小企业公共服务体系助力复工复产重点服务活动的通知	搭建线上产销对接平台，组织企业开展网上洽谈、在线签约等灵活多样的营销和招商活动。指导企业建立网上直播间、网上会客厅、新媒体营销平台，构建企业与电商平台对接桥梁，助力企业快速拓展销售渠道。支持企业运用招标采购平台和中小企业自采平台，实现网络化招标采购
2020年4月29日	国科火字〔2020〕85号	科技部火炬中心	关于深入推进创新型产业集群高质量发展的意见	支持建设多元投入、市场主体、公益目标的创新型产业集群新型协同创新平台。加强集群"双创"平台建设，鼓励众创空间、科技企业孵化器、科技中介机构等不断提高服务水平，推动专业孵化、产业孵化，促进企业加速器建设。强化公共技术服务平台和技术转移服务平台建设，不断提高面向全产业链的服务能力

续表

颁布时间	政策文号	出台部门	政策名称	政策要点
2020年6月30日	工信部联政法〔2020〕101号	工业和信息化部等十五部门	十五部门关于进一步促进服务型制造发展的指导意见	聚焦制造业与服务业深度融合、协同发展，整合研发设计、系统集成、市场开拓等服务资源，健全服务型制造公共服务体系。培育发展一批服务型制造解决方案供应商和咨询服务机构，推动建设面向服务型制造的专业服务平台、综合服务平台和共性技术平台。研究完善服务型制造统计体系，分模式制定评价指标。发挥中小企业公共服务平台网络作用，强化服务支撑
2021年1月23日	财建〔2021〕2号	财政部、工业和信息化部	关于支持"专精特新"中小企业高质量发展的通知	支持公共服务示范平台为国家级专精特新"小巨人"企业提供技术创新、上市辅导、创新成果转化与应用、数字化智能化改造、知识产权应用、上云用云及工业设计等服务。其中，对于重点"小巨人"企业，应提供"点对点"服务
2021年12月24日	发改高技〔2021〕1872号	国家发展改革委等部门	关于推动平台经济规范健康持续发展的若干意见	鼓励平台企业发展跨境电商，积极推动海外仓建设，提升数字化、智能化、便利化水平，推动中小企业依托跨境电商平台拓展国际市场。试点探索"所有权与使用权分离"的资源共享新模式，盘活云平台、开发工具、车间厂房等方面闲置资源，培育共享经济新业态。鼓励平台企业开展创新业务众包，更多向中小企业开放和共享资源

资料来源：笔者根据 http://www.gov.cn/、http://www.chinatax.gov.cn 等官方网站政策资料整理得到

四、中小企业数智化转型发展的其他专项政策

（一）中小企业与电商发展政策

2017 年 6 月 13 日，商务部电子商务和信息化司发布《中国电子商务报告（2016）》，提出以电商促进区域经济发展，切实发挥电商对促进经济增长和产业转型升级的作用，带动大众创业和万众创新，加快培育经济发展新动力具有重要意义。

为促进电商健康快速发展，充分发挥电商示范企业的引领作用，商务部办公厅于 2017 年 5 月 22 日发布《关于开展 2017-2018 年度电子商务示范企业创建工作的通知》（商办电函〔2017〕187 号），总结了本地电商示范企业在新技术应用、经营服务模式创新、线上线下融合发展、带动传统产业转型升级、促进供给侧结构性改革、扩大消费等方面的做法和经验，以及为引领本地区电商健康发展所开展的示范推广活动和取得的成效。

2017 年 9 月 3 日，商务部电子商务和信息化司发布《关于商务部 2017-2018

年度电子商务示范企业名单的公告》（商务部公告 2017 年第 48 号），确定北京京东世纪贸易有限公司等 238 家企业为商务部 2017-2018 年度电商示范企业。

2018 年 1 月 2 日，国务院办公厅发布《关于推进电子商务与快递物流协同发展的意见》（国办发〔2018〕1 号），要求落实新发展理念，深入实施"互联网+流通"行动计划，提高电商与快递物流协同发展水平。其中，对中小企业的推进政策包括以下两方面：①健全企业间数据共享制度。完善电商与快递物流数据保护、开放共享规则，建立数据中断等风险评估、提前通知和事先报告制度。在确保消费者个人信息安全的前提下，鼓励和引导电商平台与快递物流企业之间开展数据交换共享，共同提升配送效率。②健全协同共治管理模式。发挥行业协会自律作用，推动出台行业自律公约，强化企业主体责任，鼓励签署自律承诺书，促进行业健康发展。引导电商、物流和快递等平台型企业健全平台服务协议、交易规则和信用评价制度，切实维护公平竞争秩序，保护消费者权益；鼓励开放数据、技术等资源，赋能上下游中小微企业，实现行业间、企业间开放合作、互利共赢。

（二）中小企业与新兴技术变革

2018 年 10 月 12 日，科技部印发《关于发布科技创新 2030—"新一代人工智能"重大项目 2018 年度项目申报指南的通知》（国科发资〔2018〕208 号），本次申报的重大项目的总体目标是以推动人工智能技术持续创新和与经济社会深度融合为主线，按照并跑、领跑两步走战略，围绕大数据智能、跨媒体智能、群体智能、混合增强智能、自主智能系统等五大方向持续攻关。项目旨在促进大众创业万众创新，使人工智能成为智能经济社会发展的强大引擎。2018 年度项目申报指南在新一代人工智能基础理论、面向重大需求的关键共性技术、新型感知与智能芯片 3 个技术方向启动 16 个研究任务，拟安排国拨经费概算 8.7 亿元。聚焦人工智能重大科学前沿问题，以突破人工智能基础机理、模型和算法瓶颈为重点，为人工智能持续发展与深度应用提供强大科学储备。

2019 年 3 月 25 日，教育部发布《关于举办第五届中国"互联网+"大学生创新创业大赛的通知》（教高函〔2019〕8 号），指出以赛促创，搭建成果转化新平台。推动赛事成果转化和产学研用紧密结合，促进"互联网+"新业态形成，服务经济高质量发展。以创新引领创业、以创业带动就业，努力形成高校毕业生更高质量创业就业的新局面。

2019 年 3 月 28 日，国家发展改革委、教育部印发《建设产教融合型企业实施办法（试行）》的通知（发改社会〔2019〕590 号），重点建设培育主动推进制造业转型升级的优质企业，以及现代农业、智能制造、高端装备、新一代信息技术、新能源、新材料及研发设计、数字创意、现代交通运输、高效物流、融资租赁、工程咨询、检验检测认证、电商、服务外包等急需产业领域企业和养老、家政、托幼、健康等社会领域龙头企业。优先考虑紧密服务国家重大战略、技术技能人才需求旺盛、主动加大人力资本投资、发展潜力大、履行社会责任贡献突出的企业。

2020 年 2 月 18 日，工业和信息化部办公厅发布《关于运用新一代信息技术支撑服务疫情防控和复工复产工作的通知》（工信厅信发〔2020〕4 号），要求充分运用新一代信息技术支撑服务疫情防控和企业复工复产工作，指导企业用好信息技术手段和信息化工具，增强软件应用能力，创新思路和方法，用两化融合提升生产管理水平。面对疫情对中小企业复工复产的严重影响，支持运用云计算大力推动企业上云，重点推行远程办公、居家办公、视频会议、网上培训、协同研发和电商等在线工作方式。

2020 年 9 月 16 日，国务院办公厅印发《关于以新业态新模式引领新型消费加快发展的意见》（国办发〔2020〕32 号），支持互联网平台企业向线下延伸拓展，加快传统线下业态数字化改造和转型升级，发展个性化定制、柔性化生产，推动线上线下消费高效融合、大中小企业协同联动、上下游全链条一体发展。引导实体企业更多开发数字化产品和服务，鼓励实体商业通过直播电商、社交营销开启"云逛街"等新模式。

第二节　各地中小微企业数智化转型发展的扶持政策

一、东部地区

东部地区对中小企业的扶持政策主要体现在财税金融、创新创业、公共服务平台建设等方面。天津印发《关于进一步支持中小微企业和个体工商户健康发展若干措施的通知》，河北印发《河北省财政金融合力支持企业发展专项资金管理办法》，浙江出台《关于补齐科技创新短板的若干意见》，山东印发《山东省小微企业升级高新技术企业财政补助资金管理办法》。不同省份结合地方实际均出台了以财政、税收、金融手段为基本工具的政策举措，推动中小企业数智化转型升级，实现高质量健康发展。在创新创业方面，各省份响应国家号召，鼓励支持中小微企业创业创新示范基地建设，推动数字化、网络化、智能化转型。在公共服务平台建设方面，东部地区各省份积极开展中小企业公共服务示范平台认定管理工作，通过示范平台为企业提供技术创新、成果转化与应用、数字化智能化改造等各项服务。此外，部分省份还出台不同的专项政策。表 1-5 梳理并汇总了

2014~2022 年东部地区中小企业数智化转型发展的扶持政策。

表 1-5　2014~2022 年东部地区中小企业数智化转型发展的扶持政策

分类	省份	扶持政策要点
财税金融政策	天津	印发《关于进一步支持中小微企业和个体工商户健康发展若干措施的通知》，持续加大金融支持力度，引导金融机构持续开展小微企业金融服务能力提升工程，推进"贷动小生意，服务大民生"金融支持个体工商户专项行动，深化金融科技赋能，提升对小微企业及个体工商户的金融服务质效
	河北	印发《河北省财政金融合力支持企业发展专项资金管理办法》，促进河北省金融业进一步创新发展，引导金融业更好地服务河北省实体经济、服务中小企业、服务经济转型升级
	浙江	出台《关于补齐科技创新短板的若干意见》，在研发机构建设、引进培育重大创新项目等方面给予重大财政支持，最高 3 000 万，同时将设立 20 亿元省科技成果转化引导基金，全力支持科技创新补短板。 印发《进一步优化投资结构提高投资质量的若干意见》，加大新动能培育投资。聚焦新技术新业态新模式，加大八大万亿产业和未来产业投入；激发民间投资新活力，进一步降低民营企业经营成本，鼓励民间资本投向"中国制造2025"、八大万亿产业等领域
	山东	印发《山东省小微企业升级高新技术企业财政补助资金管理办法》，对通过省高新技术企业认定管理机构认定、符合条件的小微企业（不含期满 3 年重新认定的小微企业），给予一次性补助 10 万元，主要用于企业研究开发活动。 发布《关于打造"政产学研金服用"创新创业共同体的实施意见》，强化对科技型小微企业的金融支持。支持各地建立财政资金引导的政策性天使投资基金和创业投资基金，对初创期、种子期科技型企业进行股权投资
	辽宁	发布《辽宁省人民政府办公厅关于优化金融环境的意见》《辽宁省工业互联网创新发展三年行动计划（2020—2022 年）》，搭建中小企业信用信息服务平台。依托省公共信用信息共享平台，推进企业公共信用信息资源整合、共享和应用，为金融机构提供全方位、多角度的企业信用信息支撑
创新创业政策	河北	印发《关于组织推荐河北省第四批"专精特新"中小企业的通知》，支持中小企业"专精特新"发展。出台《关于疫情防控期间进一步做好科技创新工作的若干举措》，利用创新券扶持科技型中小企业创新发展。 印发《河北省促进中小企业"专精特新"发展若干措施》的通知，加强对中小企业原始创新、研发成果中试熟化等方面支持。引导龙头企业、高等院校、科研院所向中小企业开放技术、人才、数据等创新资源，为"专精特新"中小企业提供专业数字化服务
	辽宁	发布《辽宁省强化实施创新驱动发展战略进一步推进大众创业万众创新深入发展的政策措施的通知》，进一步优化创新创业生态环境，激发创新创业人才的创造潜能，推进大众创业万众创新在重点领域深入发展，提出加快科技成果转移转化、拓展科技型企业融资渠道、推进知识产权运用和保护等措施
	浙江	出台《关于强化实施创新驱动发展战略深入推进大众创业万众创新的实施意见》，引导众创空间、创业孵化基地向专业化，探索将创投孵化器等新型孵化器纳入科技企业孵化器管理服务体系。 印发《关于下达 2020 年浙江省国民经济和社会发展计划的通知》，旨在联动推进创新强省和制造业高质量发展，强调加快建设"互联网＋"、生命健康科技创新高地，谋划建设新材料科技创新高地。着力推动杭州城西科大走廊平台、人才、政策、要素集聚和体制机制创新，打造面向世界、引领未来、辐射全省的创新策源地。 印发《浙江省小微企业三年成长计划（2021—2023 年）》，推进 5G、人工智能、物联网在小微企业的应用，支持小微企业建设智能生产线、数字化车间等具体措施

续表

分类	省份	扶持政策要点
创新创业政策	福建	出台《全省工信系统开展精准服务民营企业专项行动方案》，提出树立创业创新品牌标杆，强化企业创新体系建设。继续支持中小企业走"专精特新"发展之路。计划培育一批国家级专精特新"小巨人"企业，单项冠军企业；培育建设 10 家省级制造业创新中心试点单位，认定 1-2 家省级制造业创新中心
创新创业政策	天津	《关于印发天津市加快推进智能科技产业发展总体行动计划和十大专项行动计划的通知》，目标到 2025 年，天津智能制造支撑体系基本建立，智能制造重点领域各产业链节点资源齐备，制造业重点领域基本实现智能转型。培育形成一批有行业、专业特色的系统解决方案供应商，一批具备国际竞争力的关键技术装备和系统提供商以及一批定位于细分领域的"专精特"企业。 出台《关于组织开展 2019 年制造业与互联网融合发展试点示范项目申报工作的通知》，旨在围绕深化制造业与互联网融合发展，聚焦两化融合管理体系贯标、重点行业工业互联网平台、信息物理系统（CPS）[①]、工业互联网大数据应用服务、工业电商、中德智能制造合作等方向，遴选一批试点示范项目，探索形成可复制、可推广的新业态和新模式，增强制造业转型升级新动能
创新创业政策	广东	《关于印发广东省深化"互联网+先进制造业"发展工业互联网实施方案及配套政策措施的通知》，提出工业互联网基础设施升级改造行动、工业互联网关键技术研发及供给能力提升行动等专项行动。 印发《广州人工智能与数字经济试验区建设总体方案》，提出通过高效配置人工智能与数字经济创新要素、打造人工智能与数字经济产业集群、深化人工智能与数字经济领域开放合作、优化人工智能与数字经济发展环境来到粤港澳大湾区数字经济高质量发展示范区，定下了 10 年发展目标
创新创业政策	上海	出台《关于着力发挥资本市场作用促进本市科创企业高质量发展的实施意见》，加快科创载体建设，构建多核多层次培育体系，通过支持关键共性技术攻关、完善创新创业政策等举措推动加大科创企业培育力度
创新创业政策	山东	印发关于落实《中小企业数字化赋能专项行动方案》的通知，提出培育一批数字化赋能标杆中小企业。鼓励各市及相关行业协会要引导一批"专精特新"中小企业、"小巨人"和"瞪羚"企业，率先通过数字化赋能成为标杆中小企业，示范带动数字化网络化智能化转型
创新创业政策	江苏	发布《江苏省促进大中小企业融通发展三年行动实施方案》，提出推广基于数据驱动的融通模式，围绕网络化协同制造、个性化定制、服务型制造、跨界融合等新模式、新业态，挖掘推广 10 个集聚能力强、基于数据驱动的平台型企业，推动中小企业制造资源与平台全面对接。支持中小企业利用云平台和云服务，实现数字化升级。支持大企业联合科研机构建设"一站式"创新中心，降低中小企业创新成本。实施专精特新"小巨人"企业培育计划与"互联网+小微企业"行动
创新创业政策	北京	印发《关于加快培育发展制造业优质企业的指导意见》，健全梯度培育工作机制，力争到 2025 年，发展形成万家"小巨人"企业、千家单项冠军企业和一大批领航企业。提高优质企业自主创新能力。支持参与制造业创新中心、国家工程技术研究中心等创新平台建设，推广经验成果。推动产业数字化发展，大力推动自主可控工业软件推广应用。建设大中小企业融通发展平台载体，联合中小企业建设先进制造业集群、战略性新兴产业集群、创新型产业集群等
公共服务平台政策	河北	印发《关于统筹加强疫情防控和经济社会发展科技支撑的若干措施》，提出全天候开放运行河北省科技型中小企业认定管理系统和国家科技型中小企业信息服务平台，利用信息服务平台，在线组织开展认定和评价信息形式审查、分批次公示公告等工作，为科技型中小企业提供高效便捷服务

---

① 信息物理系统（cyber physical system，CPS）。

续表

分类	省份	扶持政策要点
公共服务平台政策	浙江	发布《关于组织申报国家支持"专精特新"中小企业高质量发展政策（第一批）的通知》，支持公共服务示范平台为国家级专精特新"小巨人"企业提供技术创新、上市辅导、创新成果转化与应用、数字化智能化改造、知识产权应用、上云用云及工业设计等服务。其中，对于重点"小巨人"企业，应提供"点对点"服务
	福建	发布《关于深化"互联网+先进制造业"发展工业互联网的实施意见》，优化新一代网络基础，实施IPv6发展行动计划，支持NB-IoT技术相关频段试验和业务试点；促进企业网络全面连通，加快高带宽虚拟专网、工业无源光网络（PON）①、4G/5G、下一代无线智能网（NGB-W）的工业应用，为园区内企业提供网络基础服务；发展行业特色平台。 印发《"专精特新"中小企业培育库建设工作方案的通知》，健全完善中小企业公共服务体系，充分发挥中小企业公共服务平台网络、国家及省级中小企业公共服务示范平台和小型微型企业创业创新示范基地引领带动作用，广泛动员和组织各类服务机构聚焦中小企业创业创新、数字化转型、融资支持、管理提升、市场开拓等方面的短板弱项，精准满足企业服务需求
	江苏	发布《"企业上云"工作指南和星级上云企业评定工作指南的通知》，大力推进江苏省企业上云三年行动计划。 印发《关于组织申报2018年江苏省小型微型企业创业创新示范基地的通知》，落实基地"信息化、平台化、规范化、生态化、绿色化、智慧化、特色化"等"七化"发展要求
其他专项政策	广东	发布《广东省数字政府改革建设2020年工作要点》《广州人工智能与数字经济试验区建设总体方案》，提出要完善中小企业融资平台、打造协同创新应用平台，支持龙头企业创建开源开放服务平台，引导更多中小企业参与协同创新
	浙江	出台《关于公布浙江省第一批制造业"云上企业"名单的通知》，为提升企业用云成效，促进企业数字化转型，择优确定新凤鸣集团股份有限公司等75家企业为浙江省第一批制造业"云上企业"
	山东	印发《关于建设共享性大型智能（仿真）实习实训基地的指导意见》，提出在各设区的市建设集实践教学、社会培训、创新创业、技术研发服务和企业真实生产于一体的大型共享实习实训基地，打造区域产业转型升级的技术高地和面向中小微企业的技术服务中心、培训培养紧缺技能人才的实践中心，为全省增强产业核心竞争力、汇聚发展新动能提供有力支撑

资料来源：笔者根据 http://www.gov.cn/、http://www.chinatax.gov.cn 等官方网站政策资料整理得到

二、中部地区

中部地区对中小企业数智化转型发展的扶持政策主要集中在创新创业方面，其他类型政策相对较少。在财政金融方面，各地主要从税收优惠、降低融资成本、金融机构信贷支持等方面提出系列针对性举措，从而减轻企业负担，优化中小企业营商环境。山西印发《加大纾困帮扶力度支持中小企业平稳健康发展若干措施的通知》。在创新创业方面，山西印发《山西省加快5G产业发展的实施意见》，河南发布《2020年河南省数字经济发展工作方案》，湖南印发《湖南省人

---

① 工业无源光网络（passive optical network，PON）。

民政府关于推动创新创业高质量发展打造"双创"升级版的实施意见》。在公共服务平台方面，江西印发《关于促进中小企业健康发展的实施意见》。此外，安徽印发《关于举办 2020-2021 年度工业和信息化部中小企业经营管理领军人才（安徽省）"5G+工业互联网"、"专精特新"高级研修班的通知》，开展以领军人才"5G+工业互联网"和"专精特新"高级研修班为主要计划的培训工作。表 1-6 梳理并汇总了 2014~2022 年中部地区中小企业数智化转型发展的扶持政策。

表 1-6　2014~2022 年中部地区中小企业数智化转型发展的扶持政策

分类	省份	扶持政策要点
财税金融政策	山西	印发《加大纾困帮扶力度支持中小企业平稳健康发展若干措施的通知》，推动银行业金融机构搭建"线上+线下"全球跨境撮合服务平台，组织贸易投资对接会，为中小企业提供远程网上交流、供需信息对接等服务，实现精准全球贸易对接。支持省内市场化征信机构归集共享和应用企业信用信息，提供多元化、集成化征信产品和服务，促进银企合作对接。用好"信易贷税合作"等平台，推动银行机构给予符合条件的中小企业信用贷款支持
	湖北	印发《湖北省传统产业改造升级资金管理暂行办法》，规范了资金支持范围及方式、资金申报及管理等内容
创新创业政策	山西	印发《山西省加快 5G 产业发展的实施意见》，提出通过扶持本地在软件开发、传感器、智能终端、人工智能等领域发展基础较好、发展潜力较大的企业，尽早布局 5G 产品研发等工作，培育本地 5G 产业领军企业
	河南	发布《2020 年河南省数字经济发展工作方案》，提出围绕培育壮大"Huanghe"本土品牌，依托鲲鹏产业基金，大力引进培育领军企业，辐射带动一批"专精特优"中小企业，培育 1 家领航企业、发展 3 家骨干企业、带动一批配套企业，按照市场化原则发展"1+3+N"企业群体。 印发《河南省加快培育创新型企业三年行动计划（2020-2022 年）》，实施科技型中小企业"春笋"计划，扎实推进科技型中小企业评价工作，建立完善科技型中小企业孵化体系，强化科技型中小企业培育服务，实施高新技术企业倍增计划，壮大创新型企业发展核心骨干力量，实施创新型企业树标引领行动，带动创新型企业集群发展
	江西	发布《关于支持民营经济健康发展的若干意见》，提出实施高新技术企业倍增计划，积极引导民营企业创建高新技术企业和科技型中小企业。支持民营企业产业升级。深入实施工业高质量发展、"互联网+先进制造业"等战略，重点引导民营企业发展新兴产业，推动集群式发展
	湖南	印发《湖南省人民政府关于推动创新创业高质量发展打造"双创"升级版的实施意见》的通知，旨在增强创新型企业引领带动作用。提出在重点领域和关键环节布局建设一批创新平台，支持百家龙头企业成为全球领军型企业，大力培育独角兽企业和瞪羚企业
	黑龙江	印发《黑龙江省"隐形冠军"企业培育实施方案》，支持"隐形冠军"企业改造升级、品牌提升，支持"隐形冠军"企业提升自主创新能力和品牌建设，支持"隐形冠军"企业加强两化融合，提高企业信息技术应用水平和智能制造能力
公共服务平台政策	江西	印发《关于促进中小企业健康发展的实施意见》的通知，提出加强公共服务平台建设。培育一批网络化、精准化、特色化的中小企业公共服务示范平台，为中小企业提供知识产权、技术创新、创业辅导、质量管理、人才培训、管理咨询、信息化应用等全方位服务
	湖南	印发《中国（长沙）跨境电子商务综合试验区实施方案》的通知，构建"八体系两平台"，建立以制度创新为引领、以平台为依托、以大数据为支撑、以数字技术为驱动的跨境电商新型监管服务模式，推动跨境电商自由化、便利化、规范化发展

续表

分类	省份	扶持政策要点
公共服务平台政策	山西	印发《山西省加快推进数字经济发展的实施意见》，提出要推动工业云服务平台建设。依托工业云服务平台，加强工业经济运行监测调度，做好重点企业和重点项目的跟踪服务，积极对接国家工业大数据平台，对工业数据开发利用、分级分类等进行规范管理
	湖北	发布《关于推荐2021年度省级中小企业公共服务示范平台和小型微型企业创业创新示范基地的通知》，引导平台和基地加强对本地区中小微企业服务力度，提升服务能力水平，创新服务方法；聚集社会资源服务中小企业"专精特新"发展；鼓励支持为"专精特新"中小企业提供政策咨询、数字赋能、人才培训、投融资等公益性服务
其他专项政策	安徽	印发《关于举办2020-2021年度工业和信息化部中小企业经营管理领军人才（安徽省）"5G+工业互联网"、"专精特新"高级研修班的通知》，开展以领军人才"5G+工业互联网"和"专精特新"高级研修班为主要计划的培训工作
	湖南	印发《湖南省中小企业"两上三化"三年行动计划（2021-2023年）》，持续推动中小企业"上云上平台"，每年推动10 000户以上企业深度"上云"，推动5 000户以上企业"上平台"，推动200户以上企业两化融合管理体系贯标，培育一批"上云上平台"标杆企业和两化融合管理体系贯标标杆企业

资料来源：笔者根据 http://www.gov.cn/、http://www.chinatax.gov.cn 等官方网站政策资料整理得到

三、西部地区

西部地区的中小企业相比于东部和中部较少，因此相对而言各省份出台的中小企业扶持政策也较少。西部地区不同省份对中小微企业的扶持政策主要集中于财税金融政策和创新创业政策上。在财税金融政策方面，四川印发《关于提升工业企业研发经费投入水平及研发活动覆盖率若干措施》，陕西印发《2021年深化"放管服"改革优化营商环境工作要点》，云南印发《云南省工业和信息化厅关于做好2020年省级成长型中小企业相关工作的通知》，广西印发《进一步减轻企业税费负担若干措施的通知》。在创新创业政策方面，陕西印发《优化创新创业生态着力提升技术成果转化能力行动方案（2021—2023年）》，广西印发《广西加快工业互联网发展，推动制造业数字化转型升级行动方案的通知》，宁夏印发《关于加快发展高新技术企业的若干措施》。在公共服务平台政策方面，四川印发《关于深化"互联网+先进制造业"发展工业互联网的实施意见》，广西出台《关于促进广西中小企业健康发展的若干措施》。此外，广西还出台了其他专项政策，促进科技型中小企业发展，推进数智化转型。表1-7梳理并汇总了2014~2022年西部地区中小企业数智化转型发展的扶持政策。

表1-7　2014~2022年西部地区中小企业数智化转型发展的扶持政策

分类	省份	扶持政策要点
财税金融政策	四川	印发《关于提升工业企业研发经费投入水平及研发活动覆盖率若干措施》，优化企业R&D[①]经费组成结构，鼓励研发投入占销售收入比例较大的规模以上企业，申报科技、创新、产业发展等各类专项资金项目

---

① R&D（research and development，科学研究与试验发展）。

续表

分类	省份	扶持政策要点
财税金融政策	陕西	印发《2021 年深化"放管服"改革优化营商环境工作要点》，清理规范中小企业融资中的不合理附加费用，整治银行强制搭售产品、超公示标准收费、收费与服务项目不符等违规行为。创新中小微企业信贷服务模式，利用大数据等技术解决"首贷难续贷难"等问题
	云南	印发《云南省工业和信息化厅关于做好 2020 年省级成长型中小企业相关工作的通知》，提出要积极协调各部门涉及产业发展的财政资金从不同角度加大对成长型中小企业的扶持力度，支持走"专精特新"发展道路
	广西	印发《进一步减轻企业税费负担若干措施的通知》，对小微企业实行企业所得税优惠政策；支持企业加大研发力度。 出台《广西壮族自治区激励企业加大研发经费投入实施办法》，鼓励有条件的设区市对高新技术企业、瞪羚企业、科技型中小企业、规模以上企业以及当地优势特色企业等采取多种方式给予奖补。经评价入库的科技型中小企业，按其研发经费投入强度给予一定奖励
	贵州	发布《关于印发支持工业领域数字化转型的若干政策措施的通知》，支持中小企业普及应用数字技术，重点支持"专精特新"中小企业开展生产管理、营销服务等环节数字化改造，对符合条件的项目，给予不超过总投资30%、最高不超过 500 万元的补助
	西藏	制定《科技型中小企业优惠政策服务和管理指引》，加速科技成果产业化，加大对科技型中小企业的精准扶持力度
创新创业政策	陕西	印发《优化创新创业生态着力提升技术成果转化能力行动方案（2021—2023 年）》，各高新区要以营造良好创新创业生态、提升技术成果转化水平为主要任务，以培育科技型中小企业和高新技术企业，发展战略性新兴产业、特色产业为目标，联合省内外高等院校、科研机构建设高水平公共技术服务平台、中试工程化服务平台等
	广西	印发《广西加快工业互联网发展，推动制造业数字化转型升级行动方案的通知》，推动中小型制造企业数字化普及应用。引导中小企业深化对数字化转型的认识，形成数字化思维能力。加快推动中小型制造企业"上云上平台"，融入产业链供应链
	宁夏	印发《关于加快发展高新技术企业的若干措施》，对标高新技术企业认定标准，建设高新技术企业培育库，将自治区科技型中小企业、科技"小巨人"企业、农业高新技术企业及有研发活动的规模以上工业企业纳入培育库。 印发《关于 2021 年自治区政府工作报告任务分工的通知》，启动创新型示范企业培育工程，开展大中小企业融通创新，推动"双创"全面升级，培育国家级高新技术企业 50 家、科技型中小企业 100 家。 发布《关于开展宁夏"一起益企"中小企业服务行动的通知》，推动大型企业、科研机构、高等院校、检测认证机构等面向中小企业开展技术研发、资源共享、技术成果转化等技术服务，组织工业设计服务机构为中小企业提供产品、功能、结构等设计服务
	甘肃	印发《中小企业数字化赋能专项行动方案》，提出培育一批数字化赋能标杆中小企业。要求各市州工信局结合实际，引导"专精特新"中小企业、专精特新"小巨人"等优质企业，率先通过数字化赋能成为标杆中小企业，示范带动数字化网络化智能化转型

续表

分类	省份	扶持政策要点
公共服务平台政策	四川	印发《关于深化"互联网+先进制造业"发展工业互联网的实施意见》，引导中小企业业务系统向云端迁移，实现大企业建平台和中小企业用平台的双向迭代、互促共进，为加快制造协同化、服务化、智能化提供实践新模式。印发《关于深入推动大众创业万众创新再上新台阶的若干措施》，鼓励支持科技型中小企业承担政府科研项目和创新平台（基地）建设。进一步完善"互联网+中小微企业创新创业公共服务平台"，为中小微企业创新创业发展提供精准服务。培育一批基于互联网的大企业创新创业平台、国家中小企业公共服务示范平台
	广西	出台《关于促进广西中小企业健康发展的若干措施》，加快建设广西工业云服务平台，培育创新创业孵化平台，推动小微企业上规模，优化中小企业服务
	甘肃	印发《关于印发甘肃省5G建设及应用专项实施方案的通知》，提出要升级改造省中小企业公共服务平台，实现政策精准推送和"不来即享"服务，保市场主体。发挥各类产业园区、孵化基地和公共服务平台的作用，支持省内企业通过"上云上平台"开展5G应用，支持5G网络平台发展。重点围绕搭建供应链、产融对接等数字化平台，帮助中小企业打通供应链，对接融资资源
其他专项政策	广西	印发《关于开展2021年度科技型中小企业评价服务工作的通知》，继续做好科技型中小企业动态监测分析，积极组织辖区内科技型中小企业于每季度最后一月在全国科技型中小企业信息服务平台填写调查数据，及时掌握科技型中小企业发展运行情况

资料来源：笔者根据 http://www.gov.cn/、http://www.chinatax.gov.cn 等官方网站政策资料整理得到

第三节　中小企业数智化转型重点扶持政策解析和评价

一、中小企业信息化培育政策

推动中小企业信息化是促进中小企业创新转型发展的重要政策途径。2005年以来，国务院有关部门联合实施中小企业信息化推进工程，取得了显著成效，涌现出一批具有明显信息化优势、市场竞争力强的中小企业，集聚了一批优质的信息化服务资源，形成了支持中小企业信息化和创新发展的服务网络。

2016年12月30日，工业和信息化部发布《关于进一步推进中小企业信息化的指导意见》（工信部企业〔2016〕445号）。该指导意见的主要目标是到2020年，中小企业信息化水平显著提升。互联网和信息技术在提升中小企业创新发展能力和推动组织管理变革方面的作用明显增强。中小企业在研发设计、生产制造、经营管理和市场营销等核心业务环节应用云计算、大数据、物联网等新一代

信息技术的比例不断提高。培育和发展一批有效运用信息技术，具有创新发展优势、经营管理规范、竞争力强的中小企业。中小企业信息化服务体系进一步完善。中小企业通过基于互联网的产业生态体系，与大企业协同创新、协同制造能力显著提升。

　　为了深入贯彻国家信息化发展战略纲要和国务院关于大力推进大众创业万众创新若干政策措施意见，中央政府在总结 2005 年以来中小企业信息化推进工程取得经验的基础上，突出市场主导与政府引导相结合、服务平台化与应用网络化相结合、示范带动与协同推进相结合的原则，以加快转变经济发展方式为主线，以推动落实"互联网+"、"中国制造 2025"和大众创业万众创新为方向，在 2017 年提出了八个方面的重点任务，具体内容见表 1-8。

表 1-8　2017 年中国中小企业信息化培育重点任务

任务	政策要点	实施要点
以信息技术提升研发设计水平	运用信息技术开展研发设计可以极大提升中小企业创新能力和效率，提高产品质量和附加值	发挥计算机辅助（CAD/CAE/CAPP/CAM）等系统应用的作用，通过构建基于互联网的开放式研发平台，推广应用数字化产品建模工具、三维及虚拟现实模拟设计方式，为中小微企业提供用户参与式的研发设计、仿真与验证分析，实现大中小企业协同研发与产品设计的网络化
以信息技术改造生产制造方式	信息技术与现代制造业的深度融合，推进生产制造流程的柔性化改造，发展网络众包、分享经济、个性化定制、服务型制造等新模式	发挥工业互联网和自主可控的软硬件产品的支撑作用；推广"智能制造"信息化集成应用产品和解决方案，为先进制造中小企业提供信息化支撑，实现信息技术与现代制造业的深度融合
以信息技术提升经营管理能力	运用新一代信息技术帮助中小企业迅速获得信息化服务，降低信息化应用的成本和门槛	利用云计算、大数据、移动互联网等信息技术提升中小企业以租代建、支持核心业务发展、覆盖企业经营管理链条的便捷信息化服务水平；推动经营管理信息化向商业智能（business intelligence，BI）转变和关键环节的整合与创新，实现中小企业内外部管理信息的互通与共享
以信息技术优化市场营销	发展基于社交的电商，创新网络营销模式，助力中小企业细化区分网络群体，增强营销的精准性，拓展市场空间	利用信息化拓展市场空间，发展社交型电商和基于大数据的精准营销；构建覆盖采购、生产和销售等全链条的产品品质追溯系统；优化互联网产品质量监督环境，实现中小企业营销模式的网络化、精准化
探索互联网金融缓解中小企业融资难	利用互联网金融等工具，降低中小企业的金融抑制，缓解中小企业融资难	加快拓宽中小企业融资渠道，发展投融资公共服务平台；通过集聚各类金融资源，营造良好的金融创新环境，协作解决小微企业融资难题
引导大型信息化服务商服务中小企业	探索政府支持、大型信息化服务商让利、中小企业受益的信息化推进服务模式	支持大型服务商向小微企业和创业团队开放各类资源，支持大型信息化服务商与地方政府、有关部门、工业园区、产业集群等开展务实合作；培育第三方信息化服务市场，通过开展有针对性的专项行动，加快中小企业信息化应用水平
完善中小企业信息化服务体系	完善中小企业信息化服务体系，为中小企业提供"一站式"的信息化解决方案	推动服务机构专业化发展，打造特定行业、领域的信息化服务平台，建设各种中小企业创新创业服务平台，通过集聚整合专业服务资源，为中小企业信息化难题提供对策

任务	政策要点	实施要点
加强案例研究和应用宣传	加强案例研究，总结和推广中小企业信息化建设的成功模式和经验，加强应用宣传以强化试点示范效应	结合区域发展实际开展信息化相关创新政策试点，开展中小企业信息示范推广行动；通过举办信息化经验交流会、试点示范工程推广会、信息化产品与服务展示推介会，普及信息化专业知识和应用技能；通过加强跨区域合作与交流，总结和推广中小企业信息化建设的成功模式和经验

资料来源：笔者根据工业和信息化部发布《关于进一步推进中小企业信息化的指导意见》（工信部企业〔2016〕445号）整理所得

2017年5月，工业和信息化部在北京举办"2017中小企业信息化服务信息发布会"，总结2016年中小企业信息化推进工作并部署2017年工作任务。时任工业和信息化部中小企业局局长马向晖在发布会上指出，据不完全统计，2016年，18家大型电信运营商在全国建立了907个服务机构，配备了近11万名服务人员，联合近7600多家专业合作伙伴，企业投入的资金约18.72亿元；年内组织开展宣传培训和信息化推广活动13000余场，参加活动的人数达670多万（人次），与地方政府部门签署了409份合作协议。

2017年是中小企业信息化推进工程实施的第十二年，中小微企业的信息化需求呈现出个性化、多元化和多层次趋势。工业和信息化部中小企业局深化落实《工业和信息化部关于进一步推进中小企业信息化的指导意见》（工信部企业〔2016〕445号），重点做好提高信息化服务商的信息化服务能力、提高中小企业信息化应用水平、促进小微企业创业创新和深入开展信息化服务等相关工作。要进一步拓展发展思路，创新工作方式，突出服务重点，推动新产品、新业态、新市场和新模式发展，为中小企业提供广阔的发展空间。

二、数字化赋能中小企业发展的相关政策

近年来，信息技术不断发展变革带动社会各方面的数字化发展，中小企业也面临着数字化转型，并且伴随着中小企业逐渐成为推动中国经济发展的重要力量，其数字化升级对经济社会转型意义重大。党中央、国务院对此高度重视，工业和信息化部办公厅发布《关于推动工业互联网加快发展的通知》（工信厅信管〔2020〕8号），国家发展改革委联合中央网信办印发《关于推进"上云用数赋智"行动培育新经济发展实施方案》（发改高技〔2020〕552号）等要求夯实数字化基础、构建数字化产业链、形成数字化生态体系。2020年3月19日，中小企业发展面临着疫情导致的多方面制约，为帮助中小企业摆脱困局，促进中小企业复工复产和高质量、可持续的发展，工业和信息化部办公厅印发《中小企业数字

化赋能专项行动方案》的通知（工信厅企业〔2020〕10号）。该行动方案指出，以新一代信息技术与应用为支撑，以提升中小企业应对危机能力、夯实可持续发展基础为目标。信息技术利用数字化工具尽快恢复生产运营，助推中小企业上云用云，搭建数字化平台以夯实数字化平台功能。进一步地，该行动方案还提出要发展数字经济新模式新业态、建设产业供应链对接平台、促进产业集群数字化发展，提高产融对接平台服务水平。为保障推进数字化赋能中小企业发展，该行动方案还提出以下四个方面的推进措施。

一是强化组织保障。各地中小企业主管部门要加强中小企业数字化赋能工作的统筹协调，政府、服务机构、企业协同推进和落实好专项行动。

二是完善激励机制。将中小企业数字化改造升级纳入"专精特新"中小企业培育体系和小型微型企业创业创新示范基地建设，予以重点支持。

三是组织供需对接。建立中小企业数字化可信服务商、优秀数字化产品与服务评价体系。组织大中小企业融通创新，开展数字化产品和解决方案对接、"创新中国行"数字化应用推广等活动。

四是加强培训推广。加强面向中小企业的数字化网络化智能化培训课程体系和教学师资队伍建设。加强新闻宣传，营造良好舆论环境。

表1-9列示了《中小企业数字化赋能专项行动方案》重点任务和具体措施。

表1-9　《中小企业数字化赋能专项行动方案》重点任务和具体措施

重点任务	具体措施
利用信息技术加强疫情防控	实现人员流动信息实时监测与共享，在确保疫情防控到位的前提下加快企业员工返岗。运用医疗物资保障、疫情预警、库存及物流配送、资源调配等小程序、工具包，科学精准防控疫情，推动有序复工复产
利用数字化工具尽快恢复生产运营	支持中小企业运用线上办公、财务管理、智能通信、远程协作、视频会议、协同开发等产品和解决方案，尽快恢复生产管理，实现运营管理数字化，鼓励数字化服务商在疫情防控期间向中小企业减免使用费
助推中小企业上云用云	引导数字化服务商面向中小企业推出云制造平台和云服务平台，支持中小企业设备上云和业务系统向云端迁移，帮助中小企业从云上获取资源和应用服务，满足中小企业研发设计、生产制造、经营管理、市场营销等业务系统云化需求。加快"云+智能"融合，帮助中小企业从云上获取更多的生产性服务。鼓励数字化服务商向中小企业和创业团队开放平台接口、数据、计算能力等数字化资源，提升中小企业二次开发能力
夯实数字化平台功能	搭建技术水平高、集成能力强、行业应用广的数字化平台，应用物联网、大数据、边缘计算、5G、人工智能、增强现实/虚拟现实等新兴技术，集成工程设计、电子设计、建模、仿真、产品生命周期管理、制造运营管理、自动化控制等通用操作系统、软件和工具包，灵活部署通用性强、安全可靠、易二次开发的工业App，促进中小企业生产要素数字化、生产过程柔性化及系统服务集成化。打造工业App测试评估平台和可信区块链创新协同平台，为中小服务商和中小企业提供测试认证服务

重点任务	具体措施
创新数字化运营解决方案	针对不同行业中小企业的需求场景，开发使用便捷、成本低廉的中小企业数字化解决方案，实现研发、设计、采购、生产、销售、物流、库存等业务在线协同。推广应用集中采购、资源融合、共享生产、协同物流、新零售等解决方案，以及线上采购与销售、线下最优库存与无人配送、智慧物流相结合的供应链体系与分销网络，提升中小企业应对突发危机能力和运营效率
提升智能制造水平	针对中小企业典型应用场景，鼓励创新工业互联网、5G、人工智能和工业 App 融合应用模式与技术，引导有基础、有条件的中小企业加快传统制造装备联网、关键工序数控化等数字化改造
加强数据资源共享和开发利用	支持基于产业集群和供应链上下游企业打通不同系统间的数据联通渠道，实现数据信息畅通、制造资源共享和生产过程协同
发展数字经济新模式新业态	扶持疫情防控期间涌现的在线办公、在线教育、远程医疗、无人配送、新零售等新模式新业态加快发展，培育壮大共享制造、个性化定制等服务型制造新业态，深挖工业数据价值，探索企业制造能力交易、工业知识交易等新模式，鼓励发展算法产业和数据产业，培育一批中小数字化服务商。打造开源工业 App 开发者社区和中小企业开放平台，搭建中小企业资源库和需求池，发展众包、众创、云共享、云租赁等模式
强化供应链对接平台支撑	基于工业互联网平台，促进中小企业深度融入大企业的供应链、创新链。支持大型企业立足中小企业共性需求，搭建资源和能力共享平台，在重点领域实现设备共享、产能对接、生产协同
促进产业集群数字化发展	支持小型微型企业创业创新基地、创客空间等中小企业产业集聚区加快数字基础设施改造升级，建设中小企业数字化公共技术服务平台，创建中小企业数字化创新示范园
提高产融对接平台服务水平	促进中小企业、数字化服务商和金融机构等的合作，构建企业信用监测、智能供需匹配、大数据风控等服务体系，提供基于生产运营实时数据的信用评估、信用贷款、融资租赁、质押担保等金融服务，为企业获得低成本融资增信，提升中小企业融资能力和效率。打造促进中小企业融资增信的公共服务平台，应用新一代信息技术，提供合同多方在线签署、存证服务，传递供应链上下游信用价值，激发中小企业数据资产活力
强化网络、计算和安全等数字资源服务支撑	支持电信运营商开展"提速惠企""云光惠企""企业上云"等专项行动，提升高速宽带网络能力，强化基础网络安全，进一步提速降费。加快推广 5G 和工业互联网应用，拓展工业互联网标识应用，加强中小企业网络、计算和安全等数字基础设施建设
加强网络和数据安全保障	推动中小企业落实《中华人民共和国网络安全法》等法律法规和技术标准的要求，强化网络与数据安全保障措施。建设工业互联网安全公共服务平台，面向广大中小企业提供网络和数据安全技术支持服务。鼓励安全服务商创新安全服务模式，提升安全服务供给能力，为中小企业量身定制全天候、全方位、立体化的安全解决方案

资料来源：笔者根据工业和信息化部办公厅关于印发《中小企业数字化赋能专项行动方案》的通知（工信厅企业〔2020〕10 号）整理所得

　　浙江省政府亦高度重视数字经济建设，自2017年底浙江省委经济工作会议提出将数字经济作为"一号工程"来抓以来，浙江省政府出台多项政策推动数字经济发展。2019年9月20日，浙江省经济和信息化厅发布《浙江省数字经济促进条例（草案）》，初步提出关于加强数字经济发展的一系列工作，提出要鼓励发展和数字企业相关的社会中介服务机构，通过数字化赋能中小企业发展，培育数字经济领域科技型中小企业。2019 年 12 月 26 日，浙江省数字经济发展领导小组办公室公布了 55 个浙江省数字化示范园区和 46 个浙江省数字化试点园区，支持实现数字化全面赋能园区管理和服务，引导带动企业参与数字化改造，总结推广成功经验和先进模式。

三、中小企业改革发展与数字化转型升级政策

2020 年 10 月 14 日，国家发展改革委、科技部、工业和信息化部、财政部、人力资源社会保障部、中国人民银行联合发布《关于支持民营企业加快改革发展与转型升级的实施意见》（发改体改〔2020〕1566 号），旨在深入贯彻习近平总书记关于支持民营企业改革发展的重要讲话精神，认真落实《中共中央 国务院关于营造更好发展环境支持民营企业改革发展的意见》有关要求，推动相关支持政策加快落地见效，有效应对疫情影响，激发民营企业活力和创造力，进一步为民营企业发展创造公平竞争环境。

支持民营企业改革发展和转型升级，信心是关键，公平是基础，创新是核心。该意见从切实降低企业生产经营成本、强化科技创新支撑、完善资源要素保障、着力解决融资难题、引导扩大转型升级投资、巩固提升产业链水平、深入挖掘市场需求潜力、鼓励引导民营企业改革创新、统筹推进政策落实多方面提出具体务实举措，包括进一步降低用能用网成本、进一步放开设计施工市场等，旨在为民营企业解决当前发展难题，营造优化良好的发展环境，蓄积长远发展动力。表 1-10 列示了《关于支持民营企业加快改革发展与转型升级的实施意见》重点任务和具体措施。

表 1-10　《关于支持民营企业加快改革发展与转型升级的实施意见》重点任务和具体措施

重点任务	具体措施
切实降低企业生产经营成本	继续推进减税降费；切实落实常态化疫情防控和复工复产各项政策，简化优惠政策适用程序，深入开展有针对性的政策宣传辅导，帮助企业准确掌握及时享受各项优惠政策。进一步降低用能用网成本；切实加强转供电价格监管，确保民营企业及时足额享受降价红利。深入推进物流降成本；依法规范港口、班轮、铁路、机场等经营服务性收费
强化科技创新支撑	支持参与国家重大科研攻关项目；鼓励民营企业参与国家产业创新中心、国家制造业创新中心、国家工程研究中心、国家技术创新中心等创新平台建设，加快推进对民营企业的国家企业技术中心认定工作，支持民营企业承担国家重大科技战略任务。增加普惠型科技创新投入，支持民营企业开展科技创新。畅通国家科研资源开放渠道。完善知识产权运营服务体系。促进民营企业数字化转型，实施企业"上云用数赋智"行动和中小企业数字化赋能专项行动，布局一批数字化转型促进中心，集聚一批面向中小企业数字化服务商，开发符合中小企业需求的数字化平台、系统解决方案等，结合行业特点对企业建云、上云、用云提供相应融资支持

续表

重点任务	具体措施
完善资源要素保障	创新产业用地供给方式；加大人才支持和培训力度；优化资质管理制度；破除要素流动的区域分割和地方保护
着力解决融资难题	加大对民营企业信贷支持力度；引导商业银行增加制造业民营企业信贷投放，大幅增加制造业中长期贷款，满足民营制造业企业长期融资需求。支持开展信用融资；加大"信易贷"等以信用信息为核心内容的中小微企业融资模式推广力度，依托全国中小企业融资综合信用服务平台、地方征信平台等各类信用信息服务平台，加大信用信息归集力度，更好发挥对小微企业信用贷款的支持作用。拓展贷款抵押质物范围；拓展民营经济直接融资渠道；创新信贷风险政府担保补偿机制；促进及时支付中小企业款项
引导扩大转型升级投资	鼓励产业引导基金加大支持力度；支持传统产业改造升级；支持民营企业平等参与项目投资；引导民营企业聚焦主业和核心技术；提升民营企业应急物资供给保障能力
巩固提升产业链水平	精准帮扶重点民营企业；依托产业园区促进产业集群发展；有序引导制造业民营企业产业转移；提高产业链上下游协同协作水平
深入挖掘市场需求潜力	进一步放宽民营企业市场准入；以高质量供给创造新的市场需求；实施机器人及智能装备推广计划；支持自主研发产品市场迭代应用；助力开拓国际市场
鼓励引导民营企业改革创新	鼓励有条件的民营企业优化产权结构；鼓励民营企业参与混合所有制改革；引导民营企业建立规范的法人治理结构
统筹推进政策落实	完善涉企政策服务机制；加强组织领导和督促落实；加强典型推广示范引领，开展民营企业转型升级综合改革试点，支持试点地方先行先试、大胆创新，探索解决民营企业转型升级面临突出问题的有效路径和方式，梳理总结民营企业建立现代企业制度和转型升级的经验成效，复制推广各地支持民营企业改革发展的先进做法

资料来源：笔者根据国家发展改革委等六部门《关于支持民营企业加快改革发展与转型升级的实施意见》（发改体改〔2020〕1566号）整理所得

四、促进大中小企业融通发展三年行动计划

2018年11月21日，工业和信息化部、国家发展改革委、财政部、国资委关于印发《促进大中小企业融通发展三年行动计划》的通知（工信部联企业〔2018〕248号）。该行动计划以打造大中小企业创新协同、产能共享、供应链互通的新型产业创新生态为目标，着力探索和推广融通发展模式。通过夯实融通载体、完善融通环境，发挥大企业引领支撑作用，提高中小企业专业化水平，形成大企业带动中小企业发展，中小企业为大企业注入活力的融通发展新格局，培育经济增长新动能，支撑制造业创新，助力实体经济发展；用三年时间，总结推广一批融通发展模式，引领制造业融通发展迈上新台阶；支持不少于50个实体园区打造大中小企业融通发展特色载体；培育600家专精特新"小巨人"和一批制造业单项冠军企业。《促进大中小企业融通发展三年行动计划》主要行动见表1-11。

表 1-11　《促进大中小企业融通发展三年行动计划》主要行动

行动	目标	具体举措
行动一：挖掘和推广融通发展模式	聚焦重点行业领域，围绕供应链整合、创新能力共享、数据应用等当前产业发展关键环节，推广资源开放、能力共享等协同机制，为建设融通发展生态提供有益指引和参考	（一）深化基于供应链协同的融通模式 构建大中小企业深度协同、融通发展的新型产业组织模式，提高供应链运行效率。发挥龙头骨干对供应链的引领带动作用，在智能制造、高端装备制造领域形成 10 个左右带动能力突出、资源整合水平高、特色鲜明的大企业。推动建立联合培训、标准共享的协同管理体系；打造多方共赢、可持续发展的供应体系，带动上下游中小企业协同发展
		（二）推动基于创新能力共享的融通模式 打造产研对接的新型产业创新模式，提高产业创新效率，提升产业自主创新能力。形成 10 个左右创新引领效应明显的平台，发挥平台对各类创新能力的集聚整合作用。鼓励大企业建立开放式产业创新平台，畅通创新能力对接转化渠道，实现大中小企业之间多维度、多触点的创新能力共享、创新成果转化和品牌协同，引领以平台赋能产业创新的融通发展模式。围绕要素汇聚、能力开放、模式创新、区域合作等领域，培育一批制造业"双创"平台试点示范项目，促进平台成为提质增效、转型升级、跨界融通的重要载体
		（三）推广基于数据驱动的融通模式 加速构建数据协同共享的产业数字化发展生态，提高中小企业获取数据、应用数据的能力，推动中小企业数字化转型。鼓励企业进一步完善数据平台建设，在云计算、大数据、人工智能、网络安全等领域形成 10 个左右数据规模大、集聚能力强的企业。集成具有较好数据服务基础的中小企业，支持中小企业依托平台对外提供服务，通过共享平台计算能力和数据资源，扩大数据规模，强化中小企业品牌影响力。鼓励平台为中小企业提供数字化系统解决方案，支撑中小企业智能制造，引领行业数字化转型
		（四）打造基于产业生态的融通模式 选择 10 个左右创新资源集聚、产业生态完善、协作配套良好的地区，推动基于融通模式的区域产业生态。鼓励建立龙头骨干带动的专业化配套集群。探索建立产学研协同区域创新网络，推动大中小企业针对产业、区域的共性技术需求展开联合攻关，加快共性技术研发和应用。打通区域内外企业信息链和资金链，加速区域内外大中小企业创新能力、生产能力、市场能力的有效对接，推动资源能力的跨行业、跨区域融合互补，提升产业协同效率。强化品牌意识，制定区域品牌发展战略，探索共建共享区域品牌的路径和方式，促进企业品牌与区域品牌互动发展
行动二：发挥大企业引领支撑作用	鼓励大企业利用"互联网+"等手段，搭建线上线下相结合的大中小企业创新协同、产能共享、供应链互通的新型产业创新生态，促进生产制造领域共享经济新模式新业态发展，重构产业组织模式，推动中小企业高质量发展，降低自身创新转型成本，形成融通发展的格局	（五）推动生产要素共享 支持制造业龙头企业构建基于互联网的分享制造平台，有效对接大企业闲置资源和中小企业闲置产能，推动制造能力的集成整合、在线共享和优化配置。鼓励大企业为中小企业提供一揽子的信息支持，包括上游产品供给、下游产品需求、产品质量及流程标准，提高全链条生产效率。推进工业强基、智能制造、绿色制造、服务型制造等专项行动，推动制造业龙头企业深化工业云、工业大数据等技术的集成应用，实现制造业数字化、智能化转型

续表

行动	目标	具体举措
行动二：发挥大企业引领支撑作用	鼓励大企业利用"互联网+"等手段，搭建线上线下相结合的大中小企业创新协同、产能共享、供应链互通的新型产业创新生态，促进生产制造领域共享经济新模式新业态发展，重构产业组织模式，推动中小企业高质量发展，降低自身创新转型成本，形成融通发展的格局	（六）促进创新资源开放 鼓励大企业联合科研机构建设协同创新公共服务平台，向中小企业提供科研基础设施及大型科研仪器，降低中小企业创新成本。鼓励大企业带动中小企业共同建设制造业创新中心，建立风险共担、利益共享的协同创新机制，提高创新转化效率。鼓励国有企业探索以子公司等形式设立创新创业平台，促进混合所有制改革与创新创业深度融合
		（七）提供资金人才支持 鼓励大企业发展供应链金融，开展订单和应收账款融资、仓储金融等服务，帮助上下游中小供应商提高融资效率、降低融资成本。推动大企业以股权投资、股权质押融资等形式向中小企业提供专业金融服务。推动大企业与中小企业通过建立人才工作站、合作开发项目等方式开展人才培养使用的全方位合作
行动三：提升中小企业专业化能力	推动中小企业"专精特新"发展，培育600家细分领域专业化"小巨人"和一批制造业单项冠军企业；开展"互联网+小微企业"行动，提高中小企业信息化应用水平	（八）培育专精特新"小巨人"企业 以智能制造、工业强基、绿色制造、高端装备等为重点，在各地认定的"专精特新"中小企业中，培育主营业务突出、竞争能力强、成长性好、专注于细分市场、具有一定创新能力的专精特新"小巨人"企业，引导成长为制造业单项冠军。鼓励中小企业以专业化分工、服务外包、订单生产等方式与大企业建立稳定的合作关系
		（九）实施"互联网+小微企业"计划 实施中小企业信息化推进工程，推动大型信息化服务商提供基于互联网的信息技术应用。推广适合中小企业需求的信息化产品和服务，提高中小企业信息化应用水平。鼓励各地通过购买服务等方式，支持中小企业业务系统向云端迁移，依托云平台构建多层次中小企业服务体系。推动实施中小企业智能化改造专项行动，加强中小企业在产品研发、生产组织、经营管理、安全保障等环节对云计算、物联网、人工智能、网络安全等新一代信息技术的集成应用
行动四：建设融通发展平台载体	提升载体平台融通发展支撑能力，支持不少于50个实体园区打造大中小企业融通发展特色载体；建设500家国家中小企业公共服务示范平台和300家国家小型微型企业创业创新示范基地；加快推进工业互联网平台体系建设	（十）建设大中小企业融通型特色载体 依托特色载体打造大中小企业融通发展的新型产业创新生态。支持实体园区打造大中小企业融通发展特色载体，引导行业龙头企业发挥在资本、品牌和产供销体系方面的优势，打造有特色的孵化载体，开放共享资源和能力，推动大中小企业在创新创意、设计研发、生产制造、物资采购、市场营销、资金融通等方面相互合作，形成大中小企业协同共赢格局
		（十一）提升平台融通发展支撑能力 加快构建工业互联网网络、平台、安全三大功能体系，增强工业互联网产业供给能力；加快推进工业互联网平台体系建设，引导培育若干跨行业、跨领域平台和面向特定行业、特定区域的企业级平台；推动建设工业互联网安全公共服务平台，面向广大中小企业提供网络安全技术支持服务。发挥国家中小企业公共服务示范平台、国家小型微型企业创业创新示范基地等平台的资源整合和对接能力，畅通大中小企业融通发展渠道。依托全国信用信息共享平台，为大中小企业提供"信易贷"等创新信用产品和服务

续表

行动	目标	具体举措
行动五：优化融通发展环境	进一步夯实网络基础、建立完善的知识产权管理服务体系、深化对外合作，打造有利于大中小企业融通发展的环境和机制，释放融通发展活力	（十二）夯实网络基础 发挥互联网对融通发展的支撑作用。提升网络速率、降低资费水平，继续推进连接中小企业的专线建设。加快宽带网络基础设施建设与改造，扩大网络的覆盖范围，优化升级国家骨干网络，为实现产业链各环节的互联与数据顺畅流通提供保障。打造工业互联网网络体系，加快工业互联网网络体系建设，组织实施工业企业内网、工业企业外网和标识解析体系的改造升级
		（十三）建立完善的知识产权管理服务体系 发挥知识产权制度对企业创新的引导作用，强化知识产权保护，提高创新成果利用效率。推动建立大中小企业共创、共有、共享知识产权激励机制，提升知识产权转化运用效率。加快推进中小企业知识产权战略推进工程试点城市建设，加强知识产权保护意识、提高知识产权保护能力、降低企业维权成本
		（十四）深化对外合作 鼓励中小企业参与"一带一路"投资贸易合作，在大型跨境电商的带动下充分利用跨境网络交易平台进行跨境产品交易、技术交流、人才流动，融入大型跨国公司的产业供应和产业创新体系。依托中德、中欧等中外中小企业合作区和合作交流平台，围绕绿色制造、生物医药、新材料等重点领域开展国际经济技术交流和跨境撮合，吸引高端制造业、境外原创技术孵化落地，推动龙头企业延伸产业链，带动专精特新"小巨人"企业融入全球价值链，促进单项冠军企业迈向全球价值链中高端，积极参与国际产业竞争

资料来源：笔者根据四部门《促进大中小企业融通发展三年行动计划》整理所得

五、中小企业众创空间培育政策

2016年5月8日，国务院根据2016年《政府工作报告》部署和《关于大力推进大众创业万众创新若干政策措施的意见》（国发〔2015〕32号）等文件精神，发布《国务院办公厅关于建设大众创业万众创新示范基地的实施意见》（国办发〔2016〕35号），强调通过试点示范完善双创政策环境，推动双创政策落地，扶持双创支撑平台，构建双创发展生态，调动双创主体积极性，发挥双创和"互联网+"集众智汇众力的乘数效应，发展新技术、新产品、新业态、新模式，总结双创成功经验并向全国推广，进一步促进社会就业，推动形成双创蓬勃发展的新局面，实现发展动力转换、结构优化，促进经济提质增效升级。该实施意见同时还公布了首批双创示范基地名单，包括17个区域示范基地、4个高校和科研院所示范基地和7个企业示范基地。表1-12梳理了全国部分省份和城市建设中小企业众创空间的相关政策。

表 1-12　全国部分省份和城市建设中小企业众创空间的相关政策

省份和城市	政策来源	主体名称	主体类型
北京	《创业中国"中关村"引领工程（2015-2020 年）》	创客组织	包括北京创客空间、清华创客社团等各类创客组织，以及创客空间模式的智能硬件孵化器和加速器
上海	《"创业浦江"行动计划（2015-2020 年）》	众创空间	包括创业营、苏河汇等新型孵化模式，依托大学科技园、产业园的创业苗圃+孵化器+加速器，创业社区等
浙江	《浙江省人民政府关于加快特色小镇规划建设的指导意见》	众创空间	全国互联网创业首选地和创新资本集聚高地，包括"众创空间"、O2O 服务体系，"苗圃+孵化器+加速器"孵化链条，打造创业生态系统
天津	《关于发展众创空间推进大众创新创业的若干政策》	众创空间	包括北大创业训练营、京津互联创业咖啡等新型孵化器、天津高新区与南开大学合作共建的"V 创新空间"、民办非营利机构天津创客空间等
武汉	《东湖国家自主创新示范区条例》《东湖国家自主创新示范区关于建设创业光谷的若干意见》	创新型孵化器	包括"孵化+创投"、互联网在线创业服务平台等创新型孵化器
成都	《成都"创业天府"行动计划（2015-2025 年）》	众创空间	包括众创空间、创新孵化载体、网上虚拟孵化平台、"创业苗圃—孵化器—加速器"的全链条孵化培育体系等
青岛	《创业青岛千帆启航工程实施方案》	创新型孵化器	包括众创空间、专业孵化器、企业、高新院所衍生创业群落、新型创业社区
厦门	《厦门市人民政府关于发展众创空间推进大众创新创业的实施意见》	众创空间	包括众创空间等新型业态的创新创业孵化器
广东	《广东省人民政府关于加快科技创新的若干政策意见》《关于进一步促进创业带动就业的意见》	创新型孵化器	包括高校和社会力量新建或利用各种场地资源改造建设创业孵化基地
江苏	《"创业中国"苏南创新创业示范工程实施方案（2015-2020 年）》	创新型孵化器	包括苏州工业园区云彩创新孵化器、无锡高新区 3S 创业咖啡馆、常州高新区"嘉壹壹"青年创新工场、武进高新区青武·创客空间、镇江高新区五洲创客中心等新型孵化服务机构

资料来源：笔者整理所得

第二章 中国中小企业"双创"系列政策实施评价及其组合效应研究

　　创业和创新是中小企业数智化转型发展过程中的两个核心元素。我国"双创"系列政策经过十余年的持续制定、实施、评价和反馈，已发展成为一个较为完整的政策体系。国家统计局以及国家市场监督管理总局公布的数据显示，2009~2017 年全国科技成果登记数和研发人员全时当量的年均增长率分别为5.59%和5.65%（1999~2008 年该数据分别为 1.64%和 2.03%），2009~2017 年私营企业户数的年均增长率为 17.7%（2000~2008 年该数据 15.7%）。可见，"双创"系列政策充分实现了其激发全社会创业氛围和提升创新水平的政策愿景。

　　政策效果的评价和反馈往往比政策制定过程更为重要，特别是针对系列政策面大量广、时间跨度长等特点，多项单体政策之间由于集成度低等问题会造成政策失效的困境（肖潇和汪涛，2015）。最新研究提出，政策之间的组合效率低下，造成了政策实施期间产生相互"抵消"效应，最终导致"双创"系列政策无法实现预期政策效果（李丹和王欣，2017）。有研究进一步对政策组合效应的概念进行厘清，将"双创"系列政策视为一个合集，并分析其相互作用机制以及政策要素形成组合的动态过程（Costantini et al.，2017）。总之，政策的组合效果及其评价不仅是近年来学界的一个研究热点，而且对于研究"双创"系列政策的整体实施效果具有很强的实践意义。本章内容以此为切入点，对我国"双创"系列政策实施以来的有效性问题给予阶段性检验并对后续政策发展给出理论建议。

　　在以往的政策评价研究中，学者们大多选择整体定性或定量的方法进行分析。前者主要通过访谈或问卷等形式，带有一定的主观性；后者的评价结果准确性受数据影响较大，且不容易反映政策本身的特征（彭纪生等，2008）。最新的政策评价方法尝试结合构建指标体系（康捷等，2019）、制定量化标准等定量方式，以及文本分析等定性方法对政策实施效果进行综合评价（王凤彬等，2014）。本章内容采用模糊集定性比较分析（fuzzy-set qualitative comparative analysis，fsQCA）方法分析解构我国"双创"系列政策的组合政策要素，得到政策高有效性的条件构型，对以下内容重点进行厘清：以组态思维的方式对"双创"系列政策的政策工具组合效应进行评价，进而掌握高效政策组合的类型；横向考察政策实施区域差异，进一步区分研究政策的区位组合；纵向考察政策实施连续性特征，提出了政策时序组合对不同政策工具以及实施区域的影响。

第一节　政策评价与政策组合效应

一、政策评价维度

国内外学者已经基于不同理论背景、要素选取、指标选取、方法选择等对系列政策的评价进行了大量理论与实证研究。目前较多地被纳入政策效果评价框架的要素如下：政策力度（强度）、发文数量、政策措施与政策目标（彭纪生等，2008）；目标关联程度、政策层级、公文类型、政策主体（权威主体）（汪涛和谢宁宁，2013）；政策协同性和政策周密性（张炜等，2016）；政策过程及作用对象等。本章内容重点关注以下政策评价的维度。

（一）政策工具

政策工具是目前政策效果评价的相关研究中公认的重要维度之一。政策工具通常被视为政策制定者通过某种手段或途径实现政策效果的调节机制（Borrás and Edquist，2013）。政策工具确定了实现政策目标的具体手段（李世超和蔺楠，2011），合理使用政策工具有助于实现既定的经济效果和社会效果。政策工具的研究热潮来自社会科学领域中政策科学的兴起，从早期的 Kirschen 的政策工具分类法，到 Lowi 等依据政府介入程度的政策工具分类法，以及 Salamon 提出的开支性工具和非开支性工具两种类型（Trencher and van der Heijden，2019）。还有学者将政策工具分为需求拉动和技术推动两大类（Guerzoni and Raiteri，2015），Costantini 等（2017）在此基础之上将系统性工具也纳入政策工具维度类别中。

（二）政策目标

系列政策效果的实现必须考虑各项政策实施目标之间的协同关系，因此将政策目标纳入政策有效性分析框架之中具有很强的适用性。政策目标的分类较为复杂，针对不同类型的政策有着更加特定的目标分类方法，如节能减排政策、共享经济政策的目标有不同的分类依据。还有学者考虑政策工具作用的环节，将创新政策的目标划分为基础研究、应用开发、产品开发和市场推广等（翁银娇等，2018）。

（三）政策连续性

"朝令夕改"等政策不稳定性问题已经得到政策研究学者的关注。首先，政策效果的出现一般都具有滞后性，政策的频繁更替会严重影响预期政策效果；其次，政策连续性不佳会导致政策落实过程难以获取及时准确的反馈，从而影响"双创"系列政策的整体效果（程华和钱芬芬，2013）；最后，政策作用对象对于高频次变动的政策会产生刚性，导致政策成效大打折扣。当然，也有研究认为高频政策创新与高动态竞争环境是相适应的（陈德球等，2016），这将最大程度上实现政策的快速纠偏以及更高效政策的持续出台。对于政策连续性的考察主要基于两大类方法：一是通过政策主题的一贯性程度进行主观判断，这比较依赖打分专家对某项政策的专业分析；二是通过定量定性分析工具对政策文本进行系统比对，从而得出政策连续性程度的指标（程华和钱芬芬，2013）。

二、政策组合效应

"政策组合"的概念是在 20 世纪 60 年代的经济政策辩题中被引入的，后逐渐被创新政策研究领域所接受（Laranja et al.，2008）。Flanagan 等（2011）提出政策评价的元理论，即政策制定和实施过程中需要以特定思想或逻辑作为政策依据（即元政策），在此指导下组合多种政策工具共同实现一定的政策目标，这一概念类似于 Hay 在 2002 年提出的"政策范式"概念（Laranja et al.，2008）。因此，对政策单项要素的评价结果不能全面反映政策的特征，越来越多的研究关注政策组合的作用（Schmidt and Sewerin，2018）。不同要素之间的相互作用和相互依赖关系均会影响政策预期结果的实现程度（Laranja et al.，2008；Flanagan et al.，2011），所以适用于解读政策目标之间的矛盾、工具之间存在的协同效应等研究内容（Magro and Wilson，2019）。政策组合效应的研究涵盖了政策组合的复杂性质、组合要素问题等（Rogge and Reichardt，2016）。Mavrot 等（2020）将政策组合概念进行了丰富，包括政策工具的相互作用、多层次和多参与者的关联、政策覆盖面及各种要素的协调程度，全面地涵盖了评价政策时涉及的要素。本章内容主要列举政策工具、政策区位及政策时序组合效应三方面内容。

（一）政策工具组合效应

政策组合相对于单一政策工具的直接影响而言，能产生一种独特的影响（Costantini et al.，2017），即政策组合效应。政策组合效应可能表现为互补增强效应，也有可能因为政策目标发生矛盾或者政策工具之间存在互斥性表现出减弱效应（Borrás and Edquist，2013）。不同政策工具的组合产生积极的协同效应需要满足目标一致性、过程一致性、组合可信性和组合全面性等几个特征。从整体上看，政策评价的相关文献更多关注政策工具组合的内部一致性，经济学文献更多关注政策组合的外部相关性和社会性的统一（Rogge and Reichardt，2016）。

（二）政策区位组合效应

除了不同类型政策工具之间会产生政策组合效应，政策实施环境和政策目标群体的不同也会带来政策组合效应的变化。政策实施环境包括政策适用地区、行业、年限等诸多特定外部特征要素。政策目标群体需考虑政策工具和目标等在对不同政策受众之间进行相互作用后能否达成政策目标（陈德球等，2016）。

（三）政策时序组合效应

当我们将研究视角聚焦到"双创"这类具有一定时间跨度的系列政策时，还需要考虑时间因素影响下的政策组合问题。目前已经有研究关注到政策组合的时间动态并进行评价，对组合中的每个单独的政策工具都是通过对其政策类型及其设计特点、强度和技术特性进行编码来衡量的（Mavrot et al.，2020）。Howlett和 Rayner（2007）提出了政策组合在时间轴的演化方式。当然，本章内容所关注的"双创"系列政策在一般意义上都是时间和空间的双重"组合"政策，在考虑政策组合对效果的影响时已经完全突破单一政策对其影响的范畴（Costantini et al.，2017），需要将各种要素或变量之间的相互影响纳入分析研究（郭元源等，2019）。

第二节　"双创"系列政策的分析框架

一、数据获取

本章内容采用网络爬虫工具在目标网站指定范围内下载与创业创新有关的政策文件。为保证数据权威性和完备性，目标网站只限定于中央部委门户网站（具体包括国务院、科技部、财政部、国家发展改革委、工业和信息化部、农业农村部等）以及由国家发展改革委主办的国家"双创"系列政策信息服务网。搜索时间跨度从 2009 年 1 月 1 日至 2018 年 12 月 31 日。搜索关键词的选取经过课题组多轮讨论和专家意见征询后，确定选择与"双创"主题直接相关以及间接相关的政策关键词。最后经过对政策文件的完整性确认后，筛选获得"双创"系列政策相关的政策文本 221 项。

为确保所选取样本的代表性以及内容强相关性，本章内容逐项对初选政策条目进行二次筛选：首先，考虑到政策制定、发布和实施部门之间由于文件接收形成的重复政策条目，手动删除了批复类、督查类、管理类及公示类等性质的政策条目。其次，考虑相同源政策文件，由于工作开展的不同阶段形成的多个子文件，本章内容选择整合相关内容后合并为一条政策文件，保留了多条政策中的总体要求、基本原则，并合并了工作的具体内容政策。最后，剔除政策已失效的条目，最终筛选出 2009~2018 年共 156 项"双创"系列政策作为本章内容研究样本。

二、研究方法选择

目前主流的政策评价方法大致分为纯定性、纯定量及定性定量综合三类。其中，纯定性政策存在政策感知主观判断等局限，且无法对政策前因、实施效果等做出解释；纯定量方法，如 R 语言、PSM-DID 模型及系统动力学模型等，容易忽视政策具体内容以及特征等所带来的政策效应差异问题。目前社会学、管理学等领域有很多研究采用定性定量综合分析法（朱桂龙和程强，2014），该方法被视为是定性和定量研究的桥梁。本章内容选用 fsQCA 方法，它基于整体的视角，开展案例层面（case-oriented）的对比研究，每个案例被视为一种前因变量的"组态"，在对比每个案例数据并赋值后，找到特定结果与各个前因变量的因果关系（Ragin，2014）。该方法的研究意义与作用已经得到学术界的广泛认可（尤其是在处理中小样本方面的能力），并且越来越多地在政治学、管理学等领域中被采用，包括政府网站建设（谭海波等，2019）、城市创业政策有效性（高伟等，2018）、科技政策组合有效性（郭元源等，2019）等。

三、变量测度

（一）前因变量

本章内容综合以往的文献成果，将政策工具、政策目标、政策详细程度及政策连续性这四类变量作为前因条件开展组合分析。

1. 政策工具

本章内容参考主流分类方式（Misangyi and Acharya，2014），将政策工具分为供给型（TOL_1）、环境型（TOL_2）和需求型（TOL_3）三类。具体针对"双创"系列政策，本章内容的划分标准如下：供给型政策工具是指直接推动我国创业创新发展，保障相关创业创新要素的供给，涉及人才、技术、资金和公共服务等；环境型政策工具是能够为创业创新营造间接扶持和影响的其他环境型政策；需求型政策工具能够拉动创业创新经济消费需要，保证市场需求，降低创业创新活动风险，主要包括政府采购、技术交易等。采用 0/1 二分法对某项政策是否属于该类政策工具进行测量。某一项政策可以同时具有多种政策工具的特征。

2. 政策详细程度

本章内容参考彭纪生等（2008）的研究，以 1~5 分对每项政策工具的详细程度做了量化测度。具体从政策文本规定的详细程度、措施的明确程度及支持力度、范围、优先性等角度判定，以专家打分的方式确定得分。若某项政策没有涉及任何工具内容，则记为 0 分，单项政策满分为 15 分。

3. 政策目标

"双创"系列政策的基本政策目标是激发全社会创业创新的新动能，同时考虑到本章内容使用的结果变量分别测度了创新效果和创业效果，因此本章内容将政策目标分为创新目标（GOL_1）、创业目标（GOL_2）两类。在变量具体测度中，本章内容主要对政策文件中的"目标任务""工作目标""试点目标"等政策内容章节的文本计量进行统计，若某项政策提及创新目标，则计 $GOL_1=1$，反之=0，创业目标同理。单项政策可同时具有两类目标。

4. 政策连续性

对于政策的连续性的测量目前还未形成较为一致的方案，有学者将其定义为不同时间段出台的政策的一致性（彭华涛等，2017），国内学者较多采用地方官员的变动来考察（陈德球等，2016）。考虑到政策的连续性具体表现为政策内容的继承性（彭华涛等，2017），参考王开阳等（2018）对连续性的词频统计方法，本章内容通过计算政策文本中高频词在时间轴上的覆盖率来对政策连续性进行量化。具体地，本章内容采用 NVivo11 软件，首先，提取所有政策文本中出现频次最高的前 20 个关键词；其次，将每连续三年的政策文本编组后再提取一次群组的前 20 个高频关键词；最后，将第 n 年的某项政策的高频词与其之前三年（第 $n-2$ 至第 n 年）政策群组的高频词进行对比，计算两者的高频词重复比率来测度该条政策的连续性。

（二）结果变量

目前对政策效果的评估主要包括投入增量、产出增量和行为增量三种方法（Poorkavoos et al.，2016）。本章内容具体选用投入增量与行为增量来分别测度政策对于全社会创新和创业的影响效果。

首先，采用创新强度来测度政策对于创新活动的影响结果。具体采用 R&D 的经费支出占国内生产总值（gross domestic product，GDP）的比重进行测度，该指标是衡量某个经济体研发投资强度的公认指标，也是评价其区域创新能力的最重要标准之一。此外，东、中、西部三地区的该指标数据根据国家统计局公布的省际统计数据收集计算得到。

其次，采用创业活跃度来测度政策对于创业活动的影响结果。对创业活动、范围、主体的度量是检验创业成效的基础方法（彭华涛等，2017）。根据全球创业观察报告，测度创业活跃度时可使用参与创业活动的人数、私营企业就业人数等。鉴于此，本章内容具体采用全国以及分区域的私营企业就业人数对创业成效进行度量。

表 2-1 整理了本章内容的主要研究变量及其测度方法。

表 2-1　本章内容主要研究变量及其测度方法

	变量名称	变量缩写	主要含义	测度方法	数据来源
前因变量	政策工具	TOL	政府机构通过某种手段或方法实现预期结果的调节机制	二分变量	中央部委门户网站、国家创业创新政策信息服务网
	政策详细程度	DTL	涉及政策工具内容的详细、具体程度	根据评判标准打分	中央部委门户网站、国家创业创新政策信息服务网
	政策目标	GOL	政策执行预期可以达到的目的、要求和结果	二分变量	中央部委门户网站、国家创业创新政策信息服务网
	政策连续性	CON	不同时段政策内容的继承性	某项政策高频词在其近三年政策总体高频词中的重复率	中央部委门户网站、国家创业创新政策信息服务网
结果变量	创新强度	YI	全国 R&D 的经费支出占当年 GDP 比重	R&D 的经费支出除以当年国内/地区生产总值	国家统计局年度数据
		$YI_1/YI_2/YI_3$	东、中、西部地区的 R&D 的经费支出占当年 GDP 比重		中国统计年鉴
	创业活跃度	YE	年度私营企业就业人数	私营企业就业人数（万人）	国家统计局年度数据
		$YE_1/YE_2/YE_3$	东、中、西部地区的年度私营企业就业人数		国家统计局年度数据

第三节　"双创"系列政策组合效应的实证研究

一、变量校准

采用 QCA（qualitative comparative analysis，定性比较分析）方法需要对测量的变量进行再校准，将条件和结果的绝对值转化为相应条件和结果的模糊集隶属度。校准可以通过直接校准法和间接校准法实现。直接校准法需要先选定三个定性锚点来进行结构校准，定性锚点为完全隶属、完全不隶属及交叉点，其中交叉点是区分完全隶属和完全不隶属的中间点，因此处于该点时，案例属于某集合的模糊性最大（Fiss，2011）。

本章内容采用直接校准法（Ragin，2014）将数据转换为模糊集隶属分数，确定完全隶属点（隶属度得分为 0.95）、交叉点（隶属度得分为 0.50）和完全不隶属点（隶属度得分为 0.05）。设定锚点时采用 Fiss（2011）提出的方法：①条件变量，三个锚点分别为最大值、中间值和最小值；②结果变量，三个锚点分别是上四分位数、中间值和下四分位数。原本就是二分变量的构念不需要另外校准。校准使用 fsQCA 3.0 软件中的 Calibrate 功能。表 2-2 整理了使用 Calibrate 功能对主要研究变量的赋值结果。

表 2-2　Calibrate 功能赋值结果

变量	阈值	
	完全隶属点	交叉点
DTL	15	DTL
CON	0.10	CON
YI	214.51	YI
YI_1	152.12	YI_1
YI_2	100.66	YI_2
YI_3	91.74	YI_3
YE	19 881.70	YE
YE_1	11 442.30	YE_1
YE_2	3 118.10	YE_2
YE_3	3 578.10	YE_3

本章内容利用 QCA 软件中的"XY Plot"图表功能绘制了每个变量校准后的模糊集和原始数据的散点图，结果显示所有变量均得到了较好的校准。校准完成后可将模糊集数据转换为真值表，其中每一行数据都代表一类政策的案例，即各种前因条件的组合，以此作为 QCA 分析的基础。

二、数据结果分析

本章内容首先检验单个条件（包括其非集）是否构成高政策有效性的必要条件。必要条件在简约解输出的结果中会被消去，但其本身是会对结果变量的状态产生影响的，所以在 fsQCA 研究过程中的必要性分析是非常重要的。本章内容主要检验了单因素的一致性和覆盖度。前因条件变量达到必要条件的标准 Coverage > 0.9，前因条件是导致结果的充分条件的标准是 Consistency > 0.9（杜运周和贾良定，2017），经检验本章内容中任何一个单因素对结果变量（高创新效果、高创业效果）的实现都不构成充分必要条件，即在本章内容中，高创新效果、高创业效果均要在多个前因条件共同作用下才会出现。因此，本章内容将各前因变量进行组合构型分析是有必要的。

经过 fsQCA 分析，会产生三种解：复杂解、中间解和简约解。这三种解具有不同的简化程度，并且在对现实的启示上也存在着一定的差异。其中，复杂解最为严格，由此输出的结果也最为复杂，导致其普适性较差；简约解是经由最宽松的过程得到的，由此输出的结果会过于简单，并且存在某些结果与现实状况相矛盾的可能性，导致简约解的启示性差；中间解输出结果的启示性和普适性都相对较好，可以认为它将已有的理论知识和研究者对案例的了解都结合了起来，因此在使用 fsQCA 方法的研究中被大部分学者采用（Ragin，2014）。本章内容在此汇报中间解，并辅之以简约解。进一步地，参考 Fiss（2011）的分析方法对主效应的前因条件构型进行分析，其中，将所有出现在简约解中的条件定义为核心条件，将所有在中间解中出现却被简约解排除的条件定义为边缘条件。

利用 fsQCA 软件进行分析，本章内容将一致性阈值设定为 0.8，可接受个案数设定为 1。在反事实检验的部分，本章内容认为所有前因条件及其非集均有可能引致高政策有效性，因此不对此做提前判断，即在 QCA 软件对于前因条件"Present/Absent"的程序中不进行选择。根据 Ragin（2014）提出的逻辑方案表对结果进行整理，按照简单解一致性逻辑，将中间解中具备相同核心条件的构型进行合并分组，本章内容共得到三种引致高创新强度、三种引致高创业活跃度的前因构型，整合后见表 2-3。

表 2-3　高创新强度和高创业活跃度的前因构型

前因条件	有效构型						
	创新强度				创业活跃度		
	A_{1a}	A_{1b}	A_2	A_3	B_1	B_2	B_3
TOL_1	●	●	●	×	●	×	●
TOL_2	●	●			×	•	●
TOL_3	•	•		●	●	●	×
DTL	×		•	×		×	×
GOL_1	•	•	●	•	●	•	
GOL_2	●			●	●		●
CON		•	×	●	×	●	
一致性	0.96	0.91	0.92	1	0.83	0.80	0.82
原始覆盖度	0.13	0.15	0.24	0.17	0.12	0.02	0.11
唯一覆盖度	0.02	0.09	0.16	0.08	0.09	0.01	0.01
总体覆盖度	0.55				0.32		
总体一致性	0.84				0.89		

注："●""•"表示某条件出现，"×"表示某条件不出现，其中大圈代表核心条件，小圈代表边缘条件，空格表示此变量出现与否对结果不产生影响

在结果解释中，一致性用来描述前因构型在何种程度上是被解释结果的充分条件，只有一致性 > 0.8，分析前因构型才有意义（杜运周和贾良定，2017）。覆盖度用来描述该类构型作为引致结果变量路径的唯一性程度，其中原始覆盖率是指给定项解释结果案例的比例；唯一覆盖率是指剔除与其他组合重复的部分而得到的覆盖率（杜运周和贾良定，2017）。

从表 2-3 可以看出，本章内容研究得到的有效构型在总体上分别可以解释 55%的高创新强度案例和 32%的高创业活跃度案例，两种解的一致性分别为 84%和 89%，即在所有满足这三类条件构型的政策案例中，分别有 84%和 89%呈现出较高的创新强度和创业活跃度，均满足要求一致性 > 0.8，说明表中所有的前因构型都是导致高创新强度或创业活跃度的充分条件。从覆盖度可以看出，构型 A_2 对结果的解释力度最大，约 16%的高创新强度案例仅能被这条路径所解释。

三、分区域的有效构型

本章内容进一步划分东、中、西部地区，对原始数据再次采用 fsQCA 进行有

效构型分析。首先是单因素必要性分析，结果显示单个条件（包括其非集）均不是构成分地区高政策有效性的必要条件，下一步进行前因构型分析，基于分地区的条件组态，可以进一步识别出东、中、西部地区在制定创业创新政策方面的差异化构型。为便于对比，本章内容将三个地区的有效构型整合，如表 2-4 所示。

表 2-4　高创新强度、高创业活跃度的分地区前因构型

前因条件	有效构型													
	东部地区					中部地区					西部地区			
	创新		创业			创新			创业		创新		创业	
	A_1	A_2	B_1	B_2	B_3	A_{3a}	A_{3b}	A_4	B_4	B_5	A_5	A_6	B_6	B_7
TOL_1	•	•		•	●	×	×	●	×	●	●	•	●	●
TOL_2	●	●	●	●		•		•	•			•	×	×
TOL_3	•	×	×	•	×	●	●	●	●	●	•		×	•
DTL	×		×	×		×		●	●				●	
GOL_1	•				●	●	●	●	●	●		×		×
GOL_2		●	●	•	•	●	●	×	●	×	●	●	•	●
CON	●								×					
一致性	0.84	0.91	0.89	0.94	0.81	0.99	0.99	0.85	0.96	0.89	0.80	0.82	0.80	1.00
原始覆盖度	0.04	0.12	0.18	0.24	0.04	0.12	0.12	0.27	0.03	0.14	0.09	0.10	0.14	0.34
唯一覆盖度	0.02	0.04	0.04	0.15	0.01	0.02	0.02	0.18	0.03	0.11	0.00	0.00	0.14	0.05
总体覆盖度	0.31		0.25			0.46			0.13		0.37		0.23	
总体一致性	0.83		0.91			0.85			0.87		0.89		0.83	

注：东部地区包括京、津、沪、浙等 11 省份，中部地区包括晋、赣、鄂、湘等 8 省份，西部地区包括川、滇、宁、新等 12 省份；"●""•"表示某条件出现，"×"表示某条件不出现，其中大圈代表核心条件，小圈代表边缘条件，空格表示此变量出现与否对结果不产生影响

表 2-4 数据结果显示，首先，分区域的政策效果总体一致性均大于 0.80（Fiss，2011），表明实证分析的整体结果是有效的。其次，所有有效构型的一致性均大于 0.80，说明所有构型都能正向促进高政策有效性。根据覆盖度指标，东、中、西部地区的有效构型中对创新结果的解释力度最大的分别是 A_2、A_4 和 A_6，而对创业结果的解释力最大的分别是 B_2、B_5 和 B_7。最后，三个地区的创新效果（A）的有效构型和创业效果（B）的有效构型均存在核心解重合部分，说明有共同的组合方式能够同时促进全社会的创新效果和创业效果，具体将在结果讨论中进行对比分析。

四、结果讨论

（一）政策工具组合

从表 2-3 可以看出，引致高创新强度和高创业活跃度均有三种路径。其中，引致高创新强度的解中包含以下三组简约解：$TOL_1 \times TOL_2 \times GOL_2$、$TOL_1 \times GOL_1 \times GOL_2 \times CON$ 及 $TOL_1 \times TOL_3 \times DTL \times CON$，在引致高创业活跃度的解中均能找到与这三种对应相同的简约解，说明这三组核心条件的组合能够同时引致高创新强度和高创业活跃度，即高政策有效性。本章内容整合分析这三组解中具有相同必要条件的路径，作为最终引致高政策有效性的有效路径。

第一，构型 A_2 与构型 B_1 表明，供给型政策工具、创新类及创业类政策目标均作为必要条件出现，连续性作为必要条件不出现。从表 2-3 可以看出，在构型 B_1 的组合中，环境型政策工具作为边缘条件不出现，在构型 A_2 中，需求型政策工具、详细程度作为边缘条件出现能够促进创新效果。本章内容将其统称为"供给推动型"路径，该类路径能解释 24% 的高创新案例和 12% 的高创业案例。

第二，构型 A_{1a}、A_{1b} 与构型 B_3 表明，供给型、环境型政策工具及创业类目标的共同作用是促进政策有效的必要条件，政策工具详细程度作为边缘条件不出现。对供给型与环境型政策工具进行适当的组合，以及关注政策工具与创业类政策目标的组合效应，也能实现政策效果的提升。本章内容将其统称为"环境平衡型"路径，该类路径能解释约 28% 的高创新案例和 11% 的高创业案例。

第三，构型 A_3 与 B_2 包含了三项共同的核心维度，需求型政策工具及连续性均出现，供给型政策工具不出现，除此之外政策工具详细程度在构型 A_3 中作为必要条件不出现，在构型 B_2 中作为边缘条件不出现。创新类目标均作为边缘条件出现。本章内容将其统称为"需求拉动型"路径，该类路径能解释约 17% 的高创新案例和 2% 的高创业案例。

（二）政策区位组合

政策适用地区是政策实施环境中较为重要的一个部分，从结果上看，三个地区的有效构型差异较大，双创政策在三个地区实施的效果出现了分化。根据分地区的 fsQCA 分析结果，本章内容将东、中、西部地区与上一部分中的三种有效路径进行了匹配。

从表 2-4 可以看出，"环境平衡型"路径在东部地区的构型 A_1、A_2、B_1 与 B_2 中均得到了体现，全部路径的一致性均大于 0.8，符合充分条件要求的合理水平。政策工具的组合方面，应以环境型工具为主导，辅之以供给型、需求型工具，有利于政策工具组合效应最大化。中部地区的四种路径中有三种属于"需求拉动型"路径，分别是 A_{3a}、A_{3b}（统称为 A_3）、B_4 和 B_5，其中引致高创新强度的解的总体覆盖度为 46%，解释效果较为理想，可见对于中部地区，需求型政策工具能够成为影响创业创新方向和速度的重要工具，另外优先考虑与环境型政策工具的组合，而不用过多考虑供给型政策工具，政策详细程度方面应以针对性描述为主。对于西部地区，构型 A_5、B_6 与 B_7 均属于"供给推动型" 路径，引致高创新、创业有效性的解的总体覆盖度分别为 37%、23%，政策实现高有效性强调从供给侧角度使用政策工具，并且在政策内容描述上应尽可能具体和有针对性，在政策目标方面侧重关注创业类目标。

（三）政策时序组合

从表 2-3 可以看出，在引致高创新强度、高创业活跃度的六种组态中，连续性变量在 A_2、B_1 两种组态中作为必要条件不出现，这两种组态的一致性分别为 92% 、83%，均达到充分条件要求的合理水平。一方面，在明确不需要具有连续性的这两组解中，对于其他变量重点关注了两类政策目标以及供给型政策工具的组合，详细程度作为边缘条件出现，说明对政策工具描述需要具有一定的针对性。另一方面，政策连续性变量在 A_3、B_2 两种组态中作为必要条件出现，在 A_{1b}、B_2 两种组态中作为边缘条件出现，解的一致性均大于 0.8，在这些需要具有连续性的组态中，政策工具与政策目标可以有不同的组合，但是政策详细程度应不出现，即政策工具描述上需要以方向性为主。

第四节　提升"双创"系列政策有效性的研究结论与对策

一、主要研究结论

本章内容对我国"双创"系列政策实施以来的阶段性成效进行了理论回应，创新性地从政策工具组合的视角提出有效提升长期系列政策绩效的路径问题。采用 fsQCA 方法检验得出引致我国"双创"系列政策良好效果的政策工具组合构型，结果如下。

第一，政策工具的组合是政策组合的基础内容，引导创业创新高绩效的有效政策组合构型可以分为"供给推动型""环境平衡型""需求拉动型"。其中，"供给推动型"政策组合是重点使用供给型政策工具促进社会创新创业发展，需适当结合其他维度的政策工具，且在连续性维度上不宜形成政策刚性；"环境平衡型"政策组合是以环境型政策工具为核心维度，对政策目标应给予明确设定，且要求保持较强的政策连续性，以提供宽松、稳定的政策环境，此外供给型与环境型政策工具进行适当的组合，以及关注政策工具与创业类政策目标的组合效应，也能提升政策效果；"需求拉动型"以需求型政策工具为核心，充分发挥其直接拉动创新创业的作用，政策目标侧重关注创业类目标维度，且不需对供给型政策工具进行过多投入，政策详细程度则以方向性条文为佳。

第二，"双创"系列政策的有效实施存在着明显的区域异质性。我国东、中、西三个地区的有效构型差异较大，"双创"系列政策实施的效果在不同地区呈现出一定的分化，这充分说明政策因地制宜的重要性。根据分地区的 fsQCA 分析结果，本章内容还将不同地区与三种有效路径进行了匹配。本章内容的研究结果表明，东部地区的政策组合有效构型以环境型政策工具为核心，这是由于东部地区经济社会发展领先，承担着为全国创业创新政策先行先试的艰巨使命，工作重点在于营造优化良好的外部政策环境，对于不同时间段出台的创业创新政策，政策内容的连续性、继承性越高，越有利于其他政策工具产生良好效果；中部地区的政策组合有效构型主要以需求型政策为核心，在政策持续效应方面应保持一定的连续性，并充分考量创业、创新等政策目标的据实程度，这些与中部地区肩负我国经济发展第二梯队的使命是相符的，充分激发市场主体的创业激情和创新意愿成为这一区域"双创"系列政策的主要着力点；西部地区更倾向于供给型为主的政策组合，且要求政策目标明确，但在政策连续性上的要求不明显，这主要是由于我国西部欠发达区域对于创业创新还处于政策引导阶段，更加依赖于政策供给端的红利。

第三，本章内容的研究结果还显示"双创"系列政策的有效构型具有一定的时序组合特征。其中，在总样本检验结果中，无论是高创业强度还是高创新活跃度的有效构型中都包含至少一种政策连续性变量的特征解，这说明政策制定和实施的时间连续性和内容连续性都对"双创"系列政策的成效产生重要影响。进一步地，我们在分区域检验中看到，东部地区对于"双创"系列政策的延续性和时效性更加关注，并进入高创业绩效和高创新绩效的有效解中，中、西部地区对于政策连续性的要求则没有显著的要求偏好。

二、政策启示

首先，政策工具的合理选择和组合是实现"双创"系列政策预期目标的重要抓手。无论是从整体上还是分地区的分析结果来看，在所有有效构型中，基本都均衡地使用了三类政策工具的组合，且政策工具的类型覆盖全面。具体在政策工具的有效组合中，供给型、需求型政策工具在有效组合中占比较高。两者及以上政策工具叠加后更能准确地表达不同类型政策工具的实际作用。此外，还需要考虑政策工具与创业、创新类目标的契合度，以进一步支撑市场主体开展高质量的创业创新活动。

其次，"双创"系列政策的制定和实施需要重点考虑地区禀赋问题，要做到差异化供给、精准匹配，以提高政策扶持的效果。对于经济发展程度较高的东部地区，政策重点应是环境型政策，如构建连续稳定的营商环境、环境型政策的长期实施与维护等；中部地区作为中国经济发展的第二梯队，政策实施应以需求型政策作为主导，进一步激发市场活力，从而促进创业创新的绩效；西部地区需要侧重供给型政策推动，重点包括财政扶持、人才引进及支撑，政策内容应偏向具体详细的项目，以期调动更多的社会资源参与创业创新活动。

最后，政策内容创新度和政策持续性是"双创"系列政策制定时需要动态权衡的课题。从政策时序组合角度，一方面，政策要适应社会发展变化，需要及时提出创新性的政策举措；另一方面，对政策工具与目标需要以连贯和一致的方式进行组合，保证政策在不同时间段上具有连续性，确保政策具有一定的稳定性、持续性及可被预见性（彭华涛等，2017）。这看似是一对矛盾的两个方面，实际上是考验施政者勇气与智慧的关键，特别是面向本地区创业者、创新者的真实诉求，在政策的变与稳之间实现一种高效的平衡机制。

三、不足与展望

受样本来源的限制，本章内容在对政策组合效应的分析中未对行业、产业等进行区分，影响政策实施效果的因素错综复杂，未来的研究需要继续探索更多的情境因素。本章内容为了进一步检验有效构型的稳健性，已尝试了多种量化指标分别测度创业、创新效果，结果显示主效应构型基本稳定。未来还可以继续拓展尝试更为全面的创业和创新类评价指标来保证研究结论的稳健性。

除此之外，本章内容对政策连续性的测度是使用了连续三年内政策词频的重复率来比对衡量的，但这也导致其中两年的连续性数值缺失。在未来的研究中，随着时间推移，"双创"系列政策继续出台，能够得到更多有效数据来论证本章内容结论。

第三章　战略性新兴产业政策对中小企业的创新激励效应研究

　　培育和发展战略性新兴产业是实现我国经济、科技等领域"弯道超车"的有效路径之一。国家一直重视通过政策引导和培育孵化等方式，塑造一批战略性新兴产业中能够成为未来产业中坚力量的中小企业。目前，国家层面按照长期导向，设置了七大战略性新兴产业，分别是节能环保产业、新兴信息产业、生物产业、新能源产业、新能源汽车产业、高端装备制造业和新材料产业。其中，新能源汽车产业面向未来汽车产业重大变革方向，是我国汽车工业实现跨越式发展的重要方向。此外，新能源汽车产业还能够有效缓解能源与环境压力，提高产业发展层次水平，是我国绿色经济发展模式的重要助力产业。但新能源汽车产业因迟迟无法突破技术瓶颈而陷入发展困境（赵晓庆和杨文亚，2014）。研发创新作为技术创新的重要实现方式，在新能源汽车产业内忧外患的背景下显得尤为重要（熊勇清和陈曼琳，2016）。研发创新由于其周期长、不确定性高等特点，需要大量资金持续投入（何琳和蒋兵，2012）。从我国新能源汽车产业创新环境看，政府补助与市场融资是其资金的主要来源（侯世英和宋良荣，2019）。那么，近年来政府补助与市场融资对我国新能源汽车产业研发创新激励效应如何？政府补助是否激励企业利用自身融资加大研发创新投入？在目前政府补贴退坡机制背景下，未来针对新能源汽车产业的货币政策与财政政策的制定该如何权衡？

　　现有相关研究主要集中在政府补助与市场融资激励研发创新的纵向对比方面，一部分学者研究聚焦于政府补助对企业研发创新的影响，强调政府补助对企业研发创新的"激励"（刘兰剑和赵志华，2016；Zhang，2014）与"挤出"效应（Yang et al.，2016；李维安等，2016）。另一部分学者关注市场融资约束与企业研发创新之间的关系，强调金融发展对企业研发创新的"促进"（文武等，2018；任海云和聂景春，2018）与"排斥"效应（王旭和褚旭，2019；杨风，2016）。然而，很少有研究将政府补助与市场融资整合到同一研究框架中，从而难以探析两者对新能源汽车企业研发创新的差异性影响，以及两者协同配合对研发创新的影响，也就难以回答政府补助政策是否起到激励企业加大私人研发投入作用，以及政府应当如何针对新能源汽车产业精准设计财政政策与货币政策等问题。同时，现有研究也较少从产业链与所有权视角对新能源汽车研发创新的异质性表现展开深入分析，从而不能为政府扶持新能源汽车产业精准设计创新政策提供理论指导。

为解决上述实践与理论问题，本章内容整合资源基础理论、创新理论与产业生态理论，从产业生态视角出发，运用 2015~2018 年新能源汽车产业 110 家上市公司面板数据，探索政府补助与市场融资及两者协同配合对企业研发创新的影响，并进一步从产业链与所有权角度深入探析其内在作用机理，以期为企业经营决策和政府精准政策提供参考。

第一节　基础理论整理及研究框架设计

一、研究假设

（一）政府补助与企业研发创新

新能源汽车产业目前仍处于技术成果培育与商业化推广的关键转型时期（杨风，2016；Zhang，2014），需要国家大力支持（何琳和蒋兵，2012）。首先，新能源汽车产业属于新兴产业，企业受到较强的外部融资约束，市场需求与研发具有较高不确定性，与传统能源汽车比较处于市场竞争劣势（熊勇清和陈曼琳，2016）。因此，政府补助能够为新能源汽车企业研发创新活动提供资金补助，促进企业开展研发创新活动。其次，企业创新具有高风险性和正外部性，在我国知识产权保护不完善的条件下，政府补助可以有效地降低企业研发成本，补偿创新外部性风险（熊勇清等，2018）。

目前，政府主要通过财政补贴、税收优惠两种手段扶持新能源汽车企业创新（陈红等，2019；胡华夏等，2017）。财政补贴受政府主导，有较强的可控性、灵活性，侧重于事前激励；税收优惠与企业经营业绩挂钩，是对经营者努力程度的激励，一般是事后补贴（侯世英和宋良荣，2019）。但是，新能源汽车产业处于成长阶段，企业经营业绩表现欠佳，享受税收优惠力度较小。因此，税收优惠政策对新能源汽车产业的激励效应小于财政补贴政策。基于此，本章内容提出如下假设：

假设 3-1a：财政补贴与税收优惠政策都能促进新能源汽车产业研发创新；

假设 3-1b：在相同环境下，财政补贴的激励效应大于税收优惠。

（二）市场融资与企业研发创新

新能源汽车产业作为七大战略性新兴产业之一，面临创新风险大、外部环境不确定等问题（熊勇清等，2018；熊勇清和陈曼琳，2016）。同时，新能源汽车产业对创新资金需求极高（何琳和蒋兵，2012），市场融资是产业创新发展的重要资金保障。

作为市场融资的两种主要方式，债权融资与股权融资对新能源汽车产业创新的影响具有差异性。对于债权融资而言，首先，企业获得银行等机构的债权融资大部分以短期贷款为主，难以为企业研发创新提供长期稳定的资金保障（王旭和褚旭，2019）。其次，通过债权融资获得的资金使得企业背负短期偿还压力，迫使企业更加专注于短期经营而非长期的研发创新（柳光强，2016）。最后，由于债权融资需要企业提供固定资产担保，对资金使用约束较大，不利于企业开展研发创新活动（Hall，2002）。相对于债权融资，股权融资对创新的促进作用主要表现如下：第一，股权融资资金不需要企业还本付息，能为企业研发创新提供长期稳定的资金保障（钟田丽等，2014）。第二，股权投资者相对于银行等机构更愿意承担创新风险，使得企业能够更加专注于研发创新（Wei et al.，2015）。第三，企业在研发创新活动中，股权融资资金使用的灵活性高，能有效促进企业加大研发创新力度（Opler and Titman，1994）。基于此，本章内容提出如下假设：

假设 3-2a：股权融资促进新能源汽车产业研发创新；

假设 3-2b：债权融资抑制新能源汽车产业研发创新。

（三）政府补助与市场融资的协同配合与研发创新

通过上述分析发现，政府补助与市场融资都会对新能源汽车产业研发创新产生一定影响，但政府补助与市场融资对产业研发创新的影响可能也会存在协同配合效应，若只考虑某一个融资渠道对企业研发创新的影响将会导致研究不全面。

首先，根据信号传递理论，研发创新的高风险性与不确定性使得投资者与企业之间存在高度的信息不对称，政府补助作为一种信息传递信号角色能够提高企业在市场的声誉（刘家树和范从来，2019），这种声誉提升被外部投资者所接收能在一定程度上缓解企业融资约束（Feldman and Kelley，2016）、减轻研发资金压力（Kleer，2010），从而提升企业研发创新动力（李爱玲和王振山，2015）。

其次，从市场主导逻辑来看（杨洋等，2015），一方面，企业市场融资能力越强，说明企业发展潜力越大，政府也会加大财政补贴力度扶持企业。另一方面，税收优惠又与经营状况直接挂钩，因此市场融资规模相对越大的企业，越能享受到更多税收优惠，从而保证企业拥有充足的研发资金来源，激励企业开展研发创新活动。基于此，本章内容提出如下假设：

假设 3-3：政府补助与市场融资的协同配合正向促进新能源汽车产业研发创新。

（四）不同产业链阶段企业创新的激励效应

新能源汽车产业是一个庞大复杂的生态系统（Besharov and Smith，2014），主要包括以电池材料等为主要经营产品的上游企业，以锂电池、电机电控为主要产品的中游企业及以新能源汽车整车制造为主的下游企业。

首先，不同新能源汽车产业链阶段企业的融资约束有明显差异，对于政府补助的需求程度也有所不同（张慈等，2014）。相对融资状况稍好的下游企业来说，中上游企业融资约束程度较大（李磊和郭燕青，2014），政府补助对缓解上游企业融资约束的效用更强。其次，市场融资会使得企业背负偿债压力。资金压力较大的中上游企业更可能将市场融资资金用于企业日常生产而非研发创新，而资金压力较小的下游企业更可能将其用于研发创新。最后，由于信息不对称问题时有发生，企业所获得的外部创新资金难以兼顾日常运营和创新研发，尤其是资金压力较大的中上游企业。因此，政府补助力度加大能够填补这类企业的日常资金缺口，也能更大程度地扩大市场融资规模，扩大对创新研发的激励作用。同样，如上所述，市场融资能力更强的企业在获得更多政府补助时，更愿意将资金投入研发创新。因此，可以认为政府补助与市场融资协同配合效用对中上游企业的创新激励效果更佳。基于此，本章内容提出如下假设：

假设 3-4a：相比下游企业，政府补助对中上游企业研发创新的激励效应更大；

假设 3-4b：相比中上游企业，市场融资对下游企业研发创新的激励效应更大；

假设 3-4c：相比下游企业，政府补助与市场融资的协同配合对中上游企业研发创新的激励更大。

（五）不同所有制企业创新激励效应

新能源汽车产业中各种所有制企业共存，其中，国有企业与非国有企业存在明显的潜在制度逻辑差异。首先，相对于非国有企业，国有企业拥有过于丰富的资源以致常常造成资源浪费等行为（郭燕青等，2016），而政府补助与市场融资会进一步加重国有企业的资源冗余问题，从而很难对其研发创新有较大促进作用。反之，非国有企业有着更强的创新动力，却面临着更大的融资约束问题，因此政府补助与市场融资的提升更能促进非国有企业进行研发创新。

其次，相对于国有企业庞大固定的组织结构，非国有企业具有更大的机动性与高效性，这种机动性与高效性会使得非国有企业能够更迅速、更有效地实施创新战略，因此在非国有企业获得政府补助与市场融资时会加大研发创新投入。

最后，国有企业能够凭借其政治资源获取更大规模的政府补助与市场资源，而非国有企业面临的融资约束与市场压力使得它们不得不通过获取政府补助来向外界投资者与银行传递被政府信任的信号（Tan，2002），这对其获得市场融资极其重要。同时，当非国有企业通过这一传递信号获得更多市场融资时，也会倍加珍惜并将其更多投入研发创新活动，以便能获得更多补助，进一步激发政府补助所带来的信号迭代作用，从而形成良性循环。基于此，本章内容提出如下假设：

假设3-5：相较于国有企业，政府补助与市场融资及两者的协同配合对非国有企业研发创新的激励效应更大。

二、数据来源与样本选择

本章内容采用"新能源汽车""电动汽车"等关键字在"问财网"搜索样本，截至2019年5月1日搜索到240家新能源汽车概念上市公司，对样本进行以下处理：①剔除带ST企业（财务状况或其他异常问题的上市企业）；②剔除与新能源汽车产业链关联不大的企业；③为保持面板数据的平衡，剔除2015年以后进入新能源汽车产业的企业；④剔除主营业务不是新能源汽车产业链的企业，最后得到110家企业样本。

本章内容实证分析所使用的数据均为上市企业年报的数据，其中财政补贴政策、税收优惠政策数据根据各上市企业年报手工收集整理而来，其余数据来源于国泰安数据库与万德数据库。本章内容研究的样本时间段为2015~2018年。主要是因为大量新能源汽车产业政府补助政策是从2014年之后开始生效的，同时我国在2013年底提出清理规范管理税收优惠和竞争性领域财政支出的改革目标，使2013年与2014年的税收优惠、财政补贴政策处于调整当中，不适宜进行研究，因此本章内容选择2015~2018年的样本数据。图3-1列示了本章内容的基本概念模型。

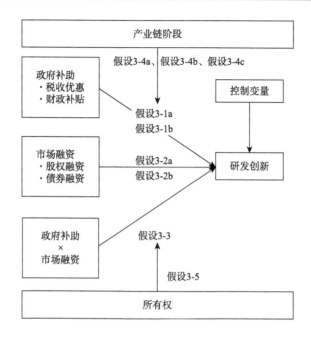

图 3-1　基本概念模型

三、模型与变量设计

为了验证政府补助、市场融资和两者之间的协同配合对新能源汽车产业研发创新的影响，以及这种影响在不同产业链阶段与所有制企业中的异质性表现，本章内容构建以下简要模型进行回归分析。

$$
\begin{aligned}
\text{Innovation}_{it} = {} & \beta_0 + \beta_1 \text{Controls}_{it} + \beta_2 \text{Subsidy}_{it} + \beta_3 \text{Tax}_{it} \\
& + \beta_4 \text{Stock}_{it} + \beta_5 \text{Debt}_{it} + \beta_6 \text{Subsidy}_{it} \times \text{Stock}_{it} \\
& + \beta_7 \text{Subsidy}_{it} \times \text{Debt}_{it} + \beta_8 \text{Tax}_{it} \times \text{Stock}_{it} \\
& + \beta_9 \text{Tax}_{it} \times \text{Debt}_{it} + \alpha_i + \alpha_t + \mu_{it}
\end{aligned}
$$

其中，β_0 代表构建的模型中的常数值；$\beta_1 \text{Controls}_{it}$ 中 β_1 代表控制变量的系数，Controls_{it} 代表控制变量的统称；α_i 代表控制样本个体；α_t 代表控制样本时间；μ_{it} 代表回归模型中的随机扰动项。上述模型中的变量定义如表 3-1 所示。

表 3-1　变量定义

变量代码	变量名称	变量描述
被解释变量		
Innovation_{it}	研发强度	"企业研发投入"的自然对数衡量

续表

变量代码	变量名称	变量描述
解释变量		
$Subsidy_{it}$	财政补贴	上市企业年报中营业外收入中的"政府补助"自然对数
Tax_{it}	税收优惠	"税费返还"自然对数
$Stock_{it}$	股权融资	"实收资本+资本公积"自然对数
$Debt_{it}$	债权融资	"负债"自然对数
控制变量		
Size	研发规模	"企业研发员工/企业总员工"自然对数
Lev	财务杠杆	"总负债/总资产"
K	知识存量	"无形资产"自然对数
Incm	资产周转率	"营业总收入/总资产"
CF	营业现金流	"经营活动产生的现金流量净额/总资产"
Cash	现金持有水平	"现金及现金等价物期末余额"
RC	人力资本	"应付职工薪酬"自然对数

对于产业链阶段，本章内容结合"问财网"中的"产品图谱"及在年报中手动收集资料，将新能源汽车产业链分为上游企业、中游企业及下游企业。其中上游企业主营业务是锂电池、电机原材料等，中游企业主营业务是生产电池、电机电控等产品，下游企业主营业务是新能源汽车制造。对于多数企业的营业范围囊括产业链多个环节，本章内容按照主营业务进行产业链阶段划分。

第二节　战略性新兴产业补助政策创新激励效应的实证研究

一、全样本回归结果分析

表 3-2 显示的是描述性统计与相关系数矩阵，结果显示各变量间相关系数大部分小于 0.4，不存在共线性问题。

表 3-2　描述性统计与相关系数矩阵

变量	Innovation	Size	K	Incm	Lev	CF	Cash	RC	Tax	Subsidy	Debt	Stock
Innovation	1.000											
Size	−0.001	1.000										
K	−0.052	−0.059	1.000									
Incm	0.335***	−0.057	−0.141***	1.000								
Lev	0.411***	−0.301***	−0.034	0.236***	1.000							
CF	0.115**	0.141***	0.068	0.265***	−0.281***	1.000						
Cash	−0.069	0.367***	−0.125**	−0.066	−0.229***	0.124**	1.000					
RC	0.779***	−0.174***	−0.022	0.351***	0.448***	0.063	−0.035	1.000				
Tax	0.597***	−0.120**	0.023	0.306***	0.379***	0.023	−0.096*	0.228***	1.000			
Subsidy	0.713***	0.007	0.034	0.106**	0.288***	0.068	0.036	0.354***	0.245***	1.000		
Debt	0.790***	−0.248***	−0.007	0.241***	0.716***	−0.066	−0.131***	0.410***	0.242***	0.384***	1.000	
Stock	0.685***	−0.162***	0.055	−0.041	0.282***	−0.054	−0.006	0.342***	0.392***	0.376***	0.398***	1.000
均值	14.204	0.475	0.049	0.637	0.027	0.130	18.040	18.834	0.043	0.012	0.036	0.065
标准差	9.231	0.189	0.045	0.333	0.078	0.088	1.561	1.574	1.688	2.147	1.068	1.632

*、**、***分别表示系数在 10%、5%、1%的水平上显著

注：税收优惠、财政补贴、债权融资、股权融资均经过标准化处理

　　表 3-3 显示的是新能源汽车产业政府补助与市场融资对企业研发的多层逐步回归的结果。通过模型 4 与模型 5 可知，财政补贴（β=0.219，$p < 0.01$）与税收优惠（β=0.125，$p < 0.01$）都能正向显著激励企业加大研发投入，且财政补贴作用大于税收优惠，假设 3-1a、假设 3-1b 得到验证。但模型 2 与模型 3 却显示股权融资（β=0.152，$p > 0.1$）与债权融资（β=0.184，$p > 0.1$）并未显著促进企业研发投入，假设 3-2a、假设 3-2b 并没有得到验证。这表明企业没有将市场融资获得的资金用于研发创新，说明近几年政府补助政策并没有起到激励企业加大私人研发投入的作用。由模型 7～模型 10 可知，政府补助与市场融资之间的四种协同配合效应均对企业研发创新存在显著促进作用，研究假设 3-3 得到验证。

表3-3　新能源汽车产业政府补助与市场融资对企业研发的逐步回归

变量	模型 1	模型 2	模型 3	模型 4	模型 5	模型 6	模型 7	模型 8	模型 9	模型 10
Size	0.730*** (0.062 2)	0.583*** (0.120)	0.544 (0.349)	0.536*** (0.067 4)	0.603*** (0.071 6)	0.458 (0.352)	0.241 (0.355)	0.316 (0.353)	0.346 (0.350)	0.0346 (0.366)
K	−1.690* (0.946)	−1.790* (0.947)	−1.670* (0.947)	−1.794* (0.905)	−2.010* (0.964)	−2.284** (0.921)	−2.438*** (0.912)	−2.225** (0.913)	−2.537*** (0.914)	−2.743*** (0.916)
Incm	0.485*** (0.151)	0.558*** (0.159)	0.483*** (0.151)	0.561*** (0.145)	0.252 (0.171)	0.380** (0.171)	0.314* (0.171)	0.296* (0.172)	0.341** (0.170)	0.304* (0.170)
Lev	−0.201 (0.291)	0.041 9 (0.337)	−0.635 (0.853)	0.009 64 (0.281)	−0.194 (0.317)	1.017 (0.923)	0.842 (0.914)	0.826 (0.918)	0.873 (0.914)	0.318 (0.929)
CF	1.925*** (0.631)	2.155*** (0.650)	1.888*** (0.635)	1.804*** (0.604)	1.743** (0.683)	2.108*** (0.669)	2.213*** (0.662)	2.152*** (0.663)	2.071*** (0.661)	2.129*** (0.658)
Cash	−0.436 (0.493)	−0.469 (0.493)	−0.401 (0.498)	−0.650 (0.473)	−0.144 (0.537)	−0.547 (0.518)	−0.686 (0.514)	−0.565 (0.514)	−0.558 (0.512)	−0.665 (0.511)
RC	0.231*** (0.051 8)	0.249*** (0.053 2)	0.231*** (0.052)	0.193*** (0.049 9)	0.266*** (0.059 3)	0.259*** (0.058)	0.231*** (0.058 5)	0.242*** (0.058 3)	0.258*** (0.057 8)	0.250*** (0.057 6)
Stock		0.152 (0.107)				0.174 (0.109)	0.154 (0.108)	−0.826** (0.381)	−0.853** (0.348)	0.169 (0.107)
Debt			0.184 (0.340)			−0.230 (0.345)	−0.909** (0.406)	−0.120 (0.344)	−0.130 (0.342)	−0.648* (0.359)
Subsidy				0.219*** (0.035 7)		0.238*** (0.039 4)	−0.853** (0.357)	−0.980** (0.447)	0.226*** (0.039 1)	0.226*** (0.038 9)
Tax					0.125*** (0.026)	0.105*** (0.025)	0.105*** (0.025)	0.104*** (0.025)	−1.135*** (0.400)	−0.900*** (0.283)
Subsidy×Debt							0.049 7*** (0.016 2)			
Subsidy×Stock								0.057 1*** (0.020 8)		
Tax×Stock									0.057 7*** (0.018 6)	

续表

变量	模型 1	模型 2	模型 3	模型 4	模型 5	模型 6	模型 7	模型 8	模型 9	模型 10
Tax×Debt										0.046 2*** (0.012 9)
时间固定效应	控制	控制	控制	控制	控制	控制	控制	控制	控制	控制
个体固定效应	控制	控制	控制	控制	控制	控制	控制	控制	控制	控制
常数项	-20.85*** (0.818)	-18.01*** (2.154)	-16.43** (8.201)	-15.92*** (1.120)	-18.44*** (0.985)	-15.69* (8.192)	-10.13 (8.298)	-12.04 (8.228)	-13.06 (8.141)	-5.535 (8.550)
观测值	415	415	415	415	377	377	377	377	377	377
R^2	0.725	0.726	0.725	0.749	0.728	0.755	0.761	0.760	0.761	0.763
F 值	106.48	97.23	96.66	109.05	88.68	79.68	76.74	76.21	76.79	77.63

*、**、***分别表示系数在10%、5%、1%的水平上显著

注：括号内为回归系数的标准误

二、分样本分析

基于上文理论分析，政府补助与市场融资及其两者的协同配合对不同产业链阶段与所有制下的企业的影响不同，因此有必要对企业样本分产业链阶段、所有制展开进一步分析。

表 3-4 显示的是产业链视角下政府补助与市场融资对企业研发的逐步回归。结果表明，政府补助中的财政补贴政策对产业链上中下游企业（上游 $\beta=0.314$，中游 $\beta=0.137$，下游 $\beta=0.317$，$p<0.01$）都能起到促进研发创新作用，而税收优惠政策却只促进中上游企业（上游 $\beta=0.165$，中游 $\beta=0.0918$，$p<0.01$）研发创新，对下游企业（$\beta=0.0978$，$p>0.1$）并不显著，假设 3-4a 得到验证。市场融资中的股权融资只对下游企业（$\beta=0.538$，$p<0.05$）起到促进研发创新作用，债权融资只对中下游企业（中游 $\beta=0.639$，$p<0.1$，下游 $\beta=13.18$，$p<0.01$）显著促进研发创新，研究假设 3-4b 得到验证。

表 3-5 显示的是产业链视角下政府补助与市场融资的协同配合效应。从表 3-5 中可以发现，产业链上游企业的 4 个交互项都正向显著促进企业研发创新。产业链中游企业的税收优惠与市场融资的股权融资（$\beta=0.0425$，$p<0.05$）和债权融资（$\beta=0.0255$，$p<0.1$）的交互项都正向显著促进企业研发创新，但剩下的 2 个交互项并不显著。产业链下游企业的 4 个交互项都没有显著效应，说明政府补助与市场融资的协同配合对中上游企业研发创新的激励更大，研究假设 3-4c 得到验证。

表 3-6 显示的是所有制视角下政府补助与市场融资对企业研发的逐步回归。结果显示，财政补贴政策对非国有企业（$\beta=0.0586$，$p<0.1$）与国有企业（$\beta=0.103$，$p<0.05$）的研发创新都有显著促进作用。税收优惠政策对非国有企业（$\beta=0.159$，$p<0.01$）研发创新具有显著激励作用，但是对国有企业（$\beta=-0.117$，$p<0.05$）研发却具有挤出效应。同时，在市场融资对非国有企业与国有企业研发投入的影响关系中，仅有股权融资对非国有企业（$\beta=0.364$，$p<0.05$）有显著促进效应，说明相比较于国有企业，税收优惠与股权融资对非国有企业研发创新的激励更大。

表 3-7 显示的是所有制视角下政府补助与市场融资的协同配合效应。从表中可以看出，在非国有企业样本中，虽然税收优惠与股权融资的交互（$\beta=0.0351$，$p>0.1$）不显著，但其他三个交互效应都正向显著。在国有企业样本中，除了税收优惠与债权融资（$\beta=0.0561$，$p<0.05$）之间具有正向显著交互效应，其他三个交互效应都不显著，且财政补贴与债权融资、股权融资（债权 $\beta=-0.0171$，股权 $\beta=-0.0106$，$p>0.1$）甚至有负向交互效应，说明政府补助与市场融资的协同配合对非国有企业研发创新的激励效应更大，研究假设 3-5 得到验证。

表 3-4 产业链视角下政府补助与市场融资对企业研发的逐步回归

变量	上游					中游					下游				
	模型 1	模型 2	模型 3	模型 4	模型 5	模型 6	模型 7	模型 8	模型 9	模型 10	模型 11	模型 12	模型 13	模型 14	模型 15
控制变量	控制	控制	控制	控制	控制	控制	控制	控制	控制	控制	控制	控制	控制	控制	控制
Stock	0.108 (0.256)				0.263 (0.286)	−0.0613 (0.124)				−0.0623 (0.123)	0.538** (0.250)				0.628** (0.254)
Debt		−0.250 (0.667)			−0.892 (0.720)		0.639* (0.355)			0.302 (0.367)		13.18*** (3.030)			8.157*** (3.092)
Subsidy			0.314*** (0.0726)		0.341*** (0.0859)			0.137*** (0.0354)		0.139*** (0.0391)			0.317*** (0.0933)		0.243** (0.0973)
Tax				0.165*** (0.0516)	0.101** (0.0506)				0.0918*** (0.0245)	0.0740*** (0.0253)				0.0978 (0.0773)	0.104 (0.0652)
常数项	−13.76*** (5.004)	−21.53 (15.91)	−9.930*** (2.493)	−12.45*** (2.698)	−24.90 (15.65)	−23.31*** (2.744)	−6.830 (8.476)	−18.92*** (1.198)	−21.14*** (1.108)	−12.42 (8.968)	−18.26*** (5.897)	286.0*** (72.46)	−20.72*** (3.855)	−27.04*** (3.694)	187.7** (72.28)
时间固定效应	控制	控制	控制	控制	控制	控制	控制	控制	控制	控制	控制	控制	控制	控制	控制
个体固定效应	控制	控制	控制	控制	控制	控制	控制	控制	控制	控制	控制	控制	控制	控制	控制
观测值	109	109	109	96	96	224	224	224	209	209	82	82	82	72	72
R^2	0.576	0.576	0.644	0.616	0.681	0.798	0.801	0.811	0.789	0.803	0.752	0.791	0.773	0.771	0.861
F 值	12	11.99	15.96	12.26	12.36	76.25	77.61	82.88	66.85	56.52	19.25	24.15	21.62	18.34	25.24

*、**、***分别表示系数在10%、5%、1%的水平上显著

注: 括号内为回归系数的标准误

表 3-5 产业链视角下政府补助与市场融资的协同配合效应

变量	上游				中游				下游			
	模型 1	模型 2	模型 3	模型 4	模型 5	模型 6	模型 7	模型 8	模型 9	模型 10	模型 11	模型 12
控制变量	控制	控制	控制	控制	控制	控制	控制	控制	控制	控制	控制	控制
Stock	0.389 (0.282)	-2.332 (1.505)	-1.661* (0.884)	0.264 (0.273)	-0.062 3 (0.123)	-0.073 4 (0.381)	-0.809** (0.333)	-0.066 5 (0.122)	0.638** (0.271)	0.476 (1.216)	0.991 (1.319)	0.644** (0.263)
Debt	-2.569** (0.975)	-0.626 (0.727)	-0.834 (0.703)	-1.872** (0.767)	0.040 6 (0.456)	0.303 (0.368)	0.286 (0.362)	0.085 2 (0.382)	8.085** (3.183)	8.447** (3.857)	7.851** (3.302)	8.202** (3.121)
Subsidy	-2.227* (1.045)	-3.033 (1.925)	0.291*** (0.086 6)	0.303*** (0.083 3)	-0.240 (0.395)	0.125 (0.462)	0.134*** (0.038 7)	0.141*** (0.038 8)	0.379 (1.198)	0.083 9 (1.252)	0.243** (0.098 1)	0.245** (0.098 3)
Tax	0.093 0* (0.049 2)	0.093 5* (0.050 2)	-2.560* (1.163)	-1.706*** (0.623)	0.072 9*** (0.025 4)	0.073 9*** (0.025 5)	-0.834** (0.378)	-0.477 (0.291)	0.103 (0.065 9)	0.104 (0.066 0)	0.502 (1.422)	0.351 (0.904)
Subsidy×Debt	0.121** (0.049 1)				0.017 6 (0.018 3)				-0.005 90 (0.052 0)			
Subsidy×Stock		0.158* (0.090 0)				0.000 674 (0.021 8)				0.007 38 (0.057 8)		
Tax×Stock			0.125** (0.054 4)				0.042 5** (0.017 7)				-0.018 1 (0.064 5)	
Tax×Debt				0.084 3*** (0.029 0)				0.025 5* (0.013 4)				-0.010 9 (0.039 9)
常数项	-12.35 (16.01)	-16.55 (16.17)	-21.69 (15.32)	-15.21 (15.34)	-10.90 (9.107)	-12.38 (9.071)	-12.20 (8.860)	-6.386 (9.455)	183.5* (81.94)	194.5** (90.04)	180.9** (76.90)	184.2** (74.01)
时间固定效应	控制	控制	控制	控制	控制	控制	控制	控制	控制	控制	控制	控制
个体固定效应	控制	控制	控制	控制	控制	控制	控制	控制	控制	控制	控制	控制
观测值	96	96	96	96	209	209	209	209	72	72	72	72
R^2	0.704	0.693	0.701	0.712	0.804	0.803	0.809	0.807	0.861	0.861	0.861	0.861
F 值	12.66	12.04	12.49	13.16	52.79	52.48	54.44	53.7	23.15	23.15	23.18	23.18

*, **, ***分别表示系数在10%、5%、1%的水平上显著

注: 括号内为回归系数的标准误

表 3-6　所有制视角下政府补助与市场融资对企业研发的逐步回归

变量	非国有企业					国有企业				
	模型 1	模型 2	模型 3	模型 4	模型 5	模型 6	模型 7	模型 8	模型 9	模型 10
控制变量	控制	控制	控制	控制	控制	控制	控制	控制	控制	控制
Stock	0.364** (0.167)				0.121 (0.170)	0.182 (0.219)				0.404* (0.229)
Debt		−0.111 (0.376)			0.106 (0.365)	0.932 (0.792)				0.777 (0.851)
Subsidy			0.058 6* (0.034 3)		0.048 0 (0.036 1)				0.103** (0.044 3)	0.113** (0.046 9)
Tax				0.159*** (0.025 8)	0.149*** (0.027 2)				−0.117** (0.048 6)	−0.106** (0.048 0)
常数项	−18.84*** (3.933)	−29.29*** (9.257)	−25.54*** (1.779)	−22.40*** (1.960)	−16.82* (9.911)	−11.33** (5.198)	7.460 (19.14)	−13.93*** (3.101)	−15.92*** (3.354)	11.47 (20.48)
时间固定效应	控制	控制	控制	控制	控制	控制	控制	控制	控制	控制
个体固定效应	控制	控制	控制	控制	控制	控制	控制	控制	控制	控制
观测值	281	281	281	257	257	134	134	134	120	120
R^2	0.633	0.624	0.630	0.671	0.675	0.310	0.315	0.344	0.360	0.425
F 值	74.76	74.74	79.39	75.84	61.54	28.4	27.87	34.74	24.18	24.77

*、**、***分别表示系数在 10%、5%、1%的水平上显著
注：括号内为回归系数的标准误

表 3-7　所有制视角下政府补助与市场融资的协同配合效应

变量	非国有企业				国有企业			
	模型 1	模型 2	模型 3	模型 4	模型 5	模型 6	模型 7	模型 8
控制变量	控制	控制	控制	控制	控制	控制	控制	控制
Stock	0.167 (0.124)	−0.911* (0.497)	−0.452 (0.382)	0.153 (0.122)	0.412* (0.230)	0.586 (0.570)	−0.553 (0.703)	0.398* (0.224)
Debt	−0.817** (0.413)	−0.277 (0.311)	−0.280 (0.313)	−0.732** (0.334)	1.002 (0.928)	0.772 (0.856)	0.950 (0.854)	0.393 (0.856)
Subsidy	−0.669 (0.441)	−1.242** (0.621)	0.112** (0.044 1)	0.112** (0.043 5)	0.499 (0.621)	0.341 (0.658)	0.108** (0.046 7)	0.108** (0.046 1)
Tax	0.101*** (0.023 8)	0.098 7*** (0.023 7)	−0.654 (0.457)	−0.753*** (0.280)	−0.101** (0.048 8)	−0.105** (0.048 4)	−1.241 (0.791)	−1.363** (0.626)

续表

变量	非国有企业				国有企业			
	模型1	模型2	模型3	模型4	模型5	模型6	模型7	模型8
Subsidy×Debt	0.035 8* (0.020 0)				-0.017 1 (0.027 3)			
Subsidy×Stock		0.062 9** (0.028 7)				-0.010 6 (0.030 5)		
Tax×Stock			0.035 1 (0.021 2)				0.052 0 (0.036 1)	
Tax×Debt				0.039 5*** (0.012 9)				0.056 1** (0.027 9)
常数项	-16.88** (8.035)	-18.85** (7.744)	-19.18** (7.790)	-13.22 (8.023)	10.17 (20.67)	11.35 (20.60)	12.58 (20.35)	21.81 (20.72)
时间固定效应	控制	控制	控制	控制	控制	控制	控制	控制
个体固定效应	控制	控制	控制	控制	控制	控制	控制	控制
观测值	257	257	257	257	120	120	120	120
R^2	0.784	0.785	0.783	0.789	0.428	0.426	0.441	0.455
F 值	58.17	58.65	58.03	60.03	24.58	24.36	23.96	23.58

*、**、***分别表示系数在10%、5%、1%的水平上显著

注：括号内为回归系数的标准误

三、稳健性分析

为了使本章内容的研究结果更有说服力，本章内容将从内生性问题与研究方法中选择两方面对研究进行稳健性检验。

（一）内生性检验

笔者考虑到政府补助与企业研发投入之间存在相互影响的可能，使得模型出现内生性问题，从而导致研究结果失真。因此，本章内容将使用固定资产投资来衡量企业研发创新。选择固定资产投资来替代研发投入，一方面是因为本章内容在刻画研发创新时侧重于投入意愿而非创新产出，对于新能源汽车等高技术制造产业来说，研发创新不仅需要研发资金投入，同样也需要大量的固定资产投资，因此固定资产投资在一定程度上也能反映企业研发创新意愿。另一方面是因为固定资产投资对政府补助的影响较小，能有效避免模型中的内生性问题。通过检验发现，本章内容研究结果是稳健的，内生性检验结果如表3-8所示。

表 3-8 内生性检验结果

变量	模型 1	模型 2	模型 3	模型 4	模型 5	模型 6	模型 7	模型 8	模型 9	模型 10
控制变量	控制	控制	控制	控制	控制	控制	控制	控制	控制	控制
Stock		0.060 9*** (0.012 5)				0.052*** (0.013 3)	0.051 3*** (0.013 3)	0.017 4 (0.046 6)	-0.038 2 (0.040 2)	0.052 5*** (0.013 2)
Debt			0.052 4 (0.040 9)			0.030 8 (0.042 3)	-0.018 1 (0.050 5)	0.034 2 (0.042 6)	0.038 4 (0.042 2)	-0.011 0 (0.044 2)
Subsidy				0.013 9*** (0.004 45)		0.009 8** (0.004 9)	-0.067 6 (0.044 2)	-0.033 0 (0.055 0)	0.008 38* (0.004 85)	0.008 37* (0.004 82)
Tax					0.001 49 (0.003 04)	0.000 565 (0.003)	0.000 476 (0.002 98)	0.000 481 (0.002 99)	-0.110** (0.046 5)	-0.097* (0.033 2)
Subsidy×Debt							0.003 5* (0.002 00)			
Subsidy×Stock								0.002 0 (0.002 57)		
Tax×Stock									0.005 11** (0.002 14)	
Tax×Debt										0.004 4*** (0.001 50)
时间固定效应	控制	控制	控制	控制	控制	控制	控制	控制	控制	控制
个体固定效应	控制	控制	控制	控制	控制	控制	控制	控制	控制	控制
常数项	0.281*** (0.098 6)	1.421*** (0.253)	1.541 (0.988)	0.589*** (0.139)	0.239** (0.116)	2.156** (1.007)	2.533** (1.027)	2.276** (1.020)	2.346** (1.004)	3.072*** (1.045)
观测值	420	420	420	420	382	382	382	382	382	382
R^2	0.100	0.150	0.104	0.121	0.124	0.175	0.182	0.176	0.187	0.194
F 值	4.56	6.54	4.3	5.12	4.75	5.56	5.42	5.22	5.63	5.87

*、**、***分别表示系数在10%、5%、1%的水平上显著

注：括号内为回归系数的标准误

（二）研究模型检验

部分样本企业研发投入缺失，导致面板固定效应模型可能出现有偏估计，需要采用 Tobit 模型来解决这个问题。Tobit 模型属于随机效应模型，与面板固定效应模型相冲突，因此本章内容将对比两种模型的研究结果来检验研究的稳健性。通过检验发现，两种模型的研究结果基本一致，说明选择面板固定效应模型是合理有效的，说明本章内容研究结果是稳健的，Tobit 模型回归结果如表3-9所示。

表 3-9　Tobit 模型回归结果

变量	模型1	模型2	模型3	模型4	模型5	模型6	模型7	模型8	模型9	模型10
控制变量	控制	控制	控制	控制	控制	控制	控制	控制	控制	控制
Stock		0.192^{*} (0.106)				0.231^{**} (0.109)	0.203^{*} (0.108)	-0.713^{*} (0.371)	-0.718^{**} (0.340)	0.213^{**} (0.107)
Debt			0.139 (0.335)			-0.332 (0.335)	-1.012^{**} (0.397)	-0.232 (0.334)	-0.239 (0.333)	-0.723^{**} (0.350)
Subsidy				0.214^{***} (0.0348)		0.231^{***} (0.0380)	-0.844^{**} (0.346)	-0.912^{**} (0.432)	0.219^{***} (0.0378)	0.220^{***} (0.0376)
Tax					0.122^{***} (0.0252)	0.104^{***} (0.0241)	0.104^{***} (0.0238)	0.102^{***} (0.0239)	-1.034^{***} (0.387)	-0.821^{***} (0.276)
Subsidy× Debt							0.0489^{***} (0.0157)			
Subsidy× Stock								0.0535^{***} (0.0202)		
Tax×Stock									0.0529^{***} (0.0180)	
Tax×Debt										0.0425^{***} (0.0126)
时间固定效应	控制	控制	控制	控制	控制	控制	控制	控制	控制	控制
个体固定效应	控制	控制	控制	控制	控制	控制	控制	控制	控制	控制
常数项	-20.85^{***} (0.893)	-17.14^{***} (2.231)	-17.47^{**} (8.169)	-15.98^{***} (1.167)	-18.78^{***} (1.064)	-17.22^{**} (8.125)	-12.40 (8.169)	-14.10^{*} (8.135)	-14.98^{*} (8.069)	-8.482 (8.417)
观测值	415	415	415	415	377	377	377	377	377	377
伪 R^2	0.3522	0.3543	0.3523	0.3754	0.3546	0.3832	0.39	0.3881	0.3893	0.3911
LR	546.97	550.25	547.15	583	502.79	543.28	552.90	550.28	551.85	554.43

*、**、***分别表示系数在10%、5%、1%的水平上显著

注：括号内为回归系数的标准误

第三节　推动战略性新兴产业创新绩效的研究
结果与对策

本章内容以 2015~2018 年 110 家新能源汽车上市公司面板数据为样本，将政府补助与市场融资整合到同一研究框架中，深入探析了两者以及两者协同配合对新能源汽车企业研发创新的差异性影响。同时，从产业链与所有权视角对新能源汽车研发创新的异质性表现展开深入分析，在一定程度上丰富了创新激励与政府干预理论，为政府扶持新能源汽车产业精准设计创新政策提供理论指导。

结果表明：首先，政府补助与市场融资对企业研发创新的激励效应具有差异性。财政补贴与税收优惠都能正向显著激励企业加大研发投入，且财政补贴作用大于税收优惠。股权融资与债权融资并未显著促进企业研发投入，意味着一旦政府撤出或降低对企业的资金补助，企业便会减少甚至停止研发创新活动，政府补助政策并没有真正起到扶持新能源汽车产业创新发展的作用。其次，政府补助与市场融资的协同配合能有效促进新能源汽车产业研发创新，在政策补贴退坡背景下，需要更多以促进市场融资为主的货币政策。再次，在不同产业链阶段的企业中，政府补助对中上游企业研发创新的激励更大，市场融资对下游企业研发创新的激励更大。同时，相对于下游企业，政府补助与市场融资的协同配合对中上游企业研发创新的激励更大。最后，在不同所有制企业中，相对于国有企业，政府补助与市场融资及其两者的协同配合对非国有企业研发创新的激励更大。

本章内容研究结论具有以下管理启示。

第一，政府扶持新能源汽车产业的政策方式需要转变。在目前政府补贴逐年退坡的背景下，政府应当从以政府补助为主的财政政策逐渐转向以市场融资为主的货币政策，为新能源汽车企业相对应制定一些贷款贴息、信用支持等政策来降低企业融资成本，从而提高企业研发创新动力。第二，政府扶持新能源汽车产业的政策作用对象需要更加聚焦精准。政府应当重点加大对中上游企业与非国有企业的政府补助与市场融资来帮助它们克服融资约束难题；对下游企业应当减少政府补助，扩大市场融资渠道，发挥出市场配置资源优势；应当减少对国有企业的政府补助与金融支持，转而加大对非国有企业的政策扶持力度。第三，政府制定政策时，需要发挥政策之间的联合效应。政府应当针对中上游企业与非国有企业实施政府补助为主的财政政策与以市场融资为主的货币政策，充分发挥政策对企业研发创新的联动效应。

第四章 智能制造政策趋势与中小企业创新发展的研究报告

第一节 新兴技术创新领域的创新政策支持

技术创新是经济增长的重要驱动力量。自18世纪英国工业革命以来，人类社会经历了以机器生产、蒸汽机、铁路、电力、汽车、信息技术等为标志的一系列技术革命，推动了全球经济的不断增长，给人类生产、生活带来了深刻的革命性变化。预计到2025年，全球技术创新将更加活跃，各国的技术竞争将更加激烈，对人才、技术标准、平台及产业链主导权的争夺将成为竞争的焦点。

新兴技术的不断进步推动着经济的快速发展，如20世纪八九十年代的计算机、21世纪初兴起的互联网等。当前，全球正出现以信息网络、智能制造、新能源和新材料为代表的新一轮技术创新浪潮，对产业发展产生了日益深刻的影响。智能制造作为第四次工业革命（以下简称工业4.0）的核心组成部分，是影响未来全球制造业竞争格局和我国制造业转型升级方向的根本性要素。只有主动加快促进智能制造技术的突破和大规模应用，才能有效应对新一轮技术革命对全球制造业可能造成的巨大冲击。

新技术的多点突破和融合互动推动了新兴产业的兴起。《经济日报》上发表的《把握全球技术创新的机遇》一文指出，大数据每年可为美国的医疗服务业节省3 000亿美元，为欧洲公共部门管理节省2 500亿欧元；到2030年，生物技术对化工和其他工业产品领域的贡献将占到35%，对药品和诊断产品领域的贡献将达到80%，对农业领域的贡献将达到50%；到2028年，全球节能产业的投资额将超过2万亿美元，纳米相关产品市场将超过1.3万亿美元。

新兴技术的深度应用和新经济模式的形成尚有一个过程，短期内对经济增长的拉动作用可能有限，同时，新一轮技术革命的发生在领域和时间上存在不确定性。在新一轮发展面前，发达国家为保持其科技与经济的领先地位、新兴国家为后来居上，纷纷把技术创新作为国家发展战略的核心。可以预见，未来各国的技术竞争将更加激烈，对人才、技术标准、平台及产业链主导权的争夺将成为竞争的焦点。

企业商业模式的创新实际是企业对生存模式的再设计，用全新的方法来完成经营任务，开发出新的产品，为客户提供新的服务，或者以新的方式完成企业运作的其他活动。这就要求，企业在对行业中的既有模式进行分析的基础上，努力寻找新模式，这个过程是一个认知发展的过程。在技术驱动下的商业模式创新层出不穷，线上、线下互动成为最具活力的经济形态之一，成为促进消费的新途径和商贸流通创新发展的新亮点。发达国家政府通过建立路线图、完善官产学研合作机制、推动小企业新技术和新知识商业化、促进创新和创业的领军人才培养、创造有效率的市场环境、扶持私人企业商业模式创新等方式，有效引导和促进了新兴产业商业模式创新。国外政府促进和引导新兴产业商业模式选择和创新具有如下明显特征：一是以促进科技型企业和新兴产业商业模式选择和创新为目标；二是大多坚持了政府财政引导和市场导向相结合的基本原则；三是新兴产业商业模式选择和创新与市场培育、高成长企业、领军人物培育相辅相成。因此，政府成为新兴产业商业模式创新的重要参量。

目前，先进制造业已成为制造业最为重要，也是最具活力的组成部分，代表着世界制造业的发展方向。先进制造业的核心在于其"先进性"，不仅体现在技术的先进性上，而且具有产业的先进性和管理的先进性。先进制造业不仅包括高新技术产业，还包括用先进技术改造的传统制造业。相应地，能够反映先进制造业发展水平的出口产品不仅包括高新技术产品，还包括机电产品和纺织品、服装等传统优势的出口产品。

21 世纪以来，制造业面临着全球产业结构调整带来的机遇和挑战。特别是2008 年金融危机之后，各国为了寻找促进经济增长的新出路，开始重新重视制造业，欧盟开始加大制造业科技创新力度，美国于 2011 年提出"先进制造业伙伴计划"以增加就业机会，实现美国经济的持续强劲增长。

第二节　智能制造领域的政策支持体系

智能制造已经成为制造业未来发展的全新驱动因素，世界主要工业国家都提出明确的政策支持体系来应对该轮制造业革新浪潮。本章内容结合当前全球智能制造的最新发展动向与趋势，并以此为切入点深入分析美国、德国、日本、英国、韩国等主要发达工业国家的有关政策应对情况。研究最后对我国当前阶段推进智能制造工作过程中遇到的问题、地方经验进行了实践性总结，并对下一步应对措施提出相应的政策建议。

智能制造可以大幅提高劳动生产率、减少劳动在工业总投入中的比重。发达工业国家的先行经验表明，通过发展工业机器人、高端数控机床、柔性制造系统等现代装备制造业控制新的产业制高点，通过运用现代制造技术和制造系统装备传统产业来提高传统产业的生产效率，能够为制造业重塑和实体经济腾飞提供充分的可能性。

一、全球智能制造的主要领域

英国《经济学家》2012年4月21日发表的专栏文章《第三次工业革命》对智能制造的概念进行了一次较为深刻的解读。该文章认为第三次工业革命以制造业数字化为核心，生产过程通过办公室管理完成，产品更加接近客户。这其实是说，产品可由客户参与定制（个性化）；生产过程没有一线的操作工人，全部由数字化、自动化、网络化来实现；企业的工人在办公室里上班，通过网络负责监控管理。同年3月，美国国防分析研究所在《先进制造的新兴全球趋势》报告中指出：未来20年最有潜力从根本上改变制造业的四大领域是半导体制造、先进材料和集成计算材料工程、增材制造技术、生物制造。

智能制造是由智能机器和人类专家共同组成的人机一体化智能系统，能够将智能活动嵌入生产制造过程，并通过人与智能机器的合作共事来扩大、延伸和部分地取代人类专家在制造过程中的脑力劳动。智能制造最初的概念仅限于制造自动化，在其快速发展过程中逐步将涉及领域扩展到生产制造过程的柔性化、智能化和高度集成化等领域。目前企业生产制造过程的各个环节几乎都能够广泛应用人工智能技术。智能系统技术可以用于工程设计、工艺过程设计、生产调度、故障诊断等。可以将神经网络和模糊控制技术等先进的计算机智能方法应用于产品配方、生产调度等，实现制造过程智能化。

随着新一代大数据、云计算、物联网、互联网新技术的突破，智能制造的概念进一步向系统化、集成化纵深发展，催生了精准制造方式等革新，目的在于以网络为手段实现对制造的全流程管控，特别是凸显工业物联网对传统制造方式的革命性意义。目前对于智能制造的范畴进一步丰富和全面，概括起来主要包括以下几个领域的内容。

（一）智能制造前端的工业设计领域

工业设计从外观设计不断向产品、装备的功能设计、结构设计、技术设计延伸，包括产品与装备的硬件、技术与软件的设计、产品装备设计和制造设计相融合。制造过程的网络化，组成产品的各个组件设计的模块化、数字化，以设计为龙头的网络协同制造模式应运而生。

工业设计与自动化制造相结合的模式，十多年前就开始出现在绍兴县（现在改名为柯桥区）。纺织（设计）创新服务中心以企业化运作方式主要从事纺织面料设计工作，为众多中小型制造企业提供产品设计，设计结果通过磁盘直接插入数字化加工制造装备或自动化生产线，形成了"快速设计 + 快速生产"的制造模式。

（二）工业制造设计的智能产品领域

在智能产品领域，互联网技术、人工智能、数字化技术嵌入传统产品设计，使产品逐步成为互联网化的智能终端。特斯拉被誉为"汽车界的苹果"，它的成功不仅仅是电池技术的突破，更是大型可移动的智能终端、具有全新的人机交互方式，通过互联网终端把汽车做成了一个包含硬件、软件、内容和服务的体验工具。智能产品通过搭建开放式研发平台，广泛采集消费者参与创新产品设计的个性化需求，令智能产品更加具有市场活力。

（三）智能制造方式方法的应用领域

高自动化程度生产线是智能制造的基本特征，主要通过机器人技术、网络通信技术完成技术实现。现代智能制造设备进一步引入物联网的控制、数字化的实时计量检测、智能化全封闭流程装备的自控等技术集成，由云计算支持的物联网生产、经营的系统管控下，实现"信息化的计量供料、自动化的生产控制、智能化的过程计量检测、网络化的环保与安全控制、数字化的产品质量检测保障、物流化的包装配送"[1]。对于像中国这样的发展中国家而言，网络协同制造的模式大多采用了以局域网为主的物联网协同制造模式，物联网的协同制造模式更具广泛的适应性。

（四）工业制造流程的智能装备领域

智能装备是智能制造的基础载体，既涵盖了"智能工厂""智能车间"等大概念，也可以细微到"智能设备""智能零部件"等小概念。其中，"智能工

---

[1] 出自《浙江省人民政府关于加快发展信息经济的指导意见》（浙政发〔2014〕21号）。

厂"是指建立在物联网技术基础上的全流程智能装备一体化生产制造空间，"智能设备"是指以信息技术深度嵌入为代表的智能装备和产品。

（五）智能制造应用的外围衍生领域

智能制造的概念可以非常宽泛，所以被视为一场生产力革命，它影响到除了生产制造以外的诸多领域。其中包括以个性化定制、网络协同开发、电商为代表的智能制造新业态，以物流信息化、能源管理智慧化为代表的智能化管理，以在线检测、远程诊断和云服务为代表的智能服务等。

二、主要技术趋势与发展动向

智能制造目前已经成为新型工业应用的标杆性概念，国外先行的发达工业国家已经累积了大量发展经验。目前来看，智能制造表现出以下几个方面值得关注的发展趋势。

（一）信息网络技术加强智能制造的深度

信息网络技术给传统制造业带来颠覆性、革命性的影响，直接推动了智能制造的发展。信息网络技术能够实现实时感知、采集、监控生产过程中产生的大量数据，促进生产过程的无缝衔接和企业间的协同制造，实现生产系统的智能分析和决策优化，使智能制造、网络制造、柔性制造成为生产方式变革的方向。从某种程度上来讲，制造业互联网化正成为一种大趋势。例如，德国提出的工业4.0，其核心是智能生产技术和智能生产模式，旨在通过物联网将产品、机器、资源、人有机联系在一起，推动各环节数据共享，实现产品全生命周期和全制造流程的数字化。

（二）网络化生产方式提升智能制造的宽度

网络化生产方式首先体现在全球制造资源的智能化配置上，生产的本地性概念不断被弱化，由集中生产向网络化异地协同生产转变。信息网络技术使不同环节的企业间实现信息共享，能够在全球范围内迅速发现和动态调整合作对象，整合企业间的优势资源，在研发、制造、物流等各产业链环节实现全球分散化生产。大规模定制生产模式的兴起，催生了如众包设计、个性化定制等新模式，这从需求端推动生产性企业采用网络信息技术集成度更高的智能制造方式。

（三）基础性标准化再造推动智能制造的系统化

智能制造的基础性标准化体系对于智能制造而言起到根基的作用。标准化流程再造使得工业智能制造的大规模应用推广得以实现，特别是关键智能部件、装备和系统的规格统一，产品、生产过程、管理、服务等流程统一，将大大促进智能制造总体水平。智能制造标准化体系的建立也表明智能制造是从本质上对于传统制造方式的重新架构与升级。对我国而言，中国制造在核心技术、产品附加值、产品质量、生产效率、能源资源利用和环境保护等方面，与发达国家先进水平尚有差距，必须紧紧抓住工业 4.0 机遇，采取积极有效措施，打造新的竞争优势，加快制造业转型升级。

（四）物联网等新理念系统性改造智能制造的全局面貌

随着工业物联网、工业云等一大批新的生产理念产生，智能制造呈现出系统性推进的整体特征。物联网作为信息网络技术的高度集成和综合运用技术，近年来取得了一批创新成果，在交通、物流等领域的应用示范扎实推进。特别是物联网技术带来的"机器换人"、物联网工厂，推动着"绿色、安全"制造方式对传统"污染、危险"制造方式的颠覆性替代。物联网制造是现代方式的制造，将逐步颠覆人工制造、半机械化制造与纯机械化制造等现有的制造方式。

三、主要发达工业国家应对智能制造的政策体系

智能制造已经被普遍性认为是工业 4.0 的核心动力，国外主要发达工业国家都已出台相应政策对智能制造发展积极筹划布局。本章内容主要选取美国、德国、日本、韩国、英国作为研究对象国，研究结果表明以上各国都已制定和推出相应的经济发展计划。

美国提出并实施的"再工业化"计划，主要针对新世纪以来美国经济"去工业化"所带来的虚拟经济过度、实体经济衰落、国内产业结构空洞化等现实情况。该计划要实现的目标是重振实体经济，增强国内企业竞争力，增加就业机会；发展先进制造业，实现制造业的智能化；保持美国制造业价值链上的高端位置和全球控制者地位。可见，美国的"再工业化"是指通过政府的协调规划实现传统工业的改造与升级和新兴工业的发展与壮大，使产业结构朝着具有高附加值、知识密集型、以新技术创新为主等特征的产业结构转换。

德国著名的工业 4.0 计划是一项全新的制造业提升计划，其模式是由分布式、组合式的工业制造单元模块，通过工业网络宽带、多功能感知器件，组建多组合、智能化的工业制造系统。德国学术界和产业界认为，前三次工业革命的发

生，分别源于机械化、电力和信息技术，物联网和制造业服务化迎来了以智能制造为主导的工业4.0。工业4.0从根本上重构了包括制造、工程、材料使用、供应链和生命周期管理在内的整个工业流程。

日本自确立技术立国战略以来，一直推行积极的技术带动经济发展战略。面对信息技术革命带来的机遇和挑战，日本于2006年10月提出了"创新25战略"计划。该计划的目的是在全球大竞争时代，通过科技和服务创造新价值，提高生产力，促进日本经济的持续增长。"智能制造系统"是该计划中的核心理念之一，主要包括实现以智能计算机部分替代生产过程中人的智能活动，通过虚拟现实技术集成设计与制造过程实现虚拟制造，通过数据网络实现全球化制造，开发自律化、协作化的智能加工系统的目标等。

另外，以英国为代表的老牌工业国家、以韩国为代表的后发工业国家及以印度为代表的新兴工业国家在其最新的经济发展计划中都对智能制造概念尤为重视。

（一）美国政策体系

美国"再工业化"计划由政府协调各部门进行总体规划，并通过立法来加以推进。为了推进"再工业化"计划，美国相继出台的法律政策有《重振美国制造业框架》《美国制造业振兴法案》《美国先进制造业国家战略计划》等。

另外，美国还围绕"再工业化"这一计划制定了一系列配套政策，形成全方位政策合力，真正推动制造业复苏，包括产业政策、税收政策、能源政策、教育政策和科技创新政策。例如，在制造业的政策支持上，美国选定高端制造业和新兴产业作为其产业政策的主要突破口。在税收政策上，奥巴马政府主张把公司税由目前的35%降至28%，以吸引美国制造业回流。能源行业是美国"再工业化"计划倚重的关键行业之一，奥巴马政府着重关注新能源的发展。鼓励研发和创新，突出美国新技术、新产业和新产品的领先地位，也是推进"制造业复兴"的重要举措之一。表4-1列举了美国为推进"再工业化"进程中所颁布的在发展产业拓展、高端制造和科技创新三方面的政策。

表4-1　美国"再工业化"计划政策体系

类别	时间	政策名称	内容
产业拓展	2009年2月	《2009年美国复苏和再投资法案》	确定基础设施建设（以下简称基建）、教育、科研、可再生能源化等投资重点，增加133亿美元科技投入
	2009年12月	《重振美国制造业框架》	分析美国制造业面临的威胁和挑战，并勾勒了重振美国制造业的七大举措
	2010年8月	《美国制造业振兴法案》	降低部分进口商品关税，以减少需要进口零部件进行生产的企业的成本

续表

类别	时间	政策名称	内容
产业拓展	2011 年 2 月	《美国创新战略》	把发展先进制造业、生物技术、清洁能源等作为优先突破的领域
高端制造	2011 年 6 月	"高端制造合作伙伴"计划	构筑官、产、学、研各方紧密合作的工作机制，制定先进制造技术发展路线
	2011 年 6 月	"确保美国在制造业的领先地位"	提出振兴美国高端制造业、确保其制造强国的战略部署和政策建议
	2011 年 7 月	《"实现 21 世纪智能创造"报告》	通过数字信息和自动化技术加快对工厂的现代化改造过程
	2012 年 2 月	《美国先进制造业国家战略计划》	描述全球先进制造业的发展趋势，提出美国先进制造业战略的五大目标
科技创新	2009 年 5 月	《网络和信息技术研发法案》	加强美国关键网络、高端计算机系统及数字化基础设施总体安全和强有力运转
	2010 年 5 月	《美国高技术再授权法案》	保护高技术的知识产权，促进科技创新
	2010 年 8 月	《美国专利和商标追加拨款法案》	增加保护专利和商标权的投入
	2012 年 3 月	《制造创新国家网络》	投资 10 亿美元组建美国制造业创新网络，打造先进制造业的创新集群

注：表格内容由笔者整理

　　美国在"再工业化"计划进程中整顿国内市场，大力发展先进制造业和新兴产业，扶持中小企业发展，加大教育和科研投资支持创新，实施智慧地球战略，为制造业智能化的实现提供了强大的技术支持、良好的产业环境和运行平台。同时，制定了一些对外贸易政策，为智能制造拓宽国际市场。支持智能制造的美国"再工业化"计划体系框如图 4-1 所示。

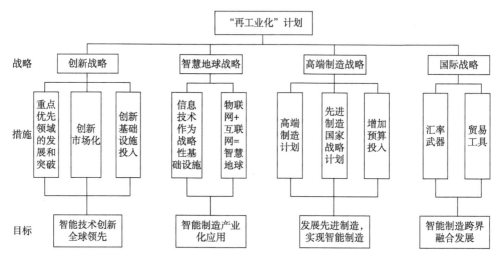

图 4-1　支持智能制造的美国"再工业化"计划体系框架

图中内容由笔者整理

（二）德国政策体系

为推进工业 4.0 计划，德国政府设定了一些关键性需求措施，主要如下：融合相关的国际标准来统一服务和商业模式，确保德国在世界范围的竞争力；旧系统升级为实时系统，对生产进行系统化管理；制造业新商业模式的发展程度应同互联网本身的发展程度相适应；雇员应参与工作组织、CPD（collaborative product development，协同产品开发）和技术发展的创造性社会-技术系统早期阶段；建立一套众多参与企业都可接受的商业模式，使整个 ICT（information and communication technology，信息和通信技术）产业能够与机器和设备制造商及机电一体化系统（mechatronic system）供应商工作联系更紧密。

为了将工业生产转变到工业 4.0，德国采取双重战略，包括领先的供应商策略和主导市场策略。领先的供应商策略是从设备供应商企业的视角专注于工业 4.0 的。德国的装备供应商为制造企业提供世界领先的技术解决方案。德国的装备制造业不断地将 ICT 集成到传统的高技术战略来维持其全球市场领导地位，以便成为智能制造技术的主要供应商。主导市场策略是指为 CPS 技术和产品建立与培育新的主导市场（图 4-2）。

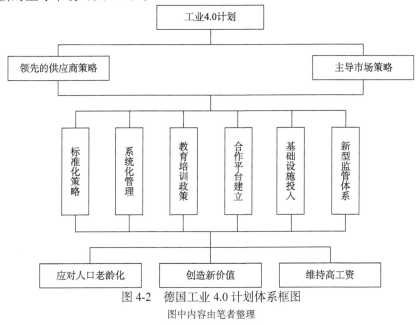

图 4-2　德国工业 4.0 计划体系框图

图中内容由笔者整理

（三）日本政策体系

在"创新 25 战略"提出之前，日本政府就已经致力于建设信息社会，以信息技术推动制造业的发展，增强产业竞争力，从而提出了"U-Japan"战略，目的在于建设泛在信息社会。其主要关注网络信息基础设施、ICT 在社会各行业的运用、信息技术安全和国际战略四大领域。在泛在网络（人与人、人与物、物与物的沟通）发展方面：形成有线、无线无缝连接的网络环境；建立全国性的宽带基础设施以推进数字广播；建立物联网，开发网络机器人、促进信息家电的网络化。通过促进信息内容的创造、流通、使用和 ICT 人才的培养实现 ICT 的高级利用。"U-Japan"战略在 ICT 基础设施、物联网等领域取得了一系列成就，为"创新 25 战略"的实施铺垫了基础。2008 年，基于"创新 25 战略"和第三期《科学技术基本计划》的基本立场和基本目标，日本政府提出了《技术创新战略》，主要围绕提升产业竞争力等方面进行政策设计。

为强化制造业竞争力，2011 年日本发布了第四期《科技发展基本计划（2011-2015 年）》。该计划主要部署多项智能制造领域的技术攻关项目，如多功能电子设备、ICT、精密加工、嵌入式系统、智能网络、高速数据传输、云计算等基础性技术领域。日本通过布局建设覆盖产业链全过程的智能制造系统，重视发展人工智能技术的企业，并给予优惠税制、优惠贷款、减税等多项政策支持。以日本汽车巨头本田企业为典型，该企业通过采取机器人、无人搬运机、无人工厂等智能制造技术，将生产线缩短了 40%，建成了世界最短的高端车型生产线。日本企业制造技术的快速发展和政府制定的一系列战略计划为日本对接工业4.0 时代奠定了良好的基础。

（四）其他国家政策举措

英国启动的"高价值制造"战略意在重振本国制造业，从而达到拉动整体经济发展的目标。英国政府配套了系列资金扶持措施，保证高价值制造成为英国经济发展的主要推动力，促进企业实现从设计到商业化整个过程的智能制造水平，主要政策如下：①在高价值制造创新方面的直接投资翻番，每年约 5 000 万英镑；②使用22 项"制造业能力"标准作为智能制造领域投资依据；③开放知识交流平台，包括知识转化网络、知识转化合作伙伴、特殊兴趣小组、高价值制造弹射创新中心等，帮助企业整合智能制造技术，打造世界一流的产品、过程和服务。

韩国提出了"数字经济"国家战略来应对智能制造的国际化浪潮。在该战略的指导下，韩国政府制定了国家制造业电子化计划，建立了制造业电子化中心。2009 年 1 月，韩国政府发布并启动实施《新增长动力规划及发展战略》，确定三大领域（绿色技术产业领域、高科技融合产业领域和高附加值服务产业领域）17 个产业作为重点发展的新增长动力。2011 年，韩国国家科技委员会审议通过了《国家融合技术发展基本计划》，决定划拨 1.818 万亿韩元（约合 109 亿元人民币），用于推动发展"融合技术"。韩国政府不留余力地加快推动智能制造技术的培育和发展，也高度重视传统支柱产业的高附加值化，在工业新浪潮中占领高地。

第三节　研究结论与政策启示

当前，在（技术革命+信息技术）×产业变革加速对接，即（technology innovation + information technology）× industry transformation 的背景下，技术创新、应用创新、模式创新相互融合形成未来版的创新模式。工业是国民经济的重要基础，制造业是产业发展的坚实依托。国家制定《中国制造 2025》，用 3 个 10 年时间"三步走"，争取跻身世界制造强国前列。这是党中央、国务院做出的重大战略部署，是新常态下迎接国际经济竞争合作的纲领性宣言，是符合中国制造内在升级要求的重要行动指引，指明了制造业未来发展的方向和目标。笔者认为要注重发挥工业门类齐全、产业链完整、市场空间巨大等优势，尽快补上工业 3.0 的课，搭上工业 4.0 的快车；推动从中国制造向中国创造、中国速度向中国质量、中国产品向中国品牌的转变，以求通过"弯道超车"，实现中国制造业崛起的强国梦。

一、发展智能制造过程中所面临的共性问题

（一）政策落实过程中对智能制造工作的粗放管理问题

国家层面对于智能制造工作已经上升到很高的重视程度，但是目前在政策层层下达分解的过程中容易出现政策指令失真和政策效果不明显的问题。例如，在一些地级市，智能制造改造被作为行政命令下发到企业，企业被迫引进一些自动化程度较高的生产线但却不能合理操作；引进企业联网式管理方式但却难以有效实施，造成了大量的企业资源浪费。这归根到底是对智能制造本质属性的认识不足造成的，因为智能制造必须要从激发企业内在改革需求出发，引导企业系统化地变革生产方式才能避免以上一些问题的产生。

（二）传统制造行业对智能制造改造成本难以消化的问题

我国制造业具有鲜明的地区集聚特色，其中大部分是以工业附加值较低的传统产业为主，低成本竞争策略盛行。智能制造作为一种旨在从根本上改革生产方式的工业革命，前期相关机器设备以及技术学习的成本过高，直接导致企业投资智能化基础设施积极性不高，企业方面阻力很大。另外，智能制造的核心理念是网络式、智能化、系统性的生产制造新模式，与传统生产方式相比具有颠覆性改

变，所以在企业学习消化过程中也面临人、财、物多方面的成本压力。

（三）智能制造技术引进渠道以及企业技术匹配问题

智能制造方式建立在自动化、机器人、人工智能、云计算、物联网等一大批高新技术的综合运用上，找寻合适的技术源来改造企业生产模式成为智能制造能否成功的关键要素。现实中，大型技术供应商更多提供成套的智能制造技术解决方案，改造成本高；中小型技术供应商难以提供匹配度高的智能制造技术和管理模块，改造效果差。此外，部分中小型企业由于资源限制难以搜索到外部智能制造技术商，凭借企业自身技术存量难以实施有效的智能制造改造。

（四）地区性劳动力富余与智能制造减员增效之间平衡的问题

中国制造业的起步很大程度上依赖于庞大的劳动力基数，但是"人口红利"近年来随着逐年上升的工资成本正在不断弱化。部分东部发达地区已经凸显"用工荒"，智能制造概念随着"机器换人""腾笼换鸟"等政策已被逐步实施。反观西部一些地区正在面临劳动力回流潮，智能制造所带来的一线工人需求下降更加扩大了劳动力就业率缺口，政府部门陷入左右为难的境地。如何协调智能制造所带来的劳动效率大幅提升和地区性劳动力富余之间的矛盾成为当前需要解决的一大难题。

二、应对智能制造发展趋势的政策措施

（一）建立多层次综合支持政策体系推进智能制造建设工作

有效推进智能制造工作首先需要架构完整的政策体系作为保障，包括宏观战略性政策、部门管理性政策及企业操作层政策等。"中国制造 2025"战略规划作为我国制造业发展的顶层设计，制定了中国从制造业大国向制造业强国转变的第一个十年行动纲领。首先，需要在国家战略性政策中将智能制造提升到影响中国制造业转型升级工作的核心地位。其次，"两化融合"等部门性管理政策能够作为智能制造的有效支撑部分。"两化融合"过程中应该加强推进提高生产设备、生产过程、制造工艺智能化水平，加快工业机器人、增材制造等先进制造技术在生产过程中的应用，培育数字化车间、智能工厂，推广智能制造生产模式等。同时，在关乎国计民生的重点行业范围内，加强智能监测监管体系建设，提高重点安全生产水平、重点行业能源利用智能化水平。最后，在微观政策层面尽快出台鼓励企业采用智能制造生产方式，加快淘汰落后生产方式的系列政策。

（二）结合"机器换人"政策以制造流程再造推进智能制造工作

智能制造的应用与推广将减弱人工成本上升和人口红利减少对中国工业竞争力的影响，提高生产效率和产品质量，降低生产成本和资源消耗。目前正在开展的"机器换人"工作以"装备+机器人"的制造方式替代人工的制造方式，能够有效推进智能制造工作的实施。特别是用自动化的制造方式替代部分人工管控的制造方式，用网络化智慧的制造方式替代全部人工直接管理的制造方式，用精准用料、用能的绿色制造方式替代不安全、有污染的制造方式，将装备引进与工艺改造有机融合，最终实现智能制造流程再造、管理创新等系统工作。

（三）加大智能制造共性技术推广范围和技术服务支持力度

智能制造对于大多数采用传统方式的制造型企业来说都是新兴技术领域，在实践中也可以发现存在着引入成本过高和技术管理脱节的问题。因此，政府有关部门要加强智能制造的支撑能力建设，加快提升相关产业支撑能力，突破核心共性技术的研发，支持新一代信息技术研发和产业化，鼓励智能终端产品创新发展，有效降低企业采用智能制造方式的投入成本。智能制造底层技术包括高效能运算、超级宽带、激光黏结等"通用技术"研发，中试层面要推进人工智能、数字制造、工业机器人为代表的制造技术和工具。在企业实施过程中需要研制大规模生产系统、柔性制造系统和可重构生产系统等复杂性技术系统。此外，智能制造推进工作需要协同企业主体、社会智库、中介机构及各级政府部门等多方社会资源，加强智能制造技术的宣传推介、技术咨询、系统管理等领域的技术服务活动，这直接影响到企业应用智能制造实施效率问题。

（四）以税收优惠、专项基金等政策手段扶持智能制造工作落地

从经济成本角度为相关企业"减负"是切实推进智能制造生产方式的最直接手段，其中税收优惠和专项扶持基金可以分别起到"推"和"拉"的效果。税收优惠的范围既包含购买智能制造设备的所得税抵扣额度，智能制造固定资产的加速计提折旧等应税额部分的优惠，又包括面向智能制造企业的所得税等优惠税率政策支持等。另外，也可以出台"智造 2025"等专项扶持基金，专门对企业引进高规格智能设备、开展智能制造研发、投入智能生产流程改造等活动进行直接补贴，切实帮助企业推进智能制造转型工作。

第五章　人工智能政策趋势与中小企业转型发展的调查报告

人工智能是近年来数智化发展浪潮中非常引人注目的技术应用领域，人工智能对于中小企业转型发展的影响深度和广度也在不断增强。回顾人类社会前两次工业革命，实现了机械化、电气化和自动化带来的人力解放与批量生产，极大地推动了产品丰裕度的提升。第三次工业革命在 ICT 发展的基础上，迎来了智能工业时代。人工智能技术与生产制造环节、技术研发环节、管理决策环节等深度融合，为中小企业数智化转型发展提供了广阔的空间。为此，本章内容基于对上海、杭州、广州、深圳等地人工智能产业的政策体系、产业现状及其对中小企业发展影响等内容开展密集调研，走访了包括云从科技、小蚁科技、亮风台科技、中仿智能、科大智能、优必选科技、柔宇科技、平安科技、大疆科技、华大基因等人工智能领域发展领先的重点企业，开展多场企业座谈会，对人工智能产业发展面临的问题进行了梳理，对其发展趋势给出了科学研判，并基于此对人工智能如何影响中小企业发展的问题提出发展建议。

第一节　人工智能发展现状和重大机遇

一、人工智能发展现状和技术应用领域前沿

国际数据公司（International Data Corporation，IDC）2022 年发布数据显示，全球人工智能产业发展迅猛，2022 年全球人工智能市场规模达到 4 328 亿美元，预计 2023 年可突破 5 000 亿美元大关。2020 年国家信息中心与相关部门联合发布的《智能计算中心创新发展指南》指出，未来 5 年中国智能算力规模年复合增长率将超过 50%。到 2025 年，中国人工智能核心产业规模将超过 4 000 亿元，带动

相关产业规模将超过 5 万亿元。随着人工智能产业与传统产业的融合，将提升劳动生产率、带动更多技术创新、改造传统生产方式，终将颠覆现有的商业模式、全球产业链和价值链，建立全新的全球产业分工体系，带动传统产业进入新一轮高速增长期。经测算，到 2035 年，人工智能将推动全球经济增速提高到目前的 2 倍，生产率提高 40%；在人工智能帮助下，美国 GDP 增速将从现阶段的 2.6%提升到 4.6%。机器人、人机交互、智能辅助等技术的应用，将不断创造全新的产业和市场，推动服务机器人、智能无人设备、智能制造、无人车间、无人驾驶、智慧医疗等新兴领域的发展，将带来前所未有的产业发展机遇，成为新旧动能转换的重要杠杆。近几年来，大数据、区块链、云计算等信息技术极大地支撑了人工智能的发展与应用。人工智能已经从实验室走向初步多样化场景应用阶段，见表 5-1。

表 5-1　人工智能主要应用领域一览

应用领域	代表性企业	应用操作	应用优势
智能助理	Amazon Echo、Google Home、微软小娜和小冰、百度度秘、科大讯飞等	智能手机语音助理、语音输入、陪护机器人	个人助理接受语音信息后，通过识别、搜索、分析进行回馈，返回用户所需要的信息
智能安防	商汤科技、格灵深瞳、神州云海、旷视科技、360、尚云在线等	智能监控、安保机器人	依靠视频智能分析技术，通过对监控画面的智能分析采取安防行动
自驾领域	Google、Uber、特斯拉、亚马逊、奔驰、京东等	智能汽车、公共交通、快递用车	利用人工智能及数据分析感应技术，对智能汽车进行人工智能操作
医疗健康	Enlitic、Intuitive Sirgical、华大基因等	医疗健康监测诊断、智能医疗设备、医疗机器人	通过大数据分析，完成对部分病症的诊断。在诊断、手术、治疗和康复领域都得到了应用
电商领域	阿里巴巴、京东、亚马逊、梅西百货等	仓储物流、智能导购和客服	利用大数据分析，智能管理仓储与物流、导购等，节省仓储物流成本、提高购物效率、简化购物程序
金融领域	Welthfront、Kensol、Promontory、蚂蚁金服、因果数、交通银行、大华股份、平安集团等	智能投顾、智能客服、安防监控、金融监管	通过机器学习、语音识别、视觉识别等方式来分析、预测、辨别交易数据、价格走势等信息，为客户提供理财服务，规避金融风险
教育领域	学吧课堂、科大讯飞、云知声等	智能评测、个性化辅导、儿童陪伴	为使用者匹配高效的教育模式

资料来源：笔者根据前瞻产业研究院研究报告整理

未来 10~15 年，物联网与 5G、人工智能、机器人三项技术将产生重大的经济效益。其中，"物联网＋5G"增强感知能力，"人工智能"辅助决策判断，"机器人"提高操控能力；三者互动形成一个大的智能系统，也是未来各种自主无人系统的基础，这是一次新的以数据、信息、算法为核心驱动的工业革命，重构现在的产业结构、制造模式和生活方式。技术突破和新经济的爆发在同一个周期，新经济将助力经济增长再上新台阶，新经济的增量和规模将决定中国经济下一个十年发展质量，核心技术研发前所未有地成为中国科技创新的主命题，先进技术向产业的快速导入和应用也将成为政府规划的重点。同时，以城市为单位的科技创新、产业迭代，可有效集中资源取得新经济发展的突破；以"城市带"为合集的发展协同和市场交换，也将产生"1+1大于2"的效应。

二、人工智能发展对于中小企业转型的机遇与挑战

中小企业，特别是科技型中小企业是人工智能产业技术开发、应用落地、营销推广、商业变现的"双创"载体和实战主力军。近年来，中小企业对"智能+"数字化转型的需求日益旺盛，特别是人工智能产业的发展，为中小企业高质量发展带来了重大新机遇。"人工智能+制造"助力中小企业提升智能制造水平，帮助中小企业科学预测和决策，促进生产流程柔性高效；"人工智能+商业"助力中小企业重构营销模式，为中小企业精确获取客户需求和及时优化产品服务提供有效支撑。从总体上看，人工智能产业的迅猛发展，有助于中小企业激发更高的创新创业热忱、获取更精准的信息资源、拓展更宽的服务网络、催生更多的新兴业态，通过数字化转型升级实现高质量发展。

同时，人工智能的发展，也为中小企业带来了技术成本风险、智能应用风险及人才不足等方面一些潜在的挑战。首先，技术成本风险方面，当前中小企业普遍不具备大规模、系统性使用智能设备的资本和能力，内部流程改造也需要精准诊断和资金支持。如何评判引进还是研发智能设备和工艺，对投入产出有准确的预判是广大中小企业智能化变革首先要考虑的因素。其次，智能应用风险方面，如果智能机器对数据进行了错误计算，或者人工学习建模存在偏差，分析结果将会产生不可估量的损失。最后，人工智能时代需要更多复合型人才来不断创新应用新技术，企业要完成数字化转型和高质量发展，还亟须解决匹适性人才供给不足的问题。

第二节　中小企业应用人工智能的调研案例

一、AI+视觉行业与企业应用案例

计算机视觉是人工智能核心技术之一，其应用领域非常广泛。按产业链划

分，其上游基础层主要以芯片、数据集、算法为主，中游基础支持主要有生物特征识别技术、物体与场景识别技术、光学字符识别技术、视频对象提取与分析技术等，下游应用主要集中于互联网、系统开发、终端开发等领域。

从 AI+视觉行业发展的前沿趋势来看，有三个特征：一是 AI+视觉从感知到认知关键技术的突破，深入推动计算机视觉在各行业领域的应用。5G 商用带来的低延时、超高速、超大带宽等将会推动自动驾驶、远程医疗等新业态新模式不断衍生。二是 AI+视觉将带来大量的动态或静态的影像数据，数据的监管和隐私保护将成为计算机视觉进一步快速发展的必备条件。在技术发展的同时，数据保护和版权等问题也将逐步得到解决。三是 AI+视觉技术将以各种形式进入人们的日常生活中。人脸识别技术、智能家居安防等日渐成熟。特别是智慧安防，将从"看到、看清"，智能升级为"看懂"，形成全链条的智慧安防体系。

当前中国的计算机视觉技术处于国际先进水平，应用市场主要集中在智慧安防、广告营销、人脸身份验证、互联网娱乐等场景领域，以感知应用为主。其中，智慧安防行业最为发达，医疗影像、工业制造、批发零售等创新领域的市场也逐步扩张。AI+视觉行业典型企业有海康威视、大华股份、佳都科技、云从科技、商汤科技等（表 5-2），课题组重点调研了该行业领军企业之一的云从科技集团股份有限公司（以下简称云从科技）。

表 5-2 AI+视觉行业典型企业

典型企业	主要服务及产品
海康威视	以监控设备切入市场，持续升级前端智能化服务程度，2017 年全球市场占有率突破 21.6%。智能公共安防产业链生态较为开放，上下游关系并非泾渭分明，产业链参与企业均可通过集成商渠道或直客模式向客户提供产品与服务
大华股份	着眼于智能安防全产业链整合，逐步向安防服务领域延伸，2017 年全球市场占有率达 8.5%。在架构理念上，大华股份与海康威视思路相近，根据实际的业务场景去分配计算功能，设计智能化的方案
佳都科技	具备安防业务集成资质，项目资源强，解决方案以云端为主，技术能力的建设方面，采取投资参股人工智能公司与自研双轨路线
云从科技	提出人工智能定义设备和场景的理念，即通过软件和算法使设备与解决方案适应实际需求，同时致力于基于人员抓拍的大数据分析和计算处理，使人工智能与大数据共同助力公共安全精确防控、立体化防控、智慧防控，以响应智能安防从人工智能识别升级为人工智能认知的需求
商汤科技	目标是开放、全链条、城市级。注重发挥算法优势，开放技术输出；以方舟平台为支撑，提升"感知—认知—应用—演进"的全链条能力；强调算法能够适应城市级超大规模计算场景，同时为应对未来城市级场景，算法可覆盖碎片化场景的长尾需求

资料来源：课题组根据各企业官方网站资料整理

▶▶ 【企业案例 1】云从科技

云从科技 2015 年孵化于中国科学院，是同时承建三大国家平台并参与国家及行业标准制定的人工智能领军企业，也是国家新基建发展的中坚代表。依托全球专业的人机协同平台，将感知、认知、决策的核心技术闭环运用于跨场景、跨行业的智慧解决方案，提升生产效率和品质，让人工智能真正造福于人，助推国家从数字化到智慧化转型升级。多年深耕行业，先后布局智慧金融、智慧治理、智慧交通及智慧商业四大业务领域，每天为全球 3 亿人次带来智慧、便捷和人性化人工智能生活体验。

公司创始团队曾获 2011 年 FERA 国际表情识别分析挑战赛、2010 年 ImageNET 大规模视觉识别挑战赛、2010 年 Pascal VOC 国际人体动作识别挑战赛和 2009 年 Pascal VOC 世界图像物体识别挑战赛等比赛的冠军，并获得图像处理国际会议、国际模式识别会议（ICPR[①]2008）和国际多媒体会议（ACM[②] Multimedia 2013）"最佳论文"奖。

2019 年 3 月 28 日，云从科技与国美零售签署战略合作协议，双方共同开启人工智能技术在零售领域的深度应用，加速线上线下全面融合。投资方除了中国互联网投资基金、上海国企改革发展股权投资基金、广州南沙金控、长三角产业创新基金等政府基金外，还包括工商银行、海尔资本等产业战略投资者。

人工智能领域：位于人工智能第一梯队，主要攻坚人工智能识别技术领域，在人机协同战略指引下，云从科技全力投资全线人工智能技术，着重发力航空、金融及商业领域人工智能创新。

核心技术：人机协同。通过行业领先的人工智能、认知计算与大数据技术形成的整合解决方案，已服务 400 家银行 14.7 万网点、31 个省级行政区公安机关、60 余家机场，实现银行日均比对 2.16 亿次、公安战果超 3 万起、机场日均服务旅客 200 万人次。

发展瓶颈：面对庞大的市场，云从科技以重庆银行为突破口，推广标准化产品，打开市场；安防市场竞争激烈，云从科技面临转型、做标准化产品的情况。云从科技在 2016 年下半年进入安防市场，截至 2018 年 3 月，云从科技的产品已在 24 个省级行政区上线实战，协助各地警方抓获 2 605 名犯罪嫌疑人，获得公安部高度认可。2018 年 1 月，国家发展和改革委员会再次确定云从科技和公安部第一研究所旗下的"北京中盾"承担国家"人工智能"重大工程——"高准确度人脸识别系统产业化及应用项目"建设任务。

未来前景：随着支付手段的变更、安全意识的提高、安检需求的加强，人脸

---

① 国家模式识别会议（International Conference on Pattern Recognition，ICPR）。

② 国际多媒体会议（International Conference on Multimedia，ACM）。

识别设备的消费明显增加并且潜在需求也在被逐渐挖掘。2017 年，全球人脸识别设备市场价值为 10.7 亿美元，预计到 2025 年年底将达到 71.7 亿美元，2018~2025年将以 26.8%的速度增长。未来云从科技主要发力领域是银行和安防行业，特别是安防，目前正在协助公安部研发人脸识别权威测评系统，系统一旦建成，将成为全球首个人脸识别系统权威测评平台，针对安防等实际应用场景进行系统测评，这也让中国有了自己的测评标准。

二、AI+医疗行业与企业应用案例

AI+医疗是指人工智能技术在医疗行业的应用及赋能。从技术层面来讲，人工智能改变了医疗领域的供给端，给传统医疗机构运作方式带来变革；从市场层面来看，人工智能为现有医疗工作带来流程改进与效率提升，催生巨大增量市场。

纵观 AI+医疗行业发展趋势，有四个特征：一是智能机器人与 AI+医疗相结合，会对整个医疗行业产生深远影响；二是人工智能技术能够提供多种脏器医学影像数据的智能化识别和分析，为医院影像诊断提供快速精准的医疗辅助诊断，提高临床诊疗的精准性与效率，降低医生工作强度，有效缓解医疗资源紧张的问题；三是人工智能技术帮助解决神经工程研究中遇到的诸多难题，脑机接口技术成为新一代人机交互和人机混合智能的关键核心技术；四是利用机器学习、机器视觉、图像分析和自然语言处理等人工智能技术，对研究结果进行分类，使医疗过程更加高效。

人工智能技术广泛应用于中国各个医疗细分领域，主要有医学影像、辅助诊断、药物研发、健康管理、疾病风险预测、医院管理、虚拟助理、医疗机器人和医学研究平台等。目前，中国 AI+医疗融资项目近 200 个，其中大部分处于天使轮和 A 轮阶段，B 轮及以后项目较少。从细分领域来看，主要集中在医疗影像、辅助诊断和疾病风险预测领域。AI+医疗行业的典型企业有联影医疗、腾讯医疗健康、百度灵医、阿里健康、数坤科技、华大基因等（表 5-3），其中，课题组重点调研梳理了深圳华大基因股份有限公司（以下简称华大基因）的应用案例。

表 5-3　AI+医疗行业典型企业

典型企业	主要服务及产品
联影医疗	专注提供面向医疗设备、影像和临床相关的人工智能解决方案，2018 年发布人工智能平台 uAL，展示 10 款智能诊断应用和 3 款智能化医学影像设备
腾讯医疗健康	2017 年发布医疗影像产品腾讯觅影，2018 年发布人工智能导诊引擎"腾讯睿知"、多个 AI+医疗应用的"腾讯医疗超级大脑"
百度灵医	具有临床辅助决策系统、眼底影像分析系统、大数据解决方案等人工智能医疗产品

典型企业	主要服务及产品
阿里健康	2017 年发布医疗 A Doctor You，2018 年启动面向医疗人工智能行业的人工智能开放平台，聚合图玛深维等 12 家生态合作伙伴，ET 医疗大脑 2.0 上线
数坤科技	聚焦心脑血管领域，推出心血管人工智能影像平台
华大基因	通过基因检测等手段提供基因组学类的检测和研究服务

资料来源：课题组根据各企业官方网站资料整理

▶▶ 【企业案例 2】华大基因

华大基因是华大集团旗下企业，是全球领先的基因组学类检测和研究服务商，通过基因检测等手段，为医疗机构、科研机构、企事业单位等提供基因组学类的检测和研究服务。华大集团成立于 1999 年，是全球领先的生命科学前沿机构。秉承"基因科技造福人类"的使命，怀抱"健康美丽，做生命时代的引领者"的愿景，以"产学研"一体化发展模式引领基因组学的创新发展。华大集团下设华大基因、华大智造、华大司法三大产业机构，以及生命科学研究院、GigaScience、国家基因库、华大学院四大科研机构。华大基因于 2017 年 7 月在深圳证券交易所挂牌上市，其以推动生物研究进展和提高全球医疗健康水平为出发点，基于基因领域研究成果及生物技术在民生健康方面的应用，进行科研和产业布局，致力于助力和加速科学创新、减少出生缺陷、加强肿瘤防控、抑制重大疾病对人类的危害、实现精准治愈感染，助力精准医学。依托世界领先的生物信息研发、转化和应用平台，上百台高性能测序仪、质谱仪和大型计算机，为数据的输出、存储、分析提供有力保障。凭借先进的技术平台、丰富的临床经验及庞大的基因数据库等多项优势，华大基因成为实至名归的基因测序龙头企业，也是具有全球品牌影响力的中国生命科学企业代表。

课题组调研了解到，华大基因的人工智能项目应用场景广泛，涉及生老病死以及辅助诊断等领域，与人类生活息息相关，人工智能项目转化速度快、整体产业链完整、人才储备量充足、战略目标明确，这几大因素都是助推华大基因发展人工智能的优势。同时课题组调研了解到，华大基因在发展人工智能的过程中也受到资金的较大制约。华大基因表示，在每一个人工智能项目雏形期，都会申请国家项目获得资金支持，然而国家科研经费并不覆盖人工费用部分，尽管深圳市政府也对华大基因进行补贴，但仍旧不足以覆盖科研的巨额成本，因此，华大基因提出希望在此领域能够获得更多政府以及其他渠道的资金支持，对资金的弥补将是对人工智能产业的有力帮助。

人工智能领域：华大基因主要从事智慧医疗智能领域，通过华为云 GCS-SGE 容器方案，将基因测序和容器技术完美结合，同时为基因乃至泛医疗行业发展带来更大空间。

核心技术：基因科技。未来将依托先进的测序和检测技术、高效的信息分析能力、丰富的生物资源，以多学科结合的新型生物科研体系为基础，为全球的科研工作者提供创新型生物研究的科技服务，推动基因组学研究在相关领域的发展。

华大基因发展人工智能的相对优势在于人才储备较充足、科研成果转化速度快。华大基因专门的研究院可以吸纳人才，甚至成为未来深圳市人工智能产业集群的核心力量，强化人才储备将成为华大基因的未来重点建设目标。在此背景下，人才引进政策是现阶段需着手解决的棘手问题，如何为专业人才提供更加良好的生活环境，给予他们更加优厚的待遇，加大财政帮扶力度应成为必要的选项。

发展瓶颈：已经形成了较为成熟的业务，华大基因主要的领域集中在产业的中下游，即测序业务，但在上游测序设备上几乎处于空白地带。基因测序服务业务正在大幅上升，但受制于测序平台能力有限，华大基因不得不购入大量的测序仪，重新"武装"测序平台。2010 年，华大基因营业收入突破十亿；2009 年，这一数字还只是 3.43 亿元。利用这 128 台测序仪，华大基因一跃成为全球最大的基因组学研究机构。但是，华大基因业务集中在测序代工方面，技术壁垒太低，面对这一瓶颈华大基因试图向上游转型，并利用 CG（computer graphics，计算机图形）技术打开市场。2016 年，华大基因成立子公司华大智造，主营业务为医疗仪器、医疗器械等，其中就包括基因测序仪及配套设备、测序试剂等技术研发推广。

未来前景：近年来，消费级基因检测的人口渗透率快速增长。以美国为例，数据显示，2017 年全美参与消费级基因检测并拥有自身数据的个人用户总量突破了 1 200 万，而中国 2017 年参与消费级基因检测并拥有自身数据的个人用户总量约为 30 万人。目前，中国消费级基因检测服务的人口渗透率仅为 0.03%，预计未来 5 年这一数字将达到 3.5%。未来华大基因在测序市场将面临更大冲击，因此华大基因将加大研发与市场推广的投入，预计未来会有较高的研发投入。随着工业 5.0 时代来临，基因实现存、读、写，人类应用基因检测加上病理、影像、免疫、代谢监测和运动、营养方案，实现疾病预防，华大基因也将在基因领域实现更大突破以造福人类。

三、AI+金融行业与企业应用案例

AI+金融是指通过将人工智能技术作为主要驱动力，为金融行业的各参与主体、各业务环节赋能，突出人工智能技术对金融的产品创新、流程再造、服务升级的重要作用。从最新发展趋势来看，AI+金融进一步推动普惠金融，使更优惠的金融服务覆盖到小微企业以及更多长尾客户，进一步降低金融机构的运营成本，最终实现全社会福利的提升。同时，AI+金融将为金融监管与风险控制提供更多可行路径与方案。随着人工智能技术不断成熟，AI+金融行业将面临洗牌，真正具有人才、技术、数据优势及场景优势的企业将得以长期持续发展。

中国的 AI+金融行业发展仍处于早期阶段，有待技术的不断发展与金融场景的深度融合。人工智能与大数据、云计算及区块链共同为金融行业转型升级提供技术支撑，大数据提供基础资源、云计算作为基础设施、区块链建立基础机制，为金融业实现智能化提供核心驱动力。近年来，人工智能技术主要在金融行业的风险控制、投资分析、移动支付等领域实现应用落地。从各场景发展程度来看，智能风控应用得最多且较为成熟，智能支付的发展速度相对较快，智能营销与智能客服拥有广阔发展空间。中国 AI+金融行业的典型企业主要有平安科技、招商银行、京东金融、蚂蚁金服、旷视科技等（表 5-4），其中，课题组重点调研梳理了平安科技的应用案例。

表 5-4　AI+金融行业典型企业

典型企业	主要服务及产品
平安科技	全覆盖智能风控十大场景，在系统支持下，银行决策更科学，风险识别与处置能力大幅提升，客户体验得到改善
招商银行	"天秤系统"可以抓取交易时间、交易金额、收款方等多维度数据。风控模型会基于实时、准实时数据进行高速运算，实时判断用户的风险等级。利用图算法和图分析技术，挖掘欺诈关联账户
京东金融	运用高维模型，利用生物探针、图计算、涉黑群体挖掘等技术从各个维度去筛选和甄别用户的好坏，实现对用户更完善的描述
蚂蚁金服	"蚁盾"具有强大的算法和计算的能力，实现了 0.1 秒的时间完成判断和决策，并支持 12 万每秒的并发。构建一个跨国家地域、多行业的风险维度，可把黑产和欺诈者识别出来
旷视科技	针对泛金融领域推出全球首个在线的人脸识别身份验证平台 Face ID，降低了泛金融企业面临的欺诈风险，提高了产品和服务的安全性

资料来源：课题组根据各企业官方网站资料整理

▶▶　【企业案例 3】平安科技

平安科技是中国平安保险（集团）股份有限公司（以下简称平安集团）旗下的全资子公司，其前身为平安集团的信息管理中心，注册资本为 3 000 万美元，是平安集团的高科技内核。随着平安集团保险、银行、资产管理三大业务板块的均衡发展，平安科技在平安集团综合金融大家庭中将扮演更为重要的角色，逐步向国际领先的金融 IT[①]团队迈进。平安科技主要向平安集团和集团下属子公司提供 IT 规划、开发和运营等 IT 服务。2018 年 11 月 7 日，平安科技位居工业和信息化部发布的 2018 年（第 17 届）中国软件业务收入前百家企业第 54 位。

自 2008 成立以来，平安科技专注于为机构、企业、政府提供端对端智能科技服务，基于人工智能、云计算解决方案，服务 5 亿多用户，覆盖金融、医疗、汽车、房产、智慧城市五大生态圈。其在深圳和上海建立了两大互为备份的电脑中心，共有 180 多台小型机和多台世界最先进的大型存储设备，2 000 多台 PC Server[②]和大量磁带库、光纤数据交换机、负载均衡等设备。采用统一的 Oracle 数据库平台和 Weblogic J2EE 中间平台。主要应用技术包括 Java/J2EE、Oracle 等业界领先的技术平台。拥有 UNIX（Linux）、Oracle、J2EE、工作流、影像、EAI[③]、规则引擎、Corba、WebLogic 等多种平台上的技术专家。

平安科技打造的"AI+金融"应用非常成功，场景应用全面，利用自身全牌照的综合金融公司性质，凭借三十多年行业经验，将人工智能应用到 400 多个场景中去，同时平安科技自有的 8 大数据中心、深度学习的集群云平台及每秒百万级并发数据处理量构成了一个高效的平台，在先进算法的助推下最终成就平安科技"AI+金融"的成功。

在应用场景方面，人脸识别无异于平安科技的重点，其识别准确度被公安第三研究所认证为 99.84%，并且已经应用于深圳机场和一些小区等公共设施中。智慧城市这一应用场景并未拔得头筹，主要是由于海康威视进入该领域较早，因此基本垄断政府端产品。但平安科技在此领域也有所成就。2017 年平安科技逐渐部署"智慧城市"和"平安脑"智能引擎，将"平安脑"作为中枢层，串联感官层、索引层与执行层，完成产品模块的功能实现。其他应用场景还包括声纹识别、智能双录、智能客服、智能语音合成、音乐创作、智能风控平台、产险 510 智能查勘提高效率、闪赔、医学读片、传染性病预测、中小企业贷款等。

人工智能领域：平安科技致力于运用人工智能、云计算等前沿科技打造更多好用、高效、便捷的智能产品，立志成为国际领先的"AI+云"公司。平安科技对于深圳市人工智能产业发展的助推力量，主要源于基础层的深入研究与相关场景的广泛应用，平安科技通过自有力量同各界联合，广泛吸纳专业型人才从事基础

---

① IT（information technology，信息技术）。

② PC Server（personal computer server，个人电脑服务器）。

③ EAI（enterprise application integration，企业应用集成）。

研究，在基础层研究方面已经初具规模，并且自有的人才库形成了良好的支撑。平安科技也借助自身已有的产业链为人工智能的研发技术提供了广泛的应用场景，如语音识别、客户筛选、健康诊断等，自有资金支持较其他企业更为充足。由于本身庞大的规模以及长远的战略部署，平安科技也需要更多的人才与资金支持，才足够将其建设成为人工智能领域的龙头企业，并将其推向人工智能全产业链的国际优势地位。

核心技术：人工智能、云计算是平安科技的核心技术，目前人工智能已经形成包括预测人工智能、认知人工智能、解决人工智能在内的系列解决方案；云计算以金融为起点，深度服务于金融、医疗、汽车、房产、智慧城市五大生态圈。

发展瓶颈：平安科技面临联邦学习和联邦智能相结合困境，目前首要解决"数据孤岛"问题以及在保障数据隐私和安全的前提下实现人工智能，为此平安科技开发"蜂巢"平台。"蜂巢"平台是由平安科技自主研发的联邦学习平台，这也是业内首个面向金融行业的商用联邦学习平台。未来，"蜂巢"平台还计划实现更多功能，包括提供基于联邦学习的医疗影像数据平台、扩接融合用户特征与个性推荐系统和动态车险定价模型系统等。

未来前景：平安科技也提出在未来与院校合作的期许，并将自身定位为应用场景合作企业，也可以借助平安集团内部人才，与高校通力合作，共同研究。同时，平安科技也表明希望国家能够给予更多资金和资源的支持，如机器人的原创性算法及应用、芯片研发及产业落地等方面，以保证其发展过程中不被"卡住咽喉"。在未来，云计算与大数据的紧密结合，将会对传统公安信息化的建设、方法、技术等方面带来变革，通过对警务云的建设，使中国各级公安机关可以真正地围绕以应用驱动为根本导向、以基础设施建设为支撑、以大数据综合应用为发展龙头、以自主创新为重要途径、以信息安全为主要保障的业务目标，深入开展公安信息化的建设工作，这是云计算对我们人民的保障。在未来几年，平安科技将始终坚持"科技引领金融"之路，继续往"移动互联""云""大数据"三大方向发展，打造先进的IT组织、强化基础支持核心业务，携手平安集团各业务公司开拓创新，牵头探索互联网新业务模式。

四、人工智能制造与开发领域应用案例

（一）智慧机器人领域

机器人技术是衡量现代科技和高端制造业水平的重要标志。智慧机器人技术

是多学科交叉与融合的结晶。大数据、人工智能和传感器技术日渐成熟,推动机器人技术从"可编程机器人"向智能机器人发展。全球新冠疫情影响了各行各业的生存与发展,人工智能企业"危"中见"机",智慧机器人市场应用迎来爆发期。机器人技术在配送物流、餐饮零售、安防巡逻、医疗康复等领域的应用呈现增长态势,智慧机器人将迎来市场应用新的爆发期。

近年来,全球智慧机器人市场规模持续扩大,工业、特种智慧机器人市场增速稳定,智慧服务机器人增速突出。围绕语音识别、计算机视觉、自然语言文字处理等主要人工智能技术创新不断深入,产品在医疗、安防、教育、自动驾驶、金融、智能家居、物流等领域的应用持续拓展,企业前瞻布局和投资并购异常活跃,全球智慧机器人产业正迎来新一轮增长。中国电子学会组织编写的《中国机器人产业发展报告(2022 年)》预计,2024 年全球智慧机器人市场规模将突破650 亿美元。

从全球智慧机器人行业最新发展趋势来看,机器人密度(每万名制造业员工所拥有的机器人数量)逐渐成为衡量国家制造业自动化发展程度的重要标准之一。随着人工智能技术的推进,以及工业 4.0 时代、高龄化社会的到来,具有感知、分析、学习和决策能力的智慧机器人在工业制造、医疗、农业、交通、教育、航天和军事等行业领域将发挥越来越重要的作用。未来,智慧机器人必将朝着共融机器人的方向发展,能与人合作的机器人将是理想的作业装备,与人共融的程度,将是机器人发展的一个重要坐标。

中国作为全球最大的机器人市场之一,机器人在政策、技术、市场需求等多重刺激下快速发展,智慧机器人市场规模快速扩大。中国智慧机器人产业已基本形成从上游核心零部件制造,到中游本体制造,再到下游系统集成服务的完整产业链条。从区域角度看,长三角地区和珠三角地区工业智慧机器人产业链最为完备、工业智慧机器人相对发达,京津冀地区智慧机器人产业链相对成熟,智慧服务机器人和特种智慧机器人最为领先。当前,中国机器人密度有着巨大增长空间,前景十分广阔。国际机器人联合会公布数据显示,中国机器人密度在 2020 年为 246 台,预计将在 2025 年实现翻倍。当前,中国智慧机器人行业的典型企业有新松、珞石科技、科沃斯、优必选、上海微创等(表 5-5),课题组重点调研了优必选科技有限公司(以下简称优必选)的应用案例。

表 5-5　智慧机器人行业典型企业

典型企业	主要服务及产品
新松	具有自主知识产权的工业机器人、协作机器人、移动机器人、特种机器人、服务机器人五大系列百余种产品,面向智能工厂、智能装备、智能物流、半导体装备、智能交通等,形成十大产业方向,致力于打造数字化物联新模式
珞石科技	从事轻量型工业机器人产品研发与技术创新工作,提供协作型工业机器人控制系统、工业机器人产品及智能制造解决方案

续表

典型企业	主要服务及产品
科沃斯	家庭服务机器人专业制造者，创造了地面清洁机器人地宝、自动擦窗机器人窗宝、空气净化机器人沁宝、机器人管家亲宝，专业从事家庭服务机器人的研发、设计、制造和销售
优必选	从人形机器人的核心原动力伺服舵机研发起步，逐步推出消费级人形机器人 Alpha 系列、STEM①教育智能编程机器人 Jimu Robot、智能云平台商用服务机器人 Cruzr（克鲁泽）等
上海微创	高端医疗器械集团，主要覆盖心血管介入产品、骨科医疗器械、糖尿病及内分泌医疗器械、电生理医疗器械、大动脉及外周血管介入产品、神经介入产品、外科手术等十大领域

资料来源：课题组根据各企业官方网站资料整理

▶▶ 【企业案例4】优必选

优必选成立于 2012 年 3 月，是一家集人工智能和服务机器人研发、平台软件开发运用及产品销售于一体的全球性高科技企业。优必选目前是全球人工智能机器人领域商业化落地最为成功的企业之一，也是国内唯一涵盖多个行业细分市场的人工智能机器人公司，在中国人形服务机器人行业市场排名第一。其核心技术以及实现方法处于国际顶尖技术水平。

2008 年，优必选从人形机器人的核心源动力伺服舵机研发起步，逐步推出了消费级人形机器人 Alpha 系列、STEM 教育智能编程机器人 Jimu Robot、智能云平台商用服务机器人 Cruzr、智能巡检机器人 ATRIS 和与迪士尼合作的第一军团冲锋队员机器人等多款产品，主要技术均为自主研发。优必选主要客户与合作对象涵盖了政府、企业、高校及个人消费者等。2016 年 2 月，优必选机器人亮相狗年央视春晚等各大舞台，此后与央视春晚合作紧密；优必选是英国曼城足球俱乐部全球机器人合作伙伴；优必选 Jimu 机器人与中国少年儿童发展服务中心达成战略合作；优必选就"中国机器人设计大赛"与 IEEE（Institute of Electrical and Electronics Engineers，电气与电子工程师协会）达成战略合作；优必选受邀参加博鳌亚洲论坛；优必选联合广州白云机场打造智慧机场；优必选成为 Swift Playgrounds 首家中国合作方；优必选与腾讯合作推出 Qrobot Alpha；其他合作如与华中科技大学、悉尼大学、科大讯飞、广州口岸、居然之家等合作。2016 年 12 月，优必选召开人工智能战略发布会，奠定以产品销售养活研发的基调。2019 年，优必选的 Walker 机器人被美国知名的机器人行业媒体 The Robot Report 评选为值得关注的 5 大人形机器人，同时入选榜单的其他 4 款人形机器人分别是美国波士顿动力的 Atlas、Agility Robotics 的 Cassie，日本丰田的 T-HR3s、本田的 E2-DR，优必选成为榜单中唯一的一家中国企业。

---

① STEM（science technology engineering mathematics，科学技术工程数学）。

　　优必选致力于人工智能及人形机器人关键核心技术攻关及应用研究，提升自主研发及科技创新能力，积极承担了多项深圳市市专项资金科研项目，已获批 1 亿元以上的资金扶持，作为国家高新技术企业，按有关规定申请享受减至 15%的税率征收企业所得税税收优惠政策。优必选目前积极打造"硬件+软件+服务"机器人生态圈，力争在人工智能领域实现较大突破，成为人工智能和服务机器人的前沿科技企业，当前人员规模已逾千人，处于发展上升期且人员规模不断扩大，现有南山智园有限的办公场地难以满足人工智能技术研发及产业。

　　人工智能领域：优必选从事人形机器人智能领域，其以智能机器人为载体、人工智能技术为核心，打造"硬件+软件+服务+内容"的智能服务生态圈。

　　核心技术：优必选以智能机器人为主攻方向，致力于研发高性能伺服驱动器及控制算法、运动控制算法、面向服务机器人的计算机视觉算法、智能机器人自主导航定位算法、ROSA 机器人操作系统应用框架、语音等核心技术。

　　发展瓶颈：优必选面临芯片供应困境，为此开始研发伺服舵机，解决芯片产业链困境。同时机器人行业仍然处于高研发投入、难以商业化和规模化量产的阶段，因此高度依赖资本"输血"。高估值可能会抬高未来的融资门槛，在资金流方面埋下隐患，停止运营的人工智能机器人公司 Anki 可以算是前车之鉴。服务机器人产品还没有找到一个刚需化的应用场景，这也是优必选目前的挑战。另外，人工智能行业人才认定标准还未能下放到企业，针对人工智能产业应出台针对性政策，细化人才认定标准；政府对企业的资金扶持力度还不够大，对于覆盖科技研发费用仍能力有限。

　　未来前景：预计到 2025 年，机器人工业产值可以达到 4.5 万亿美元，其中，2.6 万亿美元来自提高并延长人类寿命，1.4 万亿美元可能来自工业自动化和商业服务任务；在工业和服务领域使用先进机器人承担的工作量相当于 7 500 万个全职职工。最终，节约时间的家用服务机器人创造效益可达 5 000 亿美元。未来机器人将朝向人类复杂意识般的意识化机器人发展。从长期来看，在新基建战略不断推进的背景下，优必选对中国机器人行业发展前景坚定乐观，有恒心、办恒业，以智能机器人为载体，人工智能技术为核心，赋能产业智能化升级。同时，优必选将继续朝向类人形机器人方向发展，同时人工智能也会有很大提升，基于特定场景人工智能，可以做到全方位的包括语音、视觉、触觉和情感等的人机交互，成为信息和数据的入口。

（二）智能硬件领域

智能硬件是指通过将硬件和软件相结合，对传统设备进行智能化改造。具备信息采集、处理和连接能力，可实现智能感知、交互、大数据服务等功能的新兴互联网终端产品，是"互联网+"人工智能的重要载体。智能硬件行业主要包括智能家居、可穿戴设备、工业智能设备及控制器、智能无人设备等。

目前市场上智能硬件普及程度快速提升，且产品种类更趋多样化，加上消费升级趋势下，智能硬件作为优质产品更受青睐，市场稳步提升。芯片升级、移动互联网、大数据、云计算、物联网、5G等技术发展，为传统硬件智能化、智能硬件升级提供成熟的技术环境。智能硬件行业发展趋势有以下几个特征：一是借助智能硬件服务平台的优势，智能硬件行业在终端、内容服务和大数据服务方面将长足发展；二是智能硬件将趋向多元化、透明化、专业化和垂直化；三是智能硬件服务平台为创新型企业提供整条演进路线的解决方案，在整个硬件生产的链条中起重要作用。

中国智能硬件市场发展较快，中商产业研究院发布报告显示2020年中国智能硬件市场规模约为10 767亿元。以服务人的维度来衡量智能硬件市场规模，智能硬件已融入衣、食、住、行、教育、医疗、娱乐和劳动八大领域，已出现了不少成熟的各领域智能机器人或智能终端。另外，中国智能硬件行业生态日益完善，智能硬件行业整体投融资热情高涨，但真正能获得 B 轮以上融资的企业凤毛麟角，初创企业面临扩大再生产等问题，从供应链到营销推广再到融资等一系列产业链问题亟待解决。中国智能硬件行业典型企业有硬蛋科技、河东智能、大疆、华米科技、柔宇科技等（表 5-6），课题组重点调研分析了大疆创新科技有限公司（以下简称大疆）的应用案例。

表 5-6　智能硬件行业典型企业

典型企业	主要服务及产品
硬蛋科技	中国最大的智能硬件创新创业平台，已经汇聚了 24 000 个智能硬件项目。引入共享经济模式，以供应链数据为基础，向创新创业企业提供软件、云、供应链金融、营销等一站式企业服务，建立完整的闭环生态系统
河东智能	2004 年进入智能家居领域，研发制造智能家居和智能建筑系统产品，市场拓展到海外。致力于智能家居、智能建筑、智能酒店领域，为市场提供综合性的智能控制系统和一体化的解决方案
大疆	大疆是全球较为顶尖的无人机飞行平台和影像系统自主研发和制造商。从最早的商用飞行控制系统起步，逐步研发推出 Ace 系列直升机飞控系统、多旋翼飞控系统、筋斗云系列专业级飞行平台 S1000 和 S900、多旋翼一体机 Phantom、Ronin 三轴手持云台系统等产品
华米科技	小米生态链企业，主要产品包括小米品牌的智能手环及智能秤、自主品牌 Amazfit 米动系列的智能手环及智能手表，共 9 次获得德国 iF、德国 Red Dot、中国设计红星奖金奖等全球工业设计奖
柔宇科技	自主生产全柔性显示屏和全柔性传感器，以及柔性屏折叠手机和其他智能设备

资料来源：课题组根据各企业官方网站资料整理

▶▶　【企业案例5】大疆

大疆成立于2006年，是全球领先的无人机系统与影像解决方案供应商，大疆致力于用技术与创新力为世界带来全新视角。大疆员工超过12 000人，遍布全球7个国家的17间办公室，销售网络遍布全球一百多个国家，大疆不断革新技术和产品，开启了全球"天地一体"影像新时代。

大疆从商用自主飞行控制系统起步，填补国内外多项技术空白，并陆续推出了飞行控制系统、云台系统、多旋翼飞行器、小型多旋翼一体机等产品系列。大疆以"The Future of Possible"（未来无所不能）为主旨理念，在无人机、手持影像系统、机器人教育领域成为全球领先的品牌，以一流的技术产品重新定义了"中国制造"的创新内涵。大疆坚守"激极尽志，求真品诚"的企业精神。始终践行全新的文化和价值观，将卓尔不群的产品之道贯穿于每一个细节中，展现科技的无限可能，并得到全球市场的肯定和尊重。

自建立起，大疆发展极其迅速。2007年推出直升机飞控XP 2.0，大疆飞控第一次达成超视距飞行。2008年XP 3.1地面站诞生，重磅产品Ace One诞生，销售额大幅度增长，远销海外。2011年Wookong-M多旋翼飞控腾空出世，风火轮正式发布，大疆迈入消费级模型市场，多旋翼王子"Naza-M"诞生。2012年世界首款航拍一体机面世，世界首款专业一体化多旋翼飞行器筋斗云S 800诞生，为拓展消费级模型市场，美国及德国分公司成立。2013年推出全球首款会飞的照相机，引领全球航拍热潮。2014年诞生世界首款自带4 K相机的可变形航拍器，推出全高清数字图像传输系统Lightbridge。2015年精灵系列问世，推动全球消费级无人机市场变革，发布农业植保机，正式步入农业无人机领域，并为无人机软硬件应用创新拓宽空间。2016年重磅推出精灵Phantom 4，开启机器视觉的时代，推出A 3飞控，全面满足行业应用需求，各系列产品更新迭代。2017年发布首款具备工业防护等级的飞行平台，可广泛用于航拍数据收集、巡检等行业应用，推出首款支持手势操控、可进行人脸识别的掌上无人机，并推出七款农业植保新品。2018年新品随行无人机完美平衡了性能与便携性。大疆产品更新换代快，基本可达到1年换1~1.5代的频率。目前，大疆拥有超过3 000名工程师，PCT[①]年申请量名列前茅，除位于中国深圳的总部之外，在北京、上海、美国硅谷等重要科技人才聚集地也建立了研发中心。在美国、德国、荷兰、日本等国家的重要城市设有分支机构，客户遍布全球百余个国家和地区。产品以外销为主，且国外市场远超国内

---

① PCT（patent cooperation treaty，专利合作条约）。

市场（80%销往海外）。

人才是大疆发展过程中的中枢力量。在同行业中独占鳌头，背后离不开浓郁的科技创新氛围和强大的研发团队。大疆正在通过创新手段，推动形成适应科技创新的全新人才生态圈。大疆试图最大程度整合粤港澳大湾区的产业集群优势和学术资源优势，吸引全球最优秀的科技人才汇聚此地。同时，大疆正全力打造一项全球最具观赏性的大学生机器人比赛——RoboMaster，旨在挖掘、培养工程技术精英，掀起全民科技热潮，助力深圳打造"中国硅谷"。大疆目前发展顺利，但是在人才与资金方面仍有缺口。在人才培养方面，大疆初步通过"机甲大师"这一比赛与高校取得密切联系，但在人才吸纳的渠道层面上仍有待开拓；在资金方面，大疆目前已取得共青团中央、深圳市人民政府的较大支持，但面对已投入在寻找更佳融合科技、文化与竞技途径上的数亿元资金，如若能够获得政府在政策及资金上的有力支撑，大疆在人工智能领域的前景则大有可期。

人工智能领域：大疆从事无人机智能领域，其无人机的核心研发人员为 800～1 000 人，并且无人机市场占据了全球 80%的份额。

核心技术：飞控系统和影像传输等技术，从研发、设计，到原材料采购、组装、关键零部件生产，以及最后的质检和试飞，每一个环节，都有一套严格标准。从商用自主飞行控制系统起步，大疆逐步推出了飞行控制系统、云台系统、多旋翼飞行器、小型多旋翼一体机等产品系列，填补了国内多项技术空白。

发展瓶颈：大疆在全球消费级无人机市场已占有约七成的市场份额，继续在该市场拓展市场份额推动销售额的增长无疑面临很大的困难；近几年我国持续不断地加强对无人机的管理，这也对大疆的中国业务发展造成了压力，甚至一度导致其中国业务营业收入下滑。大疆面临企业级市场，如安防、教育、警用等领域中市场开拓困境，为此与微软达成战略合作，对推动企业级无人机的发展至关重要。微软所拥有的这些能力恰恰是大疆拓展行业市场所需要的，对于企业用户来说它们使用无人机服务会产生大量的图片等数据资料，这些庞大的数据自然需要微软强大的云服务，微软所提供的人工智能服务可以帮助大疆对这些庞大数据进行分析处理以便获得更有价值的数据，双方可谓互利合作。

未来前景：大疆作为深圳市无人机行业的领头者，十分注重专业人才对于人工智能产业的作用，并且已在政府层面上获得优于其他企业的支持，在拓展国际市场份额上也取得了优势，如果企业能够获得更多的资金支持，包括政府税收减免、拓宽融资渠道、政府直接补贴等方式，大疆在人工智能领域，尤其是无人机行业的前景将大有可期，也将成为深圳市人工智能产业走向国际化的一个主要驱动力。行业应用无人机一直是大疆深耕的方向，大疆与微软达成战略合作，通过开放 SDK[①]，将商用无人机技术拓展到全球最大的企业开发者社区，也因此拥有了世界上最大的商用无人机开发者生态。后期，大疆还会在其他细分市场拓展，如安防和巡检行业所用的侦察机、载人无人机和无人机物流等。

（三）智慧软件领域

智慧软件行业是从事智能软件相关性质的生产、服务的单位或个体的组织结构体系的总称，主要包括智能操作系统、虚拟仿真、语音识别与交互、数据挖掘与分析、机器学习平台等。

智慧软件行业最新发展趋势特征体现如下：①当前智慧软件产业生态将逐渐形成。互联网、物联网、大数据、人工智能、区块链等新一代信息技术将加速创新和应用步伐，相应地，软件技术的创新和应用层出不穷，将构建起一个完整的智慧软件生态体系。②智慧软件产业将成为经济发达地区的核心产业。新一代智慧软件产业具有知识密集、数据密集、资本密集、平台经济和应用集群五大特点。平台企业是新一代智慧软件产业的龙头企业，培养出一个平台企业，将带来一个产业生态。③从软件定义世界到软件驱动世界。随着人工智能技术的不断创新，智慧软件新应用对传统产业进行全方位改造，不断释放人工智能对经济发展的放大、叠加和倍增作用。

近年来，中国基于《"十四五"软件和信息技术服务业发展规划》等文件支持和指导智慧软件行业发展。互联网公司、传统软件公司、通信公司和科技公司等都加入智能软件的浪潮，推动智能软件行业专业化和多样化。中国智慧软件产业得到了扩大与升级，智慧软件行业渗透率得到提高。IDC《2022 上半年中国商业智能软件市场跟踪报告》显示，2022 上半年中国商业智能软件市场规模为 3.8 亿美元，预计到2026 年，中国商业智能软件市场规模将达到19.6 亿美元。在技术方面，芯片升级、移动互联网、大数据、云计算、人工智能、物联网为传统软件的智能化和智慧软件的升级提供了成熟的技术环境。传统企业和互联网平台竞争激烈，企业通过提高用户体验、提升效率等方式提高市场竞争力，为智能软件行业提供新的增长空间。

平台企业带来知识型劳动者、智能机器劳动者、App 服务商、资本向区域的集聚，汇聚形成大数据，引发更多数据价值增值服务商向区域积聚。阿里巴巴之于杭州，腾讯、华为之于深圳，百度、京东之于北京都充分体现了软件平台对区域经济发展的重要作用。同时，智慧软件行业正在培育着新动能，也正

---

① SDK（software development kit，软件开发工具包）。

在推进新旧动能转换，软件定义世界所积蓄的势能正在转变为软件驱动世界的动能。政府治理和民生服务信息化的不断深入，使智慧软件正渗透到政府治理和民生服务流程的各个环节，从而有利于提升政府治理和民生服务的现代化水平和能力。当前中国的智慧软件行业典型企业有中国软件、科大智能、中仿智能、久其软件等（表 5-7），课题组重点调研分析了科大智能科技股份有限公司（以下简称科大智能）的应用案例。

表 5-7　智慧软件行业典型企业

典型企业	主要服务及产品
中国软件	为用户提供系统软件、安全软件、平台软件、政府信息化软件、企业信息化软件和全方位服务的综合性软件公司。主营业务包括自主软件产品、行业解决方案及服务、软件外包服务
科大智能	基于讯飞开放平台提供的客服解决方案，在语音识别、智能语音交互方面优势尤其明显，科大讯飞智能客服主要用于呼叫中心场景，核心功能包括电话机器人、智能催收系统、智能外呼营销等
中仿智能	着力仿真智能领域，是上海市"双软"认证企业，拓展飞行及训练安全大数据分析、智能软件技术研究，在动力学与控制、智能软件及算法等方面形成具有自主知识产权的核心技术
久其软件	专业的管理软件供应商和聚焦 B2B[①]、B2C[②]的大数据综合服务提供商，提供电子政务、集团管控、数字传播领域的产品，致力于以行业解决方案和全产业链的服务为客户赋能

资料来源：课题组根据各企业官方网站资料整理

▶▶　【企业案例 6】科大智能

科大智能是由安徽东财投资管理有限公司、中国科学技术大学及部分自然人股东于 2002 年共同发起成立的，是专业从事配电自动化系统、用电自动化系统软硬件产品研发、生产与销售及配电自动化工程与技术服务的企业，长期致力于中压电力线载波通信技术的研究、开发和市场应用，是中国中压电力载波通信领域的领军企业，是国内既熟悉中国配电网运行状况又掌握核心技术的配用电自动化系统主要供应商和技术服务商，能够为电力行业用户提供完整的配用电自动化系统解决方案，是中国配用电自动化领域业务链较为完整的企业之一。

科大智能始终坚持"工业+智能"的核心理念，专注将智能技术与工业紧密相结合；围绕智能电气、智能机器人、智能装备、工业互联网四大业务板块，持续加强核心技术与产品的研发投入，着力发展人工智能、5G 及边缘计算、智能终端一体化技术架构；提供智能电网终端、AGV 移动机器人、非标定制化装备、智能工厂整体解决方案等产品及涵盖产品全生命周期的服务体系。科大智能产品广泛应用于航空航天、轨道交通、高端装备制造、综合能源、基础工业等行业，拥有

---

①　B2B（business to business，商业对商业）。

②　B2C（business to customer，商业对消费者）。

中国商飞、南京地铁、三一重工、国家电网、中荣印刷等高端客户。在现有业务稳步发展的同时，科大智能大力发展工业生产和电商领域的智能物流系统，并全面布局人工智能、大数据产业服务机器人技术研发和产业化推广。努力将科大智能打造成为"中国制造2025"制造强国战略的行业引领者。目前科大智能控股公司28家，集团员工3 200人，营业收入23.8亿元。

人工智能领域：科大智能始终坚持"工业+智能"的核心理念，致力于探索工业领域智能化技术的应用创新。

核心技术：将5G、物联网、人工智能等先进技术深度应用于智能工厂规划建设、物流机器人大规模集群控制、"5G+人工智能"物联网智能终端数据处理与分析、工业制造过程智能控制、制造工艺大数据优化等核心应用场景，为高端装备制造业、轨道交通、综合能源、基础工业、航空航天、消费品制造业等行业客户打造创新的智能化产品及提供解决方案。

发展瓶颈：科大智能目前面临盲目扩张导致商誉贬值的困境。国内汽车市场自2018年首度遭遇下挫后，2019年继续以产销量双双速降收尾。为此科大智能深耕"工业+智能"核心领域，夯实产业基础。

未来前景：在移动互联网时代，"互联网+"给经济发展带来了重大影响，随着专用人工智能的发展，作为一个庞大的高新技术合集，"AI+"作为一种新经济业态已经开始萌芽，越来越多的行业开始拥抱人工智能，用"AI+"助力技术和产业的进一步发展。科大智能未来将始终秉承智能工业引领者，智慧生活创造者的愿景，坚持以终端感知设备为基础，边缘计算为依托，通过将5G、物联网、人工智能等先进技术深度应用于智能工厂整体规划建设、物流机器人大规模集群控制、"5G+人工智能"物联网智能终端数据处理与分析、工业制造过程智能控制、制造工艺大数据优化等核心应用场景，为电力、汽车、轨道交通、航空、快消品等行业客户打造创新的智能化产品及解决方案，助力传统生产模式、传统行业转型升级，实现智慧生活。

第三节　问题分析与政策建议

一、当前存在的突出问题

课题组调研发现，当前中国人工智能产业发展方面还存在一些具有共性的突出问题，一是高端人工智能技术与中低端产业之间存在脱节现象；二是人工智能跨行业高水平复合型人才稀缺；三是人工智能关键硬件与开源软件等储备不足，基础研发能力有待进一步提升；四是人工智能创新成果转化率不高，产学研合作、国际合作有待进一步拓展；五是数据使用不够规范，数据安全标准亟须确立。这些突出问题都不同程度地影响到中小企业的智能制造应用等多方面的数智化转型问题，并对中小企业高质量发展产生深远影响。

课题组重点对上海市人工智能产业发展政策开展深入调研以期为全国其他省份提供借鉴。《上海推动新一代人工智能发展实施意见》实施以来，人工智能产业发展取得了可喜成绩。截至 2020 年底，上海市人工智能相关企业数量为 1 298 家，行业门类齐全，是中国人工智能产业的重要集聚地。在智能芯片、类脑计算、机器人等领域，不仅集聚了大量国内外重量级企业，还持续涌现了语音识别、计算机视觉、智能驾驶、金融、教育、医疗等细分领域的初创企业。但是，对标国际人工智能发展前沿，同时与北京、深圳等国内人工智能产业发达地区相比，国内中小企业在应用人工智能实现产业转型发展过程中除了存在前述共性问题之外，还明显反映出了一些特有的短板与不足。

（一）核心共性技术发展滞后，关键零部件自主能力不够

从人工智能领域整体来看，当前核心算法领域的创新处于高度活跃状态，新一代布局也已经开始，这些核心算法的基础研究大量掌握在国外高校和企业中，如卡内基梅隆大学、麻省理工学院、加州伯克利大学仍然领跑全球。同时，在新一代人工智能类脑核心技术、人工智能芯片、GPU[①]、FPGA[②]的研发设计方面，国外企业仍占据领先地位，制约了上海人工智能引领发展的能力。从中长期来看，上海必须集中力量突破这些核心技术瓶颈问题。

（二）缺乏细分领域专项政策，难以形成产业发展合力

人工智能领域产业链较长，涉及典型应用场景、智能应用技术、核心共性技术、根技术等，每一块都有自身从零部件到设计研发的完整产业链。目前，上海大力支持生物医药、集成电路和人工智能产业发展，并给予大量优惠政策，2018 年，上海在世界人工智能大会上发布的《关于加快推进人工智能高质量发展的实施办法》更是举全市之力支持人工智能发展。但是，大量政策聚焦人工智能产品生产等中后端，对于关键的前端领域，缺乏专项支撑，产业发展后劲堪忧。

---

① GPU（graphics processing unit，图形处理器）。
② FPGA（field programmable gate array，现场可编程门阵列）。

（三）制度交易成本高昂，不利于形成中小企业创新生态

近年来，中小企业技术创新的程序化制度管理日趋复杂，创新创业门槛逐渐抬高，中小企业难以获得融资，制约了人工智能领域的中小企业发展和壮大，不利于形成人工智能领域创新生态，这也是造成上海等地数字经济产业创新创业活跃度不够，明显低于北京和深圳的主要原因。

（四）各类要素成本高企，人工智能领域人才资源难以汇聚

人工智能产业正处于起步阶段，与传统产业的融合发展及改造才刚刚开始，基础研究、技术开发、产业化、产业融合均需要大量各类人工智能人才作为支撑，然而上海生活成本和住房成本均为全国前列，不利于人才长期稳定发展。尽管上海对顶尖的科研人才、企业家拥有一定支持政策，但缺乏对人工智能领域各层级人才普惠性政策，同时，一些顶层设计的政策文件有待尽快落地。

（五）缺少标杆性企业，人工智能产业"显示度"不足

当前人工智能产业缺乏标杆性龙头企业，产业"显示度"欠缺，招商引资遇到诸如广州、深圳、杭州、苏州、南京等城市强有力竞争，导致对国内外高水平团队和中小企业的吸引力不够，难以形成大中小企业生态体系。虽然近年来，ABB、库卡、科大智能等知名企业相继被引进到上海，但是，外部企业扎根性不强，知识本地化溢出有限，核心技术回流等问题较为突出，在属地贡献和责任担当方面与本土成长企业相差甚远。

（六）受户籍条件制约，中小型人工智能企业人才入户难

调研中，上海科技型中小企业普遍反映人工智能人才入户难。人工智能企业是技术人才密集型企业，高层次人才比重明显高于一般制造业和服务业企业，在现有户籍政策条件下，并没有考虑人工智能企业的特殊性，因此，造成科技型中小企业技术人才因为户口问题留不住、引不进等现实问题，这也影响到中小企业持续健康发展。

二、未来发展的对策建议

课题组基于调研分析认为，在进一步推动人工智能产业发展过程中，政府部门要"有所为、有所不为"，紧抓面向世界科技前沿、面向经济主战场、面向国家重大需求的关键环节进行布局和大力支持，推动人工智能产业引领经济结构转

变和发展动能转换。

（一）设立人工智能科技专项，推动基础应用研究向纵深推进

目前，上海等很多地区已有多项人工智能专项基金，但基本都偏重创业投资和产业发展，缺乏支持人工智能基础研究和共性技术、关键技术攻关的科技专项基金。建议在上海等有条件的地区，从财政科技支出中专门设立人工智能科技专项基金，支持高校、企业等各类创新主体协同开展共性技术和关键性核心技术攻关。同时，争取国家战略科技力量支撑，深度参与 2030 "新一代人工智能" 重大项目。

（二）进一步降低税负，为人工智能产业助推高质量发展争取空间

人工智能产业发展一是资金投入量巨大，二是具有强烈的不确定性。为了扶持处于创业和成长期的企业发展，建议依托国家新一代人工智能创新发展试验区等重要空间载体，进一步落实企业税负减免，除减按 15% 的税率征收企业所得税外，加快探索对境外引进人工智能创新主体中的领军人才减免个人所得税。同时，加大研发加计扣除力度，全力支撑人工智能产业研发创新。进一步落实 "放管服" 政策措施，实施负面清单和网上审批制度，降低成长性企业落户上海的制度交易成本，为科技型中小企业高质量发展营造更便利的优良环境。

（三）依托新基建园区，加快基建和新型应用场景建设

围绕人工智能产业发展现实需求及发展趋势，加快在上海临港新片区及新基建产业园区打造人工智能基础数据信息共享平台、多领域人工智能应用场景，推进人工智能技术在社会治理、征信体系建设、数据共享、交通、智慧医疗、未来社区和特色小镇等领域应用试点。用好 "自贸区新片区+人工智能试验区" 等政策的叠加效应，做好人工智能应用场景的政策接口和协调工作。

（四）借力高质量一体化，聚力攻关 "卡脖子" 关键性核心技术

以粤港澳大湾区、长三角高质量一体化发展等国家战略为契机，以人工智能产业联盟为载体，加强粤港澳大湾区和长三角创新资源集聚，瞄准 "卡脖子" 关键性核心技术，开展协同攻关。同时，积极探索基础科学研究财政跨区域经费投入机制，税收跨区域分享机制，全力保障跨区域人工智能协同攻关项目落地实施。

（五）加快落实人工智能人才生活安置，提升人才属地黏性

考虑到人工智能产业重要性和人才特殊性，加快落实《关于加快推进人工智能高质量发展的实施办法》，鼓励各地因地制宜、自主探索人工智能人才生活、就业等保障措施，制定人工智能专业技术人才的落户优惠政策，提升人才获得感和幸福感，强化人才黏性，避免专业人才外流。

第二篇
中小企业数智化转型的组织结构理论研究

本篇内容的逻辑观点认为中小企业数智化转型发展的效率通道在于实现组织结构的变革。深入研究中小企业数智化转型所带来的制造模式变革、组织架构变革、商业模式变革、资源获取模式变革及研发模式变革等，有助于我们更加清晰地勾勒出中小企业数智化转型发展的组织结构变化及其作用机制。本篇从内容架构上主要基于以下几方面展开：①智能制造创新生态系统的功能评价体系及治理机制；②智能制造与中小企业组织变革研究；③数字化推动中小企业制造过程与商业模式的双重转型研究；④数据要素驱动中小企业高质量发展的调查报告；⑤民营中小企业数智化研发的多元目标管理研究；⑥内外部创新资源要素影响下的民营中小企业研发战略研究。其中，第六章和第七章基于智能制造的视角，分别从创新生态系统和组织结构变革的角度，研究了智能制造通过推进产业技术变革与转变竞争方式，促进企业的数智化转型，以实现组织内部适时的调整和变革。第八章和第九章基于数智资源的视角，探讨了民营中小企业的双重转型和数据要素驱动高质量发展的问题，通过实证检验了数字赋能制造过程和商业模式对组织结构的影响，以及调研欧盟、美国、日本等发达经济体经验，并对照北京、上海、广东等省市的做法，提出"大数据赋能"的政策建议等。第十章和第十一章基于数智研发的视角，针对民营中小企业的多元目标管理和内外部创新资源对民营中小企业研发投入战略制定的影响，具体研究了中小企业如何利用多元化投资与内外部创新资源来制定合理的研发投入决策。

第六章 智能制造创新生态系统的功能评价体系及治理机制

制造业是国民经济的主要支柱，也是我国经济"创新驱动、转型升级"的主战场。制造业的智能化发展有助于全面优化企业的组织架构与流程管理，为产品制造提供高效的管理支持体系。早在 2012 年，我国制造业增加值为 2.08 亿美元，在全球制造业中占比约为 20%，成为世界制造业大国。但我国制造业大而不强，存在着自主创新能力弱、产品质量问题突出、资源利用效率低、战略性新兴产业弱等问题。新一轮产业技术变革与我国经济发展方式转型形成历史性交汇，特别是为实施创新驱动发展战略提供重大机遇。为此，主要发达工业国家都非常重视并已超前实施战略布局，如德国工业 4.0 提出制造业智能化生产系统、美国"工业互联网战略"建设工业生产网络化系统、日本"再兴战略"提出先进制造业体系概念等。2015 年以来，我国连续出台《中国制造 2025》《"十四五"信息化和工业化深度融合发展规划》《"十四五"智能制造发展规划》等系列政策，表明国家已将优化创新生态系统应对智能制造的产业技术变革上升到国家战略高度。表 6-1 梳理了国内外智能制造战略发展的系列政策。

表 6-1　国内外智能制造战略发展的系列政策

国家	年份	政府政策及企业行为	相应效果及意义
美国	1992	政府执行新技术政策	鼓励信息技术、工艺制造及智能制造
	2011	出台《实施 21 世纪智能制造报告》《先进制造伙伴计划》	智能制造成为重点发展对象
	2012	建立制造业创新网络，形成工业互联网联盟	诞生第一个智能制造创新生态系统
德国	2005	人工智能研究中心启动了公私合作的《智能工厂 KL》计划	推动智能技术创造、改进与扩散
	2009	企业、研究机构、协会等制定了"嵌入式系统国家路线图"	具备构建智能制造创新生态系统能力
	2013	德国联邦教研部与联邦经济技术部在汉诺威工业博览会上提出工业 4.0	智能制造成为重点发展对象

续表

国家	年份	政府政策及企业行为	相应效果及意义
德国	2015	以西门子为代表,将智能制造技术从实验室带到实际生产	贝格工厂成为工业4.0的范例
中国	1993	设立了自然科学基金重大项目"智能制造系统关键技术"	开始关注智能制造等相关领域
	2010	出台《国务院关于加快培育和发展战略性新兴产业的决定》	智能制造列为高端装备制造的重点发展领域
	2015	发布《中国制造2025》《国家智能制造标准体系建设指南》等	指出智能制造是两化融合的主攻方向

注：表中资料由笔者整理

　　鉴于创新生态系统在理论和实践应用的重要价值,国内外学者从多角度对其功能进行深入研究,其中许多经典之作具有借鉴和指导意义。通过大量文献阅读,本章内容发现已有研究具有以下特征：第一,学者大都聚焦于创新生态系统对创新主体技术升级影响的这一主要功能来进行探讨,未对其他辅助单位及系统基础环境的功能进行挖掘；第二,学者对于创新生态系统的讨论侧重于理论层面拓展,少有研究将相关理论和方法与实际产业升级相融合；第三,学者从不同视角与维度对创新生态系统的功能结构进行分析,但尚未进行系统性梳理,缺少一套完整的功能评价体系。

　　鉴于当前我国传统制造业发展弊端,本章内容引入创新生态系统的理念与方法,通过构建智能制造创新生态系统解决基础理论问题。同时针对理论不足,本章内容梳理了创新生态系统的功能要素,提出一套较为完善的智能制造创新生态系统功能评价体系,对创新领域的相关理论进行补充,同时提出相关治理机制,为我国智能制造产业追赶提供导向作用,具有一定理论和实践意义。

第一节　基础理论整理及研究框架设计

一、智能制造产业技术变革与竞争方式转变

　　智能制造是新一轮产业技术变革的关键技术领域,我国推进智能制造技术也遵循作为技术后发国家的基本路径（简新华和向琳,2003）。以《中国制造2025》为核心的政策体系已初步建构完成（周济,2015）,工业互联网、智能生产标准化接口等硬件设备正以全球领先速度铺设,工业机器人、企业信息化及制造业大数据分析等核心技术正处于快速研发阶段。作为智能制造应用主体,工业和信息化部支持的智能制造样板企业已取得突破性进展,并对相关企业产生积极

的技术溢出效应（江飞涛等，2014），但也需正视目前大量企业对接智能制造工作中所存在的障碍因素（周青和陈畴镛，2008）。

世界正处于"新科技革命的前夜"（路甬祥，2009），智能制造作为工业4.0的最显著标志，未来将导致制造和制造业的经济功能被重新定义，国家和企业竞争力所依赖的资源基础和要素结构升级、全球产业竞争格局进而重构（袁志刚和余宇新，2013；李海舰，2000）。在经典理论中描述价值链经济特征的"微笑曲线"将被"沉默曲线"，甚至是被"悲伤曲线"所替代（黄群慧和贺俊，2013），传统"雁阵理论"所预言的后发国家产业赶超路径可能被封堵，国家间产业竞争范式将由企业间竞争和供应链间竞争转向创新生态系统间的竞争（金碚，2014）。

二、创新生态系统的研究回顾

创新系统（innovation system）的研究主题一直是创新管理领域研究热点，从Schumpeter（1934）创始，Freeman（1987）、Holmes 等（1993）、Cooke 和Morgan（1994）、Lundvall（1998）、冯之浚（1999）等已建立起较为成熟的理论体系，围绕国家创新系统、区域创新系统等核心概念开展的宏观及中宏观层面的研究，都提出创新系统是产业技术变革的基础架构（朱卫平和陈林，2011）。工业革命的进程不断扩展创新系统的内涵边界，包括美国总统科技顾问委员会、美国竞争力委员会、日本国家科技政策研究所等国家高级智囊都将创新生态系统作为国家竞争力塑造的基础模块。之后理论研究开始关注工业革命背景下的技术立国战略衔接（曾国屏等，2013），分别探讨了创新生态系统的新技术应用风险（丁大尉等，2013）、系统结构模型（黄鲁成，2003）、生态原理（Fukuda and Watanabe，2008）、文化支撑（林慧岳等，2012）、成员的复杂关联和有效协同（Kapoor and Lee，2013；秦书生，2004）、系统动态性和演化性（Cefis and Orsenigo，2001）、系统自组织和成长机制（毛荐其等，2011；朱方长，2005）等。

创新生态系统通过设定统一行为规范，促进各创新成员有效协同，完成整体技术升级过程（Kauffman et al.，2015；黄鲁成，2006）。参与成员之间具有不同功能属性，高等院校主要承担基础技术知识的生产，研究院所主要承担技术走出实验室的中试环节，核心企业主要负责新技术的产业化应用（李恒毅和宋娟，2014）。处于系统核心层的明星企业等的示范功能往往会受到各类政策的"关注"（陈畴镛等，2010），而创新生态系统中"底层生态"及其治理则常被忽视，特别是在不同阶层技术扩散过程中，中小型企业、技术服务机构等起到重要的基础性技术支撑作用（刘友金和罗发友，2004）。创新生态系统的参与成员之间的合作竞争关系形成良性循环，利于技术系统整体升级（Ang，2008）。创新生态系统需要实现在多层面、多主体间形成一种动态平衡机制（Adner and Kapoor，2016），这是应对复杂外部动态环境的均衡结果。

三、智能制造创新生态系统的内容分解和功能布局

智能制造的核心技术是人工智能与制造系统（manufacturing system，MS）的集成，智能制造拥有立体式的范畴，包括从智能生产线、智能车间、智能工厂、智能互联生产直至智能工业体系。智能制造创新生态系统在不同层面体现出不同的技术层次、功能内容和系统结构，主要内容架构可以划分为规则层、行为层和资源层等，包括扶持性政策体系、物理层架构、核心层技术、技术应用主体等系统内容。

（一）政府主导下的政策体系构成创新生态系统的规则层

政府部门作为战略性新兴技术的推动者，主导构筑起创新生态系统的"规则层生态"。政府部门协同行业协会、专业智库机构、示范性企业等负责制定与完善扶持政策、制度规范、行业准则、标准体系等，为创新生态系统制定前瞻性发展战略。中小企业在智能制造产业技术变革中更多参与价值链各环节的"全面竞争"，支撑全球竞争战略、技术创新战略和产业发展战略等。

（二）参与创新主体间的技术关联形成创新生态系统的行为层

系统中参与成员之间通过合作或竞争行为形成技术关联，进而组成技术网络。其中，技术研究院所和核心企业构成了"核心层生态"。一方面，明星企业作为行业的领头羊，在智能制造产业技术变革中起示范作用。大量中小企业负责生产销售以及收集用户体验，一直是技术创新和商业模式创新的孕育温室。另一方面，工业技术研究机构承担技术中试环节，大量技术服务机构负责为中小企业提供技术援助，共同构筑起"底层生态"。整个创新生态系统通过原始技术创新成果的不断累积，形成系统技术升级路径，使得"底层技术"向"核心层技术"发生跃升。

（三）基础设施和无机环境形成了创新生态系统的资源层

智能制造的技术环境包括先进制造、人工智能、大数据优化决策等基础研究知识，以及互联网、数控设备、机器人技术等基础技术设备建设。基础研究知识和基础技术设备都是智能制造创新生态系统的核心竞争力来源。其中，基础研究

知识的来源主要基于高等院校、产业技术研究机构、企业研究院等，展示了国家在智能制造领域的基础研究实力；基础设备的架设主要是由国家公共投入为主，主要包括通信、信息、机械等方面的基础设施投入，主要形成智能制造技术应用过程中的硬件基础、接入标准格式和底层规则等。

第二节　智能制造创新生态系统功能评价体系构建

一、智能制造创新生态系统功能的构成体系

基于先前学者对创新生态系统的理论拓展与智能制造产业的研究，本章内容已将智能制造创新生态系统的功能要素分为三个层级：行为层、规则层和资源层。其中，行为层由各类创新主体构成，承担了系统主要的创新功能，是创新的主力军；规则层由政府部门主导，协同行业协会、技术中介等作为辅助单位，支持智能制造战略发展；资源层由政府政策、金融基础等因素构成，为创新提供稳定适宜的环境。此外，创新生态系统自身具备了可持续发展性、动态成长性、协同发展性等核心特征，其内在的发展能力也是影响未来系统能力的重要因素之一。

通过以上分析，结合相关文献研究，本章内容认为影响智能制造创新生态系统的系统功能主要有以下几个方面。

（一）有机主体创新能力

自主创新性是创新生态系统最根本也是最重要的系统特征之一。熊彼特将创新定义为新技术的创造及市场化的过程。因此，创新生态系统的自主创新能力不仅需要对技术或产品在实验室内创造过程进行考核，更需要考虑新技术、新产品的创造与改进、应用及扩散等过程。其中，新技术、新产品的创造与改进过程均在实验室内进行，是企业、高校、科研机构创新投入的过程。各创新主体在正式进入研发阶段之前，必须先对研发人员进行培训，以提高研发的质量与效率。企业从营业收入中抽出用于研发支出的经费比例越高，象征企业对创新投入的重视度越高。并不是所有的创新投入都会有产出，很多创新主体虽然投入了大量资金、人力，但是最终得到的创新产出却很少。也会有创新主体的创新产出数量较为乐观，但成果质量令人担忧。因此，需要对系统新技术、新产品的数量、研发成功率及创新成果的质量进行考核。本章内容用创新主体每年的专利申请量测量系统的创新产量，新增专利数占已有专利数量的比值及研发成功率测量系统的持

续创新能力，系统获省级以上科技奖数量代表新产品与新技术的先进性，测量系统的创新质量。新产品产值是新产品正式投入生产、销售过程后为系统带来的收益能力，代表新产品的应用程度，其与系统工业总产值的比例表示系统新旧产业对比，从整体观察系统创新应用情况。并非所有的新产品都能在市场上成功，不能准确迎合市场需求的产品必定会被淘汰。因此在测量自主创新能力时，需要通过新产品的成功率来权衡系统的创新应用能力。

（二）辅助机构服务能力

创新生态系统具备了生态系统的基本特征，系统内的有机主体的创新过程不仅由自身的创新意识、创新投入等因素决定，更由系统内的其他辅助机构的服务能力等决定（Adner and Kapoor，2010）。辅助机构的建设情况和服务质量影响着整个系统的创新能力。智能制造作为高端装备制造产业，技术中介、技术协会等是其最主要的辅助机构。技术中介及协会间所能给予的辅助功能各不相同，因此其在系统内的数量越多，创新主体能够获得的服务强度越高，系统的创新能力越强。此外，智能制造作为战略性新兴产业目前尚处于起步阶段，产品及生产技术参差不齐，需要技术协会等主体及时构建技术及产品标准，提高整体的产品质量，并在产业及系统动态的发展过程中，根据现实情况不断改进，为系统的发展起到稳定性作用。因此，技术中介及协会的建设数量、服务质量及其制定的技术标准完善程度是其服务能力的测量标准。此外，部分政府机构也在创新生态系统内扮演了辅助机构的角色。随着国家对"最多跑一次"等计划的实施，其服务质量正受到社会各界关注，也成为影响系统辅助能力的重要因素之一。

（三）基础环境支持能力

基础环境主要由政策要素与经济要素决定，为系统创新提供稳定、适宜的场所。企业发展前期、技术研发期、投入生产期等阶段均需要大量的资金支持，需要系统内的金融机构、银行等为其提供融资及贷款服务，主要从融资效率及融资潜力进行测量。融资效率反映了金融机构及银行所能提供金额数量及提供该项服务所需的时间，融资潜力反映了系统应对外界经济冲击的适应能力。在外界经济动荡的情况下，具备较弱的生态系统极有可能因为资金链断链而面临崩溃的风险。政府的宏观政策主要在法律上及资金上给予支持，在法律上通过简政放权、简化行政手续等方式为智能制造企业、高校等提供便利；在资金上设立基金项目，提供财务支持。但我国各地经济基础及地方文化各不相同，需要政府根据各地情况进行灵活处理。同时各地方政府部门需要严格遵循中央的指导思想，不折不扣地对各项行动计划给予执行。

（四）系统整体发展能力

智能制造创新生态系统是具备可持续发展、动态成长特征的组织，系统的发展能力决定了未来的发展情况。系统的开放性程度是其未来创新能力的主要影响因素之一，人才储备量是系统的有生力量，是系统发挥其功能不可或缺的元素，系统文化需要系统内部各主体之间、主体与环境之间长期接触和理解的经验等要素，是其他系统不能够复制的元素。创新生态系统的自主创新并不是一个封闭的过程，而是需要创新主体不断与外界进行技术交流、知识共享、能量传递的过程。因此，系统外部技术引进、外部资金进入及研发人员流动情况反映了系统未来发展能力。另外，系统人才的个人能力良莠不齐，职称是对系统人才的基本能力评价。具有高级职称的研发人才占研发人才总数比例代表了系统所储备人才的整体实力。此外，创新生态系统作为一个整体，需要内部成员具备统一的价值认同观。系统内部也需要建立合适的激励机制，以提高系统成员的工作积极性。系统内部学习也是提高系统能力的方法之一，营造良好的组织学习氛围能够为系统提供更乐观的发展前景。

二、智能制造创新生态系统功能评价体系的构建

基于本章内容对智能制造创新生态系统的功能分析，根据全面性、可比性、可操作性等原则从有机主体创新能力、辅助机构服务能力、基础环境支持能力、生态系统发展能力四个方面选取了27个指标建立了智能制造创新生态系统功能评价体系，该体系共分为四级，如表6-2所示。

表 6-2　智能制造创新生态系统功能评价体系

评价目标	评价分目标	评价模块	评价指标
智能制造创新生态系统功能（A）	有机主体创新能力（a）	创新投入（a_1）	R&D 员工培训教育支出（a_{11}）
			R&D 经费支出（a_{12}）
			R&D 支出占营业收入的比例（a_{13}）
		创新产出（a_2）	每年新申请专利数（a_{21}）
			每年新增专利数占总发明专利数比例（a_{22}）
			R&D 成功率（a_{23}）
			系统获省级以上科技奖数量（a_{24}）
		创新应用（a_3）	新产品产值（a_{31}）
			新产品产值占工业总产值比例（a_{32}）
			新产品在市场上的成功率（a_{33}）

续表

评价目标	评价分目标	评价模块	评价指标
智能制造创新生态系统功能（A）	辅助机构服务能力（b）	基础建设（b_1）	技术中介及协会数量（b_{11}）
			产品及技术标准制定（b_{12}）
		服务质量（b_2）	政府机构服务质量（b_{21}）
			技术中介及协会服务质量（b_{22}）
	基础环境支持能力（c）	金融基础（c_1）	融资效率（c_{11}）
			融资潜力（c_{12}）
		政策支持（c_2）	政策法律保障（c_{21}）
			政策资金投入（c_{22}）
			政策执行力度（c_{23}）
	生态系统发展能力（d）	系统开放性（d_1）	外部技术引进（d_{11}）
			外部直接投资（d_{12}）
			R&D 人才流动情况（d_{13}）
		人才储备量（d_2）	R&D 高级职称人才占 R&D 人才比例（d_{21}）
			R&D 人才全时当量（d_{22}）
		系统文化（d_3）	价值认同观（d_{31}）
			创新激励机制（d_{32}）
			组织学习氛围（d_{33}）

第三节　智能制造创新生态系统的治理机制

智能制造是工业 4.0 的关键技术领域，为实施创新驱动发展战略提供重大机遇。创新生态系统改变了企业过度竞争的生存理念，以自主创新性、可持续发展性、动态成长性为核心特征提出了新的产业发展格局。本章内容首先梳理了创新生态系统的功能要素，挖掘了美国、德国成功实施智能制造战略的经验，提出了智能制造创新生态系统。基于已有研究，本章内容从有机主体创新能力、辅助机构服务能力、基础环境支持能力和生态系统发展能力四个方面选取了 27 个指标构建了功能评价体系。本章内容一方面为创新领域的理论发展进行了补充，另一方面，基于以上对于我国智能制造创新生态系统的功能结构梳理，本章内容从系统发展战略、系统功能结构、成员行为规范、创新环境优化多个方面同时进行关注并提出了相应的治理机制。

首先，系统发展战略治理方面。政府实体机构设立经常因分化而难以治理，因此政府需要创建战略框架，创建一个可为技术创新提供更宽路径的远景和中心，使这个框架有益于百家争鸣，从而确保其扁平、融洽和长期一致。随着政策治理越来越复杂，政策学习显得格外重要，高校可发挥更多政策研究的作用，为政策实施推广提供更多助力。

其次，系统功能结构治理方面。在创新生态系统中，不同的成员都承担了一定的功能结构，在进行治理时应考虑公共领域与私人领域普遍利益相关者的参与和赞同。例如，新西兰和荷兰的经验是，在决策管理中，专家和业外人士都对创新政策机构和形式有发言权，但传统利益相关者只有参与权。

再次，成员行为规范治理方面。需要注意核心层成员和基础层成员的互动机制与共同演化。系统成员的互动机制形成技术按"示范→学习→扩散→提升"路径升级，企业自身的技术管理能力和技术吸收能力将在智能制造技术演化过程中起到调节作用。因此，在共同演化的过程中，只有具备"感知环境、抓住机遇、适应环境"等动态能力的企业才能在竞争中生存、成长（Augier and Teece，2007）。

最后，创新环境优化治理方面。基础技术知识需要加快普及并加大研发投入，政府主导的公共基础技术设施需加快投入建设。产学研合作研发模式仍需创新，智能制造标准体系需要建设与完善。不少学者认为，引入市场竞争机制、设立技术服务机构等能有效促进产学研合作（罗肖肖，2010；刘云等，2014）。

第七章　智能制造与中小企业组织变革研究

智能制造是中小企业实现组织变革促进转型升级的重要手段（魏源迁，1995），也是巩固壮大实体经济根基，奠定我国未来制造业全球地位的有力支撑。但是，有学者认为中小企业由于存在自身资金力量薄弱、融资效率低、缺乏技术和相关人才等问题，数智化改造是机遇更是挑战（蔡荣江，2018）。数智化转型是一项系统工程，如果没有资金杠杆和政府扶持等，很难转型成功。本章内容借助组织变革理论，认为中小企业智能制造的实施效率不仅取决于企业是否投入大量的资金、引进先进的设备，更重要的是必须找到一条适合自身发展的智能制造之路，在引进智能制造技术和系统的过程中，对组织内部进行适时的调整和变革，包括业务流程、组织结构及人力资源等方面，达到各种内外部资源的合理有效配置，进而更好地提升企业绩效。

本章内容是从企业绩效的视角，探讨组织变革在智能制造与中小企业绩效中调节性匹配作用，发现企业绩效水平受到智能制造应用与组织变革的调节性匹配程度的影响。本章内容的研究丰富了智能制造在企业管理领域的理论研究，不仅为广大中小企业开展智能制造实践提供理论支撑，也为广大中小企业寻求数智化转型开辟了道路。

第一节　基础理论整理及研究框架设计

一、智能制造与中小企业绩效

有学者从生产自动化、柔性化的角度将智能制造定义为"通过集成知识工程、制造软件系统、机器人视觉等对制造技工们的技能及专家知识进行建模，以实现使用智能机器进行无人小批量生产"（Kusiak，1990；Wright and Bourne，1988）。随着计算机以及人工智能等技术的飞速发展和生产领域的应用，进一步扩展了智能制造的内涵。一些学者认为智能制造包括智能制造技术和智能制造系统（杨叔子和丁洪，1992），智能制造技术是通过计算机模拟专家的智能活动，并对制造智能进行收集、存储、完善、共享、继承与发展的技术；智能制造系统在强调各个生产环节智能化的同时，更加注重整个制造环境的智能集成（唐立新等，1996）。本章内容将智能制造定义为综合运用计算机、人工智能等先进的技术，实现产品生产、设计、销售、物流等各个环节的自动化、集成化、智能化。

2016 年，中国电子技术标准化研究院出版《智能制造能力成熟度模型白皮书（1.0）》，将企业的智能制造能力用两个维度来衡量，分别是制造维和智能维，为制造企业实行智能化提供了标准。其中，制造维是指中小企业核心业务的制造能力，包括对支撑核心业务的设备和系统的技术改造，实现核心业务的自动化、数字化升级，打造智能车间，开始迈入智能制造的门槛；智能维是指中小企业开始转向对基础设施、生产管理系统等全面集成，对生产各环节的人员、装备、环境等数据进行分析处理，开始向智能工厂迈进。上述研究从技术和标准的角度为衡量智能制造水平提供了思路与评价方法。但是仅仅拥有自动化生产流水线的企业还不是完全的智能制造企业，还必须在组织管理上实现智能化。

但是，我国中小企业目前的短板在于质量意识薄弱，生产管理的标准化、精益化、信息化程度低，因此首先应解决的是质量保证和控制的问题（彭瑜，2016）。智能制造的自动化生产等能够提高产品的质量和标准化程度。与此同时，随着产品生命周期缩短，如何提高生产效率、增加交货及时性等，都需要企业有着敏捷的生产能力、生产管理智能化程度，智能制造系统正是解决企业资源高度共享，快速、准确响应等问题。综上所述，我们提出了如下研究假设：

假设 7-1a：制造维对中小企业绩效有着积极影响；

假设 7-1b：智能维对中小企业绩效有着积极影响。

二、组织变革与中小企业绩效

关于组织变革，国内外学者已经进行了非常系统的研究与探索，早在 20 世纪 70 年代有研究认为，组织通过变革提高运作效率，实现均衡增长，保持更具弹性的环境适应力与内部合作能力（Lewis and Dianne，1994；Morgan et al.，1972）。也有学者认为，组织变革是指企业受到外在环境的冲击，从而调整其内部，以适应内外的均衡（谢安田，1980）。组织变革的最终目的是提高其适应生存和发展需要的应变能力（Ramezan et al.，2013）。

　　基于组织变革的定义，不同学者对组织变革的内容也有着自己的理解。Burke和Litwin（1992）提出了组织变革内容模型，将组织变革行为分为基于外部压力和内部需求两个方面的变革：前者包括组织使命、组织战略、组织文化，后者包括组织管理制度、组织结构、组织人员等。王雪莉（2003）从战略、文化、结构、制度四个维度来划分组织变革的类型，并认为这四个维度和人的认知与行为密切相关。齐振宏（2002）认为，组织变革应该有战略导向，从流程再造入手，以人为本，把战略、业务流程和人员的变革纳入组织的范畴。本章内容参考前人的研究将组织变革划分为组织战略、结构及业务流程三个维度，探讨外部环境对组织内部的影响（霍明，2012）。

　　Hayes和Allinson（1998）指出企业为保持长期稳定运行与繁荣，需要保持企业内部组织与外部环境（如技术、市场、制度等）相适应。为应对外部环境的复杂性、不确定性及不可控性，企业必须适时根据外部环境进行组织内部业务流程、计划、结构等方面的变革与调整。中小企业引入智能制造技术与系统，正是适应外部社会经济形势变化的表现（孟凡生和于建雅，2017）。但是，智能制造系统应用必然带来组织结构调整，否则智能制造只是流于形式，或者效果大打折扣。因此，任何企业的智能制造的发展路径都是循序渐进的，需要先进行总体规划和顶层设计。在此基础上，企业需要做好战略规划和调整，包括产品定位、客户需求、质量标准等。同时，对于中小企业来说，更需要灵活、柔性的组织管理方式以适应智能制造的需求。综上所述，我们提出了如下假设。

　　假设7-2：组织变革在智能制造与中小企业绩效的关系中产生正向调节作用。

三、智能制造与组织变革对中小企业绩效的交互

　　智能制造应用不是仅仅引进单个机器人或者智能设备，而是一项系统工程，需要将研发设计、生产过程、管理运营等有效衔接起来，逐步提高整体的智能化水平，最终建立起完整的智能制造系统（易开刚和孙漪，2014）。组织变革也不仅仅是内部结构和人员的调整，而是整个组织功能的优化。制造与管理必须相互适应，先进的生产技术和生产系统的引进，需要新的组织模式、生产平台和管理理念来支撑，需要组织内部员工相关知识的更新和资源计划配置的调整。同时，组织结构也应呈现出更加扁平化的趋势，组织内部上下层信息传递、决策更加迅速，提升组织的灵活性（张明明等，2019）。先进组织结构更需要先进生产制造技术相互配套，也会促进制造技术进步。基于匹配的观点（贾建锋等，2015，2016），智能制造应用与企业组织变革之间存在着一定的调节性匹配关系，两者匹配程度良好，对企业绩效会产生最大的正面效应。因此，我们提出如

下研究假设：

假设 7-3：组织内部变革对智能制造不同维度与企业绩效的关系产生差异性调节效应。

本章内容的研究模型如图 7-1 所示。

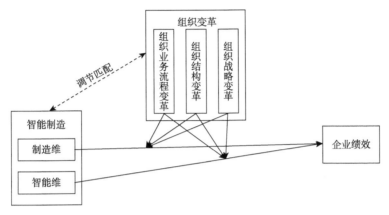

图 7-1 本章内容的研究模型

第二节 智能制造影响中小企业组织变革的实证研究

一、研究对象和数据收集

本章研究采用的是问卷调查方法收集实证数据，根据相关专家的意见对问卷进行修改和优化，对问卷条目进行修订和调整，确保被调查者充分理解每个条目所表达的意思，最终形成正式问卷。问卷通过企业管理平台、人才资源服务机构等进行发放与收集。样本企业主要来源于浙江、江苏等中小企业智能制造比较发达的省份，调研问卷采用线上发放的形式，共发放 900 份，回收 516 份，其中有效问卷 472 份，问卷有效率约 52.4%。样本基本情况如表 7-1 所示。

表 7-1 样本基本情况

类型	具体类别	样本量	样本占比
企业主性别	男	396	84.0%
	女	76	16.0%
企业发展阶段	初创期	114	24.2%
	成长期	243	51.5%

续表

类型	具体类别	样本量	样本占比
企业发展阶段	成熟期	107	22.6%
	转型期	8	1.7%
企业成立时间	一年以内	26	5.5%
	1~3 年	97	20.6%
	3~10 年	172	36.4%
	10 年以上	177	37.5%
企业性质	国有企业	32	6.8%
	非国有企业	440	93.2%

二、变量及其测量

本章内容研究模型的主要变量及内涵如表 7-2 所示,所有变量均采用 Likert 5 级量表进行打分,量表的数字评分 1~5 依次表示完全不符、比较不符、一般、比较符合、完全符合。

表 7-2　变量定义及内涵

变量	内涵
智能制造 X_1	采用自动化设备、全流程自动化生产机器人、人工智能、无人车间等制造技术
制造维 X_{11}	自动化流水线、机器人等技术的使用情况
智能维 X_{12}	无人车间、柔性生产系统、个性化定制、人工智能系统的使用情况
组织变革 X_2	组织的柔性化程度、组织机构与战略匹配性、业务流程流畅性、决策效率等
组织业务流程变革 X_{21}	生产制造流程畅通、决策流与信息流通畅、内部交易费用低等
组织结构变革 X_{22}	组织结构扁平、智能分工合理、协调效率与决策效率等
组织战略变革 X_{23}	组织战略合理、战略与战术匹配、战略前瞻性与适应性、战略应变能力等
行业类别 X_3	企业所属的行业类型,分为工业、建筑、信息传输等十四个行业
企业性质 X_4	企业的所有制,分为国有企业和非国有企业两大类,采用虚拟变量测量,0 为国有企业,1 为非国有企业
企业发展阶段 X_5	分为初创期、成长期、成熟期、转型期
企业绩效 Y	主要指企业财务绩效,指标有主营业务增长率、税前利润增长率、市场占有率等

三、数据处理

(一)同源性偏差分析

在调研过程中问卷由单一个体填写,因而容易存在同源偏差问题,故需要对数据进行同源性偏差分析。我们采取 Harman 单因子法对回收的数据进行检验,以避免同源性问题带来的影响（Podsakoff et al., 2003），首先将所有变量的所有条目进行探索性因子分析，我们得到 6 个特征值大于 1 的因子，其中首因子贡献率为 24.39%的方差，且自变量和因变量都载荷到了不同的因子上，因此，本次调研的数据同源性偏差问题并不严重，对后续研究影响不大，调研数据可靠。

（二）信效度检验

在对数据进行统计分析之前，为保证问卷的可信度，我们运用 SPSS 20.0 和 AMOS 21.0 分别对数据进行了信效度检验。

（1）信度检验。信度检验主要是为了检验结果的一致性、稳定性和可靠性。本章内容采用 Cronbach's α 系数对量表进行信度检验。在问卷中大部分变量维度的信度系数在 0.7 以上，企业绩效达到了 0.8 以上，说明变量的信度还是比较良好的，通过了信度检验。信度检验结果如表 7-3 所示。

表 7-3　信度检验结果

变量		Cronbach's α 系数
智能制造	制造维	0.714
	智能维	0.749
组织变革	组织业务流程变革	0.784
	组织结构变革	0.760
	组织战略变革	0.676
企业绩效		0.857

（2）效度检验。为验证各变量量表的效度，我们利用了 AMOS 21.0 对变量的各个维度进行验证性因子分析，得到变量每个条目的因子载荷均在 0.7 以上，且平均变异系数均达到 0.5，具有较好的聚合效度和判别效度。同时变量的验证性因子分析相关拟合指标参数如表 7-4 所示，各项指数均大于 0.8，同时，智能制造的近似误差均方根小于 0.1，组织变革与企业绩效的近似误差均方根略微大于 0.1，总体看来可以接受模型的拟合效果。

表 7-4　变量的验证性因子分析相关拟合指标参数

检验指标	卡方值	df 值	卡方值/df 值	规范拟合指数	拟合优度指数	增值拟合指数	Tucker-Lewis 指数	比较拟合指数	近似误差均方根
智能制造	23.757	8	2.97	0.971	0.983	0.980	0.963	0.980	0.065
组织变革	118.618	24	4.94	0.891	0.908	0.903	0.854	0.902	0.122
企业绩效	34.66	5	6.932	0.951	0.958	0.956	0.911	0.955	0.137

（三）假设检验

在进行回归分析前，为避免各变量的多重共线性问题，首先，对各自变量的多重共线性问题进行诊断，得到各变量的容忍度均大于 0.01，膨胀因子均小于 10，说明各个变量间不存在显著的共线性，可做回归分析。其次，在检验调节效应时，对相关变量进行了标准化处理。最后，为对智能制造与组织变革各个维度中小企业绩效的影响程度进行进一步探讨，我们进行了逐步回归分析，表 7-5 是各变量层级回归的结果。

表 7-5　层级回归结果

变量	因变量：企业绩效							
	模型 1	模型 2	模型 3	模型 4	模型 5	模型 6	模型 7	模型 8
智能制造		0.656*** （−0.044）		0.133** （−0.072）				
制造维					0.205*** （−0.046）		0.163*** （0.048）	0.080** （0.049）
智能维					0.536*** （−0.047）		0.230*** （0.045）	0.250*** （0.048）
组织变革			0.737*** （−0.040）	0.647*** （−0.074）				
组织业务流程变革						0.313*** （−0.047）	0.616*** （0.050）	0.019 （0.046）
组织结构变革						0.054 （−0.044）	0.276*** （0.044）	0.269*** （0.046）
组织战略变革						0.465*** （−0.055）	0.392*** （0.054）	0.364 （0.056）
智能制造×组织变革				0.064* （−0.020）				
制造维×业务流程								0.331*** （0.032）
制造维×组织结构								−0.061 （0.044）
制造维×组织战略								0.184*** （0.033）
智能维×业务流程								−0.154** （0.041）
智能维×组织结构								0.144*** （0.034）
智能维×组织战略								0.054 （0.050）
行业类别	0.063 （−0.009）	0.062* （−0.007）	0.035 （−0.006）	0.039 （−0.006）	0.062* （−0.007）	0.029 （−0.006）	0.033 （0.005）	0.037 （0.005）
企业性质	0.025 （−0.219）	0.013 （−0.166）	−0.010 （−0.148）	−0.009 （−0.147）	0.023 （−0.162）	−0.005 （−0.143）	−0.002 （0.132）	0.007 （0.137）
发展阶段	−0.063 （−0.061）	−0.048 （−0.046）	−0.057* （−0.041）	−0.052 （−0.041）	−0.043 （−0.045）	−0.049 （−0.04）	−0.027 （0.037）	−0.040 （0.038）
R^2	0.007	0.437	0.548	0.557	0.461	0.582	0.650	0.624
F 值	1.104	90.247***	141.477***	97.052***	79.541***	107.460***	85.342***	76.302***

*、**、***分别表示系数在 10%、5%、1%的水平上显著

注：括号内为回归系数的标准误

　　模型 1 考察控制变量对中小企业绩效的影响。模型 2~模型 4 是自变量智能制造对因变量企业绩效的主效应检验以及组织变革的调节效应检验，可以看出智能制造对中小企业绩效有着显著的正向影响（$\beta=0.656$，$p<0.01$），同时智能制造与组织变革的交互项（$\beta=0.064$，$p<0.1$）显著，表明组织变革的调节作用得到验证。为了进一步验证假设，深入探讨智能制造与组织变革如何匹配，我们将智能制造与组织变革进行分维度检验。

　　由模型 5 我们可以看出，制造维（$\beta=0.205$，$p<0.01$）和智能维（$\beta=0.536$，$p<0.01$）对中小企业绩效都有着显著的正向影响，假设 7-1a 和假设 7-1b 得到支持。在模型 6~模型 8 中，组织业务流程变革（$\beta=0.313$，$p<0.01$）、组织战略变革（$\beta=0.465$，$p<0.01$）都对中小企业绩效有着显著的正向影响，而组织结构变革对企业绩效并不显著。同时，交互项（$\beta=0.331$，$p<0.01$；$\beta=0.184$，$p<0.01$；$\beta=0.144$，$p<0.01$）部分显著（表 7-5 中模型 7、模型 8），假设 7-2 得到了部分验证。组织战略变革在智能维与中小企业绩效之间调节作用的系数并不显著的原因可能在于，许多中小企业智能制造变革的初步实现可能只是为了争取短暂的政府补贴或扶持资金，并没有做好智能制造转型升级的长远战略规划，只是短暂的战术调整。另外，我们可以看到制造维和组织结构变革的交互项系数并不显著，智能维与组织业务流程变革的交互项系数为负向显著，故存在差异性调节效应，假设 7-3 得到验证，具体分析将在本章结论部分讨论。

　　由分层回归结果，我们得到组织业务流程变革与制造维以及组织结构变革与智能维的交互项具有较好的显著性。为了更深入地比较组织业务流程与结构变革在自变量（制造维与智能维）和因变量（中小企业绩效）的调节作用，本章内容采用简单效应分析的方法，分别比较组织业务流程变革与组织结构变革的调节效应。如图 7-2 所示，图中横坐标代表智能制造变量取值大小，纵坐标代表中小企业绩效。

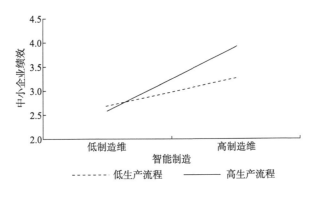

（a）组织业务流程变革

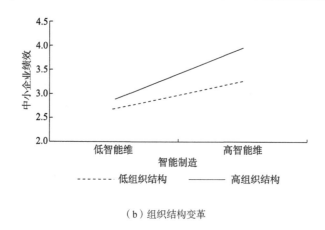

（b）组织结构变革

图 7-2　组织业务流程变革与组织结构变革的调节作用

如图 7-2（a）所示，在高生产流程的影响下，智能制造维与中小企业绩效的关系的斜率更大，即在组织业务流程变革的影响下，制造维对中小企业绩效的影响会更为显著，企业绩效有了更好的提升。同理可由图 7-2（b）得到，组织结构变革下，智能维对中小企业的绩效影响也更为显著。图 7-2 结果充分说明，只有在较高组织变革条件下，智能制造对中小企业绩效的提升才能产生更好的效果。

（四）稳健性检验

逐层回归的结果基本证实了本章内容的研究假设，但仍存在一些潜在的因素可能会对文章的推断产生影响。因此，本章内容进一步做了如下检验，增强研究结果的稳健性。

采用 K-Means 聚类对中小企业智能制造实现情况进行聚类，类别个数设置为 2，均值较高的样本企业为智能维企业（$N=308$），均值较低的样本企业为制造维企业（$N=164$），分别对两组样本的组织业务流程变革和组织结构变革对中小企业绩效的关系进行回归检验，比较两次检验的结果显著性是否一致。我们得到回归结果，智能维样本企业组织业务流程变革对中小企业绩效的显著性影响为负（$\beta=-0.142$，$p<0.05$），组织结构变革的显著性影响为正（$\beta=0.398$，$p<0.01$）；而在制造维企业中则相反，组织业务流程变革对中小企业绩效的显著性影响为正（$\beta=0.482$，$p<0.01$），组织结构变革对中小企业绩效的显著性影响为负（$\beta=-0.182$，$p<0.05$），说明研究结论依然成立。

第三节　智能制造优化中小企业组织结构的研究结论与对策

一、研究结论

通过对 472 份中小企业智能制造推进情况的实证研究，我们得出以下结论。

第一，智能制造的制造维与智能维，对中小企业绩效都有着显著的正向影响。一方面，制造维的实现，即核心业务的自动化水平提升，包括生产流程的高度机械化、装备自动化、数字化，以帮助中小企业提高产品的生产效率、质量和标准化水平，重新定义了生产链条，企业价值链得到升级；另一方面，面向整个生产环节，包括产品设计、生产、销售、物流等全过程的智能维，能够更好地促进中小企业内外部数据的互换和共享，同时提高企业全要素利用效率，提高其柔性生产与个性定制化能力。

第二，组织变革在智能制造与中小企业绩效之间起着显著的正向调节作用，不同层次的组织变革对智能制造与中小企业绩效之间的调节关系具有差异性。权变理论的核心在于"变"，即企业管理者应根据企业的实际情况以及内外部环境的变化对企业做出组织结构与功能的调整（杨英光，1994）。企业绩效的长期提升是适应外部智能制造环境与内部组织变革的共同结果。对于中小企业来说，适应智能制造技术或系统的第一步，应是其底层基础设施的完善，改造业务流程，实现自动化装备和流水线的开发。同时，智能制造需要组织变革与组织业务流程变革与之匹配，中小企业才能获得更加良好的企业绩效。如果企业进一步推进深度智能制造技术，迈入无人车间等全智能制造系统，仅仅底层的组织业务流程变革已不能满足需求，而是要进入组织内部结构的变革，更加扁平化的组织结构，更加迅速的决策反馈机制。

二、政策启示

基于以上研究结论，本章内容对实践和政策制定也具有以下几点启示。第一，实现中小企业智能制造并不能一蹴而就，而是要从顶层设计到底层实施的渐进式改造。在资金允许的条件下，分阶段投入资金，从生产环节的自动化、数字化实现智能车间，然后向智能工厂推进，逐步完成转型升级；第二，中小企业组织内部也应随着智能制造的推进，做出相应的调整，从顶层战略设计的转变、底层业务流程的改造到相关技术人才的引进、变革和调整组织结构等，以适应智能制造的阶段发展要求。

　　尽管本章内容研究结论具有一定的理论和实践意义，但仍然存在明显不足。限于时间和成本，本章研究仅考虑样本中小企业现阶段的智能制造实现情况以及企业的经营情况，没有考虑中小企业引进过程中的动态吸收及适应情况。今后的研究可以选取案例进行分析，来考察中小企业在实现全面智能制造"车间-工厂"的动态过程中，其组织内部的各个方面的变革以及对企业绩效的动态影响。

第八章　数字化推动中小企业制造过程与商业模式的双重转型研究

在国内国际双循环背景下，数字化转型是企业科技创新治理的必由之路，也是驱动组织变革的关键之举，其根本目的在于应用新的数字技术（大数据、云计算、社交媒体或嵌入式设备等）来实现系统性组织和制造模式变革。然而研究结果表明，60%~85%的企业进行单一生产技术数字化改造造成资金链断裂，陷入数字化悖论，即"不转型等死，一转型赴死"的困境，从而无法持续获得数字化转型带来的能力转化红利（Sailer et al., 2019）。事实上，为了获得持续有效的发展能力，企业数字化转型不仅需要技术数字化更迭，还需要通过商业互动与价值交换等市场模式的数字化来实现能力转换，以实现可持续创新发展。

通过回顾文献发现，企业数字化转型的相关研究大部分集中于智能制造、工业 4.0 背景下的数字技术转型，旨在识别数字技术使用与融合的影响因素，评估企业数字准备状态和智能制造水平（王瑞等，2019；郑卫华，2018）。同时，也有少部分学者尝试从市场需求的角度出发，研究企业在数字经济背景下的服务创新和商业模式的演化（李鸿磊和黄速建，2017；Rogers，2017）。但鲜有研究将技术转型与商业模式纳入同一个研究框架中，分析两者共同改善企业经营的内在作用机制，从而不能综合性分析企业数字化转型的成功路径，特别在面对传统企业数字化转型往往中途夭折的现实困境下，更加需要进一步研究识别出能够有效提升企业数字化转型成功率的路径，以及综合考虑组织层面的异质性表现带来的影响。

因此，为了填补相关研究空白，本章内容尝试从"技术–市场"耦合视角出发，将企业数字化转型战略分解为制造过程数字化和商业模式数字化，并综合考虑组织层面的变革敏捷性与技术嵌入适应性这两种情境因素对企业数字化转型过程的调节作用，为不同革新调整能力、不同技术嵌入水平企业的数字化转型提供针对性的精细化理论指导。这不仅丰富了微观视角下企业数字化转型管理的理论研究，也为广大传统企业开展转型实践提供理论支撑和决策依据。

第一节　基础理论整理及研究框架设计

一、数字化转型相关研究

企业通过数字化转型主要为实现两个目标：通过数字自动化流程来降低运营成本，通过数字化销售方式增强客户体验以提高市场规模（Verhoef et al.，2021）。因此，学者们多从两个不同的角度研究数字化转型：一是技术推动的数字制造，包括流程的自动化、集成化、网络化，解决的是企业生产效率低的问题；二是市场导向的数字商业模式，侧重于技术在客户价值创造中的关键作用。基于传统观点，数字制造是企业数字化转型的决定因素，但 Kowalkowski 等（2013）认为，在中小企业中，需求拉动的服务商业模式创新比技术推动的产品或流程创新有更高的商业成功概率。Kohtamäki 等（2020）认为只有两者有机结合、同步推进，才能够在复杂动态的市场环境中为企业的运营提供最佳解决方案。

基于此，不同学者通过案例研究提出了不同的数字化转型路径。Westerman 和 Bonnet（2015）指出了企业数字化转型的两条路径，一条是从孤岛型向工业互联网转变的生产自动化路径，另外一条是从孤岛型向用户体验型转变的路径。但是孤立地考虑单一要素转型，会存在效率低下或用户体验不足等弊病。因此，Frank 等（2019）提出了增加技术创新和服务创新的数字制造与客户附加值之间的趋同进化路径，如图 8-1 所示。

此外，根据制造流程和商业模式不同的数字化匹配状态，学者们认为制造企业数字化转型模式大致可归纳为以下三种：数字增值服务转型，即将依托数字技术（如大数据、云计算）开发的新服务作为企业价值主张；数字集成制造转型，即将网络物理系统集成到工业制造中，通过高技术水平的连接，实现实时动态自我调节、控制和优化的智能生产；数字双重增值转型，即利用互联网平台实现客户的数据交换和收集，同时利用工业互联网平台集成、管理、分析数据，将制造过程与供应链、销售链、研发、物流等进行整合，充分发挥数字化赋能（Frank et al.，2019）。

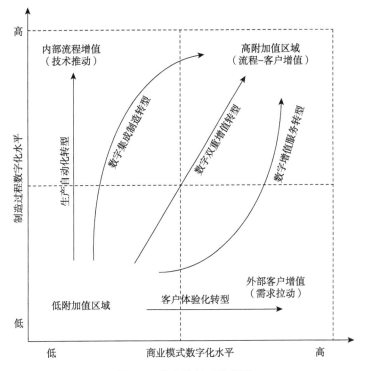

图 8-1　数字化转型路径图

资料来源：根据 Westerman 和 Bonnet（2015）、Frank 等（2019）研究分析整理绘制

这些模式和路径显示了企业数字化转型的复杂性，但是依然没有解决什么类型的转型方案适合什么资源基础和能力条件的公司的适配问题，也没有相关的实证研究验证这些模型框架的真伪性。因为现有的量化研究，大多采用简单的信息通信或数字技术应用来表征数字化转型实施情况，普遍忽略了数字化转型过程中商业模式的再生，理解不够深入和全面（赵婷婷和杨国亮，2020；郑卫华，2018）。此外，现有研究普遍关注数字化转型对企业绩效的直接影响，只有少数学者探索了影响实施效果的组织因素，如学习导向、创业导向、关系网络（胡青，2020），且没有进一步区分不同转型方案对组织能力的差异性要求。因此，本章内容从"技术-市场"视角解析企业数字化转型，探究制造过程和商业模式的双重数字化转型对企业绩效的影响，并探讨组织情境因素对两者关系的作用效果，为企业数字化成功转型提供建议与指导。

二、制造过程数字化与企业财务绩效

制造过程数字化聚焦企业的生产计划和流程管理实践，因此将其定义为"基于物联网、云计算、大数据等数字技术，改善整个系统的信息连接和传输，从而实现根据不同的需求实时调整及更好地控制和操作的过程"（Moeuf et al.，2018）。制造过程的数字化将会对企业产生积极作用，具体表现如下：一方面，制造过程数字化能够实现实时生产线监控以加强质量控制，能减少设备停机时间和维修成本以提高设备性能，能基于大数据分析的产品开发和改进从而提高研发效率和市场效益，能提高资源利用效率以及减少资源消耗和生产损失等（Moeuf et al.，2018）。另一方面，制造过程的数字化增加了生产合作网络，打破"工厂的围墙"，实现设计及制造各环节间信息/知识的共享与集成，扩大了企业的生产制造能力，可以给企业带来积极的绩效。因此，本章内容提出以下假设：

假设 8-1：制造过程数字化程度越高，越有利于企业财务绩效提升。

三、商业模式数字化与企业财务绩效

物联网、数据预测分析等数字技术将彻底改变工业产业价值链中的业务合作方式。近年来，随着服务导向和模块化生产对企业的影响越来越重要，光靠改造制造系统已经远远不能满足企业数字化转型需求，企业还需要利用商业模式创新在数字化过程中获利。商业模式数字化就是基于数字技术，围绕体验、平台和内容，使客户实现价值增值的过程（Bican and Brem，2020）。对企业发展具有以下两方面的影响：其一，商业模式的数字化能够让客户通过自我服务和提供数据源的方式融入企业价值创造过程，对新价值主张的创造和传播产生积极影响，提高效率和准确性。其二，商业模式数字化将实现制造系统与销售系统互联互通，实现客户需求和偏好的信息与内部流程快速集成匹配，更好地为客户提供长期价值。Westerman 和 Bonnet（2015）通过研究发现使用数字技术（如大数据分析技术）实现商业模式转变的企业在收入增长和运营效率方面远胜同行，故商业模式数字化将大大增强企业盈利能力。综上所述，本章内容提出以下假设：

假设 8-2：商业模式数字化程度越高，越有利于企业财务绩效提升。

四、组织变革敏捷性的调节作用

组织柔性是企业数字化转型更深层次的能力基础。组织变革的敏捷性是将新战略付诸实施以及推动企业变革的前提条件。企业数字技术引进面临着巨大的转换成本、竞争压力和管理难度，若没有足够的灵活性，组织将无法平衡数字技术变革引发的各种矛盾和利益冲突（Verhoef et al.，2021）。组织变革的敏捷性也是改造制造系统、快速创新满足客户需求的内在要求，能缩短技术的产品化、商业

化、产业化周期（朱国军等，2008）。Warner 和 Wäger（2019）的研究案例中强调组织需要具备变革的敏捷性，以便将资源快速重新分配给新的内部项目，如传感器和工业机器人，以及外部项目，从而使企业在工业设备和制造行业保持领先地位，否则企业技术变革和创新将会受阻。因此，本章内容提出以下假设：

假设 8-3：组织变革的敏捷性正向调节制造过程数字化对企业财务绩效的影响。

Kavadia 等（2016）将技术和市场联系起来，提出包括敏捷和适应性的组织框架在内的数字化转型成功六个关键因素，并认为在快速变化的数字环境中，变革敏捷的组织一般具有更灵活的结构、更少的惰性和更扁平的等级制度等特征，变革的敏捷性有利于企业下放产品和服务开发的决策权来快速匹配市场需求。同时，对环境更敏锐的感知和对变革更开放的态度也有助于提高企业管理者与员工冒险及创新的动力。另外，Doz 和 Kosonen（2010）提出在敏捷变革的组织中资源更具有流动性，能够将数字资源与产品、服务、渠道等组织资源重组以加快商业模式更新和转型，打破原有的价值创造依赖路径，提出新的价值主张，提高技术的变现能力。因此，本章内容提出以下假设：

假设 8-4：组织变革的敏捷性正向调节商业模式数字化对企业财务绩效的影响。

五、技术嵌入适应性的调节作用

技术嵌入的适应性是新产品开发和商业化的可持续竞争优势的充分要件。企业数字化转型投入巨大，从技术上讲，虽然转型目标是将生产过程自动化、数字化和网络化，但新的数字技术与原有的组织结构、制造系统、信息技术基础设施之间的适应性也存在较大风险。技术嵌入的适应性是指一个公司能否将一项新技术集成到企业固有的系统环境中，并实现两者充分融合以便进行后续创新（Yoon and George，2013）。Sedera 等（2016）研究表明，企业系统与新技术之间的兼容性越高，即技术嵌入的适应性越高，实现组织灵活性和提高生产率目标的努力会越有效。总体而言，成功的长期转型路径应考虑数字技术与基础设施的连通、整合、适应能力。基于此，本章内容提出以下假设：

假设 8-5：技术嵌入的适应性正向调节制造过程数字化对企业财务绩效的影响。

信息技术与商业的结合程度在一定程度上反映了商业模式转变的潜力性。一般来说，组织的信息技术应用组合、信息技术系统和一般信息技术基础设施只有能够适应数字技术带来的变化，才能将数字商业模式嵌入组织中，实现价值创造。在制造企业中数字商业模式形成的关键活动包括投资于智能和互联信息技术，培养前端部门对客户使用数据进行高级分析，以及自动化基本数据分析以支持产品/服务创新，因此技术嵌入的适应性对创造新的产品服务、业务模式和定价模式具有重大影响。Birkel 等（2019）指出很多中小企业正是因为目前的商业模式与从数据中获取价值不兼容，限制了扩展其产品和服务组合的能力，给企业带来严峻的挑战。基于此，本章内容提出以下假设：

假设 8-6：技术嵌入的适应性正向调节商业模式数字化对企业财务绩效的影响。

研究模型如图 8-2 所示。

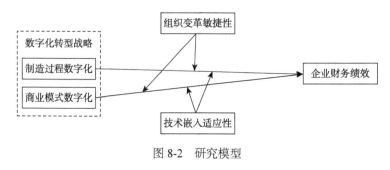

图 8-2　研究模型

第二节　中小企业双重数字化转型的实证研究

一、样本和数据收集

以上假设主要基于浙江、江苏等大力推动经济数字化转型，新旧动能迭代更新取得较为丰硕成果的省内企业的问卷调查数据进行检验的，该调查于 2018 年进行。首先为了确保问卷的适用性，邀请两名相关专家和两名来自制造企业的管理人员进行预测试，将他们的反馈纳入调查问卷进行修改和优化，其次委托专业调研机构，通过人才资源服务机构、实地访问等渠道进行正式问卷调查。总计发放问卷 987 份，回收 645 份，其中有效问卷 527 份，有效率约为 53.4%。样本企业的基本情况如表 8-1 所示。

表 8-1　样本企业基本情况

项目	类别	企业数量	占比
公司规模	小于 20 人	38	7.2%

续表

项目	类别	企业数量	占比
公司规模	20~300 人	422	80.1%
	301~1 000 人	49	9.3%
	大于 1 000 人	18	3.4%
成立时间	1 年以内	27	5.1%
	1~3 年	112	21.3%
	3~10 年	212	40.2%
	10 年以上	176	33.4%
发展阶段	初创期	126	23.9%
	成长期	254	48.2%
	成熟期	136	25.8%
	转型期	11	2.1%

二、变量度量

所有相关变量的测量均采用 Likert 5 级量表，范围从 1 "非常不同意" 到 5 "非常同意"。

企业财务绩效由 Lubatkin 等（2006）研究中的三个题项来衡量，要求受访者评估他所在的企业在进行数字化转型之前的绩效，包括销售增长率、生产率和利润增长。

商业模式数字化是根据 Berghaus 和 Back（2016）的研究改编的：①我们不断运用新技术以拓展产品和服务组合；②我们能够随时优化调整产品/服务定价，使其更符合销售前景等六个题项来衡量。

以《智能制造能力成熟度模型白皮书》为基础，本章研究使用如下假设：①我们的制造系统是完全灵活的，在几分钟内就能够适应计划的变化、过程的变化和需求的变化；②我们的所有生产过程都能够实现自我优化等五个题项来测量制造过程数字化。

组织变革敏捷性是借鉴 Rogers（2017）的研究：①我们调整业务指标以适应战略变化和业务成熟度；②我们擅长在组织内部实施和整合成功的新计划等五个题项来测量的。

参考黄汉涛（2010）的研究量表，改编使用三个题项来衡量技术嵌入适应性：①我们能够将获取的服务、技术等资源融入现有资源体系；②我们能够融合新旧资源以开发应用新的运营管理模式和技术、设备资源等；③我们能够缓解、处理新资源进入企业带来的冲击。

行业类别、公司规模和公司年龄三个变量被控制。其中，公司规模是用雇员人数的对数来衡量的，公司年龄是以从成立到现在的年数来计算的。

三、数据采集与处理

（一）同源性偏差分析

对收集的数据采用 Harman 单因子法进行同源性偏差分析，结果提取出特征根大于 1 的因子共 5 个，首因子解释了 29.914% 的方差（小于 40%），表明没有单个因子占优势，故本章研究不存在严重的共同方法偏差。

（二）信度检验

本章内容使用 SPSS 23.0 对量表进行信度检验。结果表明，各个变量的 Cronbach's α 系数均大于 0.7，如表 8-2 所示。说明各个维度的数据可靠性良好。

表 8-2　信度分析结果

变量	条目数	Cronbach's α 系数
商业模式数字化	6	0.866
制造过程数字化	5	0.859
组织变革敏捷性	5	0.872
技术嵌入适应性	3	0.763
企业财务绩效	3	0.820

（三）效度检验

通过探索性因子分析和验证性因子分析相结合的方法，检验量表模型建构效度。首先进行 KMO 值检验和巴特利特球形检验，结果显示数据适合进行因子分析。之后，探索性因子分析显示各维度下属题项因子载荷均大于 0.6，表明量表的设计与实际测量到的数据所展示的维度基本一致。进一步利用 AMOS 17.0 检验量表。结果表明所有题项的因子载荷均大于 0.6，对应的平均方差提取值（average variance extracted，AVE）均大于 0.5，且组合信度 CR 值均高于 0.8，说明数据具有良好的聚合效度。如表 8-3 所示，相关性系数均小于所对应的 AVE 平方根，说明区分效度较为理想。

表 8-3　各变量分析结果

变量	平均值	标准差	1	2	3	4	5
商业模式数字化	3.096	0.759	0.723				
制造过程数字化	3.267	0.764	0.342***	0.745			
组织变革敏捷性	3.465	0.829	0.513***	0.139*	0.763		
技术嵌入适应性	3.269	0.866	0.152**	0.076	0.336***	0.816	
企业财务绩效	3.382	0.711	0.535**	0.437***	0.391***	0.241**	0.800

*、**、***分别表示系数在 10%、5%、1%的水平上显著

注：对角线为 AVE 平方根值

表 8-4 显示，模型检验的拟合优度指数为 0.955，调整的拟合优度指数为 0.942，比较拟合指数为 0.984，说明该模型的整体适配良好。

表 8-4　模型拟合系数表

卡方值/df 值	近似误差均方根	拟合优度指数	调整的拟合优度指数	比较拟合指数	Tucker-Lewis 指数
1.428	0.029	0.955	0.942	0.984	0.982

四、回归分析与假设检验

本章研究利用普通最小二乘（ordinary least squares，OLS）回归方法来检验假设，表 8-5 是各变量层次回归的结果。

表 8-5　各变量层次回归结果

变量		企业财务绩效					
		模型 1	模型 2	模型 3	模型 4	模型 5	模型 6
控制变量	行业	−0.022	−0.112**	−0.063	−0.091*	−0.086*	−0.068
	公司规模	−0.034	0.048	0.054	0.016	0.038	0.017
	成立时间	0.041	−0.014	−0.028	0.001	−0.019	−0.009
自变量	商业模式数字化		0.396***	0.318***	0.318***	0.378***	0.318***
	制造过程数字化		0.315***	0.304***	0.310***	0.308***	0.312***
调节变量	组织变革敏捷性			0.138***	0.185***		0.159***
	技术嵌入适应性			0.090**		0.117***	0.091**
交互项	商业模式数字化×组织变革敏捷性				0.229***		0.229***
	制造过程数字化×组织变革敏捷性				−0.193***		−0.247***
	商业模式数字化×技术嵌入适应性					0.043	−0.016
	制造过程数字化×技术嵌入适应性					0.103**	0.169***

续表

变量	企业财务绩效					
	模型 1	模型 2	模型 3	模型 4	模型 5	模型 6
R^2	0.002	0.295	0.325	0.354	0.319	0.378
调整 R^2	−0.003	0.288	0.316	0.344	0.309	0.365
ΔR^2	0.002	0.292	0.031	0.038	0.009	0.053
F 值	0.391	43.424***	35.645***	35.430***	30.334***	28.437***

*、**、***分别表示系数在 10%、5%、1%的水平上显著

模型 1 包含了所有控制变量。在模型 2 中,我们检验了商业模式数字化和制造过程数字化与企业财务绩效的因果关系。由回归结果可知,商业模式数字化和制造过程数字化均与企业财务绩效呈显著的正相关关系(0.396,$p < 0.01$;0.315,$p < 0.01$),假设 8-1 和假设 8-2 成立。模型 3 在模型 2 的基础上加入调节变量。可以看出,组织变革敏捷性(0.138,$p < 0.01$)和技术嵌入适应性(0.090,$p < 0.05$)都对企业财务绩效有显著的积极影响。

再分别加入两个调节变量和交互项,结果如模型 4、模型 5 所示。由回归结果可知,R^2 和调整 R^2 较模型 2 都有所提高,因此调节作用存在。模型 4 显示,组织变革敏捷性显著正向影响商业模式数字化对企业财务的促进作用(0.229,$p < 0.01$),假设 8-4 得到验证。但是组织变革敏捷性显著负向影响制造过程数字化对企业财务的促进作用($−0.193$,$p < 0.01$),与假设 8-3 相反。我们认为原因可能如下:本章研究的样本以中小企业为主,制造过程数字化需要自动化、智能化、网络化基础设施,实施和维护的大量投入,其并没有做好制造过程数字化的长期战略规划,短期逐利性强,企业争取短暂的政府补贴和扶持资金的投机性行为使企业过于激进和频繁变动,致使中小企业数字制造实施不到位,反而导致成本的提高和经营的不稳定(池仁勇等,2020)。

模型 5 的回归结果显示,技术嵌入适应性显著正向影响制造过程数字化对企业财务绩效的促进作用(0.103,$p < 0.05$),假设 8-5 得到支持。但是其对商业模式数字化对企业财务的促进作用调节不显著,假设 8-6 不通过。我们认为原因可能如下:研究样本中的中小企业大多在数字制造的初级阶段,数字技术应用程度不是很高,因此对财务的积极影响调节效果不显著。

在模型 6 中,我们同时加入所有变量。回归结果与模型 4、模型 5 保持一致,说明研究结果稳健性较好。对比模型 6 与模型 2 的 R^2,进一步验证了变量的调节作用,图 8-3~图 8-5 分别显示了调节作用的具体情况。

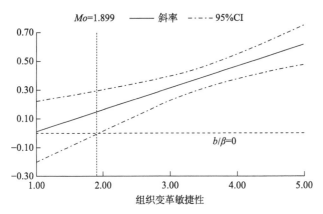

图 8-3　组织变革敏捷性对商业模式数字化和企业财务绩效之间关系的调节作用

纵坐标代表以企业财务绩效为因变量，商业模式数字化为自变量，组织变革敏捷性为调节变量的回归方程中回归系数（即斜率）的变化；中间实线——为点估计值，上下虚线 ----为 95%CI 的取值

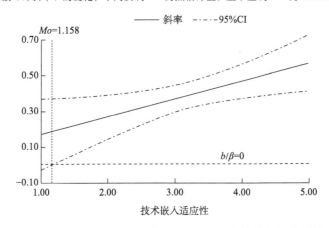

图 8-4　技术嵌入适应性对制造过程数字化和企业财务绩效之间关系的调节作用

纵坐标代表以企业财务绩效为因变量，制造过程数字化为自变量，技术嵌入适应性为调节变量的回归方程中回归系数（即斜率）的变化；中间实线——为点估计值，上下虚线 ----为 95%CI 的取值

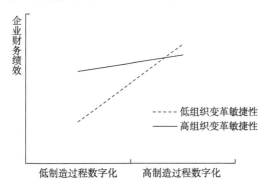

图 8-5　组织变革敏捷性对制造过程数字化和企业财务绩效的调节作用

五、稳健性检验

为了测试结果的稳健性，本章内容对自变量测量指标进行了替换。商业模式数字化和制造过程数字化分别通过被调查者主观评价的单一题项"公司引入数字技术后，商业模式市场前景"、"公司开展数字制造的效果"来衡量，评价打分为 1~4 分，其中 1 分代表弱，4 分代表优。稳健性检验的 OLS 回归分析结果如表 8-6 所示。

表 8-6　稳健性检验的 OLS 回归分析结果

变量		企业财务绩效					
		模型 1	模型 2	模型 3	模型 4	模型 5	模型 6
控制变量	行业	-0.022	-0.084^{*}	-0.018	-0.054	-0.055	-0.039
	公司规模	-0.034	0.023	0.036	0.025	0.007	0.013
	成立时间	0.041	0.016	-0.01	0.005	0.013	0.001
自变量	商业模式数字化		0.317^{***}	0.236^{***}	0.229^{***}	0.302^{***}	0.235^{***}
	制造过程数字化		0.270^{***}	0.243^{***}	0.244^{***}	0.262^{***}	0.249^{***}
调节变量	组织变革敏捷性			0.190^{***}	0.230^{***}		0.197^{***}
	技术嵌入适应性			0.109^{***}		0.150^{***}	0.106^{***}
交互项	商业模式数字化×组织变革敏捷性				0.127^{**}		0.111^{*}
	制造过程数字化×组织变革敏捷性				-0.074		-0.137^{**}
	商业模式数字化×技术嵌入适应性					0.043	0.034
	制造过程数字化×技术嵌入适应性					0.168^{***}	0.197^{***}
R^2		0.002	0.189	0.245	0.240	0.234	0.274
调整 R^2		-0.003	0.181	0.235	0.228	0.222	0.258
ΔR^2		0.002	0.186	0.057	0.007	0.019	0.029
F 值		0.391	24.177^{***}	24.056^{***}	20.417^{***}	19.691^{***}	17.636^{***}

*、**、***分别表示系数在 10%、5%、1%的水平上显著

如模型 2 所示，制造过程数字化、商业模式数字化均与企业财务绩效正相关（0.270，$p < 0.01$；0.317，$p < 0.01$），为假设 8-1、假设 8-2 提供了进一步支持。模型 4、模型 5 验证了调节作用。结果表明，组织变革敏捷性对商业模式数字化与企业财务绩效之间的关系起正向调节作用（0.127，$p < 0.05$），技术嵌入适应性对制造过程数字化与企业财务绩效之间的关系起正向调节作用（0.168，$p < $

0.01）。此外，当考虑企业的技术嵌入适应能力时，组织变革敏捷性负向影响制造过程数字化对企业财务的促进作用（−0.137，$p < 0.05$）。由此可见，即使改变自变量的测量方法，所有结果仍与原研究结论保持一致，表明研究结果具有较好的稳健性。

第三节　中小企业双重数字化转型的研究结论与对策

一、研究结论

本章内容通过对 527 家企业数字化转型推进情况的实证研究，整理得出以下三个方面研究结论。

第一，制造过程数字化和商业模式的数字化都对企业财务绩效有显著促进作用。企业通过制造过程数字化，将智能技术引入制造系统，实现自动生产，同步流程和产品定制，重新定义生产链条，为企业打开了高效、高质量制造的大门。同时，商业模式的数字化意味着多功能、灵活的产品或服务的新组合，新的在线销售渠道，更高的公司间连通性，更强的顾客互动参与和新的数字收入模式。两者共同对企业财务绩效产生积极影响。

第二，敏捷的组织变革能力在商业模式数字化与企业财务绩效之间起着显著的正向调节作用。这表明只有保持组织变革的敏捷性，围绕平台、内容和体验驱动商业模式再生，优化客户互动和服务，才能最大化技术价值。但是组织需要在敏捷性和稳定性之间找到微妙的平衡（Warner and Wäger，2019），本章内容的实证研究发现，企业过于激进和频繁地变动，也会导致数字制造实施不到位，造成成本的提高和经营的不稳定。

第三，技术嵌入适应能力在制造过程数字化与企业财务绩效之间起着显著的正向调节作用。数字技术与制造流程和系统融合水平高，则生产设备的容错能力提升，负载平衡调控能力提高，创新合作伙伴虚拟联系增强，联合设计和联合工程的协调加强，从而提高企业创新能力和生产绩效。

二、讨论与启示

本章内容的理论贡献如下：首先，数字化转型是一个多维度的概念，涉及新技术的使用、价值创造的变化和结构变化。本章内容从"技术-市场"耦合视角出发，通过将数字化转型战略分解为制造过程数字化和商业模式数字化两个维度，并将两者纳入同一个研究框架中，弥补以往相关量化研究的局限，为通过数字化转型提高企业财务绩效提供了新的思路。其次，由于组织的资源基础和能力条件与转型效率息息相关，本章内容通过分析组织变革敏捷性和技术嵌入适应性这两个组织情境因素对数字化转型战略与财务绩效关系的影响机理，进一步厘清了数字化转型战略提高组织财务绩效的边界条件。

本章内容的研究结论也为实施数字化转型战略的企业管理人员提供了一些实际的指导意义。虽然制造过程数字化和商业模式数字化都是企业数字化转型的有效战略方向，但不同转型方向对企业的敏捷变革能力和技术嵌入的适应能力有特定的要求，因此企业需要根据自身组织条件选择最优转型策略，从而提高转型成功率。通过以上的研究，本章内容凝练出三条企业数字化转型的实现路径。

（1）制造过程数字化先导路径。这种策略适合技术嵌入适应性强的企业采用，表现为利用信息技术资源、员工信息系统专业知识和技术能力优势，遵循产品主导的逻辑，侧重于与生产系统相关的技术发展及其组织实施，实现数字化转型目标的努力将会更加有效。

（2）商业模式数字化先导路径。这种策略适用于组织变革敏捷性高的企业采用，企业多利用资源流动性强，组织结构、流程、技术和人员灵活性高的优势，以服务主导逻辑为核心要义，侧重于利用数字技术调整或改变其价值获取和交付方式，满足客户按需、定制、互动、共享的动态价值诉求，实现数字化转型目标的努力将会更加有效。

（3）制造过程与商业模式同步的数字化转型路径。这种转型策略适用于稳定有弹性且技术适应能力强的企业采用。这类企业可以凭借长期稳健、短期灵活、数字技术渗透力强的优势，在使内部生产制造更加智能的同时，为客户提供新的混合服务，实现定制化与规模化的完美平衡，充分释放数字技术潜力。

本章内容的研究具有一定的理论和实践意义，但也存在明显的局限性，如样本量、企业类型和研究区域的有限性，可能限制了其广泛意义。此外，本章内容的研究采用的是横截面数据，无法反映企业数字化转型过程中财务绩效的动态变化，未来的研究可以对样本企业进行跟踪调查，用动态的视角观察企业的成长过程。另外，企业发展的衡量指标除了包括财务绩效方面，后续还需对其他发展指标展开分析，如对供应链、创新过程的影响，以阐明从中可以获得的优势和动态能力。

第九章 数据要素驱动中小企业高质量发展的调查报告

面对数字经济带给企业"换道超车"的新机遇，筑牢数字经济"底座"、激活数据要素、打破数据孤岛，有助于深度赋能传统组织结构转型升级，重塑经济发展赛道。在数字经济发展过程中，数据已被重新塑造成为一类新的创新资源，并且进入中小企业高质量发展的内外部机制过程。本次研究在企业实地调研过程当中发现，数据资源特别是在制造、销售、研发、内控管理等方面对于中小企业的经营管理效率的提升有突出的贡献。因此，数据作为重要生产要素积极促进经济高质量发展，全方位赋能数字化改革具有重要意义。本章内容通过调研欧盟国家、美国、日本等发达经济体经验，对照北京、上海、广东等省市的做法，提出"大数据赋能"的政策建议。

第一节 大数据技术对经济高质量发展的重要支撑

通过梳理欧盟国家、美国、日本及我国大数据发展现状（表9-1），对照浙江省"数据产业化、产业数据化"两化融合进展，查找不足和问题。

表 9-1 主要国家大数据赋能经济的指标比较（2019 年）

指标	注释	丹麦	德国	芬兰	英国	法国	美国	韩国	日本	中国
渗透率[1]	数字经济规模占 GDP 比重	0.258	0.600	0.347	0.612	0.416	0.602	0.472	0.461	0.348
数据产业化	信息技术产业产值占 GDP 比重[2]	0.046	0.044	0.049	0.062	0.043	0.091	0.024	0.049	0.031
产业数据化[3]	中小企业电商交易情况	0.632	0.241	0.733	0.454	0.187	0.675	0.233	0.380	0.059

续表

指标	注释	丹麦	德国	芬兰	英国	法国	美国	韩国	日本	中国
产业数据化③	数字化技术企业吸收应用情况	0.667	0.840	0.864	0.765	0.506	0.877	0.370	0.728	0.383
大数据基础建设③	移动互联网接入情况	1.000	0.980	1.000	1.000	0.990	1.000	1.000	0.954	0.990
	固定宽度接入情况	0.378	0.344	0.233	0.333	0.389	0.289	0.356	0.244	0.211
数据保护	每百万人拥有加密技术互联网服务器③	0.570	0.747	0.450	0.361	0.270	0.872	0.027	0.154	0.006
	国家层面数据保护法案④	有	有	有	有	有	有	有	有	有

注：①②③④数据分别来源于世界银行、各国2019年统计年鉴、2019年欧盟《国际数字经济与社会指数》、网络资料；鉴于各国数据收集口径与类型不完全一致，对③数据经过标准化处理以保证横向可比

通过对我国部分省份大数据赋能情况梳理可以发现，浙江省大数据赋能总体上走在前列，但是，也暴露了不足之处（表9-2）。

表9-2　部分省份大数据赋能经济的指标比较（2018~2019年）

指标		北京		上海		广东		江苏		浙江	
		2018年	2019年	2018年	2019年	2018年	2019年	2018年	2019年	2018年	2019年
渗透率①	数字经济规模占GDP比重	超50%	近55%	超50%	超50%	近45%	超45%	近40%	超40%	0.415	0.433
数据产业化②	信息技术服务收入占GDP比重	0.321	0.339	0.148	0.155	0.110	0.110	0.095	0.098	0.093	0.098
产业数据化	企业电商交易占比②	0.207	0.222	0.107	0.11	0.098	0.108	0.086	0.094	0.119	0.117
	两化融合水平③	57.3	59.5	58.5	59.8	57.9	58.7	58	61.4	55.8	60.4
大数据基础建设②	移动互联网接入占比	1.528	1.527	1.251	1.249	1.243	1.233	1.019	1.076	1.367	1.399
	固定宽带接入占比	0.297	0.320	0.319	0.367	0.317	0.330	0.428	0.456	0.531	0.551
	通信传输、软件和信息技术服务业固定资产投资占GDP比重	0.012	0.009	0.004	0.004	0.005	0.005	0.006	0.005	0.006	0.006
数据保护①	有无地方性数据保护法案	无		无		无		无		有	

注：①②③数据分别来源于网络资料、中国及相关省份统计年鉴、工业和信息化部两化融合服务平台；鉴于数据来源情况，国内外指标有差异

第一，工业软件与大数据技术服务业有待进一步发展。与美国、欧洲和日本等发达国家比较，我国信息技术产业产值占GDP比重相对偏低；与北京、上海、广东等省份相比，浙江信息技术产业产值占比相对落后。在全国软件销售100强

企业中，北京占 31 席、广东占 20 席、上海占 10 席，浙江和江苏都占 9 席，可见，浙江信息技术服务企业需要进一步培育壮大，进一步形成以阿里巴巴为龙头的产业生态体系和企业竞合结构，为全方位服务智能制造、提升生产效率提供技术支撑。

第二，产业数据化发展不平衡、不充分。浙江在平台经济、共享经济发展处于前列，但是大数据、信息技术在工业制造应用进展缓慢，大数据技术与生物医药、生命健康、新材料等战略性新兴产业、未来产业的结合度有待进一步加强。与广东、上海比较，浙江人工智能龙头企业引领能力不强，2019 赛迪人工智能企业百强排行榜上北京 53 家、广东 18 家、上海 13 家、浙江 6 家。浙江是中小企业大省，广大中小企业应用信息技术、大数据和人工智能改造生产制造过程的能力和积极性有待提高。

第三，大数据新基建仍需进一步推进。"新融合、新两化"的重要支撑在于数据传输、数据储存等相关基础设施建设。浙江在移动互联网的使用与覆盖方面具有较好基础，社会大众能够较好接触和传输数据。但是，企业在信息技术相关基础设施投入以及新基建产业发展力度有待进一步提升，其投入占 GDP 比重远低于北京、上海，与数字经济大省要求存在一定距离。

第二节　国内外大数据发展的先行经验和模式对标

一、美国：一以贯之的国家大数据创新生态系统

美国政府将数据定义为"未来的新石油"，高度关注大数据在科技发展、国家安全、综合国力当中的战略作用，其产业规模和技术水平全球遥遥领先。其主要做法如下：①高度重视，一以贯之。美国克林顿政府、奥巴马政府先后于 1993 年 9 月、2012 年 3 月、2016 年 5 月分别推出跨世纪的"国家信息基础设施"工程计划（即"信息高速公路"战略）、《大数据研究和发展计划》及《联邦大数据研发战略计划》，投入数亿美元一以贯之地深入推动大数据技术与应用发展。②科技导向明确。在组织层面，成立专门推进大数据国家战略的"大数据高级指导小组"，其成员来自美国国家航空航天局、能源部、国防部、国土安全部、国家海洋和大气管理局、国家核安全部、国家科学基金会、国家安全局、国防高级研究项目局、国家标准技术研究院、环保局、内政部、国际开发署13个单位的专家或领导。在技术层面，关注大数据的底层技术及其与高新技术产业的结合应用，非常强调大数据基础建设的芯片、高性能计算、通用计算工具、标准等

建设问题。③关注数据保护,提升社会信心。美国政府积极建设中央信息交换库(Data.gov)、开放政府平台(open government platform,OGPL)等大数据平台,推动"我的大数据蓝纽扣绿纽扣"等行动计划,推动大数据的社会教育和公众使用。同时十分关注数据的隐私与保护问题,发展隐私保护第三方中介机构、修缮隐私保护法案,在保护隐私的同时为未来的技术与商业模式创新留有足够的空间。

二、欧盟:真正统一的欧盟数据市场战略

欧盟及其成员国高度关注大数据在引领技术创新、开发新工具及新技术方面的重要作用,构建欧盟统一的数据空间,积极推动数据的共享与保护工作,主要做法如下:①搭建欧盟共同数据空间治理的战略和立法框架。推出"欧盟数据战略地平线 2020 数字欧洲计划"等大数据发展战略,先后颁布《通用数据保护条例》《非个人数据自由流动条例》《网络安全法案》《开放数据指令》《数字内容指令》,并进一步推动《高质量数据集法案》《数据法案》《数字服务法案》的落地。②推动数据联盟建设。在开放科学云研究共同体的基础上,推动欧盟工业(制造业)实行《欧盟绿色协议》,在出行、医疗卫生、金融、能源、农业、公共行政、技能等九大领域建设共同数据空间。同时积极倡导建设欧盟大数据契约的合同制公私伙伴、欧盟大数据价值联盟等,以推动数据共享与开放、大数据技术支持与示范推广。③开发数据价值链。培育一个连贯的欧盟数据生态系统,促进围绕数据的研究和创新工作,具体包括开放数据、云计算、高性能计算和科学知识开放获取四大战略,以实现数据的最大价值。

三、中国贵州:基于大数据战略实现经济破壁追赶

2019 年 GDP 规模仅为浙江 26.89%的贵州近年来依靠大数据技术及其产业发展实现了全国第一的增速,成为全国大数据人才流入意向最高、全国大型数据中心集聚最多的省份之一,是国家首个大数据综合试验区的落户地。主要做法如下:①把大数据发展摆在极其重要的战略地位。颁布全国首部大数据法规,发布全国首个省级数字经济发展专项规划、首部大数据安全保护省级层面的地方性法规、首个大数据与实体经济深度融合实施指南,成立全国首个大数据人才发展促进会。②引进"外援"建设大数据中心。基于发展大数据的"好生态"以及支持大数据企业的优惠"好政策",积极引进阿里巴巴、京东、华为、百度、腾讯、科大讯飞、微软、苹果、高通和英特尔等海内外知名大数据企业落户贵州。③构

建大数据发展框架。设立贵州省大数据产业发展中心、省属国有大型企业云上贵州大数据集团、省大数据产业发展研究院、省大数据专家咨询委员会，连续多年筹备中国国际大数据产业博览会、大数据商业模式大赛，形成了领导小组、政府机构、技术团队、平台公司、研究智库、项目孵化的发展管理框架。

第三节　推动大数据赋能经济高质量发展的对策建议

第一，打造浙江版"新融合、新两化"。数字经济"一号工程"的重点难点在于大数据服务平台的深度发展。从国内外经验借鉴，浙江应该依托市场力量构建国际大数据港，助推浙江 300 多万家中小企业高质量发展。同时，推动建设100 家未来智能工厂，持续推进中小企业上云工程，每年新增 10 万家上云企业。制定浙江大数据发展的"十四五"规划，着眼于战略性新兴产业与未来产业的下一代技术发展。

第二，深度打造大数据价值链。在大数据新基建、大数据人才培养、大数据服务软件、云计算等方面提供政策性支持，完善大数据基础设施建设，构建数据资源平台群、数据服务商、数据应用企业、大数据安全保障网等。

第三，以全面数字化改革为牵引，出台"工业互联网地方标准"。产业大数据和工业互联网推广受到两大"梗阻"，一是"标准梗阻"，二是"数据安全梗阻"。缺乏"标准"引导，降低了工业互联网可复制性，广大中小企业应用成本上升，难度增加。同时，商业信息数据保护机制不健全，使得中小企业应用意愿不高。建议尽快出台"中小企业工业互联网"指导意见及相应"地方标准"，建设产业大数据电子签章与认证，促进产业数字化发展。

第四，深度融合大数据与"下一代"产业发展。以生物医药、集成电路、物联网等未来产业为切入口，解决产业底层技术和核心技术的问题，建设未来工厂样板区。

第十章　民营中小企业数智化研发的多元目标管理研究

民营中小企业的数智化技术研发投资能够支持企业技术创新，创造和维持企业的竞争优势，进而实现变革组织和行业面貌的潜力（江诗松等，2011）。数智化技术研发投资能够保持企业掌握最新的技术进步趋势，促使新型技术能力注入企业生产过程，带动企业的新产品研发项目，这大大提高了符合市场需求的新产品和服务的研发成功率（Song and Parry，1997）。然而，技术研发投资会占据大量企业资源，这除了造成民营中小企业运行成本的激增外，对组织稳定性以及合法性亦提出巨大挑战（Greve，2003a；Burgelman，1991）。因此，创新管理方向的研究学者长期关注管理者在技术研发投资决策过程中，如何均衡潜在经济利益和随之产生的风险问题（Fleming and Bromiley，2000；陈凌，1998；Bolton，1993）。

本章内容以企业行为理论作为主导范式，把民营中小企业技术研发投资决策视为管理者应对绩效落差问题解决方案的行为，这种决策行为会受到企业绩效评估过程的动态影响（Greve，2003b；Cyert and March，1963）。实施技术研发投资决策与企业绩效之间仍然存在大量不确定性，管理者往往会依据实际绩效与目标参照点的偏差值来做出增加或减少技术研发投资的决策（Cyert and March，1963）。同时，管理者会设定多元化的管理目标，其中盈利目标一直被认为是民营中小企业最为重要的管理目标（Miller and Chen，2004；Greve，2003b）。企业行为理论普遍认为，当盈利能力低于期望水平时，民营中小企业将更倾向于增加技术研发投资（Greve，2003a）。家族管理者对民营中小企业的战略行为具有强势影响，他们通过股权占比优势以及管理控制权等对企业决策过程形成影响（Sirmon et al.，2008；Chua et al.，1999）。家族成员参与企业控制权和管理工作通常是出于创造更多利益的发展理念，但也必然会为了实现企业实控权的代际传承而设置一些非经济目标，如维护控制权和自由裁量权等（Kotlar and de Massis，2013；Berrone et al.，2012）。数智化技术研发投资对企业营利性能够产生潜在影响，但也会稀释家族的管理所有权，迫使其让渡一部分权力给非家族的技术管理人员（Chrisman and Patel，2012；Gómez-Mejía et al.，2010），这显然与民营中小企业的控制权目标产生矛盾（Block，2012），这也正好解释了民营中小企业倾向于保守的技术研发投资战略的原因。目前针对民营中小企业技术研发投资决策所涉及的多元管理目标的交互作用过程正在成为理论热点（汤临佳等，2016；程聪等，2015；de Massis et al.，2014a；李新春等，2008）。

本章内容选取核心供应商议价能力作为民营中小企业管理者评估其对组织控制权的测量维度，因为民营中小企业会通过增加技术研发投资的决策来回应供应商高度集中所带来的负面效应。当然，以上作用机制受到民营中小企业的盈利目标和控制权目标的共同影响，本章内容将这一多元管理目标的交互作用机制分别设定在进阶聚焦理论和相互激发理论两种不同管理逻辑下并展开理论阐述。结合2009~2015年浙江省1 043家民营中小企业的面板数据进行实证检验，研究结论将进一步拓展民营中小企业技术研发投资决策中多元管理目标的联合影响问题，对民营中小企业创新管理领域将提供新的理论与实践探索。

第一节　基础理论整理及研究框架设计

一、多元目标管理理论和技术研发投资决策

企业行为理论表明，企业在追求众多内部协调的目标过程中，会通过比较目标参照点和实际成果间的差距来做出组织行为的决策（Kahneman and Tversky，1979；Cyert and March，1963）。当实际成果下降甚至低于参照点时，管理者便开始问题解决导向式的战略调整，以期重建现状并在未来高于期望地完成任务（Cyert and March，1963）。已有研究表明，企业绩效未达到预期参照点水平反而会激励管理者愿意承担更多风险来改变公司策略（Kim et al.，2011；Audia and Greve，2006），包括改变技术研发投资战略，以期开发出具有转折性的新产品和服务（Greve，2003a；Bolton，1993）。

虽然民营中小企业管理者需要追求多种目标，但是盈利目标通常被认为是管理者的首要参照点，在学术界一直都备受关注（Greve，2008）。企业盈利目标是高层管理者运营企业的第一驱动力和价值体现（张西征等，2012），同时也是下属管理者或从业者提升职业生涯高度的关键因素（Mezias et al.，2002）。基于以上原因，企业管理者往往最关注盈利参照点。民营中小企业的所有权、管理参与度与企业主营业务紧密联系（Chua et al.，1999），也使得企业受益于一些非经

济性的公用事业，包括保持家族控制力和影响力，与企业内部家族成员共享知识，与股东建立社会联系，通过世袭更新家庭纽带等（Kotlar and de Massis，2013；Berrone et al.，2012；Chrisman et al.，2012）。

企业管理者会通过制定战略参考点来做出研发投资决策，即考察目标值是高于抑或低于期望值（Block，2012；Chrisman and Patel，2012）。当企业的经营表现低于盈利目标，低风险偏好的民营中小企业也会倾向做出增加技术研发投资的决策（Patel and Chrisman，2014；Gómez-Mejía et al.，2010；Chrisman and Patel，2012），包括开展技术收购（程聪等，2015）、加强业务多样化（Gómez-Mejía et al.，2010）等高战略风险的挑战。另外，以控制权为中心的非经济目标在民营中小企业的决策制定中所起作用仍未得到理论重视，尽管事实上这类目标是民营企业最为关注的（Kotlar and de Massis，2013；Chrisman et al.，2012）。从理论上讲，多元管理目标在组织内环境中的共存将导致决策制定过程变得极为复杂（Fiegenbaum et al.，1996）。

二、控制权目标和技术研发投资决策

企业控制权是民营中小企业管理者一项极为重要的非经济管理目标。已有研究通过部分企业内部组织层面的指标进行反映，如管理高层的集权程度（朱沆等，2011）、股东治理（魏明海等，2013）、财务自由度（陈晓红等，2012）等。也有研究将供应商议价能力等外部指标作为管理参照点，这一观点主要源自企业垂直部门的议价能力会影响管理者决策制定的理论观点。供应商议价能力的增强意味着企业对订单数量和价格的协商过程处于劣势，并且可能致使企业长期受供应商牵制（Kotter，1979）。因此，民营中小企业管理者会考察供应商议价能力的变化作为管理决策参照点，并在制定新的企业战略决策时试图降低这种外部约束，以期在未来获得更大的企业独立性（Oliver，1991）。

技术研发投资决策是一项典型的企业战略决策，能够间接削弱供应商的议价能力（Baird and Thomas，1985），因为增加技术研发投资会使技术知识更新和累积，提高新产品研发成功的可能性，从而增加企业应对供应商垂直整合威胁的能力（Porter，1980）。此外，技术研发投资有利于产品组件实现更高水平的标准化生产，从而大幅降低因更换供应商所带来的转换成本（Porter，1980）。还有研究证明高强度的技术研发投资能改进生产工艺，减少原材料和零部件的消耗，从而降低企业对供应商的依赖度（Tidd and Bessant，2009）。对供应商的高依赖程度同样会限制民营中小企业管理者对研发投资的决策行为（Chrisman et al.，2012；Gómez-Mejía et al.，2010，2007），通过实施新的技术研发项目或者技术采购项目来应对供应商议价能力增加所带来的挑战，从而提供更大的企业控制权和管理自由裁量权。

假设 10-1：随着供应商议价能力的增强，民营中小企业会更倾向于做出增加技术研发投资的决策。

三、盈利目标和控制权目标对研发投资的联合作用

实现财务目标是民营中小企业生存和发展的前提条件，因此民营中小企业管理者的一项关键职能就是创造和保持对核心业务的绩效控制（Gómez-Mejía et al.，2010）。控制目标会引导民营中小企业管理者建立新的管理决策参照点，如上文讨论的应对供应商议价能力的提升而增加技术研发投资等管理决策。无论是盈利目标等经济性目标还是供应商议价能力造成的非经济性目标，两种目标的达成都需要企业资源的支持，因此很容易得出以上两类目标对管理决策的影响是完全独立且互不影响的表面性结论。当然，已有大量研究试图将多种管理目标通过多种途径的一致影响管理决策，如会计和股市盈利等多个目标能够产生综合作用，并已被用于预测风险承担（Miller and Chen，2004）；也有研究将多个目标涵盖在一个模型中，假设多个目标的影响是相互独立且作用效果可相互叠加。本章内容试图探寻多元管理目标之间如何相互发生作用，特别是盈利能力和供应商议价能力如何综合影响民营中小企业的研发投资决策。

本章研究对民营中小企业的多元管理目标之间的交互作用提出两种备选理论逻辑假设。第一种理论逻辑假设是进阶聚焦理论（sequential attention theory），主要基于管理者有限关注的理论假设前提（Cyert and March，1963），即管理决策过程在某个时间点上只能参考单一目标，当首要目标的绩效高于管理参照点时，管理者才会进而考虑下一个目标。管理决策参考目标的优先级取决于管理者偏好，在不同企业组织中会有截然不同的表现。一般来说，盈利目标等管理目标与企业的生存密切相关，在民营中小企业中具有较高层次的优先级。控制权目标相比盈利目标常被视为次重要的，民营中小企业管理决策者可能愿意让渡部分管理控制权来实现企业长期收益，并使企业能够顺利传承。综上所述，进阶聚焦理论的理论逻辑主张民营中小企业只有在首先满足盈利目标后，控制权管理目标才能得到更多关注。由于以上两个目标都需要消耗组织资源，民营中小企业管理者在做出研发投资决策时就会表现出取舍（Carney，2005）。

综上，按照进阶聚焦理论逻辑，供应商议价能力的增加通常会导致民营中小企业管理者增加技术研发投资，因为达成盈利目标的优先级更高，供应商议价能力影响增加技术研发投资决策的影响会因此被弱化，特别是当盈利能力低于管理

决策参照点时，以上影响关系更可能是接近于零作用。据此本章内容提出以下研究假设：

假设 10-2a（进阶聚焦逻辑条件下）：对民营中小企业来说，消极的盈利预期差距会减缓和弱化供应商议价能力对技术研发投资改变的影响；

假设 10-2b（进阶聚焦逻辑条件下）：对民营中小企业来说，积极的盈利预期差距会增强和强化供应商议价能力对技术研发投资改变的影响。

第二种理论逻辑假设是相互激活理论（mutual activation theory），该理论认为尽管盈利目标和控制目标对管理决策具有相对独立的影响（Helson，1964），其组合应该增强而不是减弱每种类型单目标的累积效应，不同类型的管理目标通过某种方式联系在一起，一个目标的实现能够有效帮助实现另一管理目标的达成。民营中小企业管理者会将两种管理目标作为两个刺激物来决定研发投资决策，两种目标的结合会强于两种目标的单独影响作用（Greve，2008；March and Simon，1958）。在盈利目标和控制目标共同存在的情况下，相互激活理论显然是一种合理的备选理论假设逻辑。供应商议价能力的增加会导致企业盈利能力的下降，因为强大的供应商能力能够决定价格水平，从而导致生产效率降低（Kotter，1979）。此时增加技术研发投资能通过改进生产过程来降低对外部依赖程度，也能够提供现有供应商之外新的组织领域，因此增强企业摆脱约束控制的能力从而间接提高企业的盈利能力。因此遵循相互激活逻辑条件，可以假设实现控制权目标有助于实现盈利目标，特别是当企业经济绩效低于管理参照点时，增加技术研发投资会被管理者认为是有效提升企业绩效的途径。这意味着，与假设 10-2a 和假设 10-2b 相反，当经济绩效低于（高于）参照点时，供应商议价能力造成技术研发投资的改变会更强（更弱）。据此，本章内容提出以下研究假：

假设 10-3a（相互激活逻辑条件下）：对民营中小企业来说，消极的盈利预期差距会增强并强化供应商议价能力对技术研发投资改变的积极影响；

假设 10-3b（相互激活逻辑条件下）：对民营中小企业来说，积极的盈利预期差距会减缓并弱化供应商议价能力对技术研发投资改变的积极影响。

第二节　民营中小企业技术研发投资多元化的实证研究

一、样本来源

本章内容采用中国中小企业动态数据库（China's Small and Medium Enterprise

Dynamic Database，CSMEDD）中接受长期景气运行监测的中小企业数据作为主要数据源，同时结合该数据库历年对受监测企业发放的企业景气状况问卷数据，以期验证本章内容所提出的理论假设。CSMEDD 是受国家社会科学基金重大项目支持建设的综合性数据库，得到工业和信息化部以及浙江省经济和信息化委员会等多家政府部门的支持，提供目前国内面向中小企业统计口径最为完整和权威的微观企业数据。截至 2016 年底，该数据库已入库的受监测中小企业数量超过 30 000 家，数据填报时间区间已超过 7 年。本章内容研究目标是关注民营中小企业技术研发投资的变化，样本主要选取属于制造业的中小企业作为研究对象，主要原因是制造业企业的产品具有快速市场代际更新的特征，这造成在相对较短的生命周期中研发投资可能经常用于重塑可持续的竞争优势（蒋天颖等，2013）。基于以上研究目标的设定，本章内容主要选取 2009~2015 年这一时间区间内受全程监测的制造业中小企业样本，共包括 1 435 家中小企业的历年数据，剔除有部分数据缺失或异常的样本后，共获取到 1 043 个时间序列的截面数据。进一步按照企业所有权性质将样本划分成民营中小企业和非民营中小企业两类，其中国有企业、三资企业、外资企业等统一归入非民营中小企业，以上两类企业样本数据量分别为 490 个和 553 个，本章研究实证过程中将基于此对民营中小企业技术研发投资决策的理论问题展开讨论。本节内容除了采用 CSMEDD 中入库企业数据的常规性填报数据（季度填报）外，还将本章研究特别关注的如供应商议价能力等变量数据的采集工作结合到历年中小企业景气监测问卷中的专项问卷题项。在企业数据的采集过程中尽量注意数据来源的准确性，特别是在问卷填报系统中要求企业填报人员根据其在企业组织中所处职位高低和信息获取程度填写不同的调查部分，尽量保证问卷调查部分能够真实反映企业的生产经营情况。

二、变量测度

（一）因变量

技术研发投资。该变量主要表征民营中小企业跨期的技术研发投资水平的改变程度。本章内容采用在 t_0 至 t_1 时间区间内（t_0 代表起始年份，t_1 代表终止年份），企业技术研发支出占比销售收入的变化值来计算该变量。

（二）自变量

1. 供应商议价能力

已有研究通常采用两种方式衡量供应商议价能力这一变量，分别是测度核心供应商的重要程度以及测度对核心供应商产品的依赖程度（Caniëls and

Gelderman，2007；Nellore and Söderquist，2000；Porter，1980）。本章内容聚焦核心供应商的重要程度，该方法也是经理人测评企业控制权目标的重要维度，因为民营中小企业管理者通常会选择更多更分散的产品供应商，这一策略有利于企业增强对产品数量、价格和其他战略决策等的控制力（Jawahar and McLaughlin，2001；Kotter，1979；Pfeffer and Salancik，1978）。本章内容主要基于对目标企业的问卷题项来对该变量进行测度，题项设计为"本年度贵企业第一供应商提供原材料和中间产品的所占比例"。

2. 盈利能力的目标差距

随着企业业绩和竞争对手业绩之间积极或消极的差异越来越大，决策制定者会更容易感知当前的盈利能力的强弱（Fiegenbaum et al.，1996）。根据前期研究（Chrisman and Patel，2012；Chen，2008；Greve，2008，2003a），本章内容构建连续变量来衡量盈利与预期之间积极和消极的差距（Greene，1993），分别以利润顺差和利润逆差来测度。本章内容中主要采用目标企业 t_1 时间点的资产收益率（return on assets，ROA）与行业平均水平（为保证分析样本的统一性，本章内容未对制造业大类继续细分子行业）的差值作为该变量的计算方法。该数值为正则归类为企业处于利润顺差状态，反之则处于利润逆差状态。研究中主要有两类理论逻辑对盈利能力的差距值进行解释，如果进阶聚焦逻辑能够更好预测民营中小企业的有关管理决策，那么利润逆差和供应商议价能力之间的相关系数应为显著负相关（假设 10-2a），而利润顺差和供应商议价能力之间的相关系数应为显著正相关（假设 10-2b）。相反地，如果相互激活逻辑更好地预测这一管理决策行为，那么利润逆差和供应商议价能力之间的相关系数应为显著正相关（假设 10-3a），而利润顺差和供应商议价能力之间的相关系数应为显著负相关（假设 10-3b）。

（三）控制变量

环境因素的控制变量，主要控制竞争对手市场行为的动态性对民营中小企业和非民营中小企业技术研发投资的战略决策造成的可能影响。竞争者市场能力变量表征了企业主要竞争对手的市场能力变化，该变量会影响企业对投资决策风险的承受态度（Shinkle，2012）。

企业组织内部属性的控制变量，主要用以控制企业间属性差异对技术研发投资可能造成的影响。资源可得性这一变量主要用以控制不同企业闲置企业资源充裕程度对增加技术研发投资决策的影响。该变量用 t_1 年末目标企业的流动资产（现金和有价证券）占比企业总资产比例来进行测度。另外，本章内容也考虑了企业年龄（用企业成立至 t_1 年的年数测度）和企业规模（用 t_1 年的销售收入的自然对数测度）的影响（Kelly and Amburgey，1991）。资产收益率主要采用 t_1 年末目标企业的资产收益率值，该控制变量主要用来控制企业的绩效差异（Chrisman and Patel，2012）。本章内容还考虑了目标企业前期研发强度，即 t_1 年企业研发费用与销售收入的比率，主要用来控制研发投资变化率的尺寸效应（Klette and Griliches，2000）。

三、数据分析

变量的描述性统计及相关性分析结果具体见表 10-1。

表 10-1　描述性统计及相关性分析结果

变量	均值	标准差	1	2	3	4	5	6	7	8	9	10	11
1. 技术研发投资	0.03	1.48	1.0										
2. 民营中小企业	0.47	0.54	−0.03	1.0									
3. 利润逆差	27.11	56.32	0.02	0.03	1.0								
4. 利润顺差	4.12	8.34	−0.01	0.01	−0.02	1.0							
5. 供应商议价能力	0.09	1.78	−0.02	−0.05	−0.04	−0.04	1.0						
6. 竞争者市场能力	−0.02	0.27	−0.03	−0.07	0.02	0.01	0.01	1.0					
7. 资源可得性	0.07	0.14	0.00	0.08	0.10	0.02	−0.04	0.04	1.0				
8. 企业年龄	17.18	16.48	−0.06	−0.16	−0.04	−0.05	−0.03	0.06	0.01	1.0			
9. 企业规模	36.64	5.25	0.02	−0.23	−0.03	−0.11	0.02	0.02	−0.03	0.24	1.0		
10. 资产收益率	3.78	12.45	−0.01	0.08	−0.06	0.46	0.02	0.12	−0.06	−0.04	−0.07	1.0	
11. 研发强度	6.04	25.32	0.13	−0.05	−0.04	−0.02	−0.03	−0.09	0.13	0.12	0.13	−0.04	1.0

注：表中所有大于等于 0.05 的相关性系数的绝对值均在 1%的水平上显著

其中，企业的平均寿命为 17 年，企业平均营业收入为 680 万元，平均员工数为 129 名。为了验证假设 10-1，民营中小企业与非民营中小企业都被包括进样本。为测试顺序和相互激活逻辑，本章内容只专注于观察民营中小企业。本章内容同样对非民营中小企业做了同样的测试。由于无法满足正态分布假设，本章研究放弃使用 OLS 回归模型，而是采用了纵向回归分析方法。本章内容计算出每一次回归的方差膨胀因子来测试结果是否受到多重共线性，得到的数值结果均低于 5，表明估算值没有出现任何明显的多重共线性。Hausman 测试表明，固定效果模型比随机效应回归模型更适合本章研究模型。

四、数据结果与讨论

表 10-2 列示了固定效应回归分析结果。

表 10-2　固定效应回归分析结果

变量	技术研发投资					
	模型 1（总体）		模型 2（民营中小企业）		模型 3（非民营中小企业）	
	β	β	β	β	β	β
民营中小企业（PSME）	-0.112^{*}	-0.031^{*}				
供应商议价能力（SBP）	-0.011	-0.019	0.103^{*}	0.026^{*}	-0.072	-0.04
PSME×SBP	0.182^{*}	0.041^{*}				
利润逆差（NP）			$0.000\,4^{***}$	0.025^{***}	0.037^{***}	0.97^{***}
利润顺差（PP）			-0.017^{***}	-0.167^{***}	-0.038^{**}	-0.31^{**}
NP×SBP			$-0.001\,3^{**}$	-0.011^{**}	-0.012	-0.474
PP×SBP			0.006	0.007	$-0.024^{\dagger}$	$-0.018^{\dagger}$
竞争者市场能力	-0.213^{***}	-0.096^{***}	-0.109^{*}	-0.039^{*}	-0.194	-0.052
资源可得性	-0.378^{**}	-0.178^{**}	-0.097	-0.032	-0.365^{***}	-0.247^{***}
企业年龄	0.004	0.019	-0.005^{***}	-0.091^{***}	$0.003^{\dagger}$	$0.024^{\dagger}$
企业规模	-0.267^{***}	0.276^{***}	0.299	0.466	-0.275^{***}	-0.366^{***}
资产回报率	0.002	0.013	0.009^{***}	0.047^{***}	0.011^{***}	0.029^{***}
研发资金援助	0.003^{***}	0.014^{***}	0.027	0.039	0.002^{**}	0.056^{**}
年均行业绩效	-0.012	-0.009	0.021^{*}	0.013^{*}	-0.027	-0.011
样本大小	1 043		490		553	
R^2	0.084		0.268		0.137	
F 值	2.56^{***}		23.43^{***}		7.35^{***}	
Hausman 卡方值	778.66^{***}		679.73^{***}		385.48^{***}	

$\dagger\,p<0.1$，$^{*}p<0.05$，$^{**}p<0.01$，$^{***}p<0.001$

模型 1 展示了民营中小企业与非民营中小企业对于供应商议价能力改变不同反应的回归结果。与主流理解一致，民营中小企业变量有显著的负相关（$\beta=-0.112$，$p<0.05$），这说明在一般情况下，民营中小企业通常是不愿意增加研发投资的。民营中小企业变量的标准系数（$\beta=-0.031$，$p<0.05$），这支持民营中小企业更不愿意跨期增加研发投资这一基本假设。供应商议价能力变化的系数

与预期一样并不显著，这也表明供应商议价能力的改变一般不会影响研发投资决定。

假设 10-1 假设供应商议价能力减弱民营中小企业变量和研发投资变化之间的消极关系，考虑到供应商议价能力增强情况下，使得原始的消极关系变得积极。如模型 1 所示，民营中小企业与供应商议价能力之间交乘项系数呈现积极且显著的结果（$\beta=0.182$，$p<0.05$），标准系数为 0.041。结合民营中小企业变量对企业技术研发投资的消极系数，这就意味着供应商议价能力的增加，将使得民营中小企业的技术研发投资活动变得更积极，这表明假设 10-1 是成立的。

假设 10-2（假设 10-2a 和假设 10-2b）与假设 10-3（假设 10-3a 和假设 10-3b）关注在民营中小企业的技术研发投资决策制定过程中是遵循进阶聚焦逻辑还是相互激活逻辑。如果按照进阶聚焦逻辑，企业制定前后连续的多个管理参照点来实施决策，那么利润逆差和供应商议价能力之间的相互作用可能会变得消极，而利润顺差和供应商议价能力之间的相互作用则可能会变得积极。如果按照相互激活逻辑，企业同时采用多个管理参照点来实施管理决策，那么利润逆差和供应商议价能力之间的相互作用可能会变得积极，而利润顺差和供应商议价能力之间的相互作用则可能会变得消极。

模型 2 和模型 3 分别报告了针对民营中小企业以及非民营中小企业的回归结果。本章内容发现，利润逆差和利润顺差分别呈现正向和负向的估计系数。因为供应商议价能力和利润逆差之间的相互作用系数是消极且显著的（$\beta=-0.001\,3$，$p<0.01$），假设 10-2a 得到支持。进一步分析结果显示，较高的利润逆差相比较低的利润逆差的情况下，供应商议价能力和技术研发投资变化之间的斜率变得更加平缓。假设 10-2b 的分析结果没有通过显著性检验（$\beta=0.006$，$p>0.1$），尽管系数的方向与进阶聚焦逻辑是一致的，所以该假设没有得到数据支持。同样地，模型 2 中针对民营中小企业的样本数据分析结果也不支持假设 10-3a 和假设 10-3b 的内容。

模型 3 和模型 2 的比较为本章研究提供了新的理论解释，特别是假设 10-1 中关于民营中小企业管理者通过增加研发投资来应对不断增强的供应商议价能力（$\beta=0.103$，$p<0.01$），而非民营中小企业的管理者对于这种来自于供应商的压力并不敏感（$\beta=-0.072$，$p>0.1$）。此外，非民营中小企业的利润顺差和利润逆差的未标准化系数比民营中小企业的更大，这说明在一般情况下，盈利目标对民营中小企业的管理者来说不太突出。另外，对非民营中小企业来说，供应商议价能力和利润顺差之间的相互作用是消极的，但是仍然十分重要（$\beta=-0.024$，$p<0.1$）。以上结果表明，进阶聚焦逻辑更好地解释了民营中小企业技术研发投资的决策制定过程，需要综合权衡经济性管理目标和非经济性管理目标，且技术研发投资决策在企业经济性管理目标得到满足后才会更多被关注到。

第三节　民营中小企业技术研发投资多元化的研究结果与讨论

本章内容探讨了民营中小企业和非民营中小企业在制定技术研发投资决策时的差异性。通过将民营中小企业控制权因素加入企业战略决策的多元管理目标中，并具体通过供应商议价能力来判断外部对管理自由裁量权的阻碍程度，是对以往研究主要考察经济性管理目标的理论拓展。本章研究结果显示，盈利目标和控制权目标之间存在相关关系，民营中小企业管理者在制定技术研发投资决策时遵循进阶聚焦逻辑，即在企业盈利能力达到预期目标的前提下，供应商议价能力的增加才会对企业技术研发投资决策形成显著影响。本章内容为民营中小企业技术创新研究提供了新的研究视角，也延伸拓展了民营中小企业管理组织过程中的独特研究内容。首先，本章内容关于民营中小企业多元管理目标影响决策的研究打开了企业技术创新领域的新研究视角。民营中小企业决策制定时对管理目标的考虑，需要依赖于盈利目标的实现程度。本章研究通过实证分析看到，盈利目标实现程度的调节效应对民营中小企业应对供应商议价能力改变而做出技术研发投资的决策具有显著影响，当民营中小企业的盈利能力低于预期参照点时，供应商议价能力的改变和研发投资之间的影响关系被弱化。其次，本章内容设计了两个相互矛盾的逻辑假设来探索民营中小企业多元管理目标的共同作用机制问题。中小企业管理者在追求盈利目标的同时还追求控制权目标，核心供应商议价能力被企业管理者视为评估技术研发投资决策的参照维度。最后，本章内容提出供应商议价能力是民营中小企业管理目标中的重要参照点，尤其对技术研发投资决策具有特别意义，因为管理者采取增加技术研发投资决策行为很大程度上是为了实现企业盈利行为的更大的自主裁量权，这构成民营中小企业创新战略的重要一环。

本章内容还对有关民营中小企业技术研发投资理论产生一些衍生思考：首先，民营中小企业和非民营中小企业的管理者使用不同的参照点，甚至不同程度地解释同一参考维度（非民营中小企业的管理者视供应商议价能力为企业盈利能力的前驱因素，而民营中小企业管理者视之为其决策制定控制的决定因素），这可能反映了这两类企业管理者的不同知识配置，因为通常非民营中小企业可能更多采用行业管理视角，并从成熟知识体系中累积管理知识，而民营中小企业管理者则可能更多的是企业关注出发并通过"干中学"来累积管理知识。其次，已有文献通常推测民营中小企业管理者制定战略决策主要受家族为中心的非经济目标所驱动，但本章内容结果表明，盈利目标在民营企业管理者做出技术研发投资的决策过程中占据优先地位。当然，未来的研究需要扩展以上理论研究领域，进一步验证盈利能力目标和控制权目标对民营中小企业其他战略行为的影响，如国际化、新产品介绍、企业并购，其中都会表现出民营中小企业和非民营中小企业的管理者不同管理应对。最后，本章内容还考虑了绩效评估和决策过程的时间框架问题，其中民营中小企业的多元管理目标对技术研发投资决策的影响遵循进阶聚焦逻辑，如果考虑更多短期导向的战略行为时，多元目标可能会更多体现出相辅相成的效果，未来研究中需要更多关注在民营中小企业中控制权目标和盈利目标如何共同影响企业行为的内在机制问题。

　　本章内容的研究结果对民营中小企业的管理实践也具有重要启示。以控制权为中心的非经济目标在民营中小企业管理实践中的主导观点受到挑战，因为当盈利目标无法达到时，民营中小企业的决策制定者可能会倾向于淡化维护高度的控制权并以此调整技术研发投资战略决策，甚至会愿意稀释家族所有权股份。在民营中小企业处于绩效危机时期，绩效指标远低于目标值时，管理者会愿意放弃以控制权为中心的管理目标诉求，实施战略性的、长期的、有风险的决策，增加研发投资的战略行为调整正是最典型措施之一。一旦危机结束，即企业绩效指标接近或超过预期值时，与非民营中小企业同行相比，民营中小企业通常会采取风险规避行为，特别是在技术创新方面。当民营中小企业处于更高的外部依赖情况下，如当供应商议价能力增加时，以上管理决策行为将更大程度上被激活。因此，民营中小企业管理者应该充分认识这一动态决策过程，在组织业绩下降至低于目标值时，提交更为激进的技术创新调整战略项目至顶层管理团队，项目被批准的机会将大幅增加。此外，民营中小企业管理者应该仔细评估研发投入的后果以及企业盈利目标设计企业的创新战略。

第十一章　内外部创新资源要素影响下的民营中小企业研发战略研究

　　组织结构的优化是为了适应外部环境以及协调内部各要素，是组织内外部资源相互作用的系统结构体现。新时期我国经济已逐渐转向高质量发展模式，民营中小企业正逐渐成为推动产业技术创新的重要力量。创新投入是企业技术进步和产品创新的根本动力，稳定的研发投入为企业跟踪技术发展与市场变化趋势提供资金保障，也为企业进行数智化转型奠定基础。但是民营中小企业在创新投入决策方面普遍存在风险厌恶（陈钰芬和陈劲，2008），现实表现为创新投入稳定性相较于大型国企来说显著偏低。有研究提出，自由度更高的创新投入战略更有利于企业权衡外部环境规制与内部变化动态过程，并适时调整企业研发投入方向和强度（陈艳和范炳全，2013；Amit et al.，1990）。总之，民营中小企业研发投入偏离正常趋势线的波动对企业产出绩效的影响，成为目前一个重要的研究兴趣点。此外，民营中小企业在创新资源获取方面存在天然短板，所以"借力"外部技术市场资源成为普遍做法。在当前信息经济不断深化的背景下，外部技术市场的供给效应对于丰富民营中小企业技术源、推动科技成果转化等发挥了越来越重要的作用（刘和东，2006）。同时，民营中小企业在创新投入决策时会基于内部创新资源禀赋，进而考虑外部技术资源的丰富性和技术资源的可得性（张欣炜和林娟，2015）。通常认为，在互补性技术资源充分且可得的条件下，民营中小企业会倾向于采用更为保守的研发投入战略（林洲钰和林汉川，2012）。因此，内外部创新资源成为民营中小企业的研发投入战略制定中重要的权变因素。

　　本章内容在探究民营中小企业研发投入稳定性对企业创新绩效影响的基础上，将外部技术市场充裕度作为调节变量纳入两者关系的研究框架中，并采用我国创业板与中小板的 727 家民营中小企业数据进行实证分析，相关研究结果为民营中小企业制定合理的研发投入决策，塑造企业中长期竞争优势提供新的理论探索。

第一节　基础理论整理及研究框架设计

一、研发投入与企业创新绩效

企业研发投入产出问题一直是技术创新领域的重要理论问题。Scherer（1965）的理论研究主要聚焦两者的直接线性关系。国内有关研究结果也显示创新投入与企业绩效或者创新绩效间存在显著的正相关关系（梁莱歆和张焕凤，2005）。后续文献的检验结果并非完全一致，通过对美国上市公司及中国民营企业样本的分析得到了负相关（Lin et al.，2006）、不相关以及倒 U 形关系（周亚虹和许玲丽，2007）等结论。以上创新投入与创新绩效之间丰富的差异性结果令人欣喜，这表明两者之间存在复杂且没有被完全发掘的影响机制。越来越多的学者关注到不同企业的内部资源的异质性以及外部创新环境的差异性都会对创新绩效产生重要影响（徐雷，2014；Hartmann et al.，2006）。

可以看到，目前相关研究主要呈现两大方向：一方面是从企业内部组织治理来解释，主要包括公司治理、大股东控制、董事会结构等；另一方面是以外部环境动态性及其影响作为研究视角，主要聚焦融资环境、外部治理机制、专利保护机制等研究内容。近年来，对权变影响因素的探寻逐步深化，更多扰动因素进入研究视野。持续性的创新行为是企业在高度复杂性与不确定性并存的外部环境中构建动态持续竞争优势的必要前提，研发投入作为保证创新持续性的首要前提也应该是一种连续行为，因此研发投入的稳定性、波动性、周期性等对企业绩效的研究一直备受关注。研发投入的波动情况对企业绩效的影响已在文献中被证实存在，其对于企业综合绩效的影响具有很大差异（Kor and Mahoney，2005）。

二、研发投入稳定性与企业创新绩效

研发投入稳定性是企业创新投入战略的直观反映。有学者认为民营中小企业创新资源相对匮乏，研发投入的不连续性和不均衡性等特征正是解决"资源—能力"瓶颈的务实做法。"间断平衡"理论指出，相比研发投入绝对量对企业绩效产生的影响，研发投入的波动变化对其影响将更为突出（Chrisman and Patel，2012）。为验证这一观点，Mudambi 和 Swift（2011）将研发投入在特定时间内偏离历史趋势的明显变化定义为研发投入跳跃，实证验证了其对企业创新绩效的推动作用。国内研究也发现研发投入在适当情境下正向和负向的研发投入跳跃均可能导致企业绩效的提高（吴建祖和肖书锋，2016）。

　　企业行为理论的观点也许能够更好地解释这一现象。民营中小企业对于创新投入具有强烈的风险厌恶属性（Kotlar et al.，2014a），所以在企业经营绩效良好、外部环境稳定的前提下，民营中小企业会更多地拒绝持续性研发投入的决策（Chrisman et al.，2015a）。但是，民营中小企业在没有达到预期的盈利能力水平的情境下，管理者会更加积极地做出增加技术研发投入的战略决策（Greve，2003a），造成现实中常常出现企业"突击花钱临时性研发项目"等决策形成，其长期效应最终反映为年度研发投入的不稳定性。此外，民营中小企业普遍存在短期利益倾向，相比于开展持续性的研发活动，更依赖于外部创新资源而采取投机性的研发投入战略。据此提出以下研究假设：

　　假设 11-1a：民营中小企业的研发投入稳定性与创新绩效呈现负向影响关系。

　　"稳定制胜"研发投入战略也形成较为成熟的逻辑观点。大量研究亦表明稳定持续的创新活动是企业在错综复杂和极具不确定性的外部环境中构建动态竞争优势的重要前提，企业在研发投入、产品开发或工艺改进等方面的长期知识积累才使企业技术进步。技术创新本质上是一个非线性过程，"创新理论"奠基人熊彼特提出的"创造性积累"也强调了连续性创新的重要性，所以研发投入是持续性知识积累的延伸，巩固了片段式创新积累带来的短期竞争优势（李文元等，2011），企业的创新产出需要长期稳定的研发投入保障知识资本积累的持续性，从而实现技术创新从知识产出量变到产生经济效益的质变。据此提出以下研究假设：

　　假设 11-1b：民营中小企业的研发投入稳定性创新绩效呈现正向影响关系。

三、内外部创新资源的影响

　　民营中小企业在进行创新管理制定研发投资决策时，不仅要考虑研发成本、成功概率等因素，外部技术市场要素也会产生重大影响。根据开放式创新理论，民营中小企业更需要通过打破自身组织边界以获取外部技术市场的创新资源，降低创新风险并且获得更高的创新绩效。已有大量研究验证了外部技术市场资源对民营中小企业技术创新的影响。同时，具有效率的技术交易市场是企业通过开放式创新提升创新绩效的必要条件。因此，在某些特定情境下，自主研发并不一定是民营中小企业进行创新的第一或者最优选择，利用外部技术市场可能会取得更好的短期创新绩效。技术市场建设和技术交易过程是综合影响外部技术可得性的关键因素。民营中小企业对外部技术市场创新资源的依赖性主要取决于技术市场供给总量以及技术获取难度两个方面。首先，技术市场的供给总量决定了技术获取的最大限度。目前影响技术供给的因素主要还是先进科学技术的研究开发能力，各种产学研合作困境阻碍技术交易的达成。其次，由于行业属性、产学研程度、地域差异、政策因素等原因造成的技术获取难度加大会妨碍技术交易的实现。本章内容综合上述技术市场的供给总量与技术获取难度，将两者的综合效应统一为技术市场充裕度。当外部技术市场充裕度较高时，企业管理者依然采取稳定的研发投入策略时未能充分利用外部技术资源以及权衡内外部动态变化做出研发投入变动，则会导致创新绩效效果有所减弱。据此提出以下研究假设：

假设 11-2：技术市场充裕度减弱了民营中小企业研发投入稳定性与创新绩效之间的相关关系。

民营中小企业的内部创新投入强度也会对企业创新战略起到制约或推动的效应。当企业内部研发资源投入强度较低时，民营中小企业倾向于以更短的时间和更低的成本从外部技术市场获取技术创新资源以完成研发创新（Fiegenbaum and Thomas，1988），所以，外部技术市场的充裕程度显然会对民营中小企业的研发投入稳定性造成更加深刻影响。掌握较为充足研发资源的民营中小企业更倾向于建构自身的技术管理能力，并培养更快速应对市场变化的能力，并将其转化为战略竞争优势（Patel and Chrisman，2014）。这种组织柔性在以市场为导向的创新模式上体现得更加明显。虽然外部技术市场迎合了民营中小企业"速战速决"式的创新需求，有助于缩短企业创新周期，帮助小企业减轻创新资源短缺的压力以及分摊部分研发风险（Wiseman and Gómez-Mejía，1998），但是不同企业内部创新投入强度下的利用外部技术市场的作用影响会出现显著不同。因此，本章内容认为民营中小企业引入外部技术源实现开放式创新，需要权衡外部技术市场供给与内部创新资源禀赋做出最终的企业研发投入战略决策，这就导致民营中小企业技术创新投入的波动性出现。综上所述，提出以下研究假设：

假设 11-3a：技术市场充裕度对低研发资源禀赋的民营中小企业研发投入稳定性与创新绩效之间的相关关系具有增强效应；

假设 11-3b：技术市场充裕度对高研发资源禀赋的民营中小企业研发投入稳定性与创新绩效之间的相关关系具有减弱效应。

第二节　民营中小企业研发投入战略的实证研究

一、样本选取与数据来源

本章内容研究样本为中小板和创业板上市民营中小企业，数据来自中国经济金融研究（China Stock Market & Accounting Research Database，CSMAR）数据库并按照以下标准筛选：①剔除特别处理（special treatment，ST）、特别转让（particular transfer，PT）的公司样本；②剔除关键数据缺失的公司样本。经筛选，样本最终确定为 2012~2016 年 725 家上市公司数据，财务数据除了来自 CSMAR 数据库，还选取巨潮资讯网和公司年报作为数据补充来源。另外为验证理论假设 10-2 中有关技术市场相关假设，本章研究选取我国各省份（西藏地区由于数据缺失故剔除）技术市场统计年报、中国科技统计年鉴等作为技术市场充裕度指标的相关统计数据来源。本章内容数据处理主要采用 Stata、Excel 等统计软件实现。

二、变量选择与测度

（一）因变量

企业创新绩效。企业研发创新活动所取得的成果体现在专利发明等知识产出。其中专利申请量相比于专利授权量更为稳定，并且申请专利的技术很可能在申请过程中就已经对企业绩效产生影响，公开披露的专利申请数据比授权数据更为及时。因此，本章内容采用专利的申请量衡量企业的创新绩效。

（二）自变量

研发投入稳定性。该变量主要表征民营中小企业研发投入变动的波动程度。采用研究期内样本企业研发投入的方差测度该企业研发投入稳定性，$RdSt_i = (x_i - \bar{x}_n)^2$，$x_i$ 为观察期企业研发投入量，$\bar{x}_n$ 为期内企业研发投入的均值，选用的观察期为包括第 i 年在内的最近 3 年。

（三）调节变量

技术市场充裕度。以往文献采用技术市场交易的技术合同用成交额度量技术市场的交易规模。技术市场的成交额体现了科技创新的经济效益，可以成为反映一个地区科技创新能力的重要指标，是技术可获取最大限度与技术获取难度两方面综合作用的结果。因此，本章内容采用地区技术市场合同成交额测度技术市场的供给总量与技术获取难度综合作用决定的技术市场充裕度。

（四）控制变量

参考已有对企业创新绩效的研究文献，控制变量包括研发强度、年龄、资本结构、行业属性、所属地域、股权集中度及研究期内企业是否发生资产重组等重大变更。

三、模型构建

为了研究研发投入稳定性对民营中小企业创新绩效的影响，以及技术市场充裕度对研发投入稳定性与创新产出关系的调节效应，本章内容设定多元线性回归模型进行研究，模型如下：

$$Patent = \beta_0 + \beta_1 RdSt + \beta_2 Size + \beta_3 Lev + \beta_4 Age + \beta_5 Comb + \beta_6 Ind + \beta_7 Are + \beta_8 Ctr + \varepsilon$$

（11-1）

$$Patent = \beta_0 + \beta_1 RdSt + \beta_2 Tec + \beta_3 RdSt \times Tec + \beta_4 Size + \beta_5 Lev + \beta_6 Age \\ + \beta_7 Comb + \beta_8 Ind + \beta_9 Are + \beta_{10} Ctr + \varepsilon$$

（11-2）

其中，Ctr 表示控制变量。

本章研究中企业的所属行业、地区作为控制变量的观测值不会随时间变化，因此固定效应模型不适应本章内容分析。在本章内容的数据结构中，每个公司多年观察之间并不独立，为了拟合非独立观测数据，降低观测之间的非独立性对参数估计的影响，因而选取随机效应模型对自变量进行分析。

四、实证分析结果

本章内容的数据处理采用 Stata15.0 进行描述性统计和相关性分析。分析结果显示，样本企业平均专利数为47.163，整体创新绩效比较乐观，方差为127.838，表明企业个体创新绩效差异较大。样本企业的研发稳定性为 0.188，方差为1.580，表明企业间在研发支出方面整体呈现较大差异。技术合同交易额平均值为644.952，研发强度均值为 0.024，与一般企业研发强度接近，且相关性系数为0.037，表明研发强度越强，企业创新绩效越高。本章内容所选样本企业为创业板和中小板企业，企业规模较小，经营时间短，样本企业年龄统计结果为 17.8 年，与实际情况相符。

本章内容研究研发投入稳定性对企业创新绩效的影响，并就外部技术市场充裕度对于研发投入稳定性与企业创新绩效间关系的调节效应进行分析。另外，本章内容对研发资源禀赋进行分组，对于高低研发资源禀赋企业进行讨论。

（一）研发投入稳定性对企业创新绩效的影响

通过模型 1 和模型 2 分别研究研发投入稳定性对企业创新绩效影响及技术市场充裕度的调节效应。本章内容采用逐层回归，首先对控制变量进行回归分析，然后逐步纳入研发投入稳定性，以及技术市场充裕度和研发投入稳定性与技术市场充裕度的交互项进行回归分析，结果如表 11-1 所示。

表 11-1　模型回归分析结果

变量	模型 1	模型 2	模型 3	模型 4
常数	−36.216 （−1.65）	−34.646 （−1.63）	−32.666 （−1.51）	−30.645 （−1.44）
研发稳定性		8.515*** （4.82）	8.562*** （4.84）	11.249*** （6.01）
技术成交额			−0.002 （−0.47）	−0.001 （−0.28）
研发稳定性× 技术成交额				−0.004*** （−3.75）
企业年龄	0.750 （0.92）	0.612 （0.78）	0.635 （0.80）	0.574 （0.74）
资产负债率	43.656* （2.40）	37.329* （2.07）	37.270* （2.06）	37.339* （2.08）
股权集中度	0.180 （1.47）	0.186 （1.55）	0.190 （1.58）	0.195+ （1.65）
重大变更	27.835* （2.51）	27.366** （2.58）	27.441** （2.59）	27.092** （2.60）
所属产业（第三产业=0）				
第一产业	49.239 （1.61）	51.611† （1.76）	50.983† （1.73）	48.970† （1.70）
第二产业	32.535** （2.73）	34.222** （2.99）	32.991** （2.81）	31.071** （2.69）
所属地区（东部地区=0）				
西部地区	24.855 （1.47）	26.022 （1.60）	24.942 （1.52）	25.809 （1.60）
中部地区	−16.839 （−1.30）	−16.355 （−1.31）	−17.383 （−1.38）	−16.777 （−1.35）
东北地区	−35.126 （−1.45）	−33.551 （−1.44）	−34.527 （−1.48）	−33.548 （−1.46）

续表

变量	模型 1	模型 2	模型 3	模型 4
观测数量	2 175	2 175	2 175	2 175
R^2	0.032	0.079	0.080	0.101
F 值	29.92	56.10	56.41	73.82

†$p<0.1$，*$p<0.05$，**$p<0.01$，***$p<0.001$
注：括号内表示 t 检验值

表 11-1 汇报了用随机效应模型得出的企业研发投入稳定性对企业创新绩效的影响。为了检验假设 11-1a 和假设 11-1b，我们通过模型 1 和模型 2 进行分析。结果显示，研发稳定性的回归系数符号为正，且非常显著（β 研发稳定性=8.515，$p<0.001$），表明当企业研发支出的方差越大，企业研发稳定性越低，企业创新绩效越高，假设 11-1a 得到验证，拒绝假设 11-1b。

为了检验技术市场充裕度的调节作用，我们用模型 3 和模型 4 进行分析。结果显示，研发稳定性与技术合同成交额交互项的回归系数符号为负，且在 0.1% 的置信水平下显著（β 交互项=-0.004，$p<0.001$），说明技术市场充裕度高的民营中小企业相比较技术市场充裕度低的样本企业，研发投入稳定性对企业创新绩效的负向影响作用更小，假设 11-2 得到验证。

（二）企业研发资源禀赋的差异性分析

为讨论民营中小企业内部研发资源强弱对于企业研发投入稳定性战略的选择问题，本章内容进一步将企业研发投入强度纳入以上研究框架中。具体地，以样本企业在 2016 年的研发投入强度（研发投入强度由企业当年研发投入除以企业资产总额得到）的中位线作为划分线，将样本企业划分为高研发资源禀赋和低研发资源禀赋两个对照组，相关统计指标如表 11-2 所示。

表 11-2　不同企业研发资源禀赋条件下的回归结果

变量	高研发资源禀赋组		低研发资源禀赋组	
	模型 5	模型 6	模型 7	模型 8
常数	18.898 （-0.85）	20.050 （-0.59）	-11.977 （-1.28）	-16.234 （-1.47）
研发稳定性	6.601** （2.81）	10.049*** （3.98）	9.980* （2.28）	18.260*** （3.40）
技术成交额		-0.007 （-0.88）		0.004 （0.91）
研发稳定性× 技术成交额		-0.004** （-2.89）		0.025** （2.67）

续表

变量	高研发资源禀赋组		低研发资源禀赋组	
	模型 5	模型 6	模型 7	模型 8
企业年龄	-0.701 (-0.39)	-0.593 (-0.34)	$1.262^{\dagger}$ (1.73)	$1.23^{\dagger}$ (1.68)
资产负债率	58.217 (1.39)	59.577 (1.44)	$32.407^{\dagger}$ (1.87)	$30.229^{\dagger}$ (1.74)
股权集中度	0.378 (1.59)	$0.402^{\dagger}$ (1.72)	0.026 (0.21)	0.042 (0.34)
重大变更	45.782^{*} (2.11)	44.861^{*} (2.13)	16.299 (1.57)	$18.270^{\dagger}$ (1.75)
所属产业（第三产业=0）				
第一产业	5.843 (0.06)	-5.312 (-0.06)	48.647^{*} (1.94)	49.496^{*} (1.97)
第二产业	-57.582^{**} (2.70)	-46.503^{*} (2.13)	-14.594 (1.20)	-14.813 (1.20)
所属地区（东部地区=0）				
西部地区	-21.944 (-0.62)	-26.297 (-0.76)	57.222^{***} (3.76)	57.684^{***} (3.75)
中部地区	-24.509 (-0.89)	-28.196 (-1.03)	-8.669 (-0.75)	-7.806 (-0.66)
西北地区	-42.479 (-0.76)	-45.224 (-0.83)	-22.381 (-1.08)	-21.745 (-1.04)
观测数量	843	843	1 332	1 332
R^2	0.108	0.146	0.049	0.051
F 值	28.32	41.05	40.12	47.61

$\dagger p < 0.1$, $*p < 0.05$, $**p < 0.01$, $***p < 0.001$

注：括号内表示 t 检验值

模型 5 和模型 6 分析了具备高研发资源禀赋民营中小企业的研发投入稳定性与创新绩效的影响，以及技术市场充裕度的调节作用。在模型 5 中，研发投入稳定性的系数（β=6.601，$p<0.01$）为正，且较为显著，表明具备高研发资源禀赋民营中小企业研发稳定与创新绩效呈反向关系。在模型 6 中，研发稳定性与技术合同交易额的交互项的系数（β 交互项=-0.004，$p<0.01$）系数为负，且较为显著，表明对于具备高研发资源禀赋民营中小企业，技术市场充裕度对研发稳定对创新绩效负向关系也具有减弱的调节作用。假设 11-3a 得到支持。

模型 7 和模型 8 分析了具备高研发资源禀赋民营中小企业的研发投入稳定性与创新绩效的影响，以及技术市场充裕度的调节作用。模型 7 中，研发投入稳定性的系数（β 研发投入稳定性=9.980，$p<0.05$）系数为正，具有一定显著性，具备较低研发资源禀赋民营中小企业研发稳定与创新绩效呈反向关系。然而，在模型

8 中，研发稳定性与技术合同交易额的交互项的系数（β 交互项=0.025，$p<0.01$）系数为负，且较为显著，表明对于具备较低研发资源禀赋民营中小企业，技术市场充裕度对研发稳定对创新绩效负向关系也具有很强的调节作用。假设 11-3b 得到支持。

第三节 民营中小企业研发投入战略优化的研究 结论与对策

一、研究结论

本章研究探讨了民营中小企业研发投入稳定性与创新绩效之间的关系，以及技术市场充裕度的调节作用，进一步将样本划分为高/低创新资源禀赋组讨论以上关系，主要研究结论如下。

第一，本章内容证实了民营中小企业的研发投入战略主要遵循"间断平衡"理论，即研发投入稳定性与民营中小企业的创新产出呈现负向相关。这与已有文献检验结果一致，理论解释主要基于民营企业的管理目标多重性，特别是在预期绩效目标高于行业平均绩效线的情况下，民营企业更多表现出对研发投入风险的高厌恶性（汤临佳等，2017）。

第二，外部技术市场充裕度减弱了上述影响。外部技术市场技术供给越充足，企业获取外部技术的难度越小，将缩小民营中小企业采取相对高波动性的研发投入策略所带来的研发收益。这一研究结论从另一个侧面正好补充解释了"间断平衡"理论的成立，即"间断"的研发投入策略在外部技术市场充裕度较高的情境下，会有趋向"平衡"的内在需要。

第三，本章内容研究的另一个有趣发现是，在研发强度较低时，民营中小企业的研发稳定性战略受到外部技术市场的影响呈现增强效应；相反地，在研发强度较高时，企业受到外部技术市场充裕度的影响则依然呈现减弱效应（与总体样本检验结果方向一致）。这一对比结果进一步证明了，在外部技术资源丰富的情况下，企业内部创新资源投入的强度将起到决定性作用：高创新资源禀赋的民营中小企业多采取自主性的研发战略；低创新资源禀赋的民营中小企业则更倾向于依赖外部技术供给，当研发效率低于吸收利用外部创新源时，这类企业就会降低在技术市场充裕的技术研发项目上的资源投入，相对来说采取投机性更强的研发战略（图 11-1）。当企业自身的研发投入更显示为投机性的研发投资决策行为时，将造成创新投入的波动幅度进一步加大。

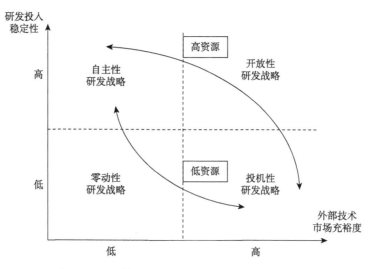

图 11-1　不同资源禀赋下的民营中小企业研发战略

总之，民营中小企业在进行研发投入战略决策的过程中，会充分关注外部技术市场的创新资源供给，同时也会结合企业自身资源禀赋情况及时调整研发投入战略。

二、启示与建议

上述研究结论对于我国民营中小企业权衡外部环境规制与内部变化动态过程合理进行研发投入决策，充分利用有限研发最大化获益，提高创新绩效与创新管理水平具有重要的启示意义。

根据目前我国技术市场发展状况与技术交易现状以及结合本章内容研究结论，从宏观层面看，本章研究的结论为制定引导受自身创新资源限制的民营中小企业加强与外部技术市场创新源的连接和互动政策提供诸多参考。完善的技术市场环境是技术交易顺利开展的基础，政府及相关的各个部门应既要促进技术交易的有效供给总量又要拉动技术需求，又要促进技术交易及信息共享平台发展，为创新资源的合理流动和配置提供良好的环境，有效降低技术交易成本。通过税收减免、科研奖励、科研项目、减息、贴息贷款等多种优惠政策和措施，促进技术市场进一步发展，加大科研补贴，为民营中小企业的开放式创新创造有利的外部技术环境。

从民营中小企业自身层面，虽然外部技术市场可以给民营中小企业创造更多资源获取以及技术支持上的可能，为企业更加高效地开展创新活动提供了新的机会与方向，但是管理者不能因此以投机心态进行研发投入战略决策。资源限制下的民营中小企业研发活动是一个内外力相互作用的动态持续发展过程，企业内部活动和外部技术支持还有消费者市场需求等变化一直在相互影响，因此企业研发必须明确自身动态能力的培养是伴随企业发展持续进行的，是可持续发展永恒的使命。在进行研发投入决策时应该权衡内外部动态变化适时进行调整做出研发投入变动。此外，研发投入既要面向未来，保障企业可持续发展，又要充分发挥中小企业创新预期短期导向的灵活性。

第三篇
中小企业数智化转型的决策管理理论研究

本篇内容的逻辑观点认为中小企业数智化转型发展的内在动力是中小企业的数智化决策管理。深入研究中小企业数智化决策管理过程中的多元战略风险平衡决策机制、绩效动态反馈决策机制、技术管理决策机制、战略管理持续性机制、国际化机会搜索与决策机制、管理者决策参与机制等方面内容，有助于我们更加全面刻画中小企业数智化转型发展的管理决策科学性问题及其作用机制。本篇从内容架构上主要基于以下几方面展开：①民营中小企业多元战略风险的管理决策优化研究；②绩效反馈下的中小企业创新管理决策优化研究；③极端绩效反馈对民营中小企业创新管理决策的动态影响研究；④科技型中小企业技术创新管理能力的动态演进研究；⑤数智化转型背景下民营中小企业的创新战略持续性研究；⑥数智化转型背景下民营中小企业的国际化机会搜索和决策管理；⑦数智化转型背景下非家族管理介入与民营中小企业绩效研究。其中，第十二章至第十四章从企业创新战略风险管理决策的视角出发，分别探讨了民营中小企业开展多元化战略风险决策、绩效反馈下的创新管理决策等数智化决策管理内容，具体包括内部风险管理机制及绩效反馈影响下管理决策的内部驱动要素等，以及在极端绩效反馈情境下开展差异化战略风险决策的内在机理。第十五章从民营中小企业技术创新管理能力演进的视角出发，从技术识别能力、技术迁移能力和技术加工能力三个维度出发，研究了民营中小企业技术管理能力的结构性特征、动态演化过程及其对技术创新绩效的影响，为国家出台更为科学合理的中小企业评价标准以及扶持政策提供了理论依据。第十六章至第十八章从民营中小企业战略风险管理决策的细分视角出发，分别探究了数智化转型发展背景下民营中小企业的创新战略持续性问题、国际化机会搜索和国际化战略决策管理问题及非家族管理介入对民营中小企业绩效的影响。

第十二章　民营中小企业多元战略风险的管理决策优化研究

　　中小企业如何提高管理决策效率一直是国内外理论研究热点之一，其中来自多元战略风险的管理挑战，特别是如何实现其有效均衡是学者们经常在企业层面开展的研究。战略风险管理决策是属于企业创业创新的固有部分（Lumpkin and Dess，1996；Zahra and Covin，1995；Zahra，1991），企业通过战略风险承担得以实现组织战略更新和绩效转变（Wiseman and Bromiley，1996），当然这些管理决策也伴随着巨大的未来损失可能性（Sitkin and Pable，1992）。近年来，学术界越来越关注企业创业领域内民营企业的风险偏好问题（Chrisman and Patel，2012；Gómez-Mejía et al.，2007，2014）。事实上，文献中认为民营中小企业在参与和管理企业创业方面代表了一种独特的组织类型（Brumana et al.，2017；Minola et al.，2016）。特别地，研究表明民营中小企业出于规避风险和亏损的偏好，会表现出相较于非民营中小企业更低的研发强度（Gómez-Mejía et al.，2014；Chrisman and Patel，2012）、多样化和国际化（Alessandri et al.，2018a；Fang et al.，2018）。尽管如此，民营中小企业学者也指出民营中小企业的风险偏好也可能受到偏好逆转的影响（de Massis et al.，2020；Strike et al.，2015）。

　　此外，研究普遍表明，过去的业绩不佳可能会促使公司承担更大的风险（Park，2002）。在这种情况下，民营中小企业可能会从规避风险转向承担风险，甚至可能比非家族竞争者更甚，以提高企业绩效并保持拥有家族的社会情感财富（socioemotional wealth，SEW），这代表了它们在企业中的非经济禀赋（Kotlar et al.，2014a；Chrisman and Patel，2012；Gómez-Mejía et al.，2007）。虽然关于民营中小企业风险偏好的大量研究已经产生了富有成效的见解，但研究人员通常会单独对待风险决策。尽管如此，正如 Miller 和 Bromiley（1990）及其他相关研究成果中（Bromiley et al.，2017，2015；Palmer and Wiseman，1999；Ruefli et al.，1999）所强调的，嵌入在企业创业中的战略决策可能具有不同类型和不同水平的风险。因此，基于单一类型的决策来概念化风险偏好可能无法反映组织中企业创业的复杂性，并且忽略了组织可以通过结合高风险和低风险活动（Amit and Livnat，1988）或设计协调多种风险活动的综合系统来管理其总风险水平（Lawrence and Lorsch，1969）的事实。

基于前景理论中探讨的狭窄框架观点（Kahneman，2003；Kahneman and Lovallo，1993），我们提出了一套关于民营中小企业战略管理决策实现和优化提升的理论：与民营中小企业相比，非民营中小企业的风险决策过程更加遵循狭窄框架，这意味着非民营中小企业的风险决策更有可能是单独的而不是作为一个整体做出的，因为决策者倾向于根据每个决策的短期结果，以及在偏离短期利润最大化目标方面的有限自由裁量权来进行评估。相比之下，民营中小企业的决策者有更大的自由裁量权，会从长远角度来综合考虑决策。通过借鉴民营中小企业文献中现有的风险偏好和企业创业的研究，我们进一步认为，鉴于在民营中小企业的样本数据中观察到的风险规避和偏好逆转倾向，多元战略风险的群体决策将能够实现民营中小企业管理决策的整体性和有效性。

我们通过探索"研发投资和国际化"这两个风险维度之间的相互作用来解析民营中小企业的多元战略风险管理决策问题，这两个维度也是在企业创业和民营中小企业相关文献中被广泛研究的主题（Pukal and Calabrò，2014；de Massis et al.，2013）。使用两个上市公司样本（美国样本，1996~2013 年标准普尔 1500 制造公司；中国样本，2012~2017 年的创业板市场），我们发现国际化与民营中小企业研发投资之间存在负相关关系。然而，当面临较差的业绩时，在民营中小企业中国际化和研发投资之间的关系是正向的。相比之下，非民营中小企业中这两个风险决策似乎是单独做出的。我们得出结论是民营中小企业的风险决策更有可能依据宽泛框架的，而非民营中小企业的决策更有可能依据狭窄框架的。

本章内容的研究在多个方面对管理领域，特别是为民营中小企业和企业创业文献做出了贡献。首先，本章内容的研究建立在之前的研究基础上，探索民营中小企业如何管理多重风险决策，而不是单一的风险决策。本章内容的研究结合狭窄框架的概念、民营中小企业风险偏好和企业创业文献，增加了对民营中小企业风险偏好的理解，并为探索这一主题提出了新途径。其次，本章内容的研究增加了民营中小企业战略决策的知识（Chrisman et al.，2016）。我们的研究结果表明，与非民营中小企业不同，民营中小企业的战略决策更有可能是宽泛的。因此，研究结果表明如果不考虑所做出风险决策组合，就无法真正理解民营中小企业的创业举措，特别是风险决策。这项研究对民营中小企业的企业创业也具有重要意义。如果民营中小企业确实不太容易受到狭窄框架问题的影响，那么民营中小企业的决策者在管理新风险投资组合时可能比非民营中小企业更被忽视，并在业绩满足（或超过）预期时采取更平衡的冒险方法，以及在绩效低于期望时采取更极端的风险寻求方法。因此，民营中小企业未来的工作应该考虑企业创业如何适应风险决策的组合，因为专注于单一的偏好和单一的风险维度（如研发投资）可能会隐藏企业家行为中的重要细微差别。

第一节　基础理论整理与文献回顾

一、企业创业中的多重风险决策

对风险在企业创业中的作用的研究已取得了相应的进展（Bromiley et al.，2017；Bromiley，1991；Miller and Bromiley，1990），并且这一研究已经引起人们对组织风险的各种类型和来源的关注（Palmer and Wiseman，1999；Ruefli et al.，1999）。例如，Bromiley 等（2015）指出，高管面临多重的风险，包括市场风险、竞争风险、供应链风险、政治风险和汇率风险，并且单一的战略决策可能涉及在执行过程中不同时间内发生的多种类型的风险。

在本章内容中，我们将风险定义为在涉及资源分配的战略选择中出现不良结果的概率。这个定义与 Palmer 和 Wiseman（1999）对管理风险的定义一致，因为我们关注的是组织可能因为他们选择做的事情而导致的风险。相比之下，我们并不关注由组织决策者无法控制的外部因素所引起的风险，如与经济衰退、货币波动等相关的风险。

对企业创业和民营中小企业的研究倾向于单一风险决策，如研发投资（Gómez-Mejía et al.，2014；Chrisman and Patel，2012）或国际多元化（Alessandri et al.，2018a；Lin，2012）。虽然这完善了民营中小企业风险决策的相关知识，但它并不能充分反映企业创业领域内的风险承担的复杂性。事实上，随着时间的推移或在创业过程中的某个时间点，企业可以做出多重风险决策。因此，沿着单一的决策维度概念化风险承担可能无法完全反映风险偏好，并会导致对企业创业中风险承担性质的不准确假设。

二、狭窄框架

文献中忽视多元战略风险决策背后的一个可能原因是决策者可能并不总是以整体的方式评估风险，即他们不是将一种风险与其他风险合并，而是单独地评估风险。我们将这种单独评估风险前景而非将其与其他风险置于整体评估框架下的风险管理模式称为"狭窄框架"（Kahneman，2003；Kahneman and Lovallo，

1993）。Kahneman 和 Tversky（1979）及 Tversky 和 Kahneman（1981）首次引入了狭窄框架的概念，指出人们倾向于通过将复杂现象分割成容易理解的部分来简化它们（Benartzi and Thaler，1995；Thaler，1985）。在他们关于前景理论的开创性工作中，Kahneman 和 Lovallo（1993）将狭窄框架定义为一种行为倾向，是人们倾向于一次只考虑一个决策问题，通常将当前的问题与其他可能悬而未决的以及未来做出类似决策的选择机会隔离开来。正如 Kahneman（2003）所观察到的，狭窄框架远比在更具包容性的背景下（即作为一个群体）宽泛框架的决策更容易偏离风险中立。因此，狭窄框架使企业很难利用多元化来管理与企业创业有关的多项决策。根据狭窄框架的定义，进行多项决策是需要进行联合评估的。

狭窄框架的概念已被经济学、金融学和市场营销文献所采用。学者们使用狭窄框架来解释与股票溢价（Benartzi and Thaler，1995）、股票和期权市场（Liu et al.，2010；Kumar and Lim，2008；Barberis and Huang，2001）、投资组合（Barberis et al.，2006）和消费者选择（Read and Loewenstein，1995；Thaler，1980）相关的决策偏差。人们共同的观点是，狭窄框架代表了一种认知偏见，这使得它很难通过结合高风险和低风险的机会来降低风险（Amit and Livnat，1988），或设计一个能够促进公司职能之间协调的整合系统（Lawrence and Lorsch，1969）。

（一）组织中的狭窄框架

根据 Kahneman 和 Lovallo（1993）的研究，在组织环境中所存在的狭窄框架的程度取决于问题是否容易组合在一起以及如何评估基于风险选择的结果。首先，问题是否可被归类受其共同维度以及用相似术语描述的程度的影响。问题分组通常适用于本地决策时的情况（Hill et al.，1992），涉及多个战略职能的协调（Barki and Pinsonneault，2005），需要直觉思维和对广泛信息的可及性（Kahneman，2003；Stanovich and West，2000），以及基于高度面向特定决策场景的参考框架（Barki and Pinsonneault，2005）。

在第二种情况下，狭窄框架会受到管理者绩效评估方式和评估频率的影响（Kahneman and Lovallo，1993）。如果对失败的容忍度比较低，那么管理者单独处理决策的倾向就会增加。同样地，随着绩效评估频率的增加，狭窄框架出现的概率也会增加。因为管理者将根据单一或少量战略决策进行评估的可能性增加。相反，如果可以容忍失败，并且决策评估的频率较少，那么狭窄框架就不太可能发生。

（二）民营中小企业中的狭窄框架和风险决策

关于民营中小企业中企业创业的研究认识到，民营中小企业是管理风险决策的一种独特的组织类型。这里的一个中心主题是存在一种混合博弈效果，即民营中小企业的风险决策是由经济和非经济禀赋之间相互作用驱动的（Alessandri et al.，2018a；Gómez-Mejía et al.，2014；Martin et al.，2013）。其他研究强调了某些偶然因素，如增长机会和商业集团成员资格（Choi et al.，2015）、管理激励（Alessandri et al.，2018b），以及竞争对手、买家和供应商的行为（Kotlar et al.，2014a）等均影响了民营中小企业的风险偏好。Kotlar 等（2018）发现，混合博弈效果可能表现在试图平衡当前和未来的财富禀赋上。尽管研究取得了显著的进展，但以往的研究往往只关注单一的风险决策，而忽视了民营中小企业和非民营中小企业在企业创业过程中需要同时做出多项风险决策的事实。

正如下文所讨论的，我们认为民营中小企业不太容易受到狭窄框架问题的影响，因此企业创业中的风险决策更有可能在家族涉入企业中作为一个群体做出，其原因有二。首先，民营中小企业的决策往往遵循长期的、以连续性为导向（Lumpkin and Brigham，2011），其定义为"倾向于优先考虑在很长一段时间后，企业决策和行动取得的成果所带来的长期影响和作用"（Lumpkin et al.，2010）。长期导向作为一种占主导地位的逻辑，被作为一种共享的认知地图（或一套图式）储存在一个拥有所有权的家族及其家族成员的"支配性联盟"中（Prahalad and Bettis，1986），并可能形成战略决策，如冗余资源的管理问题（Gentry et al.，2016）。在这里，长期导向的发展、放大、转移、巩固，并最终在家庭成员之间分享，主要是通过家庭成员的早期参与和长期参与民营中小企业的工作来实现的（Breton-Miller and Miller，2006）。长期导向可能有助于调整每个家族成员的目标设定，因为决策背后的动机要与家族的长期繁荣一致（Lumpkin and Brigham，2011；Diaz-Moriana et al.，2020）。研究表明，即使是在民营中小企业中接近退休的 CEO（chief executive officer，首席执行官）也表现出为后代着想的长期导向，从而按照这种趋势进行风险战略活动，如国际收购（Strike et al.，2015）。因此，长期导向应该会降低狭窄框架出现的可能性。

其次，统一的所有权和控制权为民营中小企业的决策者提供了必要的权力和自由裁量权，以绕过非民营中小企业对决策的相关限制（de Massis et al.，2014a；Carney，2005）。事实上，因为家族的所有权和参与最高管理/董事职位的权力，以及家族在企业中的长期存在和商业影响力的合法性（Mitchell et al.，2011），民营中小企业往往会表现出行为的异质性。强有力的家族控制使民营中小企业决策者能够确保以家族为中心的议程在整个组织中得以实施，并将政治阻力降到最低（de Massis et al.，2020；König et al.，2013；Carney，2005）。强有力的家族控制也表明会延长评估的时间框架和对创业失败的高容忍度，这可能会进一步降低狭窄框架出现的可能性（Gómez-Mejía et al.，2001）。

强大的家庭控制也可能通过社会化和选择过程促进上述以家族为中心的长期

认知传播给非家族下属（Pearson and Marler，2010；Eddleston，2008）。民营中小企业中家族和非家族决策者之间的这种认知共识可能有助于抑制狭窄框架下的决策（Kaplan，2008）。此外，决策者之间的认知共享可能会加强民营中小企业的"非正式"管理风格，因为采用以家族为中心的长期导向可能会简化复杂的决策过程，并会部分性地替代非民营中小企业中常见的官僚预算、报告和监测（Kets de Vries，1993）。总的来说，由于以家族为中心的长期导向思维模式以及强大的决策控制，民营中小企业在企业创业中固有的风险决策与非民营中小企业相比，更不倾向于采用狭窄框架的决策模式。

三、管理民营中小企业中的多重风险

企业管理决策研究中的一个突出的分支是探索民营中小企业的风险偏好问题。人们普遍认为，在进行风险决策时，民营中小企业的决策者可能会遵循主观偏好，并以社会情感财富作为主要参考点（Strike et al.，2015；Berrone et al.，2012），且损失比收益更高（Chua et al.，2015）。此外，家族所有者往往会规避威胁其SEW的损失，并在损失领域寻求风险（Berrone et al.，2012；Gómez-Mejía et al.，2007）。与非民营中小企业的决策者相比，创建和/或保存家族的社会情感财富动机似乎使民营中小企业的决策者更加规避风险（Berrone et al.，2012；Chrisman and Patel，2012；Cennamo et al.，2012；Gómez-Mejía et al.，2007；Wiseman and Gómez-Mejía，1998），因为企业的多元战略风险决策可能会破坏民营中小企业的传统、财富和遗产（de Massis et al.，2016a），以及减少家庭控制（Gómez-Mejía et al.，2010，2007）。另外，在亏损领域，民营中小企业可能比非家族竞争对手更愿意承担风险，以使业绩达到可接受的水平，并保护家族所拥有的SEW（Kotlar et al.，2014a；Chrisman and Patel，2012；Gómez-Mejía et al.，2010）。最后，家族内部权威的体现增强了在其创业活动中做出规避风险或寻求风险的选择的自由（Brumana et al.，2017；Carney，2005）。

Chua 等（2015）指出，从前景理论的角度来看，可能有多个参考点和多种方法来构建影响SEW的决策，每一种方法都可能导致不同的决策。这促使人们注意到民营中小企业如何将企业创业中的多重决策组合在一起，而不是做出个人决策。事实上，鉴于上面讨论的狭窄框架出现的可能性较低，当我们预计作为一个群体来研究风险决策时，民营中小企业的决策者通常会倾向于风险分散策略。换句话说，在民营中小企业中，我们期望决策者从整体的角度来进行决策，以确保总体风险是可控的，而不是会过高或过低。企业创业中的这种风险分散策略类似于多元化投资组合背后的基本原理，该组合旨在通过将高风险投资与低风险投资组合来降低总体风险（Amit and Livnat，1988）。因此，风险分散是由"规避风险"驱动的。也就是说，虽然风险分散不一定会导致利润最大化，但至少它有助于企业在可接受的风险水平下获得可接受的利润，并在公司层面开展创业计划。

另外，面对损失预期时，民营中小企业的决策者应当愿意承担风险，即使是在多重战略决策中也希望能够抵消以家族为中心的经济和非经济效用的损失。同样，由于拥有家族对企业的强有力的控制，可能会避免狭窄框架，并且可能会接受风险更大的创业计划（Kahneman and Lovallo，1993）。

第二节　研究假设的提出和研究框架设计

为了检验我们的理论，我们选择探索国际化水平如何影响研发投资活动。研发投资和国际化是民营中小企业文献中研究最广泛的两种风险决策类型（Fang et al.，2018；Chrisman and Patel，2012；Gómez-Mejía et al.，2014，2010）。我们关注国际化和研发投资，是因为与狭窄框架的文献一致，我们希望研究涉及类似类型风险的决策，但这些决策的差异足以在决策者的头脑中被潜在地隔离（Kahneman and Lovallo，1993）。

风险承担是企业创业的一个决定性特征（Zahra，2018；Dess and Lumpkin，2005），研发投资和国际化都涉及风险承担，企业通常需要利用这些风险来建立一个平衡的风险投资组合。此外，研发和国际化都依赖于涉及新市场、新产品和新供应来源的新组合（Schumpeter，1934）；研发和国际化之间的互动也是企业性的。事实上，企业经常依靠研发活动为国外开发新产品，国际化也可以帮助企业获得和/或积累物质、人力和知识资源，用来进一步支持研发活动。

然而，尽管研发投资和国际化都是企业创业中风险决策组合的一个组成部分，但对其中一个的投资并不能要求对另一个的投资。尽管如此，这两个决策通常应该作为一个整体而不是单独地做出，以此来增加回报和/或降低风险。

一、民营中小企业的风险管理

由于民营中小企业通常对经济和非经济绩效表现为风险规避的，因此与非民营中小企业相比，民营中小企业的决策者更倾向于风险分散战略，以确保企业的生存和维护 SEW（Berrone et al.，2012；Gómez-Mejía et al.，2007；Mishra and McConaughy，1999）。这意味着与非民营中小企业相比，高（低）国际化可能与民营中小企业研发投资水平低（高）相关（Kotlar et al.，2014a）。因此，我们预计风险分散将是首选，因为它可以确保承担适度而不是过度或不足的风险水平。相比之下，非民营中小企业中决策者的自由裁量权可能受到组织官僚主义的限制（Williamson，1996）。换句话说，非民营中小企业的决策者不太可能单方面做出有风险的决定。此外，它们的决策自由度可能进一步受到短期利润考虑和相关评估的限制，而这些评估更注重于单个决策的结果，而不是一系列决策的结果（Strike et al.，2015）。

因此，我们预计风险分散将是民营中小企业参与创业的一个有利的风险管理战略。在非民营中小企业中，决策自由裁量权受到的限制越大（Carney，2005），对管理者的评估就越频繁、越正式（Gómez-Mejía et al.，2001；Williamson，1996），对其短期表现也越重视（Lumpkin and Brigham，2011；Lumpkin et al.，2010），研发投资和国际化决策可能会被单独对待。换言之，民营中小企业比非民营中小企业更有可能宽泛地制定多重风险决策，这意味着研发投资和国际化之间的关系将受到家族参与企业的负面影响（即我们研究中的家族涉入变量）。

假设 12-1：家族涉入会对民营中小企业的国际化和研发投资之间的关系产生负面影响。

二、民营中小企业的绩效期望与风险管理

以往的研究表明民营中小企业的特点是在企业绩效偏离预期的情况下实施战略风险偏好逆转。在这种情况下，研究表明决策者的战略决策和风险承担取决于之前的业绩与期望的比较（Park，2002）。与此相一致的是，经验证据表明民营中小企业在研发投资中承担的风险较小（Kotlar et al.，2014a；Block，2012；Chrisman and Patel，2012），但当业绩低于行业平均水平时，原本规避风险的民营中小企业可能会以增加研发投资、技术收购及国内国际多样化的形式接受更高的风险（Patel and Chrisman，2014；Chrisman and Patel，2012）。这是因为低于期望值的业绩会影响经济和非经济财富，加剧民营中小企业决策者的损失厌恶情绪。

这项研究表明面对较差的企业绩效，民营中小企业决策者可能会更愿意承担风险。因此，我们认为民营中小企业在做出多重战略决策时，可能会存在从风险分散到风险承担的转变，对此至少有两个原因。其一，在业绩较差的情况下，民营中小企业可能会进行战略变革，以缩小与市场竞争对手的业绩差异（Chrisman and Patel，2012；Gómez-Mejía et al.，2007）。由于它们通常厌恶损失，较差的

业绩会将家族所有者的目标转向消除财务业绩损失，这将会保护其经济和非经济财富（Patel and Chrisman，2014）。换言之，民营中小企业决策者愿意通过增加对创业机会的投资来提高企业的总体风险水平。这来源于先前文献的研究。然而，民营中小企业如何综合处理多重风险尚未得到研究。

其二，与非民营中小企业的决策者可能没有足够的权力和权威来做出特殊决策相比，控股家族的控制权赋予了民营中小企业决策者这种能力（Carney，2005）。如前所述，如果某些决策被证明是错误的（Gómez-Mejía et al.，2001），强有力的家族控制以及长期导向可以为决策者提供更大程度的保护。基于这些原因，家族所有者更愿意也更有能力在多个维度承担更高的风险（de Massis et al.，2014b）。

因此，当业绩低于预期时，预计研发投资和国际化之间的关系对民营中小企业来说是正相关的，因为它们会加强其整体的风险承担水平。相比之下，在非民营中小企业中，由于决策者面临相对的短期导向和官僚控制，即使业绩不佳也更有可能采用狭窄框架。换言之，我们的理论预期研发投资和国际化之间的关系将受到家族涉入企业（即我们研究中的家族涉入变量）的正向调节。

假设 12-2：当企业绩效低于预期时，家族涉入会对国际化和研发投资之间的关系产生正向影响。

第三节　民营中小企业决策管理的实证研究

一、样本选取

本章研究用两个样本来检验我们的假设。第一个样本包括 1996~2013 年在标准普尔 1500 指数（美国）上市的制造企业，至少有 5 年的连续信息。此外，我们关注于制造企业，是因为这些企业通常需要依靠高额研发投资和国际化来保持竞争力，因此它们构成了检验我们假设的合适样本。由于在法规和战略上的差异可能对公司的风险决策产生独特的影响，公用事业公司和服务公司被排除在外。本样本中考虑的时间跨度涵盖了"互联网泡沫"和 2008 年金融危机，这两个时期均以剧烈的宏观经济波动为特征。因此，关于企业绩效的动态模式以及产业环境，观察结果应该有着足够的相关变化。

为了确定创始家族及其在公司中的角色，我们研究了 Hoover's、ExecuComp、Fundinguniverse.com、Ancestry.com 公司网站和公司代理声明。我们使用 Hoover's、Fundinguniverse.com 公司网站来确定每家公司的创始人、前任所有者、经理和董事。我们使用 ExecuComp 和 Hoover's 获取 1996~2013 年所有者、经理和董事的姓名。为了验证家族关系，我们使用姓氏匹配、公开代理声明中公布的家族关系等方法进行匹配。与民营中小企业治理相关的指标来自企业年度报告中的相关数据，其他变量来自 Compustat 数据库。由于美国样本中存在一些异常值，我们通过将国际化变量的极值限制在 1% 来对数据进行缩尾处理（Winsorize）。因此，最终样本包括 805 家公司，有 9 919 个公司年度观测值。数据结构本质上是非均衡面板数据。

为了确保我们的分析在不同背景下的稳健性，我们还使用了中国制造企业的样本。选择使用中国和美国的企业样本，是因为两者是世界上最大的两个经济体，但两者的民族文化却明显不同。事实上，美国是一个发达经济体，而中国是一个正在走向发达经济体的转型经济体（Davies and Walters，2004）。与美国盛行的个人主义相比，中国具有高度集体主义的文化（Chen et al.，2005）。因此，中国民营中小企业的决策可能以整个家族的集体利益为导向而非个别家族成员。此外，与美国相比，中国文化具有更高的权力距离（Farh et al.，2007），说明中国民营企业的家族决策权更加明晰。此外，与美国样本相比，中国文化影响下的民营企业具有更高程度的长期导向性（Farh et al.，2007），这直接影响到民营中小企业在分组和制定战略风险决策时使用的时间范围。综上，如果在中美两个不同经济和文化背景的经济体中，我们关于民营中小企业的宽泛框架和非民营中小企业的狭窄框架的理论主张得到验证，那么它们很可能在其他的背景和文化的经济体中依然成立。此外，由于美国和中国经济的重要性，我们发现理论在这两种经济社会背景中若成立，其本身就具有重要意义。

中国样本包括 2012~2017 年在中国创业板市场上市的公司，整个期间都有连续的信息。创业板被称为"中国的纳斯达克"，与主要由国有企业组成的主板相比，创业板持有的民营中小企业比例更高（Huang et al.，2016）。截至 2017 年底，中国有 700 家公司在创业板市场上市。同样，由于前文所述原因，公用事业公司和服务公司被排除在外，从而将样本规模减小到 350 家上市制造业公司。我们将重点放在 2012~2017 年，这是由于企业年度研发支出数据是在 2012 年开始首次发布的。公司治理数据（创始人、股东和家族关系）来自于公开新闻报道、公司代理声明和公司官网，其他所有数据来自 CSMAR 数据库，该数据库是中国目前最全面、最可靠的上市公司数据库。最终的中国样本包括 251 家上市公司，966 个公司年度观察值。尽管数据结构本质上也是非均衡面板数据，但中国样本没有对数据进行缩尾处理。

我们使用相同的测量方法对美国和中国样本的民营中小企业进行分类。此外，在两个样本中测量的因变量、自变量和控制变量的测量方法也是完全相同的。我们对两个样本都使用了两位数的行业代码（美国样本使用 SIC2，中国样本使用 C2）。两个样本数据分析的唯一区别在于工具变量的选择；我们在美国样本中使用了三个工具变量，在中国样品中使用了两个，这主要是由于用于美国样本的工具变量中有一个数据在中国数据样本中不可得。

二、变量测量

假设 12-1 使用整个样本进行检验。为了确保因果关系的方向，在假设的主要检验中使用了因变量（时间 t）和其他变量（时间 $t-1$）之间的一年的滞后期。为了确保时间收缩的偏差不会影响我们的结果，我们还进行了无滞后回归，以代表同时而非连续做出的决策状态。此外，我们还检验了替换核心变量的不同测度来检验其稳健性。

研发投资。该变量是因变量，通过研发费用与总销售额的比率来衡量。该变量是经过行业平均值调整后所得到的。以下是相关变量与测度。

民营中小企业。文献根据家族参与企业的情况和家族如何受益于家族的愿景来定义民营中小企业，可能跨越几代人（Chua et al.，1999）。与这一定义相一致，我们通过编码为 0 或 1 的二元变量来表征企业属性，具体地，当公司拥有至少 5% 的家族所有权，并且至少有两名家族成员是或曾经是公司历史上的所有者、高级经理或董事时，我们认为该企业属于民营企业范畴，编码为 1（Miller et al.，2007）；不符合这些条件的企业被视为非民营企业，编码为 0。这一指标表明多个家族成员参与（或曾经参与）公司，这可能存在家族内部的继任意向。这一指标也将民营中小企业与独创企业区分开来（Cannella et al.，2015；Miller et al.，2007）。根据定义，独创企业从未有多个家族成员参与进来，而非家族控股企业的主要所有者既不是家族成员也不是创始人。

国际化。国际化是通过企业的国际销售额占总销售额的比例来进行衡量的（Fang et al.，2018；Gómez-Mejía et al.，2010）。这个变量也是经过行业平均值进行调整后得到的。

绩效期望。企业在激烈的市场竞争中通常以超越竞争对手业绩作为自身业绩的期望水平，所以我们根据两位数的行业代码计算焦点企业所在行业的平均绩效水平（Kotlar et al.，2014a；Chrisman and Patel，2012）。然后，通过计算企业在时间 $t-1$ 的投资回报率，并与其所在行业在时间 $t-2$ 的平均投资回报率之间的差值计算，来确定焦点企业是否处于低于预期绩效（performance below aspiration，PBA）的状态。然后，我们根据业绩是高于还是低于期望水平来划分样本，并仅使用业绩低于期望值的公司年度观测值来检验假设 12-2。

控制变量。本章研究选取以下控制变量，因为它们对公司行为具有潜在影响。第一，我们使用单独一个创始人创办并拥有至少持有 5%的所有权的测量来衡量单一创始人企业这一变量，此类企业与其他家族参与公司在属性上具有较显著差异（Cannella et al.，2015；Miller et al.，2007），单一创始人企业变量是通过二元变量来衡量的。第二，非家族大股东所有权，主要通过大股东所有权与 $t-1$ 年公司总所有权的比率来衡量，这主要考虑到非家族大股东可能会与家族控股人利益产生冲突的影响（Morck and Steier，2005），因为这部分所有权通常代表了机构或其他非家族投资者的集合。第三，我们控制企业年龄（公司的经营年限）和企业规模（销售额的自然对数，美国样本单位为美元，中国样本单位为人民币），主要原因是这些变量通常会影响企业行为和绩效（Miller et al.，2007；Anderson and Reeb，2003）。第四，为了排除其他战略行动的影响，我们使用广告比率（广告费/销售）、吸收冗余（SGA[①]费用/销售）、工厂和设备更新度（净资产/总资产）、债务融资（债务/总资产）作为控制变量（Chrisman and Patel，2012；Zhang and Rajagopalan，2010；Zhang，2006）。第五，我们使用 Tobin's Q（Chrisman and Patel，2012）来控制企业的以往绩效水平。

三、实证结果分析

在对行业效应进行调整后，美国样本的最高方差膨胀因子（variance inflation factor，VIF）为 1.82，中国样本为 2.66，这表明多重共线性并不是一个主要问题。在纵向数据中，OLS 回归分析可能产生有偏估计。因此，固定效应的纵向回归被用作主要的分析技术，因为 Hausman 检验表明它比随机效应模型更适合两个样本（美国样本：卡方=109.74，$p<0.001$；中国样本：卡方=703.91，$p<0.001$）。为了控制潜在的序列相关性和异方差性，我们还使用了在公司层面上的Huber-White 估计器（Judson and Owen，1999）。对于这两个样本，因变量和其他变量之间采用滞后一期来进行主体检验；为了确保与战略决策是同时做出还是顺序做出的稳健性（Read and Loewenstein，1995），我们还进行了因变量与自变量和控制变量之间无时间期滞后情况下的检验。

（一）控制内生性

为了避免有偏的回归估计结果，我们采用了两种方法来控制内生性。首先，内生性可能源于反向因果关系。为了确保因果关系的方向，在因变量和其他变量之间使用了一年的滞后期。其次，使用 Heckman（1979）的两阶段技术（Gómez-Mejía et al.，2007）。在第一阶段，选择与家族涉入变量高度相关，但

---

① SGA（selling、general、administrative，销售、总务和管理）。

与因变量——研发投资无关的工具变量。

我们在美国样本中使用了三个工具变量。第一个工具变量是家族信托持股，数值 1 表示公司所有者为家族成员的利益持有信托或基金会，数值 0 表示他们没有。家族信托可能是家族所有者跨代愿景的一个信号，但不太可能与研发投资相关。该变量从美国样本的年度代理声明中获得。

第二个工具变量是民营中小企业的行业销售额与所属行业中所有企业销售额的比率（民营中小企业销售额/行业销售额），它与该行业中某个企业是民营中小企业的概率有关，但又与研发投资无关，因为后者是经过行业水平下调整得到的，在以前的研究中也使用了类似的方法来控制内生因素（Amit et al.，2015；Campa and Kedia，2002）。类似地，我们又使用了民营中小企业的广告支出与该行业总广告支出的比率（民营中小企业广告支出/行业广告支出）作为第三个工具变量。

对于中国样本，由于没有关于家族信托这一变量的数据源，我们主要采用了民营中小企业销售额与行业销售额的比值，以及民营中小企业广告支出与行业广告支出的比值作为工具变量。这两个经过行业水平调整后的工具变量与自变量高度相关，但与研发水平变量不相关（Amit et al.，2015）。

我们进一步使用 Heckman 两阶段方法分别对两个样本进行处理，首先估计了一个 Probit 模型，将自变量、控制变量及上述工具变量纳入同一模型进行回归。基于估计结果，计算每个公司年度观测值的逆米尔斯比率，并作为控制变量纳入后续检验模型。

表 12-1 和表 12-2 报告了描述性统计和相关性。在美国样本中，26%的样本是民营中小企业，8%是独创企业。这些数字与其他探讨美国公开交易的独资企业和民营中小企业的研究相当（Miller et al.，2007）。在中国的样本中，27%是民营中小企业，24%是独创企业。此外，与美国样本相比，中国样本中大股东所有权的均值显著更高。这些结果与以下事实一致：与美国相比，中国的上市公司更有可能拥有一个或多个大股东，如创始人、创始家族和其他私人股东。

表 12-1　描述性统计和相关性（美国样本）

变量	均值	标准差	1	2	3	4	5	6	7	8	9	10	11	12	13	14	15
民营中小企业（0/1）	0.26	0.44	1.00														
研发投资	0.04	0.07	−0.15	1.00													
国际化	0.24	1.09	−0.03	0.04	1.00												
独创企业（0/1）	0.08	0.28	−0.18	0.16	0.01	1.00											
股东所有权	2.14	7.59	0.00	−0.02	−0.03	0.06	1.00										
企业年龄	53.99	65.75	−0.02	−0.16	0.02	−0.14	−0.03	1.00									
企业规模	7.30	1.61	−0.09	−0.25	0.05	−0.14	−0.17	0.18	1.00								

续表

变量	均值	标准差	1	2	3	4	5	6	7	8	9	10	11	12	13	14	15
广告比率	0.01	0.03	0.08	−0.05	0.01	0.03	0.06	−0.01	0.06	1.00							
吸收冗余（SGA费用/销售）	0.29	4.26	0.02	0.02	0.00	0.00	0.00	−0.01	−0.07	0.01	1.00						
设备更新度	0.50	0.14	0.08	−0.20	−0.05	0.05	0.07	−0.03	0.07	0.04	0.03	1.00					
债务融资	0.03	0.06	0.03	−0.11	0.01	−0.07	0.00	0.08	0.17	0.01	−0.01	0.09	1.00				
以往绩效（Tobin's Q）	2.20	1.99	−0.06	0.19	−0.02	0.16	0.02	−0.08	−0.11	0.12	0.01	0.06	−0.10	1.00			
家族信托持股	0.33	0.47	0.73	−0.06	−0.03	0.25	0.14	−0.09	−0.16	0.12	0.02	0.07	−0.03	0.01	1.00		
按行业划分的家族企业销售比率	0.17	0.28	0.45	−0.20	−0.04	−0.08	0.00	−0.03	−0.05	0.14	0.02	0.15	0.04	−0.05	0.36	1.00	
按行业划分的家族企业广告比率	0.16	0.33	0.32	−0.18	−0.02	−0.08	−0.02	−0.02	0.02	0.15	0.02	0.07	0.05	−0.04	0.25	0.62	1.00

表12-2　描述性统计和相关性（中国样本）

变量	均值	标准差	1	2	3	4	5	6	7	8	9	10	11	12	13	14
民营中小企业（0/1）	0.27	0.44	1.00													
研发投资	0.05	0.06	0.00	1.00												
国际化	0.07	0.17	0.00	0.08	1.00											
独创企业（0/1）	0.24	0.42	−0.33	0.00	−0.03	1.00										
股东所有权	31.88	24.91	−0.47	−0.08	0.04	−0.13	1.00									
企业年龄	13.52	5.00	−0.02	−0.06	−0.04	−0.02	0.04	1.00								
企业规模	20.89	1.12	−0.11	−0.30	−0.03	0.27	−0.02		1.00							
广告比率	0.01	0.02	0.03	0.04	−0.04	0.02	0.06	−0.05	−0.01	1.00						
非生产费用	0.89	0.16	−0.06	0.03	0.00	0.01	0.00	0.00	−0.11		1.00					
设备更新度	0.29	0.30	0.02	0.02	0.01	0.01	−0.07	−0.02	0.04	−0.02	0.03	1.00				
债务融资	0.66	7.22	0.01	−0.02	−0.03	−0.04	0.00	−0.01	0.07	0.02	−0.09	−0.03	1.00			
以往绩效（Tobin's Q）	3.33	5.89	−0.09	0.00	0.00	−0.02	−0.03	0.00	0.01	0.01	−0.01	−0.01	−0.04	1.00		
按行业划分的家族企业销售比率	0.04	0.03	0.22	−0.07	−0.02	0.12	0.00	−0.03	0.09	−0.02	−0.06	−0.01	0.05	−0.03	1.00	
按行业划分的家族企业广告比率	0.06	0.05	0.21	0.02	0.00	0.00	0.00	0.00	−0.10	−0.05	−0.02	−0.01	0.05	−0.01	0.38	1.00

注：描述性和相关性基于 966 个观察值；并不是所有的变量都会因行业而调整；所有在|0.04|、|0.07|以上的在双尾检验中，分别在 0.05 和 0.01 的水平处显著

　　根据相关表，所有工具变量（美国样本 3 个、中国样本 2 个）与家族涉入变量显著正相关。此外，它们与家族涉入变量的相关性远远高于它们与研发的相关性（表 12-1 和表 12-2）。以上结果表明，工具变量的选择是恰当的。

（二）初步检验

如上所述，我们使用Heckman两阶段方法来部分控制内生性。模型1a和模型1b（分别为表12-3和表12-4）是第一阶段的Probit处理模型，其中民营中小企业的二元变量相对于工具变量和其他控制进行回归。独创公司没有被包括在此次内生性控制范围内，因为该变量的衡量方法恰好与家族涉入变量的测度相互排斥。总体而言，工具变量都与家族涉入变量显著正相关，表明工具的选择是合理的。

表 12-3　固定效应纵向回归分析（美国样本，研发投资为因变量，国际化为自变量）

因变量	民营中小企业	研发投资	国际化	研发投资	研发投资	研发投资
	全样本	全样本	全样本	全样本	低于绩效目标	高于绩效目标
样本	模型 1a	模型 2a	模型 3a	模型 4a	模型 5a	模型 6a
常数	−1.885***	0.016	0.031	0.016	−0.017	0.019
民营中小企业		−0.004†	−0.204**	−0.004†	−0.003	−0.004**
国际化				−0.000 1	0.000 3**	−0.000 02
民营中小企业×国际化				−0.000 1* （假设 12-1）	0.001* （假设 12-2）	−0.000 1
独创企业		−0.002	−0.028	−0.002	0.001	−0.005†
股东所有权	−0.027***	0.000	−0.001	0.000	0.000	0.000
企业年龄	0.001***	0.000 3†	0.002	0.000 3†	0.001**	−0.001***
企业规模	0.001	−0.005***	0.001	−0.005***	−0.004**	0.005**
广告比率	−0.033**	−0.009	0.318	−0.010	0.177	−0.172*
吸收冗余 （SGA 费用/销售）	−1.890**	−0.000 1**	−0.004**	−0.000 1**	−0.000 1*	0.062***
设备更新度	−0.001	0.012	0.036	0.012	0.015*	−0.011
债务融资	−0.108***	−0.003	−0.055	−0.003	−0.008	0.001
以往绩效（Tobin's Q）	0.389**	−0.000 1	−0.008	−0.000 1	−0.001	0.000
逆米尔斯比		0.002*	0.055**	0.002*	0.001	0.000
家族信托控股	2.468***					
按行业划分的民营中小企业销售比率	1.306***					
按行业划分的民营中小企业广告比率	0.258**					
样本量	9 919	9 919	9 919	9 919	5 507	4 412
Within R^2		0.131	0.033	0.131	0.198	0.107
McFadden R^2	0.576					

续表

因变量	民营中小企业	研发投资	国际化	研发投资	研发投资	研发投资
	全样本	全样本	全样本	全样本	低于绩效目标	高于绩效目标
样本	模型 1a	模型 2a	模型 3a	模型 4a	模型 5a	模型 6a
F-统计		50.812^{***}	1.814^{***}	50.823^{***}	43.326^{***}	32.566^{***}
最大似然估计数	2 393.835					

$\dagger p < 0.1$, $^{*}p < 0.05$, $^{**}p < 0.01$, $^{***}p < 0.001$

注：①报告了非标准化的估计系数；②模型 1 中不包括独创企业变量，因为民营中小企业和独创企业是相互排斥的；③通过模型 1a（表 12-3）和模型 1b（表 12-4）计算逆米尔斯比；④国际化的变量是经过行业调整的

表 12-4　固定效应纵向回归分析（中国样本，研发投资为因变量，国际化为自变量）

因变量	民营中小企业	研发投资	国际化	研发投资	研发投资	研发投资
	全样本	全样本	全样本	全样本	低于绩效目标	高于绩效目标
样本	模型 1b	模型 2b	模型 3b	模型 4b	模型 5b	模型 6b
常数	2.951	0.037^{***}	-0.578^{*}	0.038^{***}	0.036^{***}	0.225^{***}
民营中小企业		$-0.000\,9^{*}$	$0.023\,6^{\dagger}$	-0.001^{**}	-0.001^{***}	-0.002
国际化				$0.000\,4^{***}$	$-0.000\,2$	$0.000\,1$
民营中小企业×国际化				$-0.000\,2^{\dagger}$	0.001^{*}	-0.007
独创企业		$0.000\,4^{*}$	0.001	$0.000\,4^{*}$	0.001	0.033^{**}
股东所有权	-0.033^{***}	$0.000\,1^{***}$	0.004	$0.000\,03^{***}$	0.000	$-0.000\,4^{***}$
企业年龄	0.023^{*}	0.001^{**}	-0.017	0.001^{**}	0.001	0.004^{***}
企业规模	-0.103^{**}	$0.000\,1^{\dagger}$	0.035	$0.000\,1$	$0.000\,2^{\dagger}$	-0.011^{***}
广告比率	7.242^{*}	0.007^{***}	-0.840	0.009^{***}	0.010	0.366^{***}
闲置利用（SGA费用/销售）	-0.800^{**}	0.001^{*}	0.068	$0.001^{\dagger}$	0.001^{*}	-0.045^{***}
设备更新度	0.156	$0.000\,2^{\dagger}$	-0.010	$0.000\,2^{\dagger}$	$-0.000\,1^{\dagger}$	0.004
债务融资	0.659^{**}	0.000	-0.108^{*}	0.000	0.001^{***}	-0.004
以往绩效（Tobin's Q）	-0.018	$0.000\,1^{*}$	$0.006^{\dagger}$	$0.000\,1^{**}$	$0.000\,2^{*}$	-0.001^{*}
逆米尔斯比		$-0.000\,2^{*}$	$0.140^{\dagger}$	$-0.000\,4^{***}$	$-0.000\,2^{*}$	-0.008^{***}
按行业划分的民营中小企业销售比率	1.778^{**}					
按行业划分的民营中小企业广告比率	0.562^{**}					
样本量	966	966	966	966	467	499

$\dagger p < 0.1$, $^{*} p < 0.05$, $^{**} p < 0.01$, $^{***} p < 0.001$

注：①报告了非标准化的估计系数；②模型 1 中不包括独创企业变量，因为民营中小企业和独创企业是相互排斥的；③通过模型 1a（表 12-3）和模型 1b（表 12-4）计算逆米尔斯比；④国际化的变量是经过行业调整的

在检验我们的假设之前，我们通过检验美国和中国样本的民营中小企业对研发投资和国际化方面的偏好，来验证我们是否可以复制以前关于民营中小企业风险规避的研究结果。正如模型 2a 和模型 3a（表 12-3）以及模型 2b 和模型 3b（表 12-4）所示，家族涉入变量与研发和国际化都呈负相关关系。这些结果表明，我们的样本与以往探索民营中小企业风险偏好的研究相类似（Chrisman and Patel，2012；Gómez-Mejía et al.，2014，2010）。

（三）主要结果

模型 4a（表 12-3）和模型 4b（表 12-4）分别检验了美国和中国样本的假设 12-1。独立创始人控制在中国样本中显著，但在美国样本中不显著（美国样本：$\beta=-0.002$，$p>0.1$；中国样本：$\beta=0.000\ 4$，$p<0.05$）。与美国文化相比，中国文化中的高权力距离可能会使创始人的影响更加突出。

国际化和家族涉入变量之间的相互作用的估计系数在美国样本中为负且显著（$\beta=-0.000\ 1$，$p<0.05$），在中国样本中为负且不显著（$\beta=-0.000\ 2$，$p<0.1$），假设 12-1 成立。这些发现表明，随着国际化程度的提高（降低），民营中小企业选择通过比非民营中小企业更少（更多）的研发投资来分散风险。换句话说，与民营中小企业相比，非民营中小企业的决策框架为狭窄框架。

如模型 5a 和模型 5b 所示（分别为表 12-3 和表 12-4），假设 12-2 得到成立。国际化和家族涉入变量之间相互作用的估计系数，对两个样本中的绩效低于期望企业都是正向显著影响的（美国样本：$\beta=0.001$，$p<0.05$；中国样本：$\beta=0.001$，$p<0.05$）。

此外，简单斜率检验表明，在业绩低于预期的情况下，民营中小企业与非民营中小企业在估计斜率方面有显著差异（美国样本：斜率差=0.001，t 统计量=1.995，$p<0.05$；中国样本：斜率差=0.001，t 统计量=2.578，$p<0.05$）。总体而言，与非民营中小企业的情况相比，民营中小企业的研发和国际化更有可能相互联系。

（四）稳健性和事后测试

为了确保结果对因变量和自变量的替代规范是稳健的，我们进行了额外的检验。第一，如上所述，除了使用滞后的国际化变量来预测研发投资，我们还测量了同年的国际化和研发投资之间的结果（表 12-5）。两个样本的结果均与我们的初步分析一致。因此，Read 和 Loewenstein（1995）讨论的时间收缩的可能性似乎没有改变总体的结论，即民营中小企业比非民营中小企业更宽泛地制定风险决策。

表 12-5　固定效应纵向回归分析（无时滞）

因变量	研发投资			
	美国样本		中国样本	
样本	全样本	低于绩效目标	全样本	低于绩效目标
常数	0.031^*	$0.027^†$	0.131^*	0.039^{***}
民营中小企业	0.004	0.001	0.018^{***}	0.002^{**}
国际化	−0.000 1	$0.000 2^*$	0.006	−0.000 1
民营中小企业×国际化	$−0.000 1^*$（假设 12-1）	0.001^*（假设 12-2）	$−0.011^{**}$（假设 12-1）	$0.001^†$（假设 12-2）
独创企业	0.005	0.006	−0.002	0.000
股东所有权	0.000	0.000	0.000	$0.000 1^*$
企业年龄	0.001^{**}	0.001^*	0.003^{***}	0.001^{***}
企业规模	$−0.013^{***}$	$−0.010^{***}$	$−0.015^{***}$	−0.000
广告比率	0.118	$0.328^†$	0.238^*	−0.022
吸收冗余（SGA 费用/销售）	$−0.000 2^{***}$	$−0.000 2^{***}$	0.145^{***}	$−0.002^{***}$
设备更新度	0.009	0.001	0.000	0.002
债务融资	0.009	0.001	$−0.015^*$	$−0.002^*$
以往绩效（Tobin's Q）	$−0.002^{***}$	$−0.003^{***}$	0.000	0.000
逆米尔斯比	$−0.005^{***}$	$−0.004^{***}$	−0.005	0.001^{***}
样本量	9 919	5 507	966	467
Within R^2	0.132	0.198	0.083	0.111
F-统计	50.345^{***}	43.987^{***}	22.365^{***}	2.149^{***}

$†p < 0.1$, $^*p < 0.05$, $^{**}p < 0.01$, $^{***}p < 0.001$

注：①报告了非标准化的估计系数；②模型 1 中不包括独创企业变量，因为民营中小企业和独创公司是相互排斥的；③由模型 1a（表 12-3）和模型 1b（表 12-4）计算逆米尔斯比；④国际化的变量是经过行业调整的

　　第二，我们在对民营中小企业进行分类时使用了两个可供选择的标准。对于两个样本（表 12-6、表 12-7），我们分别扩展使用 10% 和 20% 的家族所有权水平，以及至少有两名家族成员参与公司来作为民营企业衡量方法的替代方式，所

有的检验结果都与我们的主要结果是一致的。

表 12-6 固定效应纵向回归分析（替代民营中小企业测度方法，美国样本）

因变量	研发投资			
样本	全样本	全样本	低于绩效目标	低于绩效目标
	10%的所有权	20%的所有权	10%的所有权	20%的所有权
常数	0.016	0.016	−0.017	−0.015
民营中小企业	−0.004	−0.005*	−0.003	−0.006*
国际化	0.000	−0.000 02	0.000 3**	0.000 3**
民营中小企业×国际化	−0.000 1*（假设 12-1）	−0.000 1†（假设 12-1）	0.001*（假设 12-2）	0.002†（假设 12-2）
独创企业	−0.002	−0.002	0.001	0.001
股东所有权	0.000	0.000	0.000	0.000
企业年龄	0.000 3	0.000 3†	0.001**	0.001**
企业规模	−0.005***	−0.005***	−0.004**	−0.004**
广告比率	−0.010	−0.010	0.178	0.180
吸收冗余（SGA 费用/销售）	−0.000 1**	−0.000 1**	−0.000*	−0.000 4*
债务融资	0.012	0.012	0.015*	0.015*
设备更新度	−0.003	−0.003	−0.008	−0.008
以往绩效（Tobin's Q）	0.000	0.000	−0.001	−0.001
逆米尔斯比	0.001†	0.002†	0.001	0.001†
样本量	9 919	9 919	5 507	5 507
Within R^2	0.131	0.131	0.197	0.198
F-统计	50.821***	50.833***	43.329***	43.380***

†$p < 0.1$，*$p < 0.05$，**$p < 0.01$，***$p < 0.001$

注：①报告了非标准化的估计系数；②模型 1 中不包括独创企业变量，因为民营中小企业和独创公司是相互排斥的；③由模型 1a（表 12-3）和模型 1b（表 12-4）计算逆米尔斯比；④国际化的变量是经过行业调整的

表 12-7　固定效应纵向回归分析（替代民营中小企业测度方法，中国样本）

因变量	研发投资			
样本	全样本	全样本	低于绩效目标	低于绩效目标
	10%的所有权	20%的所有权	10%的所有权	20%的所有权
常数	0.034***	0.038***	0.036***	0.036***
民营中小企业	−0.001**	−0.000 4***	−0.001***	−0.000 4***
国际化	0.001***	0.001***	0.000 2	0.000 2†
民营中小企业×国际化	−0.000 1† （假设 12-1）	−0.000 3† （假设 12-1）	0.001† （假设 12-2）	0.000 3† （假设 12-2）
独创企业	0.000 3*	0.001*	0.001†	0.001†
股东所有权	0.000 1***	0.000 1***	0.000	0.000
企业年龄	0.001**	0.001**	0.001*	0.001
企业规模	0.000	0.000	0.000	0.000 2*
广告比率	0.009***	0.009***	0.012†	0.011
吸收冗余 （SGA 费用/销售）	0.001*	0.001†	0.001*	0.001*
债务融资	0.000	0.000 2†	0.000	0.000
设备更新度	0.000 3†	0.000	0.001***	0.001**
以往绩效（Tobin's Q）	0.000 1**	0.000 1**	0.000 2**	0.000 2**
逆米尔斯比	−0.000 4***	−0.000 4***	−0.000 2†	−0.000 2†
样本量	966	966	467	467
Within R^2	0.083	0.083	0.110	0.110
F-统计	4.447***	4.424***	2.603***	2.565***

†$p < 0.10$，*$p < 0.05$，**$p < 0.01$，***$p < 0.001$

注：①报告了非标准化的估计系数；②模型 1 中不包括独创企业变量，因为民营中小企业和独创公司是相互排斥的；③由模型 1a（表 12-3）和模型 1b（表 12-4）计算逆米尔斯比；④国际化的变量是经过行业调整的

　　第三，考虑到 $t-1$ 时期的研发投资可能会影响 t 时期的国际化。正如 t 或 $t-1$ 时期的国际化可能会影响 t 时期的研发投资一样。我们以国际化为因变量，以滞后的研发投资为自变量进行回归（表 12-8）。尽管对于业绩低于预期的美国样本来说，民营中小企业和国际化之间交互作用的估计系数并不显著。但总体而言，这里的结果与初步分析基本一致。

表 12-8　固定效应纵向回归分析（国际化为因变量，研发投资为自变量）

因变量	国际化			
	美国样本		中国样本	
	全样本	低于绩效目标	全样本	低于绩效目标
常数	0.542	−0.023	−0.601	−2.359**
民营中小企业	−3.053***	−0.068	0.010	−0.052**
研发投资	1.645	−0.055	0.392*	−0.104
民营中小企业×研发投资	−15.292**（假设 12-1）	0.043（假设 12-2）	−0.469†（假设 12-1）	0.362†（假设 12-2）
独创企业	−0.212	0.074	−0.002	−0.000 3
股东所有权	0.000	−0.002	0.004	0.004
企业年龄	0.000	−0.001	−0.017	0.017
企业规模	0.447†	0.009	0.038†	0.096†
广告比率	−0.540	0.748	−0.907	5.742**
吸收冗余（SGA 费用/销售）	0.005	−0.003*	0.038	0.146*
债务融资	−1.744	−0.076	−0.009	−0.002
设备更新度	0.574	0.182	−0.105†	−0.148
以往绩效（Tobin's Q）	0.118*	−0.010†	0.005†	0.013**
逆米尔斯比	1.461***	−0.039	0.140†	0.132†
样本量	9 919	5 507	966	467
Within R^2	0.031	0.030	0.312	0.288
F-统计	1.822***	1.531***	5.606***	4.624***

†$p < 0.1$，*$p < 0.05$，**$p < 0.01$，***$p < 0.001$

注：①报告了非标准化的估计系数；②模型 1 中不包括独创企业变量，因为民营中小企业和独创公司是相互排斥的；③由模型 1a（表 12-3）和模型 1b（表 12-4）计算逆米尔斯比；④国际化的变量是经过行业调整的

第四，为了确保国际化和研发之间的关系不仅仅是我们选择变量的人为因素，我们用债务融资代替国际化，再次进行分析（表 12-9）。结果与初步分析一致，尽管美国样本的假设 12-1 系数处于预期方向，但并不显著。

表 12-9　固定效应纵向回归分析（研发投资为因变量，债务融资为自变量）

因变量	研发投资			
	美国样本		中国样本	
	全样本	低于绩效目标	全样本	低于绩效目标
常数	0.016	−0.018	0.035***	−0.099
民营中小企业	−0.004†	−0.003	−0.001***	−0.001
债务融资	−0.009†	−0.025***	−0.001	−0.045**
民营中小企业×债务融资	−0.002（假设 12-1）	0.029†（假设 12-2）	−0.001***（假设 12-1）	0.059***（假设 12-2）
独创企业	−0.002	0.001	0.000 3†	−0.021*
股东所有权	0.000	0.000	0.000 1***	0.000 2
企业年龄	0.000 3†	0.001**	0.001*	−0.002*
企业规模	−0.005***	−0.004**	0.000 2	0.005
广告比率	−0.010	0.175	0.008***	−0.128
吸收冗余（SGA 费用/销售）	−0.000 1**	−0.000 1**	0.001	0.033
设备更新度	0.012	0.015*	0.000 3†	0.002
以往绩效（Tobin's Q）	0.000	−0.001	0.000 2**	−0.001
逆米尔斯比	0.002*	0.001	−0.000 3*	0.002†
样本量	9 919	5 507	966	467
Within R^2	0.131	0.198	0.086	0.113
F-统计	50.891***	43.401***	4.513***	8.894***

†$p < 0.1$，*$p < 0.05$，**$p < 0.01$，***$p < 0.001$

注：①报告了非标准化的估计系数；②模型 1 中不包括独创企业变量，因为民营中小企业和独创公司是相互排斥的；③由模型 1a（表 12-3）和模型 1b（表 12-4）计算逆米尔斯比；④国际化的变量是经过行业调整的

　　第五，我们重新分析了美国样本，但没有对数据进行缩尾整理，结果与初步结果一致。

　　第六，尽管我们假设了风险决策之间的线性关系，但不能排除这些关系是非线性的可能性。因此，我们通过包含国际化的平方项来检验这种可能性。我们的研究结果表明，国际化的平方项以及它与其他变量的交互作用在两个样本中都不显著，进一步证实了本章内容中所发现的线性关系。

第四节　民营中小企业数智化决策的结果讨论和管理启示

一、主要研究结论

本章内容研究了民营中小企业在多重风险决策中的风险偏好。我们假设并发现民营中小企业倾向于使用风险分散策略，其国际化决策比非民营中小企业更容易受到研发投资决策的影响。我们还发现，当业绩低于预期时，研发投资与国际化正相关。这意味着民营中小企业倾向于从风险分散的战略转向更集中的、跨越多重风险决策的风险承担战略。相比之下，非民营中小企业的决策似乎更容易受到狭窄框架的影响，并且相对于民营中小企业，它们更倾向于单独做出风险决策。下面讨论我们研究的意义和局限性。

二、理论意义

前景理论认为，组织可能在"损失"情景下承担风险，而在"收益"的情况下会规避风险（Greve，2008）。这一理论视角已被管理领域广泛接受，在文献中主要用于探索组织风险偏好。尽管组织需要平衡和管理多个决策的风险，但大多数研究都是单独分析风险的。正如我们在本章内容中强调的，在前景理论的应用中还应该认识到企业应对多重风险决策，且民营中小企业与非民营中小企业应对多重风险决策的方式是不同的。狭窄框架提供了一个理论视角来帮助解释这种差异。

（一）狭窄框架下民营中小企业风险偏好

人们普遍认为，民营中小企业管理风险决策的方式不同于非民营中小企业（Gómez-Mejía et al.，2007）。该文献声称，民营中小企业面临一场"混合赌博"，因为家族所有者和管理者往往需要平衡风险决策对当前和未来经济与非经济禀赋的影响（Kotlar et al.，2018；Gómez-Mejía et al.，2014；Martin et al.，2013）。然而，以往的研究没有充分认识到民营中小企业与非民营中小企业一样，经常需要管理企业在创业中的多重风险决策。我们研究的主要意义在于，民营中小企业在考虑多重风险决策时更有可能使用宽泛框架，而非民营中小企业更有可能单独地对待风险决策，即采用狭窄框架。非民营中小企业的狭窄框架可能源于决策评估的方式、决策评估的频率、短期关注及决策者更有限的自由裁量权。相比之下，民营中小企业的所有者和管理者拥有更大的自由裁量权（de Massis et al.，2020；Carney，2005），不太可能被追究个人决策失误的责任，而且被评估的频率也较低，这与民营中小企业的长期导向一致（Strike et al.，2015；Chrisman and Patel，2012）。民营中小企业治理的这些方面很可能倾向于鼓励群体决策而非单独做出风险决策。

然而，要验证民营中小企业比非民营中小企业更不容易受到狭窄框架效应的影响，还需要更多研究工作的支持。在此过程中需要更多地关注多元战略风险的管理决策，而不是单一的风险决策。这种研究可能会产生一些新的研究启示。例如，通过考虑多重风险决策，我们能够得出这样的结论：当国际化程度高导致风险高时，民营中小企业比非民营中小企业更有可能表现出较低的研发投资；当国际化程度低导致风险低时，有可能表现出较高的研发投资。此外，先前的研究表明当业绩低于预期时，民营中小企业会寻求风险；我们的研究结果表明更准确的假设是，当业绩低于预期时，民营中小企业倾向于从风险分散战略转向更一致的风险承担模式。一般来说，这将导致更高的研发和国际化水平，由于不同的目标（经济和非经济）组合和背景可能是这种决策的决定性因素，也有可能出现较低的研发和国际化水平。

此外，正如 Read 和 Loewenstein（1995）及 Read 等（1999）所指出的，风险决策可能会受到时间收缩的影响，因为决策者经常压缩时间间隔，并将长间隔视为短间隔。时间收缩可以被概念化为狭窄框架的一种特殊形式，但更强调时间维度。虽然我们目前没有发现任何证据表明时间收缩会影响民营中小企业与非民营中小企业的相对投资水平，但未来的研究可进一步探索时间收缩是否以及何时影响民营中小企业的风险决策。

（二）作为认知启发式的长期导向

虽然以前的研究通常关注民营中小企业中长期导向（long-term orientation，LTO）的时间影响（Diaz-Moriana et al.，2020；Strike et al.，2015；Lumpkin and Brigham，2011；Lumpkin et al.，2010），但这项研究将更多地关注其作为认知启发式的属性。考虑到许多风险决策是即时做出的，共享 LTO 可能有助于家族企业决策者得出内部一致的结论，因为决策者因地理距离或其他因素而分开造成的信息共享更加困难。另一个值得探索的可能性是，与非民营中小企业相比，共享共识可以帮助民营中小企业更快地做出决策，特别是在面临可能导致组织僵化的外部威胁时（Staw et al.，1981）。

（三）民营中小企业中的家族控制与风险决策

民营中小企业区别于非民营中小企业的一个决定性特征是所有权和管理权的统一（Chrisman et al.，2015a；de Massis et al.，2014b；Chua et al.，1999）。正如 Carney（2005）所指出的，这种统一使得民营中小企业决策者在管理权限上受到的内部限制比其他治理模式要少。有趣的是，Strike 等（2015）和 de Massis 等（2020）证明了家族 CEO 的自由裁量权可以导致更高或更低的风险承担。然而，正如 Gómez-Mejía 等（2001）所表明的那样，除非彻底失败，否则这些举措的结果对家族管理者来说可能不那么重要，因为当公司业绩下降时，对他们的职位的威胁程度要低于非民营中小企业的典型情况。综上所述，虽然管理阶层固化的负面内涵是众所周知的，但潜在的积极方面，如更宽泛地制定风险决策的自由，尚未得到充分考虑。我们基于这一观点，认为民营中小企业可能更擅长风险管理。未来如构建一个更加综合性的民营中小企业行为研究框架可能能够对民营中小企业在其他方面管理的优势或劣势进行更深入的刻画，包括平衡多个利益相关者群体的权力主张（Zellweger and Nason，2008）、利用资源构建有价值统一体（Carnes and Ireland，2013；Sirmon and Hitt，2003）、完善促进知识组合和机会识别的惯例（Patel and Fiet，2011；Cabrera-Suárez et al.，2001）等。

（四）民营中小企业创业管理中的新问题

公司创业是"一个人或一群人与一个现有的组织联合起来，创建一个新的组织或在该组织内推动更新或创新的过程"（Sharma and Chrisman，1999）。公司创业对民营中小企业尤为重要，不仅因为它可以帮助家族所有者增强企业活力，还因为它可以与代际传承相结合，即喜欢新经营方式的下一代家族成员担任领导职务或主动在外部创办自己的新企业（Ramírez-Pasillas et al.，2020；Duran et al.，2016；Strike et al.，2015；Cruz and Nordqvist，2012；Zellweger et al.，2012；Zahra，2005）。

根据定义，风险是企业创业的一部分，因为创建新企业和/或更新现有企业需要一些风险（Lumpkin and Dess，1996）。认识到组织中多重风险决策或风险组合的存在，可能会对民营中小企业中的企业创业产生新的认识。例如，如果民营中小企业确实不容易受到狭窄框架的影响，那么民营中小企业决策者可能更有能力平衡创业举措，以降低整体风险（Casillas et al.，2010），而不是放弃创业机会。因此，声称民营中小企业比非民营中小企业承担更多或更少的风险可能会掩盖两类企业管理风险方式的差异。同样地，使用单一的风险维度（如研发或国际化）来衡量企业创业也是有问题的。因此，多重风险的存在表明采取更全面的研究方法，来考虑同时进行的和先前的创业活动的相互作用，可能会更准确地描述民营中小企业和非民营中小企业如何管理公司创业。正如 Thaler 和 Johnson（1990）所指出的，先前的结果会对风险选择产生重大的影响。同样地，我们的研究表明，民营中小企业可能更倾向于将个人举措作为一揽子举措的一部分来考虑，这可能会导致它们做出更好的战略选择。

三、局限性和未来研究

当然，本章内容并非没有局限性。首先，我们的样本涉及美国和中国的上市公司。我们选择使用来自两个不同经济体的样本，以帮助确保我们结果的稳健性。然而，这需要在其他地理区域的新创建的中小型和/或私有企业或组织中来复刻这项研究。此外，与过去研究（Park，2002）所关注的先前绩效和风险承担之间的联系一致，我们发现在企业创业过程中，民营中小企业往往表现出从分散风险到承担风险的转变，同时做出多重战略决策。虽然，我们关注研发投资和国际化两者的关系作为本书研究内容，因为这两者都涉及在企业成长中非常重要的资源的战略配置，但未来还需要研究探索其他风险决策之间的关系。

此外，我们依赖于某些结构（长期定位、强大的家族控制等）。假设民营中小企业比非民营中小企业参与更宽泛的风险决策框架。虽然这些结构通常用于区分民营中小企业和非民营中小企业，但在文献中（Berrone et al.，2012；Chua et al.，1999）使用的方法并没有梳理出哪一个（些）是真正驱动因果关系的因素。未来的研究可以探索民营中小企业宽泛框架的驱动因素。虽然我们基于以前的业绩考虑了民营中小企业之间的差异，但我们没有充分挖掘民营中小企业之间丰富的异质性来源（如掌权的一代人，涉及所有权和管理的治理结构、专业化程度、SEW 的重要性等）或民营中小企业决策者之间的差异（如职业动机、培训、经验、个人特征等），以上因素均可能会影响研究框架（de Massis et al.，2020；Ramírez-Pasillas et al.，2020；Strike et al.，2015）。未来的研究还需要比较不同类型的民营中小企业，并确定这些差异如何影响风险管理策略。

本章内容提供了一个基于前景理论的狭窄框架视角，以拓展关于民营中小企业的多重决策（而不是单一决策）风险偏好的现有知识体系。我们发现，与非民营中小企业相比，民营中小企业的决策不太可能被狭窄框架决定，而更有可能作为一个群体决策做出。具体来说，我们研究了两项风险决策（国际化和研发投资）之间的相互作用，发现在公司创业领域内，民营中小企业比非民营中小企业做出的多重决策更能分散风险。然而，在业绩不佳的情况下，民营中小企业的跨多重决策的风险承担与企业绩效之间是正相关的。因此，我们的研究应用了一个未充分利用的视角（即狭窄框架），并说明了多重风险决策（国际化和研发投资）如何与绩效期望产生关联性，从而推进了民营中小企业和非民营中小企业风险偏好的理论研究。

第十三章 绩效反馈下的中小企业创新管理决策优化研究

随着云计算、大数据等数智技术的普遍发展，数字化、智能化的新兴技术逐渐应用于组织决策的全过程，决策者的信息处理能力得到了极大的提升。作为组织决策过程中的重要工具，数智技术的发展扩大了决策者的信息搜索范围，提高了信息处理效率并降低了信息搜寻成本，从而为决策者判断市场需求变化以及组织的战略决策行为提供了重要指导。然而，数智技术作为协助决策者处理复杂信息的辅助工具，无法从本质上替代决策者的管理思维。因此，我们需要探究在数字化、智能化技术工具的辅助下，组织决策者面对大量数字化的企业绩效报表、市场竞争报告、企业利益相关者诉求等复杂信息的情况下，究竟如何做出有效的创新管理决策？20 世纪 90 年代以来，逐步发展完善的组织绩效反馈理论对此给出了一个非常契合的理论解释框架，即管理者会根据以往的管理绩效是否达成相关管理目标来做出新的战略决策行为，以此形成组织的动态能力。该理论值得国内学者给予更多的关注。

组织绩效反馈理论的核心概念是组织决策者由于受到有限理性的约束，需要设置若干管理绩效的期望参考点来对已实施组织战略的有效性进行评价，并在此基础上做出新一轮的战略决策行为。我们可以简单地将上述概念切分为以下三个阶段：①根据组织管理目标设定期望参考点；②将组织绩效与期望参考点进行对标；③根据对标结果做出新的战略决策。其中，期望参考点的选择与组织目标直接关联，其中财务性指标是最受企业关注的期望参考点，这也很好地还原了企业决策者依据财务报表对下一期企业战略设定或调整的管理场景，所以被广泛接受。同时，组织绩效反馈源主要可分为对标组织自身以往的绩效水平（历史绩效反馈）和对标组织外部竞争对手的平均绩效水平（社会绩效反馈），这完美地将组织内外部两方面反馈机制融合在一致的分析框架之中。绩效对标的结果对管理者做出战略决策产生影响，目前最为经典的划分方法是绩效达成（正反馈）和绩效未达成（负反馈）的两分法。当然，组织绩效反馈理论中最为有趣的是对于组织战略变革的解释，即管理决策者在组织绩效未达到预期的情况下，会增加其风险耐受程度并做出高风险的战略变革决策行为，以期扭转负面绩效现状并实现"管理问题"的解决，这恰与中国传统哲学中的"穷则思变"理念不谋而合。

近年来，组织绩效反馈理论的最新发展趋势显示出强烈的从"单一"转向"多元"的特征，值得学界引起更多关注，这也从另一个侧面说明其强大的理论创新力和多样应用性。首先，更多研究突破了将财务指标作为单一参考点，开始基于企业管理目标的多样性特征选择更为独特的绩效参考指标，这大大增加了基于企业异质性特征（如家族企业、创业企业、国有企业等）的研究深度。其次，绩效反馈的方式也开始突破正/负两分法的设定，有更多研究选择尝试非线性、非两极化的反馈方式，实际上也反映了不同管理者特质、不同组织场景、不同环境要素等对绩效反馈影响结果的多样性。最后，随着与战略管理、创业管理、创新管理、企业国际化等众多理论方向的交叉融合，组织绩效反馈理论被应用在了更多元化、复杂化的情境条件之下，主要包括组织资源禀赋、组织结构特征、决策者个体特质、宏观政策及市场变化、创新网络、上下游利益相关者等方面。目前，特殊情境下的组织绩效反馈与战略决策行为研究已经形成了一些基本研究框架，有助于研究者更好地解释企业面对动态竞争环境所展现出的不同战略应对过程。

本章内容首先回顾了组织绩效反馈理论的基础理论发展过程，其次在此基础上对近十年来发表在管理学国际权威期刊上有关组织绩效反馈理论的 117 篇文献开展了文献计量分析和深度阅读整理，对该理论的最新发展趋势给予解读，最后提出在中国情境下应用和发展组织绩效反馈理论的主要方向和关键内容。

第一节　组织绩效反馈理论的理论发展和基本框架

一、理论发展脉络

组织绩效反馈理论源起于企业行为理论（behavioral theory of the firm，BTOF）的基本观点，国内外学者大都会追溯至 March 和 Simon（1958）提出的"管理者有限理性"和"组织满意决策"两个经济学概念，其内涵是有限理性的管理者为了简化信息而将过去绩效划分为成功和失败的二元结果，并据此来制定未来的战略决策（Cyert and March，1963）。由此逐步演化出的通过设定特定的管理期望作为绩效反馈源的模型方法，相比之前的理论研究，更加清晰地揭示了组织衡量成功与失败的评估方式。同时，组织绩效反馈理论也融合了组织学习理论和社会比较理论的观点，将企业根据自身过去的绩效水平制定的绩效基准称为历史期望（historical aspiration），将企业来源于社会同类企业的绩效目标称为社会期望或行业期望（social aspiration）。此外，组织绩效反馈理论包含两个核心观点，即当绩效满足期望水平时，企业为了保持满意决策会倾向于延续过去的战略行为，这也符合组织对风险规避（risk averse）的常规反应；当其绩效未达成预期期望时，企业为了改善绩效困境或重塑竞争优势而选择战略变革，战略决策行为会表现出更高的风险承受水平（Greve，1998）。为了解释企业制定变革型战略决策的"诊断"过程，组织绩效反馈理论提出了问题搜索（problemistic search）和冗余搜索（slack search）的过程机制（Greve，2003a，1998）。问题搜索可被视为企业为了扭转绩效不佳而进行的解决方案的挑选，即"需要做什么"；冗余搜索是企业对组织内外部可用于新的战略决策活动的可调配资源，即"能够做什么"。由此形成了组织绩效反馈理论的逻辑过程和基本框架：设定绩效期望、评估实际绩效、形成决策方案、匹配组织资源和制定战略决策，并且这一基本流程总是表现为连续的动态循环过程。

为了补充组织绩效反馈模型在个体层面的成因，Kahneman 和 Tversky（1979）从前景理论的视角对决策者的风险认识这一更微观的层面进行剖析。以往风险决策领域的学者一直坚持个体表现为风险厌恶和风险规避的观点，但前景理论却假设决策者表现为损失厌恶（loss aversion），并且个体对于损失的厌恶程度大于其对风险的厌恶。因此，当绩效低于期望时（即期望落差），决策者会为了避免未来的损失而改变过去的战略并愿意承担更高的风险；当绩效高于期望时（即期望顺差），决策者会为了保证未来稳定的收益而选择坚持原有的战略行为。这一假设随即得到验证，研究发现收益水平与风险承受意愿呈现为显著负向关系。上述学者关于组织绩效反馈研究的理论拓展为后续针对企业在损失前景（loss prospect）和获益前景（gain prospect）下的风险决策研究奠定了重要的理论基础。

基于企业行为理论和前景理论的观点，以 Greve 为代表的著名学者致力于设计组织期望的测度方式及探讨绩效反馈对战略决策的影响结果，该模型的有效性在大量企业战略管理的研究主题中得到了验证，包括了组织变革（Greve，1998）、研发投入（Chrisman and Patel，2012；Chen and Miller，2007；Greve，2003）、联盟合作（Baum et al.，2005）、资本投资（Audia and Greve，2006）、不当与违法行为（Harris and Bromiley，2007）、收购行为（Iyer and Miller，2008）、兼并行为（Kim et al.，2011）、规模增长（Greve，2008）、集群创新驱动（苏依依和周长辉，2008）等（图 13-1）。这一期间内，相关文献的研究均基于组织整体以财务绩效为主要目标的假设以解释期望差距与战略变革的因果关系，其理论基础也局限于企业行为理论和前景理论（李溪等，2015）。

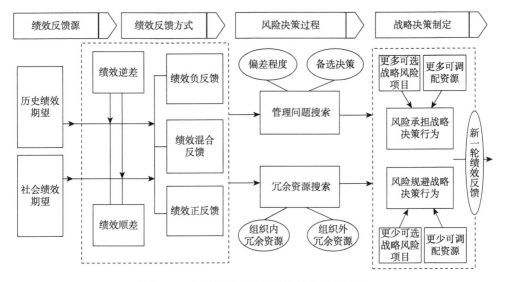

图 13-1　组织绩效反馈理论的基本理论框架

二、理论发展

近年来，组织绩效反馈的文献频繁被发表在管理学国际权威期刊，学者广泛地融合了资源依赖理论、竞合理论、威胁刚性理论、利益相关者理论、社会网络理论等多个视角，研究范围大幅度增加，相关成果取得了极大的丰富化（Nason et al.，2018；Kim et al.，2015；Gavetti et al.，2012）。为了探究国外组织绩效反馈领域研究的前沿主题，本章内容以"aspiration""performance feedback"等为关键词在 Web of Science 数据库中展开全面检索，收集了 2000~2019 年发表在国际顶级期刊的相关主题文献共 117 篇，期刊来源主要依据 Dallas 24 期刊列表中的管理学权威期刊，包括 *Academy of Management Journal*（管理学学会期刊，AMJ）、*Academy of Management Review*（管理学学会评论，AMR）、*Administrative Science Quarterly*（管理科学季刊，ASQ）、*Strategic Management Journal*（战略管理期刊，SMJ）、*Management Science*（管理科学，MS）、*Organization Science*（组织科学，OS），并结合研究主题选择两本创业管理领域的权威期刊 *Entrepreneurship Theory and Practice*（创业理论与实践，ETP）和 *Journal of Business Venturing*（商业风险杂志，JBV）。本章内容利用 CiteSpace 软件对以上检索得到的文献进行共被引分析来展示组织绩效反馈理论在国外学术圈的最新研究进展，并利用关键词聚类分析来呈现该理论演化出的细分领域及其研究内容。

为了更好地展示组织绩效反馈领域的研究进展和关注点演化，本章内容主要将文献分析期间分为两个时间段：2000~2009 年[图 13-2（a）]，2010~2019 年[图 13-2（b）]。

（a）2000~2009 年组织绩效反馈研究的关键词聚类图谱

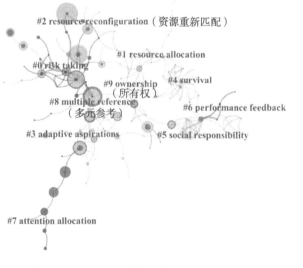

（b）2010~2019 年组织绩效反馈研究的关键词聚类图谱

图 13-2　组织绩效反馈研究的关键词聚类图谱

基于第一时间阶段的知识图谱分析可以看到，问题式搜索（#3 problemistic search）、组织变革（#4 organizational evolution）及组织学习（#0 organizational learning）是组织绩效反馈理论最为关注的核心内容，盈利压力（#6 earnings pressure）和风险承受意愿（#2 risk taking）被大量引入绩效反馈的中间过程分析之中。当然，基于财务指标或整体利益（#7 profitability）的组织期望（#1 organizational aspiration）在这一阶段的研究中仍占据主导。

第二时间阶段的知识图谱分析展现了许多新的研究关注点，多元参考（#8 multiple reference）和动态反馈（#3 adaptive aspirations）已然成为核心内容。首先，组织的非财务目标受到越来越多的关注，并且已经细分成为更微观指标，如社会责任（#5 social responsibility）绩效成为该领域的热点主题。其次，组织决策的参考点也不只是局限于历史期望和社会期望两方面，而是如生存点（#4 survival）（Hu et al.，2021）、绩优点（success point）（Harris and Bromiley，2007）等被引入解释决策者的战略决策行为之中。此外，关于组织绩效反馈的复杂形成机制及其对决策过程的影响结果，最新研究更多选择了决策者注意力分配（#7 attention allocation）和组织资源配置（#1 resource allocation）等理论视角给予解释。最后，风险承受意愿（#0 risk taking）、期望绩效（performance aspirations）等概念仍然是解释组织绩效反馈形成的重要变量，但最新的文献更倾向于结合决策者个体特质、组织内部利益相关者、市场环境等组织内外部情境因素对以上影响机制给出更加具体的理论应用场景，这也对组织绩效反馈的动态特征做出了更深层次的解读。

第二节　企业绩效反馈对企业投入影响的元分析

企业管理者最基本的使命即保证组织绩效达到预设的目标期望水平（Lucas et al.，2018）。当绩效未能达到时，决策者通常会采取冒险的战略决策行为以期让绩效重回正轨（贺小刚，2017）。

战略决策行为最终将体现在企业不同领域的投入强度上，这被视为企业通过重新配置组织资源来扭转不良现状所做的努力。其中，营销投入和研发投入作为企业最基本的投入类型，对企业绩效的改善与竞争优势的获取有着重要影响。

有关消极绩效反馈如何影响企业投入，学者们进行了全面探索和相关实证检验（Lv et al.，2019；Rhee et al.，2019；Chen，2008），但关于两者之间关系的研究结论尚未达成一致。有的学者从前景理论、问题搜索等视角出发，认为组织在消极绩效反馈状态下更易承担风险，因而会选择增大研发投入（Kuusela et al.，2017；Joseph and Gaba，2015）和营销投入（关健和尹静怡，2020；宋铁波等，2018）；也有学者从威胁刚性理论视角出发，认为组织在消极绩效反馈状态下的决策趋于保守（Staw et al.，1981），会弱化研发投入、营销投入等决策行为（Iyer and Miller，2008）。还有一些学者认为测量方式、内部治理和外部环境等因素会影响消极绩效反馈与企业投入之间的关系（Chen et al.，2021；Bromiley and Harris，2014；Chrisman and Patel，2012）。这些研究空缺或者悖论给研究者带来了困惑：究竟消极绩效反馈如何影响企业投入？如何解释以往不一致的研究结果？基于以上考虑，本节内容采用元分析方法对已有关于消极绩效反馈与企业投入的研究进行了系统梳理与总结评述，厘清了内部机理以及重要权变影响。

　　本节内容的研究意义在于：第一，采用元分析方法检验了消极绩效反馈对企业投入的影响，在克服随机因素干扰的同时，控制样本特征的差异化影响，从而增强结论的解释力，形成消极绩效反馈对企业投入影响的普遍共识。第二，综合考虑了消极绩效反馈对两种不同企业投入类型的影响，并通过分析长短期效应进一步打开了消极绩效反馈对研发投入、营销投入的影响差异"黑箱"，弥补了以往研究过于分散、缺乏整合性等问题。第三，在文献回顾的基础上，分别从测量差异、内部治理差异、外部环境差异三个视角对消极绩效反馈影响企业投入的调节效应展开讨论，从而丰富了消极绩效反馈的已有研究。

一、理论与假设

　　企业行为理论认为，有限理性的管理者习惯通过实际绩效与目标期望水平的比较来简化绩效评估，进而决定冒险决策的实施与反馈（Greve，2003a；Cyert and March，1963）。当企业绩效无法达到目标期望水平时，消极绩效反馈将触发组织进行问题搜索行为（Cyert and March，1963）。最开始的搜索是局部的，管理者试图从组织内部找到适应现状的解决方案，调整治理结构、资产规模等低风险的决策行为往往成为组织当下考虑的重点（连燕玲等，2015）。然而，随着实际绩效与目标期望水平的扩大，组织可能会进行更具探索性的、非本地的搜索，这种情况下组织更倾向于高风险的市场兼并（Iyer et al.，2019）、营销战略（宋铁波等，2018）及研发支出（Greve，2003a）等决策行为（图13-3）。

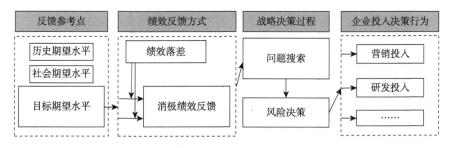

图 13-3　消极绩效反馈与企业投入战略决策行为

（一）消极绩效反馈对企业投入的影响

研发投入和营销投入作为企业适应环境和产品市场竞争的两种企业投入类型，一直受到学术界的广泛关注。首先，以往关于研发投入的研究显示，组织在消极绩效反馈状态下会倾向于增大研发投入（Joseph and Gaba，2015；Greve，2003a），这是因为首先，消极绩效反馈的出现意味着组织在当前资源配置、市场战略等方面出现问题，需要通过新的战略调整以适应产品市场的竞争，增加研发投入将有助于企业取得、吸收及应用新技术知识，进而促进技术升级，建立市场竞争优势，最终使企业绩效得以改善（王菁等，2014）。其次，消极绩效反馈程度扩大，管理者的风险承受能力也随之增加（Greve，1998）。为了维持自身在未来劳动力市场上的声誉，管理者倾向于通过增大研发投入来修正组织存在的问题并避免自身利益的损失（连燕玲等，2015）。最后，关于营销投入的相关研究显示，当组织面对消极绩效反馈时，另一重要的战略决策行为是增大营销投入（关健和尹静怡，2020；宋铁波等，2018）。营销投入作为企业创建与保持品牌效应的有效手段，具有周期短、回报大等特性，增大营销投入能够在短期内提升企业的市场份额、利润、销售额等关键变量，帮助企业开拓新的市场，进而实现品牌价值（宋铁波等，2018）。基于此，本节内容提出以下假设：

假设 13-1a： 消极绩效反馈对企业研发投入存在显著的促进作用；

假设 13-1b： 消极绩效反馈对企业营销投入存在显著的促进作用。

（二）消极绩效反馈对研发投入和营销投入的影响差异

实际上，在消极绩效反馈和有限资源的双重约束下，企业为了实现经营的可持续，只能在研发投资和市场营销行为中加以比较做出抉择（Lv et al.，2019）。有关消极绩效反馈对研发投入和营销投入的影响差异，学者们主要从绩效的长短期效应进行讨论。从短期效应来看，当企业出现消极绩效反馈时，管理者将面临劳动力市场声誉受损、失去企业职位等风险，出于维护未来市场声望、职位安全等个人利益的考虑（连燕玲等，2015），他们可能更加关注企业短期绩效，并减少战略规划周期长、不确定性高的投资。因此，在这种情况下，企业更倾向于通过增大营销投入来改善困境，因为营销投入在短期内能够帮助企业迅速开拓新市场，实现经营绩效逆转（宋铁波等，2018），短期内投入大量的研发资源会使组织处于风险之中，且研发投入的沉没成本特性甚至会对企业的资产回报率产生负面影响（Chen and Miller，2007）。从长期效应来说，当企业面临消极绩效反馈时，选择长期增大研发投入等前瞻性决策带来的风险将通过未来的投资回报得到缓解，但增加研发投入可能会威胁到下一阶段期望水平的实现，且仍可能使组织面临市场份额落后的情况，选择长期增加营销投入也可以占据市场份额，实现品牌价值的提升。因而，在权衡两者的长短效应后，本节内容提出以下假设：

假设 13-2：消极绩效反馈对企业营销投入的促进作用要强于对研发投入的促进作用。

（三）测量差异：期望参考点类型

本节内容认为期望参考点类型的测量差异是造成以往研究分歧的关键因素之一。早期文献将历史期望水平与社会期望水平加权成单一的期望维度或分开测量。近年来，学者们开始关注两者不同的设定原则与组织效应（李璨等，2019）。相较于历史期望水平，社会期望水平受市场环境波动和同行业竞争压力较大，它忽视了企业间面临的具体问题和个体特征（王晗，2017），因此选择社会期望水平作为期望参考点指导企业行为可能会存在偏差，使用同一组织的历史期望水平作为期望参考点，组织之间的异质性问题将得到解决，且管理者通过自身的纵向比较更能清晰地意识到组织存在的问题，进而促使他们进行组织的战略调整。此外，管理者基于历史的绩效表现，更能客观地判断当前的市场和行业环境。当企业实际绩效低于历史期望水平时，企业管理者会通过消极绩效反馈程度判断企业当前环境的逆势情况，在这样的情况下增大研发投入、营销投入将有利于企业抢占市场、获取竞争优势。由此，本节内容提出如下假设：

假设 13-3：期望参考点类型能够调节消极绩效反馈与企业投入之间的关系，即相较于社会期望水平，企业基于历史期望水平时消极绩效反馈对企业研发投入和营销投入的促进作用更强。

（四）内部治理差异：企业治理模式

本节内容将企业的治理模式分为家族企业治理和非家族企业治理，两者对消极绩效反馈与企业投入之间关系的作用机制可能存在明显差异。家族企业具有其他所有制企业所不具有的 SEW 保有的需要，当组织面临消极绩效反馈时，相较于非家族企业，家族目标更易与企业的经济目标相一致（Chrisman and Patel，2012；Gómez-Mejía et al.，2010），这是因为，家族企业所有权高度集中，且家族财富不分散，组织的决策更易在组织间通过（Kotlar et al.，2014b）。当家族企业面临着消极绩效反馈程度不断增加时，经济目标的实现将愈加受到企业重视，这时 SEW 优先于经济的考虑大大降低，家族所有者和经理人会在保护 SEW 与阻止绩效持续下滑之间做出选择（Chrisman and Patel，2012），尤其是在企业面对绩效的持续下滑直至无法生存时，家族的经济和 SEW 将全部流失（Gómez-Mejía et al.，2010）。在这种情况下，家族企业可能比非家族企业更加惊慌，它们会提高对风险的容忍程度，并增大对研发、营销等高风险项目的投入，以扭转绩效下滑趋势（Kotlar et al.，2014b）。基于此，本节内容提出以下假设：

假设 13-4：企业治理模式能够调节消极绩效反馈与企业投入之间的关系，即相较于非家族企业，家族企业治理下的消极绩效反馈对企业研发投入和营销投入的促进作用更强。

（五）外部环境差异：所处经济体类型

本节内容认为企业所处的经济体类型不同，消极绩效反馈的影响因素和作用结果也有所不同。从市场竞争机制角度来看，新兴经济体由于旺盛的市场需求与广阔的发展前景，通常具备成熟经济体难以比拟的发展潜力与市场活力（谢洪明和程聪，2012），这在一定程度上弥补了由于市场法规和运行机制不完善所导致的企业市场经营效率低等问题。因而，当企业面对消极绩效反馈时，相较于成熟经济体而言，企业更愿意在新兴经济体中加大营销投入，这样更有利于企业节约经济成本，还能使企业快速占领市场，最终改善经营绩效。从研发资源情况的角度来看，处在高速发展过程中的新兴经济体具有良好的研发环境以及源源不断的研发人员，企业更能灵活地应对市场的不确定性风险，当企业出现消极绩效反馈时，决策者更倾向于承担风险，通过增大研发投入来提升产品技术、降低生产成本；成熟经济体国家虽然研发技术较为成熟，企业实践经验更为丰富，但在面对消极绩效反馈时更易选择适应市场风险，这可能会降低企业进行研发投入的可能性。因此，本节内容提出以下假设：

假设 13-5：所处经济体类型能够调节消极绩效反馈与企业投入之间的关系，即相较于成熟经济体，在新兴经济体下的消极绩效反馈对企业研发投入和营销投入的促进作用更强。

根据以上研究假设的基本内容，本节内容的理论模型如图 13-4 所示。

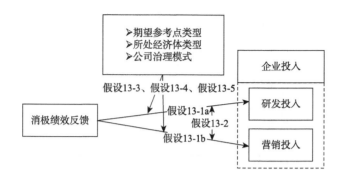

图 13-4　理论模型

二、研究方法

本节内容采用了元分析方法检验图 13-4 所示的研究框架，原因如下：第一，目前讨论消极绩效反馈影响企业投入的相关文献较为丰富，但其研究结论仍存在分歧。元分析能够系统地整合已有的实证研究，整体地估计变量之间关系的方向和显著性，并有效降低实证研究因样本或统计方法造成的研究偏差（Hunter and Schmidt，2004）。第二，本节内容在分析消极绩效反馈影响企业投入的同时，还讨论了测量差异、内部治理差异、外部环境差异对两者关系的影响。元分析可以检测变量之间的关系在不同样本之间是否具有异质性，如果有，学者可以从样本特征的角度总结出可能的调节变量，进而更全面和深入地理解该研究问题（乔璐等，2020）。

（一）数据收集

为了保证搜索文献的准确性和完整性，本节内容主要从以下两个步骤进行文献检索工作。第一，以 performance feedback、investment、绩效反馈、研发、营销等中英文关键词，通过 Web of Science 和中国知网等多个数据库对文献进行检索，共获得 80 篇中英文文献，涵盖了 1999~2019 年的文献。第二，针对元分析的方法要求，遵从以下四个条件筛选最终纳入元分析的文献：①剔除案例、综述等非实证研究；②研究来自管理学、心理学、组织行为学等相关领域；③研究报告了样本量与变量间的相关系数（r）等特征信息；④重复样本仅使用一次。按照上述四个条件共筛选出 60 篇独立实证文献。

本节内容收集的 60 篇研究样本中含有 41 篇英文文献和 19 篇中文文献，其中涉及 20 本英文期刊和 12 本中文期刊。60 篇研究样本共包含 91 个效应值，其中消极绩效反馈对企业研发投入影响的效应值为 44 个，消极绩效反馈对营销投入影响的效应值为 16 个。

（二）数据编码与处理

为了确保数据的可靠性，本节内容对研究文献进行整理并对其中的变量进行编码，数据编码主要包括以下两项工作：第一，对文献中作者、刊物、发表时间、样本量等基本信息进行摘录；第二，由两名研究人员独立对研究中变量之间的相关系数、F 值等特征信息进行摘录与编码，并形成编码表。为了提高数据的可靠性，编码处理需要遵循以下原则：①对照组之间必须是彼此独立的；②不能赋予样本双倍权重，即每个样本在一次元分析中只能出现一次；③若相关变量在同一维度上有多个数据，则需要做均值处理。

本节内容参照上述原则对消极绩效反馈与企业研发投入和营销投入之间的关系进行了测量，并对相关系数做了绝对值处理，以保证样本数据方向的一致。同时，本节内容还对期望参考点类型、企业治理模式、所处经济体类型的相关变量编码做了如下处理：①本节内容采用 0-1 形式将样本进行分组，其中样本为家族企业的归为 0 组，非家族企业的归为 1 组，原文未将家族与非家族企业的相关系数分开讨论的不纳入讨论；②期望参考点类型与所处经济体类型的调节效应分组参照家族企业的做法。

三、实证分析

（一）主效应检验

表 13-1 报告了消极绩效反馈影响企业研发投入和营销投入的元分析检验结果，消极绩效反馈与企业研发投入和营销投入之间的效应值经过随机效应修正后为 0.040（$p<0.05$）、0.0617（$p<0.05$），说明消极绩效反馈对研发投入和营销投入均存在显著的促进作用，且对营销投入的促进作用更强，假设 13-1a、假设 13-1b、假设 13-2 均得到验证。同时，考虑到模型的稳健性，本节内容还对样本进行了固定效应的整体检验。在固定效应模型下，消极绩效反馈与研发投入和营销投入之间的效应值为 0.062（$p<0.001$）、0.021（$p<0.001$），这一结果与随机效应的检验结果正好相反，这可能与目前多数消极绩效反馈研究采用的期望参考点类型和算法、企业内部治理结构及研究样本的外部环境的不同有关。为了验证这一想法，本节内容对上述因素进行了调节效应检验。

表 13-1　样本整体的元分析检验结果

名称	k	N	Meanρ	SDρ	双尾检验		95%CI		异质性水平		T^2
					Z	p	下限	上限	Q_W	I^2	
研发投入											
随机效应	44	248 358	0.040*	0.003	2.238	0.025	0.005	0.075	3 060.82***	98.60%	0.013
固定效应			0.062***	0.002	30.784	0.000	0.058	0.066			
营销投入											
随机效应	16	166 842	0.0617*	0.029	2.116	0.034	0.005	0.119	1 638.73***	99.08%	0.013
固定效应			0.021***	0.002	8.695	0.000	0.016	0.026			

*、***分别表示 $p<0.05$、$p<0.001$

（二）重要特征变量的调节效应检验

从表 13-1 的组内异质性（Q_W）检验可以看到，消极绩效反馈与企业研发投入和营销投入关系的组内异质性检验统计量均显著，说明它们的关系中存在潜在的调节变量。因此，本节内容进一步地分析了影响两者之间关系的调节效应。

如表 13-2 所示，首先，本节内容检验了期望参考点类型的调节作用。结果显示，期望参考点类型能够调节消极绩效反馈与企业研发投入和营销投入之间的关系，其组间异质性（Q_B）检验结果为显著（$Q_B=31.93$，$p<0.001$；$Q_B=5.55$，$p<0.05$）。基于历史期望水平的消极绩效反馈对研发投入有显著的正向影响（Mean$\rho=0.057$，$p<0.05$），基于社会期望水平的消极绩效反馈对研发投入没有显著的影响（Mean$\rho=0.034$，$p=0.148$）；基于历史期望水平的与基于社会期望水平的消极绩效反馈对营销投入没有显著的影响（Mean$\rho=0.046$，$p=0.238$；Mean$\rho=0.063$，$p=0.288$）。综上所述，从总体样本来看，期望参考点类型能够调节消极绩效反馈与企业投入之间的关系，符合本节内容预期，支持假设 13-3；但细分维度的结果不显著，假设 13-3 仅得到部分支持。

表 13-2　期望参考点类型的调节效应检验

变量	k	N	Meanρ	SDρ	双尾检验		95%CI		异质性水平		T^2
					Z	p	下限	上限	Q_W	I^2	
研发投入											
HisNPA	22	106 574	0.057*	0.025	2.320	0.021	0.009	0.106	1 228.30***	99.92%	0.013
SocNPA	23	122 675	0.034	0.023	1.445	0.148	−0.012	0.079	1 292.46***	99.92%	0.012
组间	45	179 987	0.045	0.002	21.310	0.000	0.040	0.049	31.93***	96.87%	0.000
营销投入											
HisNPA	7	42 347	0.046	0.039	1.180	0.238	−0.031	0.124	416.62***	99.76%	0.012
SocNPA	7	40 031	0.063	0.033	1.062	0.288	−0.053	0.179	780.78***	99.87%	0.024
组间	14	165 581	0.054	0.003	15.606	0.000	0.048	0.061	5.55*	81.97%	0.000

*、***分别表示 $p<0.05$、$p<0.001$

注：HisNPA 表示基于历史期望水平的消极绩效反馈；SocNPA 基于社会期望水平的消极绩效反馈

其次，本节内容进一步探索了企业治理模式的调节效应。结果如表 13-3 所示，企业治理模式能够调节消极绩效反馈与企业研发投入和营销投入之间的关系（Q_B=5.79，$p<0.05$；Q_B=12.14，$p<0.001$）。家族企业在面临消极绩效反馈时愿意增大研发投入（ρ=0.052，$p<0.05$），非家族企业治理下消极绩效反馈与研发投入无显著关系（ρ=0.038；p=0.229）；家族企业在面临消极绩效反馈时愿意增大营销投入（ρ=0.082，$p<0.05$），非家族企业治理下消极绩效反馈与营销投入无显著关系（ρ=0.054，p=0.102）。这表明家族企业治理下的消极绩效反馈对企业研发投入和营销投入的影响作用要强于非家族企业的。因此，假设 13-4 得到验证。

表 13-3　企业治理模式的调节效应检验

变量	k	N	Meanρ	SDρ	双尾检验		95%CI		异质性水平		T^2
					Z	p	下限	上限	Q_W/Q_B	I^2	
研发投入											
家族企业	8	33 817	0.052*	0.022	2.323	0.020	0.008	0.096	95.29***	98.95%	0.003
非家族企业	23	146 170	0.038	0.031	1.204	0.229	−0.024	0.099	2 668.31***	99.96%	0.022
组间	31	179 987	0.040	0.002	17.134	0.000	0.036	0.045	5.79*	82.73%	0.000
营销投入											
家族企业	3	17 182	0.082*	0.041	1.180	0.044	0.047	0.001	47.68***	97.90%	0.005
非家族企业	12	148 399	0.054	0.033	1.636	0.102	−0.011	0.119	1 270.39***	99.92%	0.012
组间	15	165 581	0.057	0.002	23.149	0.000	0.052	0.062	12.14***	91.76%	0.000

*、***分别表示 $p<0.05$、$p<0.001$

最后，本节内容还检验了企业所处经济体类型的调节效应。结果如表 13-4 所示，企业所处经济体类型能够调节消极绩效反馈与研发投入和营销投入之间的关系（Q_B=18.01，$p<0.001$；Q_B=10.83，$p<0.001$）。新兴经济体下的企业消极绩效反馈对研发投入有显著的正向影响（ρ=0.052，$p<0.05$），成熟经济体下企业消极绩效反馈与研发投入之间无显著关系（ρ=0.036，p=0.316）；新兴经济体下的企业消极绩效反馈对营销投入有显著的正向影响（ρ=0.071，$p<0.01$），成熟经济体下企业消极绩效反馈与营销投入之间无显著关系（ρ=0.049，p=0.283）。这表明新兴经济体下的消极绩效反馈对企业研发投入和营销投入的影响作用要强于成熟经济体下的。因此，假设 13-5 得到验证。

表 13-4　企业所处经济体类型的调节效应检验

变量	k	N	Meanρ	SDρ	双尾检验		95%CI		异质性水平		T^2
					Z	p	下限	上限	Q_W/Q_B	I^2	
研发投入											
新兴经济体	24	137 671	0.052*	0.022	2.390	0.017	0.010	0.095	1 292.23***	99.92%	0.011
成熟经济体	20	127 840	0.036	0.036	1002	0.316	−0.034	0.106	2 507.75	99.96%	0.024
组间	44	248 358	0.044	0.002	22.842	0.000	0.041	0.048	18.01***	94.45%	0.000

续表

变量	k	N	Meanρ	SDρ	双尾检验		95%CI		异质性水平		T^2
					Z	p	下限	上限	Q_W/Q_B	I^2	
营销投入											
新兴经济体	8	26 907	0.071**	0.026	2.728	0.006	0.020	0.123	102.48***	99.03%	0.005
成熟经济体	8	139 935	0.049	0.046	1.074	0.283	−0.041	0.140	1 510.68***	99.93%	0.016
组间	16	166 842	0.053	0.002	21.664	0.000	0.048	0.058	10.83***	90.76%	0.000

*、**、***分别表示 $p<0.05$、$p<0.01$、$p<0.001$

四、研究结论与讨论

本节内容对有关消极绩效反馈与企业投入之间关系的 60 篇实证研究进行了元分析，结果显示：①消极绩效反馈能够促进企业投入，且对营销投入的促进作用要强于对研发投入的。②期望参考点类型能够调节消极绩效反馈与企业投入之间的关系。基于历史期望水平的消极绩效反馈对研发投入的促进作用要强于基于社会期望水平的。③企业治理模式、所处经济体类型是影响消极绩效反馈与企业投入之间关系的重要因素，即与非家族企业相比，在家族企业治理下，消极绩效反馈对企业投入的促进作用更强；与成熟经济体相比，在新兴经济体下，消极绩效反馈对企业投入的促进作用更强。检验结果支持了绝大部分假设，证实了本节内容的研究框架。但基于历史期望水平和基于社会期望水平的消极绩效反馈对营销投入的促进作用均不显著，假设 13-3 仅得到部分支持。对此我们展开进一步讨论，分析其原因可能在于，学术界更多地将目光聚焦消极绩效反馈与研发投入之间的关系，而对影响营销投入的研究样本较少，因此，需要扩大文献搜索范围，进一步收集更多研究数据才能得到更为准确的结论。

本节研究的理论贡献如下：①本节内容的研究拓展了现有文献对消极绩效反馈效果的认识，分析了消极绩效反馈对研发投入和营销投入的共同影响，考察企业在长短期效应下，如何在两种可能具有替代效应的战略行为间进行权衡。本节内容揭示，在面临消极绩效反馈时，出于对未来投资回报以及下一阶段期望水平实现的考虑，管理者更倾向于增大营销投入而非研发投入来实现企业绩效的提升，这一研究结论扩展了文献对消极绩效反馈如何影响企业经营决策的认识。②本节内容揭示了消极绩效反馈影响企业投入的边界条件。首先，明确了期望参考点类型的权变作用，揭示了不同的期望参考点下消极绩效反馈对企业投入的影响差异；其次，回应了 Chrisman 等关于进一步检验家庭目标影响企业行为的研究呼吁（Kuusela et al.，2017），验证了家族企业对消极绩效反馈与企业投入之间关系的促进作用；最后，检验了不同国家和地区对于消极绩效反馈与企业投入之间关系的调节作用，为深入情景化研究提供了参考依据。

本节内容的实践启示如下：①企业高管在进行问题搜寻时，需在理性、全面评价企业经营现状的基础上，洞悉企业陷入经营困境的真实原因，还需结合实际情况合理地配置企业资源，避免为追求短期绩效目标而导致的资源过度倾斜与管理短视等问题。②股东应建立利益协调机制，注重内部治理问题。尽可能融合管理者与股东的利益，使两者目标趋于一致，从而降低管理者与股东之间的代理矛盾。③企业需积极响应外部环境变化，制定适应性营销策略的同时持续推进技术创新，使企业不断获取和吸收外部知识并建立长期竞争优势。

本节研究内容仍存在以下研究局限：①研究样本局限性。当前鲜有文献关注到消极绩效反馈对营销投入的影响，因而本节内容在进行亚组分析时出现了效应值较少的情况。同时，本节内容仍缺乏收集未公开发表的研究文献以及除中英文外其他语种的研究文献等情况。因此，未来研究需要尽可能多地收集文献，以保证研究结果的可靠性。②研究内容局限性。本节内容考虑的外部环境差异和内部治理差异仅为所处经济体类型和企业治理模式，未来研究可以深入分析地区文化、国别等外部因素及企业规模、企业类型等内部因素对消极绩效反馈与企业投入之间关系的调节作用，以丰富消极绩效反馈的相关研究。

第三节　组织绩效反馈理论的最新研究进展和"多元化"趋势

一、组织绩效反馈内容：单一财务指标到多元复合指标

过去学者一直将企业视为一个整体从而隐含地假设其主要目标是财务绩效，组织绩效反馈的研究边界被局限于正反馈和负反馈之中。虽然财务绩效能够在一定程度上反映企业整体运营情况，但是伴随企业经历各个发展阶段以及应对市场环境的威胁与冲击，决策者需要兼顾盈利能力以外的非财务目标以维持组织核心竞争力，这一现象无论是在国有企业（李富强等，2006）还是在民营企业（汤临佳等，2017）都较为常见。例如，在技术水平日新月异的高强度竞争市场，企业产品质量绩效比财务绩效更能引起组织决策者的注意力（Tyler and Caner，2016；John and Dana，2016）。特别是随着全球化进程的持续加剧，跨国母公司为了保持企业形象不得不更关注跨国子公司的绩效水平。这些运营目标的重要性同样也引起学术界的关注，组织战略研究领域的学者逐渐将企业的非财务期望融入绩效反馈的研究之中（Songcui and Bettis，2018；Sengul and Obloj，2017）。为了更好地解答"组织的多元管理目标如何实现多元绩效反馈"这一问题，本节

内容在初选的 117 篇文献中选择了近十年来采用实证分析方法的文献 13 篇开展进一步分析（表 13-5）。结果显示，目前研究已从聚焦财务目标的绩效反馈研究，逐步发展到探究二元管理目标绩效反馈的影响效果，同时将更为细化的组织非财务指标作为绩效反馈参考点正在成为新的研究热点。

表 13-5　近十年来顶级期刊组织绩效反馈研究回顾

编号	作者	绩效参考点	组织战略决策行为	主要发现
		一元非财务管理目标		
1	Tyler 和 Caner（2016）	产品质量绩效	联盟内部竞合关系转变	产品质量落差增大会激发企业参与研发联盟的动力
2	John 等（2016）	产品质量绩效	产品淘汰率	组织结构对产品质量目标的绩效反馈具有调节作用
3	Klueter 和 Monteiro（2017）	跨国企业的绩效	①技术侦查 ②国际化行为	跨国公司的业绩期望差距对技术侦查和国际化行为都有显著影响
4	Oturakci M，Yuregir O H（2018）	部门经理的个人绩效	部门经理之间的战略差异	中层管理者比高管更早认识到战略变革的重要性
		二元管理目标		
5	Greve（2008）	①盈利绩效 ②规模增长	资本投入	财务绩效目标优先于增长目标
6	Chrisman 和 Patel（2012）	①家族控制权 ②盈利绩效	研发强度变化	家族控制权目标优先于财务绩效目标
7	Desai（2016）	①盈利绩效 ②控制权	服务线资产剥离	控制权目标的绩效反馈会影响财务目标的绩效反馈的作用效果
8	Parker 等（2017）	①产品质量绩效 ②销售绩效	引进新产品数量	积极的销售绩效反馈能缓解产品质量绩效困境的反馈作用
9	Makarevich（2018）	①经营绩效（被投资企业上市率） ②合适的竞争强度	竞合关系转变	经营期望落差能够缓解过度竞争造成的经营困境
10	Calabrò 等（2018）	①社会情感 ②盈利绩效	家族继承人选择	相比于财务绩效，家族企业更加关注 SEW
		多元管理目标		
11	Ben-Oz 和 Greve（2012）	①财务绩效 ②市场价值 ③CEO 能力	①收购（潜在吸收能力） ②转型（已有吸收能力）	长短期目标的绩效反馈都会对长短期战略决策产生影响
12	Kotlar 等（2014b）	①家族控制 ②内部经营情况 ③外部市场竞争 ④市场份额	研发强度变化	家族管理目标会影响企业内外部管理目标的绩效反馈作用效果
13	Songcui 和 Bettis（2018）	①技术安全性 ②生产效率 ③信息可靠性	资本投入	多个相互依赖的管理目标的绩效反馈作用会相互影响

（一）财务指标和非财务指标的二元绩效反馈

文献分析结果发现，由于之前针对单一财务指标作为绩效反馈源的研究已经非常成熟，近年来国际权威期刊刊文中更多选择结合一些非财务指标作为绩效反馈参考点。有多篇论文讨论了财务指标反馈和非财务指标反馈结果之间的差异，13 篇实证分析中就有 6 篇文献是利用企业财务期望与其他非财务目标构建了基于组织二元管理目标的绩效反馈模型。例如，Greve（2008）将企业规模增长作为非财务性目标，采用保险业数据实证检验了企业如何平衡二元目标的决策过程，结果证明企业盈利能力、销售能力等内生性要素的增长比资产规模、人员规模等外生性要素的积累更能展现组织核心竞争力的提升，因此企业制定的战略目标总是将财务绩效优先于规模增长。此外，研究还发现财务目标对于企业的重要性伴随企业属性、组织形式等不同会产生异化，特别像家族企业因其具有掌握企业管理权、代际传承等保持 SEW 的家族诉求，即使企业身处于财务绩效困境之中，家族决策者也会在交接班时以牺牲部分财务绩效为代价为下一代继承者保驾护航（祝振铎等，2018；Calabrò et al.，2018）。上述研究均将二元管理目标视为两个相互独立的决策参考要素，决策者会基于企业特殊的管理需求来分辨目标间的重要程度或优先顺序，该过程本质上是财务目标和非财务目标的不同绩效反馈作用的在企业决策环节上的必要统一。

对于以上文献的分析还发现，组织的二元绩效反馈除了单向影响关系之外（Songcui and Bettis，2018），两者之间还存在相互制约关系，在有些组织环境中呈现此消彼长的关系；在其他特定情境下二元目标之间又呈现协同关系、共同进退。Desai（2016）发现组织在面临财务困境时，董事会团队会因为自身经济利益受损而渴望获得更多控制权，从而参与甚至主导企业战略决策的制定过程。Parker 等（2017）指出企业的销售绩效和产品绩效都象征着企业的声誉，当任意一个目标的实际绩效超过期望时，决策者会迫切地提高对另外一个目标的期望。Makarevich（2018）以投资企业组成的风险投资集团（venture capital syndicates）为对象，通过分析联盟整体绩效、风险投资企业个体绩效及联盟内部竞合关系等要素变化，发现风险投资企业在个体经营绩效不佳时会希望得到更多的合作伙伴，通过提高联盟整体绩效以缓解自身的经营困境；当其具备良好的经营绩效时，决策者渴望追求额外的经济利润而放弃合作。综上，目前基于组织二元管理目标的绩效反馈文献研究对目标之间的关系仍存在较大差异，但能够从不同维度清晰地描绘组织的选择、排序与注意力分配等过程，这些关系大致能够归纳为六种类型：相互独立、单向积极影响、单向抑制影响、双向积极影响、双向抑制影响和非对称影响。

（二）多元混合绩效反馈

进一步分析发现，在对企业非财务性绩效反馈的研究中，已出现多元混合反馈的研究趋势。基于组织二元管理目标的研究基础，前沿文献逐渐将非财务目标细分出更多的维度，尝试探讨多元复合目标的绩效反馈机制。当然，由于企业的多元目标极难被穷举，研究者也难以清晰地观察它们受到决策者的关注程度，目前关于这一主题研究的文献数量较少。以上文献中有 3 篇关注到组织多元管理目标绩效反馈问题，我们注意到，伴随着企业目标总数的上升，研究者对内在机制讨论与展开数据分析的难度急剧增大，相关内容已经突破了企业行为理论和前景理论的范式，总体而言可以归纳为以下三方面的研究视角。

第一，从组织的形式和市场环境视角看企业产生多元管理目标的内在动机。例如，Songcui 和 Bettis（2018）认为集团企业内部的各个业务部门所追求的目标各不相同，这是其产生多元目标的内在动机。Kotlar 等（2014b）发现控股家族的特殊愿景会影响企业的多元目标的类型与决策者分配的关注程度。在企业构成战略联盟中，不同企业个体间存在的财务绩效差异促使它们通过合作目标与竞争目标间的相互转换以维持长期经营（Makarevich，2018），我国学者苏依依和周长辉（2008）早期对于产业集群的研究也得到相似的结论。

第二，从利益相关者视角来看企业多元目标之间的依赖关系。Desai（2016）发现组织形式特征只是企业产生多元目标的表象，其内部高管团队、董事会、监事会等不同团体间的利益冲突才是内在的本质。这一理论发现从更微观的视角清晰地解释家族企业、集团企业、战略联盟等组织的多元目标存在差异原因。基于上述观点，Murat 等（2018）对集团企业的管理团队进一步剖析发现，中层管理者总是以自身所负责的部门业务为核心目标，并且他们对于组织战略变革的敏感性要远胜于高管成员。即使在管理团队内部，部门经理人也会因为个体关注的目标分歧和获得利益差异而产生意见冲突。Calabrò 等（2018）对于家族团队的研究也得到有趣的结论，家族继承者选择长子还是非长子作为继承人蕴含着不同的经营期望，前者往往意味着维护企业的社会情感，后者趋向于追求更高的经济利润。

第三，从资源基础观来看企业多元目标选择与更替。企业行为理论认为即使决策者产生高风险的战略变革意愿，但企业最终能否执行取决于自身的资源基础（Greve，2003b）。以往的文献将组织未吸收的冗余资源视为衡量其是否具有变革能力的重要因素（Iyer and Miller，2008；Chen，2008；Greve，1998），资产规模、员工规模等要素也相继融入组织绩效反馈研究之中（Audia and Greve，2006），组织资源基础成为影响决策者选择多元目标的重要参考要素。例如，Makarevich（2018）发现当企业面临经营困境时，董事会团队会通过增加人员规模、持股比例及与外部环境的交互程度以表现它们能够获得更多资源来扭转局面，从而改变组织整体的目标选择。Murat 等（2018）以集团企业各业务部门经理的个人能力为期望，强调权力主体行为自由度和资源禀赋的重要性。我国学者连燕玲等（2014）发现权利主体拥有的资源禀赋能够增强战略变革所需的基础条件，从而强化其对目标的期望水平，这一观点也间接地支持学者从资源基础观研究组织多元目标具有重要意义。

二、组织绩效反馈方式：单一线性反馈到多元复杂反馈

（一）绩效反馈的非线性作用结果

根据已有文献研究结果，早期组织绩效反馈主要将作用区间设置为正/负区间，即期绩效负反馈（期望落差）和绩效正反馈（期望顺差），如企业研发强度与期望落差呈正向的线性关系（Chen，2008；Greve，2003b）。更多聚焦战略决策过程的研究结果发现，针对不同类型的战略行为，组织绩效反馈的线性影响效果也会产生差异，如 Iyer 和 Miller（2008）发现当实际绩效与期望绩效越吻合时，并购行为越容易发生，而实际绩效偏离预期期望都会大大降低并购的可能性。Baum 等（2005）的研究发现，企业实际绩效越接近期望绩效，组织越不倾向于构建组织间连带关系。

但随着近十年来绩效反馈理论模型经历了多个发展阶段的演化后（Bromiley and Harris，2014），该理论的应用边界也不断被拓展（李溪等，2015；Gavetti et al.，2012），越来越多的研究发现绩效反馈影响效果并非总是呈现线性关系。例如，Lehman 等（2011）发现期望落差与冒险行为之间存在倒 U 形关系；贺小刚等（2017a）关于期望落差与企业创新动态的研究也获得了相似的结论；宋铁波等（2017）发现企业期望顺差与国际化速度呈现 U 形关系。这些复杂的非线性影响充分反映出在复杂的组织内外部要素作用下，决策者的管理参考点以及反馈作用都会发生异变。前沿文献尝试从威胁刚性理论、决策者个人追求、资源基础观等理论视角解释这些异变原因。其中，基于威胁刚性理论的学者提出组织绩效反馈的"生存参考点"（survival point）（Staw et al.，1981），意味着企业在面临破产威胁时降低其风险承受意愿（Blettner et al.，2015）。然而，对于行业领军企业而言，决策者为实现个人抱负而希望企业能够达到"绩优参考点"（贺小刚等，2015b）。但当这类企业达到绩优目标后，自负的决策者倾向归功于个人管理能力（Songcui，2018；Kim et al.，2015），从而选择风险更高的战略决策（吕斐斐等，2015）。基于资源基础观的学者认为企业战略变革的本质是资源重新分配。当绩效低于期望时，企业需要向外界获取更多高效的资源而被迫选择高风

险战略；但绩效远低于期望时，其原先掌握资源的市场价值极低，只能进行资源清算从而避免更多的经营风险（Kuusela et al., 2017）。当企业绩效略高于期望时，未被吸收的冗余资源可用于投资更多的风险战略；但当企业绩效远高于期望时，企业将大量冗余资源投资于其他风险战略需要承担高昂的机会成本，从而制约其风险承受意愿（Ref and Shapira, 2017）。图 13-5 是根据已有研究绘制的关于组织绩效反馈的非线性研究成果。

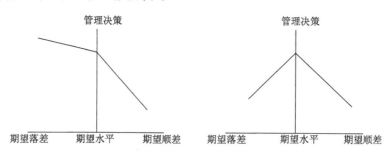

（a）组织绩效反馈与风险承担意愿的倒 U 形关系（一）　（b）组织绩效反馈与风险承担意愿的倒 U 形关系（二）

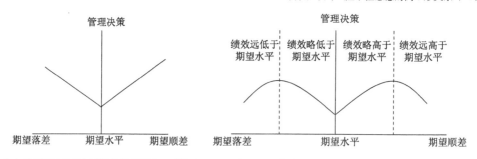

（c）组织绩效反馈与风险承担意愿的 U 形关系　　　（d）组织绩效反馈与风险承担意愿的马鞍形关系

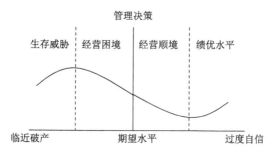

（e）组织绩效反馈与风险承担意愿的 S 形关系

图 13-5　组织绩效反馈的非线性研究结果

综上所述，学者基于威胁刚性理论、决策者个人追求及资源基础观的视角提出了多个决策参考点，将原先正/负二相性的决策区间演化为四相区间，组织绩效反馈的作用曲线由最早的线性逐渐演化成为U形、倒U形、马鞍形甚至更复杂的形态。因此，学者在研究组织绩效反馈的问题时需要更多考虑企业的情境、决策者的个体特征等影响要素，进一步细分绩效反馈区间和方式，以此得到更为科学合理的研究结果。

（二）绩效反馈的注意力转移

初始的绩效反馈模型借鉴了组织学习理论和社会比较理论的观点，通过整合历史绩效和行业竞争者平均绩效设定期望值（Bromiley and Harris，2014；Chen，2008；Greve，2003a；Cyert and March，1963）。基于企业注意力基础的视角，决策者只能将有限的注意力分配到企业过去的绩效（P）、过去的期望（HA）及行业竞争者的绩效（SA）。虽然不同时间、不同企业之间对于各个期望参考点的关注程度存在差异，但学者将企业的注意力总量默认为是稳定的，即$a_1 + a_2 + a_3 = 1$。为了将上述绩效反馈模型运用于实证研究，Greve（2003a）、Chen（2008）根据企业样本数据特征确定了各个系数值。虽然经营期内的任何一期的历史绩效都可能会影响企业期望绩效的设定，但相比于更早的历史绩效，企业往往会更关心近期的绩效水平。因此，Greve（1998）提出的历史期望的测度方式就符合上述特征。Chen（2008）认为早期的历史绩效对于企业期望绩效制定的影响微乎其微，从而将历史期望的测度方式简化为近两期历史绩效的加权求和。上述两种测度方法能够强调企业对于不同期望参考点关注程度的差异，但未能动态地体现企业注意力分配情况伴随时间的变化。

近年来，学者认为历史期望和社会期望象征着企业内外部的经营压力（Kotlar et al.，2014b），它们对于企业注意力的作用效果存在异质性。因此，相关实证研究趋向于独立地分析历史绩效反馈和社会绩效反馈的作用机制（Chrisman and Patel，2012；Iyer and Miller，2008）。因此，企业就会面临异质性的混合绩效反馈，即两者给予相反的作用效果（Songcui et al.，2021）。在企业及其行业竞争者的绩效伴随时间的变化过程中，企业分配在历史期望和行业期望中的注意力也在发生复杂的转变，从而改变企业最终的战略决策。例如，Blettner等（2015）发现企业在成立初期会倾向于选择历史绩效为期望参考点；但在面临破产时，企业会更重视社会绩效反馈的影响。Songcui等（2021）发现当企业受到一致的绩效反馈时，决策者会更多地关注历史绩效，而不一致的绩效反馈则导致其将更多地关注表现不佳的参考点。Lucas等（2018）发现不一致的绩效反馈不会显著影响企业的研发投入，并建议未来的研究应该考虑不同企业之间的特征差异。

综上所述，企业对于长期、短期期望参考点有历史、社会决策参考点的注意力分配变化会导致其绩效反馈的作用效果产生复杂变化（Sengul and Obloj，

2017）。因此，前沿文献纷纷强调未来的研究需要更加严谨地观察企业对于不同决策参考点的选择，进一步完善组织绩效反馈的作用机理（Blettner et al.，2015；Joseph and Gaba，2015；Songcui et al.，2021）。

三、组织绩效反馈情境：单一静态反馈到多元动态反馈

组织绩效反馈理论经过近二十年的发展，不断与战略管理和风险管理等多个领域的理论交叉融合，特别是基于组织内外部不同情境要素取得了多样化的研究成果。基于上述 117 篇文献的研究结果，可以看到学者主要基于资源基础观、（内部）利益相关者、注意力基础观理论视角，针对组织资源禀赋、组织结构特征、决策者个体特质等内部情境的影响要素进行分析；针对外部情境因素的研究是基于竞合理论、社会网络理论和（外部）利益相关者理论视角，具体影响要素可以归纳为宏观政策及市场变化、创新网络、上下游利益相关者（图 13-6）。

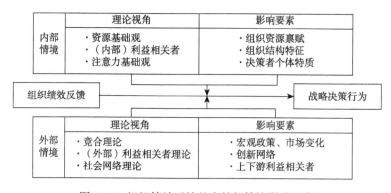

图 13-6　组织绩效反馈的内外部情境影响要素

（一）绩效反馈的组织内部情境

（1）决策者个体特质，包括风险偏好和个人抱负等。组织绩效反馈首先传递给决策者获益前景或损失前景的信号，改变其风险承受意愿，并改变其最终的战略选择（Greve，2003b）。但个体间的风险偏好程度总是存在差异，过度自信的决策者往往将积极的绩效反馈信息归功于杰出个人能力（Songcui et al.，2021；Kim et al.，2015），更容易接受高风险的战略，如过度投资、提高财务杠杆等。家族企业一直被视为风险规避型组织（Kotlar et al.，2014a），无论是经营顺境还是困境，家族 CEO 对于风险的厌恶程度都会比非家族 CEO 表现得更为强烈（Jaskiewicz and Luchak，2013；Chrisman and Patel，2012）。因此，风险承受意愿更高的决策者能够增强绩效负反馈或抑制绩效正反馈的作用效果（Greve，2003b）。但对于拥有较高个人抱负或事业追求的决策者而言，他们对于企业的

经营期望往往高于其他决策者。即使企业绩效高于行业竞争者的平均水平，他们接收到的仍旧是消极的绩效反馈信息（贺小刚等，2015b），并且希望通过更大程度的战略变革以追求行业领先的目标。

（2）组织资源禀赋，包括组织规模和冗余资源等。企业能否适应环境变化并快速成长，从资源基础观出发的相关解释是企业是否具备应对市场变化的资源禀赋。企业成长过程总是伴随着资产规模、员工数量、销售总量等实体资源要素的累积，企业才得以获得执行各类战略变革的能力（Barney，1991）。以上观点已经较早地被引入组织绩效反馈的相关研究中。例如，Audia 和 Greve（2006）以造船业为样本，发现只有大规模企业在面临绩效困境时才会愿意承担高风险的战略决策以扭转局势，但受到资源约束的企业会因为更担心破产而产生风险厌恶情绪。也有研究将企业规模大小作为表征企业内部资源富裕程度的重要指标，发现企业样本规模的差异对于企业决策者在绩效反馈下的决策行为影响显著（Memili et al.，2015a）。但资源禀赋对于组织绩效反馈的影响效果并非只是简单的线性关系。例如，Ref 和 Shapira（2017）发现少量资源冗余会推动决策者从事其他高风险决策以实现其投资价值，但大量的资源冗余则代表着昂贵的机会成本，从而抑制了决策者的风险承担意愿。此外，技术水平作为一类特殊的企业资源禀赋，是维持企业竞争优势的核心资源，对于产品性能和产品质量、企业声誉、企业市场地位等均具有重大影响。Parker 等（2017）就发现企业维持高水平的技术声誉将抑制销售绩效正向或负向的反馈作用，使得组织决策更趋向保守。

（3）组织结构特征，包括控制权结构和管理团队结构等。虽然决策者是企业制定最终战略行为的主体，但企业战略决策的形成过程通常会受到董事会和高层管理团队的重要影响，这一特征在以家族企业为代表的企业群体中尤为明显。基于利益相关者理论，大量研究针对高管团队、CEO、董事会、家族团队等群体间对于企业控制权抢占行为进行分析。例如，有相关研究发现高管团队和董事会间的利益冲突与控制权抢占对绩效负反馈产生抑制效应，这也进一步解释了财务目标绩效反馈的失灵现象（Desai，2016）。此外，企业所有者团队（特别是家族企业创始团队）与外聘管理团队间存在目标差异（Calabrò et al.，2018；Patel and Chrisman，2014），虽然消极的绩效反馈信息能够用增加它们的风险承受意愿，但两者间的利益冲突会产生抑制绩效负反馈的作用效果（Desai，2016；Gaba and Joseph，2013）。基于注意力基础观视角，Tarakci 等（2018）甚至发现绩效反馈对于不同层级的管理团队也会呈现差异化作用效果。相比于高管团队，中层管理成员对于战略变革的必要性具备更敏锐的嗅觉，从而增强绩效负反馈的作用效果。

（二）绩效反馈的组织外部情境

（1）外部环境要素，包括制度环境、政策变化、行业动态水平等。政策和制度环境的稳定性一直是战略管理领域的热点主题，其经常被用于解释政府的宏观调控作用对企业战略选择的影响。例如，研究发现当制度不规范时，企业从外界获取各类资本的渠道受限，从而制约了绩效负反馈的作用效果。政策不确定性增加了战略变革的潜在风险，绩效负反馈对企业风险承受意愿的促进效果将会减弱（贺小刚等，2013）。另外，行业动态水平会对不同类型企业的战略决策过程形成独特的作用，通常来说高水平的行业动态性会刺激企业提高研发投入强度来维持其科技水平，但是也有研究表明处于动态行业环境下的中小企业由于技术研发投入面临更高的失败风险，即使决策者接收到消极的绩效反馈信息，也不愿意选择增强研发强度，而是选择寻求更多的研发伙伴以规避市场风险（Tyler and Caner，2016）。

（2）外部利益相关者及其竞合关系，包括大小企业、供应商、分销商和其他合作伙伴等及其形成的各种交互关系。过去组织绩效反馈领域的研究较多地关注行业竞争者平均绩效、市场份额对企业战略决策的影响（Gavetti et al.，2012）。目前越来越多研究将企业置于创新网络的视角之中，发现如平行合作机构、上下游利益相关者、外部科研机构等都会影响企业绩效反馈的作用效果。例如，Kotlar 等（2014b）发现供应商和分销商的经营绩效能够改变它们的议价能力，从而影响企业销售绩效的反馈结果。由于组织绩效反馈的作用效果受到企业间关系强弱的影响，前沿文献逐渐利用竞合理论的视角解释竞合关系转变对绩效反馈作用效果的影响机制。例如，Makarevich（2018）发现风险投资集团内部成员的绩效反馈效果具有传染性，受到绩效负反馈的风险投资企业会率先表现为竞争厌恶，并降低周围企业间的竞争强度。

（3）创新网络，主要包括网络结构、网络特征、关系强度、关键节点等。近年来，各国政府一直积极构建各种创新网络以加强内部组织的创新能力和动态能力，如国家创新系统、技术生态系统、创新生态系统（Adner and Kapoor，2010）等，绩效反馈作用也在创新网络企业协同成长的研究中被关注（Songcui and Bettis，2018），并且这种反馈作用会受到创新网络整体特征以及企业所处网络位置的影响。总体而言，可以得到以下结论：第一，网络密度越高、企业关系更为密切的创新网络内绩效反馈作用传递速度更快（池仁勇，2005）；第二，创新网络内部企业比外部利益相关者对于这种影响的敏感程度更高（苏依依和周长辉，2008）；第三，创新网络对于中小企业的绩效反馈影响相比大型企业更加显著（Adner and Kapoor，2016）。此外，对于处于关键节点或者核心位置的企业或其他内部的组织绩效反馈效果传递作用会明显高于非焦点位置的组织，因为创新网络的权力主体或决策者更愿意将更多的注意力分配到他们关心的企业或者部门之中（Songcui and Bettis，2018）。

第四节　中国化研究现状及理论发展前景

一、组织绩效反馈理论的中国化研究

组织绩效反馈理论已经成为战略管理、风险管理及企业行为研究等领域的重要分支，组织绩效反馈研究应该引起我国的重视并对理论内涵进行持续深入的探索。本节内容通过检索管理学重要的中文期刊，发现国内早在2008年就开始关注组织绩效反馈的研究（苏依依和周长辉，2008），2013年前后开始出现一个研究热潮期，涌现了一批根据组织绩效反馈理论对中国数据进行的实证检验（吕斐斐等，2015；连燕玲等，2015，2014；王菁等，2014；贺小刚等，2013；张远飞等，2013）。值得指出的是，目前为止国内绩效反馈相关研究仍旧聚焦于财务绩效单一反馈，少部分研究逐渐关注到企业的多元决策目标问题，从单一的盈利目标拓展至销售收入、市场份额等多个维度（李溪等，2018），但关于企业非财务管理目标的探索仍旧存在较大的挖掘空间。从决策参考点看，学者基于决策者认知和威胁刚性理论等视角引入了组织生存点（刘建国，2017；贺小刚等，2016a）和绩优点（宋铁波等，2017；徐小琴等，2016），并且详细分析了决策者在面临不同参考点时风险承受意愿变化情况。从绩效反馈的作用机制看，国内学者一方面关注了绩效反馈的持续时间（李溪等，2018；贺小刚等，2017a）和期望差距的大小（吕迪伟等，2018），考虑了长短期、高低程度绩效反馈作用效果的差异性；另一方面围绕绩效混合反馈机制的研究主题，针对历史绩效反馈与社会绩效反馈给予的决策信号分为成功（白色）、失败（黑色）、模糊（灰色）三个类型（郭蓉和文巧甜，2017）。在绩效反馈的作用结果领域，国内早期的文献通过整合研发投入、广告投入、资产结构比例等6个维度要素构建了衡量战略调整的综合指标（巩键等，2016；连燕玲等，2015，2014；张远飞等，2013），后续文献侧重于比较在绩效反馈作用下企业对于不同战略行为的选择变化（汤临佳等，2017；王菁等，2014）。

中国化情境研究也是绩效反馈理论在国内学术圈的重要领域（李溪等，2018；吕迪伟等，2018；郭蓉和文巧甜，2017）。相关研究主要从决策者特征、组织资源禀赋予结构特征、外部环境特征三个视角进行分析，其中决策者特征包括自主权（郭蓉和文巧甜，2017；连燕玲等，2015）、任期期限和经验积累（李溪等，2018；宋铁波等，2017）；组织资源禀赋包括企业资源存量和流量（吕迪伟等，2018；贺小刚等，2017b；连燕玲等，2015）、董事会规模（李溪等，2018）、政治关联（贺小刚等，2016a；连燕玲等，2015）、市场份额（连燕玲等，2015）等；组织结构特征包括董事会规模（李溪等，2018）、家族控制（巩键等，2016；李婧等，2016；贺小刚等，2016a）、董事长—CEO 兼任情况（巩键等，2016）等；外部环境特征包括政策制度的规范性（刘建国，2017；吕斐斐等，2017；连燕玲等，2015；贺小刚等，2013）、产品市场的竞争强度（贺小刚等，2017b；徐小琴等，2016；王菁等，2014）等。

总体上看，虽然国内关于组织绩效反馈理论的研究成果尚未形成系统性理论框架，但中国情境对于组织绩效反馈理论的发展实际上提供了大变革、强创新、复杂环境、动态演化等重要元素，融合中国化情境的组织绩效反馈研究对于国内企业的内部治理将具有独特的现实意义和启发。组织绩效反馈理论在国外学术前沿发展中展现出的从"单一"向"多元"的特征，对继续深挖理论内涵以及更进一步的理论创新具有诸多借鉴意义。

二、组织绩效反馈的理论发展前景

（一）对组织绩效反馈形成机理更为综合的解读

在这一方面，国内学者已经关注到企业存在多元管理目标的现象，目前仍旧较多地关注盈利水平、销售规模、市场份额等财务型目标（李溪等，2018），但关于新产品质量（Tyler and Caner，2016；John and Dana，2016）、国际化进程、规模增长（Greve，2008）、安全性（Songcui and Bettis，2018）等目标的探讨仍旧存在较大的挖掘空间。特别是受到经济转型的影响，上述非财务管理目标对我国企业在高强度竞争环境中获取独特的竞争优势尤为重要。然而，对于企业多元管理目标形成的内在机理以及它们之间的依存关系这两个问题，国内文献却较少能够涉及。国外前沿文献基于利益相关者理论、注意力基础观等理论视角，通过引入各层管理团队、董事会（Desai，2016）和企业上下游供应商、分销商（Kotlar et al.，2014b）等内外部利益相关者分析企业多元管理目标的动态变化过程。一方面，上述前沿文献的研究成果为今后在我国情境下开展组织绩效反馈研究开辟了新视角；另一方面，由于我国与西方企业在组织结构上存在较大差异，西方组织情境下得出的研究结论对于我国企业制定战略决策制定的指导意义依旧有待验证（徐小琴等，2016）。因此，如何基于利益相关者理论、注意力基础观等理论视角，合理地融入企业的非财务管理目标以探究我国情境下组织绩效反馈的形成机理对于我国企业内部治理具有重要的指导意义和启发。

（二）对组织绩效反馈中间过程更为精准地分析

前期文献较多地关注了权力主体特征（连燕玲等，2015）、市场竞争强度（贺小刚等，2017b；王菁等，2014）和政策制度规范（刘建国，2017；吕斐斐等，2017）等，并认识到上述因素能够显著地影响绩效反馈对企业战略决策的作用效果，但主流研究仍旧将组织绩效反馈视为一个静态作用过程。然而，企业制定战略决策是一种动态的组织行为（Sengul and Obloj，2017；Blettner et al.，2015；Cyert and March，1963）。企业通过连续的绩效评估获取积极或者消极反馈信息，并通过冗余搜索和问题搜索两种过程机制确定其如何制定战略决策。一方面，决策者会根据新的绩效反馈信息重新制定期望绩效；另一方面，新的绩效反馈促使企业调整当前的战略决策，包括改变研发强度、资源再配置等，甚至是完全更替，如决策的关注焦点从追求技术创新转移到组织规模增长。因此，未来研究将进一步提升对于组织绩效反馈中间过程描述的严谨性，学者需要综合期望理论、风险理论、注意力基础观、资源基础观等理论视角，通过对企业风险偏好、注意力分配等隐性信息的动态追踪，从而更为精确地探究组织绩效反馈中间过程。

（三）对组织绩效反馈影响结果更为丰富的补充

我国正处于经济转型与产业升级的历史性交汇点，技术创新是我国实现产业技术"弯道超车"的重要方式之一。因此，近年来国内学者一直倾向于验证组织绩效反馈对企业创新战略的影响（陈志军等，2018；李溪等，2018；刘建国，2017；贺小刚等，2016a），相关文献的结论已从上述两者简单的线性关系演变成为 U 形、倒 U 形等甚至更复杂的曲线关系（吕迪伟等，2018；贺小刚等，2017b）。当然，也有学者关注了企业其他的重要战略决策，包括内部权威配置（贺小刚等，2013）、广告投入（宋铁波等，2018）、国际化速度（宋铁波等，2017），还有学者通过整合企业多个战略要素设计了用于衡量战略变革程度的综合指标（郭蓉和文巧甜，2017；连燕玲等，2015，2014；张远飞等，2013），甚至分析了绩效反馈对于企业破坏性活动（贺小刚等，2016a）、违规受罚（徐小琴等，2016）等负面行为。然而，我国真正实现产业技术追赶需要企业制定更加多元化的战略方针，其他特殊组织的战略选择对此也尤为重要，如创新网络（苏依依和周长辉，2008）、风投联盟（Makarevich，2018）、跨国公司、集团企业（Songcui and Bettis，2018）等。因此，国内学者需要选取更大范围的企业为研究对象，通过吸收多元的战略行为探究绩效反馈的作用效果，从而为我国企业制定决策提供更加完备的指导。

（四）对组织绩效反馈研究方法更为多样的尝试

纵观国内外文献，主流学派仍旧是倾向于利用经验研究方法对组织绩效反馈理论的相关内容进行验证。一方面，学者能够选择大样本为研究对象，提升研究结果的适用范围；另一方面，也能够精选特定行业、特定地区的企业为独特样本，从而展开差异化分析。然而，本节内容上文提到的关于多元目标绩效反馈复杂的形成机理、动态的反馈过程机制、多元的反馈作用结果等特异性、深层次内容却难以通过经验研究方法给予充足的解释。案例研究作为管理学领域常见的研究方法适用于新观点、新视角的针对性探索，能够更微观地描述企业内部各利益相关者间的关系变化，甚至更深入地关注决策者内心的注意力变化。而且，案例论文多用于研究和经典理论不完全吻合的新现象，更适合解释决策者个人追求、行业独特属性等特异性因素对于多元目标绩效反馈的影响。此外，随着管理学领域接连不断地开发新的研究工具，如 QCA 方法、加利福尼亚大学欧文分校网络工程（University of California at Irvine NET work，UCINET）等，学者可以采用半定性、半定量的研究方法对某些特异性组织绩效反馈现象给予更加清晰的解读。

本节内容所指出的组织绩效反馈理论向"多元化"发展的趋势实际上证明了该理论具有较强的延伸性、动态性和适应性。组织绩效反馈理论最为精彩之处是在基本研究框架之下，能够兼容多种动态性的目标、过程、工具和方法，这也成为该理论未来动态发展的基础。首先，绩效反馈源的定义和拓展将更真实地还原组织原貌。组织异质性导致了管理目标的多元性，在此基础上考虑组织绩效期望的参考点具有更强的现实意义。事实上，研究创业企业、家族企业的许多文献都已关注经济目标和非经济目标对管理者决策过程的影响，未来研究除了可以将更多具有典型异质性的组织类型（如国有企业、跨国公司、NGO[1]、科技中介等）纳入绩效反馈分析范畴外，还可以继续深挖目前受关注企业类型的特性细分，如创业企业可以进一步聚焦到初创企业、技术创业企业、国际化创业企业等；对家族企业的研究可面向创业、发展、转型、传承等不同周期阶段。总之，更细化的多元管理目标将有助于为更贴近组织的真实状态。

其次，管理者在接收到绩效反馈信息之后的决策过程实际上也是非常动态的，在现有的正/负反馈、历史/社会反馈的研究框架上能够演化出能更精确反映决策者特质、组织风险偏好、不确定性管理等内容的创新工具方法。已有部分研究结合心理学的基本概念，对管理者的个人特质作用绩效反馈的影响做出解释，如"穷则思变""过度自信""创新惰性""赌徒心态"等。当然，组织行为学关注的组织愿景所赋予决策者的其他属性，如企业传承、企业社会责任、企业公

---

① NGO（Non-Governmental Organizations，非政府组织）。

民治理等，也都需要绩效反馈理论建立新的绩效参考指标。

最后，绩效反馈情境将是该理论未来生命力的最大源泉。国外文献目前已开展了针对不同国家、不同市场、不同产业等多层次的组织外部情境研究，相关研究成果对组织绩效反馈理论的适用范围进行了延伸和拓展。组织内外部环境因素实际上对组织目标设置、决策者风险偏好、组织绩效评价等多方面内容都会给予修正，这也是情境因素受到极大关注的原因。当然，中国化研究已成为国际上一支重要的研究力量，中国企业的快速成长背后的管理理论创新问题得到了更多的国际学术关注，所以基于中国情境的组织绩效反馈理论研究势必将对原理论框架进行改良，并对特殊情境下绩效反馈方式和过程的差异结果给出更有力的解释。

第十四章　极端绩效反馈对民营中小企业创新管理决策的动态影响研究

大量基于企业行为理论的研究对企业"穷则思变，富则思安"的战略决策行为做出较为完整的解释：当组织达到预期绩效时，决策者会为了保持盈利状况而倾向于谨慎、保守的战略决策（Lucas et al., 2018；贺小刚等，2017b）；当绩效低于预期时，决策者会更倾向于承担风险，进而实施更强的创新变革（Lv et al., 2019；Rhee et al., 2019；Chen, 2008）。然而，期望顺差和期望落差对企业战略变革是否存在特殊的作用区间，尤其是当处于极端绩优或极端绩差情况时，以上研究问题需要被进一步审视（Kuusela et al., 2017；Joseph and Gaba, 2015）。

企业战略变革行为源自管理者的注意力分配，财务管理目标一直被视为企业在正常经营情况下的首要管理目标。但当企业绩效出现极端值的情况下（即企业绩效远低于或远高于期望绩效），管理者将在财务绩效目标的基础上更加关注其他特殊管理目标（关健和尹静怡，2020；宋铁波等，2018）。企业注意力基础观将此解释为决策者在多个管理目标之间关注度的重新分配（Staw et al., 1981）。具体而言，当企业绩效远低于预期目标水平时，避免破产成为核心管理目标，此时决策者会倾向于减少过高风险的战略变革；当企业绩效远高于预期目标水平时，对标行业内领跑企业成为新的管理目标，此时的管理者会为了达到行业领先水平而进行更为大胆的变革，所以，极端绩效反馈可能导致企业的基本管理目标发生转变，进而形成特异性的企业决策行为（Chng et al., 2015），即富者并非恒安，穷者亦难常变。

本章内容主要有以下几个方向的研究贡献：第一，拓展了绩效反馈的特殊作用区间。以往研究大都默认企业处于正常经营状况，但企业在实践中难免遇到极端绩效的情况。为了将绩效远低于或远高于期望绩效的情况纳入绩效反馈模型之中，本章内容将期望落差和期望顺差分别划分成两个区间，即轻度/重度期望落差和轻度/重度期望顺差。这种划分方法有助于解释企业在极端绩效情况下的特异性战略行为发生拐点的原因，从而拓展企业行为理论的应用范围，同时也为学者未来进一步探讨重度期望落差或重度期望顺差下的特殊战略行为提供参考。第二，利用注意力基础观来解释企业核心管理目标的转变机制。以往研究大都将财务绩效视为企业整体的核心管理目标，近年来开始有学者将多元管理目标纳入研究框架（Chen et al.，2021；关健和尹静怡，2020）。我们认为，随着绩效落差持续增加，企业可能会有更强的意愿摆脱破产威胁；随着期望顺差持续增加，企业可能会更希望追赶行业标杆企业。本章内容研究将企业注意力基础观的观点融入企业行为理论的分析框架中，对已有理论形成了拓展和补充。第三，进一步探讨了组织冗余在不同绩效反馈区间内的情境因素下的调节效应。已有研究大都从投资能力视角讨论组织冗余对企业采取各种战略投资的影响，并且学者认为拥有更多组织冗余的企业能够增强企业采取战略决策行为的能力。企业最终的战略行为结果是意愿和能力综合决定的结果。本章内容关于组织冗余调节效应的分析一方面是对期望落差与战略变革间主效应的进一步验证，另一方面也完善了"动机—能力"的研究框架。

第一节　基础理论整理及研究框架设计

企业行为理论最早由 Cyert 和 March（1963）提出，其核心观点是决策者利用期望来评估企业绩效，并根据结果来制定后续的战略决策。已有大量研究成果表明，无论是基于企业自身的历史绩效期望还是对比行业平均绩效的社会绩效期望，期望落差会不同程度地增强创新投入（Chen，2008），期望顺差会产生减弱效应（Chrisman and Patel，2012；Greve，2003b），国内相关研究结果也证明了以上基本规律（贺小刚，2017a；张远飞等，2013）。

但是，也有部分研究指出在绩效反馈过程中存在企业注意力在多元管理目标之间的配置问题（Ocasio，2011）。特别是当企业受到强烈的绩效反馈作用时，决策者可能会在财务性绩效目标以外更加关注其他核心管理诉求。例如，Audia和 Greve（2006）发现小规模企业在处于较大程度的期望落差时会更加关注生存目标，这种观点与威胁刚性假说的设想基本一致（连燕玲等，2016b；Staw et al.，1981）。同样地，也有研究发现期望顺差的反馈作用可能会引起决策者的自信程度提升（Li and Tang，2010），驱使企业更加急切地追求行业领先地位。综上所述，决策者在一般期望点之外，会特别关注生存点和绩优点的反馈影响（Hu，2011）。据此，我们可以刻画出四个期望反馈区间：重度期望落差、轻度期望落差、轻度期望顺差和重度期望顺差，如图 14-1 所示。

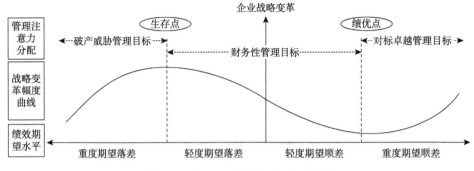

图 14-1　企业注意力转移与战略变革

一、期望落差与战略变革的动态关系

以往学者关于绩效反馈的讨论大都默认企业处于经营常态，即企业绩效不会远低于或远高于期望。在此前提下，财务绩效一般被视为企业的核心管理目标（Cyert and March，1963）。当绩效略低于期望时，轻度期望落差意味着企业已经难以应对当前的市场竞争，需要采取额外的战略行为来获取竞争优势。由于经营问题并不严重，这种劣势足以通过战略变革进行弥补。如果决策者未能立即采取有效的补救措施，企业所面临的经营困境有可能进一步加剧，并导致企业未来绩效持续下滑（Greve，2003b）。大量研究发现，当企业未出现明显的破产风险时，有限理性的决策者愿意承担更高的战略风险以提升企业绩效（Chrisman and Patel，2012；Chen，2008）。因此，企业会在此时尝试着通过战略变革来获取新的竞争优势。

遗憾的是，企业受到内外部影响因素的强烈冲击而面临极端绩效的情况在所难免。March 和 Shapira（1992，1987）最早利用生存点将期望落差划分为两个区间，并强调重度期望落差会让企业内外部利益相关者关注到破产风险。当企业注意力焦点从财务目标转移到生存目标，我们认为企业会尽可能维持原有的战略行为来降低破产风险，主要存在以下几个原因：首先，战略变革作为一种高风险战略（连燕玲等，2016b），该行为本身会增加绩差企业的破产风险。当企业以管理破产威胁为核心目标时，决策者倾向于采取保守、严谨的战略行为以保证企业能够顺利渡过难关。其次，重度期望落差往往超出了决策者感知的可修复范围（李溪等，2018；贺小刚等，2016b），导致其倾向于放弃采取进一步的补救策略。再次，重度期望落差会增加企业内部多个决策团队间的利益冲突（Desai，2016），导致它们为了维护自身利益而积极参与战略制定，从而降低了企业内部决策意愿的一致性。最后，重度期望落差也会让外部利益相关者和相关监管部门对企业经营状况产生怀疑（连燕玲等，2015）。媒体、公共机构关注会限制企业自由地采取战略变革，外部利益相关者与监管部门的介入也会影响企业决策的自主权。基于上述分析，本章内容提出如下假设：

假设 14-1： 在期望落差区间，企业战略变革程度将随着落差程度的增加而出现先升后降的倒 U 形关系。

二、期望顺差与战略变革的动态关系

期望顺差表明企业具备了高于同行伙伴的竞争优势，意味着决策者只需要维持原有的战略决策和资源配置方式就能在很大概率上达到未来的绩效目标（Greve，2003b）。战略变革作为一项高风险决策并不能稳定地提高企业未来绩效（Chrisman and Patel，2012；Wiseman and Gómez-Mejía，1998），反而会加剧未来绩效的异质性。当实际绩效略高于期望水平时，企业采取战略变革所产生的不确定性可能会导致未来绩效跌落至期望水平以下。虽然以往基于前景理论的学者认为企业决策者具有厌恶财富损失的管理特性（Kahneman and Tversky，1979），但关于这种特征的描述更倾向于企业已经拥有或未来能够稳定得到的经济财富，而不是需要通过冒险获得的或有财富（李纪珍和李论，2018）。因此，当企业实际绩效略高于期望绩效时，决策者会倾向于减小战略变革幅度。

当企业实际绩效远高于期望绩效时，我们认为企业的注意力焦点会从财务管理目标转移至对标卓越管理目标，主要有以下几个原因：第一，管理者习惯将企业能够取得满意绩效的原因归功于自己杰出的才能（Hambrick，1997）。相关研究发现，企业获得高于行业竞争者平均水平的绩效能够增加决策者的自信，优异的绩效表现会让决策者变得自负，并造成认知偏差和更强的风险偏好（徐小琴等，2016）。当企业处于重度期望顺差时，决策者坚信自己拥有足够的才能来应对不利事件的发生，更加急切地希望通过进一步的战略变革来获得更高的成就和组织收益，却忽视变革行为可能带来的不利后果。第二，重度的期望顺差会提升企业未来绩效的期望水平（Bromiley and Harris，2014）。企业行为理论认为决策者会通过自身的历史绩效和行业竞争者的平均绩效来设计未来的期望绩效（Greve，2003b；Cyert and March，1963），企业当期绩效的提升势必会提升未来的绩效目标。例如，Bromiley（1991）最早利用 1.05 倍的历史绩效来预测追求卓越的管理者设定的绩效目标。基于上述分析，本章内容提出如下假设：

假设 14-2： 在期望顺差区间，企业战略变革程度将随着顺差程度的增加而出现先降后升的 U 形关系。

三、组织冗余的调节效应

企业战略变革可以看作变革动机与变革能力共同决定的结果（Miller and

Chen，1994）。组织绩效反馈作用增强或削弱了战略变革的动机，但企业究竟能够在多大程度上采取战略变革则取决于其他的内部外因素。企业的资源基础被认为是影响企业采取战略变革能力的重要因素之一（Ref and Shapira，2017），大量关于绩效反馈的研究也将资源基础作为重要的情境因素进行讨论（贺小刚等，2017b；Iyer and Miller，2008；Greve，2003b）。本章内容关注了组织冗余对期望差距与战略变革间关系的调节效应，并着重分析了该调节机制在企业处于重度期望落差和重度期望顺差时的独特性。组织冗余是指在绩效良好的企业中未支配的流动性资源（Iyer and Miller，2008；Wiseman and Bromiley，1996），即可供决策者自由调配的闲置资源。当企业面临内部经营危机或外部市场冲击时，组织冗余是企业能够迅速做出战略回应的重要保障之一（Tyler and Caner，2016；Greve，2003a）。大量实证研究发现：组织冗余不足可能会导致企业陷入困境而无法采取其他战略投资（Chen and Miller，2007），但组织冗余过量会造成资金时间价值流失。因此，企业的组织冗余对短期及长期经营具有重要意义。

（一）组织冗余对期望落差与战略变革之间关系的调节作用

根据上文所述，当企业实际绩效略低于期望绩效时，决策者会积极采取战略变革来构建新的竞争优势。相比较而言，组织冗余更多的企业具有更大的资源配置空间（Iyer and Miller，2008）、具有更强的变革能力（连燕玲等，2014），能够在短时间内采取更大的战略变革。也有学者认为，组织冗余能够改变决策者的压力感知和冒险动机，进而影响最终的战略决策（贺小刚等，2017a）。企业拥有的组织冗余越多，决策者就会拥有更多的机会来解决已有的经营问题（Levinthal，1991）。这些额外的机会削弱决策者对于失败和破产的感知压力（Audia and Greve，2006），并提升他们在战略决策时的自信程度（池丽旭和庄新田，2011），促使企业在更大程度上采取战略变革。因此，当企业处于轻度落差区间时，组织冗余越多，期望落差与战略变革间的正向关系越明显，即倒 U 形曲线左边上升部分斜率更加陡峭。

相关研究表明，面临生存危机的企业更有可能重复先前行为，更倾向于投资能够稳定获得收益的战略行为（Staw et al.，1981）。尽管这些投资能够带来的收益并不乐观，但相比于投资能力受到约束的企业，拥有更多组织冗余的企业能够在更大程度上通过增加投资来获得更高的经济收益，因此更不容易破产。组织冗余不足的企业由于无法获得大量稳定的收益导致它们面临更高的破产风险，这就意味着这些企业仍旧需要冒险采取战略变革来获得高额收益。此外，当企业同时出现盈利能力不足和投资能力不足两大问题时，其经营合法性将会在更大程度上受到挑战（李溪等，2018）。决策者需要进一步采取战略变革来打消利益相关者及市场监管部门的质疑。因此，当企业处于重度期望落差时，拥有更多组织冗余的企业采取的战略变革程度反而更小。基于上述分析，本章内容提出如下假设：

假设 14-3：组织冗余强化了期望落差与战略变革间的关系，即倒 U 形曲线左半部分上升曲线更加陡峭，右半部分的下降曲线也更加陡峭。

（二）组织冗余对期望顺差与战略变革之间关系的调节作用

当企业处于轻度期望顺差区间时，决策者的注意点焦点仍旧在财务管理目标之上。相比于经营效率低下企业，它们维持原有的战略行为更加容易获得超越行业平均水平的财务绩效。企业拥有的组织冗余越多，它可以在更大程度上投资原有的战略行为来获得更多的经济收益，并取得更好的财务绩效。因此，当决策者以财务绩效为核心管理目标时，组织冗余削弱了企业采取战略变革的冒险动机，从而导致企业在更大程度上降低战略变革程度。因此，当企业实际绩效略高于期望绩效时，组织冗余强化了期望顺差与战略变革间的负向关系，即 U 形曲线左边下降部分斜率更加陡峭。

然而，当企业取得远高于同行竞争者的绩效时，决策者参与战略决策的自信水平会大幅度提高，并可能以对标卓越为核心管理目标。此时，企业倾向于冒险尝试战略变革以取得更好的绩效。一方面，组织资源禀赋是决定企业战略变革能力的核心要素之一，拥有更多组织冗余的企业可以在更大程度上采取战略变革。另一方面，更多的组织冗余也给予决策者更高的自信水平，因为它们不仅拥有更多获得成功的机会，而且具备了更多应对失败的解决方法。因此，当企业处于重度期望顺差区间时，组织冗余增强了期望顺差与战略变革间的正向关系，即 U 形曲线右边上升部分斜率更加陡峭。基于上述分析，本章内容提出如下假设：

假设 14-4：组织冗余强化了期望顺差与战略变革间的关系，即 U 形曲线左半部分下降曲线更加陡峭，右半部分的上升曲线也更加陡峭。

第二节　极端绩效对中小企业战略变革影响的实证研究

一、样本选择与数据来源

为了确保研究对象具有充分的自主决策权，本章内容借鉴贺小刚等（2017b）的研究，以民营上市企业作为研究对象。根据 CSMAR 数据库和万德数据库（Wind），本章内容获得了 2007~2017 年我国 A 股民营企业的财务绩效数据、研发投资数据、广告投资数据及其他相关的企业特征数据。本章内容通过巨潮资讯网站下载了各个上市企业的年报来对数据库中的相关信息进行核实，确保样本数据的准确性和真实性。本章内容对样本数据进行了多重控制处理：①剔除研发费用、财务绩效指标（ROA、ROE[①]）等数据严重缺失的企业；②剔除 ST、SST、*ST 的企业样本，以去除面临退市企业的特殊战略决策行为的影响；③剔除研发投资强度较低的金融类行业样本，如银行、证券、保险等。通过上述步骤筛选后，本章内容最终获得了由 663 家企业构成的 1 907 个观测样本。

二、模型设定

本章内容设计以下模型以检验上述理论假设：

$$\text{Strategic change}_{i,t} = \beta_0 + \beta_1 \text{NPA}_{i,t-1} + \beta_2 \text{NPA}^2_{i,t-1} + \beta_3 \text{NPA}_{i,t-1} \times \text{Unabsorbed slack}_{i,t-1}$$
$$+ \beta_4 \text{NPA}^2_{i,t-1} \times \text{Unabsorbed slack}_{i,t-1} + \beta_5 \text{Unabsorbed slack}_{i,t-1}$$
$$+ \beta_6 C_{i,t-1} + \varepsilon_i$$

$$（14\text{-}1）$$

$$\text{Strategic change}_{i,t} = \gamma_0 + \gamma_1 \text{PPA}_{i,t-1} + \gamma_2 \text{PPA}^2_{i,t-1} + \gamma_3 \text{PPA}_{i,t-1} \times \text{Unabsorbed slack}_{i,t-1}$$
$$+ \gamma_4 \text{PPA}^2_{i,t-1} \times \text{Unabsorbed slack}_{i,t-1} + \gamma_5 \text{Unabsorbed slack}_{i,t-1}$$
$$+ \gamma_6 C_{i,t-1} + \varepsilon_i$$

$$（14\text{-}2）$$

式（14-1）为检验期望落差与战略变革之间的关系以及组织冗余的调节效应，式（14-2）为检验期望顺差与战略变革之间的关系以及组织冗余的调节效应。Strategic change$_{i,t}$ 是被解释变量，表示企业 i 在第 t 年的战略背离程度；NPA$_{i,t-1}$ 表示期望落差，即企业 i 在第 $t-1$ 年的实际绩效低于期望绩效的负向截尾的绝对值，本章内容旨在分析这种期望差距对企业后续决策行为的影响，所以在计算期望落差变量时采取了滞后因变量一期的方法处理（Chrisman and Patel，2012；Chen，2008）；Unabsorbed slack$_{i,t-1}$ 表示组织冗余，计算时同样取了滞后一期的处理方法；PPA$_{i,t-1}$ 表示期望顺差，企业 i 在第 $t-1$ 年的实际绩效高于期望绩效的正向截尾的绝对值；$C_{i,t-1}$ 表示控制变量，如企业年龄、企业规模、CEO 更替等，这边变量同样采取了滞后一期的处理方法。

---

① ROE（return on equity，权益净利率）。

三、变量定义

被解释变量：战略变革。本章内容借鉴连燕玲等（2014）、Finkelstein 和 Hambrick（1990）及 Datta 等（2003）的研究，通过测量企业的战略资源配置在年度区间上的变化程度来测量战略变革的幅度。企业的战略资源配置在年度区间上变化程度较大，则认为战略变革的幅度较大。具体测量过程如下：首先获取企业战略资源 6 个维度指标，6 个维度分别为广告支出与销售收入比率、研发支出与销售收入比率、固定资产净值与固定资产总值比率、非生产性支出与销售收入比率、存货与销售收入比率、财务杠杆系数。测算出上述每一个指标在 5 年内（$T-1$，$T+3$）的方差（$\Sigma[t_i - T]^2 / [n-1]$）；其次将获得的年度方差基于行业进行标准化；最后将上述分别进行标准化后的 6 个指标值进行相加得到企业每年度的战略变革指数。

解释变量：①期望落差。目前，比较普遍使用的方法是基于社会比较而界定的行业期望落差（贺小刚等，2017b；Chen，2008；Greve，2003b）。本章内容所指的期望落差是决策者所能够感受到的现实与期望的差距状态，往往通过企业的实际绩效与期望绩效的差异值来衡量。借鉴 Chrisman 和 Patel（2012），本章内容利用企业在 $t-2$ 期所在行业的业绩中位水平来测度企业在 $t-1$ 期的行业期望绩效。如果企业的行业期望差距为负意味着企业处于行业期望落差状态。期望落差的数据处理采取了截尾的虚拟变量方式，即对于期望落差的数据取实际差异值的绝对值。②期望顺差。与期望落差相似，当企业的行业期望差距为正意味着企业处于行业期望顺差状态。我们同样采取了截尾的虚拟变量方式。

调节变量：组织冗余（冗余资源）。在以往研究中，组织冗余分为三个类型：未吸收冗余、吸收冗余、潜在冗余。本章内容所指的组织冗余是指可供组织自由调配的闲置资源，即未吸收冗余。借鉴 Chrisman 和 Patel（2012）、Iyer 和 Miller（2008）、贺小刚等（2017a）的研究，本章内容利用流动资产与流动负债的比值来测度组织冗余状况。该指标越高表示企业能够迅速调动起来的冗余资源越多。

控制变量。根据以往研究文献，本章内容包括以下控制变量：①企业年龄，企业成立至今所经历的年数；②企业规模，企业总资产的自然对数；③独立董事比例，独立董事人数占董事会总人数的比例；④CEO 持股比例（CEO 持股），CEO 持有股票所有权数量占企业总股数的比例；⑤CEO 更替，如果 CEO 发生更替，编码为1，反之编码为0；⑥董事会持股比例（董事会持股），董事会持有股票所有权数量占企业总股数的比例；⑦政府补助，政府财政补助金额占销售收入的比值；⑧国际化程度，企业出口销售额占销售收入的比值；⑨股权集中度，企业前 5 大股东持股比例的赫芬达尔—赫希曼指数（HHI）；⑩行业竞争强度，企业所在行业竞争者数量的赫芬达尔—赫希曼指数。

四、主要变量的描述性统计与相关性统计分析

表 14-1 列示了本章内容主要变量的描述性统计与相关性统计分析结果。战略背离的均值为-0.076，标准差为 0.272，表明样本企业之间的战略背离程度异质性较高。组织冗余的均值为 4.506，标准差为 4.854，表明样本中企业之间的组织冗余差异明显。根据相关性统计分析结果，解释变量期望落差与战略变革间存在显著的正向相关关系（相关系数=0.079，$p<0.01$），解释变量期望顺差与战略变革之间存在显著的负向相关关系（相关系数=-0.051，$p<0.05$），调节变量组织冗余与战略变革间存在显著的正向相关关系（相关系数=0.193，$p<0.01$）。

表 14-1　主要变量描述性统计和相关性统计分析结果

变量名	1	2	3	4	5	6	7	8	9	10	11	12	13	14
战略变革 $_t$	1.000													
期望落差 $_{t-1}$	0.079***	1.000												
期望顺差 $_{t-1}$	-0.051**	-0.206***	1.000											
冗余资源 $_{t-1}$	0.193***	-0.185***	-0.008	1.000										
企业年龄 $_{t-1}$	0.017	0.086***	-0.003	-0.176***	1.000									
企业规模 $_{t-1}$	-0.181***	0.068***	0.157***	-0.291***	0.225***	1.000								
独立董事比例 $_{t-1}$	0.074***	-0.005	-0.041*	0.042*	0.034	-0.046**	1.000							
CEO持股 $_{t-1}$	0.029	-0.091***	-0.075***	0.172***	-0.155***	-0.254***	0.143***	1.000						
CEO更替 $_{t-1}$	0.040*	0.013	0.034	-0.049**	0.021	0.059***	-0.015	-0.127***	1.000					
董事会持股 $_{t-1}$	0.001	-0.106***	-0.091***	0.272***	-0.244***	-0.318***	0.096***	0.679***	-0.029	1.000				
政府补助 $_{t-1}$	0.187***	0.009	-0.059***	0.289***	-0.041*	-0.184***	0.054***	0.106***	-0.006	0.142***	1.000			
国际化程度 $_{t-1}$	-0.030	-0.041*	-0.047**	0.009	-0.012	-0.067***	0.009	-0.020	-0.004	-0.010	-0.036	1.000		
股权集中度 $_{t-1}$	0.013	-0.143***	0.041*	0.019	-0.111***	0.108***	0.103***	-0.020	0.023	-0.152***	-0.106***	-0.059***	1.000	
行业竞争强度 $_{t-1}$	-0.090***	-0.036	-0.042*	0.017	-0.066***	-0.066***	-0.052**	-0.015	-0.045**	0.004	-0.042*	0.040*	-0.045*	1.000

续表

变量名	1	2	3	4	5	6	7	8	9	10	11	12	13	14
均值	−0.076	0.012	0.012	4.506	11.450	21.209	0.372	0.082	0.119	0.198	0.018	0.016	0.170	0.080
标准差	0.272	0.025	0.027	4.854	5.198	0.914	0.052	0.137	0.323	0.221	0.025	0.091	0.118	0.108

* $p < 0.1$, ** $p < 0.05$, *** $p < 0.01$

注：观测值=1 907

表 14-2 列示了本章内容解释变量期望落差和期望顺差各个分位点的数值。由于本章内容利用实际绩效与期望绩效间差距的绝对值来测量上述两个变量，其数值均为大于或等于 0 的实数。我们发现，期望落差中超过 95%的观测值小于0.50，期望顺差中超过 95%的观测值小于 0.75。

表 14-2　期望落差与期望顺差各个分位点的数值

变量名	最小值	1%	5%	10%	25%	50%	75%	90%	95%	99%	最大值
NPA_{t-1}	0	0	0	0	0	0	0.017	0.040	0.049	0.120	0.264
PPA_{t-1}	0	0	0	0	0	0	0.005	0.044	0.072	0.134	0.161

注：观测值=1907

五、实证结果分析

在具体检验之前，本章内容对数据做如下处理以确保模型估计的一致性和有效性：①为避免异常值对检验结果的影响，对主要的连续变量在 1%的水平上进行了缩尾处理；②为避免多重共线性的影响，对交互项测量的连续变量进行了中心化处理；此外对所有解释变量进行了方差膨胀因子诊断，结果显示所有解释变量的方差膨胀因子均小于 2.50，平均值为 1.26，表明不存在严重的多重共线性问题；③本章内容的数据是非平衡面板数据，可能存在的异方差、时序相关和横截面相关等问题，使用通常的面板数据估计方法会低估标准误差，导致模型估计结果有偏，采用 Driscoll-Kraay（D-K）标准差进行估计得到的标准误差才具有无偏性、一致性和有效性。因此，本章内容在后续的面板数据模型估计中，主要采用D-K 标准误方法进行估计。

表 14-3 列示了期望落差与战略变革的关系检验。

表 14-3　期望落差与战略变革的关系检验

战略变革 $_t$	模型 1	模型 2	模型 3	模型 4
期望逆差 $_{t-1}$		0.144 （0.097）	0.934*** （0.138）	0.622*** （0.064）
期望逆差 $_{t-1}^2$			−5.284*** （0.570）	−1.722** （0.629）

续表

战略变革 $_t$	模型 1	模型 2	模型 3	模型 4
期望逆差 $_{t-1}$×冗余资源 $_{t-1}$				0.230*** （0.052）
期望逆差 $_{t-1}^2$×冗余资源 $_{t-1}$				-2.932*** （0.454）
冗余资源 $_{t-1}$	0.002 （0.001）	0.002 （0.001）	0.002* （0.001）	0.002 （0.001）
企业年龄 $_{t-1}$	0.009*** （0.002）	0.008*** （0.001）	0.006*** （0.002）	0.005** （0.002）
企业规模 $_{t-1}$	-0.032*** （0.008）	-0.031*** （0.008）	-0.033*** （0.008）	-0.031** （0.009）
独立董事比例 $_{t-1}$	0.016 （0.095）	0.019 （0.097）	0.027 （0.095）	0.019 （0.095）
CEO 持股 $_{t-1}$	-0.017 （0.015）	-0.015 （0.016）	-0.018 （0.017）	-0.019 （0.017）
CEO 更替 $_{t-1}$	0.010 （0.006）	0.011* （0.005）	0.011* （0.005）	0.011* （0.006）
董事会持股 $_{t-1}$	0.072* （0.035）	0.077 （0.032）	0.080** （0.031）	0.074* （0.035）
政府补助 $_{t-1}$	0.801*** （0.036）	0.788*** （0.044）	0.789*** （0.050）	0.768*** （0.050）
国际化程度 $_{t-1}$	0.014 （0.069）	0.015 （0.070）	0.018 （0.069）	0.018 （0.068）
股权集中度 $_{t-1}$	0.072 （0.131）	0.080 （0.136）	0.109 （0.133）	0.094 （0.132）
行业竞争强度 $_{t-1}$	-0.119* （0.056）	-0.118* （0.056）	-0.117* （0.057）	-0.121* （0.059）
常数项	0.467** （0.180）	0.448* （0.185）	0.488** （0.197）	0.466* （0.202）
样本量	1 907	1 907	1 907	1 907
R^2	0.015	0.015	0.020	0.024
F 值	876.89	1 162.31	464.77	143.30

* $p<0.1$, ** $p<0.05$, *** $p<0.01$

注：括号内为 D-K 稳健标准差

　　模型 1 为基础模型，仅包括控制变量和调节变量。模型 2 包括控制变量、调节变量和解释变量期望落差。模型 3 检验的是期望落差与战略变革间的关系，结果显示期望落差一次项的回归系数显著为正（ $\beta=0.934$ ， $p<0.01$ ），而期望落差平方项的系数显著为负（ $\beta=-5.284$ ， $p<0.01$ ），这在统计意义上证明期望落差与战略变革之间存在显著的倒 U 形关系。根据这一回归检验结果，我们利用 Stata15.0 将上述关系绘制成图 14-2。

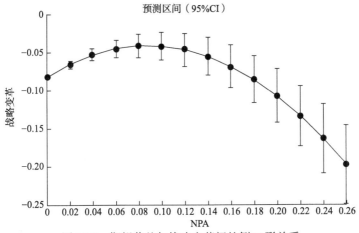

图 14-2　期望落差与战略变革间的倒 U 形关系

其中，解释变量期望落差的最小值为 0，最大值为 0.264，上述两者间的关系曲线在期望落差取值范围内为完整的倒 U 形曲线。根据期望落差一次项和平方项的回归系数，我们求得倒 U 形曲线拐点对应横坐标轴的取值为 0.088，表明当期望落差值为 0.088 时，企业战略变革的幅度达到最大。当期望落差值超过这一拐点时，战略变革幅度开始减小，由此本章内容假设 14-1 得到验证。根据表 14-2 中关于期望落差各个分位点数值的描述性统计，我们发现有超过 95%的观测值在拐点的左侧（0.049<0.088）。因此，仅有极少数企业位于重度期望落差区间之内，这与实际情况较为符合。

模型 4 检验的是组织冗余对期望落差与战略变革之间关系的调节效应。结果显示期望落差平方项与组织冗余交互项的回归系数显著为负（β=-2.932，$p<0.01$），表明组织冗余强化了期望落差与战略变革间的倒 U 形关系。我们同样利用 Stata15.0 绘制了组织冗余的调节效果，如图 14-3。

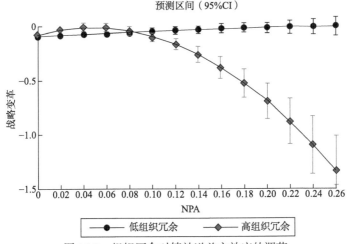

图 14-3　组织冗余对绩效逆差主效应的调节

我们发现，倒 U 形曲线左边上坡部分与右边下坡部分的线段均更加陡峭，这表明具有更多组织冗余的企业在轻度期望落差区间时，战略变革幅度增加速度更快；当经过拐点后进入重度期望落差区间后，战略变革减小速度也更快。由此本章内容假设 14-3 得到验证。

表 14-4 列示了检验期望顺差与战略变革之间关系假设的面板回归分析结果。模型 1 包括控制变量、调节变量和解释变量期望顺差。模型 2 检验的是期望顺差与战略变革间的关系，结果显示期望顺差一次项的回归系数显著为负（β=-1.670，$p<0.01$），期望顺差平方项的回归系数显著为正（β=8.269，$p<0.01$），这在统计意义上证明期望顺差与战略变革之间存在显著的 U 形关系。根据这一回归检验结果，我们利用 Stata15.0 将上述关系绘制成图 14-4。

表 14-4　期望顺差与战略变革的关系检验

战略变革 t	模型 1	模型 2	模型 3
期望顺差 $_{t-1}$	-0.753** （0.279）	-1.670*** （0.395）	-1.250* （0.534）
期望顺差 $_{t-1}^2$		8.269*** （1.368）	5.217* （2.362）
期望顺差 $_{t-1}$×冗余资源 $_{t-1}$			-0.083 （0.043）
期望逆差 $_{t-1}$×冗余资源 $_{t-1}$			0.600* （0.285）
期望逆差 $_{t-1}^2$×冗余资源 $_{t-1}$	0.001 （0.001）	0.001 （0.001）	0.001 （0.001）
企业年龄 $_{t-1}$	0.009*** （0.002）	0.011*** （0.002）	0.011*** （0.002）
企业规模 $_{t-1}$	-0.029*** （0.007）	-0.028** （0.008）	-0.028** （0.008）
独立董事比例 $_{t-1}$	0.025 （0.103）	0.028 （0.097）	0.031 （0.096）
CEO 持股 $_{t-1}$	-0.025 （0.014）	-0.031* （0.013）	-0.033** （0.012）
CEO 更替 $_{t-1}$	0.011* （0.006）	0.012* （0.005）	0.011* （0.006）
董事会持股 $_{t-1}$	0.085** （0.027）	0.092** （0.026）	0.095** （0.026）
政府补助 $_{t-1}$	0.769*** （0.050）	0.753*** （0.058）	0.740*** （0.056）
国际化程度 $_{t-1}$	0.001 （0.063）	-0.005 （0.061）	-0.005 （0.061）
股权集中度 $_{t-1}$	0.150 （0.163）	0.191 （0.161）	0.186 （0.164）
行业竞争强度 $_{t-1}$	-0.119* （0.054）	-0.121* （0.052）	-0.121* （0.053）

续表

战略变革 t	模型 1	模型 2	模型 3
常数项	0.379 （0.198）	0.334 （0.195）	0.334 （0.193）
样本量	1 907	1 907	1 907
R^2	0.025	0.029	0.029
F 值	873.57	1 401.65	1 395.22

* $p < 0.1$，** $p < 0.05$，*** $p < 0.01$

注：括号内为 D-K 稳健标准差

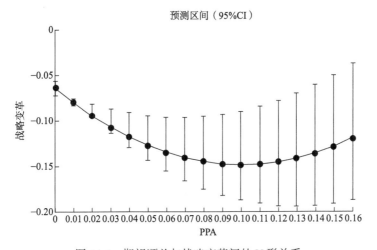

图 14-4　期望顺差与战略变革间的 U 形关系

其中，解释变量期望顺差的最小值为 0，最大值为 0.161，上述两者间的关系曲线在期望落差取值范围内为完整的 U 形曲线。根据期望顺差一次项和平方项的回归系数，我们求得 U 形曲线拐点对应横坐标轴的取值为 0.101，表明当期望顺差值为 0.101 时，企业战略变革的幅度达到最小值。当期望顺差值超过这一拐点时，战略变革幅度开始增大，由此本章内容假设 14-2 得到验证。根据表 14-2 中关于期望顺差各个分位点数值的描述性统计，我们发现有超过 95% 的观测值在拐点的左侧（0.072<0.101）。因此，也仅有极少数企业位于重度期望顺差区间之内，这与实际情况较为符合。

模型 3 检验的是组织冗余对期望顺差与战略变革之间关系的调节效应。结果显示期望顺差平方项与组织冗余交互项的回归系数显著为正（ β=0.600，p<0.1），表明组织冗余强化了期望顺差与战略变革间的 U 形关系。我们同样利用 Stata15.0 绘制了组织冗余的调节效果，如图 14-5。

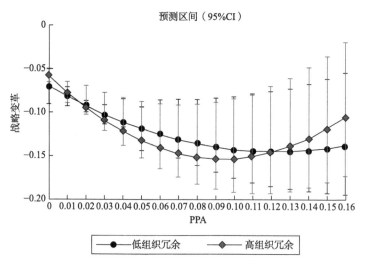

图 14-5　组织冗余对期望顺差主效应的调节

　　我们发现，U 形曲线左边下坡部分与右边上坡部分的线段均更加陡峭，这表明具有更多组织冗余的企业在轻度期望顺差区间时，战略变革幅度降低速度更快；当经过拐点后进入重度期望顺差区间后，战略变革增加速度也更快。由此本章内容假设 14-4 得到验证。

六、稳健性检验

（一）更换解释变量的测度方式

　　为确保结果的稳定性，我们首先通过更换解释变量期望落差与期望顺差的测度方式来进行稳健性检验。具体地，我们利用企业所在行业过去 3 期的平均绩效来测度期望绩效，并同样利用实际绩效与期望绩效间的差距才测度期望落差和期望顺差，检验结果如表 14-5 所示。

表 14-5　更换期望落差、期望顺差测度方式后的稳健性检验

战略变革 $_t$	期望落差			战略变革 $_t$	期望顺差		
	模型 1	模型 2	模型 3		模型 4	模型 5	模型 6
期望逆差 $_{t-1}$	0.129 （0.158）	1.489*** （0.159）	0.705*** （0.175）	期望逆差 $_{t-1}$	-0.799*** （0.140）	-2.166*** （0.175）	-1.236** （0.338）
期望逆差 $_{t-1}^2$		-10.479*** （1.485）	-3.575* （1.647）	期望逆差 $_{t-1}^2$		12.544*** （1.616）	7.490** （2.081）
期望逆差 $_{t-1}$× 冗余资源 $_{t-1}$			0.354*** （0.045）	期望逆差 $_{t-1}$× 冗余资源 $_{t-1}$			-0.202*** （0.029）

续表

战略变革,	期望落差			战略变革,	期望顺差		
	模型 1	模型 2	模型 3		模型 4	模型 5	模型 6
期望逆差 $_{t-1}{}^2$× 冗余资源 $_{t-1}$			−3.845*** （0.508）	期望逆差 $_{t-1}{}^2$× 冗余资源 $_{t-1}$			1.069*** （0.232）
控制变量	Control	Control	Control	控制变量	Control	Control	Control
常数项	0.431* （0.208）	0.432 （0.222）	0.408 （0.221）	常数项	0.380 （0.198）	0.350 （0.189）	0.335 （0.192）
样本量	1907	1907	1907	样本量	1907	1907	1907
R^2	0.015	0.022	0.029	R^2	0.024	0.029	0.034
F 值	655.58	1365.16	118.38	F 值	673.42	1028.15	121.50

* $p < 0.1$，** $p < 0.05$，*** $p < 0.01$

注：括号内为 D-K 稳健标准差

表 14-5 中模型 1~模型 3 检验了期望落差与战略变革之间的关系以及组织冗余的调节效应，这些结果与上述表 14-3 中的结果基本一致。模型 1 中，期望落差的回归系数为正数但并不显著。模型 2 中，期望落差一次项回归系数显著为正（$\beta=1.489$，$p<0.01$），期望落差平方项回归系数显著为负（$\beta=-10.479$，$p<0.01$），证明随着期望落差的持续增大，企业战略变革程度呈现先升后降的倒 U 形变化趋势，由此本章内容假设 14-1 仍旧得到验证。模型 3 中，期望落差平方项与组织冗余交互项的回归系数显著为负（$\beta=-3.845$，$p<0.01$），表明组织冗余强化了期望落差与战略变革之间的倒 U 形关系，由此本章内容假设 14-3 仍旧得到验证。

表 14-5 中模型 4~模型 6 检验了期望顺差与战略变革之间的关系以及组织冗余的调节效应，这些结果也与上述表 14-4 中的结果基本一致。模型 4 中，期望顺差的回归系数为负（$\beta=-0.799$，$p<0.01$）。模型 5 中，期望顺差一次项回归系数显著为负（$\beta=-2.166$，$p<0.01$），期望落差平方项回归系数显著为负（$\beta=12.544$，$p<0.01$），证明随着期望顺差的持续增大，企业战略变革程度呈现先降后升的 U 形变化趋势，由此本章内容假设 14-2 仍旧得到验证。模型 6 中，期望顺差平方项与组织冗余交互项的回归系数显著为正（$\beta=1.069$，$p<0.01$），表明组织冗余强化了期望顺差与战略变革之间的 U 形关系，由此本章内容假设 14-4 仍旧得到验证。

（二）更换被解释变量的测度方式

由于中国上市企业对广告费用披露并不详尽（祝振铎等，2018），很难真实反映企业在广告方面的投入，本章内容剔除广告费用后构建五个维度的战略变革指标来进行稳健性检验。检验结果如表 14-6 所示，其中模型 1~模型 3 检验了期望落差与战略变革之间的关系以及组织冗余的调节效应，模型 4~模型 6 检验了期望顺差与战略变革之间的关系以及组织冗余的调节效应。更换战略变革测度方式后的稳健性检验结果仍旧支持本章内容的研究假设。

表 14-6　更换战略变革测度方式后的稳健性检验

战略变革 t	期望落差			战略变革 t	期望顺差		
	模型 1	模型 2	模型 3		模型 4	模型 5	模型 6
期望逆差 $t-1$	0.232* (0.113)	1.269*** (0.171)	0.694*** (0.091)	期望顺差 $t-1$	−0.226 (0.138)	−0.829*** (0.111)	−1.106* (0.532)
期望逆差 $t-1$^{2}		−6.936*** (0.694)	−1.708** (0.680)	期望顺差 $t-1$^{2}		4.009*** (0.894)	7.368 (4.420)
期望逆差 $t-1$× 冗余资源 $t-1$			0.350*** (0.053)	期望顺差 $t-1$× 冗余资源 $t-1$			−0.107 (0.059)
期望逆差 $t-1$^{2}× 冗余资源 $t-1$			−3.978*** (0.484)	期望顺差 $t-1$^{2}× 冗余资源 $t-1$			1.432 (0.616)
控制变量	Control	Control	Control	控制变量	Control	Control	Control
常数项	0.936*** (0.168)	0.987*** (0.184)	0.944*** (0.191)	常数项	0.935*** (0.163)	0.916*** (0.166)	0.855*** (0.163)
样本量	1907	1907	1907	样本量	1907	1907	1907
R^2	0.028	0.037	0.044	R^2	0.029	0.032	0.033
F 值	1292.37	1430.77	721.71	F 值	2279.43	225.66	1869.61

$^*p<0.1$，$^{**}p<0.05$，$^{***}p<0.01$

注：括号内为 D-K 稳健标准差

第三节　极端绩效影响下的中小企业管理优化对策

企业行为理论中的大量研究关注了期望差距与战略变革之间的关系（宋铁波等，2019；Levinthal，1991），但学者极少关注到绩效反馈是否存在特殊的作用区间。一般而言，财务绩效是企业制定各项战略决策的核心管理目标。然而，当企业实际绩效远低于期望绩效时，决策者的注意力焦点可能会转移到破产威胁管理目标（连燕玲等，2015；Hu，2011）；当企业实际绩效远高于期望绩效时，决策者会因为自信水平提升而希望企业能够对标卓越（徐小琴等，2016）。基于此，本章内容分别探讨了期望落差、期望顺差与战略变革间的关系。考虑到战略变革是动机和能力综合决定的结果（Miller and Chen，1994），绩效反馈更多地改变企业的决策意愿，本章内容进一步探究了组织冗余对上述关系的调节效应。

基于 2008~2017 年我国民营上市企业数据，本章内容获得以下研究结论：第一，当企业绩效略低于期望绩效时，绩效负反馈作用增加了决策者的冒险动机而导致企业积极增大战略变革幅度。随着期望落差进一步增大，决策者注意力将从财务性管理目标转移至破产威胁管理目标，企业为避免发生破产而选择保守、严谨的战略决策，如减少战略变革幅度。因此，随着期望落差的增加，战略变革会呈现先升后降的倒 U 形变化趋势。第二，当企业绩效略高于期望绩效时，企业只需要维持原有的战略决策就可以达到绩效目标，倾向于减少战略变革幅度。随着期望顺差进一步增大，决策者的自信程度也随之增加，由此产生的过度自信或自负或造成感知偏差，导致决策者具有极高的风险寻求意愿。此时，企业的注意力焦点将从财务性惯例目标转移至对标卓越管理目标，倾向于增大战略变革程度来获得更大的成功。因此，随着期望顺差的增加，战略变革会呈现先降后升的 U 形变化趋势。第三，当企业略低于期望绩效时，决策者具有强烈的变革意愿，资源禀赋是决定企业能够在多大程度上采取战略变革的核心因素之一。组织冗余增强了轻度期望落差与战略变革间的正向关系，导致倒 U 形曲线左边上坡部分更加陡峭。当企业绩效远低于期望绩效时，决策者希望投资于低风险战略行为来获得稳定的经济收益以避免企业发生破产。组织冗余更多的企业可以通过这种扩张型投资行为来获得更多的经济收益，从而更不容易破产。此时，组织冗余削弱了企业的变革动机，倒 U 形曲线右边下坡部分也变得更加陡峭。因此，组织冗余强化了期望落差与战略变革之间的关系。第四，当企业绩效略高于期望绩效时，企业只需要坚持原有的战略行为就能达到绩效目标。更多的组织冗余同样会进一步削弱企业的变革动机，导致企业减小战略变革程度，即 U 形曲线左边下坡部分变得更加陡峭。当企业绩效远高于期望绩效时，组织冗余赋予决策者更多机会来实现对标卓越的管理目标，同时增加了企业的变革动机和变革能力，导致 U 形曲线右边上坡部分也变得更加陡峭。因此，组织冗余强化了期望顺差与战略变革之间的关系。

在本章内容研究基础上，我们还对未来研究提供了几点参考意见。首先，根据已有文献中提出的"生存点"和"绩优点"两个概念，本章内容将期望落差和期望顺差划分成四个区间，并以此探讨期望差距与战略变革间的动态关系，补充和完善企业行为理论领域的已有研究。事实上，有学者开始基于持续性视角探讨期望落差对战略决策的复杂作用效果（Yu et al., 2019），也有学者关注到多个管理目标的期望落差的绩效反馈机制（李溪等，2018）。这些前沿研究为我们探讨绩效反馈的特殊作用区间提供新的思路，未来研究也可以选择持续性视角和多元管理目标视角展开进一步挖掘。其次，本章内容以民营企业为研究对象，获得了一些研究结论。已有研究发现，家族企业、单独创始人企业在战略决策上可能与一般合资企业存在明显差异（Chrisman and Patel, 2012）。因此，本章内容建议未来研究可以在重度期望落差或重度期望顺差的情形下探讨组织结构、文化等特征对绩效反馈作用产生的影响。最后，制度环境逐步完善与市场经济的快速发展对企业的转型升级提出了更高的要求（李新春等，2018）。关于绩效反馈作用是否也会对企业转型战略产生影响的问题具有较高的实践价值，值得未来学者进一步地挖掘。

第十五章　科技型中小企业技术创新管理能力的动态演进研究

在激烈的市场竞争过程中，科技型中小企业（technology-based small and medium-sized enterprises，TBSMEs）相比大型企业具备市场嗅觉敏锐（路风和慕玲，2003）、组织柔性显著（Gubitta and Gianecchini，2002）和技术创业能力强（Amit et al.，1990）等独特优势。据 2012 年首届中小市值企业投资论坛的报告，约有 75%的颠覆性创新产品最初都是由 TBSMEs 设计研发成功的。挖掘 TBSMEs 的创新基因并提升 TBSMEs 新技术、新产品的开发绩效，已上升到关系产业未来技术基础的战略性高度。

科技型中小企业最本质的特征是"技术制胜"，技术管理能力是有效推动其技术创新工作实现突破性进展的原动力（Lichtenthaler，2004，2010）。然而，由于科技型中小企业受制于研发资源等短板，其技术创新活动需要通过搜寻与连接外部技术信息来整合创新网络中的资源（李培楠等，2014）。在有效获取和吸收技术知识后，科技型中小企业亟须通过二次创新等模式实现关键步骤技术知识的内化过程，最终实现核心技术要件的研发以及创新产品的研制。因此，技术管理能力在科技型中小企业的技术创新过程中就显得极其重要，其贯穿于企业从信息探索到最终产品研发成功的整个技术创新活动过程（Benner and Tushman，2003）。

技术管理活动对于企业创新绩效的正向推动作用已得到普遍认同（魏江和许庆瑞，1996），最新研究更加关注其动态过程（程聪等，2015；Augier and Teece，2009）。传统企业资源论认为企业技术管理绩效取决于企业内外部创新资源的丰裕程度（Cassiman and Veugelers，2006）。随着创新资源异质性研究以及技术管理概念的兴起，相关研究开始转向企业能力观对技术能力进行刻画，认为企业创新资源的存量与创新绩效间会受到技术能力的影响，其中对技术知识的获取和整合能力尤为重要（Tsai and Wang，2009；彭新敏等，2008）。现代数智技术高速发展背景下，封闭式技术管理逐步被开放式技术管理模式所取代，交互式的技术研发网络成为主流（池仁勇，2005）。企业创新网络理论提出创新技术的产生是网络上各节点成员有效协同的结果，创新网络的结构完整性和关联程度将推动企业创新活动的有效展开。

第一节　基础理论整理及研究框架设计

本章内容关注科技型中小企业技术管理的全流程，整合了技术管理的资源观、能力观、网络合作观等核心理论观点，提出科技型中小企业的有效技术创新活动是一个系统性的开发过程，其中包含搜索技术资源、获取有效技术知识及内部技术整合等流程。科技型中小企业在进行技术创新活动的各个阶段需要侧重不同属性特征的技术管理能力（吴伟伟等，2009；Gregory，1995），本章内容拟从技术识别能力、技术迁移能力和技术加工能力三个维度出发（吴伟伟等，2009），研究技术管理能力的结构性特征、动态演化过程及其对技术创新绩效的影响。

一、技术识别能力

技术资源搜索阶段处于科技型中小企业整个技术开发的前端位置，主要工作是识别技术项目的开发前景。科技型中小企业技术创新的深度很大程度上取决于初期对前端信息的处理质量（Christensen and Bower，1996），技术识别工作就是对技术知识的属性进行理解和认知。传统理论认为引进技术的先进程度有利于技术创新绩效提升（康志勇，2013；Baldwin and Sabourin，2002），因此过去国家政策导向以及企业技术战略都倾向于采用国际先进技术。有部分学者坚持中小企业应更多考虑引进成熟技术（Lieberman and Asaba，2006），以此抵抗先进技术所带来的技术高风险性，因为引进成熟度高的技术将大幅降低科技型中小企业后期技术改造投入，当然，技术创新实践工作显示先进技术的可获得性以及引进后整合程度会出现不理想状态，成熟技术战略容易导致企业错失技术革新带来的快速成长通道。最新的理论研究开始关注外部技术与内部技术水平的契合度问题（Ahuja and Katila，2001），外部技术与企业本身技术存量之间的"匹配性"越高，将越有利于企业提升对引进技术的利用和转化效率。

此外有研究还考虑了行业性质、技术复杂程度、技术搜索范围等因素的影响。例如，加工制造等行业对技术总体要求较低，而新兴技术行业则对技术先进程度、技术操作复杂程度有明显的高要求。为获取这些成熟度高的行业领先技术，企业需要扩大技术搜索宽度和深度（Katila，2002；Rosenkopf and Nerkar，2001），其中，搜索宽度是指企业创新活动所依赖的外部创新资源或知识搜索渠道的数量；搜索深度是指不同外部知识源和知识搜索渠道的利用程度（Laursen and Salter，2006）。企业还应综合评估获取的外部技术是否符合企业技术战略（洪进等，2015），同时在技术识别阶段也要确保后期的技术加工工作及其消化吸收效率。

本章内容提出科技型中小企业的技术管理能力在资源搜索阶段主要体现为技术识别能力，具体可通过识别技术的先进性、复杂程度、成熟度、显性程度等要素衡量。

二、技术迁移能力

创新网络理论认为外部技术资源搜索完成后，科技型中小企业主要关注于如何实现将外部技术知识转移到组织内部的过程。技术迁移能力直接决定科技型中小企业获取外部技术知识的效率，其中包括技术不确定性（Song and Montoya-Weiss，2001）、研发成本（Veugelers，1997）、研发风险（吴运建等，1996）等多方面因素。通常认为外部技术知识的获取渠道越广泛，企业的技术获取成功率越高，所以科技型中小企业更倾向于获得开放性较高的技术（West et al.，2005）。另外，标准化程度较高的技术知识具备操作性规范更强、系统性较强等特点，更有助于科技型中小企业吸收掌握外部技术的核心知识（宋宝香等，2011）。从技术知识的可得性角度出发，技术专利保护程度会成为技术引进企业获取技术知识的障碍，因此选择专利保护薄弱的外部技术（曹勇和赵莉，2013）成为科技型中小企业考虑的重要因素之一，这不仅可以避免专利纠纷，同时也可有效降低技术知识的获取成本。当然一些竞争性较强的技术知识包含更多隐性知识，具有高度个人化和组织依赖性的特征，所以在技术知识转移过程中，大量以技术人才作为载体的技术知识转移可以减少企业对外部技术的适应周期，提高引进技术的利用效率（严焰和池仁勇，2013）。

本章内容提出科技型中小企业的技术管理能力在资源匹配阶段主要体现为技术迁移能力，具体可通过技术的开放性程度、标准化程度、专利保护强度及技术人才引进等要素来衡量。

三、技术加工能力

科技型中小企业有效获取技术信息和知识后，将进一步整合技术资源，最终实现技术突破。科技型中小企业对引进技术的核心知识的掌握和理解是企业运用该项技术开发突破性创新产品的基础，技术的消化吸收程度决定了企业对该项技术的提升程度。科技型中小企业的突破性技术创新是实现将技术认知从"结构型理解"转变为"功能型理解"，对外部技术中的隐性知识编码化，形成能清晰表达的正式规范的显性知识（李柏洲和周森，2012），这个过程也是企业对引进技术的消化过程。在引进模仿和消化吸收这两个步骤完成后，企业才能开展技术深度加工工作。

也有学者提出技术集成程度对高动荡性竞争环境下的产品创新起到关键作用（Hardaker et al.，1998）。基于知识创造的集成创新理论将技术加工过程视为实现知识和技术的综合化组合，其中组织集成和战略集成是企业提升技术集成能力的关键点（余浩和陈劲，2004）。另外，科技型中小企业的突破性技术创新活动还包括对技术知识的重构过程、知识演进和技术能力提升的质变结果等环节，这些导致的结果是结构性的创新系统演进。技术重构是一种创造性的融合过程，企业所获取的外部技术知识有序嵌入企业原有的知识基础上，通过注入"创新因子"形成新的核心技术，突破性创新往往由此产生（江辉和陈劲，2000）。核心技术通过一系列的试验所积累的有关核心部件和系统的经验性知识，最终形成企业自有的核心专利技术（刘小鲁，2011）。

本章内容提出科技型中小企业的技术管理能力在资源整合阶段主要体现为技术加工能力，具体可通过技术消化程度、技术吸收程度、技术集成效果、技术重构效果和技术自有程度等要素衡量。

四、理论框架

本章内容从动态资源观的视角在科技型中小企业的技术开发过程中进行阶段性划分，厘清技术管理能力的结构性内涵及其动态演化过程，提出科技型中小企业技术创新过程中技术管理能力的阶段性特征以及布局问题，并基于以上理论基础提出技术管理能力的阶段性评价模型，具体如图 15-1 所示。

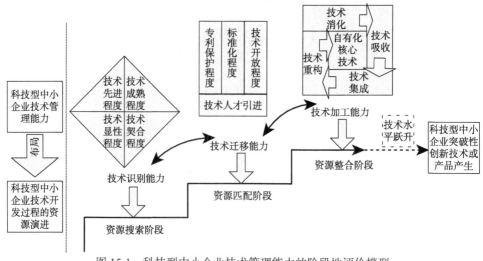

图 15-1　科技型中小企业技术管理能力的阶段性评价模型

第二节　科技型中小企业技术管理能力的关键
要素识别

一、问卷设计及预测试

为验证科技型中小企业技术管理能力的理论研究框架，首先，采用问卷调查的方法搜集数据，经过信度分析检验之后开展因子分析，探究科技型中小企业的技术管理能力的影响因素是否由技术识别能力、技术迁移能力和技术加工能力三因素构成；其次，在确定三因素模型之后，进一步检验三因素模型的合理性；最后，研究技术管理能力对科技型中小企业突破性创新的影响效应。

本章内容的问卷题项设计主要参照 Augier 和 Teece（2009）、Veugelers（1997）的研究成果，初步形成 12 个问题项。2013 年 11 月，在第 15 届西湖国际中小企业研讨会上征询了多名中小企业研究领域的知名专家的意见，最终确定了 13 个测量题项，其中有关技术识别能力判别的有 4 个测量题项，有关技术迁移能力判别的有 4 个测量题项，有关技术加工能力判别的有 5 个测量题项。本调查问卷采用 Likert 7 级量表对题项进行测量，问卷要求被调查企业回答对该问题的认同程度，1~7 分别代表认同程度从"非常低"到"非常高"，所有条目均采取正向记分。

二、数据来源及问卷回收

本章内容的研究对象为科技型中小企业，所以问卷调研对象设定在本区域内的中小型高新技术企业。为此课题组通过浙江省科技厅及浙江省高新技术企业协会的双重渠道，选择截至 2013 年 10 月注册登记该协会会员资格的 1 172 家浙江省的科技型中小企业进入目标企业库。通过限制企业规模（删除年生产产值超过 3 亿元的大型企业），剩余 958 家待调查企业。为了测试问卷设计题项的合理性和有效性，课题组在待调查企业中随机选取 100 家，于 2013 年 10 月初通过电子邮件的方式开展第一轮问卷预调查，截至 2013 年 12 月上旬共回收 42 份问卷，回收比率为 42.0%，相关测试结果通过信度检验。

课题组于 2013 年 12 月中旬开始通过邮寄纸质问卷的方式向剩余 858 家企业寄送了第二轮问卷调查，截至 2014 年 2 月下旬回收 165 份问卷，回收比例为 19.2%，总体回收比例为 21.6%。课题组分析认为，除去挂号信遗失、企业办公地址变更等客观因素造成15%~20%无效应答外，造成此次调查问卷回收率过低的主要原因是寄送问卷时间与企业年终事务重叠及春节假期耽搁等。因此，课题组在2014年3月上旬通过电话联系和电子邮件追访的方式向未反馈的企业进行了第三轮问卷调查，截至2014年3月底又回收112份问卷，累计回收问卷319份，回收比例达到了33.3%。经过剔除部分回答不规范、内容缺失、答题项无效等问卷21份，最后整理得到共计298份有效问卷，最终回收比例为31.1%。样本属性特征如表15-1所示。

表 15-1　样本属性特征

属性	频数	有效百分比	属性	频数	有效百分比
所在地区	298	100%	企业寿命	298	100%
发达地市（杭州、宁波、温州、绍兴）	152	51.01%	1~15 年	122	40.94%
次发达地市（金华、嘉兴、湖州、台州）	133	44.63%	15~30 年	147	49.33%
不发达地市（舟山、衢州、丽水）	13	4.36%	30 年及以上	29	9.73%
所属行业	298	100%	研发人员占比	298	100%
传统制造行业	96	32.21%	0~10%	72	24.16%
纺织业	18	6.04%	10%~20%	165	55.37%
食品加工包装	3	1.01%	20%及以上	61	20.47%
橡胶制品、建材	10	3.36%	企业产权性质	298	100%
化工、燃料、金属冶炼	12	4.03%	国有及国有控股	21	7.05%
机械制造	53	17.79%	三资企业	33	11.07%
新兴技术行业	202	67.79%	民营中小企业	185	62.08%
光电通信、电子信息技术	30	10.07%	其他类型	59	19.80%
生态环境、制药等技术行业	38	12.75%	研发部门级别	298	100%
高端设备、零部件制造	82	27.52%	国家级企业研发机构	17	5.70%
有机化纤、有色金属冶炼	22	7.38%	省级企业研发机构	199	66.78%
新能源、新技术	18	6.04%	地市级企业研发机构	43	14.43%
软件开发	9	3.02%	未申请认定	20	6.71%
勘察、文化、物流等行业	3	1.01%	无研发机构	19	6.38%

三、研究结果

（一）信效度分析

研究采用 Cronbach's α 系数对问卷的信度进行检验，Cronbach's α 系数越大，说明被检验的因子的信度越高，问卷内部一致性越强。本次检验的问卷总体 Cronbach's α 系数为 0.778，各维度的 Cronbach's α 系数分别为 0.833、0.791、0.805，均大于 0.70，说明问卷信度水平较高。研究结果显示，所获得样本的抽样适合性检验 KMO 值为 0.808，巴特利特球形检验数值为 1 549.606，显著性指标为 0.000，因此拒绝"样本数据相关系数阵为单位阵"的原假设，说明样本数据适合开展因子分析研究。

（二）探索性因子分析

本章内容的探索性因子分析结果如表 15-2 所示，从表中数据可以看到，科技型中小企业的技术能力的影响要素主要由技术识别能力、技术迁移能力及技术加工能力三个因子组成。三个因子的方差变异的解释率分别达到 20.726%、19.548% 和 22.128%，指标分别反映了科技型中小企业在对技术属性的识别能力、在转移获取技术方面的能力及对技术内化和加工的能力。三个因子的累计解释方差率达到 62.402%，可以认为较好地支持了关于科技型中小企业的技术管理能力的来源及构成的理论分析结果。

表 15-2　科技型中小企业技术能力的三因子结构（观测值=298）

问卷题项	技术识别	技术迁移	技术加工
Q1、贵企业引进/开发技术时能够识别其先进程度	0.855	−0.072	−0.017
Q2、贵企业引进/开发技术时能够识别其复杂程度	0.888	−0.015	−0.043
Q3、贵企业引进/开发技术时能够识别其成熟程度	0.817	−0.020	0.041
Q4、贵企业引进/开发技术时能够识别其显性程度	0.700	0.090	0.017
Q5、贵企业引进/开发技术时关注其专利保护强度	0.016	0.832	0.032
Q6、贵企业引进/开发技术时关注其标准化程度	0.052	0.678	0.209
Q7、贵企业引进/开发技术时关注技术人才引进	−0.022	0.769	0.281
Q8、贵企业引进/开发技术时关注其开放性程度	−0.065	0.698	0.385
Q9、贵企业引进/开发技术时关注其消化程度	0.018	0.206	0.758
Q10、贵企业引进/开发技术时关注其吸收程度	−0.084	0.344	0.673

续表

问卷题项	技术识别	技术迁移	技术加工
Q11、贵企业引进/开发技术时关注其集成程度	0.007	0.326	0.712
Q12、贵企业引进/开发技术时关注其重构效果	0.027	0.002	0.696
Q13、贵企业引进/开发技术时关注其自主程度	0.019	0.171	0.763
特征根值	2.694	2.541	2.877
解释变异百分比	20.726%	19.548%	22.128%
Cronbach's α 系数	0.833	0.791	0.805

注：提取方法为主成分分析法；旋转法是具有 Kaiser 标准化的正交旋转法，旋转在 4 次迭代后收敛

（三）验证性因子分析

为了进一步检验本章内容所提出的三个因子"技术识别能力""技术迁移能力""技术加工能力"之间的区分效度及各个量表的相应测量参数，本章内容采用 AMOS 17.0 进行验证性因子分析，同时比较科技型中小企业技术能力理论评价的三因子模型、二因子模型及单因子模型间的拟合效度，数据结果见表 15-3。

表 15-3　研究假设拟合指标（观测值=298）

模型	卡方值	df 值	卡方值/df 值	RMSEA	CFI	GFI	TLI	IFI
单因子模型	789.296	65	12.143	0.194	0.517	0.693	0.420	0.521
二因子模型 a	610.632	64	9.541	0.170	0.635	0.717	0.556	0.639
二因子模型 b	663.891	64	10.373	0.178	0.600	0.735	0.512	0.604
二因子模型 c	273.940	64	4.280	0.105	0.860	0.862	0.829	0.861
三因子模型	147.490	62	2.379	0.068	0.943	0.930	0.928	0.944

注：a 代表技术识别和技术迁移合并为一个因子；b 代表技术识别和技术加工合并为一个因子；c 代表技术迁移和技术加工合并为一个因子

验证性因子分析结果表明（表 15-3），单因子模型的卡方值/df 值大于临界值 3，RMSEA 大于临界值 0.08，而 CFI、GFI 和 TLI 均小于 0.90，各项数据指标都表明单因子模型不能被接受。在随机抽取掉一个因子的三种可能情况下，二因子模型的 CFI、GFI 和 TLI 小于 0.90，说明拟合效果仍不理想。相比较而言，三因子模型的以上各项检验值都处于理想区间，所以三因子模型可被视为解释科技型中小企业技术管理能力较为理想的理论评价模型（图 15-2）。

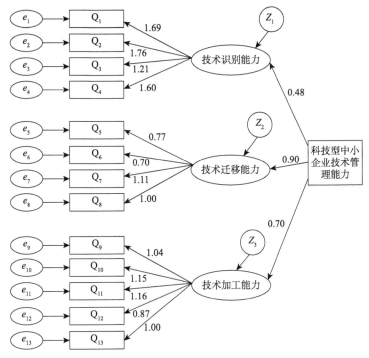

图 15-2　科技型中小企业技术管理能力影响因素评价模型

本章内容采用极大似然法对三因子模型进行参数估计，图中参数为标准化后结果

第三节　技术管理能力对科技型中小企业突破性创新的影响效应

一、模型与变量设计

科技型中小企业的创新活动相比普通企业群体而言，突破性技术和产品的发生概率更高，所以突破性创新指标对于评价科技型中小企业技术创新的效果更具代表意义。采用客观数据对科技型中小企业突破性创新进行测度较为困难，一是由于突破性创新发生的数量很小，二是由于突破性创新的评价工作往往存在时间滞后期（付玉秀和张洪石，2004），因此通常采用问卷主观衡量的方法来描述企业突破性创新的绩效问题。借鉴 Zhou 等（2005）研究的测度维度，可以将突破性创新与渐进式创新进行对照判断。渐进式创新主要发生在流程创新、工艺创新、产品改良等方面，突破性创新的发生载体是新产品、新业务、新商业模式的开

发，所以可以认为突破性创新是渐进式创新从量变到质变的结果（范钧等，2014）。本章内容根据以上方法对科技型中小企业的突破性创新程度进行衡量，并采用 0-1 法进行测度，若受访企业近三年实现突破性新产品研制或开拓突破性新业务或构建了全新商业模式，则认为该企业有效实现了突破性创新工作，Y 取值为 1；反之，Y 取值为 0。Logistic 回归模型是目前处理因变量为二分变量的主流方法。本章内容建立相应的效应分析模型，具体表达式如下：

$$\text{Logit}(Y) = \alpha + \beta_1\text{TR} + \beta_2\text{TT} + \beta_3\text{TE} + \beta_4\text{YEA} + \beta_5\text{IND} + \beta_6\text{LOC} + \varepsilon$$

其中，$\text{Logit}(Y)$ 是被解释变量，表示突破性技术创新发生的概率值，三个解释变量分别为技术识别能力（TR）、技术迁移能力（TT）和技术加工能力（TE），由各题项得分计算算术平均值获得。企业成长年限（YEA）、所属行业属性（IND）、所处地域属性（LOC）等为控制变量，其中 YEA 表示企业创立年份；IND 表示企业所处行业的属性，取值为 1、2 分别代表属于传统加工制造类产业或新兴技术类产业；LOC 表示企业所处地域环境，取值为 1、2、3 分别代表省内经济发达地市、次发达地市和不发达地市。

二、数据结果

选用二项 Logistic 回归模型，通过 SPSS 17.0 软件对模型进行估计，模型卡方值达到了 39.630，HL 的统计值为 8.693，可以认为观测数据和预测数据之间没有显著差异的零假设。此外，模型的似然比检验值 -2LL 为 280.468，说明模型的总体拟合效果较好。模型预测的正确率达 79.9%，相对于模型中只有常数项而无自变量时的预测正确率有了一定改进。Logistic 回归模型结果见表 15-4。

表 15-4　Logistic 模型回归结果

变量	系数	标准误	Wald 统计值	显著性水平	幂指 Exp（B）
常量	−5.113	1.512	11.430	0.001***	0.006
技术识别（TR）	0.458	0.197	5.418	0.020**	1.582
技术迁移（TT）	0.416	0.200	4.328	0.037**	1.516
技术加工（TE）	0.435	0.140	9.704	0.002***	1.545
地区（LOC）			0.653	0.021**	
地区（1）	−0.166	0.851	0.038	0.845	0.847
地区（2）	−0.390	0.849	0.211	0.646	0.677
年份（YEA）	−0.014	0.013	1.232	0.667	0.986
行业（IND）	0.541	0.304	3.158	0.076*	1.718

* $p < 0.1$，** $p < 0.05$，*** $p < 0.01$

根据表 15-4 显示的结果，科技型中小企业技术管理能力对突破性创新绩效的影响效应归纳如下。

技术加工能力（TE）在 1%的水平上显著，是影响科技型中小企业突破性创新绩效的关键因素。技术迁移能力（TT）、技术识别能力（TR）、企业所处地区（LOC）在 5%的水平上显著，企业所处行业属性（IND）在 10%的水平上显著，也在一定程度上影响了科技型中小企业突破性创新的绩效。只有企业生存年限（YEA）变量在统计意义上不显著。

在 Logistic 回归分析中，一般按照 Wald 统计值的大小对自变量及有关控制变量在回归方程中的重要性进行衡量，Wald 统计值越大表示其重要性越高。由表 15-4 可知，科技型中小企业突破性创新影响因素 Logistic 回归方程中各自变量 Wald 统计量大小比较情况为 TE>TR>TT>IND>YEA>LOC，可以认为对科技型中小企业突破性创新产生影响程度从大到小分别为技术加工能力、技术识别能力、技术迁移能力、企业所处行业属性、企业生存年限和企业所处地区。

第四节　理论成果及对提升我国中小企业技术管理能力的建议

本章内容运用因子分析及 Logistic 回归分析等研究方法主要验证了理论探索中关于科技型中小企业技术管理能力阶段性布局及其效应问题，主要得到以下一些结论。

第一，对于科技型中小企业技术管理能力的理论评价工作可以分解到企业创新资源动态演化的三阶段，分别体现为技术识别能力、技术迁移能力及技术加工能力：①技术识别能力主要在资源搜索阶段发挥作用，主要识别了技术资源的先进程度、成熟程度、契合程度及显性程度；②技术迁移能力主要在资源匹配阶段发挥作用，主要考察技术知识的专利保护程度、标准化程度、开放性程度及技术人员引进程度等；③技术加工能力主要在资源整合阶段发挥作用，主要涉及技术的消化、吸收、集成、重构等流程，以及最终的自主性核心技术程度。

第二，技术识别能力、技术迁移能力和技术加工能力对科技型中小企业的突破性技术创新效率具有正向促进作用，其中技术加工能力的作用强度最大，技术识别能力次之，技术迁移能力相对较弱：①科技型中小企业对外部技术知识进行加工改造工作是实现突破性技术或者产品方面最为重要的影响要素；②科技型中小企业的技术创新工作很大程度上也受制于技术信息资源的搜索工作，实现与外部技术资源的交互协同是提升创新绩效的有效路径；③科技型中小企业对于技术获取工作的重要程度相对较弱,说明传统的重视技术引进、专利购买等技术获取模式对于突破性技术创新绩效的贡献性正在下降。

第三,本章内容有关控制变量的研究结果显示:①行业属性对科技型中小企业的突破性创新绩效有着显著影响。其中涉足新兴技术产业的企业相较于从事传统制造加工类产业的企业,其通过提升技术管理能力影响新产品产出效率明显更高。②科技型中小企业所处地域环境对其创新绩效有显著影响。位于浙江杭州、宁波等经济较发达地市的科技型中小企业的新产品产出绩效更强,说明企业所在地域的创新外环境为创新活动输送更多有效创新资源。③科技型中小企业的生存年限被证实对其突破性创新绩效的影响不显著。本章内容认为这与创立时间较长的企业更多处于传统产业有关,一些创立年限为十余年的企业掌握更加前沿的创新理念及生产工艺。

综上,本章内容的研究成果对于科技型中小企业技术管理能力的理论评价模型及其对突破性创新的效应研究具有积极的研究价值:首先,科技型中小企业需要建立开放式创新的理念,关注包括资源搜索→资源匹配→资源整合的动态资源演进过程。其次,对技术知识的整合工作应该是科技型中小企业投入创新资源最密集的环节,特别是在对外部技术知识的消化吸收后,结合企业自身的技术储备开展更加具有生命力的创新技术或产品的研发工作。再次,科技型中小企业应将行业布局和地域选择放在更高的战略位置,选择符合国家政策导向的新兴技术行业,生产经营布点优先考虑创新资源丰富、创新服务完善的地区。最后,本章内容研究成果也为国家出台更为科学合理的科技型中小企业评价标准以及扶持政策提供了新的理论依据。

第十六章　数智化转型背景下民营中小企业的创新战略持续性研究

随着数字经济的加速发展，以大数据、云计算、人工智能、区块链等为代表的新一代数字技术正与各行各业深度融合，逐渐改变了企业内部的商业逻辑和发展模式，成为推动企业创新的重要源泉（田秀娟和李睿，2022）。创新作为一项复杂的活动，企业的创新战略选择不仅要考虑内部的资源禀赋，还要考虑外部的环境要素。对于民营中小企业而言，外部环境的急剧波动以及内部资源的有限约束致使其难以同时应对多元化的战略投入，需要将有限的资源应用于能够为企业带来确定性收益的战略活动。

在数智化转型背景下，民营中小企业通过坚持不懈的创新实现了快速发展。然而，大部分民营中小企业长期以来依赖于外部技术引进和吸收模仿等形式的外源主导型创新战略，缺乏对关键核心技术的投入（王文涛和曹丹丹，2020），致使企业自主创新能力不足，限制企业的长期发展，这也迫使民营中小企业要持续加大创新投入，加快提升创新能力。在此背景下，我们认为民营中小企业的创新战略持续性问题显得尤为必要。

家族涉入程度是民营中小企业的重要研究主题，现有研究普遍表明家族涉入下的民营企业管理决策通常会具有较强的长期导向和创新精神（贺康等，2022），家族涉入程度高的企业可能会选择实施具有长远意义的战略决策。因此，本章首先基于战略持续性、企业行为理论和家族企业的相关文献探讨了家族企业和非家族企业在企业创新战略持续性上的选择差异。其次，考虑民营企业创始人以及家族董事长和/或 CEO 作为企业战略决策的关键主体，对企业战略决策的显著影响。最后，进一步探讨了在创始人或家族董事长和/或 CEO 控制下的企业是否可能开展持续性的战略。

第一节　基础理论整理及研究框架设计

长期以来，人们一直认为家族涉入的民营企业倾向于避免变革，即使变革可能是卓越绩效所必需的（König et al.，2013；Chrisman and Patel，2012；Gómez-Mejía et al.，2007；Chandler，1990）。然而，关于家族涉入的民营企业的战略变革或战略更新倾向及与其直接相反的战略持续性文献仍然存在空白（Anderson and Reeb，2003）。具体而言，有关家族企业在多大程度上坚持其战略的问题被忽视了。尽管这些问题与拥有家族成员的人希望家族和企业可持续繁荣的愿望有关（Miller and Breton-Miller，2005），也与家族涉入民营企业的长期定位有关（Lumpkin and Brigham，2011）。当对这些问题进行调查时，研发投资等狭义的战略决策成为焦点（Block，2012），但这并不一定能从更广泛的企业创业角度推断出战略变化，也不一定能反映家族涉入的民营企业所面临的现实，因为它们和其他企业一样，试图同时管理多个可能相互竞争的目标。此外，"时间"或时间性的维度也被忽视了，尽管是否持续存在对该维度有很大影响。因此，目前还不清楚家族涉入的民营企业是否比非家族涉入的民营企业更持续地遵循某一特定战略。此外，我们也不知道一些家族涉入的民营企业是否比其他非家族涉入的民营企业更持久。

我们借鉴了企业行为理论（Cyert and March，1963）来描述家族目标和治理如何影响家族企业的战略持续性（Fang et al.，2018；Chrisman et al.，2013）。通过我们对战略持续性的初步分析和稳健性测试，我们直接考察了家族涉入的民营企业相对于非家族涉入的民营企业的长期取向。我们还研究了家族涉入的民营企业异质性的两个方面：创始人控制和家族董事长/CEO控制。为了验证我们的假设，我们研究了1996~2013年标准普尔1500指数中的798家制造业企业（8 748个企业年度观测值）。我们发现，家族涉入的民营企业更有可能做出持续的战略决策，尤其是在创始人或家族董事长/CEO控制下的企业。

我们为文献提供了理论解释，解释了为什么家族涉入的民营企业通常比非家族涉入的民营企业更坚持其战略，以及为什么一些家族涉入的民营企业比其他企业更持久。通过研究这一主题，我们还扩展了企业行为理论的范围，该理论通常侧重于组织变革（Gavetti，2012），而不是组织稳定性。最后，通过强调时间维度，我们为家族涉入的民营企业的长期导向提供了经验证据。

第二节　战略持续性与民营中小企业行为决策

一、战略持续性

在本章研究中，战略持续性被定义为关键战略维度上的资源分配模式随时间的推移而延续（Hambrick et al.，1993；Finkelstein and Hambrick，1990）。总体而言，企业有坚持其战略的倾向和动机（Ford et al.，2008）。然而，除非与企业历史上的资源分配模式相一致，企业战略并不一定能提高企业的生存和绩效（Flammer and Bansal，2017；Zajac et al.，2000）。战略持续性强调资源配置是战略决策的关键指标（Sirmon et al.，2007，2011；Barney，1991），是一个多维度的结构（Zhang，2006；Carpenter，2000），它代表了一种动态的战略决策模式，这种模式在时间上是内部一致的，而不是在某个时间点是静态的（Finkelstein and Hambrick，1990）。与"战略一致性"等关注企业与竞争对手差异的建构相比（Miller et al.，2013），战略持续性关注的是企业内部的时间变化。虽然已经探讨过某一年到下一年的战略变化（Smith and Grimm，1987）、战略动态（Zajac et al.，2000）、战略偏差（Carpenter，2000）和战略变革（Zhang，2006），但在更长的时间窗口内的持续性问题却被忽略了。从本质上讲，这些文献主要关注的是短期的、逐年的变化，而忽略了较长时期的决策动态，换句话说，忽略了战略持续性所带来的优势和劣势。

然而，战略持续性可能是一把"双刃剑"。一方面，战略持续性可以带来积极的结果，如避免不确定性、规模经济和范围经济、促进学习，降低协调成本（Sydow et al.，2009）。学者们指出，具有更一致的历史行为模式的大型和老牌企业，尤其是那些嵌入具有较高稳定性和/或可预测性的环境中的企业，可能会倾向于继续过去的战略，因为这样做可以激活自我强化机制，以提高合法性和经济回报水平（Schreyögg and Sydow，2011；Vergne and Durand，2010）。另一方面，过度的战略持续性可能是有害的，会导致承诺的升级，缺乏创造力，甚至是组织的惰性和僵化（Vergne and Durand，2010；Sydow et al.，2009）。

在家族成员拥有和管理的民营企业中，战略持续性可能特别重要，至少有两个原因。首先，除了经济方面的影响外，战略持续性可能与所有者家族非经济禀赋的创造和积累有关（Berrone et al.，2012），因为这些禀赋蕴含在历史中（Sasaki et al.，2020），家族希望通过对企业的跨代控制来保存其历史（Miller and Breton-Miller，2005）。其次，与非家族涉入的民营企业相比，家族涉入民营企业的规划时间更长（Lumpkin and Brigham，2011；Casson，1999；James，1999），这表明需要有战略持续性。然而，这一命题从未被实证探讨过。我们用行为理论的方法来阐明家族涉入民营企业中可能存在的战略持续性。

二、企业行为理论与家族企业

企业行为理论认为，目标和治理的结合对于任何战略行动，包括战略持续性都是至关重要的。根据该理论，企业行为在很大程度上取决于过去的目标，以及企业和其竞争对手的历史表现（Cyert and March，1963）。例如，一些组织更优先考虑增长，另一些组织强调效率（Greve，2008）；相对于非家族涉入的民营企业，众所周知，家族涉入的民营企业高度重视以家族为中心的非经济性（family-centered noneconomic，FCNE）目标，以维护其 SEW 的各个方面，如保持当前的控制、跨代的可持续性和身份（Berrone et al.，2012；Chrisman and Patel，2012；Gómez-Mejía et al.，2007）。行为理论还假设行为者可能有无法完全调和的冲突目标。因此，对不同目标的重视程度在很大程度上取决于企业主导联盟的构成，决策如何在关键的组织行为者之间划分，以及决策者如何定义问题（Cyert and March，1963）。这意味着，企业的治理决定了哪些目标转变为战略行动（Williamson，1999）。

由于企业行为理论涉及影响战略决策的主要因素，它已被家族涉入民营企业研究者所接受，用于区分家族涉入的民营企业和非家族涉入的民营企业（Chua et al.，2012）。为了与行为理论保持一致，我们认为基于它们的目标和治理体系的特点，家族涉入的民营企业应该比非家族涉入的民营企业表现出更高的战略持续性，换句话说，家族涉入的民营企业预计会比非家族涉入的民营企业在战略上更加持续，因为战略持续性与主导家族联盟的目标更加一致，家族治理为主导联盟提供了更大的单边行动自由度（Carney，2005）。

从理论和经验上看，家族涉入民营企业的行为与非家族涉入的民营企业不同，以及不同程度家族涉入的民营企业彼此之间的行为也不同，部分原因在于家族所有者的特殊目标（Gómez-Mejía et al.，2007，2010）。如前所述，家族所有者和管理者可能有产生 SEW 的以家族为中心的非经济性目标，与保持控制、传统和追求跨代继承有关（Berrone et al.，2012；Chrisman and Patel，2012；Chua et al.，2012；Zellweger et al.，2012），以及以家族为中心的经济目标，如节俭和生存（Carney，2005）。因此，家族涉入的民营企业倾向于支持有助于实现这些目标的战略，反对可能阻碍其实现的战略（Gómez-Mejía et al.，2007）。因此，人们经常观察到家族涉入民营企业较低的研发投资（Chrisman and Patel，

2012）、多元化（Gómez-Mejía et al.，2010）、国际化（Fang et al.，2018）和债务融资（Chua et al.，2011）等规避风险的行为，因为追求这些战略选择可能会损害经济和非经济价值的共同创造。

虽然可能有几个家族目标影响着家族涉入民营企业的战略行为，但我们重点关注的是维持家庭传统和节俭的问题。家庭传统可能会影响企业的持续性，因为它代表了一个家庭在过去、现在和未来对企业的情感依恋和认同（Berrone et al.，2012）。此外，在家族涉入的民营企业中，传统应该与家族控制权的当前和跨代连续性直接相关，这已被确定为家族涉入民营企业行为的基本驱动力（Chua et al.，1999）。相比之下，节俭是一种经济驱动力，容易影响持续性，因为改变是昂贵和有风险的。家族涉入民营企业所有者花的是自己的钱而不是别人的钱，所以节俭往往是家族管理资源的特点（Carney，2005）。简单地说，我们认为，家族所有者和管理者在战略决策方面会坚持不懈，因为他们想坚持自己的传统，也因为他们有动力保存自己的资源，避免与变革相关的成本。用行为理论的术语来说，家族涉入民营企业的以家族为中心的非经济性目标增加了过去战略的重要性，节俭和生存的经济目标降低了战略变革的吸引力。

家族传统包括家族遗产的保存、恒定和持续性（Lumpkin and Brigham，2011），这是长期社会历史的结果。对于家族所有者和管理者来说，企业不仅仅是一种可以买卖的资产，更是一种具有持续经济和非经济价值的机构。因此，家族传统可以作为以家族为中心的价值观的载体，通常是通过修辞重构和早期家族世代的经验故事（Erdogan et al.，2020；Jaskiewicz et al.，2015）在各代人之间得到支持、加强、阐述、重新调整，然后转移（Sasaki et al.，2020）。有些人甚至认为，家族涉入的民营企业"通过传统进行创新"（de Massis et al.，2016a），因为传统可以体现企业最初成立时期的创业精神，激励后来者进行探索和创新（Jaskiewicz et al.，2015）。

需要注意的是，家族传统不一定与创新和企业的创业精神相冲突。例如，一些家族涉入的民营企业可能长期坚持进行大量的研发投资或频繁的产品修改（Rondi et al.，2019），尽管这可能不是家族涉入民营企业的典型行为（Chrisman and Patel，2012）。然而，问题的关键不在于它们的行为是保守还是激进的，而是偏离过去战略的做法可能会被视为违反传统和历史，并被家族所有者和管理者回避（Kieser，1989）。虽然在某些情况下，如企业的生存受到威胁时，可能会导致家族所有者放弃传统（Gómez-Mejía et al.，2010），但只要经济和非经济成果保持在某种可接受的水平上，家族所有者和管理者就会继续执行过去的战略（Lumpkin and Brigham，2011）。

家族传统也导致了对以家族为中心的经济和非经济目标的决策与行动的长期影响的关注（Lumpkin and Brigham，2011；Miller and Breton-Miller，2005）。这表明，与非家族涉入的民营企业相比，家族涉入民营企业的战略变化频率较低。保持家族传统还需要家族控制权的长期连续性（Berrone et al.，2012）。研究结果表明，家族所有者将控制权和财富传给下一代的能力与企业的感知价值之间的关系比家族所有权和控制权的程度或持续时间更长（Zellweger et al.，2012）。事实上，符合家族传统往往是选择继承人的标准（de Massis et al.，2008；Gersick et al.，1997），这表明持续是一种从一代传到另一代的价值。

除了希望维护家族传统外，家族所有者-管理者的动机是在资源利用方面保持一致（Carney，2005），这不仅仅是规避风险。例如，家族涉入的民营企业倾向于为家族高管提供较低的报酬（Combs et al.，2010；Gómez-Mejía et al.，2003），以及较低的股息和分红（Miller and Breton-Miller，2005）。这表明，家族所有者-管理者倾向于将管理成本降到最低并避免不必要的支出。因此，节俭主义也表明，家族所有者-管理者会较少地进行与战略更新有关的创业努力。

节俭也与拥有家族不愿意从外部获取资源有关，因为这种资源本身就比内部资源成本高（Chua et al.，2011）。改变企业的战略不可避免地涉及新的财务和人力资本投资。为了实施新的战略，家族涉入的民营企业可能不得不雇用更多的非家族管理者，这可能会增加代理成本，也可能需要家族涉入的民营企业获得外部投资，这可能会增加资本成本。除非家族所有者-管理者受到重大威胁（Chrisman and Patel，2012；Gómez-Mejía et al.，2007）或没有其他办法实现其目标（Chrisman et al.，2014），否则战略变革一般不会受到家族所有者-管理者的青睐。因此，家族涉入的民营企业可能倾向于继续其现有战略，而不是追求新的战略，因为新的战略通常需要新的人力和/或财务投资。

与企业行为理论一致，家族治理对于家族所有者-管理者实现以家族为中心的经济和非经济目标是必要的，因为没有它，他们就没有权力和合法手段来以特殊方式管理企业（Carney，2005）。治理代表了激励、权力和合法性规范的模式，决定了组织参与者之间资源的配置和冲突的解决（Daily et al.，2003）。在家族涉入的民营企业中，治理来自家族所有者的个性化控制和对其目标的特殊追求（Carney，2005）。以家族为中心的目标对企业决策的影响程度，取决于占主导地位的家族所有者联盟的集中决策权（Gómez-Mejía et al.，2007，2010）。如果没有治理控制权，家族就不可能从战略持续性中获得经济和非经济利益。家族治理允许实现以家族为中心的目标，也保护了家族从目标实现中获益的权利。因此，由于其独特的目标和治理体系，家族涉入的民营企业比非家族涉入的民营企业更有可能长期坚持其战略决策。

假设 16-1：家族涉入的民营企业比非家族涉入的民营企业表现出更强的战略持续性。

长期以来，研究家族涉入民营企业的学者一直强调，除家族涉入的民营企业和非家族涉入的民营企业之间的区别之外，创始人经营的企业和后辈家族成员经营的企业之间也存在着根本性的区别（Pérez-González，2006）。自企业成立以来，就在企业中投入时间、精力和资本的创始家族所有者，往往比后代家族成员对企业有更强的情感依恋、承诺和认同。因此，创始人会确保他们帮助建立的传统会传递给他们的直系亲属（Gómez-Mejía et al.，2007），并比后代的家庭成员更倾向于战略坚持，尽管后代经营的家族涉入民营企业仍然可能比非家族涉入的民营企业更倾向于战略持续性。创始人还拥有对关键资源的控制权，由于他们建立了企业，预计在资源利用方面会更加节俭（Hambrick and MacMillan，1984），这可能会进一步增加他们的战略持续性倾向。此外，当企业由家族创始一代控制和管理时，控制权通常处于巅峰状态，而当企业传给后代时，控制权往往会被削弱（Gómez-Mejía et al.，2007；Chua et al.，1999；Gersick et al.，1997）。这意味着创始人在按照主导家族联盟的目标管理企业时，比后代有更大的自由裁量权。

假设 16-2：由创始一代家族成员控制的家族涉入民营企业比由后代家族成员控制的民营企业表现出更强的战略持续性。

由家族成员担任董事长/CEO 的家族涉入民营企业之间的区别是另一个重要的异质性来源（Fang et al.，2018；Naldi et al.，2013）。关于战略持续性，家族控制和权威是保持家族传统与节俭投资等以家族为中心的目标转化为企业行为的必要条件（Lin et al.，2007）。因此，拥有家族董事长/CEO 应该有助于家族通过对企业战略方向的管理控制来实现其愿景。如上所述，该愿景有望与战略持续性保持一致，因此我们提出以下假设：

假设 16-3：有家族董事长/CEO 的家族涉入民营企业比没有家族董事长/CEO 的家族涉入民营企业表现出更强的战略持续性。

第三节　民营中小企业战略决策持续性的实证研究

一、样本选取

样本由标准普尔 1500 指数中的制造业企业组成。对这些企业 1996~2013 年的战略进行了研究，以确保有足够的时间来出现变化。为了保持样本的同质性，公用事业和服务业企业被排除在外，因为政府法规和运营方法的差异可能导致这些企业的战略行动与制造业企业相比存在系统性差异。同样排除连续信息不足 5 年的企业。总的来说，样本包括了 798 家企业的 8 748 个企业年度观测值。

为了确定拥有家族及其在企业中的作用，我们研究了 Hoover's、ExecuComp、Fundinguniverse.com、Ancestry.com 等企业的网站和代理声明。与家族参与和治理有关的变量，如家族所有权和家族管理，是从企业年度报告和信托报告中获得的。其他变量，包括战略持续性，是根据 Compustat 数据库相关数据计算的。这些数据来源和方法与其他关于家族涉入的民营企业的研究中使用的一致（Miller et al.，2013，2007；Anderson and Reeb，2003；Pérez-González，2006）。

二、变量设计

为了确保因果关系的方向，在因变量和其他变量之间使用了 1 年的滞后期。在所有的模型中，因变量均按行业平均值进行调整，以减轻行业的特定影响。

（一）家族企业

家族企业是一个二元变量，"1"表示家族涉入的民营企业。作为家族涉入的民营企业，企业至少要满足以下条件：①5%的家族所有权；②在企业历史上的某个时期，有两名家族成员是所有者、高层管理团队和/或董事会成员；③一名家族成员目前在高层管理团队中（Chrisman and Patel，2012；Anderson and Reeb，2003）。不符合这些条件的企业则被视为非家族涉入的民营企业（即编码为"0"）。这一衡量标准要求多个家族成员参与企业，并表明家族内部的继承是需要的，并且/或者在过去发生过（Chrisman and Patel，2012）。这一衡量标准也将家族涉入的民营企业与以下企业区分开来：①独创企业（Miller et al.，2007），根据定义，独创企业没有多个家族成员参与；②由非家族大股东控制的企业。我们使用了其他各种衡量家族参与的方法来检验其稳健性。

为了检验假设 16-2，我们将创始人控制的家族涉入民营企业视为所有家族所有者和管理者都是创始一代的成员。所有其他家族涉入民营企业都被编码为后代家族涉入民营企业。为了检验假设 16-3，我们根据家族成员是否担任企业董事长/CEO 来区分家族涉入的民营企业。我们仅使用样本中的家族涉入民营企业来检验这些假设，其中两种情况都用二元变量来衡量，创始人控制和家族成员担任董事长/CEO 的值为"1"。

（二）战略持续性

鉴于对战略持续性的定义，我们对多个战略领域进行了如下测量（Zhang，2006；Carpenter，2000；Finkelstein and Hambrick，1990）：①广告强度（广告/销售额）；②研发强度（研发/销售额）；③工厂和设备的新旧程度（净资产/总资产）；④非生产管理费用（SGA 费用/销售额）；⑤库存水平（库存/销售额）；⑥财务杠杆（债务/权益）。计算了 5 年内每个维度的标准差（即从第 t 年到第 $t+4$ 年），确保衡量标准反映了较长的时间窗口。

与其他人一致（Finkelstein and Hambrick，1990），对整个样本的方差分数进行标准化处理（平均值=0，标准差=1）。然后，为每个企业年度的观察值计算六个标准化方差得分的平均值。作为稳健性检验，我们还对该变量进行了分解，对每个假设的每个维度进行单独检验。根据定义，持续性与变革是相反的，所以战略持续性的观测值的符号被颠倒过来（如，−0.5 被颠倒成 0.5），这确保了高于平均水平的战略持续性的符号是正的。

（三）控制变量

根据现有研究（Miller et al.，2007；Anderson and Reeb，2003），我们还研究了对企业行为存在潜在影响的几个控制变量。我们使用独创企业作为控制变量，用一个二元变量来衡量，其中"1"表示企业的单个创始人拥有至少 5% 的所有权，并且没有其他家族成员参与企业（Miller et al.，2007）。非家族大股东的所有权，以大股东所有权的总体百分比来衡量，被用作控制变量，因为非家族所有者可能存在与拥有家族利益不符的考虑（Carney，2005）。

企业年龄（企业运营的年限）、企业规模（销售额的对数）和企业风险（前 3 年股票收益的标准差）也被用作控制变量，因为这些变量经常影响决策过程（Hitt and Tyler，1991）。此外，我们还控制了用于构建上述战略持续性指标的所有六项战略行动的平均值，包括广告强度（广告/销售 $t-1$）、研发强度（研发/销售 $t-1$）、厂房和设备的新旧程度（净资产/总资产 $t-1$）、非生产管理费用（SGA 费用/销售 $t-1$）、财务杠杆（债务/权益 $t-1$）和库存水平（库存/销售 $t-1$）的 1 年滞后平均值。相比之下，战略持续性的变量是由这些变量在 5 年窗口中的组合标准差得出的。由于企业经常进入多元化的国际市场，我们对国际销售进行了控制，其计算方法是 $t-1$ 年来自国外领域的销售额的百分比。根据行为理论，过去的业绩和竞争对手的业绩可能会影响企业的目标和战略决策。因此，我们使用企业的资产回报率（即 $t-1$ 中的 ROA）和平均行业绩效（以 $t-1$ 年四位 SIC 代码级别的平均行业 ROA 衡量）来控制过去的业绩。最后，如下所述，包括逆米尔斯比以控制内生性。

（四）对内生性的控制

为了控制内生性，在因变量和其他变量之间使用了 1 年的滞后期，以确保因果关系的方向并降低反向因果关系的可能性。此外，Heckman 两阶段模型被用来作为对内生性的进一步控制。为此，我们确定了三个工具变量，它们与独立变量——家族涉入的民营企业高度相关，但与战略持续性无关。

第一个工具变量是家族信托的存在，用一个二元变量来衡量，"1"表示家族涉入民营企业的所有者为家庭成员设立信托或基金会，反之用"0"表示。家族涉入的民营企业主经常使用信托或基金会来照顾他们的家庭成员（Zellweger and Kammerlander, 2015）。因此，从年度委托书中获得的信托应该与企业是否为家族所有密切相关，但不应该与战略持续性直接相关。与之前的研究一致（Amit et al., 2015；Campa and Kedia, 2002），来自家族涉入民营企业的行业销售额比例和家族涉入的民营企业在特定行业的广告支出比例也被列为工具变量。两者都应与行业内企业是家族涉入的民营企业的概率有关，但不应该与经过行业调整的战略持续性有关。使用 Heckman 两阶段模型，我们估计了一个概率模型，其中，衡量家族涉入的民营企业的变量（1=家族涉入的民营企业；0=非家族涉入的民营企业）与工具变量和控制因素进行回归。根据估计结果，我们计算了每个企业年度观测值的逆米尔斯比，并将其作为控制因素纳入所有模型中。

三、实证结果分析

首先，表 16-1 报告了描述性统计和相关性分析数据。

结果显示，家族涉入的民营企业占样本的 22%。在这些家族涉入的民营企业中，45%的企业是创始一代，其余的是后代。此外，86%的家族涉入的民营企业有一个家族董事长/CEO，14%的家族涉入的民营企业则没有。这些数据与其他探讨公开交易的家族涉入民营企业的研究相当（Miller et al., 2007）。此外，与Chrisman 和 Patel（2012）及 Miller 等（2007）一致，家族涉入民营企业变量与研发投资负相关，而独立创始人变量与研发投资正相关。

本章研究中，多重共线性问题并不严重（即最高的方差膨胀因子为 2.78）。Hausman 检验表明，固定效应面板回归模型比随机效应模型更适合我们的数据（卡方=522.80，p= 0.000）。为了控制序列相关和异方差问题，我们使用了 Huber-White 估计器，在企业层面进行分组（Judson and Owen, 1999）。

如前所述，我们使用 Heckman 两阶段方法来控制内生性。表 16-1 显示，所有三个工具性变量都与家族涉入的民营企业变量正相关，其相关度（从 0.37 到 0.64）远远高于工具性变量与战略持续性之间的相关度（从-0.01 到-0.05）。因此，工具性变量似乎是有效的内生性控制。

表 16-1　描述性统计和相关性

变量	均值	标准差	1	2	3	4	5	6	7	8	9	10	11	12	13	14	15	16	17	18	19	20	21
战略持续性（5年）	0.00	0.47	1.00																				
家族企业	0.21	0.40	-0.03	1.00																			
创始一代控制一家族企业	0.08	0.27	-0.05	0.57	1.00																		
家族企业董事长/CEO	0.19	0.40	-0.04	0.97	0.57	1.00																	
独创企业	0.09	0.28	-0.10	-0.16	-0.09	-0.15	1.00																
大股东所有权	2.37	7.99	-0.04	0.00	0.04	0.00	0.07	1.00															
企业年龄	52.86	61.84	0.12	-0.06	-0.10	-0.06	-0.15	-0.03	1.00														
企业规模	7.21	1.64	0.24	-0.13	-0.13	-0.13	-0.14	-0.18	0.20	1.00													
企业风险	8.81	11.25	-0.09	-0.04	-0.02	-0.07	0.09	-0.02	-0.01	0.09	1.00												
广告比率	0.01	0.04	-0.21	0.09	0.05	0.09	0.04	0.04	-0.02	0.03	0.11	1.00											
研发比率	0.04	0.08	-0.33	-0.12	-0.02	-0.11	0.15	-0.02	-0.15	-0.25	0.09	0.18	1.00										
工厂和设备新旧程度	0.51	0.14	-0.02	0.11	0.07	0.11	0.05	0.07	-0.04	0.05	0.06	0.06	-0.16	1.00									
非生产管理费用	0.30	4.55	-0.07	0.02	0.04	0.02	0.00	0.00	-0.02	-0.08	0.02	0.02	0.04	0.04	1.00								
杠杆比率	0.25	1.96	-0.03	0.09	-0.02	-0.01	-0.02	0.00	0.02	0.09	0.00	-0.01	-0.02	0.03	0.00	1.00							
库存比率	0.12	0.20	-0.20	0.09	0.08	0.09	-0.01	0.01	0.02	-0.05	-0.02	-0.03	0.18	0.05	0.22	0.07	1.00						
国际销售	0.20	13.16	0.00	0.00	0.00	0.00	0.00	-0.01	0.00	0.01	0.00	0.00	0.02	0.00	0.00	0.00	0.00	1.00					
过去业绩	0.43	0.24	-0.01	0.04	0.03	0.04	0.03	0.11	-0.03	-0.08	0.02	0.27	-0.07	-0.08	-0.01	-0.04	-0.11	0.00	1.00				
行业平均业绩	0.43	0.19	-0.01	0.08	0.05	0.07	0.04	0.06	-0.02	-0.01	0.01	0.26	-0.07	-0.02	0.00	-0.04	-0.09	0.00	0.78	1.00			
家庭信托	0.34	0.47	-0.05	0.64	0.34	0.63	0.24	0.15	-0.09	-0.16	-0.01	0.10	-0.06	0.07	0.02	-0.02	0.04	0.00	0.07	0.10	1.00		
家族企业在特定行业的行业销售额比例	0.17	0.29	-0.03	0.53	0.24	0.52	-0.09	-0.01	-0.03	-0.06	0.00	0.11	-0.17	0.15	0.02	0.00	0.07	0.00	0.08	0.09	0.36	1.00	
家族企业在特定行业广告支出比例	0.17	0.33	-0.01	0.37	0.19	0.36	-0.08	-0.03	-0.02	0.01	-0.01	0.13	-0.15	0.08	0.02	0.01	0.08	0.01	0.09	0.10	0.24	0.60	1.00

注：所有高于 0.03 的相关性在 0.10 或更高的双尾检验中都是显著的

　　表 16-2 中的模型 1 是第一阶段的估计处理模型，其中二元变量家族涉入的民营企业与工具变量和控制变量放在一起进行回归。在这个模型中没有包括独立创始人的变量，因为它与家族涉入的民营企业变量是相互排斥的。总的来说，工具性变量与家族涉入的民营企业变量有显著的正相关关系。

表 16-2　固定效应的纵向回归分析

因变量	家庭企业二元变量	战略持续性（5 年）	战略持续性（5 年）
样本	全样本	全样本	仅限家族企业
	模型 1	模型 2	模型 3
常数项	−1.666***	−0.439	−1.980
家族企业（假设 16-1）		0.058***	
创始一代控制-家族企业（假设 16-2）			0.235*
家族企业董事长/CEO（假设 16-3）			0.133*
独创企业		−0.023	
大股东所有权	−0.020***	0.004*	0.010
企业年龄	0.000	−0.007	−0.069
企业规模	−0.152***	0.169	0.798†
企业风险	−0.007***	−0.002**	0.003†
广告比率	0.543	−1.015*	0.413
研发比率	−2.027***	−0.876***	−0.677
固定资产	0.531***	−0.428***	−1.078*
非生产管理费用	−0.004**	0.004	−0.000 3
库存比率	0.370***	0.001	−0.034
杠杆比率	0.001	0.201†	2.162
国际销售	0.001	−0.000 1†	−0.000 2
过去业绩	−0.561***	−0.008	0.035
行业平均业绩	0.442*	−0.338***	−0.145
逆米尔斯比		0.001	0.025
家族信托	2.201***		
家族企业的行业销售额比例	1.821***		
家族企业在特定行业的广告支出比例	0.359***		
样本量	8 748	8 748	1 796

续表

因变量	家庭企业二元变量	战略持续性（5年）	战略持续性（5年）
样本	全样本	全样本	仅限家族企业
	模型 1	模型 2	模型 3
在 R^2 内	0.57	0.15	0.13
F-统计		8.77***	3.65***
对数似然估计	2 315.28		

†$p<0.1$, *$p<0.05$, **$p<0.01$, ***$p<0.001$

注：报告了未标准化的估计系数；由模型 1 计算出的逆米尔斯比

为了支持假设 16-1（表 16-2 模型 2），家族涉入的民营企业变量与战略持续性正相关（$\beta=0.058$，$p<0.001$），表明家族涉入的民营企业在战略决策方面往往比非家族涉入的民营企业（或独资企业）更具持续性。在将我们的样本仅限于家族涉入的民营企业观测范围后，模型 3 验证了对假设 16-2 和假设 16-3 的检验，因为这些假设通过比较具有不同治理特征的家族涉入的民营企业来探索家族涉入的民营企业的异质性。创始人控制变量（$\beta=0.235$，$p<0.05$）和家族企业董事长/ CEO 变量（$\beta=0.133$，$p<0.05$）都与战略持续性正相关，符合预期方向。

四、稳健性测试

我们进行了一些稳健性测试，以确保结果不是方法上的问题。首先，我们用 10 年而不是 5 年的时间窗口来计算战略持续性变量（表 16-3 模型 4）。

表 16-3　稳健性检验

因变量	战略持续性（10 年）	战略持续性（5 年）	战略持续性（5 年）	战略持续性（5 年）	战略持续性（5 年）
	模型 4	模型 5	模型 6	模型 7	模型 8
常数项	0.042	−0.447	−0.424	−0.439†	−0.443
家族企业	0.031*				
家族企业（家族所有权≥10%）		0.061*			
家族企业（≥2 名家族经理）			0.046**		
家族所有权				0.001 9*	
家族管理（家族管理人员数量）					0.038***
独创企业	−0.022	−0.023	−0.026	−0.024	−0.022

续表

因变量	战略持续性（10 年）模型 4	战略持续性（5 年）模型 5	战略持续性（5 年）模型 6	战略持续性（5 年）模型 7	战略持续性（5 年）模型 8
大股东所有权	0.001^*	0.004^*	0.004^*	0.003^*	0.004^*
企业年龄	0.000	−0.007	−0.007	−0.007	−0.007
企业规模	0.028^{**}	0.170	0.169	0.169	0.169
企业风险	-0.002^{***}	-0.002^{**}	-0.002^{**}	-0.002^{**}	-0.002^{**}
广告比率	-1.465^{***}	-1.017^*	-1.015^*	-1.021^*	-1.015^*
研发比率	−0.087	-0.873^{***}	-0.879^{***}	-0.876^{***}	-0.878^{***}
工厂和设备新旧程度	-0.255^{***}	-0.424^{***}	-0.423^{***}	-0.424^{***}	-0.427^{***}
非生产管理费用	0.037^{***}	0.004	0.004	0.004	0.004
库存比率	−0.003	0.001	0.001	0.001	0.001
杠杆比率	−0.069	$0.201^†$	$0.202^†$	0.202	$0.202^†$
国际销售	$-0.000\,1^{***}$	$0.000^†$	$-0.000\,1^†$	$-0.000\,1^†$	$-0.000\,1^†$
过去业绩	0.034	−0.008	−0.008	−0.009	−0.009
行业平均业绩	-0.133^{***}	-0.339^{***}	-0.341^{***}	-0.340^{**}	-0.340^{***}
逆米尔斯比	0.019^{***}	0.002	0.005	0.000 1	0.001
样本量	5 017	8 748	8 748	8 748	8 748
在 R^2 内	0.14	0.14	0.14	0.14	0.15
F-统计	26.34^{***}	8.76^{***}	8.77^{***}	8.76^{***}	8.77^{***}

$†p<0.1$, $*p<0.05$, $**p<0.01$, $***p<0.001$

注：①报告了未标准化的估计系数；②由模型 1 计算出的逆米尔斯比，表 16-2；③由于我们在计算战略持续性时使用了 10 年的范围，模型 4 中的样本量有所减少

此外，我们还使用了几种衡量家族参与度的方法，如下：①10%的家族所有权界限（表 16-3 模型 5）；②至少有两名家族经理目前在高层管理团队中任职，所有权界限为 5%（表 16-3 模型 6）；③连续的家族所有权变量，所有权界限为 5%（表 16-3 模型 7）；④高层管理团队中家族管理者人数的连续变量，所有权界限为 5%（表 16-3 模型 8）。在所有情况下（表 16-3），结果都与我们的主要测试一致，表明结果对家族涉入的民营企业和战略持续性变量的其他特定情况是稳健的。

此外，我们用 5 年的时间窗口将战略持续性变量分为 6 个部分进行测量。（Campa and Kedia, 2002）与假设 16-1 一致，家族涉入的民营企业在广告、研

发、厂房和设备的新旧程度及财务杠杆方面更具有持续性。非生产管理费用和库存的系数是正的但不显著。此外，我们用家族CEO的双重性取代了家族企业董事长/CEO的调节，这是一个二元变量，其中1表示焦点企业有家族成员同时担任董事长和CEO职位，否则为0。这一结果主要的检验结果一致。模型3中显示的结果还通过将家族涉入的民营企业和非家族涉入的民营企业纳入样本进行了检验。结果与主要检验结果一致（$p<0.001$），证实了家族涉入的民营企业比非家族涉入的民营企业更具有战略持续性，由创始人和/或家族董事长或CEO经营的企业比其他类型的家族涉入的民营企业更具有战略持续性。

作为最后的稳健性检验，我们按照企业之前的业绩是否高于或低于期望值来划分样本，行为理论认为这可能影响战略变化的倾向（Cyert and March，1963）。事实上，研究表明，家族涉入的民营企业和非家族涉入的民营企业在这两种情况下的反应截然不同（Patel and Chrisman，2014；Chrisman and Patel，2012；Gómez-Mejía et al.，2010）。

在表16-4中，高于和低于期望的绩效是根据企业绩效是否超过或低于或等于竞争对手的绩效来衡量的，使用Tobin's Q 值作为指标。我们发现，在这两种情况下，家族涉入的民营企业的战略持续性都高于非家族涉入的民营企业的战略持续性，尽管当业绩低于期望值时，这种差异只在10%的水平上有意义。因此，在5年的时间窗口中，由多个战略变量衡量的持续性似乎并不像在1年的时间窗口中衡量的研发和多元化等单一变量那样对期望和绩效之间的差异敏感。在这方面，我们的发现与Fang等（2021）的观点一致，他们表明家族涉入的民营企业似乎比非家族涉入的民营企业更倾向于将当前和未来的决策作为一个群体来考虑，而不是孤立地考虑（Kahneman and Lovallo，1993），无论之前的业绩是高于还是低于期望值。

表 16-4　业绩低于和高于期望值的企业的战略持续性

因变量：战略持续性（5 年）		
样本	低于期望值（Tobin's Q）	高于期望值（Tobin's Q）
常数项	−0.018	−0.071
家族企业（假设 16-1）	0.038[†]	0.159[**]
独资企业	−0.109[**]	0.042[†]
大股东所有权	0.003[***]	0.002
企业年龄	0.005[*]	0.007[†]
企业规模	0.008	0.029
企业风险	−0.002[***]	−0.002[*]

续表

因变量：战略持续性（5年）		
样本	低于期望值（Tobin's Q）	高于期望值（Tobin's Q）
广告比率	−0.382	0.888
研发比率	0.098	−1.469*
固定资产	−0.338***	−0.376*
非生产管理费用	−0.379***	−0.395***
库存比率	0.001	0.000
杠杆比率	0.207	0.717***
国际销售	−0.000 2***	0.012**
过去业绩	−0.033	−0.274***
行业平均业绩	−0.118†	−0.045
逆米尔斯比	−0.008	0.015
样本量	5 566	3 182
在 R^2 内	0.141	0.178
F-统计	9.808***	14.010***

†$p<0.10$，*$p<0.05$，**$p<0.01$，***$p<0.001$

注：①报告了未标准化的估计系数；②由模型 1 计算出的逆米尔斯比，表 16-2；③期望被计算为企业在 t−1 年的 Tobin's Q 值和 t−2 年的平均行业（SIC2）业绩之间的绝对差异；④低于期望值包括 15 个企业年度观察值，其表现与行业平均绩效相等

第四节　民营中小企业战略决策持续性的结果讨论和对策

一、主要研究结论

根据企业行为理论，我们发现，在各种测量方法和条件下，家族涉入的民营企业比非家族涉入的民营企业更具有战略持续性。此外，家族涉入的民营企业在这方面是异质性的。因此，由创始一代管理的家族涉入的民营企业，或由家族成员担任董事长、CEO 或两者兼而有之的家族涉入的民营企业，比没有这些管理特征的家族涉入的民营企业更具有战略持续性。

二、主要研究贡献

首先，我们通过开发和检验一个与家族涉入民营企业的目标与治理有关的理论框架（Chua et al.，2012），为家族企业和行为理论文献做出了贡献，该框架比现有的方法更加全面。例如，我们扩展了只考虑家族企业目标的原因和后果的SEW视角，以考虑家族目标如何与主导联盟追求目标的能力相互作用。

其次，时间性也是理解家族企业行为的一个核心领域。在战略方面，时间性是指一个组织的战略行动和跨越时间的绩效（Langley et al.，2013）。在家族涉入的民营企业中，时间性是理论发展的一个重要概念，因为家族涉入的民营企业所有者重视家族控制权在各代人之间的延续性，并将其作为其目标和治理系统的一个显著特征加以强调（Chua et al.，1999）。然而，尽管文献表明家族涉入的民营企业有较长的时间跨度，而且某些结构如"长期导向"已被广泛用于理论研究中（Lumpkin and Brigham，2011）。但据我们所知，没有人利用一段时间内的战略行动组合对家族涉入的民营企业的长期导向进行实证探究。相反，学者们使用诸如研发强度这样的替代措施来捕捉家族涉入的民营企业所有者的长期准备和计划的能力。这样的处理方式可能会产生误导，因为家族涉入的民营企业的创新可能由短期绩效差异驱动（Chrisman and Patel，2012），并不一定反映战略行为的整体。相比之下，战略持续性，即跨越多个战略职能的重要决策在时间上的连续性，可能是对长期导向的更有力的衡量，因为战略持续性对短期业绩差异不那么敏感。

最后，我们对新出现的关于家族传统和历史在家族涉入的民营企业中发挥突出作用的讨论做出了贡献。正如行为理论所建议的那样，持续的战略行动可以被看作家族保持传统意图的直接反映。这表明，家族涉入的民营企业不太可能通过战略更新来参与企业创业。然而，正如de Massis等（2016b）所言，一些家族企业可能"通过传统进行创新"。因此，对于一些家族企业来说，战略持续性可能意味着对企业风险投资的创新和企业创业精神的长期投入，并可能对业绩产生积极影响（Duran et al.，2016）。我们强调一些家族涉入的民营企业，正如Chrisman 和 Patel（2012）所表明的，家族涉入的民营企业的行为变化可能相当大。我们需要超越家族涉入的民营企业的"平均"行为，研究分布在尾部的家族涉入的民营企业的行为。

三、局限性和未来研究方向

虽然我们的研究做出了重要的贡献，但它也有局限性。首先，家族涉入的民营企业的定义是家族控制，以及企业如何使家族及其成员受益的愿景。尽管已经使用了一些衡量家族涉入的民营企业的方法，而且有些方法可以直接捕捉到"家族愿景"的各个方面（如创始一代的控制权），但是家族愿景和与愿景相关的以家族为中心的非经济性目标都没有被直接衡量。其次，我们研究了标准普尔 1500 指数中的公开交易的制造业企业。虽然样本的相对同质性有利于分析，但它限制了将研究结果推广到其他企业的能力，如非制造业的中小型私有家族涉入民营企业或世界其他地区的企业。最后，我们试图通过使用工具变量和逆米尔斯比来处理家族参与和战略持续性之间的内生性问题，但这种问题永远无法消除。

除了解决本章研究的局限性以外，未来的工作应该进一步研究战略持续性如何、为何及何时影响家族涉入的民营企业的经济和非经济绩效。将 SEW 等非经济性结果作为因变量进行研究的情况是十分困难的。此外，在大型家族涉入的民营企业的背景下，检验企业在多大程度上遵循跨业务单元的一致战略（而不是长期一致的战略）可能是有趣的研究内容。如果一致性被认为是与家族传统和节俭相一致的，我们可能会期望家族涉入的民营企业遵循内部一致的战略。然而，要预测企业业务部门战略的内部一致性如何影响其他战略行为，如创新、多元化和国际化，则更为困难。综上，需要对家族涉入的民营企业的战略持续性和一致性的影响进行更多的研究。

我们的研究结果应该与之前使用前景理论框架的研究结果进行比较（Fang et al.，2021；Patel and Chrisman，2014；Chrisman and Patel，2012；Gómez-Mejía et al.，2010），后者显示家族企业倾向于对损失情况（业绩低于期望）和收益情况（业绩高于期望）做出不同的反应。尽管我们用更多的决策变量分析了更长的时间窗口内的战略行为，但未来的研究需要帮助解释这一系列工作中的相似性和差异。

我们研究的时间范围涵盖了两次经济衰退：一次是温和的（2001 年），一次是严重的（2007 年、2008 年）。然而，新冠病毒大流行让我们希望分析，与非家族涉入的民营企业相比，家族涉入的民营企业的战略持续性在极端和意外的条件下会出现何种程度的影响结果（de Massis and Rond，2020）。鉴于其会对家族涉入的民营企业和非家族涉入的民营企业及整个社会带来严重后果，未来需要对这种情况进行进一步研究。

第十七章 数智化转型背景下民营中小企业的国际化机会搜索和决策管理

自 2013 年国家提出建设"一带一路"倡议以来，中国企业尤其是民营企业不断加快"走出去"步伐，与"一带一路"沿线国家实现了贸易的深入融合，极大地推动了民营企业的国际化进程，也拉动了世界经济的发展。与此同时，在数字经济高速发展的背景下，全球的经济贸易合作和国际商务流通已经逐步建立在数字化与智能化的基础上，企业必须在数智化转型背景下转变国际化机会搜索模式和战略决策思维，才能在国际竞争中获取优势。尤其是对于民营中小企业而言，新一代数字技术的广泛应用，极大地改变了国际市场上的产品或服务交付方式，减少了民营中小企业国际贸易进程中的贸易壁垒，打破了制约民营中小企业国际化发展的空间限制，为企业的国际化发展提供了更多机会。因此，本章内容认为，在数智化转型背景下探究民营中小企业的国际化机会搜索和国际化战略决策管理问题具有重要的现实意义。

国际化是企业的一项重要战略决策（Tihanyi et al.，2003；Hitt et al.，1994，1997）。扩展到国外市场可以潜在地提供许多好处，如扩大规模经济和范围、增强市场力量、向外国合作伙伴和竞争者学习（Rugman and Verbeke，2001；Hitt et al.，1997；Michael et al.，1989）。然而，国际化也代表了一种高风险的战略承诺，可能会稀释家族的控制，破坏家族所有者非经济目标的实现。以往的研究表明，企业所有权的不同会导致国际化的差异（Tihanyi et al.，2003）。此外，以往的家族涉入民营企业文献指出了家族涉入民营企业与非家族涉入民营企业在国际化方面的重要差异（Pukall and Calabrò，2014；Gallo and Garcia-Pont，1996；Gallo and Sveen，1991）。这一流派的研究总体上显示了家族所有权与国际化之间的负向关系（Boellis et al.，2016；Banalieva and Eddleston，2011；

Gómez-Mejía et al.，2010；Fernández and Nieto，2005），表明家族涉入民营企业往往厌恶风险，不愿意超越国内边界进行扩张。尽管家族涉入民营企业的国际化已经受到关注（Chitra et al.，2014；Pukall and Calabrò，2014；Gómez-Mejía et al.，2010；Zahra，2003；Gallo and Garcia-Pont，1996；Gallo and Sveen，1991），但现有文献仍存在研究空白。

以往的研究往往采用意愿或能力视角来解释家族涉入民营企业的战略决策，但这两种视角都需要透彻地理解家族涉入民营企业的战略行为（de Massis et al.，2014b）。能力观点认为，所有权的范围为家族成员提供了做出战略决策的权力和控制权（Carney，2005；Anderson and Reeb，2003）。然而，在能力相当的情况下，家族所有者从事国际活动的意愿取决于这种决策与他们的经济和非经济目标相一致的程度（Gómez-Mejía et al.，2010），这很可能与非家族涉入民营企业存在差异（Chrisman et al.，2012b）。此外，与非家族涉入民营企业相比，家族涉入民营企业的这种行为可能会影响家族涉入民营企业在知识型资源方面的投资（de Massis et al.，2016b；Habbershon and Williams，1999）。根据其性质，对这些资源的投资可以促进或阻碍国际扩张。

能力和意愿视角的分离会导致不同的理论预测与不一致的实证结果。这些观点是相辅相成而不是相互排斥的，所以我们推测家族所有权水平、能力、国际化的意愿可能因家族涉入民营企业是否由创始人或后代掌控而有所不同。同样，意愿水平与家族涉入民营企业国际化的能力也很可能因家族拥有的所有权水平不同而异。因此，由于目标和行动自由裁量权的差异，创始人和后代家族成员所拥有和管理的家族涉入民营企业在国际化水平上预期会有所不同。此外，预计家族涉入民营企业在利用以知识为基础的资源能力方面会有所不同，而且与非家族涉入民营企业也存在一定差异，这应该会对国际化产生交互影响。

本章内容的贡献在于，将意愿和能力视角与知识型资源视角相结合，论证了不同类型家族涉入民营企业参与国际市场的倾向存在差异，并且这些倾向受到国际化关键资源可得性的调节。除了一些研究，如 Memili 等（2015b）之外，过去的研究往往没有考虑到创始人经营的家族涉入民营企业与家族后代之间存在的异质性。尽管相关文献已经在很大程度上认识到，由创始人所拥有和管理的家族涉入民营企业往往比由家族后代所拥有和管理的家族涉入民营企业或非家族涉入民营企业具有更好的绩效（Breton-Miller and Miller，2013；Miller et al.，2007），但关于这些差异是如何产生的研究不多。因此，我们通过研究创始人领导的家族涉入民营企业如何不同于其他家族涉入民营企业来进一步丰富文献。

本章内容的目的是研究控制程度的变化（能力的决定因素）以及创始和后代家族所有者管理者目标的差异（意愿的确定因素）如何影响他们参与国际活动，以及知识型资源的可用性如何调节这些关系。我们对标准普尔1500家制造业企业的纵向分析表明，与非家族涉入民营企业相比，由家族创始人管理的家族涉入民营企业的所有权范围越广、国际化程度越低，而由家族后代管理的家族涉入民营企业的所有权范围则相反。此外，本章研究表明，知识型资源调节了创始人和后代家族的所有权与国际化之间的关系。我们发现，知识型资源水平和创始人（后代）的所有权对国际化有积极（消极）的影响。总的来说，我们的结果为能力和意愿的观点（de Massis et al., 2014b）以及适用于家族涉入民营企业的知识基础观提供了支持（Habbershon and Williams, 1999; Nahapiet and Ghoshal, 1998; Barney, 1991）。我们的结果也符合目标、治理和资源是家族涉入民营企业异质性的主要来源这一观点（Chua et al., 2012）。因此，本章内容对家族涉入民营企业、知识基础观和国际化文献做出了贡献。

在本章内容中，我们回顾了家族涉入和知识型资源对国际化影响的文献。然后我们提出假设，描述我们的方法和结果，最后讨论研究的意义和局限性。

第一节　基础理论整理及研究框架设计

de Massis 等（2014b）的意愿和能力视角是基于企业行为理论推导出的，即不同的所有者联盟往往具有不同的利益和目标；在战略决策中所有者目标的显著性取决于他们代表其利益进行谈判的权力（控制权）；所有者具有多个目标，既可以是经济的，也可以是非经济的（Cyert and March, 1963）。因此，基于意愿和能力的观点预测，国际化战略主要是由企业所有者相信他们的经济和非经济价值可以通过实施这种战略更好实现的程度和对企业战略执行做出决定的权力大小所驱动的。

意愿和能力视角表明，所有者采取行动的权威和愿望至关重要，但新的战略行动也要求企业有采取行动的能力。换句话说，组织资源被认为可以塑造战略决策，这对于家族涉入民营企业（de Massis et al., 2015; Habbershon and Williams, 1999）和非家族涉入民营企业来说都是如此（Barney, 1986, 1991）。因此，该视角聚焦于企业资源作为战略行为的驱动因素（Hitt and Ireland, 1985），尤其是家族涉入所产生的驱动因素（Habbershon and Williams, 1999）。资源也必须进行有效的整合和调配，才能取得优异的绩效（Sirmon et al., 2008; Sirmon and Hitt, 2003）。企业需要开发先进而灵活的控制和评估系统，以确保复杂的、以知识为基础的资源可以根据需要添加、释放和捆绑。事实上，正如 Hansen 等（2004）所总结的那样，"企业利用其资源所做的事情至少与它拥有的资源同等重要"。

　　我们虽然认识到这两个路径之间存在根本区别，但也承认它们涉及影响组织决策的互补因素。换句话说，我们认为家族对企业治理的控制（能力）、目标（意愿）和资源都会影响家族涉入民营企业的决策。在这里，"意愿"被定义为家族所有者使用策略的倾向，这种策略可能具有实现以家族为中心的（经济与非经济）目标的特质性。反过来，"能力"被定义为家族所有权的程度，它为家族提供了控制企业决策的权力和自由裁量权。因此，"能力"对于将以家族为中心的目标转化为企业行为，并应用资源从这些行为中获得期望的目标是必要的。理论上，这意味着家族涉入民营企业中企业资源对战略行为的影响取决于企业中家族所有权的程度。在这项研究中，我们关注的焦点是所有权是由家族的创始人还是家族后代所掌控的，因为这些不同的家族所有者往往具有不同的目标（Chrisman and Patel，2012；Gómez-Mejía et al.，2011；Miller et al.，2007）和资源（Sirmon and Hitt，2003），导致这些企业之间以及与非家族涉入民营企业相比存在差异。

一、家族所有权与国际化

　　如上文所述，家族涉入民营企业研究中的意愿和能力视角认为，家族涉入民营企业决策的驱动因素分别如下：①家族所有者的经济目标和非经济目标（Berrone et al.，2012；Chrisman et al.，2012b；Chrisman and Patel，2012）；②家族持有的所有权程度赋予企业治理的权力和自由裁量权（Carney，2005）。在国际化战略方面，家族所有者有经济动机使企业多元化，以减少预期收益的总体差异，提高预期收益（Boellis et al.，2016；Alessandri and Seth，2014；Chen et al.，2014；Pukall and Calabrò，2014；Goranova et al.，2007；Zahra，2003），和符合行业规范（Miller et al.，2013）。相应地，家族所有者应该有国际化的经济激励措施，以增加回报，减少对国内市场单一收入来源的依赖，以及通过顺应竞争者的行动证明家族对外部支持者的控制是合理的。Gómez-Mejía 等（2010）认为，家族所有者对国际化的选择更能反映他们对实现以家族为中心的非经济目标或保存 SEW 的关注。SEW 包含家族所有者通过对企业的控制所获得的非经济利益，包括行使权力和影响力的能力、拥有企业的情感价值、家族成员对企业的认同以及通过家族继承将家族纽带延续到企业（Berrone et al.，2012）。根据 Gómez-Mejía 等（2010）的研究，国际化会稀释这种收益。因此，国际化给家族涉入民营企业带来了非家族涉入民营企业所面临的困境，因为这类决策可能需要在与风险和收益相关的经济利益及与保存 SEW 相关的非经济利益之间进行权衡。

　　根据家族所有者希望增加收益、分散经济风险和/或遵守行业规范的观念，一些研究表明，家族所有权会增加国际化（Alessandri and Seth，2014；Chen et al.，2014；Pukall and Calabrò，2014；Goranova et al.，2007；Zahra，2003）。相反，另一些研究表明，家族所有权与国际化负相关，这证实了家族所有者保留 SEW 的愿望（Boellis et al.，2016；Arregle et al.，2012；Banalieva and Eddleston，2011；Gómez-Mejía et al.，2010）。我们认为，这些相互矛盾的结果可以通过对创始人与后代控制的家族涉入民营企业之间差异来进行调节分析。我们认为，即使创始人控制的家族涉入民营企业和后代控制的家族涉入民营企业具有相似的影响企业行为的能力，创始人控制的家族涉入民营企业也比后代控制的家族涉入民营企业更愿意保存 SEW。由于 SEW 的重要性在后代中趋于减弱（Gómez-Mejía et al.，2011），与风险和回报相关的经济目标和符合行业规范的经济目标，应在后代家族所有者掌握控制权时发挥更大的作用（Gómez-Mejía et al.，2007）。因此，考察创始人控制的家族涉入民营企业与后代控制的家族涉入民营企业国际化的差异，对于增进当前对家族涉入民营企业异质性的理解具有重要意义。

二、创始人和后代家族所有者的差异

家族涉入民营企业文献长期以来一直强调，除了区分家族涉入民营企业和非家族涉入民营企业之外，创始人和后代家族所有者经营的企业之间也有根本的区别（Pérez-González，2006；Morck and Yeung，2003）。研究表明，当企业由家族创始一代成员拥有和管理时，家族对企业的依附程度最高，而随着企业被传给后代，这种依附往往会减弱（Breton-Miller and Miller，2013；Gómez-Mejía et al.，2007；Chua et al.，1999）。创始家族所有者自企业创立之日起就将时间、精力和资金投入企业，具有强烈的个人依恋、承诺和对企业的认同，因此会高度重视保护他们的社会情感禀赋，而这些禀赋可以通过与他们的非经济目标相一致的策略传递给直系家族成员（Gómez-Mejía et al.，2007）。在这方面，与后代家族涉入民营企业或非家族成员拥有或管理的企业的所有者（管理者）相比，国际化可能不会成为创始家族所有者（管理者）的一种有吸引力的战略。

国际化往往通过发行新的股票或债务来获取外部资金。无论在哪种情况下，获得外部资金使得家族以外的各方能够对企业的治理和战略方向施加影响与控制，从而削弱了家族所有者的权威（Gómez-Mejía et al.，2010）。此外，国际化可能需要向国外派遣值得信赖的管理人员，以便管理国外业务。在家族涉入民营企业中，这些管理者很可能是家族成员。然而，家族管理人员的数量受到家族规模的限制，在创始一代很可能受到特别的约束。此外，国际化可能会导致更高的管理复杂性。家族涉入民营企业可能缺乏有资格、有意愿管理国际活动的家族成员，创造了从企业外部聘请具有国际专业知识的职业经理人的需求，这会削弱家族对企业的权威和认同（Cruz et al.，2010）。因此，相对于由后代所拥有和管理的家族涉入民营企业或非家族涉入民营企业，创始家族所有者经营的家族涉入民营企业的国际化可能会遇到更大的阻力，创始家族所有者对保存 SEW 有更大的兴趣（Gómez-Mejía et al.，2010）。预计这将导致国际化程度降低。在文献回顾中所有权和管理企业行为的能力呈正相关关系。基于上述分析，本章内容提出以下假设。

假设 17-1：创始家族成员所拥有的企业所有权的程度与国际化程度呈负相关关系。

然而，后代家族所有者（管理者）不会重点考虑 SEW，因为家族影响力被认为随着所有权从创始人一代手中转移而减弱（Gómez-Mejía et al.，2007）。家族分支机构的出现削弱了家族联系和对企业的认同（Breton-Miller and Miller，2013）。当大家族制度（在兄弟姐妹合伙企业或表亲联合体中）的后代拥有所有权时，家族成员之间的血缘关系往往会被稀释，而依赖企业的家族成员人数往往会增加（Kotlar and de Massis，2013）。因此，经济目标的显著性可能会上升，减少对外部资助和专业管理带来的控制权损失的厌恶。因此，国际化对后代家族所有者的吸引力应该大于创始家族所有者。

此外，后代家族涉入民营企业往往面临着更高的战略趋同压力（Miller et al.，2013）。战略趋同是指遵循市场上通行的惯例和策略的企业行为。后代家族所有者和管理者可能会担心自己的职位是通过裙带关系而非能力获得，从而受到公众更密切的审查（Bertrand and Schoar，2006；Morck et al.，2005）。因此，后代家族成员很可能认为战略趋同是必要的，通过向外人表明他们可以像创始人或非家族管理者一样有效地管理企业，从而获得合法性。因此，当家族后代拥有所有权时，家族涉入民营企业比创始人管理的企业更有可能进行国际化，使非家族利益相关者相信他们有能力实现令人满意的甚至是卓越的业绩。

事实上，由于对外人证明自己能力的需求增加，加上他们有更大的自由裁量权，随着后代所有权的增加，家族涉入民营企业比非家族涉入民营企业更积极地参与国际化等战略，来缓解通过战略趋同降低风险和提高回报的压力。基于上述分析，本章内容提出以下假设。

假设 17-2：后代家族成员所拥有的企业所有权的程度与国际化之间呈正相关关系。

三、知识型资源和国际化

如上所述，能力视角假设自由裁量权和控制权决定了企业的战略选择。然而，根据知识基础观，组织知识是最重要的资源，而战略决策（如国际化）受到企业边界内知识可得性和知识构成的影响（Kogut and Zander，1992）。组织知识不同于有形资源，也比有形资源更复杂，因为它是一种社会建构的、无形的资源。根据 Leonard 和 Sensiper（1998）的观点，组织知识多于个体成员知识的总和。还有观点认为，它是一种组织层面的集体资源，源自众多个体知识的交流和整合（Nahapiet and Ghoshal，1998）。

本章内容的目的是研究通过研发活动创造的知识型资源如何调节创始人和后代家族所有权对国际化的影响。一般而言，知识型资源可能促进国际化，原因如下：第一，通过参与国内市场创造的知识型资源可对国外市场活动产生积极的外部效应。考虑到世界经济的全球化，很可能有一部分外国客户与国内客户有着相同的需求。在这方面，国内知识型活动产生的产品也可能在国外市场上流行（Kumar，2009），这可能会促进在国外领域的国际活动。第二，除了产品和品牌，通过研发活动获得的知识也可能被用于突破国内边界。第三，国内研发活动可以帮助企业开发可用于国际环境的流程、惯例和实践（Macher and Boerner，2012；Galan and Sanchez-Bueno，2009；Hitt et al.，1994），开发可应用于新情境的模式，减少了不断创造新模式的需要（Nadolska and Barkema，2014），便于进入国外市场（Nadolska and Barkema，2007）。

然而，知识资源与国际化之间的关系可能是复杂的，因为企业在增加、减少、分解和利用资源的能力方面可能不同（Sirmon et al.，2007；Sirmon and Hitt，2003；Amit and Zott，2001；Eisenhardt and Martin，2000；Teece et al.，1997）。Nahapiet 和 Ghoshal（1998）进一步提出，企业内部个体的社会关系与价值创造正相关（Smith et al.，2005）。总体而言，知识型资源有助于企业从先前的用途中剥离其他资源，并将其重新整合以用于新用途。这意味着企业必须能够对在国内市场获得的知识进行重组，才能使其适用于国外市场的竞争。

四、知识资源和家族所有权对国际化的交互影响

虽然创始家族所有者可能不愿意在国际上实现多元化，但当他们决定这样做时，与非家族涉入民营企业或后代家族涉入民营企业相比，他们的密切监督和控制、有约束力的联系、情感上的依附和对企业的认同，可能使他们在协调和整合现有的知识资源方面具有优势。我们认为，这些优势可以促进创始一代所有者管理企业的国际化。

在创始家族涉入民营企业中，家族成员倾向于认同企业，并将其视为家族的延伸，这往往促使家族成员对共同目标的重视程度高于对自身利益的重视程度

（Berrone et al.，2012；Steier and Miller，2010）。对共同目标的关注也可以缓解家族成员之间的关系冲突（Eddleston and Kellermanns，2007），增强知识的交流、共享和整合，从而带来更大的价值创造（Chirico and Salvato，2016，2008）。此外，如果创始人在行动时考虑到后代，他们通过探索知识资源的替代用途来创造价值的动机应该更大。由于单个家族的家族纽带通常比大家族更强，这种长期导向在创始家族涉入民营企业中比非家族涉入民营企业或后代家族涉入民营企业更常见。因此，与后代家族所有者相比，创始人经营的企业更有可能随着知识资源的增加而采取国际化等战略举措。因此，虽然总体上不太愿意国际化，但随着知识资源水平的增加，创始人经营的企业应该更愿意利用这些资源。此外，在企业的初创期和青春期阶段，通过共同工作分享经验，有助于在家族成员之间建立高水平的凝聚力和情感依恋，从而有助于他们利用知识资源（Chirico and Salvato，2016；Gersick et al.，1997）。

相比之下，上述有助于协调和整合家族涉入民营企业知识的优势在后代中很可能会减弱。由于家族影响力和控制通过家族成员之间的所有权分散而稀释（Gómez-Mejía et al.，2007），协调变得更加困难（Berrone et al.，2012）。这种协调问题与非家族涉入民营企业不同，在非家族涉入民营企业中，所有权分散更为广泛，个人所有者将控制权转让给最高管理层和董事会。关系冲突也更有可能出现在第二代或后几代中（Eddleston et al.，2008；Gersick et al.，1997），导致情感依附、企业认同、家族纽带和社会关系的削弱。这种冲突会干扰知识资源的协调和整合。此外，后代家族成员可能不太关心跨代延续，这可能会促进对知识资源的更短视和剥削性的利用。虽然创始人的合法权利有助于将注意力集中在企业绩效上，但后代可能会专注于彼此之间的权力斗争，将注意力从战略转移到政治上，从而不利于将知识资源应用于国际倡议。这种"逐底竞争"（Bertrand et al.，2008）可能导致不同家族所有者联盟利用知识资源谋取私利。因此，随着知识资源的增加以及顽固和自私自利的家族所有者可利用的战略选择范围扩大，委托代理冲突可能会加剧。

尽管后代家族涉入民营企业对整个家族的SEW的关注可能会减少，但家族不同分支或企业参与者之间而不仅仅是所有者的偏好，可能会导致更高的目标多样性（Kammerlander and Ganter，2014；Kotlar and de Massis，2013），导致一些家族成员追求以自我为中心的个人利益，而不是共同的目标和战略（Gómez-Mejía et al.，2007）。同样，这可能会产生不利影响，因为不同的家族所有者联盟可以行使相当大的权力。当联盟在企业内部也有代表时，国际化可能会阻碍整个企业协调和整合知识资源（Chirico and Salvato，2016）。重要的是，目标和关系冲突可能会就通过研发投资获得的知识是否可以或应该应用于国际活动达成协议，这使得两者之间的关系在后代家族涉入民营企业中变得消极而非积极。

因此，我们推测，后代家族涉入民营企业有望实现更多的国际化，但更高水平的知识资源实际上会导致国际化水平的降低，这是因为关系和目标冲突的增加以及对跨代继承担忧的减少（Memili et al.，2015b）。因此，我们认为相对于非家族涉入民营企业或创始家族涉入民营企业，后代家族涉入民营企业的国际化水平会随着知识资源的增加而降低。因此假设如下：

假设 17-3：家族所有权和知识资源对创始家族涉入民营企业和后代家族涉入民营企业的国际化具有交互作用；

假设 17-3a：较高水平下的创始家族所有权和知识资源会对国际化产生积极影响；

假设 17-3b：较高水平下的后代家族所有权和知识资源会对国际化产生消极影响。

第二节 民营企业国际化机会搜索与评估的实证研究

一、样本选取

与之前调查的上市的家族涉入民营企业的研究一致，该样本包括 2002~2008 年在标准普尔 1500 中上市的家族涉入民营企业和非家族涉入民营企业制造业企业，这些企业至少有 5 年的连续信息。为了确保样本的同质性，我们排除了公用事业和服务业企业，因为这些企业与制造业企业相比，在政府法规和可行的国际行动方面存在差异。此外，上市企业往往从国际活动中获得大量收入。这些企业还广泛投资于知识资源，并利用这些资源促进国际举措。在这种情况下，知识资源的"溢出"效应应该是突出的。2002~2008 年这个时间段是有意选择的，因为企业的国际战略和知识资源在包括增长和衰退的动态时期里应有所不同。标准普尔 1500 既包括非家族涉入民营企业，也包括创始和家族后代涉入的民营企业（Miller et al.，2007），此数据之前曾在家族涉入民营企业的文献中使用过（Chrisman and Patel，2012）。

数据在本质上是纵向的。为了识别创始家族及其在企业中的角色，我们考察了 Hoover's、ExecuComp、Fundinguniverse.com、Ancestry.com 的企业网站和企业代理声明。从年度企业代理报告中获得与企业治理和家族涉入民营企业有关的措施，如家族所有权和家族管理等。其他变量，包括国际化，来自 Compustat 数据库和 Hoover 数据库。为了确保因果关系的方向，因变量和其他变量之间使用了一年的滞后期，这意味着自变量、调节变量和控制变量从 2002 年到 2007 年衡量，而因变量从 2003 年到 2008 年衡量。

缺失的数据使样本量减少到 4 925 个，这是非平衡面板数据，其中包括 7 个年度期间的 758 家企业。样本包括 421 个（8.5%）创始家族涉入民营企业观测值、827 个（16.8%）后代家族涉入民营企业观测值和 419 个（8.5%）单独创始人控制的企业观测值。这些比例与美国上市企业进行的类似研究相当（Miller et al.，2007）。

二、变量设计

（一）因变量

"国际化"被衡量为外国销售额占总销售额的比率，通过行业中位数进行调整以缓解行业特定效应（Pukall and Calabrò，2014）。根据法律，在北美洲进行公开交易的企业必须报告来自外国的收入的程度。平均而言，约 35.4%的总销售额来自国外。

（二）自变量

与我们对家族涉入民营企业的定义一致，我们使用家族所有权来衡量自变量。我们用家族成员持有的股权的百分比来衡量家族所有权，如果家族拥有至少5%的所有权或至少有两个家族成员作为重要的所有者、高级经理或董事参与企业的历史（Miller et al.，2007）。这种措施表明要么存在家族内部继任的意愿，要么曾经存在家族内部继任意愿（Chrisman and Patel，2012）。此外，这项措施将家族涉入民营企业与独立创始人企业区分开来，根据定义，独立创始人企业没有多个家族成员参与业务，也与非家族大股东控制的企业区分开来（Cannella et al.，2015）。

我们通过结合家族所有权和企业控制权信息来构建自变量。特别是，我们通过指定是否有第二代或更晚一代的家族成员作为重要的所有者、高级管理人员或董事参与企业，区分了创始人和后代的家族所有权。创始家族所有权以创始人之外家族所有权程度来衡量，而后代家族所有权则以第二代或后一代家族成员参与企业时的家族所有权程度来衡量。这样的分类主要借鉴之前的家族涉入民营企业的文献（Miller et al.，2007）。非家族涉入民营企业在这两个指标上都被编码为 0。

（三）交互变量

参考 Chatterjee 和 Wernerfelt（1991），我们将此变量与家族代际所有权度量一起使用，以研究其对国际化的交互作用。该变量在家族涉入民营企业文献中得到了广泛使用（Chen and Hsu，2009），且具有持续性。该指标反映了研发投入增加了企业的知识。通过使用研发的滞后项来度量，我们捕获了先前对知识型资源的投资，这些资源将用于支持企业的国际化。

（四）控制变量

在分析中纳入了几个控制变量避免干扰：家族管理、高层管理团队规模、CEO 两职合一、独立创始人所有权、非家族大股东所有权、企业规模、企业年龄、企业风险、过去业绩、负债率、广告比率、工厂和设备新颖性、存货比率和以前的国际销售额。这些控制变量与企业治理、企业属性和企业的战略行动有关。同样，所有这些都是在因变量的前一年（时间 $t-1$）测量。

家族管理用在高层管理团队中任职的家族成员数量来衡量。高层管理团队规模用高管团队中高管的人数来衡量。CEO 两职合一为二分变量（0/1），1 表示CEO 同时兼任董事会主席，否则为 0。创始人独立董事持股比例用创始人未参与企业的其他家族成员持有的已发行有表决权股份的百分比来衡量（Miller et al.，2007）。非家族大股东持股比例用非家族和非创始人内部人士控制的持股比例来衡量。我们使用年销售额来控制企业规模。企业年龄用企业自成立以来存在的年数来衡量。企业风险用过去 3 年股票收益的标准差来衡量。过去的企业绩效用 $t-1$期的 Tobin's Q 值来衡量，Tobin's Q 值是基于市场的企业绩效（Anderson and Reeb，2004）。上面列出的所有变量都是连续的。我们还控制了企业在国际化之外的战略行为，如债务率（债务/销售额）、广告比率（广告/销售额）、工厂和新颖性（净资产/总资产）和库存比率（库存/销售额）。以前的国际销售额用 $t-1$期国际销售额占总销售额的比重来衡量。描述性统计和相关性见表 17-1。

（五）工具变量

我们使用三个连续的步骤来控制家族所有权可能的内生性，因为控制变量中没有捕获的不可观察的组织或环境特征，或者自变量和因变量之间的反向因果关系。首先，如前所述，我们使用纵向数据，并在因变量和其他变量之间施加一年的滞后期，这样可以确保因果关系的方向。其次，我们纳入了以前的国际销售额（$t-1$），这进一步减轻了反向因果关系在分析中的影响（Aregilano and Bond，1991）。最后，我们使用 Heckman（1979）的两阶段模型（Gómez-Mejía et al.，2007）。为此，我们首先运行一个 Probit 模型，其中基于 5%家族所有权阈值的家族涉入民营企业变量是内生变量，并估计逆米尔斯比。其次我们使用 Probit 模型的逆米尔斯比作为另一个控制变量来估计国际化的回归结果。

我们使用三个工具变量。第一个工具变量是在给定的年份中与企业最大的所有者有关联的家族信托持股，以二元变量衡量，其中"1"表示所有者持有家族

表 17-1 描述性统计和相关性

变量	均值	标准差	1	2	3	4	5	6	7	8	9	10	11	12	13	14	15	16	17	18	19	20	21
国际化比率	0.35	2.27	1.00																				
创始家族所有权	2.31	9.68	−0.01	1.00																			
后代家族所有权	5.60	16.36	−0.01	−0.04	1.00																		
知识型资源比率	0.04	0.08	0.05	−0.06	−0.12	1.00																	
家族管理（家庭高层管理团队成员）	0.31	0.65	−0.03	0.32	0.45	−0.02	1.00																
高层管理团队规模	5.73	1.18	0.02	−0.09	−0.06	0.00	−0.13	1.00															
CEO两职合一	1.02	1.12	0.03	−0.04	−0.04	−0.09	−0.07	0.14	1.00														
创始人所有权	1.74	8.22	0.01	−0.050	−0.06	0.09	−0.10	−0.02	−0.07	1.00													
非家族所有权	2.09	7.52	−0.02	0.01	−0.03	−0.02	−0.02	−0.05	−0.08	0.03	1.00												
企业规模	7.32	1.64	0.03	−0.08	−0.01	−0.28	−0.12	0.23	0.36	−0.12	−0.16	1.00											
企业年龄	53.06	62.56	0.01	−0.05	−0.01	−0.17	−0.05	0.08	0.17	−0.10	−0.01	0.19	1.00										
企业风险	8.12	10.91	−0.02	−0.02	−0.04	0.11	−0.04	0.00	0.02	0.10	−0.03	0.07	−0.03	1.00									
过去业绩	2.18	1.34	−0.03	−0.03	−0.07	0.16	−0.05	−0.05	−0.05	0.12	0.03	−0.16	−0.08	0.19	1.00								
债务比率	0.03	0.05	0.01	−0.050	0.10	−0.12	0.03	0.02	0.12	−0.05	0.00	0.20	0.09	−0.03	−0.13	1.00							
广告比率	0.01	0.03	0.00	0.09	0.14	−0.05	0.10	0.00	−0.01	0.02	0.05	0.07	−0.02	0.02	0.15	0.00	1.00						
工厂新颖性	0.50	0.14	−0.05	0.01	0.08	−0.23	0.12	−0.01	0.04	−0.05	0.04	0.10	−0.01	0.10	0.00	0.07	0.05	1.00					

续表

变量	均值	标准差	1	2	3	4	5	6	7	8	9	10	11	12	13	14	15	16	17	18	19	20	21
库存比率	0.11	0.12	0.00	0.12	-0.01	-0.04	0.10	-0.05	-0.01	-0.03	0.03	-0.03	0.06	0.02	0.07	0.07	-0.02	0.05	1.00				
过去国际销售	0.34	2.65	0.02	-0.01	0.01	0.04	0.00	0.05	0.01	0.01	-0.02	0.02	0.00	0.01	0.07	0.01	-0.01	-0.03	-0.01	1.00			
家族信托持有	0.34	0.47	-0.04	0.32	0.36	-0.07	0.58	-0.14	-0.16	0.16	0.12	-0.16	-0.08	0.02	-0.05	-0.05	0.11	0.06	0.08	-0.01	1.00		
家族披行业销售比率	0.17	0.29	-0.04	0.19	0.27	-0.19	0.46	-0.09	-0.07	-0.06	-0.02	-0.05	-0.04	0.03	0.02	0.02	0.18	0.16	0.13	-0.03	0.35	1.00	
家族披行业广告比率	0.17	0.33	-0.03	0.16	0.27	-0.10	0.38	-0.05	0.00	-0.04	-0.03	0.03	-0.02	0.03	0.03	0.03	0.18	0.12	0.14	-0.03	0.29	0.68	1.00

注：对于双尾检验，所有高于|0.02|的相关性都在 0.1 或更好的水平上显著

信托或基金会，"0"表示所有者不持有家族信托或基金会。事实上，家族所有者往往选择使用信托或基金会来照顾家族成员。家族信托持股可以表明所有者对企业如何使家族受益的愿景，但不会与国际化有关。此变量从年度代理报表中获得。

第二个工具变量是来自家族涉入民营企业（即家族涉入民营企业销售额/行业总销售额）的行业销售额的比例，这与该行业中的企业是家族涉入民营企业的概率有关，但独立于第二阶段因变量（国际化），因为后者是经过行业调整的。以前的研究在家族涉入民营企业（Amit et al.，2015）和金融文献（Campa and Kedia，2002）中使用了类似的措施。类似地，第三个工具变量是给定行业（即家族企业广告支出/行业广告总支出）中所有家族涉入民营企业的广告支出份额。

所有三个工具变量都与家族所有权变量显著正相关。如上所述，本章研究使用 Heckman 两阶段方法来控制内生性。模型 1 是第一阶段 Probit 处理模型，其中家族涉入民营企业的二元变量与工具变量、调节变量和其他控制变量进行回归。单独创始人变量不作为控制项包含在此模型中，因为它与家族涉入民营企业变量互斥。所有三个工具变量都与家族涉入民营企业变量显著正相关。结合起来，这三种工具变量是重要的（F-统计=197.80，$p<0.001$）。Probit 模型也显示出合理的模型拟合水平（R^2=0.76）。我们认为工具变量的选取是合适的。

三、研究结果分析

由于纵向数据的性质，OLS 回归分析无法同时控制周期性和横截面的影响。Hausman 检验（卡方=506.72，$p<0.001$）表明固定效应模型比随机效应模型更适合本章研究。因此，我们使用固定效应面板回归进行分析。横截面估计量用于控制序列相关和异方差问题。模型 2（表 17-2）报告了回归结果。

表 17-2 国际化的固定效应面板回归

因变量	模型 1		模型 2	
	家族企业（家族所有权≥5%）Probit 回归		国际销售	
变量	B（系数）	S.E.（标准差）	B（系数）	S.E.（标准差）
常数项	−1.626***	（0.331）	−0.050	（1.317）
创始家族所有权			−0.004**	（0.002）
后代家族所有权			0.004**	（0.002）
知识型资源	−4.193***		0.285	（0.866）
创始家族所有权×知识型资源			0.057*	（0.027）
后代家族所有权×知识型资源			−0.114*	（0.046）

续表

因变量	模型 1		模型 2	
	家族企业 （家族所有权≥5%） Probit 回归		国际销售	
变量	B（系数）	S.E.（标准差）	B（系数）	S.E.（标准差）
家族管理	1.762***	（0.101）	0.064†	（0.059）
高层管理团队规模	−0.050	（0.035）	−0.023*	（0.022）
CEO 两职合一	0.041	（0.036）	0.139	（0.102）
创始人所有权			0.028*	（0.017）
非家族所有权	−0.033***	（0.008）	−0.000 1**	（0.002）
企业规模	−0.023	（0.029）	−0.208†	（0.051）
企业年龄	0.002***	（0.000）	0.037*	（0.026）
企业风险	0.011***	（0.003）	−0.002***	（0.001）
过去业绩	−0.105**	（0.035）	−0.030*	（0.013）
债务比率	1.146†	（0.603）	−0.400	（0.635）
广告比率	−1.298	（1.432）	1.698	（0.737）
工厂新颖性	−0.609*	（0.257）	−0.236	（0.448）
库存比率	0.695†	（0.358）	−0.584	（0.165）
过去国际销售	−0.009	（0.010）	−0.103†	（0.074）
逆米尔斯比			−0.006*	（0.020）
家族信托持有	2.307***	（0.102）		
分行业家族销售比率	0.848***	（0.205）		
分行业家族广告比率	0.233***	（0.057）		
时期	7		7	
跨部门（企业）	758		758	
样本量（企业−年份）	4 925		4 925	
McFadden R^2	0.76			
F-统计			1.56***	
最大似然估计绝对值	684.90			

† $p<0.1$，* $p<0.05$，** $p<0.01$，*** $p<0.001$
注：在 Probit 回归中没有加入创始人独资变量，因为家族涉入民营企业和创始人独资企业是相互排斥的

逆米尔斯比（$\beta=-0.006$，$p<0.05$）被发现与因变量显著相关，这进一步证明了 Heckman 两阶段模型的适当性。家族管理（$\beta=0.064$，$p<0.1$）、高层管理团队规模（$\beta=-0.023$，$p<0.05$）、创始人所有权（$\beta=0.028$，$p<0.05$）、非家族所有权（$\beta=-0.0001$，$p<0.01$）、企业规模（$\beta=-0.208$，$p<0.1$）、企业年龄（$\beta=0.037$，$p<0.05$）、企业风险（$\beta=-0.002$，$p<0.001$）、过去业绩（$\beta=-0.030$，$p<0.05$）和

过去国际销售（β=-0.103，$p<0.1$）与国际化显著相关。

在假设 17-1 和假设 17-2 的支持下，创始一代（β=-0.004，$p<0.01$）所持有的家族涉入民营企业所有权对国际化有负向影响，而后代（β=0.004，$p<0.01$）所持有的家族涉入民营企业所有权对国际化有正向影响。

假设 17-3a 和假设 17-3b 均得到支持。知识型资源与国际化正相关，因为家族创始一代的所有权水平提高了（β=0.057，$p<0.05$），而与国际化负相关，因为家族后代的所有权水平提高了（β=-0.114，$p<0.05$）。图 17-1 是根据研究结果绘制的图。

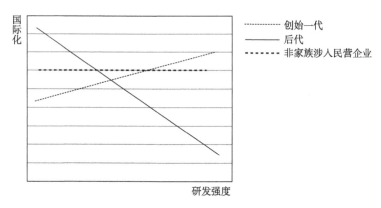

图 17-1　家族涉入民营企业创始一代及后代与研发强度对国际化的共同影响

创始人和后代的划分依据是家族所有权；不显著的知识型资源的估计系数被视为 0

在知识型资源水平较低的情况下，创始一代家族成员的所有权与较低的国际化程度有关，而后代家族成员的所有权与较高的国际化程度有关。然而，随着知识型资源的增加，一个家族的创始一代所拥有的企业比后代所拥有的企业在国际化方面的增长更大。当知识型资源达到相对较高的水平时，与后代家族涉入民营企业相比，创始家族所有权与更高的国际化程度有关。

四、稳健性检验

我们进行了额外的检验来考察结果的稳健性。首先，我们不使用家族所有权，而是使用创始家族涉入民营企业和后代家族涉入民营企业的二元测度，并按照 5% 的家族所有权门槛进行分类。这种方法可能会忽略这样一个事实，即拥有家族的"意愿"的执行取决于家族的能力（所有权）的程度。尽管如此，结果与初步分析是一致的。然而，虽然创始家族涉入民营企业变量及其与知识型资源的交互作用的系数符号相同但变得不显著。

在第二个稳健性检验中，我们使用国际资产投资而不是国际销售作为因变量。

由于 Compustat 数据库没有包含国际资产投资的衡量指标，我们从 Thomson Reuters 数据库中收集了这些数据。然后，我们利用 2002~2007 年标准普尔 500 的 377 个企业的年度观测值重复了上述分析。在这种情况下，回归结果在变量的符号和显著性上都与我们的初步结果一致，这为我们的主要回归结果提供了进一步的支持。

第三节　民营企业国际化的研究结论和管理启示

一、主要研究结论

本章内容的研究论点是，由创始家族所有者管理的企业不同于由后代家族所有者管理的企业，也不同于非家族治理的企业的目标和实现这些目标的战略。换句话说，我们认为目标、治理和资源的各个方面是家族涉入民营企业异质性的主要来源（Chua et al.，2012）。我们回应了关于家族目标的采纳如何在不同代际的家族所有权中发生变化的研究呼吁（Berrone et al.，2012）。同时，我们的结果有助于调和过去研究中的一些混合发现（Arregle et al.，2012；Sciascia et al.，2012；Gómez-Mejía et al.，2010），提供了一个更完整的家族所有权对国际化影响的观点。总之，本章研究为不同类型的家族所有者和管理者如何影响国际化，以及家族涉入民营企业行为的异质性提供了更好的理解（Chrisman and Patel，2012）。换句话说，这项研究表明，考虑到拥有所有权的家族能够在多大程度上影响企业行为，并不能充分捕捉这种影响是如何行使的（Chrisman et al.，2015b），因为家族所有权的影响如何转化为企业行为，可能会根据关键家庭利益相关者的目标而在类型和程度上有所不同，他们以特殊方式管理公司，以及实现这些目标所需的资源数量。

基于 758 家标准普尔 1500 制造业企业的纵向回归分析，涵盖了 2002~2008 年的 4 925 个企业年度数据，得出了一些重要而有趣的见解。首先，我们发现创始家族所有权与国际化负相关，而后代家族所有权具有相反的效应。其次，我们发现知识型资源以非显而易见的方式调节这些关系。与后代拥有和管理的家族企业相比，拥有创始一代所有权和高水平知识型资源的家族涉入民营企业似乎更愿意利用这些资源追求国际化。

二、主要研究贡献

我们的研究在以下几个方面对家族涉入民营企业和知识基础观文献做出了贡

献。首先，以前家族涉入民营企业的大多数研究似乎都认为，家族涉入民营企业追求特定战略行为的意愿是不变的，重要的是他们这样做的能力。通过考察创始人所拥有的家族涉入民营企业与后代家族涉入民营企业的国际化，我们证明了不同类型的家族涉入民营企业之间的战略行为可能存在很大差异，这意味着它们的经济和非经济目标的组合也是高度可变的。

其次，我们证明了研发投资中使用知识型资源可以影响企业的国际化，并调节这些战略与不同类型家族涉入民营企业的家族所有权之间的关系。

最后，标准前提是 SEW 降低了家族企业承担风险和采用创新企业战略的意愿。在假设创始家族所有权与国际战略之间的关系时，我们也提出了类似的论点。尽管如此，我们认为并表明，由创始人所拥有和管理的家族涉入民营企业拥有高水平的知识型资源可能更适合并更有可能有效地实施国际化战略。因此，我们的结果指出了关于创始和后代家族涉入民营企业的一个悖论：创始家族涉入民营企业通常似乎不太愿意国际化，但随着知识型资源水平的提高，他们会更愿意国际化；后代家族涉入民营企业通常更愿意国际化，但这种意愿随着知识型资源的增加而下降。我们认为，在创始人拥有企业的情况下，随着知识型资源水平的提高，他们对传递给后代的企业定位的关注也相应增加，代表了经济和非经济目标的趋同。另外，我们认为，知识型资源水平的增加加剧了关系疏远的后代所有者之间主要冲突的可能性，从而减少国际化的倾向。这一有趣的发现不仅揭示了家族涉入民营企业的异质性，而且为进一步研究不同家族所有者在战略决策方面的不一致影响提供了重要机会。

三、局限性及未来研究方向

尽管这项研究对家族涉入民营企业、知识基础观和国际化文献做出了贡献，但也必须承认其局限性。第一，我们使用了标准普尔 1500（以及标准普尔 500 指数的稳健性检验）中列出的企业样本，这表明我们的数据可能限制了我们的研究结果在全球范围内的可推广性。已经注意到，知识的溢出和员工的流动性都是由内外部条件决定的（Campbell et al.，2012）。因此，我们的发现可能取决于外部环境。未来的研究可以在不同的国家检验我们的模型，特别是那些具有不同法律制度的国家（如普通法与民法）。

第二，我们使用公开交易的企业样本来检验我们的假设。尽管标准普尔数据常用于探讨家族涉入民营企业的战略决策（Block，2010），但我们认识到，我们的研究结果的可推广性可能仅限于大企业。我们鼓励学者研究小型、中型和私人控股家族企业的国际化。

第三，我们根据以前对研发的投资来衡量知识型资源。虽然这种投资肯定可以增加知识型资源，但其他形式的创新投资也是可能的。例如，Patel 和 Chrisman（2014）在研究家族涉入民营企业的研发风险规避策略时，对探索式创新和利用式创新以及专利进行了测度。知识型资源和创业倾向也可以用其他变量来表示，如高管团队的背景和特征（Pérez-González，2006；Sirmon and Hitt，2003）。未来的研究应该考虑一系列更广泛的变量来捕捉家族涉入民营企业知识型资源的开发和使用。

第四，研究结果可能因时间段而异。例如，2007~2008 年是一个大衰退的开始，这可能改变了家族涉入民营企业的偏好和战略。因此，我们欢迎未来针对不同时间段的研究。除了讨论结果和局限性时建议的未来研究方向外，可能还有其他因素会影响公开交易的家族涉入民营企业的国际化，如传承的迫切性（Chua et al.，2003）和家族涉入民营企业在位者对家族内部传承的态度（de Massis et al.，2016b）。代际差异对国际化的影响在家族涉入民营企业中也可能有所不同，这取决于其他变量，如创业导向（Lumpkin et al.，2007；Dess and Lumpkin，2005；Dess et al.，1999）。

第五，家族涉入民营企业的国际化可能会因高管团队、董事会构成（Anderson and Reeb，2004）、董事会独立性（Klein et al.，2005）、领导风格（Bass，1990）、社会资本（Sirmon and Hitt，2003）、战略网络（Arregle et al.，2007）等因素的不同而不同。尽管通过我们的控制变量捕捉到了部分突发事件，但这些突发事件表明了可以应用意愿、能力和基于知识的资源视角来研究家族涉入民营企业的目标、治理和资源的其他方式。

第六，国际化可以采取多种形式。未来的工作需要确定家族涉入民营企业和非家族涉入民营企业，以及不同类型的家族涉入民营企业对不同国际化扩张方式的偏好是否存在系统性差异。

第十八章　数智化转型背景下非家族管理介入与民营中小企业绩效研究

　　在经济高质量发展背景下，民营企业作为市场经济主体的重要组成部分，全面推进民营企业的数字化转型对于企业的转型升级和国民经济发展具有重要的现实意义。为了深入推进民营企业的数字化转型升级，政府相继出台了一系列政策举措进行扶持，如推进数字基础设施的建设、开展普惠性数字金融服务、优化营商环境等。然而，仅依靠"外部输血"的方式无法从根本上改变民营企业数字化转型过程中长期存在的"不能转、不敢转、不愿转"问题，必须从企业内部管理模式出发，寻找企业数字化转型的内在驱动力以提升民营企业的持续"造血"能力并实现绩效发展。聘请外部的职业管理者开展职业化管理通常被视为实现民营企业内部管理模式变革的重要途径。现有研究也针对"外部职业管理者的涉入是否会对民营企业的经济绩效产生影响"展开了广泛探究。

　　当一个家族或少数家族拥有控制所有权，并且企业存在如何使家族受益的愿景时，该企业被视为家族涉入民营企业，这可能跨越几代人（Bennedsen et al., 2010；Chua et al., 1999）。虽然家族涉入可能为企业提供优势（Habbershon et al., 2003），但家族涉入企业也存在潜在的劣势。其中一个值得注意的是，家族成员可能不具备获得卓越企业绩效所需的知识和技能。为了克服这种家族管理能力约束（Carney, 2005），一些家族涉入民营企业聘请非家族管理者来获取家族内部不存在或不足的宝贵管理资源（Cucculelli et al., 2019；Dekker et al., 2015；Stewart and Hitt, 2012）。事实上，研究表明，非家族管理者的涉入能够积极影响家族涉入民营企业的绩效（Tabor et al., 2018；Fang et al., 2016）。

　　然而，另外一些研究表明，家族涉入民营企业在聘请非家族管理者时面临困难。这些困难被归因于家族涉入民营企业不愿为非家族员工使用激励性薪酬（Memili et al., 2013），而追求以家族为中心的非经济目标，这些目标并不使非家族员工受益（Chrisman et al., 2012a），并且有区别对待的倾向，即家族成员相对于非家族员工的优惠待遇（Verbeke and Kano，2012）。由于这些偏见，最有资格和最勤奋的非家族管理者很可能会避免在家族涉入民营企业中就业，因此与非家族涉入民营企业可用的劳动力池相比，家族涉入民营企业需要从一个由比例较低的高素质候选人组成的劳动力池中雇用管理者（Chrisman et al.，2014；Schulze et al.，2001）。

这些不同的发现促使我们探讨以下悖论：如果家族涉入民营企业在雇用高质量的非家族管理者方面受到限制，那么在什么情况下非家族管理者会提高家族涉入民营企业的绩效？为了解决这一悖论，我们认为，非家族管理者是否提升家族涉入民营企业绩效取决于企业中非家族管理者和家族管理者的相对质量。具体来说，我们认为，非家族管理者对家族涉入民营企业的贡献程度取决于企业遭受家族管理能力约束的程度。绩效低于平均水平的家族涉入民营企业比绩效高于平均水平的家族涉入民营企业面临更严重的管理能力约束。换句话说，考虑到家族涉入民营企业面临的劳动力储备减少，我们假设，聘请非家族管理者对绩效低于平均水平的家族涉入民营企业比绩效高于平均水平的家族涉入民营企业更有利，因为前者比后者受到更明显的家族管理能力约束。我们使用 324 家小型家族涉入民营企业的样本并控制潜在内生性的两阶段回归分析来支持我们的理论论点，稳健性检验也证实了这些结果。

本章内容的研究对已有文献做出了贡献，解决了非家族管理者如何提高家族涉入民营企业绩效的悖论。虽然我们的研究结果证实，总体而言，家族涉入民营企业中非家族管理者的比例与家族涉入民营企业的绩效正相关，但进一步分析表明，这种关系只存在于绩效低于行业平均水平的家族涉入民营企业中；在绩效高于行业平均水平的家族涉入民营企业中，并未发现非家族管理者比例与企业绩效之间的关系。我们进一步认为，这是因为平均质量的非家族管理者对那些受到家族管理能力约束的家族企业有更大的潜在影响，一般来说，当家族管理者的质量已经很高时，平均质量的非家族管理者对企业业绩的贡献就不会那么大。这些发现解释了为什么以及何时非家族管理者的涉入使一些家族涉入民营企业受益的悖论，尽管家族涉入民营企业在雇用最合格的非家族管理者方面面临困难。

第一节　基础理论整理及研究框架设计

考虑到社会资本（Pearson et al.，2008）、金融资本（Sirmon and Hitt，2003）和人力资本（Dawson，2012）等资源体现出的宝贵性，家族涉入民营企业有可能产生独特的优势。然而，尽管存在潜在的竞争优势，家族涉入民营企业也创造了潜在的竞争劣势。这可能发生在家族涉入企业由亲属独自管理时，亲属可能缺乏家族涉入民营企业实现卓越绩效所需的管理资源（Cucculelli et al.，2019）。换言之，家族涉入民营企业可能面临家族管理能力约束（Carney，2005）。

为了克服这些限制，一个常见的解决办法是家族涉入民营企业通过雇用非家族管理者来增加管理资源。家族管理者在家族涉入民营企业（Chirico et al.，2011）的长期经验和有限的外部经验下（Gedajlovic et al.，2004），往往拥有有价值但相对同质的知识。因此，非家族管理者可以通过其多样化的知识和经验提升家族涉入民营企业的绩效（Binacci et al.，2016；Chirico，2008；Harper，2008）。家族管理者也往往缺乏必要的知识去管理复杂的、高成长性的组织（Barr et al.，1992），尤其是在技术导向性较强的行业（Carney，2005；Verbeke and Kano，2012）。非家族管理者可以通过提供有助于理解与快速增长或在动态环境中竞争的企业相关的复杂性的知识资源，帮助家族涉入民营企业克服这种认知局限。

此外，非家族管理者往往比家族管理者具有更专业的教育和更丰富的经验（Dyer，1989）。这表明只有具备稀有能力或训练有素的家族管理者才能与高素质的非家族管理者竞争，这些高素质的非家族管理者是基于业绩而非家族成员身份晋升的（Pérez-González，2006）。也许这种能力差异是非家族管理者具有更大的风险承担倾向的原因之一（Huybrechts et al.，2013），这使得企业能够对当前的行业机会采取行动，避免由于对当前行业状况的了解有限而可能出现的潜在能力陷阱。

考虑到并非所有的资源都来自企业内部，非家族管理者也可以为家族涉入民营企业提供能获取更广泛外部资源的网络。由于家族成员往往与相似的个人和组织有联系，家族外部网络往往是冗余的，这限制了家族成员获取外部资源的范围。然而，非家族管理者拥有不同于家族管理者的网络关系。Classen等（2012）发现，家族涉入民营企业中非家族管理者的数量与外部搜寻创新机会的广度正相关，Daspit等（2019）认为，非家族管理者涉入通过增加潜在的吸收能力，增强了家族涉入民营企业获取和吸收外部新知识的能力，突出了非家族管理者基于网络资源贡献的价值。

最后，非家族管理者的涉入往往与专业管理实践相关（Lien and Li，2014；Stewart and Hitt，2012）。家族涉入民营企业中非家族管理者的涉入往往与高绩效工作系统的开发和相关的人力资源政策有关，如绩效考核和激励性薪酬制度，这会滋生问责制，减少家族与非家族员工之间的偏见（Madison et al.，2018）。非家族涉入和专业管理系统提供非正式和正式的监督，以减少资源挤占的发生，当家族管理者的过度控制和强化鼓励他们为了自己和家人的私人利益而征用公司资源时，就会发生这种情况（Distelberg and Sorenson，2009；Oswald et al.，2009；Bozec and Laurin，2008）。因此，考虑到家族涉入企业在依靠亲缘关系时可能会受到管理者能力的限制，非家族管理者的涉入为家族涉入企业提供了获取新的、多样化的知识资源、从家族企业外部工作中获得的经验资源、从扩大的网络中获得额外资源及更有效地利用企业内部资源的机会。事实上，先前的工作已经表明，当家族涉入民营企业聘请专业的管理者时，家族涉入民营企业的绩效会提高，但当家族涉入民营企业任命家族继承人时（Chang and Shim，2015），家族涉入民营企业的绩效不会提高。总的来说，这些理论论点和以前的研究产生了以下的基准假设。

假设 18-1：非家族管理者参与家族涉入民营企业的程度与家族涉入民营企业的绩效正相关。

我们的基本假设是，非家族管理者对家族涉入民营企业的绩效有积极影响，因为非家族管理者有助于克服文献中经常提到的家族管理能力约束（Verbeke and Kano，2012；Carney，2005）。然而，有必要更仔细地研究非家族管理者的影响，因为家族涉入民营企业在雇用非家族管理者时面临劳动力市场的限制，而且家族管理能力约束程度不同。换句话说，我们认为聘请非家族管理者的好处主要在于非家族管理者所提供的资源质量超过家族管理者所拥有的资源。

家族涉入民营企业凭借追求以家族为中心、以构建SEW为导向的非经济目标而闻名（Chrisman et al.，2012a；Gómez-Mejía et al.，2011，2007）。这些目标包括保持对企业的控制、发挥家族影响力、发展家族遗产、追求代际传承（Hammond et al.，2016；Berrone et al.，2012）。相应地，家族管理者倾向于支持实现这些目标的战略（Molly et al.，2019；Chrisman et al.，2012a），而厌恶阻碍实现这些目标的战略（Gómez-Mejía et al.，2010，2007）。然而，非家族管理者更有动力去追求经济目标——他们追求更有可能从中获益的目标——因此，他们追求经济目标的动力与家族涉入民营企业所有者的双重经济和非经济目标并不完全一致。更进一步，非家族管理者可能被认为比家族管理者有更高的绩效标准，并且可能无法完全补偿他们的贡献（Chrisman et al.，2014）。因此，即使非家族管理者可能拥有有助于实现经济目标的专长，但他们的专长可能并不能帮助家族涉入民营企业实现非经济目标，而且这种专长可能无法得到足够的回报（Chrisman et al.，2014；Lee et al.，2003）。因此，非家族管理者更有可能在非家族涉入民营企业中寻求就业，因为在非家族涉入民营企业中存在更大的目标兼容性和因贡献而获得回报的更高的可能性。由于劳动力市场是竞争性的，这表明质量最高的非家族管理者更有可能在非家族涉入民营企业工作，而不是在家族涉入民营企业工作。

非家族管理者也可能因为家族与非家族成员区别对待的可能性而放弃在家族

涉入民营企业工作（Verbeke and Kano，2012）。例如，如果家族所有者认为这些行为会损害家族关系，他们可能会避免对家族管理者进行监督、评估和惩戒（Gómez-Mejía et al.，2001）。无论家族管理者对企业的贡献如何，他们也可以获得优惠待遇，包括职位津贴、更高的薪水和其他私人福利（Bertrand and Schoar，2006）。进一步地，家族对保留企业控制权的渴望往往转化为非家族管理者较少的晋升和所有权机会（Verbeke and Kano，2012；Gedajlovic and Carney，2010；Schulze et al.，2001；McConaughy，2000）。不幸的是，高能力的非家族管理者会更强烈地感受到分殊偏待的影响，他们会从分殊偏待的缺失中获得最大的利益。

另一方面，众所周知，家族涉入民营企业向非家族管理者提供非金钱诱惑，如更高的工作保障和组织支持。这些诱惑对所有非家族管理者都有吸引力，但可能不如更高的薪酬、激励和晋升机会对更高质量的管理者有吸引力（Block et al.，2016；Hauswald et al.，2016）。高质量的管理者比平均质量的管理者更容易从金钱诱惑中获益；然而，不论资格或业绩如何，所有管理人员都可以平等地获得非金钱激励（Chrisman et al.，2014）。Chrisman 等（2017）发现，劳动生产率受激励性薪酬的影响最大，其次是较高的薪酬，受福利项目的影响最小。这种排序归因于员工的资质和业绩对他们从这些激励中获得的奖励有多大的影响。

总之，由于目标不一致、待遇不对称、晋升机会较少，以及他们的经验被利用的可能性降低，最称职的非家族管理者不愿在家族涉入民营企业工作，而更喜欢在非家族涉入民营企业工作。换句话说，最称职的非家族管理者将自己从家族涉入民营企业的劳动力市场中分离出来，留下的非家族管理者数量减少，平均而言，他们的资历低于那些在非家族涉入民营企业寻求就业的人（Chrisman et al.，2014）。

由于家族涉入民营企业可能聘用的非家族管理人员的质量通常仅为平均水平，我们认为非家族管理者涉入与企业绩效之间的正向关系并没有在所有家族涉入民营企业中观察到，部分原因是家族管理者的素质差异相当高（Block et al.，2011）。拥有高素质家族管理者的家族涉入民营企业已经具备了实现卓越企业绩效所需的管理能力，由于家族管理者的短缺（Chrisman et al.，2014；Stewart and Hitt，2012），只能通过聘请非家族管理者来获取合法性或填补企业的管理空白。例如，研究表明创始人（Adams et al.，2009）和后一代家族管理者（Sciascia et al.，2014）的涉入——他们可能有更多的经验和管理能力——与企业绩效正相关。此外，家族管理者的任期减少了过度家族控制对绩效的负面影响。在这种情况下，非家族管理者改善企业绩效的可能性较小，因为很少或没有家族管理能力约束需要克服。

然而，具有家族管理能力约束的家族涉入民营企业可以从聘请具有平均素质的非家族管理者中获益，因为这些平均素质很可能高于家族管理者的现有素质。在这种情况下，非家族管理者的涉入有望改善家族涉入民营企业的绩效。因此，相对于绩效高于平均水平的家族涉入企业，家族管理者素质较低，绩效相应较低的家族涉入民营企业更有可能获得非家族管理者涉入的好处。据此，我们提出以下假设：

假设 18-2：当家族管理者的素质较低时，非家族管理者参与家族涉入民营企业的程度与家族涉入民营企业的绩效正相关；当家族管理者的素质较高时，非家族管理者参与家族涉入民营企业的程度与家族涉入民营企业的绩效不相关。

第二节　非家族管理者对家族涉入民营企业绩效影响的实证研究

一、研究方法

本章内容的研究使用了多种数据来源：小型家族涉入民营企业的数据来自美国小企业发展中心（Small Business Development Center，SBDC），为了控制内生性，使用了美国人口普查和美国经济分析局的数据。这些数据来自一个更大的项目，旨在评估 SBDC 咨询服务的有效性。2009 年，我们向 58 127 家企业发放了调查问卷，这些企业在过去的一个时期内获得了 SBDC 5 个小时或更多的支持。研究总共收到 9 411 份答复，答复率为 16.2%。调查的主要信息提供者是企业的主要管理者和所有者。根据家族涉入民营企业的定义，我们排除了以下 4 种情况：①家族所有权不足 50%；②没有家族管理者；③被调查者不认为该企业是家族涉入民营企业或不打算将业务传给家族继承人；④没有员工，没有披露的销售额或与研究相关的数据缺失。这些排除确保样本只包括至少有一个家族管理者和具有跨代传承意愿的家族所有和管理的企业。然而，这些排除也将我们的最终样本限于324 家家族涉入民营企业。

样本中的家族涉入民营企业相对年轻（平均年龄=10.27 年）且规模较小（平均规模=15 名员工），使得每位管理者的影响力也相应较大。1/3 的企业表示他们从事服务业。零售企业和制造业企业分别占样本的 17% 和 15%。其余的企业报告说，它们在其他各种行业竞争。在样本企业中，43% 位于美国南部，20% 位于中西部/北部，13% 位于东部，24% 位于西部。平均而言，家庭私有制接近 93%，而非家族管理者占管理团队的近 16%。

我们进行了检验以评估潜在的无响应偏差。在对相关变量中的早期和晚期受

访者进行 t 检验比较后，无响应偏差问题似乎并不存在（Kanuk and Berenson，1975）。

二、变量设置

（一）因变量

为了评估绩效，受访者被要求说明 3 年期间内企业的销售增长（sales growth）和销售回报（return on sales，ROS）的最佳估计范围，选择范围为<0%、0%、1%~5%、6%~10%、11%~15%、16%~20%和>20%。这些指标编码为1 至 7，分数越高，表明绩效水平越高。销售增长和 ROS 代表了企业绩效的不同方面，因此，在单独的分析中使用这两个指标可以更全面地理解非家族管理者参与对家族企业绩效的影响。

（二）自变量

根据以前的文献，我们将非家族管理（nonfamily management）定义为非家族管理者相对于企业雇用的所有管理者的比例（Fang et al.，2016）。相应地，受访者被要求说明他们所在企业中非家族管理者的数量和家族管理者的数量。我们使用这些数据来计算每个家族涉入民营企业中非家族管理者的比例。

（三）分组变量

由于我们没有直接衡量管理质量的指标，我们做了两个重要的假设。首先，我们假设管理团队的质量是由企业相对于行业竞争者的相对表现来反映的。其次，我们假设家族管理者质量的跨企业差异大于非家族管理者质量的差异。

为了评估家族涉入民营企业的绩效是否低于（或高于）行业平均水平，从而可能存在（或不存在）家族管理能力约束，受访者被要求在单独的问题中比较企业过去 3 年与行业竞争对手的销售增长和 ROS。采用 5 点计分，选项为"远差于、差于、相当、好于、远好于"，这些指标分别编码为 1 至 5。依据这些数据，我们将样本分为两组，包括低于和高于平均水平的行业绩效。与竞争者相比，平均销售额增长为 3.19，平均 ROS 为 3.46。因此，对于每项措施，提供 3分或更低答复的企业被认为低于平均水平，提供 4 分或更高答复的企业被认为高于平均水平。

（四）控制变量

我们控制了家族所有权（family ownership）百分比、企业年龄（firm age）、企业规模（firm size，雇员总数的对数）、行业（零售业、服务业和制造业作为虚拟变量进行衡量；"其他行业"作为参照组）和地理区域（东部、南部、中西部/北部被测量为虚拟变量；西部作为参照组）。

（五）工具变量

我们考虑了内生性问题，以控制结果可能会受到反向因果关系或模型中未包括的潜在因素的影响。例如，较低的绩效可能促使企业雇用更多的非家族管理者。同样，各种战略决策可能与企业绩效和家族所有者雇用非家族管理者的意愿有关。因此，考虑到研究的横截面性质，控制内生性尤为重要。

我们确定了四个工具变量，它们可能与焦点变量（非家族管理者在家族涉入民营企业中的比例）强相关，但与因变量（ROS）无关。从美国人口普查和美国经济分析局数据库中获得了两个工具变量［即每个州每个家庭的教育支出（educational expense）和人口密度（population density）］。从 SBDC 数据库中获得了两个额外的工具变量［即管理团队的平均规模（average management team）、管理控制和在每个州的行业跨度（span of management control）］。我们的工具变量代表了样本中企业竞争的行业和/或国家中的平均值，因此它们不太可能与样本企业的业绩相关联，因为它们会以同样的方式影响行业和国家中的所有企业。

每个家庭的教育支出是用每个州的总教育支出（千美元）除以每个州的家庭总数来计算的。该变量表示教育系统的质量可能会影响每个州至少具有平均资格的非家族管理者的供给，进而影响家族涉入民营企业雇用他们的意愿。然而，每个家庭的教育支出不太可能直接影响一个州单个企业的绩效，并且考虑到样本中企业的规模，跨州样本中企业之间的竞争将是罕见的。正如预期的那样，教育支出与非家族管理变量之间的相关性（$r=0.17$）远高于教育支出与销售增长（$r=-0.02$）和 ROS（$r=0.03$）之间的相关性。

同样，人口密度（各州按面积划分的总人口的自然对数）可能会增加非家族管理者的总体供给量，应该与非家族管理者的雇用量正相关。相比之下，没有理由期望人口密度与销售增长或 ROS 之间有直接的关系。事实上，人口增长与非家庭管理之间的相关性是 0.19，而它与销售增长和 ROS 的相关性是-0.02。

管理控制的范围是以各州每个行业的平均员工与管理者的比率来衡量的。该变量表明对非家族管理者的需求（比率越高，需求越低），正如我们的相关性分析所证实的那样（$r=-0.13$），应该与非家族管理者的雇用负相关。然而，正如相关性所证实的那样，没有理由认为控制范围与销售增长（$r=0.06$）或 ROS（$r=0.01$）密切相关。

最后，管理团队的平均规模被计算为每个州每个行业中所有企业的平均管理者人数。这个变量捕捉了一个州每个行业对管理者的平均需求。考虑到家族成员的数量受到家族规模的限制，管理团队的平均规模应该与家族涉入民营企业中非家族管理者的比例正相关，相关性分析证实了这一点（$r=0.20$）。另外，在一个国家的行业中，管理团队的平均规模不应该与企业绩效相关，正如预期的那样，这个变量与销售增长（$r=0.09$）和 ROS（$r=0.08$）之间的相关性相对较低。

三、实证结果分析

根据 Hamilton 和 Nickerson（2003），我们使用带有工具变量的两阶段回归模型来分析我们的数据，方差膨胀因子均小于 5。此外还控制了异方差问题。在第一阶段，工具变量和控制变量被用来估计非家族涉入的预测值。在第二阶段，将因变量分别与第一阶段预测得到的非家族管理者涉入变量和控制变量进行回归，检验假设 18-1。为了检验假设 18-2，我们使用分组变量将样本分为绩效高于和低于行业平均水平的企业，并对每组进行重新分析。

表 18-1 提供了研究变量之间的描述性统计和变量相关性分析。正如预期的那样，非家族管理者参与变量与两个业绩指标都正相关。此外，如上所述，所有四个工具变量都与自变量显著相关，但与因变量无关。

表 18-1　描述性统计和变量相关性分析

变量	1	2	3	4	5	6	7	8	9	10	11	12	13	14	15	16
销售增长①	1.00															
ROS	0.42	1.00														
非家族管理	0.09	0.10	1.00													
家族所有权	-0.03	0.02	0.13	1.00												
家族规模（员工人数的对数）②	-0.19	-0.05	0.07	0.06	1.00											
企业年龄	0.08	0.02	0.22	-0.04	0.35	1.00										
零售业	-0.04	-0.02	-0.04	0.13	-0.07	-0.04	1.00									
服务业	0.00	0.03	0.01	-0.03	-0.13	-0.17	-0.32	1.00								
制造业	0.07	0.04	0.02	-0.03	0.09	0.05	-0.19	-0.30	1.00							
东部③	-0.04	-0.07	0.00	0.11	0.10	-0.15	0.05	-0.10	0.07	1.00						
南部	0.06	0.08	-0.06	0.03	-0.14	0.10	0.03	-0.01	-0.10	-0.33	1.00					
中西部/北部	-0.01	-0.02	0.08	-0.01	0.18	0.11	-0.02	0.00	0.06	-0.20	-0.43	1.00				
教育支出④	-0.02	0.03	0.17	0.01	-0.03	-0.09	0.01	0.08	-0.01	-0.11	-0.16	-0.09	1.00			

续表

变量	1	2	3	4	5	6	7	8	9	10	11	12	13	14	15	16
人口密度（对数）	-0.02	-0.02	0.19	0.00	0.07	-0.08	0.00	-0.04	0.01	0.33	0.03	0.07	-0.28	1.00		
管理控制范围	0.06	-0.01	-0.13	0.00	0.06	0.44	-0.07	-0.13	0.04	-0.09	0.09	-0.01	-0.03	-0.04	1.00	
管理团队平均规模	0.09	0.08	0.20	-0.06	0.26	0.34	-0.11	-0.13	0.09	-0.08	-0.06	0.23	-0.10	0.07	0.03	1.00
均值	4.54	4.06	0.16	0.93	2.10	10.27	0.17	0.33	0.15	0.13	0.43	0.20	0.94	4.74	4.23	3.38
中位数	4.50	4.00	0.00	1.00	2.08	6.00	0.00	0.00	0.00	0.00	0.00	0.00	0.64	4.55	3.39	3.00
最小值	1.00	1.00	0.00	0.50	0.00	0.00	0.00	0.00	0.00	0.00	0.00	0.00	0.25	1.72	0.50	2.00
最大值	7.00	7.00	0.88	1.00	5.35	107.00	1.00	1.00	1.00	1.00	1.00	1.00	5.03	6.97	21.00	7.00
标准差	1.91	1.78	0.27	0.15	1.05	13.12	0.37	0.47	0.36	0.34	0.50	0.40	1.46	0.91	5.17	1.75

注：①系数大于 0.11 的 p 值<0.05。

②以员工人数（未取对数）衡量的企业规模的描述性统计数据为：平均值=15.51；中位数=8.00；最小值=1.00；最大值=210.00；标准差=24.41。

③区域虚拟变量编码如下：以西部为基准。东部：康涅狄格州、特拉华州、华盛顿哥伦比亚特区、缅因州、马里兰州、马萨诸塞州、新罕布什尔州、新泽西州、纽约州、宾夕法尼亚州、罗得岛州、佛蒙特州、弗吉尼亚州和西弗吉尼亚州；南部：亚拉巴马州、阿肯色州、佛罗里达州、佐治亚州、肯塔基州、路易斯安那州、密西西比州、新墨西哥州、北卡罗来纳州、俄克拉荷马州、南卡罗来纳州、田纳西州和得克萨斯州；中西部/北部：伊利诺伊州、印第安纳州、艾奥瓦州、堪萨斯州、密歇根州、明尼苏达州、密苏里州、内布拉斯加州、俄亥俄州和威斯康星州；西部：阿拉斯加州、亚利桑那州、加利福尼亚州、科罗拉多州、夏威夷州、爱达荷州、蒙大拿州、内华达州、北达科他州、俄勒冈州、南达科他州、犹他州、华盛顿州和怀俄明州。

④以千美元计的每户教育费用

表 18-2 提供了非家族管理者在家族涉入民营企业全样本、低于行业均值和高于行业均值的分布情况。

表 18-2　非家族管理者的分布

非家族管理者		销售增长				销售回报率			
家族企业中非家族管理者的数量	全样本		低于行业平均水平		高于行业平均水平		低于行业平均水平		高于行业平均水平	
	数量	比例	数量	比例	数量	比例	数量	比例	数量	比例
0	177	54.63%	88	57.52%	89	52.05%	107	55.15%	70	53.85%
1	67	20.68%	37	24.18%	30	17.54%	46	23.71%	21	16.15%
2	40	12.35%	13	8.50%	27	15.79%	21	10.82%	19	14.62%
3	15	4.63%	6	3.92%	9	5.26%	8	4.12%		5.38%
4	10	3.09%	2	1.31%	8	4.68%	5	2.58%	5	3.85%
5	7	2.16%	3	1.96%	4	2.34%	5	2.58%	2	1.54%

续表

非家族管理者			销售增长				销售回报率			
家族企业中非家族管理者的数量	全样本		低于行业平均水平		高于行业平均水平		低于行业平均水平		高于行业平均水平	
	数量	比例	数量	比例	数量	比例	数量	比例	数量	比例
>5	8	2.47%	4	2.61%	4	2.34%	2	1.03%	6	4.62%
总计	324	100%	153	100%	171	100%	194	100%	130	100%

表 18-3 汇报了回归结果。

表 18-3 回归结果

样本	一阶段回归	二阶段回归					
	全样本	全样本		低于行业平均水平		高于行业平均水平	
因变量	非家族管理	销售增长	ROS	销售增长	ROS	销售增长	ROS
自变量:							
非家族管理①		0.110***	0.074*	0.147**	0.095**	0.033	0.053
控制变量:							
家族所有权	0.165	−0.078	0.040	−0.079	0.001	−0.059	0.149
企业年龄	−0.048	−0.272***	−0.052	−0.214*	−0.078	−0.210†	−0.007
企业规模	0.255**	0.169**	0.045	0.095	0.013	0.035	−0.070
零售业	−0.004	−0.040	0.020	−0.051	−0.004	−0.065	−0.085
服务业	0.071	−0.032	0.064	−0.038	0.025	−0.041	0.027
制造业	0.028	0.077	0.098	0.028	0.044	0.184**	0.173*
东部②	0.014	0.003	−0.089	−0.162	−0.160†	0.191*	0.167
南部	−0.059	0.007	0.028	−0.138	−0.129	0.198†	0.215†
中西部/北部	0.019	−0.004	−0.020	−0.195	−0.121	0.188†	0.105
工具变量:							
教育支出③	0.094*						
人口密度（对数）	0.079*						
管理控制的跨度	−0.082***						
管理团队平均规模	0.106***						

续表

样本	一阶段回归	二阶段回归				
	全样本	全样本		低于行业平均水平		高于行业平均水平
样本量	324	324	324	153	194	171	130
调整 R^2	0.102	0.094	0.031	0.092	0.041	0.118	0.111
F-统计	2.829	3.255	0.999	1.440	0.795	2.035	1.381

注：①第一阶段回归的预测值；②区域虚拟变量编码同表 18-1 注释 2；③以千美元计的每户教育费用

***$p < 0.001$，**$p < 0.01$，*$p < 0.05$，†$p < 0.10$

在第一阶段，所有四个工具变量的估计系数都在预期方向上显著，进一步支持了选择标准的正确性。在第二阶段，我们利用第一阶段回归中自变量的预测值检验了非家族管理者涉入与家族涉入民营企业绩效正相关的假设。结果支持假设18-1，非家族管理者涉入对销售增长（β=0.110，$p < 0.001$）和 ROS（β=0.074，$p<0.05$）均有显著的正向影响。

将样本按照分组变量进行划分后，我们发现非家族管理者涉入的正向效应仅对绩效低于行业均值（销售增长：β=0.147，$p<0.01$。ROS：β=0.095，$p<0.01$）的家族涉入民营企业显著。对于绩效高于行业平均水平的家族涉入民营企业，非家族管理者涉入的效应不显著。此外，t 检验表明，对于两个因变量（销售增长：t=3.75，$p < 0.001$。ROS：t=4.272，$p < 0.001$），非家族管理者涉入变量的 β 值在绩效低于行业均值的企业回归中显著大于绩效高于行业均值的企业。因此，假设18-2 得到支持。

四、稳健性检验

我们进行了几项稳健性检验，以确保我们的结果的可靠性。首先，为了确保我们的结果不受回归均值的影响，我们使用倾向得分匹配（propensity score matching，PSM）以确定我们在自变量和控制变量中与我们的主要家族涉入民营企业样本与非家族涉入民营企业样本相匹配。匹配样本回归的结果与前文基本一致，两个假设均得到支持。此外，PSM 结果提供了额外的保证，即内生性以及对均值的回归不影响研究结果。

其次，我们使用了几个关键变量的替代测度，包括实际非家族涉入变量而非预测值和管理团队中非家族管理者的数量而非百分比。进一步地，我们使用几种替代的方式来指定样本。例如，我们放松了至少一个家族管理者的约束（样本量=357）。我们还分析了员工数少于100人（样本量=319）、少于50人（样本量=304）和少于20人（n=265）的家族涉入民营企业。在每种情况下，回归结果都与我们的假设一致。此外，我们调查了非家族管理者涉入与企业绩效之间是否存在非线性、倒 U 形关系，因为对我们的研究结果的一个可能的替代解释是，家族涉入民营企业可以获得充分就业的非家族管理者的数量是有限的、收益递减的。然而，与我们的理论断言一致，我们的分析表明关系是线性的而不是非线性的。

最后，我们比较了绩效高于和低于平均水平的家族涉入民营企业中非家族管理者的比例。我们发现，在绩效高于平均水平和低于平均水平的家族涉入民营企业之间，非家族管理者的比例没有统计学上的差异。这一发现表明，与假设 18-2 相关的结果很可能是由非家族管理者与家族管理者的相对质量所影响的，而不是由非家族管理者涉入经营绩效高于和低于平均水平的家族涉入民营企业的比例所影响的。因此，分析结果似乎在实证上和理论上都是稳健的。

第三节　非家族管理者参与家族企业管理的研究结论和对策

非家族管理者的参与是家族涉入民营企业的一个突出问题，因为非家族管理者往往对这些组织的专业化努力、成长和绩效至关重要。然而，先前的研究提供了矛盾的见解。尽管研究普遍认为，非家族管理者可以提高家族涉入民营企业的绩效，但家族涉入民营企业往往被迫从有限的非家族管理者中雇用，而这些非家族管理者的平均素质并不如非家族涉入民营企业管理者，这似乎限制了家族涉入民营企业从雇用非家族管理者中获得的价值。为了解决这一悖论，我们检验了家族涉入民营企业从雇用非家族管理者中获得正向绩效的条件。

我们假设并发现非家族管理者的参与通常会提高家族涉入民营企业的绩效。我们接着进行了更为细致的考察，我们认为，非家族管理者参与对家族涉入企业绩效的影响只与绩效低于行业平均水平的家族涉入民营企业有关，在这些家族涉入民营企业中，家族管理能力约束可能更为明显。在这种情况下，即使是平均素质的非家族管理者也会产生影响，因为他们可能比家族管理者更有资格。事实上，我们的研究结果表明，非家族管理者对业绩低于行业平均水平的家族涉入民营企业有积极影响，但对业绩高于行业平均水平的家族涉入民营企业没有影响。两阶段最小二乘法和PSM控制表明，反向因果关系、遗漏变量偏差和回归均值不会影响这些关系。

一、研究贡献

本章内容的研究在多个方面为家族涉入民营企业研究做出了贡献。首先，我们确认了非家族管理者的参与对家族涉入企业绩效有总体积极影响。我们阐明了非家族管理者给家族涉入民营企业带来的好处，考虑到一些家族涉入民营企业由于家族管理者有限的外部经验、专业教育和获取外部资源而受到管理能力的限制。具体来说，我们认为，非家族管理者为家族涉入民营企业提供了知识资源和其他好处，而这些知识资源和其他好处在没有这些管理者的情况下较少（或无法）获得。这一论点与先前的研究一致，即非家族管理者提高了家族涉入满意企业的绩效（Madison et al.，2018；Tabor et al.，2018；Dekker et al.，2015；Patel and Cooper，2014）。

其次，我们考察了家族涉入民营企业如何在聘用可能只是平均质量的非家族管理者情况下获得更高绩效的悖论。为此，我们建议，由于目标不一致、不对称待遇和较少的晋升机会，高质量的非家族管理者将自己排除在家族涉入民营企业的劳动力市场之外。据此，我们假设并发现非家族管理者仅在绩效低于行业平均水平的家族涉入民营企业中显著影响企业的绩效。我们认为，出现这一现象是因为在业绩较低的家族涉入民营企业中，具有平均学历水平的非家族管理者通常比家族管理者更有资格。因此，这一发现通过证明家族涉入民营企业可以从非家族管理者涉入中体验到积极的收益来解决非家族管理者悖论，但这种收益仅限于遭受家族管理能力约束的家族涉入民营企业。尽管这似乎是一个明显的结论，但先前的文献没有考虑到家族管理者的质量或家族涉入民营企业的绩效。事实上，迄今为止的文献举例说明了当不明确考虑家族涉入民营企业异质性的方面时，何时会得出误导性的结论。

最后，这项研究的结果具有潜在的经济和社会启示。家族涉入民营企业被认为是"私营工业的支柱，也是旨在增加就业和经济增长的政策的关键目标"（Andersson et al.，2018）。超过80%的美国企业是小型家族涉入民营企业，超过1/3的《财富》500强企业是家族涉入民营企业（Chu，2009）。研究估计，美国家族涉入民营企业贡献了64%的GDP，雇用了62%的美国劳动力（Astrachan and Shanker，2003）。在欧洲和亚洲，家族涉入民营企业约占所有企业的40%，是就业和经济增长的重要来源（Chu，2009）。家族涉入民营企业具有单一经济体的影响（Memili et al.，2015b），因此有必要了解其绩效的驱动因素，尤其是与劳动力相关的驱动因素。我们的理论假设建立在这样的观念之上，即家族涉入民营企业很可能难以吸引到高质量的非家族管理者，但平均质量的非家族管理者仍然可以对业绩较低的家族涉入民营企业产生积极影响。结果支持了我们的假设，因此我们认为应该鼓励高绩效的家族涉入民营企业更有效地向高质量的非家族管理者传递机会，并确保他们履行对这些管理者的承诺。

二、局限性和未来研究

尽管本章内容的研究提供了重要的见解，但也存在局限性。第一，小企业主群体主要由小企业构成。因此，在将这些发现推广到较大的家族涉入民营企业时应谨慎行事。此外，尽管样本的规模是合理的，并且先前的工作表明 SBDC 客户在美国通常具有小企业的代表性，但仍需要进一步的研究来确保调查不是样本结果的事实。基于美国小企业样本的研究结论可能低估了某些家族属性在不同文化间的差异，而这些差异可能对家族涉入民营企业的绩效至关重要。例如，在财产权不发达的经济体中，非家族管理者采取机会主义行动的潜力可能会抵消其潜在的更多管理资源的价值。在这种情况下，非家族管理者涉入与家族涉入民营企业绩效之间的关系可能会彻底消失。此外，在某些文化中，将非家族成员纳入企业可能有助于缓解核心和远亲对资源的攫取，从而对家族涉入民营企业的绩效产生更积极的影响（Daspit and Long，2014）。

第二，除那些被考虑的变量之外，影响家族涉入民营企业绩效的其他变量也是存在的。例如，某些家族属性和管理层属性，如家族规模、家族结构、创始人身份、管理层任期、继任意愿、亲缘关系网络等，可能会影响家族涉入企业的绩效。然而，更重要的是，我们无法在我们的样本中直接衡量非家族或家族管理者的质量。相反，根据以前的文献，我们假设非家族管理者通常是平均质量，介于最有能力和最无能的家族管理者之间。鉴于非家族管理者的重要性，通过衡量与比较家族涉入民营企业中家族和非家族管理者的实际质量，以及家族涉入民营企业和非家族涉入民营企业之间的实际质量来扩展这些见解的研究将是有用的。

第三，虽然聘请非家族管理者是向职业化迈出的一步，但我们无法观测到样本中家族企业的职业化程度。虽然纳入非家族管理者是职业化的指标之一（Stewart and Hitt，2012），但也要考虑财务控制系统、人力资源控制系统及分权程度（Chrisman et al.，2016；Dekker et al.，2015；Benavides-Velasco et al.，2013）。同样，进一步研究关于薪酬方案的设计如何影响非家族管理者涉入和家族涉入民营企业的绩效仍然是我们研究中尚未涉及的一个富有成效的研究领域。例如，Block（2011）认为，短期激励对非家族管理者行为的影响大于家族管理者，但这一理论并没有得到实证检验。此外，尽管在发展中国家和新兴市场国家中，家族管理者似乎比非家族管理者有更高的基于绩效的薪酬（Nyantakyi，

2016），但需要更多的研究来确定家族和非家族管理者的薪酬在多大程度上受到区别对待（Verbeke and Kano，2012）的影响，而不是能力和努力的变化。

第四，我们没有考虑劳动力市场中非家族管理者的特殊偏好。Hauswald 等（2016）指出，那些看重保护（即传统、从众、安全）或自我超越（即仁爱、普遍主义）的申请人往往更容易被家族涉入民营企业吸引。虽然这可能会改善或（更有可能）加剧本章内容研究中讨论的排序效应，但鼓励未来的研究采取更精细的方法来考察劳动力市场中非家族管理者的偏好和质量的影响。同样，更好地了解更多合格的非家族管理者可能被家族涉入民营企业吸引的条件也很重要。在这里，一个解释管理者与企业匹配的视角可能会产生有价值的见解（Kristof，1996）。

第五，本章研究使用的是横截面数据，这意味着我们无法建立因果关系，只能从实证关系中得出推论。尽管控制内生性部分缓解了反向因果关系和遗漏变量偏误问题，但纵向数据将有助于更详细地了解非家族管理者涉入与家族涉入民营企业绩效相关的机制。此外，鼓励未来的研究，评估更广泛的家族涉入民营企业的绩效措施。在我们的研究中，销售增长和 ROS 都被用来洞察企业绩效。然而，使用其他衡量经济和非经济业绩的方法将有助于更好地评估非家族管理者涉入的影响。

除了改进我们的研究设计，未来的研究机会仍然存在。例如，尽管平均质量的非家族管理者的参与对一些家族涉入民营企业有益，但了解家族涉入企业如何吸引更高质量的非家族管理者是一个值得进一步研究的领域。正如我们注意到的，Chrisman 等（2017）证据表明，在重要性递减的顺序中，作为薪酬替代品的激励性薪酬，更高的薪酬和福利组合对家族涉入民营企业劳动生产率的影响大于非家族涉入民营企业。这似乎是因为这种激励不仅协调了所有者和管理者的利益，而且增加了作为雇主的家族涉入民营企业对非家族管理者的吸引力，从而降低了上文讨论的排序效应。这些机制可以帮助家族涉入民营企业招聘更合格的非家族管理者。遗憾的是，研究还表明，家族涉入程度越高的企业，其对保存 SEW 的重视程度越高，从而降低了向非家族管理者提供激励的可能性（Memili et al.，2013）。未来需要更多的研究来了解家族涉入民营企业如何在保护 SEW 的同时，从非家族管理者的涉入中获益。

定性研究也具有研究价值，因为关于非家族管理者的角色以及这些角色是如何产生和演变的仍存在很多空白。例如，定性研究可能有助于理解非家族管理者如何、在多大程度上及在何种情境下被让渡权力。我们发现，当家族涉入民营企业的绩效低于行业平均水平时，非家族管理者的涉入与企业绩效显著相关。然而，究竟如何将权力转移给非家族管理者，以促进经济目标的实现而不损害非经济目标的实现需要进一步的研究。例如，一个临时的管理者或温和的角色是否可以成为利用非家族管理者的有效方式（Lee et al.，2003），如果可以，如何在不降低家族管理者积极性的情况下实现？

以前的研究存在一个理论悖论，虽然非家族管理者能提高家族涉入民营企业的绩效，但家族涉入民营企业却很难吸引高质量的非家族管理者。我们试图通过理论分析来解决这一悖论，即在家族管理能力约束的家族涉入民营企业中，非家族管理者涉入仅与企业绩效显著相关，如绩效低于行业平均水平的家族涉入民营企业。我们认为这是因为家族成员管理资源不足造成的家族涉入民营企业可以从雇用质量一般的非家族管理者中受益，因为家族管理者的能力通常低于平均水平。因此，本章内容的研究为非家族管理者为什么以及何时影响家族涉入民营企业的绩效提供了见解，并为未来的研究奠定了基础。

第四篇
中小企业数智化转型的区域创新实践研究

本篇内容的逻辑观点认为中小企业数智化转型发展与宏观管理实践中的区域创新具有紧密关联。从国家双循环战略的区域实践，到长三角一体化和大湾区建设，再到省域经济发展，以及零碳数智园区和平台组织等载体建设等内容，都与中小企业数智化转型发展具有紧密联系。本篇从内容架构上主要基于以下几方面展开：①数智化转型背景下中小企业助力国内大循环的调查报告；②长三角一体化背景下民营中小企业高质量发展的调查报告；③数智化转型背景下的大湾区产业生态和创新生态融合演化研究；④数智化转型背景下中小微企业助力省域经济稳进提质的调查报告；⑤零碳数智园区的建设模式与路径研究；⑥平台组织演化与中小企业数字化技术范式转换研究；⑦民营中小企业专业化管理中的行业和信息不对称研究。其中，第十九章和第二十章从宏观层面的区域创新实践视角，通过对浙、苏、沪等多省市中小企业深入调研和分析，探讨了数智化背景下中小企业如何顺应国内国际"双循环发展格局"以及"长三角一体化"区域经济发展态势，来实现自身的数智化转型以及助推区域经济高质量发展。第二十一章和第二十二章基于中观层面的区域创新实践视角，探讨了数智化背景下大湾区经济的形成与增长以及省域经济稳进提质的过程，研究发现大湾区经济的形成离不开产业生态与创新生态的融合与演化，而省域经济的稳进提质则需要中小微企业借助数智化技术突破形势严峻的危局，在新冠疫情以及极端事件的影响下逆势而上、危中求机。第二十三章至第二十五章从微观层面的区域创新实践视角出发，针对中小企业数智化园区建设、平台组织建设及内部治理等因素，研究了中小企业如何在动荡的内外部环境因素下的生存与成长问题。具体研究了零碳数智园区的建设模式与路径研究，从平台组织演化以及中小企业借助平台组织实现数字化技术范式转换，以及探讨中小企业在行业和信息不对称的情况下如何实现转型发展问题。

第十九章　数智化转型背景下中小企业助力国内大循环的调查报告

2020 年 7 月 30 日，习近平总书记在中共中央政治局会议上的报告[①]指出："当前经济形势仍然复杂严峻，不稳定性不确定性较大，我们遇到的很多问题是中长期的，必须从持久战的角度加以认识，加快形成以国内大循环为主体、国内国际双循环相互促进的新发展格局"（以下简称"双循环发展格局"）。"双循环发展格局"的提出具有深刻的内涵，一方面，体现了中央发展战略转型的内涵，也适应了国内基础条件和疫情发生后国际环境变化的特点；另一方面，体现出改变激励出口的政策导向，把满足国内需要作为发展的出发点和落脚点，这是中华民族伟大复兴战略全局和世界百年未有之大变局下修复经济均衡的应对之策，是我国从经济大国迈向经济强国的重要一步。2021 年 1 月，习近平总书记在第 2 期《求是》杂志署名文章《正确认识和把握中长期经济社会发展重大问题》[②]中进一步强调："我们要坚持供给侧结构性改革这个战略方向，扭住扩大内需这个战略基点，使生产、分配、流通、消费更多依托国内市场，提升供给体系对国内需求的适配性，形成需求牵引供给、供给创造需求的更高水平动态平衡。"浙江正在全力打造"全面展示中国特色社会主义制度的重要窗口"，在响应和落实中央的"双循环发展格局"方面应展示"头雁风采"，首要任务是做强省内循环和区域循环。

在数字化和智能化的经济浪潮下，越来越多的企业意识到成功实现数智化将是企业与时俱进、创新发展的必经之路，其中不乏中小企业。中小企业作为国民经济"金字塔"的塔基，作为实体经济转型升级的主战场，必须不断推进数智化的发展才能顺应"双循环发展格局"的需求。其中，数字技术为中小企业带来了重大商机和竞争机会，它可以转变和扩展中小企业商业网络环境以及创新网络关

---

① 资料来源：http://www.gov.cn/xinwen/2020-07/30/content_553/3/3.htm?d=1596113396220.

② 资料来源：http://www.qstheory.cn/dukan/95/2021-01/15/c_1126984966.htm.

系等，给予中小企业一系列价值链增值。中小企业在利用数字技术的过程中，通过创造新的商业模式与新的客户价值，提升传统制造业，改进产品和流程创新，加快服务化进程。因此，数智化背景下的中小企业将更有能力也更具动力助推"国内大循环"的形成。然而，中小企业在服务"国内大循环"方面仍然存在一些阻碍与问题，本章内容将针对这些问题提出相应的对策建议。

第一节　中小企业在服务"国内大循环"方面面临的问题

一、供需结构和规模不平衡

2020年2月28日，国家统计局发布《2019年国民经济和社会发展统计公报》显示，2019年内需对我国经济增长贡献率达到89.0%，其中最终消费支出贡献率达到57.8%，内需作为中国经济增长的主要引擎作用将持续提升。供给体系不能有效地适配和满足国内需求是当前我国国民经济循环面临的主要问题。一方面，高质量的商品消费和服务消费一直以来都处于供给短缺状态，导致消费者转向国外市场来寻求满足需求的商品，造成了消费外流。例如，2018年1~10月，浙江全省旅行社组织出境游客241.1万人次，同比增长17.8%。随着浙江城乡居民收入的逐年增加，消费者的进口消费需求日趋旺盛。2019年11月，德勤咨询和阿里研究院共同发布的《2019年中国进口消费市场研究报告》显示，2018年县域进口消费金额Top 20中，有17个县级市的人均消费金额已赶超新一线和二线城市的平均水平。其中有10个县级市都属于浙江，慈溪、义乌、余姚、海宁位居前四位。另一方面，浙江制造业又存在大量的产品过剩问题，这源于产品质量和数量与国内需求的不匹配。此外，在疫情冲击下，出口业务锐减也影响了主要来自农村的劳动力就业岗位和收入，加重了供需之间的矛盾。总之，消费品制造水平与消费升级之间的断层、服务型消费供给不足、居民收入下降等多种原因导致和加重了供求不平衡等问题。

二、城乡和地区发展不平衡

我国社会的主要矛盾是人民日益增长的美好生活需要和不平衡不充分的发展之间的矛盾，发展不平衡和发展不充分具有内在必然的联系。2020年10月23日下午，浙江省人民政府新闻办公室举行 2020 年前三季度浙江经济运行情况新闻发布会指出，2020 年前三季度，全省居民人均可支配收入 40 121 元，同比名义增长 4.1%，扣除价格因素实际增长 1.3%。按常住地分，城镇居民人均可支配收入 47 545 元，名义增长 3.3%，实际增长 0.7%；农村居民人均可支配收入 25 505 元，名义增长 5.8%，实际增长 2.2%。尽管城乡之间收入持续增长，但城乡可支配收入差距依然高达 1.864。除此之外，城乡之间的医疗、教育、养老、保障住房等民生领域存在着发展不平衡不充分的现象，社会保障覆盖范围和力度都存在不足，制约着居民消费。此外，浙江地区发展也存在不平衡，以第三产业为例，杭州从 2015 年到 2019 年第三产业的生产总值一直处于最高，且与各地区的差距逐渐拉大。宁波仅次于杭州，但增速明显小于杭州。温州、绍兴等地区较为落后，且增长速度缓慢。

三、科技水平和经济总量不匹配

浙江作为外贸大省，数字技术能力、科技创新能力有待提升。目前浙江区域创新能力居全国第五位，综合科技进步水平居全国第六位，均低于经济总量居全国第四的位次，鲜有进入 "无人区" 的科技企业。从教育看，2018 年 9 月，教育部公布的世界一流大学和一流学科建设高校及建设学科名单中，浙江只有 3 所，排在全国第 12 位，这无疑会影响浙江发展的后劲。同时，浙江外贸依存度，特别是出口依存度均高于国家平均水平，所以在受到美国贸易打压和国际消费市场疲软的双重影响更为严重，相比较于促进国内大循环，可望在 "国内国际双循环" 中做出更大贡献。然而新冠疫情导致世界需求下降并诱发国际贸易保护主义抬头，再加上中美贸易关系和国际供应链的恶化，浙江在国际贸易方面面临多重压力。

第二节　推进 "双循环发展格局" 的对策建议

一、坚持创新驱动发展，筑牢循环基础

2020 年 12 月 17 日，习近平总书记在《人民日报》上发表《创新发展，第一动力劲头足》[①]指出，"实现高质量发展，必须实现依靠创新驱动的内涵型增

---

① 资料来源：https://www.gov.cn/xinwen/2020-12/17/content_5570039.htm.

长。我们更要大力提升自主创新能力，尽快突破关键核心技术。这是关系我国发展全局的重大问题，也是形成以国内大循环为主体的关键"。新一轮数字技术革命、科学革命正在重构全球创新版图、重塑全球经济结构，创新主动权、发展主动权必须牢牢掌握在自己手中。针对浙江在创新能力方面的短板，应牢牢抓住创新这个驱动发展的不竭动力，尽快打通支撑科技强国的全流程创新链条，以创新创业引领内循环。一是加快关键核心技术攻关。突出关键核心技术与产品，实施尖峰、尖兵、领雁、领航四大计划，形成重点产业关键核心技术清单、"急用先行"优先部署技术清单和前沿技术清单，推行"揭榜挂帅"等科研攻关模式，以企业为主体，组织优势力量开展联合攻关。二是加快打造高能级创新载体。大力推进国家自主创新示范区、杭州城西科创大走廊等建设，加快建设"互联网+"、生命健康、新材料三大科技创新高地，推动之江实验室、西湖实验室纳入国家实验室体系，聚焦制造业核心领域和标志性产业链，加快推进省实验室、制造业创新中心建设。三是大力培育世界级领军企业和世界级产业集群。围绕市场主体做强做大，深入推进"雄鹰行动"，着力培育一批具有全球竞争力的一流企业和隐形冠军企业。深入实施"双倍增"计划，着力培育高新技术企业和科技型中小微企业。推进实施传统制造业改造提升 2.0 版，打造数字安防、汽车及零部件、绿色化工、现代纺织和服装等 4 个世界级先进制造业集群。四是聚焦人才和机制两个关键点，集成政策优化创新生态。深入实施"鲲鹏行动"、青年英才和万名博士集聚行动，为人才提供全生命周期、全过程优质服务，建设全球人才蓄水池。

二、促进居民收入增长，提高循环动力

当前及未来一段时间，要千方百计稳定就业，促进居民收入稳定增长，尤其是要千方百计提高低收入、中低收入家庭收入水平，深化收入分配制度改革，不断扩大中等收入群体，为扩大居民消费夯实基础。一是降低个人所得税。按照国际惯例，个人所得税率应该小于或等于企业所得税率，现在企业所得税降到了 25%，个人所得税最高边际税率也应由 45%降到 25%，相应的级次税率也应下降。此举可刺激消费，形成税收总量的增加，个人所得税占税收收入的比重也会逐步提升。二是改革城乡二元土地制度，加快推进农村集体建设用地入市和宅基地流转，赋予农村居民更多的财产权利增加财产收益，提高乡镇农村居民消费力。三是推动农民工就业创业。省、市有关部门要进一步加大工作力度，加强对农民工的职业技能培训，支持农民工就业创业，提高服务保障水平，引导全社会关心支持农民工工作。四是建立以职业院校为主渠道的培训体系。建立健全职业技能培训方式，周密制订技能培训计划，根据低收入群体的特征设计相关的专业

课程，从而更好地提升他们的职业技能。五是提高新型城镇化公共服务供给。加大环境卫生、市政公用、公共服务、产业配套等领域投资力度，提高人民获得感与安全感。聚焦居民关注的养老、医疗、教育等社会问题，在老龄化程度不断提高的大背景下，改革完善基本养老保险制度，加快实现养老保险和基础养老金全国统筹，丰富包括二、三支柱在内的多层次养老保险体系建设。

三、顺应消费升级趋势，强化循环优势

浙江应顺应城市居民消费升级趋势，扩大旅游、文化、体育、健康、养老、教育培训等服务产品供给，创新消费模式和拓展消费领域，提供符合居民消费结构升级方向的新产品及新服务，挖掘新的消费热点、增长点，促进消费增长动能转换。一是借助"互联网＋"，实现优质生活服务业资源下沉。居民消费从物质型消费向服务型消费转型，要加快满足依托数字经济和新技术新模式创新应用逐步释放出的教育、娱乐、购物等消费潜力，针对乡镇居民、老龄群体、学生群体、中等收入群体等不同客群需求，在医疗健康、养老、线上教育、托育、家政、文化和旅游、体育健身等社会服务领域实现精准促消费及线上、线下融合发展。二是支持微商直播分享等社群经济。鼓励发展基于知识传播、经验分享、满足社会服务需求的创新平台的合理有序发展。对于提供智能化、个性化、品质化等优质社会供给服务的相关企业，要引导其借助社群经济、分享经济和零工经济等模式开发与刺激市场，满足碎片化即时性需求。三是要突出消费升级对产业链的提升作用。坚持以消费升级引领供给创新、以供给提升创造消费新增长点。利用商品进口和境外购物因疫情受阻的情况，大力提升省内同类产品品质和品牌形象，加快产品研发和技术升级，替代进口需求。完善扩大消费推进机制，推动建立消费统计监测制度，编制和发布消费指数，建立完善促进消费的上下连接省市县、横向连接省级有关部门的协调推进机制，加快出台扩大汽车消费、时尚消费、养老消费、文化旅游消费等一批政策措施。

四、建设数字商贸流通系统，激发循环活力

在服务"国内大循环为主体"方面，浙江应坚持政府引导、市场主导、创新驱动、示范带动的原则，利用自身数字经济优势，整合省内外各方资源，大力支持杭州打造全国首个"新零售示范之城"。一是提升新零售的规划层次。建议加强省、市、区三级联动，并成立示范区建设领导小组。争取将"新零售示范之城"列入省级试点，按照特色小镇的思路进一步强化资源融合、产业融合，彰显

新零售产业竞争力特色。鼓励国内外一流新零售品牌实体落地，完善品牌集聚等政策。培育一批标准领先、品质卓越的"浙江制造"品牌并推动其国际影响力。二是构造新零售产业生态系统。推动零售领域的商品数字化和数据共享化。运用云计算等新型算法，有效挖掘新零售数字背后的商业逻辑，实现精准生产、精准营销和精准消费。建立数字供应链系统，以信息技术为支撑，实现线上、线下企业、上下游企业之间的协同运营，将信息流与物流相结合，提高新零售生态系统运行效率。三是创新消费载体和场景。创新和改造线下零售业态，通过线上引流和产品组合优化，改善线下零售业的坪效和资金周转率。利用跨境出口平台让中国的名、特、优产品出海，提高中国品牌的海外知名度，强化杭州出口源特征。整合线下和线上两种渠道，线下着重发展以休闲旅游、会展服务、体育赛事为主题的服务产业和体验经济，线上着重扩展以速卖通、亚马逊、Wish、网易等跨境平台为载体的跨境零售进出口业务，提升浙江外贸的国际影响力。

五、嵌入长三角一体化发展，提升循环能级

长三角作为中国经济发展最发达的区域，一体化进程大势所趋地具备了构建"双循环发展格局"所必需的功能集成，具有无可替代的战略担当。浙江数字经济发达、民营经济活跃，开放程度高，要紧扣区域一体化和高质量发展两个关键词，立足优势，激发构建"双循环发展格局"所必需的内生动力、发展活力和市场竞争力。一是充分发挥浙江数字经济优势，协同沪皖苏一起谋划建设长三角数据中心等一批新型基础设施，培育云计算、数字安防等一批世界级数字产业集群，推动长三角"城市大脑"集群等一批重点领域智慧应用，联手打造全国数字经济创新高地。二是充分发挥浙江民营经济优势，积极鼓励浙江民营企业参与重大基础设施建设，加快布局产业链，设立研发基地。同时，以"最多跑一次"改革为牵引，以"绣花功夫"精准服务企业，全力打造市场化法治化国际化营商环境，共同打造民营经济协同发展新高地。三是充分发挥浙江绿色发展优势，建设长三角品质"大花园"，引领带动服务新业态、新模式，重点打造健康养生服务、休闲旅游、文化娱乐、体育赛事等品质服务高地，满足长三角地区人民群众日益增长的高品质生活需求。共同建设新安江—千岛湖生态补偿试验区，共同打造杭黄世界级自然生态和文化旅游廊道，建设环太湖生态文化旅游圈，联合开展江南古镇申遗工作，共同推进大运河文化带建设。

第二十章　长三角一体化背景下民营中小企业高质量发展的调查报告

　　随着国家《长江三角洲区域一体化发展规划纲要》的印发与实施，为长三角地区三省一市带来新一轮的动力变革、质量变革和效率变革。浙江民营经济能否抓住"质量变革、效率变革、动力变革"这三大变革机遇，承接国家赋予长三角一体化新使命和新任务，落实原浙江省委书记车俊强调的"民营经济强则浙江强，民营企业好则浙江好"精神，关键取决于如何在长三角一体化背景下快速推进高质量发展。因此我们必须着力固根基、扬优势、补短板、强弱项，乘势推进民营中小企业的数字化、智能化发展，助力长三角地区的"三大变革"顺利实现，将长三角地区建成全国民营经济高质量发展的先行区和示范高地，成为展现中国特色社会主义制度优越性的重要窗口。基于此，课题组在与上海（松江、张江）、江苏和浙江的民营企业展开深入访谈和广泛调研的基础上，结合有关文献资料展开梳理与研讨。

第一节　长三角一体化给民营中小企业高质量发展带来的机遇

　　长三角一体化国家战略实施将会最大限度打破区域行政藩篱，促进要素自由流动，推动产业和科技平台共享，提升开放水平，从而打造全国高质量发展样板区。在此背景下，浙江民营经济高质量发展将会迎来重大战略机遇。

　　第一，政策创新将有更大空间。2018年11月5日，在首届中国国际进口博览会开幕式上，习近平总书记讲话指出："着力落实新发展理念，构建现代化经济体系，推进更高起点的深化改革和更高层次的对外开放，同'一带一路'建设、京津冀协同发展、长江经济带发展、粤港澳大湾区建设相互配合，完善中国改革开放空间布局。"①长三角一体化上升为国家战略的初衷之一就是为新时代高质量发展提供政策的先行先试经验，凡是符合市场经济原则、有利于高质量发展的制度创新都受到鼓励和提倡。在此政策背景下，浙江民营经济政策创新将会迎来更大空间，主要体现"三更"：首先是政策创新内容更宽，在一体化框架下政策创新将涉及机制变革、互联互通、成果共享等多方面，推动多项改革步入"深水区"；其次是政策创新实施范围更大，政策的影响将从单一的浙江境内拓展到长三角三省一市，可以从更为宏观的视角对政策体系进行设计规划；最后是政策创新示范效应更深远，长三角一体化作为国家战略，其先行先试过程及成功模式将在全国范围内为其他地区实现高质量发展提供宝贵经验和参考范本。

第二，产业布局将有更广地域。长三角一体化旨在消除地域障碍，将为企业在更广范围内自由配置产业资源提供便利条件，主要体现在三个方面：一是产业学习通道更畅通，随着有形及无形"断头路"的打通，将为长三角企业提供更为广泛的对接渠道和合作机遇，企业间距离大幅缩短，有利于学习绩效快速提升；二是产业合作平台更高端，区域内不同平台间的成果共享机制将逐步形成并完善，行业联盟共性技术研发中心、产业核心资源池等一体化公共服务平台加速建设，有利于浙江民营企业充分利用上海、江苏等外界高端科研资源；三是创新要素流动范围更宽广，一体化实现创新要素的自由流动，将更有利于处于技术洼地的浙江民营企业获取互补优势。

第三，对外开放将有更大平台。浙江民营经济素有"借船出海"传统，但以往多借助于国内企业进行搭建国际贸易渠道等相对初级的对外商务活动。长三角一体化国家战略将形成更为广泛的跨省域协同效应，上海作为我国对外开放的前沿窗口和"排头兵"，将成为浙江民营经济从单一助国内企业之"船"从事单一贸易模式向更为高端便捷的联合舰队出海模式转化的重要坚实平台。一是上海自由贸易试验区是我国对外开放的政策高地和示范区，在一体化背景下通过鼓励民营企业在此设立"一带一路"对外窗口，借助长三角一体化的新机制与新渠道，可以有效助力民营企业扬帆出海。二是中国国际进口博览会已成为我国市场对外开放的主平台，借助中国国际进口博览会，浙江民营企业可以更为便捷地实现全球采购，优化资源配置。三是科创板支持境外科技企业在国内上市，有助于浙江民营企业与境外优质科技资源的快速有效对接。同时，随着科创板注册制的不断推进，为浙江高成长性民营企业提供了快速上市通道。

第四，研发创新将有更强载体。一体化战略实施将有效整合长三角三省一市科技资源，进一步提升配置效率，对浙江民营经济的影响主要体现在四个方面：

---

① 资料来源：http://www.gov.cn/xinwen/2018-11/05/content_5337572.htm.

其一，研发创新共享机制更灵活，上海、江苏等地集聚了国家级研发平台、国家大科学装置等丰富要素资源，随着利益分配等制度障碍的消解，将有效弥补浙江民营企业高端要素不足的短板；其二，创新平台更高端，长三角区域内有上海张江、合肥综合国家科学中心等重大科技平台，通过异地分设分支机构、筹建技术创新联盟开展共性技术研发、产业链打造、技术标准制定、技术产品市场化等活动，将有效促进高端技术中心与浙江民营经济的深度融合；其三，创新网络更紧密，一体化趋势下不同区域创新节点之间的物理距离和关系距离都将进一步缩短，节点相互的交流和合作将更为便捷与频繁；其四，辐射作用更强化，随着区域间藩篱的消除，知识流动的速度和范围都将大幅提升，在技术存在较大差距的背景下，浙江民营企业将获得来自技术高地的更为显著的辐射和溢出效应。

第五，企业投资将有更多商机。根据三省一市共同制定实施的《长三角一体化三年行动计划实施纲要2018-2020》，2018~2020年长三角基础设施建设需要大规模投资。轨道交通方面：在建铁路3条，累计里程1 000多千米，规划铁路14条，累计里程3 000多千米。公路方面：已推进首批省级断头路17个项目的施工，15条高速公路与普通国道正在扩建、改建，总里程数将达到4 400千米。港航方面，港口省际合作项目5个，长三角高等级航道网项目11个，总投资规模约1 400亿元。能源方面，跨省燃气管道项目3个，省际油气设施项目4个，区域电力项目3个，总投资规模约800亿元。随着要素流动机制体制障碍的进一步破除，民营企业参与长三角地区建设将更为便捷和顺畅。此外，长三角已进入人口老龄化加速发展阶段，现有60岁以上人口3 976.14万人，占常住人口的17.98%，预计到2035年将达到7 500万人，占常住人口的33%。特别是上海已成为我国老龄化程度最高的大型城市，也是我国最早进入老龄化社会的城市。浙江近年来在"绿水青山就是金山银山"理念指导和全域旅游的发展战略框架下，已积累众多文旅康养资源，在一体化趋势下将成为上海、江苏等区域异地养老的主要承接地之一，为民营企业参与建设长三角文旅康养高端品牌孕育重要商机。

第二节　长三角一体化背景下民营中小企业高质量发展存在的主要问题

浙江虽然是民营企业大省，但在一体化框架下，相较上海、江苏等经济强区仍有诸多问题，综合而言制约浙江民营经济高质量发展的因素可以归结为"三不足与三不强"。

第一，主动对接长三角大平台的动力不强，信心不足。浙江民营企业家相对

"务实"，在新政策出台初期往往秉持观望心态，在确定有助于发展之后才会快速融入跟随。目前在《长江三角洲区域一体化发展规划纲要》的框架下，各省市都在一体化政策及机制的探索阶段，与企业直接相关的产业政策相对较少，因此多数民营企业家表示对长三角一体化"了解不多"，主动融入长三角一体化的动力不强。同时，浙江民营企业在一体化进程中相对被动，多寄希望从上海等外部先行地区获得发展红利，主动权的缺失导致部分民营企业感觉"受制于人"，对利用一体化机遇实现自身加速发展信心不足。

第二，在长三角一体化合作中的竞争力不强，话语权不足。过去浙江民营经济发展一直依靠"五个过多依赖"的发展模式，在技术、品牌、标准方面显著落后，龙头企业数量相对较少，2019 年"中国民营企业 500 强"中前 10 强没有浙江企业；创新投入相对缺乏，2018 年全省 R&D 经费支出占 GDP 比为 2.5%，落后于江苏的 2.7% 和上海的 4%；平台要素严重不足，全省国家级科技企业孵化器仅 67 个，不到江苏的 1/3，国家级研发平台仅 29 个，远落后于上海的 62 个和江苏的 202 个。以上多种原因导致浙江民营企业在长三角合作中引领能力不强，缺乏足够的话语权，往往处于从属、弱势地位，造成无法有效整合优质资源，不能及时把握政策机遇。

第三，对长三角一体化要素流动的承载力不强，空间不足。浙江土地资源有限，环境承载力低，在"绿水青山就是金山银山"理念的指引下，"十四五"阶段生态建设、环境保护、节能减排等政策措施将更趋细化严格，要素流入门槛将更为提升，对于部分仍处于"低小散"状态的民营企业来说，其生存空间也将会受到进一步挤压。此外，浙江民营经济技术基础相对薄弱，产业结构中传统产业仍占较大比重，对部分高端要素对接能力不强。

第三节　长三角一体化机遇下推动民营中小企业
高质量发展的对策建议

2019 年 5 月，习近平总书记主持召开中央政治局会议，审议《长江三角洲区域一体化发展规划纲要》时指出，长三角地区要围绕"一体化""高质量"两个关键词做文章①。一体化的关键是打破阻碍发展的行政藩篱，高质量内涵体现在"创新能力强、核心能力强、产业基础高、全要素生产效率高"（以下简称"两强两高"），浙江民营经济要实现"两强两高"发展，建成全国民营经济高质量

---

① 资料来源：https://baijiahao.baidu.com/s?id=1633420001425199374&wfr=spider&for=pc.

发展的先行区和示范高地，需要做到五个"聚焦聚力"。

一、聚焦聚力高质量发展的政策先行区，形成示范效应

民营经济是推动高质量发展的重要主体，只有民营企业信心提高，动能上升，经济高质量才能驶入快车道。激发民营经济主体活力和创造力必须消除阻碍高质量发展的各种障碍。

浙江素有政策先行先试之经验，习近平总书记于 2018 年 11 月 6~7 日在上海考察时提出"把长三角一体化发展的文章做好，使之成为我国发展强劲活跃的增长极"，浙江不能等，也不能跟，只能先行先试。必须谋求政策点突破，打开一个政策天窗，开辟政策先行先试，为民营企业高质量发展开辟"浙江之路"[①]。

浙江政策先行先试的空间很大、氛围很好、条件成熟、分步推进、上下联动，聚焦聚力是政策先行先试的必由之路。第一，深化涉企"最多跑一次"政策落地，大幅度降低民企制度交易成本。第二，全域实施数字政府，全方位打通政府部门间、上下级政府间的数字联通，预留长三角数字一体化的连接端口。第三，推进省域"注册地脱钩"政策，让全省创新要素自由流动。第四，建设"海上示范区"，加快舟山融入上海，对接长三角步伐。第五，借鉴韩国 UST（University of Science & Technology，科学技术联合大学院大学）的"产校融合"产业高端人才培养模式，大力培育浙江产业高端人才群体。

二、聚焦聚力创新强省建设，助力民营企业创新加速度

高质量的核心内涵是创新能力高和核心技术掌控能力强，借助长三角一体化国家战略，通过更大范围推进民营企业数智化发展，打通创新要素与平台共享机制，更高水平建设创新强省，把浙江建成创新载体强大、高端要素集聚、洼地效应超强的庞大创新系统，助力浙江民营企业跑出科技创新加速度。

目前，高端人才瓶颈一直制约浙江民企发展，每百亿 GDP 拥有国家级人才数量浙江只有 0.66 人，上海有 3 人、安徽有 0.94 人及江苏有 0.68 人。浙江研发投入强度也落后于广东和江苏。

因此，更高水平创新强省建设必须聚焦聚力一切政策资源、人财物资源、数字资源等，加大力度推进数智化、创新强省建设，在研发投入强度、高端平台建设、国际高端人才引进、科研体制改革、激发科技人员超级能动性和战斗力等要有超常规政策与方法、时不我待的急迫感、高度历史责任感和担当精神。只有更

---

① 资料来源：http://baijiahao.baidu.com/s?id=1715534522621566080&wfr=spider&for=pc。

高水平建设好创新强省，民营经济创新能力才会提升到更高层次，浙江才能成为全国民营企业创新策源地。

三、聚焦聚力产业结构调整，优化产业时空布局

浙江产业"五个过度依赖"十分明显，全部依靠产业自身力量调整过程长、成效慢，必须借助长三角一体化国家战略，积聚政策和市场双方力量，以"壮士断腕"决心淘汰落后产能，以"倾注全力"方式发展战略性新兴产业，不断提升数智化水平、产业层次，优化产业结构和空间布局，提升承接优质产业资源能力，形成产业"自我优化、自我提升、自我净化"的能力和氛围，推进浙江"产业基础高级化，产业链现代化、数智化"。形成"大都市产业带""大湾区产业带""高新产业带"，实现浙江产业"基础高、生态优、行业靓、链环紧、竞争强"的高级化形态。

其中，"产业基础高"需要聚焦聚力对高附加值产业扶持；"产业生态优"需要对产业龙头企业进行超常规政策辅助，并培育一批"专精特新、隐形冠军、独角兽"企业；"产业行业靓"需要加大力度实施数字经济一号工程，打造长三角南翼靓丽数字经济产业带，形成浙江数字经济"一招鲜"；"产业链环紧"需要紧紧围绕主导产业布局生产力，把产业链紧紧抓牢；"产业竞争强"需要"不留死角降费用，不遗余力抓质量"。

四、聚焦聚力体制机制改革，推动区域要素流动

推动民营经济高质量发展的关键因素是体制机制，必须竭尽全力消除阻碍高质量发展的固有体制机制的束缚，破除一切行政藩篱，使得创新要素真正流动起来、创新主体真正强起来、创新平台真正高起来，从而激发民营经济高质量发展的新动能、新活力。改革开放四十年来，浙江已经积累了丰富的体制机制改革经验，在长三角一体化国家战略大背景下，浙江更应该率先破除现有体制机制障碍，让创新要素首先在浙江大地充分流动起来，从而调动千百万人积极性、激发千百万人创造力。

在长三角一体化的重要战略机遇期，浙江必须聚焦聚力打破一些体制机制障碍，如知识产权保护、市场诚信机制、企业信用体系建设、法治环境建设等。集中政法、行政和市场力量打击一批知识产权不法案件，形成风清气正的知识产权环境；加大力度破解利用区块链技术监管市场诚信经营的透明制度体系，形成大数据诚信经营体系；充分利用大数据技术构建浙江民营征信系统，加大力度推进《信用

体系建设示范区》建设，助推"信用浙江"；重点推进民营企业名称和注册地址的"脱钩"制度，下大力气建立民营企业纾困机制，让优质企业平稳健康发展。

五、聚焦聚力营商环境改善，提振民企投资信心

优质营商服务和高效政务环境，是在长三角一体化下提升民营经济高质量发展的首位外部条件。未来5~10年如何全面优化民营企业营商环境，将浙江打造成为国内最优的民营企业投资区域，将是当前最重要的课题之一。聚焦聚力营商环境改善一方面留住更多民营企业扎根浙江，另一方面将吸引更多优质民企落户浙江创新创业。

第一，区域营商环境改善要以"最多跑一次"改革为品牌旗帜，大力推进数字政府，聚焦聚力涉企"最多跑一次"政策落实，打破涉企服务的行政壁垒。做好长三角区域"一网通办"、数据共享、权限互认、审批同权的浙江接口。第二，推进浙江民营资本参与长三角区域铁路、港航、机场、油气、电力等重大基础设施建设。第三，落实高端、紧缺人才身份挂靠制度，为民营企业引进紧缺人才提供方便。第四，进一步细化民营企业负面清单制度，真正落实"竞争中性"原则，为民营企业充分参与市场公平竞争提供保障。第五，进一步推广"亩均效益"综合评价机制及其奖励补贴、风险补偿等政策，高效配置生产资源。第六，下决心推进重大政策"民营企业听证会"制度，让民营企业参与政府决策、帮助政府决策、改善政府决策。聚焦聚力改善营商环境，形成民营企业"乐于投资、敢于创新、善于经营"的良性竞争环境，驶上高质量发展快车道。

第二十一章　数智化转型背景下的大湾区产业生态和创新生态融合演化研究

随着数字经济的蓬勃发展，互联网、云计算、大数据、人工智能等数字技术的创新突破及其对各个产业的渗透推动了产业在生产、制造等环节的改造，同时个性化服务的需求倒逼着产业通过数字化、智能化来实现创新。产业数智化的发展不仅有利于扭转区域经济发展不平衡的趋势，还将极大地促进创新生态系统的建设。因而，传统产业如何在数智化背景下与创新实现融合成为我国区域经济转向高质量发展阶段的重要任务之一（周慧慧等，2021）。然而，受自然条件、资源禀赋、生产要素等因素束缚，区域经济发展不平衡、城市间产业布局不合理和不协调等问题十分严重（范恒山，2011）。中心城市对外围城市的辐射能力、创新传递效应等仍受到区域行政藩篱和条块分割的影响。为了打通区域藩篱，促进产业协同以及产业与科技"两张皮"有效融合，在数智化背景下发展大湾区经济已然成为区域转型发展的首选。大湾区经济作为区域经济发展的高级形态，是突破区域合作瓶颈，调整产业结构，实现产业融合、产创融合、产城融合的有效途径。

大湾区经济发展的核心议题是产业与创新如何实现融合，以及如何借助交通一体化等便利条件，在更大的地理空间构建产业创新生态系统。有学者尝试从动力机制（伍凤兰等，2015）、产业协同（陈燕和林仲豪，2018）、城市协同（武文霞，2019）等视角来研究大湾区经济发展路径，但关于动力与协同机制如何影响区域经济增长尚待研究。还有研究表明，在数字经济背景下技术创新是产业发展的根本动力，大湾区经济发展不仅仅依靠企业的创新能力，还需要科技界、产业界等分工合作形成新的创新范式，才能协调与融合产业生态与创新生态。事实上，大湾区产业生态与创新生态在不平衡中演化与发展，陆铭和向宽虎（2014）

认为解决区域发展不协调需要破除效率与平衡的冲突，只有培育区域新增长极才能促进各种要素、资源的流动，进而提高效率实现平衡发展；李敬等（2014）指出政府与市场的两种手段，"有形之手"与"无形之手"共同作用，一方面可以消除创新要素流动的障碍，另一方面提升市场配置创新资源的能力，实现高速增长的同时缩短湾区城市间的发展差距。基于此，本章内容尝试从大湾区产业生态与创新生态的阶段演化视角出发，探讨产业生态与创新生态在此过程中的融合路径，为我国发展大湾区经济提供理论与实践基础。

第一节　大湾区经济发展历程及其演化

一、世界三大湾区的经济发展经验

大湾区经济发展始于欧洲海洋经济。15~16 世纪，海上贸易与内陆工业联动发展，带来经济繁荣，造就"海上马车夫"与"陆上加工厂"互动（陈慈航，2016）。然而，荷兰、西班牙等国没有把这种"陆海"互动经济模式推向港口经济与城市群，因而未能形成大湾区经济。真正形成"陆海"联动，实现产业群与城市群融合的大湾区是美国纽约湾区、旧金山湾区和日本东京湾区。这三大湾区的改革发展过程促进区域经济从港口经济向工业经济、创新经济转变。

早在 20 世纪初，巴拿马运河的开通极大地促进了纽约及其周边地区的联动大发展。随后，1929 年第一次区域规划带动纽约地区制造业蓬勃发展，紧接着第二、三、四次规划的实施，成功促使纽约湾区经济从后工业化阶段向知识经济阶段转型。知识经济时代，信息技术与金融业的有机融合，使得纽约湾区产业结构升级，区域经济效益显著提升。旧金山湾区经济可追溯到 19 世纪淘金热（伍凤兰等，2015），但真正在该湾区发展中起到里程碑意义的是 20 世纪 50 年代肖克利半导体实验室入户，它带动了硅谷产业集聚，促使旧金山湾区从后淘金时代向后工业化时代发展。其中，仙童半导体、英特尔等一大批公司和斯坦福大学等高校的发展是促使旧金山湾区产城融合、产业生态与创新生态互动的主要因素。东京湾区的发展最早可以追溯到明治维新时期，当时的政府实施"殖产兴业"政策，使得东京、横滨等港口集聚了一大批加工企业，这为日本的民族工业发展奠定了基础。20 世纪六七十年代，东京湾区为促进日本国际贸易发展，推动工业走出去，开始建设人工岛屿，使得港口群与物流网络无缝对接。同时为了缓解过度膨胀，辐射外围地区工业发展，东京都实施工业分散战略，鼓励加工制造业向周边搬迁，这些措施推动了东京湾区域规划实施，促进了东京、横滨港群联动，金融与制造业融合（图 21-1）。

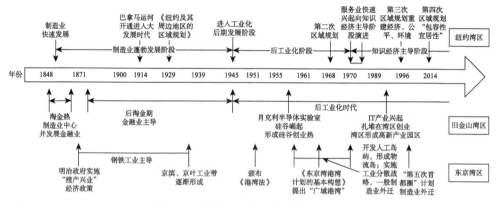

图 21-1　世界三大湾区发展的里程碑

　　综上所述，世界三大湾区经济是由一系列改革发展计划迭代而成的，是政府、产业界、教育界和科技界联动发展的结果，涉及陆湾联动计划、产学研合作计划、都市圈发展计划、产业扶持政策等一系列政策措施，这些关键政策与产业计划的实施，无不推动大湾区发展阶段的转换，产业生态与创新生态的联动。

二、大湾区的经济虹吸效应和放大效应

　　在早期以船运为主的市场环境下，经济发展主要依赖于特殊的地理条件与海湾自然资源，随后依托开放的口岸与国际贸易，逐渐形成了以物流运输为主体的经济增长极（冼雪琳，2017）。同时，区域基础设施的发展以及机械设备与物流系统的升级，提高了港口效率与人才需求，使得交通运输、制造业、服务业等关联产业滚动发展，大湾区经济的规模效应初见成效。随后，越来越多创新成果孵化的新兴产业嵌入原有价值链，进一步强化并完善产业集群，同时大学与科研机构等联盟创新，使实体企业价值链向上下游延伸，创新网络关系也由弱联结向强联结转变。在数智经济时代，数字技术与传统产业逐渐实现融合，数字化的经济效益也从原来的产业价值链进一步转移到创新价值链上。因而，大湾区经济从点状向网状发展，大量劳动力通过分包网络转向制造业，再由制造业网络发展生产性服务业，紧接着服务业转型和制造业的自动化又促使劳动力向第三产业转移，产业结构因此由低级向高级转变。产业转移、人员流动、价值链相嵌、业务渗透等举措不断推进物质与能力的流动循环，使得大湾区成为创新高地，创新成果迸发（图 21-2）。

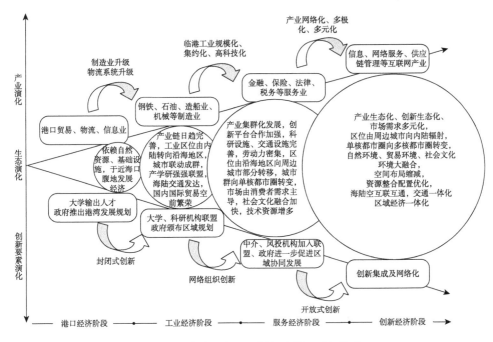

图 21-2　大湾区产业、创新阶段虹吸与滚动

综上所述，产业与创新同时推动大湾区经济滚动发展，并共同演化：一方面促进创新要素集聚与产业转型升级，另一方面推动大湾区经济阶段转换。随着大湾区经济从港口经济向工业经济、服务经济转型，再向创新经济发展，公共政策着力点也从建设交通基础设施向孵化新兴产业、建设大学与科技机构过渡，最后向建设和完善产业生态与创新生态转变。产业生态与创新生态的共同作用对各类创新要素形成了强大的虹吸作用，使得世界各种创新资源在大湾区集聚，重化工业经济与国际创新网络在此形成与发展。产业发展机制和创新环境相互滚动，最终推动大湾区形成创新经济。

第二节　大湾区产业生态与创新生态的互动融合

一、大湾区产业生态与创新生态

产业生态是一种将生态经济原理和知识经济规律结合起来，让高效的产业经济与可持续的生态环境共生演化的系统（娄美珍和俞国方，2009）。这种系统由对产业发展产生重要影响的各种参与主体、支撑要素与外部环境构成（李晓华和刘峰，2013），其核心是遵循自然生态系统运行规则，推进物质与能力的流动循环，形成资源与环境的和谐共生。产业生态系统对实现物质循环、可持续利用及区域经济的协调持续发展尤为重要。

创新生态作为一种新的创新范式，源于美国硅谷地区高科技产业的发展（刘雪芹和张贵，2016）。学者们通过对硅谷创新模式的研究与探索，将创新赋予生态化内涵，以生物学演化规律来揭示创新范式，并提出了"创新生态系统"理论（刘雪芹和张贵，2016）。创新生态系统是指某个区间内多个创新主体之间与外部环境通过物质与能量的交流实现内部主体与环境之间的资源交换，进而使得各个创新要素相互依赖、共生共荣（李万等，2014）。

纵观大湾区经济的发展历程可知，产业生态与创新生态逐渐由封闭式合作向开放式协同转变。大多数企业和科研机构初期扎堆在大湾区的中心城，它们依靠相互协作来交换物质与能力，通过自主研发实现技术突破，创新成果仅在组织内部流动，对竞争对手的进入予以排斥（张永凯，2018）。随着企业竞合、科研机构与大学间创新联盟、官产学研网络等的形成，产业与创新向簇群化发展，产业集群与创新集群网络逐渐向外围城市延伸，产业生态与创新生态在这样的条件下初步形成。数字技术的浪潮，将产业生态与创新生态的融合推至更高层次。产业的数智化逐渐为区域经济的高质量发展注入新动能，伴随着数字技术对各产业领域的持续渗透，产业数智化对创新经济的贡献不断增强，各产业通过数智化来实现创新产品、商业模式的创新；通过数智化来降低交易成本，提高生产效率，从而提升产能，促进业务流程的创新等；通过数智化得以加强与利益相关者及合作伙伴的沟通，促成创新网络之间的联结与关系。同时凭借政策和市场两种力量，依托良好的社会文化氛围，开放的行政区划，产业生态与创新生态的互动融合得以实现。这使得创新要素逐渐从中心区域向外围延伸，区域城市从单中心向多中心、从平面向立体、从生产体系向创新网络发展，产业生态由多方竞争、合作联盟逐渐向经济共同体发展，创新生态从合作研发再向研发共同体发展。产业生态中各种关联产业上下游合作，新兴产业不断涌现，大企业长期战略的稳定推进以及中小企业不断成长，这些因素共同推动创新平台与产业集群的交互跃迁，进而促进大湾区产业生态与创新生态的真正形成（图21-3）。

大湾区产业生态与创新生态的互动融合系统是一种自发性协同升级的网链结构，通过创新主体与创新要素相结合以及创新平台与产业生态相适配而实现多层次、纵横交叉的内外互动。这种系统通过产业与创新主体之间的协同进化实现知识技术外溢与共生效应，进而推动创新自发跃升、产业升级转型。

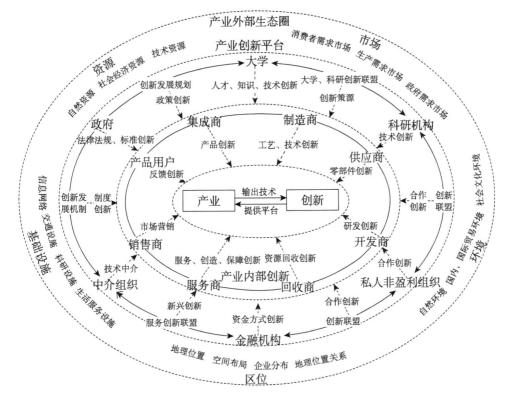

图 21-3　大湾区产业生态与创新生态框架

二、大湾区产业生态与创新生态的互动融合

  大湾区产业生态包括产业的"簇群化"发展，大中小企业的竞合发展，科技园区、众创空间、工业园区等的错位发展，关联产业、中介服务机构等的协同发展。同时，大湾区创新生态拥有各类世界著名科技创新机构，集聚著名大学、工业技术研究机构、科技创新平台，涵盖了从基础研究到新产品、新技术开发等的创新内容。然而，科技成果到产业孵化过程中存在"死亡之谷"，世界三大湾区通过公共政策和市场机制架起创新与产业的桥梁。作为推动区域间经济要素交融的重要力量，政府与市场的双重作用促进产业与创新不断进行信息、人才、资金的交换，进而实现区域经济的高质量发展（图 21-4）。

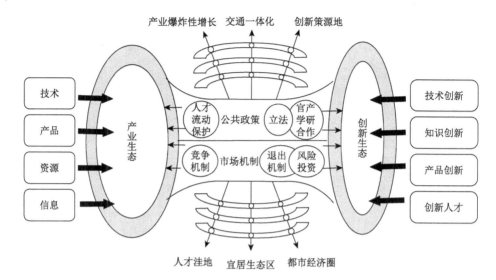

图 21-4　湾区产业生态与创新生态的融合通道

（一）政策助推融合

世界三大湾区打通产业生态与创新生态的政策措施主要如下：第一，立法先行。通过区域立法，打破各级行政区域藩篱，促进创新要素在大湾区的自由流动。例如，跨州建设的纽约湾区内部资源交易畅通，创新要素流动频繁，其四次区域规划起到了不可替代的作用。第二，官产学研合作计划。通过政府牵头，科研机构、企业、大学等共同出资与合作，开展关键技术、共性技术的协同攻关，创新成果由参与单位共享，从而促进区域产业发展、技术升级、竞争力的提升。例如，东京湾区于 1976~1980 年开展大规模集成电路创新计划，由日本通商产业省牵头，富士通、日立、三菱、日本电气、东芝 5 家公司联合成立共同性技术研究计划。该计划的实施有效打通了日本集成电路创新机构与产业生态的融合，使得日本半导体产业飞速发展，抢占了芯片市场的制高点。第三，人才流动政策。大湾区为高层次人才提供绿色通道，吸引国内外人才在大湾区落户，并为人才生活和工作提供优质服务，这有效地激发了区域的创新活力，使得大湾区形成了"滚雪球"式蝴蝶效应（邓裕斌，2018）。以美国硅谷为例，加利福尼亚州法律特别规定任何企业不得与员工签订竞业禁止条款，这种制度在保障劳动者自由权利的同时，优化了企业人力资源配置，促进了产业生态与创新生态的人才、技术交流。

（二）市场拉动融合

市场是连接产业和创新的媒介，产业界对科技成果具有强劲需求，科技创新成果需要通过产业生态转化为市场需求，因此，良好的市场环境是实现科技创新成果转化、降低技术创新风险的主要因素之一。市场拉动产业生态与创新生态的融合措施如下：第一，市场竞争机制。充分的市场竞争机制，是提高市场资源配置效率，发挥多个创新要素功能，激发市场主体的能动性与积极性的主要动因，且市场竞争压力倒逼企业不断进行研发，如此循环运动推进了产业生态与创新生态的融合与提升。第二，风险资本是"达尔文之海"的"摆渡"。从高科技成果到产业孵化存在"达尔文之海"，风险资本架起了科技与产业化的桥梁，帮助科技与产业融合、互动。同时，风险投资的参与缓解了科技企业在早期研发、中期成果转化和后期产业化等各个环节的风险，推动了技术创新成果的产业化（戚湧等，2014）。大湾区经济正是凭借大量风险资本，虹吸了一大批高科技人才前来创业创新，才使得技术创新成果在此薄发，高端科技产业蓬勃发展。第三，市场退出机制。大湾区发达的资本市场为风险资本、创业者等提供了市场退出机制，有效的市场退出机制调节了产能平衡，并通过市场力量推动产业兼并重组盘活创新资源，真正实现产业升级，产业经济良性循环。

第三节 大湾区经济的融合形态与提升路径

公共政策和市场机制打通了产业生态与创新生态的融合及互动通道，拓展了产业和创新的发展空间与动力，使得大湾区经济突破发展中的各种阻力与旧模式，实现爆发式增长。世界三大湾区的爆发式增长特征主要体现在以下三方面。

一、产业爆发

大湾区产业生态、创新生态及两者融合互动机制的形成，产业内部网络式创新与科技探索气氛的烘托促进，使得大公司技术人员跳槽裂化出新的企业。这些新兴产业和创新型企业不断涌现，推动创业创新沿着产业链繁衍与复制，最终实现核心竞争能力提升与产业爆发式增长。以旧金山湾区为例，从肖克利半导体实验室辞职的八位年轻科学家们，受到仙童照相机与仪器公司的资助共同创办了仙童半导体公司，其后这"八叛逆"或有强劲的技术能力，或有丰富的管理能力，又分别创立了英特尔、美国电气、英特矽尔等半导体公司。此后，仙童的工程师们又衍生了美国超威半导体、赛灵思、红杉资本等公司。这种创新和创造氛围激励着企业内部精英们不断超越自身、满足求知欲和自我实现（焦豪等，2008），他们持续创业创新进而衍生出更多小企业，最终在 20 世纪 80 年代爆发了硅谷

"创业热"。因越来越多高端人才涌入旧金山湾区，苹果、谷歌、思科、甲骨文、英伟达等一批高科技电子企业纷纷在此成立。随着信息时代的到来，脸书、推特、油管等互联网产业也在此觉醒。这些企业或直接或间接受到仙童超强创新风暴影响，在硅谷集聚，引领电子科技业的新发展（图 21-5）。

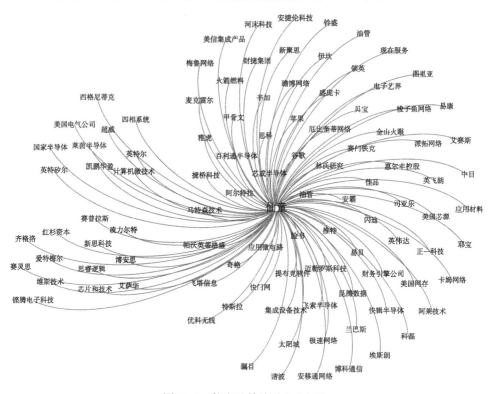

图 21-5　仙童及其关联企业衍生

左上角10家企业（英特尔、超威等）由仙童创始工程师所创；左下角13家企业（赛灵思、红杉资本等）由仙童其他工程师/管理人员所创；其余企业为仙童投资、仙童员工投资/创立或受仙童影响的企业

二、创新爆发

产业生态与创新生态的深度融合使一些核心企业发挥着"产业孵化器"的作用。它们培养了大量的技术骨干和创业创新者，通过产业链传播创新思想和新技术、新成果，使高等学府、科研机构、各类中介机构与企业科技人员及新创业者多维的碰撞合作概率大大增加。在良好的市场环境下，科技成果产业化成功率大幅提升，激励着更多的科技人员集聚大湾区，吸引全球创新成果在大湾区孵化，进而形成了大湾区良好的创新生态。这些因素使得产学研机构集聚创新资源的能力空前增强，创新成果就此爆发（表 21-1）。

表 21-1　世界三大湾区创新源及其创新成果

湾区	创新源（单位、重大创新、年份）
纽约湾区	①雷明顿·兰德公司：第一台商用计算机 UNIVAC-I 落成（1951 年）； ②IBM 公司：推出第一台通用数据处理机 IBM650 型计算机（1954 年）；推出第一个"操作系统"OS/360（1964 年）；推出个人电脑 IBM PC（1981 年）； ③万能自动公司：研发出首台工业机器人原型"Unimate"（1959 年）； ④哥伦比亚大学：查尔斯·哈德·汤斯（Charles Hard Townes）制成第一台微波量子放大器（1954 年），并提出激光理论（1958 年）； ⑤康宁玻璃厂：研制出第一个实用的光纤（1970 年）； ⑥贝尔实验室：建立射电天文学（1933 年）；研制出第一个晶体管（1947 年）；制作出第一个实用的硅太阳能电池（1954 年）；发明电荷耦合元件，推出 Unix 操作系统与 C 语言（1969 年）；发明数字用户线路，利用电话线提供宽带服务（1988 年）。
旧金山湾区	①劳伦斯伯克利国家实验室：研发出第一个回旋加速器（1931 年）； ②斯坦福大学：研发出第一个双腔速调管振荡器（1937 年）；与加利福尼亚大学旧金山分校另一位学者共同制造出第一个重组 DNA 的有机体"生物技术"（1973 年）；谢尔盖·布林（Sergey Brin）与拉里·佩奇（Larry Page）开发出搜索引擎谷歌（1998 年）； ③IBM 圣何塞实验室：发明第一个硬盘驱动器（1956 年）； ④仙童半导体公司：推出第一款商用集成电路（1959 年）； ⑤施乐研究中心：推出第一台普通纸复印机（1959 年）；发明激光打印机（1977 年）； ⑥惠普公司：HP 2116A 型计算机进入民用计算机业（1966 年）； ⑦斯坦福研究所：发明第一个鼠标与机器人"沙基"（1968 年）； ⑧英特尔公司：推出第一枚微处理器 4004（1971 年）； ⑨美国海军研究生学院：发明第一个用于微处理器的操作系统 CP /M（1974 年）； ⑩Spectra-Physics 公司：第一台条码扫描仪（1974 年）； ⑪苹果公司：推出第一台个人电脑（1976 年）； ⑫皮克斯公司：推出第一部用电脑制作的动画电影（1995 年）； ⑬脸书：建立美国第一大社交网络（2004 年）。
东京湾区	①日立制造所：制造出日本首辆大型直流电力机车（1924 年）；制造出东京单轨铁路（1964 年）；成功进行第一个光纤传输系统试验（1976 年）；开发出高分辨率场致发射电子显微镜（1978 年）；开发出最快的超导体计算机（1989 年）； ②东芝公司：发明双灯丝电灯泡（1921 年）；推出第一台带黑色条纹阴极射线管的彩色电视机（1972 年）；首次开发嵌入式动态随机存取存储器系统大规模集成电路用的 65-纳米 CMOS 处理技术（2002 年）； ③三菱电机：首推日本第一款电气机车 EF52（1928 年）；开发出首款力式线性循轨唱机（1978 年）；开发出光学神经芯片（1988 年）； ④索尼公司：开发出单枪三束彩色映射管 Trinitron（1968 年）；发表录影系统 Betamax 与第一款机型 SL-6300（1975 年）；与飞利浦合作推出 CD-ROM（1985 年）； ⑤富士通：研制出日本第一台电脑 FACOM 100（1954 年）；开发出第一部虹膜识别手机（2015 年）。

资料来源：《硅谷百年史创业时代》（旧金山湾）

DNA：deoxyribonucleic acid，脱氧核糖核酸

三、经济圈爆发

产业与创新的爆发式增长带动区域经济从中心城市向外围城市拓展，并依靠中心城对产业与创新高端人才的虹吸效应，不断吸收高科技人才入驻，之后通过人才和产业的蝴蝶效应，带动周边城市群发展与创新的扩散。这些因素促进了城市经济、社会、文化之间的交流与多核经济圈的形成。大湾区都市圈按照产学研的聚集形态与经济状况大致可划分为三个层次，分布特点均为沿海地带向内陆地带分层递减。例如，旧金山湾区以旧金山、圣荷西（硅谷）、奥克兰为中心城，区域内汇聚了金门大学、思科系统、阿尔马登研究中心等产学研机构；核心城为高科技产业聚集的硅谷各城市（圣克拉拉、山景城、红木城、库比提诺等），甲骨文、苹果、英特尔、美国超威半导体等公司总部皆位于此；外围城以伯克利为核心，拥有常青藤高校加利福尼亚大学伯克利分校。纽约湾区的曼哈顿作为纽约的中央商务区，汇聚了纽约大学、纽约证券交易所、纳斯达克、摩根大通、花旗集团等产学研机构；核心城为纽约的另四大区及水牛城、联合县等，外围城的 IBM 公司在阿蒙克设立。东京湾区的千代田区与港区作为中心城，与横滨市等地区形成了两大工业地带（图21-6）。

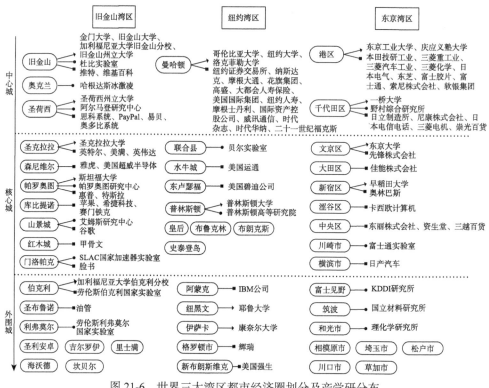

图 21-6　世界三大湾区都市经济圈划分及产学研分布
───▶表示大学，───▶表示研发机构，───▶表示企业

第四节　大湾区经济发展的研究结论和发展对策

本章内容通过对世界三大湾区经济的比较分析，得到以下基本结论：第一，产业是大湾区经济发展的基础与核心，大湾区发展是政策计划与产业事件逐渐迭代的过程。第二，产业与创新依靠大湾区优越的地理条件不断虹吸资源实现阶段性升级与演化，最终形成了整合共生的产业生态与创新生态。第三，公共政策和市场机制拉动产业生态与创新生态互动融合，促进资源与能力的流动与交换，使得大湾区经济打破发展旧模式，实现产业、创新、经济圈的多维度爆发。

从世界三大湾区的发展经验来看，中国作为一个发展中的大国，要想弥补区域中心城市空间溢出效应不足，解决区域经济一体化程度不高等问题，利用大湾区经济模式来实现大国的崛起，需要重视以下几点：首先，中国的大湾区经济应注重产业生态与创新生态建设问题。区域产业结构不平衡是中国区域发展的主要问题之一，发展大湾区经济仍应以产业发展为先，强化创新为源，通过官产学研合作计划不断强化产业与创新之间关系，形成产业生态与创新生态系统，持续稳定地推动区域经济高质量发展。其次，中国应深化产业融合。中国现行的产业政策是建立在产业分立基础之上的，当出现产业融合时，现有政策可能会形成交叉和重叠效应，产业调整升级和经济跨区域发展构成阻力。因而，我国应深化产业融合，推进产业结构优化与创新网络的发展，逐步实现产创、产城融合。政府需要做好大湾区发展规划与顶层设计，落实大湾区城市产业协同发展措施。一方面，政府应明确大湾区各城市的功能定位，在政策上打通各城市的行政壁垒，实现跨区域公共服务一体化、交通和基础设施共建共享；另一方面，政府应积极实施产学研合作计划、产业扶持政策，引导并打通产业生态与创新生态的融合渠道，使大企业稳定前进，中小企业不断成长。最后，稳步推进市场化改革。借助市场化力量推动大湾区内劳动力、资本、技术等要素自由流动，加深区域之间产业联动，实现中心城与外围城的联动发展。

第二十二章　发挥中小微企业生力军作用　力促全省经济稳进提质

　　中小微企业是浙江经济重要组成部分，是解决浙江民生就业的生力军，为浙江经济做出突出贡献。外部环境的动荡让浙江社会与经济短时间内数次遭遇打击，严重拉低经济运行，对生产消费、外贸出口、民生就业都产生较大冲击。中小微企业因其自身"寿命短、规模小、思维模式和产品技术老、核心竞争力少、企业资金储备和利润少"等特征导致抗风险能力不足，更是成为极端事件的易受影响对象。某些极端事件的出现很可能会导致社会经济活动大规模停滞、市场增长不振、经营成本增加、现金流紧张、库存积压、供应链受限、员工安置等现实难题，深刻影响着浙江中小微企业供应链、劳动力供给及市场需求等各项商业要素，放大中小微企业现存生存压力。中小微企业在疫情期间的状态不容乐观，多数中小微企业出现营业收入严重下滑、现金流紧张等问题，刚性成本占比增大，利润率同比下滑严重，生产销售、出口贸易、用工用电及产业生态都成为承压点，如再遇回款不良、资金短缺，则更容易加剧其生死存亡的危机。中小微企业的危机直接影响社会就业及部分中低收入者的收入保障，可能导致产业链重组及完整性受损，更长远地影响浙江经济的恢复与发展。

　　数字经济的出现极大地缓解了中小微企业的生存危机。为了应对极端事件，中小微企业开始重视数字技术。例如，通过嵌入电商平台，利用平台的数字技术实现企业内部各系统的连接以及与外部交易主体的交流，企业与用户、合作商、供应商等在线的沟通以及大数据的分析、预测，可以及时地感知、捕捉市场的发展信息以及用户的需求。同时，中小微企业通过将设备嵌入微处理器、传感器实现数据的快速收集及用户反馈的智能处理。由此可见，数智化战略的采用可以提升中小微企业的竞争力、生产力及企业绩效。中小微企业需要加快调整数智化进程，更加聚焦科技创新、数字重塑等，增强自身韧性与灵活性，力求实现恢复与突破。然而，数智化的发展既带来希望，又带来陷阱。数字技术的难以采用，使得中小企业无法快速有效地从旧技术和商业模式向新技术与商业模式转变。因此，有的中小微企业转危为机焕发新的生命力，而有的企业仍处于困顿之中，并对周围环境与政策提出新的需求。面对形势严峻的危局，如何在风浪中逆势而上、危中求机成了广大中小微企业亟待解决的问题。

为进一步了解当前浙江中小微企业运行现状和困难问题，梳理企业迫切诉求和有关意见建议，助力浙江经济稳进提质，深入贯彻党中央、国务院和浙江省委、省政府关于稳住经济大盘的重大决策部署。本次调研对象包括浙江 2 684 家线上受访企业和 54 家实地走访企业，旨在探讨"极端事件下的经济状况与中小微企业发展政策需求"，冀望通过深度调研受疫情影响的浙江中小微企业的生存实况，挖掘其实际运营中的堵点与难点，深入分析经济发展走势、企业面临的问题、企业的实际需求，为浙江中小微企业走出困境，实现高质量发展提供发展建议，并为后续政府决策提供参考，助力中小微企业转型发展与政策扶持形成良性循环机制。

第一节　浙江中小微企业运行情况与突出问题

一、企业经营压力持续累积，要素市场化改革带来成本飙升

调研数据显示，疫情对于中小微企业累积性成本压力持续叠加，造成日常运营成本负担沉重。57.16%受调企业表示原材料成本上涨，其中13.62%企业上升幅度超三成；49.27%企业用工成本上升；64.77%企业物流成本上涨。受调企业集中反映，省级电力体制改革试点实施以来，企业用电成本大幅攀升 20%以上，相较改革实施前常年稳定的电价，企业生产要素成本突增（图 22-1）。

二、三重成因导致企业"订单难"，影响企业正常运行工作

受调企业普遍反映出现疫情会导致"订单难"问题，造成营业收入下降严重，69.89%受调企业营业收入同比下降，降幅30%以上的企业达21.20%。"订单难"主要源于三方面成因：一是客户订单萎缩，受国内外疫情散点暴发等影响，消费端需求下滑，下游订单明显出现萎缩；二是企业接单困难，疫情导致商务联络、参展参会等常规接单渠道受阻，加之供应链物流链等不确定因素影响，企业不敢接单；三是企业不愿接单，部分行业因消费降级出现"量价齐跌"，导致

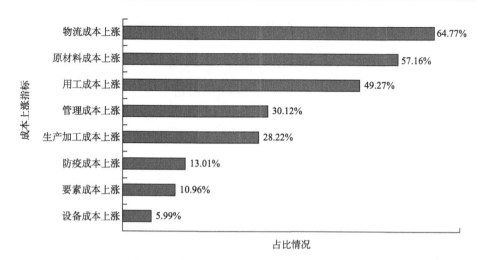

图 22-1　受调企业综合成本同比上涨情况

企业利润空间被进一步压缩，再加之回款慢、催款难等问题，部分企业接单意愿下降（图 22-2）。

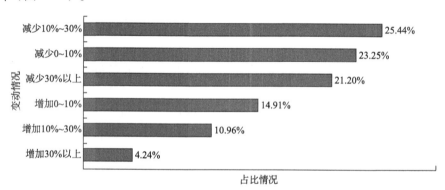

图 22-2　受调企业营业额同比增减情况

三、企业隐性裁员和局部裁员频发，服务业成为失业重灾区

受调企业因业务收缩以及员工居家办公等原因，出现"劳动力闲置、劳动效率低下"实情，产生了缩减用工成本的实际需求。有 30.85%企业着手缩小团队规模和减员增效，24.71%企业对管理层或基层员工全面降薪。因关门歇业、客源锐减，服务业基层务工人员出现群体性失业问题，劳资矛盾冲突频发；因企业回缩防御而降低研发及推广投入，出现研发、品宣等部门的大量裁员，影响后续经济发力（图 22-3）。

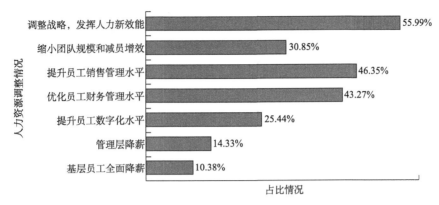

图 22-3　受调企业人力资源调整情况

四、企业供应链仍存"断链弱链"风险，外向型企业物流链需要打通

调查数据显示，24.71%受调企业的上游供应商出现断供现象，53.95%企业原材料价格上涨过高而出现供应链供货不稳定；企业生产缺料，导致经营中断，生产能力短期内大幅下跌，并出现订单合同违约、资金周转困难、损失核心客户与合作伙伴等后续问题。供应链风险横向传导，引发部分体量较小、抗风险能力较弱的中小微企业面临困境。部分外向型企业因国外供应链断链问题，以及港口等进出口枢纽效率低下等问题而受到严重影响（图 22-4）。

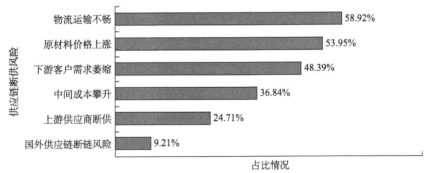

图 22-4　疫情期间受调企业供应链断供情况

五、企业与金融机构存在信息差，企业信贷出现"双退双减"困局

中小微企业与银行等金融机构之间存在信息差，银行等金融机构积极推新，但 33.92%受调企业仍觉得银行对中小企业信贷产品单一，25.00%企业认为支持创

业期企业的融资渠道较少，45.61%企业认为企业借贷抵押方式依旧以固定资产为主。而多家银行推出的降低企业借贷利率与融资担保抵押标准的"双减"政策遭到冷遇，贷款项和新增贷款出现"双退"。受调中小微企业对银行等金融机构提出包括"加大对中小微企业扶持""加大无还本续贷覆盖面""增加供应链、订单等抵押物创新""增加针对初创和轻资产企业的信用贷款""长期延续利率优惠政策"等在内的进一步需求（图 22-5）。

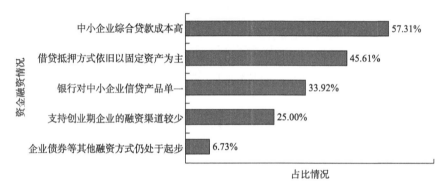

图 22-5　受调企业在疫情防控期间的资金融资情况

第二节　浙江中小微企业对扶持政策的需求分析

一、落实纾困政策助企开源节流，以政策实效增加企业获得感

经调研，受调企业在疫情防控期间对政府需求集中在税收、社保、房租等方面，减税降费等减负政策仍是政策痛点。受调企业呼吁政府实际考虑企业现实需求，打破多部门间的政策屏障，快速落地一揽子纾困惠企政策，以"接地气"且能惠及其所在企业群体的政策，降低企业生产要素成本，为企切实减负（图 22-6）。

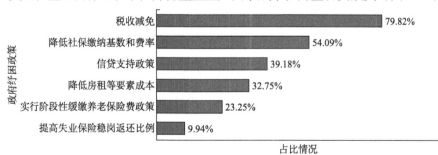

图 22-6　受调企业对疫情期间政府纾困政策有效性的认知情况

受调企业重点需求如下：①协同多部门整合纾困政策，及时打开信息发布与反馈双通道；②继续落地"5+4"稳进提质政策，在企业税费优惠、用工社保及贷款贴息、研发投入支持等方面落实政策；③实现纾困政策的目标精准化，在实施过程中兼顾公平与效率；④加快政策实施过程中的数字化平台作用，加强"静默式"政策兑付。

二、充分发挥政府协同协调作用，以公平效率激活企业群体活力

疫情造成不同企业群体间不平衡性凸显，行业竞争优胜劣汰愈演愈烈，两极分化加剧。受调企业认为部分政策存在不平衡性，特别是中型企业处于政策空心地带，较少受到政策关注。企业呼吁充分发挥政府协调作用，优化营商环境建设，强化不同企业间权利与义务"双公平"，公平与效率"双平衡"。

受调企业重点需求如下：①保护中小微企业利益，引导中小微企业获得各类招标和业务活动公平竞争的机会；②引导发挥园区、商会、行业联合会、校友创业联盟等组织的中介作用；③规范部分大型平台影响行业正常运行的直播价格战等乱象；④关注疫情下企业劳资矛盾与企业平稳经营问题。

第三节　中小微企业稳进提质助力省域经济发展的对策建议

一、多措并举提振企业信心，营造中小微企业发展良好氛围

针对受调企业普遍存在对未来不确定性的信心不足，以及回缩性战略行为，建议突出信心赋能，激活中小微企业创新创业活力：一是以稳定政策加强企业克艰决心，坚持"政府政策稳定"与"政府对接稳定"，通过稳定的政策导向与持续的政策落地安定中小微企业的军心。二是关注重点行业的重点企业（家）思想动态，加强企业（家）预期管理，并通过集体会议、小范围座谈、专项关怀等方式帮助企业家坚定信心，保持定力，避免出现疫情状态下部分中小微企业"躺平化"。三是多渠道发声，营造良好氛围，凝聚共识，引导企业危中见机，化危为机。通过"政府、行业、媒体"等多重声音，做好经济复苏舆论宣传，打造"冷静、乐观、稳定、真实"的社会氛围与"尊企、重企、爱企"的发展氛围，加强政府纾困政策与经济利好形势的宣传，给予企业获得感与确定感，带领企业重拾信心。

二、及时落地国家减税降费政策，增强扶持政策有效性

建议第一时间和最大限度落地国家最新减负政策，解企业之困。一是精准细分企业群体，推动分层治理。例如，对服务业企业积极松绑，对特困行业缓缴"五险一金"等税款，针对科学研究和技术服务业等加大退税减税政策力度；对中型企业加大政策关注，对小微企业引导其抱团取暖，引导平台经济规范健康发展；以优化展会服务、加大海外仓支持等举措，稳定外向型企业的信心。二是坚持多部门协同，避免重复调研，尽量减少过多过频走访，采用更有实效性的结合"数字化改革+现场办公"于一体、集合多部门的政府组团式帮扶，推进政策直达快享与快速落地。三是深化政策兑现，加强政策闭环管理。深化"企业码"等数字化改革成果推动惠企政策"免申即享""无感智办"，跟踪政策落地效果，以"万企评政策"的政策后期评估机制，深化惠企政策迭代优化。四是加快解决企业急迫的痛点问题，真正体现政策温度。例如，针对普遍反映的电力改革后"电费飙升"问题，分析其政策成因并快速优化，全力做好能源保供稳价工作；针对企业法律维权难问题，通过政府平台为企业提供一揽子援助服务。

三、最大程度加强社会保障力度，发挥政策稳定剂的作用

建议最大程度加强社会保障力度，最快速度发挥政策"援企稳岗"等作用。一是建议优化失业保险稳岗返还政策，如适度的社保减免延付、住房公积金缓缴、发放援企稳岗补贴等。二是针对特定的就业群体进行集中帮扶，如推进扶持校企合作，以"企业、学校、学生"三位一体，以"岗位推送+大学生就业奖励补贴"方式帮扶大学生就业群体，以政府购买方式增加"未来社区""未来乡村"社区公益性岗位，对灵活就业加强监测。三是加强对企业"稳岗"各板块工作的专项支持。例如，提供政策支持企业保持研发投入，保留研发人员，以图后续发展；引导企业转型升级，帮助企业培育适岗人才，提升劳动效率，从而减少企业相对人力成本；提供便利的法律援助，公平地帮助企业解决劳资冲突等。通过以上综合举措把"援岗救企"等临时性救助措施与扶持中小微企业的长期政策相结合，引导企业减少变相裁员与隐性裁员，稳定就业市场。

四、以数字化等手段提升产业链效率，帮助企业疏通上下游堵点

针对企业上下游不畅带来的供应链不稳定、订单难等问题，建议优化企业复工达产，加大产业链上下游对接服务力度，推进保通保畅。一是采取有效的风险

防范措施将防风险与稳增长相结合相平衡，采用整合统一、多区域认同协同、精简有效的企业防疫政策，保障受疫情影响大的区域、企业的正常生产能力，减少对于企业正常生产运营的不必要干扰。二是充分利用数字化手段，集中梳理和打通产业链上下游堵点，紧抓要素保障，推动实现四动"人口、人才流动""资金流动""原材料等生产要素物流流转""产业/企业转型"；疏通下游堵点，开发多元消费场景促进消费，培育新消费增长点，并通过品牌化实现溢价。三是多方资金打通产业投资堵点，建议考虑财政出资、行业协会融资、龙头企业与产业链核心企业参与等方式，成立企业救助或振兴基金，紧抓重点项目，落实帮扶项目。四是平台为载体打通信息堵点，推动行业"产销链"共享平台的建立与应用，进一步放权行业协会、商会，推动行业性数字化改革，通过行业数字化集合与共享的形式实现共享员工、共享供应链、共享物流、共享办公场所等多信息源共享。

五、精准匹配银企间融资供需关系，加强小微融贷产品模式创新

针对企业与金融机构间的信息不对称问题，建议一是强化"对接畅通"，加强政府主管部门、行业监管部门中介服务职能，政府可作为金融供需交流的中间桥梁，打造金融供需双方有效对接机制。二是强化"产品畅通"，考虑企业当前"无还本续贷""无抵押物借贷""提前还贷"等多元需求，引导银行等金融机构设立企业纾困专项贷款，持续推出多元创新产品；充分引导和激发社会投资，保障中小微企业信贷需求。三是实现"渠道畅通"，联合产业平台企业等金融组织，以中小微企业融资服务平台打开双方对接渠道。四是实现"征信畅通"，可通过大数据征信等工具，提高甄别企业经营质量及风险的能力，避免对于处于外部环境动荡中的企业"粗放式""一刀切"处理，协助中小微企业有效获得金融机构支持，走出困境并实施转型。

第二十三章　零碳数智园区的建设模式与路径研究

　　园区是我国区域经济发展的主力，是工业集约发展、支撑制造强国战略的核心载体，同时也是中小企业实现数字化、绿色化转型的重要平台载体。2022年8月10日，赛迪智库发布的《2022园区高质量发展百强研究报告》显示，截至2022年7月，我国园区数量15 000多家，对全国的经济贡献率达30%以上。清华大学环境学院2020年发布的一项调研数据显示，园区碳排放占全国碳排放总量的31%，可见园区已成为精准减排的关键落脚点和主战场。自我国提出双碳战略以来，国家多次发布了低碳园区的相关鼓励政策。因此，借助数智技术推进现有的各类园区优化空间布局，调整产业结构，突破循环经济关键连接技术，实现园区的资源高效、绿色循环和零碳排放，对于增强园区的可持续发展能力至关重要。

　　我国政府为大力推动园区的绿色发展，陆续开展了生态工业园区、循环化改造园区、低碳工业园区和绿色园区等实践探索，从动静脉产业链构建、产业共生、清洁生产、基础设施共享、环境管理等多方面形成了"园区绿色发展中国方案"，但关于数字技术如何推动零碳园区的数字化和智能化发展尚待研究。有研究表明，数字技术通过数据赋能提升企业竞争力，加之智能高效的管理体系，有助于实现园区"经济-人才-环境"的全面可持续发展。同时，园区绿色发展的必要性和迫切性，更是有效实现了财富的累积以及绿色福利的提升。事实上，零碳数智园区的构建旨在形成虚实结合的"产业化+数智化"的新生态，推动各类数字化、智能化和绿色化要素加快向园区集聚，探索发展跨越物理边界的"虚拟"园区，促进资源虚拟化集聚、平台化运营和网络化协同。基于此，本章内容尝试从数字技术与绿色发展模式协同治理的视角出发，探讨零碳数智园区的构建路径，为我国建设新时期的零碳园区提供理论与实践基础。

第一节 零碳数智园区的相关理论研究

零碳数智园区是全面落实低碳绿色发展理念，积极探索绿色中和的发展路径，以数字化为工具搭建能耗管理系统实现可量化的"碳中和"，以智能化为手段打造先进的智能数字化管理体系实现开源节流和节能减排，从而多维度多视角打造面向未来的高质量发展园区。

一、零碳数智园区具体内涵

零碳就是要求将园区运营过程中相关范围内的碳排量全部中和，实现净零排放，为用户提供零碳的产品和服务。园区碳排放主要来源如下：园区物理边界或控制的资产内直接向大气排放的温室气体，如燃煤锅炉、园区拥有的燃油车辆等；企业因使用外部电力和热力导致的间接排放；其他间接排放包括因园区生产经营产生的所有其他排放，如物业运营、员工通勤、上下游产品（购买设备、办公室装修、办公耗材等）及所有前端供应商产品中的碳排放等。针对这些碳排放，基于大数据、人工智能、5G、物联网等技术研发的数字化综合管控平台，用数字化打通园区内各场景的碳管理，全面智能化追踪能耗与碳排放，逐步实现园区零碳排的完美闭环，助力我国实现低碳经济。

总体而言，零碳数智园区就是在规划、建设、管理、运营等过程中，全方位、系统性融入"碳中和""低碳绿色"理念，依托零碳操作系统，以"精准化核算"探索目标设定和实践路径，以泛在化感知全面监测碳元素生成和消减过程，以数字化工具整合节能、减排、固碳、碳汇等"碳中和"措施，以智能化管理实现产业低碳化发展、能源绿色化转型、设施集聚化共享、资源循环化利用，最终实现园区内部碳排放与吸收自我平衡，生产生态生活深度融合。

（一）厚植绿色低碳循环底色，推进园区高质量发展

绿色低碳循环是高质量发展的基础支撑，高质量发展就是绿色低碳循环的发展，就是可持续发展。瞄准绿色低碳循环发展，打造制造强国战略的"基地"，是工业园区实现高质量发展的关键所在。零碳数智园区将绿色低碳理念贯穿于园区规划、建设、运营和维护全过程，降低全生命周期能耗和碳排放，助力园区内部企业实现绿色化物流、生产、经营、服务等。

（二）数智化助力跨越物理边界，促进资源虚拟化集聚

园区数字化、智能化的转型是在企业和园区层面，实现人、机、料、法、环、测（5M1E）六要素的数字化集成和智能化应用。数字化集成，根本要义在于努力做到数据应收尽收、能收尽收、动静兼收、虚实皆收。智能化应用在数据海量归集的基础上，面向服务管理决策设计应用场景，开发基于数据驱动的模型，持续更新，不断迭代优化。推动各类数字化、智能化要素加快向园区集聚，有助于探索发展跨越物理边界的"虚拟"园区，促进资源虚拟化集聚、平台化运营和网络化协同，构建虚实结合的园区"产业化+数字化"新生态。

（三）始终秉持以人为本，赋能智慧人居美好生活

推动园区绿色低碳、可持续、高质量发展园区新模式——零碳数智园区，在有序推动资源双向流动和优化空间布局的同时，也激发了园区在生态保护、生态补偿、生态产品价值实现中的作用。数智化园区的建设为企业和居民提供更为便捷、环保、绿色的生活方式，营造良好的环境、注重文化多元与社会和谐，有助于人们的身体健康、精神生活丰富和缩小贫富差距。始终秉持以人为本，将数字化、智能化赋能到生活的方方面面，打造人居美好生活。

二、零碳数智园区的建设意义

当前，我国园区数智化建设的基础相对薄弱，疫情之下园区的数智化发展显得尤为重要。因此，浙江在国家"新基建"的助推下，努力打通各类痛点和难点，使得省域内的城市化建设逐渐向有温度、智成长、善感知的智能数字空间发展。园区作为智慧城市的细胞单元，将科技与民生相连接，成为智慧城市经济发展的重要承载平台，也是未来推动泛在数智落地的出发点与落脚点。

（一）零碳数智园区助力产业蝶变升级

在实现低碳发展的过程中，将形成强大的绿色低碳市场需求，使产业发展可以形成新动能，推动能源等国民经济核心产业数字化进程，并进一步赋能产业转型升级。一方面，零碳数智园区建设可催生绿色技术、绿色设备、绿色制造及绿色服务，影响着新技术开发和新产品应用的发展方向，引领产业供给侧变革。另一方面，零碳数智园区建设产生海量的园区、产业、企业等相关数据，促进园区精细化管理的同时，也为相关部门分析判断经济运行、产业布局提供决策依据，助力实现精准决策。

（二）零碳数智园区推进新型城镇化进程

低碳、高质量的城镇化发展将成为发展趋势，产城融合、产业功能区、产业新城等相关理念与产业园区的绿色转型升级融合发展，助力打造低碳城镇化。一方面，从产业体系的角度将园区作为承接产业转移的载体，推进战略性新兴产业集聚、企业低碳化改造、低碳技术创新供给等，形成低碳绿色产业集群，增强园区的辐射带动作用和聚集人口的能力，为城镇化提供平台和空间，进一步提升产业竞争力。另一方面，园区零碳化有利于推进城市资源配置智能化，优化城市宜居环境、提升城市文化的传承和创新水平、增强市民的幸福感和城市的可持续发展能力。

（三）零碳数智园区助力描绘数字中国画卷

零碳数智园区在建设和实践过程中，数字化的产业、数字化的治理、数字化的生活和数字化的生态同步推进，助力数字中国实践落地。全球数字经济蓬勃发展，数字中国建设掀起新一波的浪潮，零碳数智园区作为智慧城市发展的基本组成单元，是数字中国建设的重要落脚点和先锋，也是绿色建筑、智能建筑的终端实现载体。零碳数智园区与新一代信息与通信技术深度融合，通过园区内及时、互动、整合的信息感知、传递和处理，为管理者和用户提供智能化管理、高效运作、全方位服务的数字化生活和工作环境。

三、零碳数智园区的核心内容

（一）基础架设的全面升级

园区是企业主体和产业要素集聚发展的核心单元，集聚产业、功能、创新、人力等各类资源要素，可以实现生产要素的科学配置和产业链供应链的高效协同，辐射带动作用极强。零碳数智园区可将各类要素高效集聚，进行差异定位、协同发展和动态布局，把关联功能区串点成链、聚链成圈，利用大数据、区块链等信息技术促使园区内的基础架构全面升级。依托不同区域特点、不同主导产业，精准聚集相关要素资源，通过差异化、精准化的低碳发展模式，逐步实现零碳发展。

（二）数字化园区大脑管理

"数字化园区大脑"在操作上可通过数字化手段替代人工批量处理繁杂琐碎的事务；在流程上精简化、规范化、集约化；在管理上利用信息快捷、透明的特点提升精准性，提高管理效率和增强管理效果，从而从真正意义上利用信息化手段实现园区运营管理、降低管理成本、提升经济效益。总体而言，"数字化园区大脑"通过数据收集可提供企业分析、行业分析、流行趋势分析，有效整合了园区内外产业资源，打造产业生态圈，提升生产运营水平，为园区入驻企业了解流行趋势、行业前端信息提供有效途径，为企业扩大生产规模、规避风险提供可靠依据，为园内企业提供更多产业增值服务。

（三）智能化园区运行系统

智能化园区建设突出"智能"，集成人工智能、大数据、云计算、物联网等领先技术，赋能园区安全、管理、经营和服务全部环节，打造设备智能化、管理数据化、应急主动化、服务精准化的新型园区服务，维持园区的可持续性发展。通过建设智能化园区，有效盘活经济运行数据，把这些基础数据变成"活数据"，让数据"采得全""看得见""用得着""管得好"，提供园区经济大数据的应用及服务。通过对企业 360 度画像，形成行业、区域、产业多维度的分析，及时了解园区经济运行情况，对园区产业链进行分析、招商、补缺、完善产业空白，形成产业链闭环，对园区范围的企业进行风险监控预警、诚信评价管理。

（四）绿色化园区和谐发展

随着时代的进步与发展，对产业园区也提出了更高更新的要求。不仅要在产业、经济等方面再攀新高，还要在环境保护、安全生产等方面将短板补齐。在某种程度上，产业园区环境治理水平决定了绿色发展的底色，必须坚定不移地促进高质量发展，向绿色发展要红利，建设绿色和谐发展示范园区。要在抓好现有产业升级的同时，利用技术改造、集约治污、环境服务等手段，提升绿色竞争力。因此，推进绿色发展是改善园区环境质量、推动高质量发展的重要举措。建设绿色化园区对于推进园区产业结构优化升级和绿色转型具有重要意义。

（五）低碳化园区文化生活

低碳化园区将提质增效与低碳管理有机结合，深入践行国家低碳发展理念。在低碳背景下园区与信息技术深度融合，为用户提供智能化、健康、舒适的全方位服务的数字化生活和工作环境。此外，低碳化园区能够实现园区管理和城市管理的融合，通过实现碳排放智慧监控，构建碳管理综合监控平台等公共平台，从而整体实现城市和产业功能区碳中和的精细化管理、智慧化服务。低碳化园区上接"智慧城市"，下连"智慧社区"，构建一体化的低碳系统，促进城市社区高效治理，居民文化生活便捷舒适。

第二节 零碳数智园区的实践实例研究

一、国内零碳数智园区优秀案例与经验

（一）案例一：内蒙古鄂尔多斯零碳产业园

1. 园区概况

鄂尔多斯拥有丰富的煤炭、天然气、化工、建材等资源，是全国煤产量最大的地级市，也是国家 4 个现代煤化工产业示范区之一、国家 9 个煤电基地之一、国家"西气东输"主要气源地之一、千万千瓦级大型风电基地之一。目前，鄂尔多斯探明煤炭储量在 1 700 亿吨左右，占全国总量 1/6；稀土储量在 70 亿吨左右；天然气储量近 5 万亿立方米，约占全国 1/3。"羊煤土气"（羊绒、煤炭、稀土和天然气）资源优势明显。

鄂尔多斯零碳产业园位于蒙苏经济开发区江苏产业园，以装备制造、新兴产业为主导，重点打造矿用装备、天然气及化工设备、新能源装备、新材料等产业链条。鄂尔多斯零碳产业园是西部首家两省（内蒙古和江苏）合作共建园区，一方面承接江苏等发达地区先进产业转移，另一方面依托丰富的资源禀赋和优越的交通区位推动产业集聚集群发展。

2. 园区低碳化发展的战略与举措

一是推广绿色能源体系。基于当地丰富的可再生能源资源和智能电网系统，构建以"风光氢储车"为核心的绿色能源供应体系，实现高比例、低成本、充足的可再生能源生产与使用。

二是实现 100%的零碳能源供给。鄂尔多斯零碳产业园中 80%的能源直接来自风电、光伏和储能，另外 20%的能源基于智能物联网的优化，通过"在电力生产过多时出售给电网，需要时从电网取回"的合作模式。

三是发展绿电制氢产业。应用于绿氢制钢、绿氢煤化工、生物合成等下游产业，减少鄂尔多斯化工行业的煤炭消耗量。

四是构建新能源汽车产业链。引入全球最大的商用卡车生产商一汽解放，以及正负极材料、隔膜、电解液的制造商。

五是强化低碳技术支撑。推动零碳产业及电解铝、绿氢制钢、绿色化工等技术的发展和应用，构建以零碳能源为基础的"零碳新工业"创新体系。

六是数字赋能闭环管理。通过管理平台进行数据采集跟监控，直观反映出能源的利用效率，实现企业能源信息化集中监控、设备节能精细化管理、能源系统化管理。

3. 经验总结与启示

（1）搭建新型电力系统，实现 100%零碳能源供给。作为全球首个零碳产业园，鄂尔多斯零碳产业园实现 100%的零碳能源供给，有效解决可再生能源消纳难题，大规模降低电力成本。

（2）构建"绿色能源+交通+化工"零碳新工业体系，驱动工业制造业绿色升级。鄂尔多斯零碳产业园将绿色能源的生产和使用有机结合，创新能源生产和使用分离的工厂模式，构建了"绿色能源+交通+化工"初级零碳新工业体系，驱动产业园蓬勃发展。

（3）以"能碳双控"平台为数字基座，实现零碳管理闭环。鄂尔多斯零碳产业园以"能源双控"平台为数字基座，支撑碳排和能耗指标的可跟踪、可分析、可视化，统一管理碳数据、碳指标及能耗数据指标，实现碳排放和能耗等重要指标的实时监测、及时预警和优化闭环，并能够为园区生产的产品打上"零碳标签"。

（二）案例二：重庆 AI City 园区

1. 园区概况

重庆 AI City 园区聚集国内外头部科技企业，聚焦人工智能、5G、工业互联网、大数据中心、智能制造、新消费、新金融 7 大产业，以办公场景为主，通过"产业聚集，以产促城，智能提升"协同发展，构建"国内顶尖的科技创新示范区和未来智慧新城典范"。重庆 AI City 园区主要通过打造零碳建筑推动园区应用转型，实现园区能源自给，减少园区碳排放。此外，重庆 AI City 园区积极构建"智能大脑"，推动园区管控数字化转型，实现了数智化节能化管理运营，并刷新"最完整的 5G 城市智能生态、首个机器人友好园区、最大的步入式屋顶花园、碳中和低能耗社区"等多项纪录，成为重庆高新区内零碳数智园区建设典范。

2. 园区低碳化发展的战略与举措

（1）大力推进建筑节能，碳中和理念贯穿建筑全生命周期。重庆 AI City 园区的核心碳排放场景主要集中在建设过程中以及运营过程中，因此园区在推进零碳数智园区建设中，利用人工智能、大数据等技术，大力推进建筑全生命周期节能减排，以提升效率带动碳减排。重庆 AI City 园区的建筑在设计之初就将碳中和理念贯穿其中,设计灵感取自喀斯特"山谷"地貌形态。首先,在项目建设过程中,运用人工智能技术和大数据对地形地貌进行科学计算,选择对生态影响最小标准面来施工,使挖方填方尽量保持平衡,以此减少 16.75% 的碳排放。其次,秉承"生态节能"理念,打破传统厂房形式,将建筑切割成为富有渗透性的结构,用自然改变建筑光热环境,使建筑综合受光率达到 83.79%,从而降低照明风暖等能源消耗。最后,在碳汇方面,构建全覆盖立体绿化建筑,将绿色植物种植在建筑物屋顶,实现人居环境与自然环境的相互融合,减少了 72.93% 的碳排放。

(2)践行零排放使命,打造光电建筑实现园区能源自给。重庆 AI City 园区通过在建筑之间分散式部署智慧杆塔、智能座椅,在建筑屋顶铺设光伏,实现园区能源自给,从而减少建筑碳排放。智慧杆塔集智能照明、环境监测、绿色能源、设施监管等功能于一身。一方面,自带光伏,能够执行公共智能照明并充当汽车充电桩、USB(universal serial bus,通用串行总线)手机充电装置给园区用户电动汽车和手机充电,实现绿色能源供给,降低碳排放。另一方面,以时间段、光线、人流量等数据为依据,远程智能调节路灯开关、明暗,通过智能设施监管优化能源配置,降低能耗。此外,智慧杆塔更是作为环境数据的采集端,实时监测噪声、温度、湿度、气压、风速、风向、$PM_{2.5}$、一氧化碳等环境数据,实现环境实时监测、环境污染监测,支撑园区管理者及时合理调整改善园区环境。智能座椅同样自带光伏,能够实现感应充电功能。另外,建筑采用节能环保材料并铺设屋顶光伏,提升园区能源自给率。

(3)"智能大脑"覆盖园区全链条,实现数智化节能化管理运营。重庆 AI City 园区通过数智化管理平台将内部各个系统集成起来进行数据集中监测和管理,建立全面感知、随需应变的数智园区环境,从而形成统一的数智管理体系,实现数智化节能化管理运营。重庆 AI City 园区应用"智能大脑"ABAS BI 超级楼控系统和相应的"神经末梢"智能传感器,全面兼容暖通、空调、照明、给排水、变配电监控、火灾报警、通行与停车管理等各子系统,集成为信息枢纽,形成可视化的数据,实现智能诊断、智能响应、智能控制,从而节约能耗 60%、节约人工 50%。同时,重庆 AI City 园区在管理服务方面与上级相关部门、入驻企业等加强交流,基于 AIoT[①]全园区能耗数据监控平台,针对园区内高耗能、高风险企业进行定向精准可视化监管,实时了解企业水、电、气等能耗使用情况以及碳排放情况,辅助决策支撑。重庆 AI City 园区通过"云+AIoT"技术组合方式,支撑全链式智能服务和管控,实现园区和楼宇的节能减排,助力数智园区和数智楼宇的建设与运营(图 23-1)。

---

① AIoT(人工智能物联网)=AI(人工智能)+IoT(物联网)。

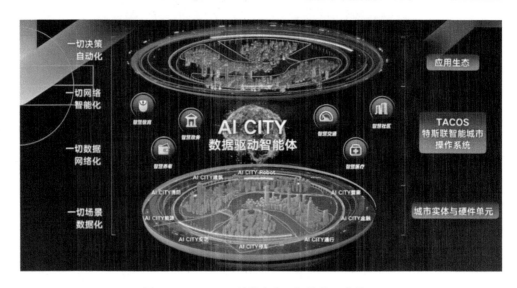

图 23-1　AI CITY 的数字化、智能化运营管理

资料来源：特斯联科技集团有限公司供图

3. 经验总结与启示

（1）充分应用数字化技术，数据化程度达 90%。在"5G+AIoT"时代，城市是作为各垂直场景的聚合载体、产业经济最重要的承载空间。AI City 从总线到硬件、从物联空间到存储及运算分步等都是全新的，更好地服务了机器人、无人业态、智能操作系统、新一代消费者等，充分利用数字技术让每一个节点都产生数据，且数据化程度达到 90%，让数据成为城市的生命动力。

（2）打破传统布局，科技创新赋能城市建设。AI City 是一个面向新物种、新人类、新内容的全新软硬件交互平台和城市生态。城市不再仅限于物理世界的建筑叠加，而是依托机器人等超级终端，与智能中台协同运营，并不断自我进化的城市生命体。打造 AI City 需要从顶层设计做起，主导城市数字化建设和运营，并以 AI City 为平台，联合行业上下游合作伙伴，共同打造城市智能科技产品和服务生态。

二、浙江省内零碳数智园区优秀案例与经验

（一）案例一：紫光萧山智能制造园区

1. 园区概况

紫光萧山智能制造园区位于杭州市萧山区湘湖未来智造小镇启动区块，规划用地面积 57.35 亩，规划总建筑面积 9.8 万平方米。在低碳发展的要求下，紫光集

团从能源转型、应用转型和数字化转型三方面全面推进零碳园区建设，积极探索具有自身特色的"双碳"路径。在能源转型方面，不断推进光伏工程，并利用新能源技术和储能技术，实现能源效益最大化；在应用转型方面，对园区内的建筑、交通等方面系统梳理，全面推动零碳生产、零碳建筑、零碳交通等应用场景转型；在数字化转型方面，紫光集团结合自身数字平台构建园区双碳数据底座，提供覆盖园区数据流、信息流、碳流的"多流"全链条服务，打造国内领先的工业 4.0 样板点，最终实现"智能工厂"解决方案的产品化。

2. 园区低碳化发展的战略与举措

（1）以数据作为核心生产要素打通各环节，创造性提出"1+4"建设方案。针对自身园区特色，紫光萧山智能制造园区提出了"1+4"的设计理念，即 1 个零碳数智园区操作系统和"源、探、管、服"四大模块（图 23-2）。将零碳数智园区操作系统作为园区零碳大脑，以信息流牵引能量流和碳排，数据作为双碳核心生产要素打通各环节，为场景化业务应用提供通用的、可复制性的基础能力支撑，快速构建各种碳中和应用。

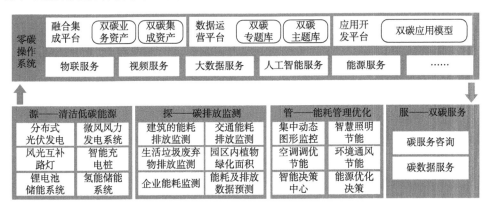

图 23-2 紫光萧山制造园区设计理念
资料来源：《零碳智慧园区白皮书 2022》

（2）利用新能源技术和储能技术，改善园区碳排放现状并减少能源支出。在新能源方面，紫光萧山智能制造园区实施光伏工程，根据工厂可用屋顶面积进行屋顶光伏铺设，实现电力自发自用，并利用余电上网，使屋顶利用率最大化；在储能方面，园区合理利用峰谷差价，降低园区能源支出，反哺国家电网源荷均衡，实现工厂能源经济效益最大化，同时结合能源技术，使得能源经济效益最大化。

（3）进行全量碳数据汇总，助力园区后续产业链优化。紫光萧山智能制造园区对园区内的建筑、空调系统、电气系统、给排水系统、用能设备、交通、充电桩、道路照明、绿化碳汇等碳排放重点要素进行全面梳理，进行全量碳数据汇总，构建碳排放数据分析体系和碳排放核算方法，提出将各领域碳排放导入碳排放管理平台的数字化标准导则，为后续产业链优化提供方法支持和体系框架。

（4）借助绿洲能源管理平台，实现各类能源数据全面管理及趋势分析。紫光萧山智能制造园区针对园区内水电、光伏、储能等各种分布式电源的运行特点、负荷变化情况等，制定不同运行策略优化协调各分布式电源的运行，并对依托碳数据管理、碳核算模型、碳足迹溯源的相关数据实现用能策略优化。同时，基于用能的历史数据、用能场景和天气气候，园区借助绿洲能源管理平台，优化迭代算法，优化用能策略，动态调整园区室内空调和照明用量，供需匹配。

（5）产学研赋能园区零碳咨询能力，助力构建园区双碳数字化体系。紫光萧山智能制造园区搭建自身园区碳数据治理平台，定义"双碳"行业套件，构建绿洲的碳主题库，完善碳数据整体分析和管理能力。同时，园区通过新华三集团的零碳咨询能力助力"双碳"数字化体系建设，如园区碳核算、场景化碳减排、碳中和路径规划等，并联合浙江大学共同申报相关研究课题，进行基于碳数据算法优化迭代相关研究工作，以自身园区为试验田，赋能园区用碳策略调整，助产提效。

3. 经验总结与启示

（1）赢得先机，主动作为。借助紫光萧山智能制造园区发展，抢抓新经济机遇，在制造业和数字经济的双轮驱动下，发挥优势、主动作为，以新制造中心为引领，聚焦智能制造、优势制造、未来制造，加快数字产业化、产业数字化转型，积极培育世界级优势产业集群，为建设零碳数智园区打下基础。

（2）直面痛点，发展"三新"。萧山无论是面对数字产业化还是产业数字化，始终锚定制造业高质量发展的区域发展目标，直击产业转型痛点，大力推进从制造迈入智造、创造，不断培育新业态、新产业、新模式，新旧动能加快转变，产业结构优化升级，数字经济蓬勃发展。

（3）数据治理，破局有方。遵循低碳发展要求，园区的建设过程中践行绿色制造、绿色工厂理念，在典型行业碳管理探索的基础上，梳理、抽取工业企业的碳管理共性需求，打造了工业通用"双碳"引擎，帮助企业完成"从基础设施建设、到企业生产改造、再到产业痛点破局"的全方位升级，具有很强的落地适用性。

（二）案例二：乐清湾电力科技小镇

1. 小镇概况

乐清湾电力科技小镇位于乐清市经济开发区，规划面积 3.33 平方千米，是一个以创新驱动为引领，以电力装备为主攻方向，以智能、智创、智力为主线，以输配电装备制造企业为主并覆盖电力行业全产业链的高端装备制造类特色小镇，包含安德利、伏尔特电气、华仪电气、电光防爆四家龙头企业。乐清湾电力科技小镇于 2018 年被列入浙江省级培育类特色小镇名单，获得省级特色小镇培育对象年度考核第一，又于 2019 年被列入第五批省级创建小镇，同时也入选了数字化试点园区。从目前发展趋势来看，乐清湾电力科技小镇创新体系整体效能正持续提升，创新活力正源源不断释放，从而致力于打造国内一流、世界领先的智能电气产业园区。

2. 小镇建设的特征与亮点

（1）基础设施数字化。目前小镇内公共区域内公共 Wi-Fi 覆盖率和 5G 网络覆盖率均达到了 80%，在园区机房部署 50M 宽带对外专线网络以传输园区管理数据至园区管理平台，在机房内部署监控级别硬盘，并部署监控用屏幕方便机房管控人员快速查找与回看监控内容，在园区关键位置，自建无线局域网系统；完善小镇客厅的数字化基础设施，在小镇客厅入口设置智能信息查询机以提供小镇全景展示、配套功能展示、政策咨询、企业注册、金融贷款申请等服务，通过 LED 拼接屏、多媒体互动屏、全息设备、电子地图等向参观者展示小镇面貌与整体风采、各类产业的发展情况与创新成果，如借助多媒体电子屏实现小镇企业的产品及参数的交互，形象地传递乐清电气产业的独特之处。

（2）管理数字化。乐清市中小企业服务平台网站可提供融资、厂房租赁、知识产权、法律、信息、创业、人才培训等服务，使得相关的新闻、政策、通知等资源能够及时便利地被获取；乐清湾电力科技小镇公众号可发布重要政策通知、企业获奖情况、活动预热和总结等；线上管理平台为数字化转型添砖加瓦，不断优化完善"企业码"，实现"一企多账号"和分级管理，增设多个便企服务窗口，运用"最多跑一次"改革的最新成果，为数字化管理提供系统开发和数字化产品采购服务，解决企管人才培育需求；"码上金融汇"为企业的扩大生产等方面予以"低成本零抵押"贷款的支持；帮企云智能制造平台设有"淘成果、诊问题、提需求"的一站式服务；小镇数字大脑可整合小镇内部的所有人才信息、企业信息、项目信息、经济投资、服务设施信息、监控设备信息、用地信息、规划信息等基础信息，将小镇汇总后的基础信息及小镇整体 3D 地图集成建设乐清电力小镇数字驾驶舱平台，通过乐清电力小镇数字驾驶舱平台展现出小镇所具有的功能"聚而合"、形态"小而美"、产业"特而强"、体制"新而活"等优势。

（3）生产数字化。2020 年建成乐清智能电气小微园数据中心，该中心涵盖了智慧监控、智慧消防、智慧能耗、智慧车行、人行及环境监测与电子通报等功能。例如，在小镇三产区域、仓库内部、办公区域等场所全方位安装适合的消防栓、智能热感、智能烟感相机等进行实时感知和监控，也可以实时获取本月用电用水具体数值、能耗走势、各企业的能耗情况和运行的能耗设备数量等信息。此外，小镇内各企业开展"数字化车间、智能工厂"改革，实现生产全过程的统一管理和实时监测。例如，建设八达光电智能工厂项目以满足制造企业在自动化产线、研发设计、生产、运营等环节的网络协同发展需求；建设 5G 智能工厂实时监控厂内温度和湿度，通过智能工厂管控平台为集团工厂提供一体化协同集成服务，涉及项目执行计划、材料库存、实验室设备运行状态、订单交付、合格率等信息；美硕数字化工厂项目采用国内领先的电磁继电器智能制造先进工艺和技术，引进国内数字化生产设备、设施及智能控制系统，以建成国内领先的两化深度融合的高效的电磁继电器智能化工厂。

（4）生活数字化。乐清湾电力科技小镇微信公众号展示服务系统，包括小镇概况、入驻企业、小镇人才、重点项目、新闻资讯、小镇全景、导游服务、公共服务、招商引资、在线教育、在线党建及周边餐饮、交通等板块，小镇不断加大力度引进高端住宿设施、多元餐饮设施、便捷购物设施以丰富小镇内的生活方式，推进智能门禁、智慧停车、智慧安防等智能化建设，为入驻企业、员工、游客提供方便、智能、实用的企业服务和游客服务，确保满足人们在医疗、交通、住行、饮食、咨询等方面的设施到位、管理有序。

3. 经验总结与启示

（1）数字化促进企业管理方式转变。乐清湾电力科技小镇为了实现成为国际一流的产业创新中心的战略目标，必须与时俱进，顺应数字化时代背景，转变企业管理理念，坚持"数字引领创新、数字转型治理"的建设理念，建设乐清市中小企业服务平台、乐清湾电力科技小镇公众号、帮企云智能制造平台、数字化管理平台、乐清湾电力科技小镇数字大脑等，实现资源整合与管理协同。此外，各企业改变传统的生产模式，开展"数字化车间、智能工厂"改革，对生产全过程进行统一管理和实时监测，实现一体化协同集成服务；建设乐清智能电气小微园数据中心，涵盖智慧监控、智慧消防、智慧能耗、智慧车行、人行及环境监测与电子通报等多种功能。

（2）利用数字化完善企业基础设施建设。目前乐清湾电力科技小镇已形成主城区、重点乡镇和重要场景的 5G 网络全覆盖，5G 网络为企业的精准化管理、远程监管、智能化设备等提供了技术保障；小镇通过智能信息查询机、多媒体互动屏、电子地图等展示小镇的发展情况与创新成果，提供政策咨询、企业注册、全景展示等服务；数字化推动周边餐饮、医院、交通等生活配套设施一体化成为现实，不断拓宽在智慧医疗、智慧交通、智慧旅游等场景的数字化融合应用，为小镇的员工、居民、游客提供更便捷全面的服务。

（3）数字化推动企业项目水平提升。乐清湾电力科技小镇的产业链完整度高、安全性高、关联性强，始终围绕着数字化转型的战略目标，加强资金与资源投入，持续新增技改项目、数字化车间工厂项目，遴选智能化技改咨询诊断工程服务机构为重点技改企业提供专业性诊断建议，不仅完善上下游配套的产业布局以实现新兴支柱产业培育和高端装备制造产业发展，也为乐清市打造城市风貌、推动经济增长、改善生活促发展做出巨大贡献。

第三节　零碳数智园区的建设理念和实现路径

在园区定位、产业选择、空间布局等层面依据碳中和理念与数字融汇赋能的城市高质量发展空间的愿景目标统筹规划，基于政府引导、试点引领、产城融合的建设理念，进行一体化的零碳数智园区的建设规划。

一、零碳数智园区的建设原则

（一）政府引导，多方参与

充分发挥政府引导作用，强化政策支持和制度保障，制定零碳数智园区落实政策，打好政策"组合拳"，引导产业聚集发展。强化企业主体作用，通过良性的反馈机制推动企业建设积极性。鼓励社会多方参与，明确各方责任，实现项目共建、资源共享。促进资源要素自由流动、高效配置，通过有效协同创造良好经济效益和社会效益。

在政府引导下，以低碳发展为目标，以工业企业、园区为主阵地，以实施节能降碳技术改造为主抓手，大力推广应用绿色低碳先进适用工艺、技术、装备，全面促进浙江工业绿色低碳转型，有利于加快传统产业改造升级和新型低碳产业发展，带动浙江工业整体技术水平和创新能力提升。同时，引导土地方、产业方、政府、投资方、运营方等各方参与，促进政策、平台、资源等要素加速集聚，形成合力，共同推动低碳绿色园区的高质量发展。

（二）试点引领，循序渐进

鼓励先行先试，强化试点推进，示范引领建设。优选低碳发展基础较好、资源禀赋较优越的园区开展零碳数智园区试点，推动近零碳技术产品综合集成应用，积极探索符合其发展需求的管理机制创新，并以试点为载体构建产业转型升级新模式，多领域多层次推动零碳数智园区建设。

工业园区作为我国重要的产业园区类型之一，开展低碳数智园区建设试点工作，是当前推动产业低碳发展的重要切入点和着力点，对于推动工业低碳发展意义重大。选择基础较好、减排潜力较大的工业园区开展低碳数智园区试点，探索形成产业高度集聚、地区行业特色鲜明、碳生产力高的园区低碳发展新模式，建立低碳技术研发和产业化公共平台，加快传统产业的低碳化改造，培育低碳战略性新兴产业，从而转变当前过多依赖能源资源物质投入、盲目追求规模的粗放发展模式，对于提升浙江工业园区低碳发展水平、促进浙江工业低碳转型、推进浙江特色新型工业化进程有重要作用。

（三）产城融合，绿色发展

推进产城融合，优化产业布局，践行绿色发展。以融合生态为指引推进产城融合，促进新型工业化和新型城镇化良性互动，实现资源共建共享。以低碳经济、绿色经济新理念统领产业发展，加强资源集约利用，同时积极引入低耗能、低排放的新兴产业，推动产业结构向低能耗、低污染、低排放方向发展。

将园区与城市在资金、市场、技术、科研成果方面形成紧密联系，两者的发展将会日益融合，形成产业积聚、资源交换、服务配套于一体的产城融合的模式。充分利用数字化、智能化技术，构建设备、车间、厂区、产品等所有组成要素的全生命周期的碳足迹跟踪，将绿色低碳理念贯穿于园区建设和管理的全过程，降低全生命周期能耗和碳排放，改变企业的生产方式，增强居民的绿色低碳意识，助力园区内部实现绿色发展，打造居民舒适宜居的绿色低碳园区。

二、零碳数智园区建设的实现路径

（一）优化园区能源结构，提升利用效率

能源结构低碳化既是实现低碳经济的重要路径，也是推进节能降耗和能源资源高效配置的有力抓手。要以低碳发展为引领，以减少高碳能源使用、增加低碳和零碳能源使用为主线，优化利用化石能源，扩大发展可再生能源和核电，有序提高电力消费比重，全面提升能源利用低碳化水平。

升级优质能源供给，建设清洁能源供给体系。着力构建清洁低碳、安全高效的能源供给体系，加强风光水火、源网荷储一体化和多功能互补发展，加强节能发电调度，促进能源领域绿色转型和高质量发展；实施煤炭消费总量弹性控制机制，进一步提高煤炭集中清洁高效利用水平，合理控制统调燃煤电厂用煤，持续提升地方热电集中供热覆盖水平，减少原料（工艺）用煤；积极扩大并优化天然气利用，支持有条件的地方建设天然气分布式能源，稳步推进发电、工业领域"煤改气"；提高清洁外电入浙比例，持续提升区外受电和互保互济能力。积极革新能源技术，积极发展园区内的电力源网荷储一体化。结合浙江全省园区整合提升，着力推动园区能源资源梯级利用、原料/产品耦合，推进园区供电、供热、中水回用等公共设施共建共享、系统优化；运用现代信息通信、大数据、人工智能、储能等新技术为依托，采用"互联网+"新模式调动负荷侧调节响应能力；推进行业企业向园区集聚，提升能源综合利用和梯级利用水平；支持工业负荷大、新能源条件较好的园区建设分布式电源，结合增量配电网等，开展源网荷储一体化绿色供电园区建设。

（二）树立低碳示范标杆，动态平衡碳能

园区是企业主体和产业要素集聚发展的核心单元，集聚了产业、功能、创新、人力等各类资源要素，可实现生产要素科学配置和产业链供应链的高效协同，辐射带动作用极强，有助于打造低碳标杆。

在产业集聚方面，园区围绕一个主导优势产业来差异定位、协同发展、动态布局，关联功能区串点成链、聚链成圈，产业生态协同协作、相互成就，产业协同优势可以从整体规划零碳路径；在功能要素集聚方面，园区深度贯彻产城融合理念，实现基础设施、公共服务等功能体系的合理布局，辅以生态碳汇的整体规划，有效降低整体碳排放，提升园区宜居度；在创新要素集聚方面，革新碳能技术，创新减碳脱碳、负碳（碳捕集、利用与封存）等技术，推进减碳技术产业化，打造碳能动态平衡平台，支持园区内企业等主体推动低碳改进及碳中和相关科技创新；在机制要素集聚方面，园区可以通过灵活的机制激励内部主体实施低碳、零碳生产生活的积极性；在人力要素集聚方面，园区聚集高素质人才，可以进一步打造"产—学—研—用"协同平台推动零碳产业发展。要素的高效集聚，打造有效支撑城市功能、持续提升城市能级的示范园区，助推达到近零碳的目标。

（三）推动产业绿色转型，引培低碳企业

加快产业发展方式绿色转型。调整优化产业结构、能源结构、交通运输结构等。实施全面节约战略，推进各类资源节约集约利用，加快构建废弃物循环利用体系，加快节能降碳先进技术研发和推广应用，倡导绿色消费，推动形成绿色低碳的生产方式和生活方式。积极引培绿色低碳产业（信息技术、生物技术、新能源等）企业，鼓励"腾笼换鸟"；依托能源服务商、碳解决方案供应商服务园区企业参与近零碳建设、降低碳成本。

优化产业结构，加快推广普及碳应用，促进产业绿色转型，并结合实际情况制订产业优化方案，淘汰一批、改造一批、引进一批。一方面，在原有园区产业基础上，鼓励产业与城市融合发展，淘汰落后产能，促进第三产业发展，推动建立低能耗、低污染、低排放的新型产业集聚区。另一方面，推动园区企业利用低碳设备、低碳技术及低碳材料进行技术改造、装备升级，提高能源利用率，进一步实现园区高耗能行业转型升级。此外，在招商过程中，避免引入高耗能、高污染、高碳排放项目和企业进入园区，同时也加大对新能源、高新技术产业、节能环保等新兴产业的引进力度，从源头上筑起绿色低碳发展屏障。建立相关组织机制，创新碳排放激励机制，完善园区低碳管理机制。

（四）树立零碳立园理念，完善管理体系

为激发园区创新活力，营造良好环境，推动高效发展，要树立零碳立园理念，将零碳深入贯彻到园区的建设、运营和管理中，深化践行绿色发展。利用工业互联网、大数据、区块链等信息化技术，构建数据支撑、网络共享、智能协作的园区绿色供应链管理体系，推动"双碳"数据自由流动、便捷交互，提升园区资源利用效率，完善园区管理体系。

一方面，对于现有园区的零碳化改造，需要针对现有产业结构，构建碳核算模型，进行全量碳数据汇总，确定零碳方案和线路图。对全园区碳排放基础数据进行全面摸底，做好碳排放数据统计和核查等基础工作，深入了解自身的碳排放情况；在园区碳排放统计和核查的基础上，推进碳达峰测算，并对不同减排途径的减排潜力、减排成本和减排效益等进行详细评估与测算；根据碳减排基准值和测算结果，结合自身具备的能源转型、应用转型、数字化转型三大核心能力，科学选择低碳路径，明确减排基准值、重点任务、重点措施等事项，并制定详细减排时间表，形成精细化的碳排放控制计划和实施方案。另一方面，对于新建园区，在园区定位、产业选择、空间布局等层面依据碳中和理念与数字融汇赋能的城市高质量发展空间的愿景目标，进行一体化的零碳数智园区建设规划。一是根据诊断结果，坚持绿色、低碳、循环发展的原则，研究制订园区碳排放碳达峰行动方案，参照零碳园区蓝图有计划有安排地推进园区建设，完善园区零碳发展顶层设计；二是全面考虑零碳能源体系、零碳建筑体系和零碳交通体系的布局，因地制宜规划园区可再生能源（风电、光伏、地热等）区域，充分利用已有规划设计蓝图布局新能源发电以及能源存储转化系统，合理规划充电桩和新能源车位；三是充分发挥园区管委会的公共服务职能，强化零碳发展的资金支持力度，多渠道统筹资源，探索引入社会资本，建立稳定的资金投入机制，为园区建设提供资金保障。

（五）升级园区基础硬件，推进绿色发展

明确园区定位与功能规划，全面推进基础设施、物流、能源、消防、安全环保和产业企业产品协同的"六位一体化"建设，围绕创建国家级绿色园区、零碳园区及推进园区循环化改造，不断加快基础设施建设步伐，着力完善配套保障体系。聚焦基础设施配套完善，推动产业转型升级、拓展产业发展空间，全面提升园区承载能力，提升园区可持续发展水平。

根据园区碳排放碳达峰行动方案，完善空间布局，加强低碳基础设施建设，对园区用水、用电、用气等基础设施建设实施低碳化、智能化改造。一是推广新能源和可再生能源使用，鼓励在建筑、生活设施中使用可再生能源利用设施，如分布式光伏发电系统、风光互补路灯、智能充电桩等。二是对园区采暖、空调、热水供应、照明、电器等基础设施进行节能改造，提高能源利用效率。三是提升园区配套服务设施，优化完善园区生活配套保障设施规划，招引餐饮、金融、零售等便民服务企业入驻，推动园区内的市场化运营。四是加强园区数字化改造，建设碳监测体系，建立能源消耗和碳排放统计监测平台，加强对园区工业、建筑、交通用电等基础数据统计，建立并完善企业碳排放数据管理和分析系统，支撑园区管理者科学规划、精准部署。打造成基础设施完备，配套功能齐全，人居环境优美，产业布局合理，经济发展强劲的低碳绿色园区。

（六）提升数字管理水平，优化园区格局

实施数字化管理是园区面向未来塑造核心竞争力的关键之举，是园区治理体系和治理能力现代化的必然要求。作为数字经济时代产业创新集群发展的主阵地，工业园区不能置身事外，必须瞄准数字经济"主赛道"，精准发力，加速提升发展质效，优化园区格局。

建设园区数字底座，通过创新能源数字化场景，推动能源相关业务系统整合、数据汇聚与流程再造；建设能碳双控指挥中心和数智管理平台，实现资源全局优化配置与调度，支持园区能源、碳和综合运营状态监测、分析和预警；推动近零碳制度创新和政策配套，加强标准规范引领，强化土地、人才、资金等要素配备；建立低碳企业库、低碳项目库、低碳人才库和政策工具库等专题数据库，提升碳排放管理信息化水平。此外，园区需要基于各类信息化手段，构建设备、车间、厂区、园区多层次的系统能源、资源与碳排放的优化及精益管控技术体系，以节能调度、资源动态配置为手段，综合采用大数据智能算法，赋能园区构建全流程智能化治理体系，实现对园区碳数据全方位、多层次的透明化监测与管控的目标等，多措并举提升园区的数字化管理水平（图23-3）。

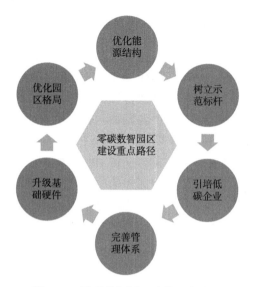

图 23-3　零碳数智园区建设重点路径

三、零碳数智园区建设的发展对策建议

（一）完善政策体系，加大资金投入力度

科学构建评价指标体系，按照能耗"双控"向碳排放总量和强度"双控"转变要求，将碳减排控制、能源结构优化、能源效率提升、产业结构优化、产业深度低碳化改造、低碳基础设施建设、减污降碳协同、深度低碳技术应用、低碳运行管理体系健全等作为重点内容，制定具有可操作性的近零碳排放园区评价标准与建设指南；构建支持近零碳排放园区建设的"环境经济政策工具包"，通过财政补贴、以奖代补、贷款贴息等方式对示范工程建设提供资金支持。完善产业支持政策，将近零碳园区建设纳入当地政府建设发展规划，支持产业结构的多元化，对于碳排放少、减碳明显的产业加强鼓励和支持。

（二）健全体制机制，提升园区管理水平

设立近零碳园区建设运行管理组织机构，将近零碳发展纳入园区规划、年度计划和重点工作，建立园区降碳目标责任制和评价考核制度，建立跨部门工作机制，强化责任和压力传导；通过创新能源数字化场景，实现资源全局优化配置与调度，支撑园区能源、碳排放和综合运营状态监测、分析与预警；将碳排放核算、节能诊断纳入托管服务范畴，逐步建立节能降碳与生态环境协同治理机制。开展重点企业碳核查，鼓励园区企业开展碳资产管理、碳金融、碳交易、碳排放

信息披露、自愿减排等；建立园区低碳发展相关政策、低碳技术和产品、低碳示范项目推广、宣传和培训的工作体系，搭建经验交流平台，强化与高等院校、科研机构开展合作。

（三）强化数字赋能技术供给，提升数字管碳、减碳创新能力支持

突破芯片、操作系统、工业软件等基础性技术瓶颈，减轻对国际供应链的依赖，摆脱受制于人的局面。扶持集成电路、基础电子等关键基础产业，保障数字技术产业供应链的战略安全，为实现深度减排提供技术支撑；加快发展云计算、物联网、大数据、人工智能、量子计算、下一代通信网络技术等的研发和试验力度，着眼长远，抢占技术制高点，打造未来技术竞争优势。加大数据实时交换、信息处理与融合等传感技术攻关，提高园区碳传感器综合性能。推动大数据汇聚、监测管理、建模分析等大数据技术突破，促进碳数据管理、分析和预测。强化区块链存储、加密、共识和跨链等技术研发，助力区块链在园区碳资产管理、碳交易平台的应用。

（四）推动技术革新，培育多元市场渠道

推进清洁能源对化石能源的替代，积极革新能源技术，发展园区内电力源网荷储一体化和多能互补，推动能源开发、输送、转换和存储高效灵活、安全经济；推动园区企业开展低碳、零碳、负碳（碳捕集、利用与封存）技术研发，鼓励园区企业联合高等院校、科研院所开展减污降碳共性问题研究，推广减污降碳耦合集成技术，以数智化的能源管理平台实现高效管控，完善园区低碳发展的技术支撑体系，最大限度挖掘减排潜力；引导企业提升绿色创新水平，大力推行绿色设计和绿色制造，生产更多符合绿色低碳要求、生态环境友好、应用前景广阔的新产品新设备，扩大绿色低碳产品供给，为推动高质量发展、服务构建新发展格局做出新的贡献。

第二十四章 平台组织演化与中小企业数字化技术范式转换研究

随着信息通信技术的高速发展以及和产业的深入互动，信息技术的更新换代给企业提供发展机会和挑战的同时，也要求企业不断吸收动态变化的市场和更迭的管理思想，用更快速的反应来适应瞬息万变的外部环境。业务数字化、智能化是长三角地区各类企业当下的发展趋势，阿里巴巴、网易等杭州互联网企业通过使用互联网技术进行平台模式运营和平台战略运作，从而实现传统企业和行业不具备的网络效应，在威胁传统行业生存发展的同时也推动了传统企业不断投入组织平台化转型的热潮。长三角地区聚集沉淀了大量的中低端制造业和高新技术信息产业。在理论研究层面，学者们主要针对两类主体对象进行研究，且研究的内容有所不同，第一类是以传统制造业企业为主要对象，分析企业进行平台化转型的过程研究和其价值影响；第二类是以具备平台属性的互联网企业为主要研究对象，探究其组织结构、商业模式和竞争战略等方面。目前较为缺乏关于能够保证并支撑互联网中小企业良好实施平台化运作模式的组织结构的方面的适应性变革研究。本章内容主要从技术范式外部环境因素入手，结合企业内部动态能力进行平台组织演化内外双重驱动分析，从而研究总结长三角地区平台组织在外部市场环境变化中实现技术范式转换的一般规律。

第一节 基础理论整理及研究框架设计

一、技术范式转变和动态能力的关系

学者们认为技术范式由技术机会、收益可获得性及知识基础复杂性三个维度构成。新技术会代替主流市场的现有技术，也就是当技术的投入产出比递减时出

现可替代性技术，企业就会采用新的竞争战略。在演进初期技术研发投入较少，相应的绩效水平较低；随着研发投入的增加，绩效水平快速提升；研发投入/绩效水平曲线出现的拐点就是研发投入的临界点，超过临界点之后，技术绩效开始降低，出现收益递减的情况，最终技术水平呈现平缓趋势。一项脱离市场主流的技术经过长时间的功能改善最终成功入侵主流市场的技术被称为"破坏性技术"。破坏性技术会对主市场造成冲击，使产业结构发生改变。在动态能力定义方面，动态能力可以分为过程、位势和路径三个维度。动态能力的生命周期理论认为可以将动态能力分为初始和分化两个阶段，在初始阶段动态能力经历更迭形成、发展和成熟的过程，当技术范式发生转移成熟时动态能力也发生了分化。从资源管理角度出发，资源结构在技术变革各动态能力变化中可以分为变革、选择、保留三个阶段。基于能力重构理论，组织能力可以区分为演化、转变和替代三个过程。

二、平台组织的概念及内涵

"平台组织"的概念是在对意大利 Olivetti 公司的案例进行研究时被正式提出来的，定义为在新兴商业机会中能面对挑战灵活构建惯例、组织结构和获取内外部资源的组织形态。

作为新兴的组织形态，平台组织具备两方面核心优势：①演化能力，即基于资源配置的灵活调整，提供多样性和适应性突出的产品与服务；②网络效应，即通过提供基础设施和规则，连接生产者和消费者等多边市场。

随着大家对平台经济越来越重视，平台作为一种创新型商业模式正在逐步改变传统价值链和产业链的生态环境。研究表明，平台为保持自己在竞争激烈的市场环境中的先发优势或竞争优势，往往会采取多种策略，如赢者通吃策略、分而治之的用户培育策略、成本转移策略、排他性策略等。在参与其中的大量用户在平台上创造更高价值的前提下，上述策略会加快平台网络效应的生成从而吸引更多用户加入，而平台参与者的增加情况也与平台网络中可以与其持续互动的其他用户的数量和质量有关。

双边市场是指独立的两个或多个用户群体通过中介平台的作用相互联系而组合形成的市场；双边网络效应的定义是随着一边用户群体数量的增加，另一边用户群体也提升了整体效用的市场效应。通过双寡头博弈模型的研究发现，两边用户群体数量的增加能够促进双边市场的中介平台收益提升。中介平台能够对市场产生一定作用，降低运营成本和提升媒体的信息定制化能力；也有学者通过多个 B2B 和 B2C 平台的案例研究从商业模式生命周期发展的视角来切入，从而梳理出平台各阶段的发展策略；更有学者进行了对双边网络效应存在时新平台发布策略的比较研究；捆绑销售策略虽然会增加短期的帕累托福利，但是从长期发展角度来讲也会对企业的创新动力产生一定影响。

第二节　技术范式转化与平台组织演化的案例分析

针对现有理论在移动互联网环境下需要进行拓展的方向，本章内容拟对技术范式转变时期动态能力、技术范式对平台组织形成的作用机制进行探索性研究。为了顺利实现这一目标，案例研究是相对比较合适的研究方法。

一、案例基本情况

杭州哲信信息技术有限公司（以下简称哲信）成立于 2010 年 5 月，2010~2013 年公司仍旧属于创业公司，先后成立了研发中心、发行运营中心，企业规模约 30 人。2014~2015 年，公司业务快速发展、规模迅速扩大，成为高新技术企业，发行游戏突破 100 款。哲信于 2015 年被浙江金科收购，整个集团更名为浙江金科汤姆猫文化产业股份有限公司（以下简称金科文化）。哲信的主营业务在被收购之前便是移动游戏业务，浙江金科之前的主营业务是化工产业。哲信和浙江金科进行战略并购之后，前者的法定代表人王健任职金科文化的总经理，重点指导和负责集团游戏业务发展，随后根据战略调整发展成为包含教育、衍生品、影视动画、乐园等在内的"泛娱乐"文化业务。其中，不管是前期的游戏业务还是战略调整之后的"泛娱乐"文化业务，都在整个集团发展和业绩中占据了财务主要部分。因此，本章内容主要围绕金科文化游戏业务发展的案例内容展开研究。

2016 年至今，金科文化进行不断并购扩张，于 2017 年完成了对 200 人左右的欧洲游戏公司 Outfit 7 的收购，2017 年 6 月成立 200 人左右的金科汤姆猫广州分公司。与此同时，业务也得到了多元化快速发展。2017 年 9 月，"会说话的汤姆猫"天猫旗舰店上线；2018 年 7 月，"会说话的汤姆猫"主题乐园在绍兴上虞开业，系列主题绘本同步发售。

二、案例分析

（一）技术核心化平台组织（2013~2014 年）

2012 年底，移动短信支付技术实现，移动运营商开始介入智能手机系统。技术收益的可实现使得技术价值增加、市场规模快速扩大的同时，大量资本开始涌向移动游戏市场；2013 年，以 3G 网络为主的移动通信技术得到了提升和大范围传播覆盖，为移动游戏发展提供了坚实的技术机会；2012~2013 年，市场参与者众多，仅仅是上线的移动游戏就达 1 000 多款；2014 年，由移动通信等技术支撑的移动游戏市场规模首次超过 PC 端网游；腾讯的"天天"系列和"全民"系列及"刀塔传奇"等休闲单机游戏在众多市场参与者的技术产品中脱颖而出，标志着移动游戏出现优质技术产品；由于新技术带来的新市场，原来服务于 PC 产品的技术受众资源剩余，如豌豆荚、360 桌面工具、91 助手等第三方应用商店成为技术范式产生阶段移动游戏发行的主流渠道。

为了能够在行业快速发展阶段抓住市场机遇，团队总共只有20人左右的哲信独辟蹊径，用有限的产品研发能力研发出了数款单机休闲小游戏。这些产品包体小，操作简单易上手，在休闲小游戏较为缺少的市场阶段将这些轻度手游投放在零碎的末流渠道上，获得了缺乏轻度手游产品的刷机、积分墙等体量小但海量的低端渠道的极大青睐。这些零碎渠道的推广需求也非常简单，只需要展示图标和名称等极其简单的宣传物料。哲信研发了数百款低成本、低投入的轻度休闲单机游戏，吸引了累计独立用户突破近 2 亿，产品涵盖角色扮演、策略、动作、消除、跑酷等多种类型。

（二）业务核心化平台组织（2015 ~2016 年）

2015 年，4G 网络普及，手机娱乐应用增多抢占用户碎片化时间，国内手游行业格局已初步确定，中国移动游戏以 17%的份额在全球移动游戏中位居第三；2016 年，各类型 IP（intellectual property，知识产权）内容与移动游戏进行了深度合作，移动游戏市场参与者除了提供类型更有趣、画面更精致的游戏产品外，还结合 IP 内容提升游戏体验。在"影游联动"主义下，二次元动漫、战争军事、运动类等市场成为具有利基特性的长尾市场。

在自身产品研发投入上，金科文化 2015 年成立的 IP 版权部门专门负责外部小说漫画、影视动画等潜力 IP 和内部产品中心的对接。在这期间，金科文化与《刺猬小子之天生我刺》《海绵宝宝》《昆塔：盒子总动员》等知名动画大电影IP 联名推出轻松娱乐类手游。金科文化针对技术范式形成阶段，移动休闲游戏产品创意性强，产业链上游游戏开发商体量小、数目多和下游推广渠道场景化、碎片化、长尾化的特点，根据多年丰富的移动休闲游戏发行运营经验，在传统游戏发行运营模式的基础上对上下游进行创新资源整合，从而打通上下游价值链，建立起基于大数据分析的"开放型移动休闲游戏自动发行平台"。

（三）知识核心化平台组织（2017 年至今）

2017 年至今，移动通信技术得到了前所未有的发展，移动视频技术的发展促进了相关行业直播、社交场景的衍生。各大厂商纷纷定位"泛娱乐"发展，全栖联动。

2017 年，金科文化完成对 Outfit 7 公司的重大资产重组，顺利完成重度精品游戏"会说话的汤姆猫"系列应用的国内本地化以及深度推广运营。在庞大的用户基础和用户数据基础上，金科文化自行研发了匹配技术产品和技术产品受众的机器学习算法，系统将用户数据、产品数据、内容数据和渠道数据进行精细化分析和比对，通过精准渠道营销和及时优化调整进行市场推广工作。

更重要的是，金科文化通过向国外移动游戏广告收入模式学习，建立了能和技术受众平台合作的移动游戏广告控制系统，为 2018 年移动游戏广告收益模式的爆发做了超前瞻性的技术准备。金科文化在 2017 年通过技术知识的外部学习成功进行了横向价值链发展，顺利进入了移动应用大数据广告分发市场，并依托内部的技术基础大数据分析和人工智能技术开展文化娱乐内容制作分发与运营，进行了移动游戏纵向价值链深入演化。

第三节　平台组织动态演化的分析结果与讨论

一、研究结论

技术范式的产生来自新技术带来的新市场，新市场为原本处于行业底层的中小企业带来了新的市场机遇。由新技术引发的技术范式主要会经历技术范式产生、技术范式形成、技术范式转移三个阶段。在技术范式产生阶段，由直接辅助技术等提供的技术机会为技术范式提供了技术环境基础，技术可收益性才是新市场能否发展的关键因素；技术知识基础呈现出缄默性和独立性的特征，技术知识仍旧停留在技术层次和部分先发企业层次。此时的市场环境呈现出市场参与者众多、技术产品水平较低、技术产品质量参差不齐、新技术仅影响利基市场、旧技术的技术受众资源富余的特征。原本处于技术能力弱势的中小创业企业可以在旧市场头部企业能力刚性之际，利用低投入低成本产品积累众多技术受众资源。

在技术范式形成的阶段，市场特征呈现出市场垄断趋势，技术产品经过直接辅助技术和间接生产辅助技术等的技术机会优化，以法律政策的收益保护和行业整顿为主的技术可收益性的被动式提高，技术范式产生阶段技术可累积性和知识基础的主动式提升，呈现出了技术水平提高、技术产品品质提高、生产流程技术提升等特征。此时的知识基础已经有了大部分可编码的、系统的、通用的属性特征，技术知识从技术层面扩散到了企业层面和产业层面；在技术范式形成阶段，技术知识基础给中小企业平台组织带来更多的收益机会。平台组织可以通过自身的演化效应打通纵向价值链的上下游，通过业务模块化实现专业化水平和高效运作，从而实现双边市场网络效应。

在技术范式的转移阶段，平台组织的动态能力发生了能力分化，平台组织在外部技术环境和市场环境及内部动态能力的双重驱动下发生了平台战略转变。技术范式转移的动因主要是新的技术机会和技术可收益性发生了变化，如移动游戏的技术受众载体和技术收益模式为技术机会与技术可收益性提供了新的可能。此时的市场呈现出高度成熟和饱和的状态，市场收益增长逐渐停止，技术产品类型丰富、产品技术水平高，基于已经形成的技术范式的技术知识基础变化处于相对停滞状态。平台组织经过纵向价值链的平台形成，在进一步进行纵向价值链的资源整合的同时，还需要进行横向价值链演化。也就是通过分化的动态能力，整合原先技术能力相关性较弱的市场资源，进行横向价值链的业务拓展。

二、研究局限和展望

长三角地区互联网经济发展势头猛劲，电商、互联网金融、网络游戏、互联网广告等产业尤为突出。众多互联网中小企业如何在激烈的竞争环境中获得足够的生存空间和长远发展，关乎长三角地区互联网产业长久的发展壮大。从创业企业发展到中小企业发展，从中小企业发展到构建企业生态，多元业务的平台战略是企业长久发展的必要选择。

本章内容采用了单案例纵向研究，从技术范式转变的视角研究了长三角地区中小企业依托平台组织平台化战略的动态演变过程，得出了相关理论与实践启示，但仍旧存在不足。本章内容的研究虽然尽力选取了长三角地区中小企业创业过程中具有代表性的企业作为案例研究对象，但单案例研究本身的局限性和研究对象客观存在的企业特征，使得研究结论的普适性和推广应用性存在一些局限。未来的研究可以通过多案例比较研究，对不同产品行业的代表性中小企业的平台组织演变过程进行对比分析，从而补充完善研究结论。另外，可以进一步深入探讨平台组织搭建与变革和企业绩效的深度关系等，为解决长三角地区中小企业发展提供更加直接有效的解决方案。

第二十五章 民营中小企业专业化管理中的行业和信息不对称研究

民营中小企业的专业化管理问题是企业成长过程中所必须面对的重要挑战之一。特别是，家族涉入的民营中小企业将面临家族成员与非家族经理人的管理意见不一致、管理信息不对称等问题，这些问题将阻碍民营中小企业的长足发展。如何化解民营中小企业专业化管理中的代理问题，成为当前民营中小企业亟须解决的首要任务。

民营中小企业在成长过程中必须做出的最重要的决定之一就是它们将在多大程度上雇用非家族经理人（Chua et al., 2003）。这一决定非常重要，因为在家族涉入的情况下，是否雇用非家族经理人可能会从根本上影响家族和企业之间的关系。一方面，非家族经理人可能会带来民营中小企业的家族成员所没有的专业知识和技能（Gedajlovic and Carney, 2010），因为非家族管理劳动力储备更大，可能比家族劳动力储备更完善（Gedajlovic and Carney, 2010; Schulze et al., 2001）。这些技能意味着非家族经理人可以为专业化和绩效目标做出贡献（Stewart and Hitt, 2012; Tsui-Auch, 2004）。雇用非家族经理人也可能代表了一种顺应主流市场的策略行业规范，尤其是当企业生存至关重要时（Miller et al., 2013）。另一方面，雇用非家族经理人可能会被视为放弃对公司的控制权。因此，民营中小企业通常抵制引入外来者，通常更喜欢雇用家族管理者（Chrisman et al., 2014）。有据可查的支持和反对雇用非家族经理人的原因表明，民营中小企业的所有者面临着一个重大的困境，这个困境还没有被以前的文献充分研究过。

家族涉入的民营中小企业所有者通常根据他们的家族成员对SEW的影响来制定决策（Gómez-Mejía et al., 2011）。SEW是指家族涉入的民营中小企业所有权的非金融利益，这些利益服务于家庭对身份、影响力、家庭成员的特殊待遇及维持家族管理的有效需求（Gómez-Mejía et al., 2007）。因为非家族经理人不太可能被这些目标所激励，民营中小企业所有者可能会觉得雇用非家族经理人而不是家族管理者会降低 SEW。事实上，因为他们与家族没有联系，非家族经理人更有可能表现出机会主义行为（Chrisman et al.，2004；Jensen and Meckling，1976），而不是以一种符合家庭目标的方式行事。因此，雇用非家族经理人可能会产生代理问题（Chrisman et al.，2004；Fama and Jensen，1983；Jensen and Meckling，1976）。

为了最大限度地降低非家族经理机会主义的风险，有必要进行监控。如果有可能完美且无成本地监控非家族经理人，那么家族涉入下的民营中小企业就会认为它们的就业对 SEW 的威胁较小。然而，当管理行为、企业生产率和企业绩效之间的关系复杂时，监控就变得困难且昂贵（Eisenhardt，1989）。因此，为了充分理解民营中小企业的雇用决策，必须考虑影响监控难度的背景因素。

然而，现有文献没有解释的是，非家族管理者的知识和技能的价值是否能够抵消消极的 SEW 后果和任何相关的代理成本增加。这个问题很重要，因为现存的文献表明，一般来说，家族涉入的民营中小企业拒绝做出可能减少 SEW（Gómez-Mejía et al.，2007）或增加代理成本（Ilias，2006）的决策。雇用非家族经理人会导致 SEW 的减少。特别是，雇用非家族经理人可能会损害家族的控制和影响力；这使得更难对家庭成员表现出利他行为，并可能混淆家庭的跨代继承计划（Berrone et al.，2012）。虽然非家族经理人的技能和知识可以带来积极的影响，如提高企业声誉和/或绩效（Stewart and Hitt，2012；Tsui-Auch，2004），但与确保家族和企业之间的紧密联系相比，这些结果往往没有那么重要。事实上，保持对公司的控制权是民营中小企业的头等大事。我们认为，只有当民营中小企业认为有适当的控制措施来最大限度地减少非家族经理人的机会主义时，它们才会考虑雇用非家族经理人。

本章内容的研究目的是通过考虑民营中小企业所有者如何权衡此类决策的经济和非经济收益及可能的 SEW 损失，开发和测试一个雇用非家族经理人的模型。在本章研究对影响聘用非家族经理人的背景因素的探索中，考虑了信息不对称对聘用非家族经理人的相对优势和劣势的影响。本章内容的主要论点是，当信息不对称能够得到控制时，雇用非家族经理人的风险就会降低。更具体地说，如果行业允许更少的监督复杂性，从而减少非家族经理人和家族所有者之间的信息不对称，那么与雇用非家族经理人相关的代理成本将会更低，使他们成为对家族所有者相对更有吸引力的候选人。为了检验这些预测，我们对 2004~2010 年的一个中小型企业的大型国家样本进行了测试。

本章内容通过提供证据证明家族涉入的民营中小企业所有者不会仅基于对 SEW 的关注来做出决定，而是考虑非经济因素和经济因素之间的权衡，以最大化其效用，从而为文献做出了贡献。本章内容还通过强调雇用非家族经理人的决定是评估他们努力程度与其假定的更高能力相称的难度的函数，为文献做出了贡献。本章内容的研究还有助于更好地理解行业性质和治理形式等因素之间的相互作用如何区分家族涉入民营中小企业和非家族涉入民营中小企业、影响代理问题和企业决策。

本章内容的其余部分包括开发模型、提出假设、方法和结果的讨论。本章研究最后讨论了局限性和对未来研究方向。

第一节　基础理论整理及研究框架设计

概括地说，民营中小企业会拒绝雇用非家族经理人，至少有两个原因：保护SEW 的本能，以及最小化代理成本的愿望。下面讨论这些原因。

一、保护企业 SEM

从广义上说，民营中小企业所有者在存在家族涉入问题时预计会更加重视以家庭为中心的非经济目标（Chrisman et al.，2012a；Chua et al.，2009），而不是经济目标（Zellweger and Astrachan，2008），因为前者的实现为家庭创造了SEW，而 SEW 的丧失会导致亲密度降低、地位降低，以及无法满足家庭期望（Berrone et al.，2012；Gómez-Mejía et al.，2011）。因此，民营中小企业所有者往往愿意采取措施保护 SEW，即使牺牲经济效益。

除非民营中小企业所有者企业发展到相当大的规模，否则管理职位的数量是有限的，而且通常在家族涉入的情况下为家族成员保留（Lee et al.，2003）。雇用非家族经理人降低了家族成员填补职位空缺的能力，从而限制了所有者SEW 的重要方面，如维持家族王朝的能力（Jaffe and Lane，2004；Gersick et al.，1997）、价值观（Salvato and Melin，2008；Zellweger and Astrachan，2008；Klein et al.，2005）、内部和谐（Lambrecht and Lievens，2008）及对家庭成员利他主义的能力（Lubatkin et al.，2007；Steier，2003；Schulze et al.，2001）。因此，除非公司的生存能力受到威胁，在这种情况下，家族涉入情况下民营中小企业的 SEM 会受到损害，否则民营中小企业可能会避免聘用非家族经理人。

二、最小化代理成本

当两个或两个以上的个人在合作的情况下存在信息不对称和利益不一致时，

可能会出现代理问题（Jensen，1994；Jensen and Meckling，1976），这也解释了在家族涉入下的民营中小企业所有者不愿雇用非家族经理人的原因。在商业环境中，所有者雇用并授权管理者代表所有者执行一系列活动（Ross，1973）。因此，所有者必须承担监督管理者的代理成本，以最大限度地减少无助于实现所有者目标的行为（Chrisman et al.，2014）。然而，家族涉入的民营中小企业追求非经济目标使得民营中小企业所有者和非家族经理人之间的利益协调更加困难（Chua et al.，2009）。民营中小企业可能需要支付比非家族企业更高的薪酬来吸引有能力的非家族经理人。

由于家族涉入的民营中小企业的家族管理者的无回报利他主义和家族涉入的民营中小企业所有者缺乏自我控制，民营中小企业所有者和民营中小企业的家族管理者之间可能会出现代理问题（Schulze et al.，2001），公认的观点是，在聘用民营中小企业的家族管理者时，民营中小企业的代理成本通常低于非家族涉入的民营中小企业（Pollak，1985；Fama and Jensen，1983；Jensen and Meckling，1976）。互惠利他主义是一种共同的道德价值观，它激励个人以有利于他人的方式行事，而不期望任何直接或立即的回报（Schulze et al.，2002），这意味着民营中小企业的家族管理者的利益更有可能与家族涉入的民营中小企业所有者的利益一致。互惠利他主义通过信任、沟通、尊重和爱促进了联系（Lubatkin et al.，2005），家庭参与可以促进集体主义行为，而不是利己行为（Corbetta and Salvato，2004）。相反，非家族经理人不与家族涉入的民营中小企业所有者分享亲缘关系，因此可能更容易会有利益冲突并采取行动。此外，即使当利他主义是不对称的或家庭成员之间发生冲突时，能够行使某种程度的自我控制能力的家族所有者在监控家族管理者方面可能比监控非家族管理者更有优势，因为他们有着悠久的熟悉历史，有能力对家族成员施加严厉的制裁（Pollak，1985）。

总之，当民营中小企业使用家族管理者而不是非家族经理人时，代理问题的可能性较低。因此，从代理成本和SEW的角度来看，民营中小企业所有者应该更喜欢家族管理者而不是非家族经理人。最后，随着家族在民营中小企业所有权中所占份额的增加，它们在不求助于其他利益相关者意愿的情况下影响企业决策的能力也增加了（Carney，2005）。换句话说，民营中小企业所有者有权按照自己的偏好行事。因此，随着企业所有权份额的增加，家族应该有更大的权力来采取行动，以实现保护SEW和避免代理成本的目标，这反映在假设25-1中。

假设 25-1：民营中小企业的家族持有所有权的程度与非家族管理的程度负相关。

三、监督中小企业的非家族经理人

尽管雇用家族管理者的民营中小企业可能受益于较低的代理成本（Chrisman et al.，2004；Shleifer and Vishny，1997），但平均而言，非家族经理人可能比家族管理者有更大的能力。因此，如果与监督经理人相关的代理成本因行业而异，雇用家族管理者或非家族经理人的相对可取性也可能因行业而异（Gedajlovic and Carney，2010；Eisenhardt，1989）。

一般来说，从非家族经理人的更大劳动力库中招聘可能会出现更强大和更熟练的管理团队（Carney，2005；Schulze et al.，2001）。因此，家族和非家族经理人的相对吸引力可能归结为一种权衡，但不是能力和努力之间的权衡，而是从能力较高的非家族经理人那里获得最大努力的边际成本和收益之间的权衡。正如Pollak（1985）所指出的，当信息不对称使得对管理者的监督变得更加复杂时，家族管理更加可取。因为民营中小企业所有者预测和控制家族管理者行为的能力更强。在信息分布高度不对称，行为和绩效之间的因果关系难以理解的情况下，雇用家族管理者的监督优势可能会超过相关的管理技能劣势。因此，在这种情况下，民营中小企业所有者可能会避免雇用非家族经理人。相反，随着监督变得越来越直接，在某种程度上，监控非家族经理的成本将能够弥补家族经理的管理技能劣势。因此，在管理者绩效监控更为复杂的行业，民营中小企业的非家族管理者比例应该明显降低。

所有者和管理者之间的合同应规定如何衡量、评估和奖励管理者的绩效（Chua et al.，2009）。同样，管理者所执行任务的特征也会影响监控的成本（Eisenhardt，1989；Ouchi，1979）。当很难理解管理行为如何转化为企业绩效时，信息不对称会使所有者的监督成本比在其他情况下更高。原因在于，在这种情况下，所有者很难理解管理者的行为是否以及在多大程度上"导致"了公司业绩，这也使得衡量管理者的业绩变得更加困难。在行为和绩效之间的关系不明确的情况下，管理者隐瞒负面行为、操纵数据或将糟糕的绩效归因于不可控事件的概率可能会增加（Gómez-Mejía et al.，2001；Walsh and Seward，1990）。当导致更高或更低绩效的行动存在实际模糊性时，使用过去的行为和绩效之间的关系来预测管理人员预期的未来行为对绩效的影响，比更好地理解这些关系时更加脆弱。最后，当机会主义行为更难发现时，这种行为的预期收益应该增加，这意味着它们发生的概率也可以增加。因此，民营中小企业所有者雇用家族管理者的动机应根据管理人员监督的难易程度而有所不同。

应该指出的是，监督困难只在加强/减轻与信息不对称和有限理性有关的代理问题上是显著的。这与SEW没有必然联系，因为后者更多的是委托人的意愿，而不是监督代理人的能力。这也表明，与机构问题相关的工业部门的调节作用是有限的。在这方面，工业部门加强/减轻了负面影响，以至于信息不对称引起的代理问题变得更加突出/不那么突出，而 SEW 问题仍然不受影响。

假设 25-2：监控方面的困难缓和了民营中小企业的家族所有权和非家族管理程度之间的联系，因此在管理行为和企业绩效之间的联系更难衡量的行业中，这种负面关系变得更强。

第二节　基于行业和信息不对称的研究实证过程

一、数据来源

为了检验上述假设，本次研究使用了 SBDC 项目客户的年度调查答复的数据库。该数据库从 2004 年到 2010 年在全美范围内进行的年度调查中，收到了 6 7976名 SBDC 客户的答复。该数据库发出的调查表主要是面向公司的主要经理的，这些经理在大多数情况下也是企业的主要所有者。调查有效回复率约为 18%。

为了发展理论并检验关于不同行业影响的假设，我们对利益差别明显的零售业和制造业的公司进行了比较。实际上，由于这两个行业的生产产出存在重大差异（Klassen et al.，1998），因此衡量和监测其管理业绩能力的结果也会有很大差异（Taylor，2000；Betancourt and Gautschi，1988；Dewar and Hage，1978）。但是，零售业和制造业通常有三个相互关联的特征：无形性、标准化和同时性（Klassen et al.，1998）。

在零售业中，服务在整个产品中所占的比重要高于制造业，这就意味着顾客购买的一系列商品属性更加无形，产品的标准化程度较低，生产和消费的某些环节同时发生。而相比之下，在最终产品是实物的制造业中，生产是有形的并且可以独立进行，所以也更容易标准化。随着生产和消费的有形性、标准化与独立性的增加，关于管理行为和企业绩效之间关系的信息不对称应该减少，因为影响绩效的变量更容易被测量，因此更容易被计划和控制（Eisenhardt，1989）。选择这样完全相反的行业应该适合于检验本次研究的理论假设。此外，本次研究对两个行业的关注与之前关于行业对战略决策的影响的研究一致（Henderson et al.，2006）。

调查中，受访者首先被要求详细说明该公司的行业关系。如上所述，本次研究主要针对零售和制造公司。之所以选择零售公司而不是服务公司，是因为作为一个群体，零售公司在特征上更相似。当然，本次研究也使用了服务公司代替零售公司数据，研究结果也是稳健的。研究样本的选择首先是将这两个行业以外的公司排除在外，从而样本规模减小到 22 087 家公司。为了与之前中小企业和家族企业研究中使用的企业规模一致（Cakar and Erturk，2010；Miller et al.，2008），进一步筛选样本的雇员人数在 20 到 100 名的公司。由于大多数 SBDC 公司雇用的员工少于 20 人，因此样本规模进一步减少到 2 129 家公司。其次，没有家族参与所有权的公司被排除在外，我们将样本减少再次缩减到 1 516 家公司。由于我们的目的是研究拥有管理团队的公司，所以进一步排除了经理少于两名的公司，此时剩下 1 507 家研究对象。最后，剔除缺少因变量、自变量、控制变量和工具变量数据回答的企业样本，最终本次研究选取最具有代表性的、跨年度和多地区来源的样本共计 965 家公司。

在进行初步分析之前，我们以 t 检验比较了早期和晚期调查对象对调查问题的反应。结果表明，不存在反应偏差问题（Kanuk and Berenson，1975）。此外，为了保证结果的稳健性，我们通过系统地放宽上述限制以及使用不同的限制来重复分析。

需要注意的是，我们的数据库是横向的而不是纵向的，因为我们没有在时间维度上研究企业内部的演变。相反，我们比较了高家族涉入和低家族涉入的公司，以及制造业和零售业的公司。我们关注家族中小企业有以下几个原因：第一，与极小的企业相比，中小企业更有可能处于所有者需要决定是否雇用非家族经理人的阶段；第二，与大公司相比，中小企业往往缺乏许多正规的制度和流程来监督管理人员；第三，由于规模较小，中小企业管理者更有可能监督一线业务（Cromie et al.，1995），这使得监督他们行为的能力更加关键和复杂；第四，这些公司在选择家族管理者和非家族经理人时可能会经历重大的权衡（Chrisman et al.，2014）；第五，家族所有者通常持有多数股权，位居具有高度自由裁量权的高管职位（Carney，2005）。因此，此类家族企业通过控制和影响所有权与管理对企业管理决策是至关重要的。由于聘用非家族经理人可能会对所有这些动态产生巨大影响，我们预计这些管理决策具有重大挑战性；第六，我们认为与大公司相比，中小企业不太可能出现复杂的代理问题，如大小股东问题。这是因为中小企业环境允许密切监测和控制；第七，由于中小企业的规模限制，其不太可能出现利益输送等问题，即通过高管薪酬过高或内幕交易和摊薄股份问题将资产与利润转移出公司。总之，中小企业是本次研究合适的样本，这使我们能够重点来分析委托代理问题。

（一）变量设计

因变量。由于管理团队的规模可能不同，因此我们使用非家族经理占经理总数的比例，而不是公司中非家族经理的绝对数量作为因变量。这一衡量指标反映了家族企业是否以及在多大程度上聘用了非家族管理人员。平均而言，样本公司中大约 55.71% 的经理（标准差为 30.20%）来自家族以外。该分布表明我们的样本含有足够的差异以确保不是所有的观察都是家族管理或非家族管理的。

自变量。民营中小企业的家族所有权连续变量以拥有家族成员所拥有企业的百分比来衡量。家族所有权的平均值为 89.56%（标准差为 22.24%）。

调节变量。在 965 项调查中，582 项（60.3%）受访者表示他们的公司在制造业中竞争，383 项（39.7%）受访者表示他们的公司在零售业中竞争。虚拟变量被用来衡量产业，零售企业编码为 1，制造企业编码为 0。行业调节因子乘以家族所有权变量，以获得检验假设 25-2 所需的交互变量。

控制变量。与之前的研究一致（Chrisman et al., 2004; Schulze et al., 2001），选取企业的年龄和规模作为控制变量。企业年龄是指企业运营的年数。企业规模是通过当前财年公司销售额和员工总数的对数来衡量的。以前的企业生产率也受到控制，因为低企业生产率可能表明现任高管的劣等性，这些高管可能是家族管理者，因此促使企业所有者积极寻求雇用非家族经理人。企业生产率通过企业总销售额除以上一财年的雇员总数的对数来实现。

此外，使用虚拟变量控制调查的年份。这种控制考虑到了周期性波动的可能性。最后，每个公司的情况考虑到地理区域可能存在的差异。表 25-1 提供了所有变量的描述性统计。

表 25-1　描述性统计

变量	均值	标准差	1	2	3	4	5	6	7
非家族管理	55.71%	30.20%	1.00						
家族所有权	89.56%	22.24%	−0.21	1.00					
零售业	0.40	0.49	−0.11	0.15	1.00				
过去企业生产力	11.07	1.20	0.10	−0.07	−0.30	1.00			
企业年龄	22.88	23.01	0.03	0.08	−0.23	0.20	1.00		
年销售额（对数）	14.71	1.20	0.17	−0.13	−0.30	0.85	0.24	1.00	
员工（对数）	3.57	0.43	0.17	−0.06	−0.09	0.07	0.26	0.39	1.00

注：对于双尾检验，所有高于|0.06|的相关性在 0.05 或更好时显著

（二）零售业和制造业的异质性

在检验假设之前，通过计算制造业和零售业企业生产率的异质性，调查了本章研究关于跨行业监测难度差异的理论前提的有效性。理由是，更大的异质性使得预测生产率更加困难，从而增加了监测的成本。企业生产率是由企业总销售额除以员工总数的对数计算出来的。异质性是通过将标准偏差除以行业中所有公司的平均值来计算的。如表 25-2 所示，零售业企业的生产率异质性（0.12）明显高

于制造业企业（0.09）。这一分析似乎证实了本章研究的论点，即与制造业相比，零售业中管理行为与生产率之间的联系更难预测。由于这一预测为评估管理者的生产率提供了一个基准，这些结果表明，控制制造业的代理问题应该比零售业更容易。

表 25-2　按行业划分的企业生产率异质性

企业生产力	制造业	零售业	差异
平均值	11.36	10.63	0.73**
标准差	1.02	1.30	−0.28**
异质性	0.09	0.12	−0.03**

**表示在 0.01 水平下显著

二、工具变量：控制内生性

我们控制了家族涉入的民营中小企业所有权的内生性，因为结果可能会受到反向因果关系或模型中未包括的潜在因素的影响。根据 Hamilton 和 Nickerson（2003），通过使用工具变量应用了两阶段回归方法，确定了与焦点变量密切相关但与因变量无关的工具变量。我们使用的工具变量是创始人控制和继任意向。创始人控制是作为一个分类变量来衡量的，其中"1"表示创始人在公司所有权中的份额大于其他家族成员持有的份额。继任意向是作为一个分类变量来衡量的，其中"1"表示家族有意将公司传给家族的下一代。

这两个工具变量预计与家族所有权密切相关，因为创始人和其他家族成员是主要的家族利益相关者，继任意向是区分长期家族涉入民营企业与其他企业的重要因素（Chua et al.，2003）。我们预计这些工具不会与非家族管理或行业关联密切相关。

在模型 1（第一阶段）中，使用调节变量和控制变量来估计家族所有权（表25-3）。

表 25-3　拥有 20~100 名员工和至少两名经理的公司中的非家族管理

因变量	家族所有权	非家族管理			
	模型 1	模型 2			
	OLS	Tobit			
		步骤 1	步骤 2	步骤 3	步骤 4
截距	115.01***②	−44.97*	159.53***	170.64***	155.07***
自变量					
家族所有权①			−1.68***	−1.85***	−0.67***

续表

因变量	家族所有权	非家族管理			
	模型 1	模型 2			
	OLS	Tobit			
		步骤 1	步骤 2	步骤 3	步骤 4
调节					
零售业	4.68**			6.56**	52.93*
交互作用项					
家族所有权×零售业					−0.51*
控制变量					
过去企业生产力	2.04	1.20	2.53	3.23	3.73†
企业年龄	0.07*	0.09†	0.09*	0.13**	0.12*
年销售额（对数）	−3.86**	−4.46*	−3.54	−4.00†	−0.40†
雇员	−0.84	9.39**	9.93**	9.72**	10.28**
工具变量					
创始人的控制	−7.74***				
继任意向	8.90***				
区域虚拟	控制	控制	控制	控制	控制
周期虚拟	控制	控制	控制	控制	控制
样本量	965	965	965	965	965
R^2	0.19				
对数似然估计		−4 393.44	−4 189.01	−4 185.58	−4 183.45

† $p < 0.1$, * $p < 0.05$, ** $p < 0.01$, *** $p < 0.001$

注：①从回归的第一阶段预测的；②报告了标准化系数

正如预期的那样，我们发现创始人的控制系数与家族所有权负相关（$\beta=-7.74$，$p<0.001$），继任意向与家族所有权正相关（$\beta=8.90$，$p<0.001$）。此外，发现这两个估计量是联合显著的（F统计值为38.29，$p<0.001$）。模型1中获得的家族所有权预测值用于第二阶段回归，涉及雇用非家族经理人（表25-3模型2）。家族所有权的实际值后来被用于稳健性测试。

三、预检验

由于民营中小企业经常偏离非家族管理，许多观察值为 0。因此，OLS 回归可能在第二阶段产生有偏差的结果。为了防止这种可能性，在初步分析中使用了

Tobit 回归，以产生更精确的估计。White（1980）的误差项方差校正方法用于调整自相关和异方差的潜在影响。

所有变量的方差膨胀因子都低于 10，年销售额高达 5.28。在考虑方差膨胀因子和相关系数（表 25-1）时，多重共线性似乎不是问题。

四、实证结果分析

假设检验的结果在表 25-4 中显示。

表 25-4　企业规模的四分位 Tobit 回归分析

因变量	非家族管理				
企业规模及其百分位数 雇员	25% ≤24 和 ≥20	50% ≤32	75% ≤46	90% ≤67	95% ≤80
常数	−125.05	−43.24	−40.04	−40.51	−30.86
自变量					
家族所有权	−0.22†	−0.19†	−0.20*	−0.19*	−0.19**
调节变量					
零售业	33.64†	25.58*	21.73†	16.62†	17.27†
交互作用项					
家族所有权×零售业	−0.39†	−0.34*	−0.29**	−0.22*	−0.22*
控制变量					
过去企业生产力	3.08	2.30	0.36	−0.07	0.10
企业年龄	−0.09	−0.04	−0.07	−0.12	−0.10
销售额	0.46	2.92	2.21	3.11	2.75
雇员	38.85*	25.76*	16.97**	15.37**	13.01**
区域虚拟	Yes	Yes	Yes	Yes	Yes
周期虚拟	Yes	Yes	Yes	Yes	Yes
样本量	229	499	744	892	946
对数似然估计	−958.083	−2 125.94	−3 226.84	−3 901.52	−4 142.33

†$p < 0.1$, *$p < 0.05$, **$p < 0.01$
注：报告了非标准化系数

在步骤 1 输入控制变量，包括过去企业生产力、企业年龄、企业规模，以及地区和年份的虚拟变量。正如所料，企业年龄对非家族管理有积极影响。年销售额和企业规模与非家族管理分别是负相关和正相关。因此，越来越大的公司倾向于雇用更多的非家族管理人员。老公司更有可能由家族的后几代人管理，他们可能不太重视SEW这个避免聘用非家族经理人的理由。较大的公司可能会发现，由于公司的庞大规模，有必要雇用更多的非家族经理人。然而，当现金流增加时，公司可能会拒绝雇用非家族经理人，因为收入增加可能会增加非家族管理者的机会主义行为。

　　在步骤 2 输入自变量，家族所有权（基于模型 1 的预测值，表 25-4），以检验假设 25-1，它表明家族持有的公司所有权的程度与非家族管理的程度负相关。家族所有权与公司使用非家族管理人员的程度显著负相关（β=-1.68；$p<0.001$）。因此，假设 25-1 得到了支持。在其余的分析步骤中，家族所有权变量仍然为负且显著的。在步骤 3 输入了行业调节。行业变量与非家族管理正相关。

　　步骤 4 包含了检验假设 25-2 的交互项（家族所有权×行业变量），该项表明，监测困难缓和了公司家族所有权与非家族管理程度之间的联系，因此，在管理行为和企业绩效之间的关系难以衡量的行业中，这种负相关关系变得更强。结果支持假设 25-2。交互作用的系数是显著的且为负（β=-0.51；$p<0.05$）。这个结果表明，家族涉入民营中小企业主避免聘用外部经理的偏好受到其行业固有的机会和威胁的影响：零售业企业中非家族经理的比例低于制造业企业。为了验证显著交互效应的性质，使用 Tobit 回归的步骤 4 中的变量系数，绘制了家族所有权和行业对非家族经理人程度的影响。如图 25-1 所示，当家族所有权较低时，零售业企业中非家族经理人的比例似乎高于制造企业。然而，虽然家族所有权的增加导致制造业企业中非家族经理人的减少，但零售业企业的情况更为严重，这表明家族所有权的负面影响在零售业企业中比在制造业企业中更强。这一结果与假设 25-2 一致。

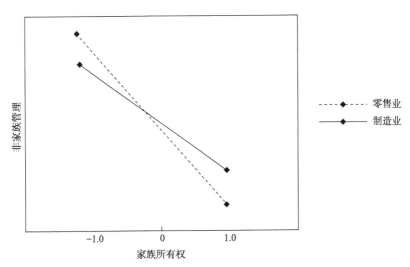

图 25-1　服务业和非服务业中按家族所有权划分的非家族管理

（一）企业规模的四分位回归

当企业变得更大时，民营中小企业可能更倾向于雇用非家族经理人，因为更大的企业可能更重视经济因素而不是非经济因素。或者，随着规模的扩大，管理职位上潜在家族经理人的供应会减少。这两个因素都会影响聘用非家族经理人的可能性。为了进一步探讨这一问题，我们根据企业规模进行了四分位 Tobit 回归，以员工总数计算。如表 25-4 所示，回归结果与企业规模第 25、50、75、90 和 95 百分位的企业一致：家族所有权变量仍然是负且显著的，它与零售业变量的交互作用是负且显著的。

然而，四分位分析揭示了其他值得注意的大小差异。第一，家族所有权系数在不同规模类别中相对稳定，这表明家族治理的内在因素，如家族涉入的民营中小企业的 SEW，不会随着民营中小企业从小规模发展到中等规模而发生很大变化。第二，对于规模较大的民营中小企业，家族所有权和零售业变量之间的交互作用的负系数变弱。这一结果意味着，当民营中小企业成长时，零售部门的监督困难所产生的代理成本会降低，这可能是因为更有效地部署了监督机制，而且公司更可能转向具有明确管理水平的更正式结构。

（二）稳健性检验

如上所述，进行了各种稳健性测试，以确保结果不是对样本中公司施加限制的产物。第一，使用两阶段 OLS 回归而不是 Tobit 回归进行分析。结果表明，在所有方面，结果与 Tobit 分析一致。R^2 为 0.240 表示模型拟合的合理水平。

第二，重新进行 Tobit 分析，取消了第二阶段对经理人数的限制。结果与上述结果一致。

第三，为了解决创始人参与所有权和管理的民营中小企业的行为和绩效可能与其他民营中小企业不同的事实（Stewart and Hitt, 2012；Miller et al., 2007；Gersick et al., 1997），考虑了所有权结构。家族所有权、创始人所有权和其他家族成员所有权被分离，并对其与零售业的互动进行了研究。与主要分析一致，代表创始人和其他家庭成员所持所有权的系数既显著又为负，而他们与零售业变量的相互作用也显著且为负。

第四，我们控制了非家族管理者可能不愿意为家族涉入民营企业工作的可能性。换言之，民营中小企业缺乏非家族经理人的原因可能是非家族经理人自我选择的结果，而不是家族所有者不愿意雇用非家族经理人，因为非家族经理人可能会认为家族的存在意味着非家族经理人将处于不利地位，特别是在民营中小企业尚未专业化的情况下。然而，某些有形指标，如更大的公司规模和更好的业绩，可能表明民营中小企业确实已经专业化，在这种情况下，非家族管理者可能会更看好未来就业。为了确保我们的结果是稳健的,我们排除了基于两阶段回归的非家族经理人自我选择的主效应。在第一阶段,家族所有权与过去企业生产力、公司规模和其他控制权进行了回归。在第二阶段,独立变量(家族所有权)被第一阶段回归估计的家族所有权残差取代。通过两阶段回归,我们将家族所有权的影响与非家族管理者自我选择的影响分开。第二阶段的 Tobit 回归结果与初步分析一致,这意味着在本章研究中,自我选择似乎不是一个严重的问题。

第五,我们在没有内生性控制的情况下进行回归。我们用 OLS 和 Tobit 模型来检验我们的假设。回归结果与我们的主要发现保持一致。

第六,我们用表示家族所有权是否大于 50% 的二元指标代替了家族所有权的连续变量。检验结果表明,虽然只要家族保持多数所有权,控制家族就可能拥有几乎无限的权力,但在较低的控制级别上,它可能没有那么大的权力。最终,Tobit 回归结果与我们的主要发现一致。

第三节　研究结果讨论与民营中小企业管理启示

借助代理理论、SEW 的概念和一般的民营中小企业文献,本章内容探讨了具有不同代理成本潜力的行业如何影响民营中小企业中非家族管理人员的雇用问题。虽然民营中小企业文献中探讨了大量内部因素(Sharma,2004),但本章内容的研究有助于更好地理解行业因素如何影响民营中小企业的决策和行为。事实上,虽然之前的研究主要将环境(特别是工业)作为对照,但本章内容的研究提供了进一步的证据,表明这些变量的影响可能大于此前文献中的预期。

本章研究内容的理论和实证结果表明,在所有其他因素可控的情况下,随着家族所有权的增加,企业往往更不愿意聘用非家族经理人。从广义上讲,这可以被解释为支持 Stewart 和 Hitt(2012)论点的证据,即家族所有者抵制公司专业化的努力,因为这样做有可能导致家族所有者失去对企业的控制。我们的发现支持这样一种观点,即家族所有者通过防止不必要的代理问题,竭尽全力保护家族是 SEW。然而,本章研究内容对文献的主要贡献是理论论证和实证证实了这种趋势受到行业的调节,这影响了监督管理行为的难度。研究结果还表明,当管理行为和企业绩效之间的关系不明显时,家族所有者更不愿意雇用非家族经理人。相反,结果表明,在某些情况下,家族所有者愿意接受 SEW 的损失或代理成本的增加,以获取在公司雇用非家族经理人的经济利益。

本章研究内容的结果对家族涉入民营企业文献的主要影响如下:①家族对占主导联盟的控制和保留 SEW 的愿望对在民营中小企业中雇用非家族经理人的决策

有重大影响；②SEW 问题不会使家族所有者忽视其行业中固有的竞争必要性。因此，本章研究的实证结果表明，异质性民营中小企业的行为，如雇用非家族经理人的差异，可能是由家族的非经济问题和企业面临的经济机会与威胁共同驱动的。最近的研究主要集中在解释民营中小企业异质性的非经济因素。本章研究有助于更好地从理论上理解这种异质性，即无论是经济因素还是非经济因素都不能完全解释家族企业的行为。

本章研究指出需要在民营中小企业文献中采用多理论方法。SEW 理论不足以解释雇用背景下的管理行为，因为 SEW 理论不能完全解释"例外"，即家族所有者更可能雇用非家族经理人。我们发现代理理论可以帮助填补这一空白。本章研究的发现表明，家族涉入下的民营中小企业所有者认识到管理团队的努力和能力可能会因所选管理人员的类型不同而有所不同，以及努力和能力的相对重要性如何在不同行业环境中发挥作用。因此，尽管家族管理者可能会做出更大的努力，也许可以部分证明雇用家族管理者的偏见，但非家族管理者平均能力可能更高（Carney，2005）。当努力的衡量是复杂的（并且存在信息不对称），家族涉入的民营中小企业所有者似乎更倾向于依赖他们认为更值得信赖和更可控的家庭成员；当对努力的衡量要求较低时，家族涉入的民营中小企业所有者更有可能雇用非家庭经理人，后者可能比家庭管理者拥有更多的技能和知识。因此，本章内容强调了信息不对称如何改变使用家族管理者和非家族经理人管理公司的成本与收益。

此外，本章研究通过强调任务的特征（即无形性、标准化和同时性）对代理理论做出了贡献，这些特征会影响代理行为的监控成本（Eisenhardt，1988，1989）。由于这些特征影响信息不对称，它们也表明了管理行为的可能程度。

最后，结果强调了充分考虑公司环境的重要性。由于家族涉入下的民营中小企业所有者希望保护其 SEW，以及产业部门影响雇用非家族经理人的代理成本的观念，产业部门在决定民营中小企业是否雇用非家族经理人方面起着重要作用。如果其他环境特征认为雇用非家族经理人需要更大的代理成本，那么其他环境特征也可能影响非家族经理人的雇用（以及其他可能的战略决策）。

一、替代性解释

我们借鉴 SEW 观点和代理理论，从家庭成员的角度关注委托代理问题。然而，应该注意的是，假设效应，特别是主效应，在考虑非家族成员的观点时，至少可以用两种备选观点来解释非家族经理人更愿意为非家族涉入民营中小企业工作，增加（减少）非家族所有权可能会导致对雇用非家族管理人员的重视程度降低（增加）。

第一，本章研究认为企业所有者是雇用非家族经理人的主要决策者，因为在中小企业中的多数所有权允许他们拥有高度的不容置疑的自由裁量权（Chrisman et al.，2014）。然而，本章研究也承认，由于家族涉入的民营中小企业的职业晋升和未来收入机会较低，非家族经理人可能更愿意为非家族涉入民营中小企业工作（Chrisman et al.，2014）。此外，非家族经理人可能认为家族涉入民营中小企业所有者的非经济目标与其经济利益不相容。例如，家族涉入民营中小企业通常会为那些有时间、有意愿、有能力的家族成员保留高管职位，从而加大了非家族经理人的晋升难度。尽管我们试图控制这种可能性，但非家族经理人可能不愿意为家族所有权水平较高的企业工作，因为非家族经理人可能会认为作为非家族成员受到了不公平的待遇（Barnett and Kellermanns，2006）。本章内容支持当前家族涉入民营中小企业文献中的观点（Fang et al.，2016），即非家族代理人为家族涉入民营中小企业工作的意愿是重要的考虑因素。

然而，想为家族涉入民营中小企业工作的非家族管理人员可能比选择为非家族涉入民营中小企业工作人员的素质低。相对而言，由于非家族经理人的素质可能较差，可能存在"柠檬"问题（Akerlof，1970），由于信息不对称和不完整，即使非家族经理人的管理倾向也无法防止这一问题（Chrisman et al.，2014）。有限理性加剧了信息的不对称和不完整。反过来，有限理性不仅限制了非家族经理人通过目标协调和实现方面的困难做出贡献与取得成功的能力，还限制了家族涉入民营中小企业所有者进行评估的能力（Chrisman et al.，2014）。因为家族涉入民营中小企业所有者可能认为最合格的非家族经理人会拒绝受雇于家族涉入民营中小企业，他们可能不太愿意积极寻求招募非家庭经理。

第二，当所有权集中的大股东侵占少数股东的财富并巩固管理时，就会发生委托代理冲突。有人认为，由于密切的监督，家族拥有和管理的公司往往有较低的委托代理冲突。然而，仍然存在委托代理冲突的可能性。对于本章内容的焦点问题，家族所有权的减少（相应地，非家族所有权的增加）增强了非家族股东的权力。因此，非家族股东出于保护其财务利益不受主要家族股东影响的目的，可能更倾向于雇用非家族经理人。事实上，与家族管理者相比，非家族经理人更倾向于收入分配，而不太可能帮助家族侵占非家族所有者的利益。这一观点表明，由于非家族所有者对委托代理问题的关注，家族所有权的减少（增加）应与非家族管理的增加（减少）相关，这与本章研究中的假设25-1一致。

然而，我们预计委托代理冲突不太可能发生在中小企业（除了分散的家族企业）（Chrisman et al.，2012b）。一方面，较小的公司允许密切的监督和控制，因此家族所有者的征用行为更有可能被非家族所有者观察到，从而被阻止。因此，非家族股东不太可能出于监控目的雇用非家族经理人。另一方面，隧道效应

（将资产和利润转移出公司，作为过高的高管薪酬或内幕交易和稀释性股票发行）等委托代理问题在较小的公司中不太可能发生。当企业达到一定的规模门槛，并开始与其他相关且通常由家族控制的企业建立业务联系时，隧道效应更有可能发生。因此，中小企业是本章研究的合适样本，因为它们与我们对委托代理问题的关注一致。

二、管理含义

对于家族涉入民营中小企业的从业人员来说，这些发现表明，在评估职业经理人的代理问题时，应更多地关注外部环境。如果在某些行业，如零售业，代理成本确实更高，对非家族经理人的监督更加困难，那么家族所有者有两种选择：①少用或根本不用非家族管理人员；②准备在监督和激励计划上进行更大的投资。尽管这项研究的结果表明，考虑到其他因素，家族涉入民营中小企业所有者似乎更喜欢第一种选择，但这并不意味着放弃使用非家族经理人总是最理想的选择。在其他条件相同的情况下，企业所有者在权衡非家族成员参与管理团队的程度时，必须考虑他们对公司的经济和非经济目标，以及他们当前的管理配置实现这些目标的程度。制造商面临类似的选择，但权衡似乎不那么明显。然而，由于一般劳动力市场中的经理人数较多，表明从家庭外部招聘可以提高管理团队的敏锐度（Carney，2005），因此绝不能轻率地决定如何管理这些权衡。

三、局限性和未来研究方向

目前的研究有几个局限性，纠正这些局限将为其他有用的研究提供机会。

第一，使用了一个主要由中小型企业和按部门分类的零售和制造业企业组成的数据库。因此，目前的研究结果可能无法推广到大型家族涉入民营中小企业或具有更多独立特征的特定行业的企业。特别是，零售和制造业企业之间的区别并不总是适用的。此外，本章研究的分类没有充分考虑产业部门的异质性，因为制造业和零售业包含各种不同的业务，无法用简单的类别来描述。由于数据库的限制，这项研究无法进行更精细的区分。为了更全面地了解这一现象，有必要继续推进后续研究。

第二，毫无疑问，还有其他变量会影响民营中小企业聘用非家族管理人员的决策，但本章研究并未充分考虑这些变量。例如，某些系列属性，如家庭规模、家庭结构、世代阶段、继任意向和亲属关系网络可能起着关键作用。此外，我们还特别比较了不同的行业，因为这些行业似乎为所有者和管理者之间的代理问题提供了明显不同的潜在环境。然而，比较其他也可能影响雇用非家族经理人的代理成本的环境背景也是有趣的。例如，在不同的机构环境中，代理问题的可能性可能会有所不同。同样，可能有各种内部和外部因素影响SEW的重要性；跨代控制的意图和期望水平是两个内部因素，社区嵌入和企业知名度是两个外部因素。未来的定性研究将是有用的，因为它将能够检查这些因素，以及证实我们认为我们的结果所表明的管理行为。

第三，本章研究的数据是从 SBDC 项目的客户那里收集的。尽管这个样本很大，并且先前的工作表明这些公司合理地代表了美国小公司的一般群体（Chrisman et al., 2012a），但仍然需要进一步的研究，以确保这些发现不是样本的产物。特别是，基于美国中小企业样本的结论可能低估了不同文化中某些家族属性的差异，而这些差异对于雇用非家族经理人的决策可能是至关重要的。例如，在亚洲和南美洲的大部分地区，家族系统由核心家族和大家族亲属关系组成。此外，对财产权的法律保护可能较低，这些地区的家族规模可能会更大，因此无论哪个行业，家族管理阻止机会主义行为的必要性都更为重要（Ilias, 2006）。

第四，本章研究假设民营中小企业的家族管理者的技能不如非家族经理人。然而，一些民营中小企业，尤其是那些历史更悠久的家族企业，可能已经通过要求亲属获得或超过非家族经理人所能获得的技能，实现了自我专业化。未来的研究可以调查这种可能性。

第五篇
中小企业数智化转型与共同富裕建设研究

本篇内容的逻辑观点认为中小企业数智化转型发展能够从多个维度促进共同富裕建设。本篇内容重点研究了中小企业数智化转型发展对于共同富裕建设所带来的宏观影响和微观作用机制。本篇从内容架构上主要基于以下几方面展开：①数智化背景下中小企业转型发展对城乡收入差距的影响机制研究；②数字化改革政策对共同富裕建设的影响研究；③中小企业对高质量发展建设共同富裕示范区认知情况的调查报告；④数智科技人才赋能落后山区县共同富裕建设的调查报告；⑤数智化背景下少数民族地区参与共同富裕建设的调查报告；⑥数智化背景下民营中小企业"本地反哺"对企业绩效的影响研究。其中，第二十六章至第二十八章从系统观的角度，分别研究数智化背景下企业层面与政府层面的转型举措，对共同富裕建设造成的整体影响与核心板块影响，以及其中关键性影响机制，并深入调研分析中小企业的政策认知情况。第二十六章基于劳动力市场分割的视角，就数智化背景下中小企业发展对城乡居民收入差距的影响机制进行考察。第二十七章以浙江数字化改革政策为研究对象，具体分析了数字化改革对于浙江共同富裕建设的影响机制和效果问题，并从一般性增长、均衡性增长和共享性增长等三方面解析了数字化改革推动共同富裕建设的路径问题。第二十八章通过 1 653 份面向浙江中小企业调研问卷结果，剖析中小企业对于共同富裕政策实施的认知度，解读当前中小企业存在的政策担忧与认知偏差。第二十九章和第三十章基于区域层面与关键群体层面，立足浙江山区 26 县与少数民族地区典型案例，深入科技人才赋能、山海协作模式赋能、民族特色产业赋能等板块提出数智化驱动解决区域发展不平衡不充分、民族发展差异性问题的关键着力点与重要路径。第三十一章基于企业微观视角，通过实证检验数智化背景下民营中小企业"本地反哺"行为对企业绩效的影响，系统解构数智化背景下缘何及如何激发民营中小企业"本地反哺"行为，从而带动区域共创共富。

第二十六章 数智化背景下中小企业转型发展对城乡收入差距的影响机制研究

    数智化是中小企业转型发展的主要方向，中小企业通过应用数字技术、工具、平台、创新模式进行深度的融合与转型。中小企业数智化的成功转型有助于优化早期发展经济学家认知中存在的两个劳动生产率差别显著的部门中的收入差距与劳动转移问题，克服原有城乡劳动力市场壁垒与分割，提升城乡收入均衡化水平，有助于在共同富裕重大使命下加速解决城乡收入差距这一关键性问题。

    早期发展经济学家认为在发展中国家存在两个劳动生产率差别显著的部门，一个是以农业为代表的传统部门，另一个是以工业为代表的现代部门。在一定的经济发展阶段，工业代表着先进的生产力，农业则意味着落后的生产力，两大部门的生产力水平不同导致了城乡居民之间的收入差距，尽管随着工业化进程的推进，收入差距可以在经济发展过程中自动予以克服，但这个过程可能非常漫长。从经济学视角来看，劳动力从农内转向农外，可以缩小农业与非农产业之间的边际生产率差别，从而缩小城乡收入差距（蔡昉和王美艳，2009）。改革开放以后，我国工业化在"轻工业六优先"的政策引导下，城市出现大批个体户，中小企业不断涌现。中小企业的出现为农村富余劳动力提供了一个参与工业部门生产的机会，使他们分享到工业生产率的快速提高所带来的劳动收入的提高，加上人口流动限制的逐渐松动，大量农村劳动力进入城市工作，出现了"民工潮"，2013 年 5 月 27 日，国家统计局发布数据显示，截至 2012 年底，农民工总量达26 261 万人，外出农民工规模约为 16 336 万人。如此大规模的农民外出务工，对促进农民收入增长、缩小城乡收入差距起着重大作用。

    由于我国劳动力市场存在壁垒与分割，农村户籍者在城镇劳动力市场上遭遇不公平对待（余向华和陈雪娟，2012），再受制于自身较低的人力资本水平，进城务工的农村劳动力多数从事低技术性、低报酬工作（张义博和刘文忻，2012）。虽然他们长期工作和生活在城市，并主要靠工资生活，但没有落户在城市，进城务工的农村劳动力在就业机会上受到"进入"歧视，工资报酬"同工不同酬"。这使得中小企业在吸纳农村富余劳动力、提供就业机会、促进农民增收、拉动经济增长等方面的作用受到很大程度的限制，严重阻碍着城乡一体化的推进。统计数据表明，改革开放以来我国城乡居民收入差距呈现波动变化，城乡居民收入比从 1978 年的 2.56 下降到 1985 年的 1.86，此后逐步攀升，2010 年这一比例已升至 3.23。换言之，在我国特殊的城乡二元经济结构背景下，中小企业发展缩小城乡收入差距的作用受制于城乡劳动力市场分割的程度。

从已有的研究来看，有关中国城乡居民收入差距问题的研究和讨论主要集中于城市化、劳动力流动、城乡居民教育水平差异、收入结构、金融发展及政策制度因素（姚洪心和王喜意，2009；陆铭和陈钊，2004；Rozelle，1994；Greenwood and Jovanovic，1990）等对城乡居民收入差距的影响。关于中小企业发展对城乡居民收入差距的影响，只有少数文献有所涉及。顾颖等（2007）从政治经济学视角分析了中小企业发展与行业收入差距的关系，认为在市场机制下中小企业的发展更加具备效率，无论是从就业贡献、税收提供还是投资效率而言，都会使更多的人群分享到增长所带来的福利增量。Jin 和 Qian（1998）基于省级数据的实证研究认为乡镇企业的发展有利于提高地方政府的收入、提高非农劳动力的比例及农村人均收入。来自乡镇企业的工资性收入也一直被学者们认为是影响农民收入的主要因素。辛翔飞等（2008）依据农民收入方程，确定影响农民收入的决定因素，发现工资性收入的多少已经成为影响农民收入及其差异的重要因素。因此，要增加农民收入，就必须把农内剩余劳动力转向农外，提高农民工资性收入。在中小企业直接吸纳农民就业并提高工资性收入的同时，中小企业有力地带动了农村第三产业的发展，间接地创造了农民收入（田文斌，2009）。陈晓红和王傅强（2008）以湖南省为对象实证研究了中小企业发展水平、城市化与城乡居民收入差距之间的关系，认为中小企业的发展是影响城乡居民收入差距的主要因素。也有学者认为发展中小企业能够带动经济增长，夯实经济增长与收入分配良性互动所需的物质基础，从而缩小收入分配差距，推进社会和谐（陈乐香，2009）。然而，这些研究都没有将城乡劳动力市场分割纳入研究框架中，而且缺乏令人信服的经验证据，研究深度和可靠性还待提高。中国因户籍制度而导致的城乡劳动力市场分割一直是学界关注的重点。现有研究表明，户籍制度对于不同劳动群体在就业、工资和劳动关系等方面的差异有着显著影响（陆益龙，2008）。因此，本章内容的研究利用 2001~2010 年的省级面板数据，基于劳动力市场分割的视角，就中小企业数智转型对城乡居民收入差距的影响机制进行考察，具有现实与理论意义。

第一节　中小企业数智化转型发展对城乡居民收入差距的影响机制

中小企业是我国国民经济和社会发展的重要力量。2014 年 5 月 27 日，国务院新闻办公室举行支持中小企业发展等方面情况新闻发布会。工业和信息化部中小企业司原司长郑昕在介绍相关情况时表示，中小企业是我国数量最大、最具创新活力的企业群体，在促进经济增长、推动创新、增加税收、吸纳就业、改善民生等方面具有不可替代的作用。中小企业提供了 50%以上的税收，创造了 60%以上的 GDP，完成了 70%以上的发明专利，提供了 80%以上的城镇就业岗位，占企业总数的 99%以上。党的十七大报告高度概括了发展中小企业对农民持续增收，缩小城乡居民收入差距的重要性。党的十七大报告指出："以促进农民增收为核心，发展乡镇企业，壮大县域经济，多渠道转移农民就业。"①2010 年末，全国工商登记中小企业超过 1 100 万家，个体工商户超过 3 400 万个。"十一五"时期中小企业新增城镇就业岗位 4 400 万个以上，提供了 80%以上的城镇就业岗位，成为农村富余劳动力、国有企业下岗职工再就业和高校毕业生就业的主渠道。促进中小企业发展，是保持国民经济平稳较快发展的重要基础，是关系民生和社会稳定的重大战略任务。中小企业带动区域经济的平衡发展，为城乡居民尤其是农村富余劳动力创造了均等的发展机会，为社会稳定提供物质基础，从而缩小城乡居民收入差距。

城乡居民收入通常由工资性收入、经营性收入、财产性收入、转移性收入四个部分构成。工资性收入是指居民受雇于单位或个人，靠出卖劳动力而获得的以货币形式的劳动报酬；经营性收入是指居民从事各项生产经营活动获得的收入；财产性收入是指家庭拥有的银行存款、有价证券等动产及土地出租、入股或出售为主所带来的收入；转移性收入是指国家及所属部门、社会机构、集体、外部亲友，以及家庭在外人口等无偿提供的货物、服务、资金或资产所有权等。中小企业发展对城乡居民收入差距变动的影响主要是通过对城乡居民收入构成部分的影响来实现。

现代经济增长理论认为劳动力是经济增长最原始的要素，马克思《资本论》

---

① 胡锦涛. 高举中国特色社会主义伟大旗帜 为夺取全面建设小康社会新胜利而奋斗——在中国共产党第十七次全国代表大会上的报告. http://www.npc.gov.cn/zgrdw/npc/xinwen/szyw/zywj/2007-10/25/content_373528.htm. 2017-10-15.

阐明了企业组织规模与劳动就业的关系，只有大力发展中小企业才能给人们带来更多的就业机会，拓展人们的就业渠道。对农村居民来说，就业机会的增多、就业渠道的拓展有助于增加工资性收入和经营性收入。大部分劳动力在中小企业就业，这是一个世界性的规律，像美国这样的发达国家，中小企业在国民经济中也扮演着重要角色。在我国，中小企业在企业数量上处于绝对的统治地位，并提供了近八成就业机会，创造了相当部分的国民财富。中小企业在一定程度上提高了农村居民的工资性收入和经营性收入水平，加大了城市劳动力市场的竞争，抑制了城镇居民收入水平的提高，有助于缩小城乡居民收入差距。

多数中小企业分布于小城镇和农村，使得农村土地资源的价值得到显现，有效地增加了农村居民的财产性收入。近代工业区位理论的奠基人，德国经济学家韦伯（1997）认为影响工业区位的基本因素是成本，影响成本的主要因素是运输成本、劳动力成本和集聚。另一位德国经济学家廖施认为厂商决定区位选择的基本原则是利润而不是成本。他从最大利润原则出发，对市场价格、需求、人口分布等多种因素进行了分析，从而形成了市场区位理论（刘虹，1988）。因此，相对于大企业而言，中小企业选择城镇还是农村，主要取决于成本优势或利润水平，故中小企业更多地选择农村或城乡交界。典型的例子就是乡镇企业基本分布于农村或靠近农村的小城镇，尤其在 20 世纪 80 年代末和 90 年代前半期，基于外部体制的诸多优势，乡镇企业尤为活跃，并多以劳动密集型生产，获取价格上的优势，获得很高的利润，规模逐步扩大。这种地理位置的布局对农村土地的需求日益增多，农地非农化增值收益极为明显，有效地增加了农村居民的财产性收入。史清华等（2011）通过访谈和田野调查发现，正是因为中小企业的发展，为农民提供多元的就业途径，征地、房屋出租等财产性收入有效地增加了农民收入。

在工业化进程中，传统农业与现代非农产业之间的相关收入差异，不断促进农村剩余劳动力向非农产业及城镇转移，中小企业是劳动力外出务工的主要载体。通常情况下，劳动力外出务工的主要目的之一就是获得更高收入并向农村老家汇款，从而改善输出地留守家庭的生活条件或用于未来创业等投资性用途（The World Bank，2006）。一方面，2019 年度人力资源和社会保障事业发展统计公报数据显示，2019 年全国农民工总数为 29 077 万人，其中本地农民工数量为 11 652 万人，比去年增加 82 万人，增长 0.7%；外出农民工数量为 17 425 万人，比去年增加 159 万人，增长 0.9%。同时，近年来中国农民工的年均汇款量至少在 2 000 亿元，而且外出劳动力的汇款占其农村家庭的总收入比例也非常高，通常达 40%以上。另一方面，我国现行的社会保障制度偏向于城市居民，农村居民受益甚少，但是，随着目前劳动力外出务工规模日益壮大，农民工参加社会保险覆盖面不断扩大。例如 2021 年末，全国参加工伤保险人数为 28 284 万人，较去年增加 1 521 万人，其中参加工伤保险的农民工数量为 9 086 万人，较去年增加 152 万人。另外，21 世纪以来，政府政策导向开始向"以工补农"转变，陆续出台一系列"多予""少取"政策，实施对农村的全面扶持、取消农业税、扩大财政支农、加大农村建设支出等，有效地增加了农民转移性收入。

尽管中小企业发展会带来农村居民多项收入的增长，有助于缩小城乡居民收入差距，但众多研究表明，我国城乡劳动力市场分割仍然存在，阻碍着农村流动人口在城市社会的生存和发展，阻碍着他们与城市社会的融合。城乡劳动力市场分割使得很多外来劳动力来到城市后，在就业机会、收入待遇和获得公共服务等方面受到歧视，只能进行"自我雇用"，收入很低而且相当不稳定，更谈不上享有任何福利待遇（王美艳，2005）。户口登记状况对劳动力的工资收入有着显著的影响（余向华和陈雪娟，2012），外来劳动力与城市本地劳动力之间的全部工资差异，一半以上是由劳动力市场歧视引起的（邓曲恒，2007）。

在以上分析的基础上，本章内容提出了如下有待实证检验的假设。我国中小企业发展为农村富余劳动力提供就业机会、促进农民增收、带动经济增长，从而缩小城乡收入差距。但是，这种促进作用会依赖于我国城乡二元经济结构下的劳动力市场分割的程度。

第二节　中小企业数智化转型发展对城乡收入差距影响的实证研究

一、计量模型建立与处理方法

根据以上理论框架，可得基本计量回归方程：

$$\text{Incgap}_{it} = \beta_1 \text{Sme}_{it} + \beta_j X_{it} + \varepsilon_{it}$$

其中，下标 t 表示年份；i 表示省份；Incgap 表示城乡居民收入差距；Sme 度量中小企业的发展；X 表示其他一系列控制变量；ε 表示误差。本章内容仅以我国 27 个省份样本进行实证研究，所以宜采用固定效应模型。考虑到不同个体的不同稳态值和个体自身稳态值随时间变化而变化等因素，在方程中加入相应恒量以控制地区和时间效应的影响，从而将计量模型修正为

$$\text{Incgap}_{it} = \alpha + \lambda_i + \gamma_i + \beta_1 \text{Sme}_{it} + \beta_j X_{it} + \mu_{it}$$

其中，α 表示不变截距；λ 和 γ 分别表示省份固定效应和时间固定效应；μ 为随机误差项。本章研究构建两组变量来度量 Sme，即中小企业发展的就业贡献

（Smeemp）及中小企业发展的经济贡献（Smeind），考虑到库兹涅茨倒 U 形假说的存在，本章研究认为中小企业的经济贡献对城乡收入差距的影响存在倒 U 形关系，因此在回归模型中我们加入了 Smeind 的二次项；考虑到影响城乡居民收入差距的因素还包括其他本章内容数据无法包含的信息，及城乡居民收入差距本身的记忆性（冉光和和汤芳桦，2012），本章内容通过在模型中引入滞后一期的因变量 LagIncgap，来控制其他因素的影响；由于中小企业发展对城乡收入差距的影响受劳动力市场分割程度的影响，本章内容引入劳动力市场分割程度 Seg 与中小企业发展的交叉项，所以本章内容将计量模型进一步修正为

$$Incgap_{it} = c + \beta LagIncgap_{it} + \beta_1 Sme_{it} + \phi_1 Seg_{it} Sme_{it} + \beta_z Smeind_{it}^2 + \beta_j X_{it} + \mu_{it}$$

其中，Seg 表示劳动力市场分割的程度。我们发现，在引入劳动力市场分割程度与中小企业发展的交叉项后，中小企业吸纳就业对城乡收入差距的影响系数可定义为

$$\frac{\partial Incgap}{\partial Smeemp} = \beta_1 + \phi_1 Seg$$

中小企业发展的经济贡献对城乡收入差距的影响系数可定义为

$$\frac{\partial Incgap}{\partial Smeind} = \beta_2 + \phi_2 Seg + 2\beta_z Smeind$$

根据上述公式，中小企业发展对城乡收入差距的影响受各地区劳动力市场分割程度的影响，参数 ϕ_1、ϕ_2 分别刻画了中小企业吸纳就业与中小企业的经济贡献的影响力度，同时中小企业经济贡献对城乡收入差距的影响还受到其自身发展水平的影响。

二、数据来源与变量说明

基于构建的动态面板模型，我们收集了 2001~2010 年中国 27 个省级地区的面板数据。农村居民人均纯收入、城镇居民人均可支配收入、三产增加值及进出口总额等数据是综合《中国统计年鉴》、《中国统计摘要》、《新中国五十年统计资料汇编》和《新中国六十年统计资料汇编》整理所得，中小企业全部从业人员及总产值均来自相关年份的《中国中小企业年鉴》，城市化水平的数据根据《中国人口和就业统计年鉴》的相关统计资料整理计算而成，劳动力市场分割程度是根据《中国人口统计年鉴》和《中国劳动统计年鉴》整理计算所得。

城乡居民收入差距（Incgap）度量方面，在现有文献中，国内学者一般以城镇人均可支配收入与农村人均纯收入的比值来度量城乡居民收入差距，但是，这一度量方法没有反映城乡人口所占的比重，不能准确度量我国的城乡居民收入差距。因此，本章内容基于 Shorrocks（1980）的研究，选择泰尔指数度量我国城乡

居民收入差距，该值越大，表明城乡居民收入差距越大。其中，Smeemp 为中小企业全部从业人员与第一产业就业人数的比值，度量中小企业的就业规模，考察中小企业通过吸纳就业对城乡居民收入差距的影响；Smeind 为中小企业的总产值与 GDP 的比值，度量中小企业发展的经济规模，考察中小企业发展促进经济增长对城乡居民收入差距的影响；Seg 为劳动力市场分割程度，本章内容在蔡昉等（2005）的研究基础上，使用农业比较劳动生产率来衡量劳动力市场的扭曲程度。农业比较劳动生产率的计算公式为第一产业从业人员占比除以第一产业的GDP 占比，该比值越大，劳动力市场分割程度越高。

X 代表其他一系列的控制变量，根据以往文献的研究，我们选择了如下变量：IndStr，第三产业增加值与第二产业增加值的比值，第三产业多集中于城镇，第三产业比重越高，城乡居民收入差距越大，预测该变量的系数为正。Trade，进出口总额与 GDP 的比值，反映对外开放程度的大小；Urban，城市化水平，以各省非农业人口占总人口的比重来表示，这两个变量在不同学者的研究中都存在一定程度上的矛盾（王子敏，2011），因此变量前的系数由回归来决定。

三、基础估计结果

由于因变量的滞后项作为解释变量，解释变量具有内生性，本章内容将采用GMM（Gaussian mixture model，高斯混合模型）估计方法解决由于滞后因变量的引入可能导致的内生性问题。在具体估计中，本章内容对工具变量选取有效性进行 Sargan 检验，并对随机扰动项的序列相关进行一阶相关 AR（1）和二阶相关AR（2）检验。可以看到，所有回归结果都通过了 Sargan 检验和 AR 检验，这表明我们所选取的工具变量是有效的。

在表 26-1 中，我们考察了两种情况下中小企业发展对城乡收入差距的影响。

表 26-1　中小企业发展与城乡居民收入差距的估计结果
（被解释变量：反映城乡居民收入差距的泰尔指数）

解释变量	GMM Ⅰ	GMM Ⅱ
LagIncgap	1.000 4*** （0.023 7）	0.858*** （0.101）
Smeemp	−0.000 4* （0.000 2）	0.001 5** （0.000 7）
Smeind	0.001 4*** （0.000 3）	0.000 9** （0.000 4）
Smeind^2	−0.000 8*** （0.000 1）	−0.000 7*** （0.000 2）

续表

解释变量	GMM Ⅰ	GMM Ⅱ
Seg×Smeemp		−0.000 5*** （−0.000 2）
Seg×Smeind		0.000 1** （0.000 1）
IndStr	−0.000 1 （0.000 1）	−0.000 04 （0.000 1）
Trade	0.000 15*** （0.000 05）	0.000 1** （0.000 1）
Urban	0.003 4*** （0.001）	0.003** （0.001）
Cons	−0.000 1 （0.000 2）	−0.000 02 （0.000 3）
Wald Test	27 869.86	3 349.03
Sargan 检验（P 值）	1.000 0	1.000 0
AR（1）检验（P 值）	0.013 4	0.000 8
AR（2）检验（P 值）	0.980 8	0.836 2
观测值	216	216

*、**、***分别代表 10%、5%、1%的显著性水平

注：括号中的数值为标准差。GMM 表示系统 GMM 估计；Sargan 检验的零假设是选取的工具变量不存在过度识别；AR（1）和 AR（2）检验的结果为残差项的自相关检验的 P 值；若残差项存在一阶自相关而不存在二阶自相关，则 GMM 估计是有效的

首先，我们在不考虑劳动力市场分割的作用情况下，考察了中小企业发展对城乡收入差距的影响。表 26-1 结果 Ⅰ 显示，中小企业发展的就业规模对缩小城乡居民收入差距在 10%显著性水平上具有促进作用。改革开放以来，我国中小企业在国民经济中一直扮演重要角色，不但表现在数量上，而且更主要体现在对实现充分就业的贡献上，中小企业强大的吸纳就业能力，是缓解中国就业的结构性矛盾的主要办法，能够有效地缓解我国就业压力（林汉川等，2003）。我国中小企业的快速发展，增加了对农村劳动力等非熟练劳动力的需求，为农村富余劳动力提供了大量的就业机会，参与工业部门的生产中，在很大程度上提高了农村劳动力要素的生产回报率及非农收入水平，与此同时，农村劳动力进城务工对城市的劳动力市场造成一定的冲击，抑制了城镇居民收入水平的提高，在一定程度上缩小了农村居民与城镇居民之间的收入差距。中小企业发展的经济规模及其二次项的估计系数在 1%的水平上通过显著性检验，而且它的二次项系数为负。这表明，城乡居民收入差距的变动与中小企业发展的经济规模之间呈现倒 U 形关系。在回归结果 Ⅱ 中，我们考虑劳动力市场分割对中小企业发展缩小城乡收入差距的

影响，同回归结果 I 相比较，回归结果 II 中 Smeemp 的系数由负转正，系数有所提高，显著性也增强了，Smeind 的系数受劳动力市场分割的影响不大。本章内容认为，劳动力市场分割降低了中小企业吸纳就业对缩小城乡收入差距的边际影响。

综上所述，本章内容认为，中小企业吸纳就业对城乡收入差距的影响依赖于我国劳动力市场的分割程度。结合回归表 26-1 结果 II 以及前文影响系数的定义，我们利用劳动力市场分割程度的样本均值，计算得到中小企业吸纳就业对城乡收入差距的影响系数大约如下：0.001 5−0.000 5×3.413 9=−0.000 2，结果显示负相关，与回归结果 I 大致相当。因此，本章内容认为，中小企业的就业贡献对缩小城乡收入差距具有促进作用，但是，这种影响与各地区劳动力市场分割程度密切相关，劳动力市场分割程度越高，作用效果越弱。这一结论的政策性含义在于，大力发展中小企业，吸纳劳动力，有利于缩小城乡收入差距。但是，要使得这种作用得以进一步发挥，就必须打破劳动力市场分割。本章内容认为中小企业发展的经济规模与城乡居民收入差距之间存在类似库兹涅茨曲线的倒 U 形关系，城乡居民收入差距随着中小企业经济规模的提高呈现先扩大到相对平稳再到相对缩小的态势。计算影响系数大约如下：0.000 9−2×0.000 7×0.617 9+0.000 1×3.413 9=0.000 4。这意味着中小企业总产值的提高对城乡居民收入差距的影响还处于正向作用阶段。然而，这并不是意味着，我国应该通过抑制中小企业经济规模的提高来缩小城乡居民收入差距。恰恰相反，我国应该大力发展中小企业，以尽快跳出中小企业发展的低水平陷阱，因为，影响系数已经趋向零，并将向负值转变。

另外，第三产业的快速发展对缩小城乡居民收入差距存在正向促进作用，但显著性不高，这与我们的预测结果截然相反。这里可能的原因是，第三产业的发展促进劳动力的流入，从而产生劳动力集聚效应，提高了进城务工劳动力的收入水平。现有研究通常认为，经济因素是劳动力流动的最根本动因。伴随着我国产业结构的调整，第三产业的发展水平成为劳动力流动的主要动力，其对缩小城乡居民收入差距的作用也就显而易见。对外开放程度则对缩小城乡居民收入差距具有显著的抑制作用。这可能因为在对外贸易转型升级的过程中，对外贸易的发展将增加对高端劳动力、熟练劳动力（城市居民）的相对需求，提高城市居民的收入，降低对非熟练劳动力（农村劳动力）的相对需求，从而扩大城乡居民收入差距（魏浩和赵春明，2012）。城市化水平对缩小城乡居民收入差距具有显著的抑制作用，这里的原因可能有，一方面是城镇的产业优势，第二、三产业在空间上向城市集聚，使得城镇居民收入水平上升更快，城乡居民收入差距拉大；另一方面，高速增长的工业生产率引发生产要素由农村向城镇流动以寻求更高的回报，农村自身发展得不到支持，不利于农民收入的增加，从而逐步拉大了城乡居民收入差距。

第三节　中小企业数智化转型发展对区域均衡发展的研究结论和启示

　　改革开放以来，我国经济发展取得了举世瞩目的成就，但与此同时，收入分配格局的不平衡和两极化趋势日益凸显，其中，城乡居民收入差距扩大尤其显著。如何让人们在分享改革开放成果的同时，缩小城乡收入差距已成为一个严峻的问题。中小企业在吸纳农村富余劳动力、提供就业均等机会、促进农民增收、拉动经济增长等方面具有相对优势，因此，大力发展中小企业，促进农村富余劳动力转移，鼓励农村人员创业，不仅对居民收入分配有着重要的影响，而且，促进产业结构优化、专业分工，可以进一步拉动城乡消费。然而，我国劳动力市场存在严重的壁垒与分割，农村户籍者在城镇劳动力市场上遭遇歧视尤为突出，因此，中小企业发展在缩小城乡收入差距的作用上大打折扣。

　　因此，本章内容的政策启示在于，打破城乡劳动力市场分割，促进城乡劳动力的充分流动，就能够发挥中小企业的就业创造作用，不断拓宽农村居民的增收渠道，才能够实现农村居民收入显著提升的政策目标，逐步实现城乡居民收入的均等化。

　　另外，中小企业发展对城乡居民收入差距的影响不是简单的线性关系，而是遵循倒 U 形的曲线关系，需要经过先上后下的过程。在改革开放初期阶段，随着我国中小企业发展，城乡居民创业热情提高，创业者数量大幅增加，我们反而观察到城乡居民收入差距在拉大，基尼系数上升的现象。这个理论告诉我们，城乡居民收入差距随着中小企业经济规模的提高呈现先扩大到相对平稳再到相对缩小的态势，本章研究计算得到的影响系数为 0.000 4，已经非常接近零平稳定点。这意味着目前我国中小企业发展逐渐步入到降低城乡居民收入差距的阶段，因此，只有在数智化浪潮下大力发展中小企业，才能跳出农村居民低水平陷阱。为此，我们必须坚持市场化改革、改善创业环境、应用最新数智化成果、扶持中小企业发展、降低创业的政策门槛，才能为农村居民收入倍增创造市场环境，走城乡居民共同致富的道路。

第二十七章　数字化改革政策对共同富裕建设的影响研究

　　党的十九届五中全会对扎实推进共同富裕做出重大战略部署。习近平总书记从共产党执政规律、社会主义建设规律和人类社会发展规律的高度，深刻阐述了扎实推动共同富裕的实现路径和本质要求。国家"十四五"规划和2035年远景目标纲要提出全体人民共同富裕的两个标志性时间表。浙江作为高质量发展建设共同富裕示范区，肩负着先行先试共同富裕的各项机制体制创新举措，为全国共同富裕伟大事业提供理论方案和实践经验。

　　数字化改革是一场破旧立新的动态过程，是推动"共同富裕取得实质性进展"目标的重点工程。通过数字化改革，能有效助推数字经济发展，助推经济结构的优化调整，推动跨行业跨层次跨区域的互补互促互联，促进城乡要素自由流动、平等交换，释放发展潜力，继而推动基本公共服务均等化，缩小城乡区域发展差距和居民生活水平差距。浙江在2003年就开始进行"数字浙江"建设。2014年大力发展信息经济，并于2016年获批建设全国首个"信息经济国家示范区"，这标志着浙江数字经济元年的启动。2017年12月，浙江明确将数字经济列为"一号工程"，推进浙江供给侧结构性改革，全面构建以数字经济为核心的现代化经济体系，构建数字经济发展"四梁八柱"，全面开启浙江数字化发展崭新历程。2021年，《浙江省数字化改革总体方案》的制定出台，更是对进一步加快推进数字化改革提出了具体的实施举措。

　　当下很多研究者认为，数字经济和共同富裕有很强的契合性，数字化改革中的大量举措对于共同富裕有显著的促进作用。共同富裕解决的是发展不平衡的问题，推进共同富裕需要坚持共享性增长方式（万海远，2020）。数字经济中的数据要素作为一种关键要素，和人们的经济生活密切相关。由于数字技术的可复制性和可共享性，打破了经济活动中生产要素的制约，推动经济持续发展。和数字经济相比，工业经济就缺乏了普惠性和分享性。孙晋（2021）认为，数字经济拥有更先进的技术、更多的资本和更好的资源配置方式，会逐渐发展成创造社会财富的新领域，涉及社会财富的增加、社会财富的分配和社会福利的提高。刘魏等（2021）研究发现，主观相对贫困会随着数字普惠金融的增加而减少，客观相对贫困减少更多，说明普惠金融有利于缓解居民的相对贫困。综上可知，数字化改革对社会资源均衡共享以及社会财富公平分配具有较为显著的调节作用，进而对共同富裕事业产生积极效应，有助于落后地区的"蛋糕"做大、分好。

综上，如何高效利用信息技术、有效配置数字资源，实现数字经济赋能共同富裕，是当下高质量发展面临的重大课题。本章以浙江数字化改革政策为研究对象，具体分析了数字化改革对于全省共同富裕建设的影响机制和效果问题，并具体从一般性增长、均衡性增长和共享性增长三方面解析了数字化改革推动共同富裕建设的路径问题。通过实证检验，本章验证了数字化改革政策对城乡差距、地区差距和收入差距均具有显著的减缓作用。本章提出通过推进数字产业化和产业数字化，实现数字经济和实体经济深度融合和高质量发展，进一步实现共同富裕的政策建议。

第一节　理论基础整理及研究假设提出

在当代中国，共同富裕主要体现在发展性、共享性和可持续性三者的统一性上（夏杰长和刘诚，2021）。共同富裕的基础是富裕，人们只有在物质、精神得到满足的情况下才会思考如何进行分配。现如今我国人民生活水平还相对较低，这就意味着我们在实现共同富裕的道路上需要以经济高速发展为基础。此外，共享发展成果是共同富裕的目标，共享发展成果的直接体现是减少我国城乡、地区和群体之间的差异。这意味着共同富裕的实现应该首先保障经济的快速发展，同时降低居民收入差异使其共享发展成果，促进经济社会高质量发展。

一、关于共同富裕实现路径的研究

国内很多学者对于共同富裕的实现路径提出了多种不同的理论观点。第一种观点认为收入分配机制的再创新可以促进共同富裕。初次分配时，市场的扭曲造成利益分配不均。再分配时，要充分发挥税收在收入分配领域的调节作用，通过利用再分配领域的公共转移支付，使落后群体感受到转移支付力度（李实和朱梦冰，2022）。第二种观点认为政策扶贫和均衡发展可以促进共同富裕。我国扶贫治理政策的完善，有助于稳增农民收入，为农业产业化发展"雪中送炭"；加强区际协作，为区域协同发展"破除隔阂"；加快基础设施建设，为偏僻地区发展"夯实基石"；创新投融资机制，为扶贫资金投入"广开财源"；等等（王鑫和李俊杰，2016）。第三种观点认为技术创新推动共同富裕。通过技术创新可以驱动内生增长，创造多样化的需求，提升不发达地区的生产能力和效率，有效促进城乡共同富裕（李实，2021）。

基于以上对于共同富裕实现路径的研究成果，目前对于共同富裕的实现主要集中在如何有效缩小城乡差距、地区差距和收入差距。黄新华和韩笑（2022）认为，共同富裕是指全面的富裕、全体的富裕，和部分群体、部分区域的富裕有着本质区别。然而，自然资源禀赋、区位因素、信息化水平及发达地区的虹吸效应等原因，造成了城乡差距、区域之间的发展差距。贯彻新发展理念，有效地促进共同富裕，必须以更平衡更充分的协调发展来缩小城乡之间、区域之间的差距。这些差距的缩小在实践中与收入差距紧密相连，一般用居民收入增长速度、中等收入者占比、劳动报酬占国民收入比重、收入差距基尼系数等指标来综合判断（万海远，2020）。

与工业经济时代相比，数字经济时代的发展显著提高了经济的发展质量和效率（Lyytinen et al.，2016），同时依据它独有的信息共享能力促进了产业的分散化布局，数字技术为获取完全信息提供了可能，从而促进了资源的合理配置。工业经济时代，宏观经济增长的价值基础来自工业标准化生产。然而随着数字经济的发展，经济增长理论逐渐登上历史舞台，该理论认为技术进步会促使规模报酬递增。数字经济时代，价值创造的基础发生了变革；数据作为新的经济增长要素被纳入生产函数，重构了生产要素体系，进一步拓展了经济增长理论中规模报酬递增的假设和传统经济增长理论的边界（陈晓红等，2022）。谢康等（2020）认为数据只有与劳动要素相结合才能成为生产要素，数据有助于改善劳动、知识、管理、资本和技术要素的质量与效率。传统产业组织理论认为产业是生产相同或相似产品的企业集合，数字经济下互联网、区块链等技术在生产领域的应用改变了各产业的空间范围，打破了传统产业内涵边界（陈晓红等，2022）。同时，大数据、人工智能和云计算等技术，为经济学家提供了获取完全信息的可能（Bianchi，2010），其中不仅有结构化信息，还有非结构化信息，完全信息假设向产业组织理论的不完全信息假设提出挑战。

二、数字化改革政策对共同富裕实现的影响

数字化改革政策通过数字模式和数字技术的共同赋能，有助于区域、行业、

人群内的资源共享程度提升、信息互通难度下降，从而有效缩小地区差距、产业差距和收入差距，对共同富裕带来积极的正面影响。王玉和张占斌（2021）认为数字经济通过要素市场化，推动区域协同发展，培育缩小区域差距的新动能。邱泽奇等（2016）认为，数字金融有助于缩小城乡差距。张勋等（2019）指出，数字金融发展显著提升了农村低收入群体的家庭收入水平，增强了农村居民创业行为，推动了居民创业机会均等化，同时对不同物质资本、人力资本及社会资本家庭的创业行为产生异质性的影响。牟天琦等（2021）指出，数字经济发展显著提升居民收入水平，有助于缩小城乡差距，如新一代信息通信技术在数字经济中的运用有利于增强金融产品和服务的可获得性，提高居民创业意愿和创收水平，从而缩小城乡差距。蓝管秀锋等（2021）认为，发展互联网贸易可缩小地区差距和城乡差距。在经济效应的背后机制层面，谢绚丽等（2018）发现数字金融可以推动居民创新创业。在收入及其分配层面，任晓刚等（2022）发现数字技术接入和使用分别存在显著性差异化影响。在农业收入和非农业收入层面，数字经济对前者的影响较对后者的影响更加显著。一方面，数字经济依托互联网等数字基础设施接入产生渗透效应，重塑农村市场经济格局，破除要素流动障碍，增加农村居民收入（蔡跃洲和马文君，2021）。另一方面，数字经济依托大数据、人工智能等新一代信息通信技术产生扩散效应和累积效应，促进农村产业智能化、数字化、现代化，提高农村生产率水平，推动农村经济增长（朱红根和宋成校，2020）。从以上情况可看出，数字经济发展能够有效弥合城乡、地区和收入差距，从而促进共同富裕建设的成效。

三、数字化改革政策对缩小城乡差距的影响

城乡发展差距长期以来一直是制约共同富裕有效实现的严重瓶颈之一，特别是部分农村地区由于基础设施建设的不足、信息传递渠道的不通畅、产业发展状况落后等原因，经济社会发达程度远低于城市地区。从作用机制来看，数字化改革可以降低生产生活成本，促进数字基础设施的建设，从而促进经济的一般性增长，缩小城乡差距。传统农业经济模式下，农业信息、产品的传播与使用难以摆脱时间和空间的限制。数字经济下农业信息、产品的传播具有低延时、低成本、低交易成本的特性。农民通过数字化技术、可视化技术高效地得到与农业技术生产信息、技术等相关的知识，并且可以获取更加高效的农业生产设备及种植、养殖品种等，提高农业劳动生产率（陈涛和蔡晓曦，2022）。新型数字基础设施建设有广阔的承载应用范围、使行业融合的程度更深、触及的产业链更长，是中国经济新的增量，也有助于加快我国经济高质量发展（刘

腾飞等，2022）。

全面数字化改革推动农村创业创新，加快一二三产业融合，从而促进经济的均衡性增长，缩小城乡差距。实施城乡融合发展是解决城乡发展差距问题的有效途径。城乡融合包括产业融合（高波和孔令池，2019），数字经济背景下财政政策支持城乡融合发展（樊轶侠，2021）。数字经济不仅促进了产业融合，还推动了农业结构性变革，催生一大批新业态、新岗位（夏杰长和刘诚，2021）。相比城市，数字技术使农村和偏远地区受益更多（严成樑，2012）。因为共同富裕的重点在农村，实现共同富裕必须走乡村振兴之路。但农村地区的大多数农民文化水平不高、信息收集能力弱，在生产生活中严重受挫，数字经济下大数据技术和各种可以共享的信息有效地缓解了农民生活水平不佳的现状，使他们可以利用大数据技术因地制宜地生产生活。数字技术赋能产业，有利于调整农业产业结构，延伸产业链、价值链及增收链，从而提高乡村居民收入水平；数字经济发展可为农村地区创造大量就业机会，扩大就业基数，提高居民就业质量和收入水平（王军和肖华堂，2021）。

数字化改革还能够为农村营造"数字红利"，缩小"数字鸿沟"，从而促进经济的共享性增长，缩小城乡差距。随着数字经济的发展，数字企业不断延伸到政府的日常管理和人民的日常生活中去，不仅使得数字技术的应用空间不断扩大，数字产业专业化水平不断加深，凭借能为参与者提供技术、数据和市场支撑还填补了公共服务不足的空缺（夏杰长和刘诚，2021），营造"数字红利"使人民幸福感攀升。数字经济下信息传播范围广，高效的信息传递加强了落后地区和全国乃至全球的信息联通，信息的传入填补了城乡间的"数字鸿沟"，拉动了农村的经济发展（夏杰长和刘诚，2021）。具体框架图如图 27-1所示。

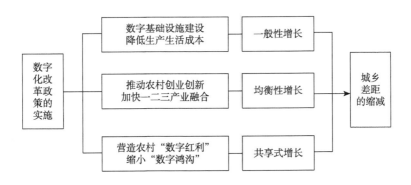

图 27-1　数字化改革政策对城乡差距的影响机制

由此，本章提出假设 27-1 如下：

假设 27-1：数字化改革政策可以有效缩小城乡差距。

四、数字化改革政策对地区差距的影响

地区发展差距长期以来也是制约共同富裕有效实现的严重瓶颈之一，部分落后地区由于落后的传统产业、过于集中的产业分布和地区间的要素流通不畅等原因，经济发展水平远低于发达地区。从作用机制来看，数字化改革可以促进产业数字化改造和数字产业化扎根，从而促进经济的一般性增长，缩小地区差距。数字技术可以推动传统产业的数字化转型（Goldfarb and Tucker，2017）。数字经济带来了竞争规则的改变，推动了产业的转型以及管理方式的网络化等。数字技术是数字经济发展的核心技术支持，数字经济是数字技术驱动下形成的新经济形态，可以通过新技术、新业态和新模式实现数字产业化，形成新的经济部门或行业（谢璐和韩文龙，2022）。

数字化改革可以促进区域产业分散化，破除地理发展障碍，从而促进经济的均衡性增长、缩小地区差距。数字经济下，数据和信息可以跨区自由流动，降低了行政限制，打破了行政垄断和地区分割，故产业集聚的地理因素重要性下降，产业布局更加分散（Lendle et al.，2016）。同时物联网和分布式生产等数字技术有助于推动柔性生产。进而，产业的价值链布局更加区域化和碎片化，由于按需生产，并不断接近终端消费者，出现基于社区的生产中心或微型工厂（王梦菲和张昕蔚，2020）。数字经济下可以破除地理障碍，促进区域产业分散化，从而促进区域协调发展。数字经济利用其核心信息通信技术、以数据要素和信息要素为关键，缓解地区信息不对称，破除区域地理障碍，消除制度约束，从而推动建立地区包容性增长（王珺，2017）。

数字化改革可以增强地区间要素流动，优化产业结构配比，从而促进经济的共享性增长，缩小地区间的差距。数字经济有利于推动要素自由流动，优化资源配置，实现更高水平的分工协作，促进区域间协调发展，缩小区域间的差距（王珺，2017）。产业结构升级是通过资源在不同产业部门之间进行配置，数字经济是以数字技术为核心的经济新业态和新模式，能够为中国产业结构升级提供有力支撑。中国正在优化配置资源，利用数字经济的发展发展新兴产业，以实现我国产业结构的合理化和高级化，推动我国产业结构由农业，逐渐向工业和服务业为主转变。具体框架示意图如图 27-2 所示。

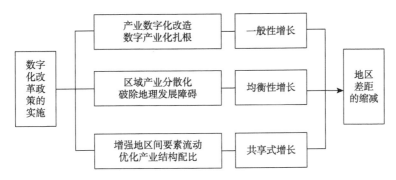

图 27-2　数字化改革政策对地区差距的影响机制

由此，本章提出假设 27-2 如下：

假设 27-2：数字化改革政策可以有效缩小地区差距。

五、数字化改革政策对收入差距的影响

收入差距也严重制约着共同富裕的有效实现，低收入群体由于收入分配不均、创业失败风险高和缺乏数字基础环境等原因，生活水平、富裕程度远低于高收入群体。从作用机制来看，数字化改革可以提升个体数字化技能，优化收入分配机制，从而促进经济的一般性增长，缩小收入差距。数字经济下的技术和数据要素需要依托数字设施和数字人才而存在（Carpenter and Petersen，2002）。有研究者以非洲国家为样本，探讨了互联网接入率和高技能职业就业的关系，发现接入率的提高不仅增加了就业，还促进了生产力的提高，增加了人均收入（Hjort and Poulsen，2019）。杨伟明等（2020）采用北京大学数字普惠金融指数旨在探明国内当前推行的数字化普惠性政策对于城乡居民收入分配的作用机制，发现数字技术的发展与应用大大提高了当前居民的收入。还有学者认为地区数字金融的推行与发展可以显著提升当地居民收入水平（Allen et al.，2016）。张晓燕（2016）通过研究发现数字金融发展可以有效推动我国地区内普惠金融的发展，不断提升的普惠金融发展水平又极大促进了我国收入分配向均衡化发展。

数字化改革增加就业机会公平，提升创业成功率，从而促进经济的均衡性增长，缩小收入差距。数字技术的兴起，使缺乏征信记录的群体有了信用评级，从而使他们重获信贷支持，可以开始进行创业，提升了就业机会公平。此外，数字经济依据信息的开放性和共享性，大大降低了创业成本，从而促使居民创业（罗明忠和邹佳瑜，2011）。张勋等（2019）认为数字金融的发展能使创业机会趋于均等化，从而为低收入群体降低了创业的门槛，提升创业成功率，促进中国经济的包容性增长。此外，数字经济使更多民营企业的市场进入降低了门槛，让它们

获得公平的竞争环境，创造了更多的就业岗位，更为重要的是在使民营企业感受到公平的同时，带动了更多居民创业，提升了创业成功率（刘诚和夏杰长，2021）。

数字化改革促使人们共享数字基础设施，普惠数字金融创新，从而促进经济的共享性增长、缩小收入差距。数字基础设施是数字经济时代居民致富的关键因素。对于接受数字化信息能力较慢的人群和企业，需要使大众共享数字基础设施，感受数字经济下的基本公共服务均等化，从而共享发展成果、提高他们的收入、缩小收入差距（刘诚和夏杰长，2021）。因此，数字基础设施的建设对于增加人民幸福感和促进均衡发展具有重要意义。数字金融是数字经济最为重要的组成部分（张勋等，2021），国内有学者认为，数字金融的发展不会依赖物理网点，有利于普惠金融服务（李继尊，2015）。还有学者提出，互联网的发展降低了金融服务成本，从而促进普惠金融的发展（焦瑾璞，2014）。具体框架图如图 27-3 所示。

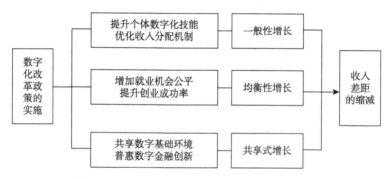

图 27-3　数字化改革政策对收入差距的影响机制

由此，本章提出假设 27-3 如下：

假设 27-3：数字化改革政策可以有效缩小收入差距。

第二节　数字化改革政策对缩小三大差距的实证研究

一、核心变量的测度

（一）因变量

城乡差距。基尼系数是收入差距测量中的较为权威的指标，但基尼系数的众多算法中的大部分方法准确性取决于样本的质量，故本章研究用城镇人均可支配收入和农村纯收入的比值来衡量城乡差距（肖挺和刘华，2013）。

地区差距。省内地区差距主要指各地市之间收入分布的不均衡程度，基尼系数对分组收入数据要求较高，变异系数则受样本异质性的影响较大，因此，本章选取泰尔指数作为衡量指标。泰尔指数的基本计算公式（杨萍和徐鹏杰，2021）可以表示为

$$Theil = \sum_{i}^{n} \left(\frac{I_i}{I} \times \ln \left(\frac{I_i / I}{P_i / P} \right) \right)$$

其中，I_i表示i市的居民总收入；I表示该省居民总收入；P_i表示i市人口数据；P为该省人口总数（杨萍和徐鹏杰，2021）。泰尔指数越小，地区差距越小，因此我们进一步将其进行了正向化处理，使用"Theil"作为最终的地区差距衡量指标。

收入差距。本章内容按五个收入等级分组计算全体居民人均可支配收入，用最高组收入与最低组收入的比值来表示收入差距。在定义低收入者的时候，使用的是各年份人均可支配收入，并且采用客观的相对标准，即把所有居民收入从高到低按五等份分组，最低一组为低收入组，最高一组为高收入组，其余为中等收入组（潘华，2020）。

（二）自变量

数字化改革政策。Treat×Time（处理组和处理期的交互项）是本次研究模型的核心解释变量，表示是否受全面数字化改革政策影响的省份。处理组虚拟变量Treat为1时代表处理组浙江，为0时代表控制组山东。Time是代表全面数字化改革政策施行前后时间段的虚拟变量，本章主要选取2017年浙江出台数字经济"一号工程"政策及相关实施方案，所以 2017 年及以后处理期虚拟变量取值为 1，2017 年以前处理期虚拟变量取值为0。

（三）控制变量

X为一系列可能对浙江城乡、地区和收入三方面差距产生影响的控制变量，主要如下：①经济开放度。陆铭和陈钊（2009）认为从事对外贸易的大多是城镇人口，故城乡收入差距会随着经济开放度的提高而扩大，但我国是产业链的低端链条，我国农村剩余劳动力会随着经济开放度的提高获得更多就业机会，从而降低城乡、地区和收入差距，最终结果有待检验。上面的经济开放度用 Trade（进出口额/GDP）衡量。②所有制结构。陈斌开和林毅夫（2013）认为，在非国有企业中，农村剩余劳动力向其转移使农民收入提高，但竞争机制又使供过于求，收入下降，并且同时又提高了效率，增加了农民收入，故所有制结构对居民差距的

总体影响最终结果有待检验。用国有企业职工人数与总职工人数之比来表示所有制结构 Soe-ratio。③人力资本。现有研究认为人力资本促进经济增长、收入增长，赵增耀等（2016）使用人均受教育年限来衡量人力资本水平，本章的人力资本是指在校大学生人数占总人口的比例 Edu。④外商直接投资。现有研究广泛认为外商直接投资会影响工资水平，余泳泽（2012）使用外商投资占 GDP 或固定资产投资比重来刻画外商投资，本章使用实际利用外商直接投资额和地区生产总值两者的比值来表示外商直接投资 Fdi，单位为%。⑤政府规模。现有研究认为合理的政府规模，可以引导市场更好地发挥作用，高彦彦和孙军（2012）使用财政支出占 GDP 比重来衡量政府规模，政府一般预算支出和地区生产总值两者的比值代表本章的政府规模 Fsc，单位为%。⑥资本贡献率。本章使用国家统计局"每万人高等学校在校生数"（于子添，2021）这一指标来测算资本贡献率 School。

　　主要变量及测度方法具体见表 27-1。

表 27-1　主要变量及测度方法

变量	符号	变量定义
城乡差距	Y_1	城镇人均可支配收入/农村纯收入
地区差距	Y_2	$\text{Theil} = \sum_i^n \left(\dfrac{I_i}{I} \times \ln \left(\dfrac{I_i / I}{P_i / P} \right) \right)$
收入差距	Y_3	最高组收入与最低组收入的比值
经济开放度	Trade	进出口额/GDP
所有制结构	Soe-ratio	国有企业职工人数占总职工人数之比
人力资本	Edu	在校大学生人数占总人口的比例
外商直接投资	Fdi	外商直接投资额与地区生产总值之比
政府规模	Fsc	政府一般预算支出与地区生产总值的比例
资本贡献率	School	每万人高等学校在校生数

　资料来源：《中国统计年鉴》

二、模型设定

本章模型框架主要采用双重差分（difference-in-difference，DID）模型对浙江全面数字化改革政策的出台对于全省共同富裕建设的影响进行了评估。选择该模型方法的主要原因在于，双重差分利用政策识别因果关系。本章研究采用双重差分法检验数字化改革政策实施前后的浙江城乡差距、地区差距和收入差距的变化，模型设定如下：

$$\text{Gap-income} = \alpha + \beta_1 \text{Treat}_{it} + \beta_2 \text{Time}_{it} + \beta_3 \text{Treat}_{it} \times \text{Time}_{it} + \beta X_{it} + \mu_{it}$$

其中，Gap-income 表示三个因变量，包括 Y_1、Y_2、Y_3。Y_1 表示城乡差距，Y_2 表示地区差距，Y_3 表示收入差距。处理组为浙江，控制组为山东。处理组虚拟变量 Treat 为 1 时代表控制组浙江，为 0 时代表控制组山东。Time 是代表全面数字化改革政策施行前后时间段的虚拟变量，2017 年及以后为 1，2017 年以前为 0。交互项 Treat×Time 的系数反映政策实施前后浙江城乡差距、地区差距和收入差距相比于山东的差异。X 是控制变量组。

三、实证检验

（一）描述性统计

表 27-2 是本章的描述性统计结果。数据表明，城乡差距均值为 2.019，标准差为 0.271，说明城乡差异较小。地区差距均值为 0.103，标准差为 0.037。收入差距均值为 1.645，标准差为 0.179，表明城乡、地区和收入差距都较小。为了防止异方差过大，对经济开放度、所有制结构和资本贡献率这些变量取自然对数。

表 27-2　描述性统计结果

变量名	样本量	均值	最大值	最小值	标准差
城乡差距	14	2.019	2.309	1.548	0.271
地区差距	14	0.103	0.143	0.040	0.037
收入差距	14	1.645	1.965	1.344	0.179
经济开放度	14	17.201	17.331	17.075	0.070
所有制结构	14	7.868	8.103	7.577	0.226
人力资本	14	0.019	0.023	0.016	0.020
外商直接投资	14	0.031	0.051	0.018	0.012
政府规模	14	0.149	0.161	0.129	0.008
资本贡献率	14	5.289	5.461	5.162	0.081

（二）相关性分析

表 27-3 显示经济开放度、所有制结构、人力资本和政府规模对城乡、地区和收入差距影响显著，而外商直接投资和资本贡献率对城乡、地区和收入差距影响不显著，且经济开放度和政府规模均是负显著，所有制结构和人力资本均是正显著。

表 27-3　相关性分析

变量	城乡差距	地区差距	收入差距	经济开放度	所有制结构	资本贡献率	人力资本	外商直接投资	政府规模
城乡差距	1								
地区差距	0.988***	1							
收入差距	0.839***	0.888***	1						
经济开放度	−0.765***	−0.735***	−0.506*	1					
所有制结构	0.810***	0.876***	0.819***	−0.577**	1				
资本贡献率	−0.061	0.034	0.281	0.311	0.385	1			
人力资本	0.592**	0.685***	0.776***	−0.252	0.912***	0.679***	1		
外商直接投资	−0.251	−0.159	0.009	0.070	0.191	0.625**	0.346	1	
政府规模	−0.911***	−0.919***	−0.758***	0.671***	−0.913***	−0.180	−0.768***	0.080	1

*、**、***分别代表在10%、5%和1%的水平下显著

注：本章采取双尾法

（三）平行趋势分析

双重差分的"平行趋势"假定认为实验组和未受政策影响的控制组在政策开始实施之前的时间趋势相同。那么这样就可以根据控制组的时间趋势剔除实验组未受政策冲击而自主发生变化的时间趋势。

控制组需要选取一个并未实施数字化改革政策且经济发展水平与浙江相似的省份，但现在数字化改革遍及多个省份，所以，本章研究选取一个数字化改革相对没有很明显且与浙江的发展水平很相似的山东作为浙江的控制组进行研究。为获得实验组和控制组城乡、地区和收入差距的平行趋势，该部分绘制了2014~2020年趋势图（图27-4）。

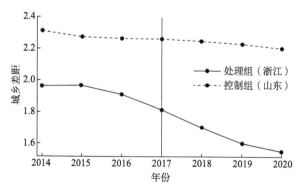

（a）城乡差距

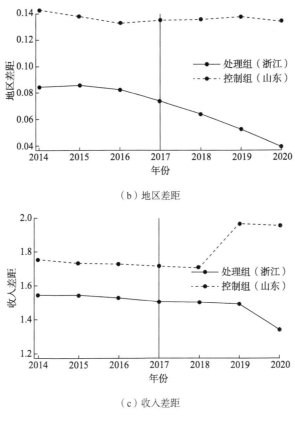

（b）地区差距

（c）收入差距

图 27-4　2014~2020 年趋势图

从图 27-4 可看出，政策实施前，2014~2020 年城乡、地区和收入差距趋势基本平行，2017 年底，政策实施后，浙江城乡、地区和收入差距显著下降，同时，不受政策影响的山东的城乡、地区和收入差距依然保持原来的趋势。综上所述，2017 年前，浙江和山东的城乡、地区和收入差距具有平行趋势，而在政策冲击后，趋势有所变化，这说明可能是全面数字化改革政策导致浙江城乡、地区和收入差距水平的变化。综上所述，浙江和山东的城乡、地区和收入差距符合平行趋势假定，下面就可以采用双重差分法进行实证检验。

（四）双重差分回归结果分析

表 27-4 显示在城乡差距下，交互项 Treat×Time 系数为负，且在 5%的水平上显著，说明相对于数字化不那么明显的山东，浙江的城乡差距在 2017 年政策实施后显著下降，因此"全面数字化改革政策"确实促使了浙江城乡差距的缩小，表明确实产生了政策效应。

表 27-4　双重差分下的回归

变量	模型 1 城乡差距	模型 2 地区差距	模型 3 收入差距
处理组虚拟变量 × 处理期虚拟变量	−0.179** (−3.61)	−0.024*** (−4.95)	−0.295** (−3.35)
处理组虚拟变量	−0.904** (−3.26)	−0.111** (−4.27)	−0.152 (−0.36)
处理期虚拟变量	0.042 (1.17)	0.007 (1.59)	0.145** (3.30)
经济开放度的对数	−0.249 (−0.60)	−0.047 (−1.22)	−1.789** (−2.99)
所有制结构的对数	−1.374 (−2.08)	−0.136 (−2.09)	−1.022 (−1.16)
资本贡献率的对数	−0.611** (−2.88)	−0.103** (−3.66)	−1.031** (−2.96)
人力资本	14.567 (0.57)	5.354 (1.82)	199.600*** (6.33)
外商直接投资	0.752 (0.28)	−0.010 (−0.06)	−6.148 (−1.50)
政府规模	−0.232 (−0.07)	0.764* (2.20)	16.475** (3.62)
常数项	20.450* (2.27)	2.458* (2.56)	42.588** (4.13)
观测数量	14	14	14
R^2	0.997	0.998	0.984

*、**、***分别代表在 10%、5%和 1%的水平下显著

注：本章采取双尾方法，括号内为 t 值

在地区差距下，交互项 Treat×Time 系数为负，且在 1%的水平上显著，说明相对于数字化不那么明显的山东，浙江的地区差距在 2017 年政策实施后显著下降，因此"全面数字化改革政策"确实促使了浙江地区差距的缩小，表明确实产生了政策效应。

在收入差距下，交互项 Treat×Time 系数为负，且在 5%的水平上显著，说明相对于数字化不那么明显的山东，浙江的收入差距在 2017 年政策实施后显著下降，因此"全面数字化改革政策"确实促使了浙江收入差距的缩小，表明确实产生了政策效应。

（五）安慰剂检验

上述结果表明，政策确实产生了政策效应，且政策实施前实验组和控制组不存在显著性差异，但是通过双重差分估计出的政策效应是否受其他政策或因素的影响是未知的，因此需要进行安慰剂检验。

安慰剂检验最常用的方法就是将研究样本缩小至政策实施前，并随机设定一个政策实施年份。本章的研究样本是 2014~2020 年，政策实施年份为 2017 年，故本次安慰剂检验假设政策时间发生在 2015 年，具体结果可见表 27-5。

表 27-5　安慰剂检验

变量	模型 1	模型 2	模型 3
	城乡差距	地区差距	收入差距
处理组虚拟变量 × 处理期虚拟变量	−0.035 （−0.22）	−0.003 （−0.13）	−0.170 （−0.55）
处理组虚拟变量	−1.542** （−4.33）	−0.199** （−4.40）	−0.965 （−1.60）
处理期虚拟变量	−0.041 （−0.60）	−0.004 （−0.49）	0.046 （0.35）
经济开放度的对数	−0.021 （−0.04）	−0.006 （−0.07）	−0.749 （−0.82）
所有制结构的对数	−2.686** （−4.56）	−0.309** （−4.34）	−2.505** （−2.95）
资本贡献率的对数	−0.243 （−0.27）	−0.050 （−0.42）	−0.843 （−0.49）
人力资本	−19.177 （−0.29）	0.529 （0.07）	141.899 （1.19）
外商直接投资	7.364 （1.27）	0.777 （1.04）	4.743 （0.50）
政府规模	−5.120 （−1.06）	0.116 （0.18）	11.325 （1.47）
常数项	25.043 （2.01）	2.873 （1.85）	35.453 （1.70）
观测数量	14	14	14
R^2	0.987	0.987	0.908

**表示系数在 5%的水平上显著

注：本章采取双尾方法，括号内为 t 值

结果显示，对于城乡差距、地区差距和收入差距而言，处理组和处理期的交互项 Treat×Time 系数为负，且都不显著，表明本章的其他潜在不可观测因素可以排除，即本章估计出的政策效应是稳健的。

第三节　数字化改革政策促进共同富裕的政策启示

一、研究结论

本章首先基于 2014~2020 年国家统计局数据，运用双重差分，考察了"全面数字化改革政策"这一准自然实验对浙江共同富裕的影响。以受"全面数字化改

革"政策影响的浙江为实验组，并以数字化改革政策影响程度较小的山东为控制组，采用双重差分研究发现：2014~2020 年，"全面数字化改革"政策对浙江共同富裕起到了积极作用，数字化改革政策的出台对于城乡差距、地区差距和收入差距均产生了显著的减缓作用。进一步地，当把 2015 年作为虚拟政策时点时，安慰剂检验发现交互项系数不再显著，证明浙江城乡差距、地区差距和收入差距的缩小确实是"全面数字化改革"政策的颁布引起的。因此，本章从数字化改革政策视角分析共同富裕的实现路径，得出如下结论：数字化改革可以通过促进宏观经济一般性增长、均衡性增长和共享性增长三方面缩小城乡差距、地区差距和收入差距，验证了数字化改革政策对于共同富裕具有显著促进作用，全面数字化改革有助于促进浙江共同富裕示范区的建设，本章为理解"全面数字化改革"政策效果提供了直接证据，为未来进一步加强相关工作提供了理论依据。

二、管理启示与政策建议

根据上面的研究结论，本章提出如下政策建议。

第一，进一步加强数字化改革的深度与广度。在数字经济刚起步的阶段，为了给数字经济的发展提供广阔的市场空间，政府大多采取比较宽松的管制制度。在这样的背景下，一批批数字化产业、企业发展起来，促进了该时期社会经济的快速发展，也涌现出一批数字化领域的先富者。随着数字化经济的发展，由于平台上缺乏有效的市场监管、资本过度扩张，数字化发展的弊端暴露无遗。面对这些问题，必须快速建立健全有序的监管机制，构建规范的政策体系，制定有效的监管规则，为数字平台创建一个既有监管又便于创新的平衡区间，促进数字平台规范有序的创新发展。

第二，进一步推进农村地区的数字化基建。乡村振兴的实现，离不开健全的数字化基础设施，我们要将落后地区的数字基础设施边界覆盖住，进一步加大对落后地区数字化建设，加大数字基础设施的投入力度，促进落后地区数字化水平的提升，并以投入资金和技术作为援助方式，从硬件设施入手，弥合落后地区的"接入鸿沟"。扩大落后地区数字基础设施的覆盖边界，促进"数字丝绸之路"建设，不断建设数字化基础设施，提高网络覆盖率，并给予充分的资金和技术援助，为偏远地区提供稳定的互联网接入方式，以硬件设施升级为重点弥合落后地区的"接入鸿沟"。此外，在信息共享方面，打通农业信息系统利用重要农产品产业链数据的开放共享，弥合城乡数据设施鸿沟。同时，通过鼓励数字化信息技术人才向落后地区流动，培育出一批批有数字素养的高数字技术人才，激活乡村发展的内生动力。

第三，进一步加强数字赋能创业创新活动。国家有关部门应以典型为示范，带动市场主体争相创新创业，充分享有数字经济条件下的低成本、广覆盖的要素供给。积极推进数字赋能创业创新活动的开展，加大政策保障力度，促进创新体系的完善。营造数字化发展氛围，促进人民创新创业。科学谋划布局，加大5G、云计算、大数据等新型数字化基础设施的投入并且积极破除促使要素流通不畅的体制壁垒，优化市场配置体系，探索建立公共数据与社会数据的共享机制和市场化交易体系。转变社会治理理念，深化政务服务、社会监管和公共服务体系改革，推进政府数字化转型。

第四，进一步提高公民"数字意识"和"数字技能"。在数字经济时代，人们对信息获取和信息处理能力的大小确定了其融入社会环境的程度。数字技术的革新速度越来越快，使得传统劳动技能无法满足需求，人们需要提高数字素养从而融入社会环境，否则就会有被淘汰的风险，故要提高"数字意识"。同时，我们不仅要在思想上紧跟潮流，更要学到这个时代所独有的技能。为此，政府方面需要大力推进城乡融合发展，通过数字化基础设施的建设，改善农村数字化环境和氛围。作为教书育人的学校方面也要承担数字技能传授的教育职责，开展数字知识讲座，提供数字技能培训，承担起数字知识的传授和教育职责，提高居民的"数字意识"和"数字技能"。社会方面要大力宣传数字化文化，提倡年轻数字化人才对长者进行数字反哺，培育更多数字化人才。政府、学校、社会三部门相互配合，力图构建完善的数字技能配套体系，促进数字技术的发展和传播，从而更好地促进共同富裕。

第二十八章 数智化背景下中小企业对高质量发展建设共同富裕示范区认知情况的调查报告

中小企业是国民经济和社会发展的生力军，在浙江高质量发展建设共同富裕示范区进程中，离不开中小企业的高质量发展与积极参与，离不开中小企业对数智化技术、平台、工具、模式的应用。为了解浙江省中小企业对浙江高质量发展建设共同富裕示范区的认知情况，为了解数智化是否有效驱动中小企业深入感知与深度认同共同富裕这一目标以及相关政策，浙江工业大学中国中小企业研究院对浙江中小企业开展问卷调查共 1 653 份，受调研企业覆盖全部 11 个地市，其中杭州和温州占比最高，分别为 33% 和 35%。问卷受访者的中小企业高管占比19.64%，中层占比21.91%，基层占比50.45%，其他受访者占比8.00%。调查结果显示，中小企业对"共同富裕"存在一定的担忧与认知偏差，对政策认识十分模糊不清，并可能因此采取一定的消极态度和消极应对。针对以上问题，本章提出强化数智化工具应用，做好政策精准宣传、扭转中小企业家对政策的认识偏差、搭建平台实现中小企业深度参与、分类施策营造更优的中小企业发展政策环境、探索共同富裕建设中小企业样板等政策建议。

第一节 中小企业对共同富裕的总体认知情况

一、中小企业已达成普遍关注，但缺乏深入了解

调查结果显示，广大中小企业对浙江实施"高质量发展建设共同富裕示范

区"普遍关注，70.84%的企业表示已通过数字媒体以及其他更多方式初步了解政策背景和意义，但是，只有14.88%企业表示对浙江推出的《浙江高质量发展建设共同富裕示范区实施方案（2021—2025年）》比较了解，充分说明了浙江广大中小企业非常关注浙江"共同富裕示范区"建设，但是，对《浙江高质量发展建设共同富裕示范区实施方案（2021—2025年）》却了解不足。其中，81.3%的企业家和高管对《浙江高质量发展建设共同富裕示范区实施方案（2021—2025年）》不甚了解，缺乏对浙江"高质量发展建设共同富裕示范区"内涵和具体政策的深度关注。

此外，受访人员获取共同富裕相关政策的渠道主要为网络自媒体和官方媒体，少数来自企业服务平台信息推送和政策宣讲。表明中小企业获取共同富裕相关政策信息的渠道和精准度不够。

二、数智化加速其达成一定共识，但仍存在认知差异

进一步调查显示，在数智化平台以及其他工具助力下，受访人员对"高质量发展"是"共同富裕"的前提和基础达成共识。但是，企业家、高管和基层员工对"共同富裕"的认知和理解存在显著差异。在被调查企业家和高管中，60.6%的人员认为"共同富裕"突出体现在构建共建共治共享的发展格局和均衡优质普惠资源；在被调查的基层员工中，82.2%和67.6%的人员认为共同富裕的根本分别在于工资收入提高和社会和谐发展。说明企业家更加关注营商环境改善，而基层员工更加关注工资性收入。

三、中小企业反响积极，但存在信心差异

中小企业对"共同富裕"反响积极，发放的问卷得到受访人员的迅速反馈。对浙江"共同富裕示范区"建设，企业家、高管和基层员工的信心度存在显著差异。持"非常有信心"态度者占受访人员的42.7%，"比较有信心"占比38.29%。同时也仍有19.01%的受访者表示"没有信心"、"信心不足"或"说不清"。其中，企业家、高管比基层员工信心更足，中高层管理者相比基层员工有信心比例要高出约10个百分点。此外，关于浙江"共同富裕"方案实施对企业未来发展的影响，59.74%企业担忧"企业用工成本增加"，46.75%企业担忧"第二次、第三次分配力度"加大以后，不利于民营企业发展。

第二节　中小企业对于共同富裕政策的期待与诉求

调查显示，中小企业对共同富裕政策的认知存在差别，一定程度反映了中小企业主的担忧，也映射了强烈期待与诉求，主要包括如下方面。

一、中小企业强烈期待政策稳定性和营商环境优化

高质量发展是共同富裕的基础，浙江中小企业强烈期待借"浙江高质量发展建设共同富裕示范区"的东风，以数智工具为媒，实现企业转型升级。调查发现，有 84.32%的企业认为亟须提高自主创新能力，72.65%的企业认为需要增强高水平人才的引进。另外，60.39%企业认为目前缺乏对企业参与共同富裕的明确定位，且相关政策不确定；49.35%企业担心政策变化，35.52%企业家和高管担心"共同富裕"政策对民营企业发展不利。51.95%企业认为"浙江高质量发展建设共同富裕示范区"的政策重心将会转向"共同富裕"。合计 52.59%企业表示有如下倾向："企业搬迁外省""减少投资，逐步退出市场""在海外投资办厂""考虑移民"。同时，85.20%企业期待"优化营商环境"，78.44%企业期待"精准减税降费"，62.1%企业期待进一步"放管服"。

二、期待"共同富裕"政策全面精准，"不要让共同富裕成为企业负担"

调查发现，46.75%企业认为随着第二次、第三次分配力度的加大，对民营企业发展不利；36.36%企业认为共同富裕可能导致企业家利益受损，收入被平均化。79.9%企业期待"以数智推动高质量发展促进共同富裕"，先富带后富。因此，80%以上企业期待"共同富裕"政策精准、细致，改善营商环境，以促进浙江中小企业健康发展，不要增加中小企业成本费用负担。

三、期待数智社会凝聚共同富裕的新共识和新合力，提出"给予企业更多自由发展空间"的诉求

调查发现，57.79%企业担忧"第三次分配"、网络舆论压力使其对浙江

共同富裕示范区建设有所顾虑；59.74%企业表示，"职工对收入预期上升"会带来企业招工中"议价"能力下降，79.5%企业认为，政策重心应该放在"高质量发展"，应该平衡企业家权益保障与收入分配改革的关系，以数智化技术、工具、思想加速凝聚全社会共识，建设以高质量发展为基石的共同富裕示范区。

第三节　中小企业对实施"共同富裕"政策趋势的理解

由于中小企业主对"共同富裕"方案的认识存在一定偏差，必然产生一定的消极态度和消极应对。具体表现在以下几个方面。

一、担忧"共同富裕"政策实施可能削弱浙江民营经济比较优势

中小企业是民营经济的基石，中小企业"船小好调头"具有创业创新活力，但对资源动员和整合能力不足。问卷调查显示，62.34%企业表示，对"共同富裕示范区"认知模糊，对未来政策趋势不清楚；42.86%企业认为政策宣传不精准、不全面。因此，中小企业一定程度上担忧"共同富裕"示范区建设是否会削弱浙江中小企业体制机制优势，甚至，约两成被调研企业主认为，浙江高质量发展建设共同富裕示范区对区域民营经济比较优势产生不利影响。

二、中小企业对"共同富裕"政策并未形成清晰认知，未来投资信心受到影响

受访企业普遍认为"共同富裕示范区"方案实施会加大第二、第三次分配力度，意味着企业需要履行更多社会责任，而且，数智化平台以及其他政策宣导工具并未完全带动它们深入理解政策并达成共识，它们对政策措施认识不清晰，因而，对未来政策蓝海不确定性存在担忧。49.35%企业担忧将承担更多社会责任，60.39%企业将考虑"减少投资，削减员工数量"，甚至"逐渐退出市场"。但是，更多受访企业对共同富裕政策持观望态度。

三、近六成企业认为"共同富裕"政策带动企业用工成本上升，增加企业外迁可能性

59.74%企业认为，在"共同富裕"政策背景下，企业用工成本会进一步增加，企业"与员工议价能力将会下降"，企业招工难会更加凸显。因此，60.39%企业表示"将考虑减少工人岗位数量"。近半数企业表示，"将减少媒体曝光度，低调经营企业，以避免受第三次分配政策的关注"。近30%企业主认为可能囿于对企业未来发展的担忧，会考虑将企业搬迁外省或在国外投资兴办企业。

四、"共同富裕"政策的实施可能提升企业家移民倾向

"共同富裕"政策强调三次分配，即由社会道德驱动高收入群体通过募集、捐赠和资助等慈善公益方式对社会资源和社会财富进行分配。鉴于部分历史原因，受访企业主认为，"共同富裕"政策的实施可能会助长社会滋生"劫富济贫"思潮，对私营企业主个人财富安全问题存在一定疑虑。调查显示，近10%的受访企业主表示未来可能有移民的打算。

第四节　基于调查数据结果的思考与对策建议

基于以上调查数据分析的结果发现，一方面，浙江中小企业对于高质量发展建设共同富裕示范区的政策表示出高度认同感和积极参与的意愿；另一方面，中小企业在建设共同富裕示范区的进程中也存在一些体制机制优化和参与路径等难点与挑战。对此，本书提出以下对策建议。

一、凝心聚力，利用数字媒体等新工具更大力度向中小企业做好精准宣传

目前，共同富裕示范区建设的政策已得到中小企业的广泛关注和深度认同，但是仍然存在不同受众群体之间的认知差异。需要各级政府部门将浙江高质量发展建设共同富裕示范区政策在中小企业的企业主、高管和基层员工等各层次做好政策宣传讲解工作，以纠正部分中小企业主和高管认识偏差和担忧。要注意综合使用各类宣传工具载体特别是数字媒体，除了通过官方媒体等对政策进行系统解

读以外，还要加大新媒体的宣传力度以及各类政策宣讲会的推广作用。在宣传方式方法上也要注意分层分类，增强宣传效果"真实、见底"，实现政策共识，培育一批企业宣传员，最大范围形成政策聚力。

二、提振信心，应用数智手段加快扭转中小企业家对政策的认知偏差

中小企业所有者及高层管理者对于共同富裕政策实施的认识深化与信心提振是亟须解决的问题。政策具体实施过程中，需要以分类分层的方法，一方面从不同层面应用不同工具特别是数智工具加强对共同富裕政策的目标、内容和实施方案的解读，避免产生一些偏离政策内涵的认知出现；另一方面，需要对企业家、企业管理团队及基层员工实施分类政策指导，做到既帮助中小企业解决发展问题，促进基层企业员工实现更好回报，同时切实推进共同富裕政策目标的有效实现。

三、搭建平台，应用数智方式加速助推中小企业深度参与建设共同富裕

浙江高质量发展建设共同富裕示范区需要吸引广大中小企业的深度参与，需要在政策层面为中小企业参与建设提供良好平台。第一，鼓励中小企业积极投身到欠发达地区，结合当地优势资源禀赋，开展有效产业投资。第二，推动优秀中小企业充分展示其在技术创新、市场开拓、人才培育等方面的经验，并向后发企业形成示范。第三，在产业链层面实行核心企业带动上下游中小企业良性发展的局面，主导或参与制定更多符合产业发展方向的质量标准、技术标准、行业准入标准等，并通过数智方式传递与共享产业最新研究成果，激励核心企业为打造更优的产业生态环境做出贡献。

四、多点施策，搭建数字智治平台营造更优的中小企业发展政策环境

共同富裕示范区建设目标下，中小企业呼唤不断优化外部政策环境。搭建数字智治平台，并通过多层面、多工具、多视角的政策实施，为中小企业发展创造最优化的浙江营商环境，需要强化中小企业投资环境和市场竞争环境的提升，激励中小企业将更多关注点聚焦到企业高质量发展的道路选择上来。同时，还特别

需要关注稳商政策的制定与实施，调研了解中小企业对于共同富裕政策的盲区和担忧，有针对性地实施一批稳商政策，力求解决企业之急，化解企业之忧。

五、探索模式，驱动数智共建形成共同富裕建设的中小企业样板

浙江是全国高质量发展建设共同富裕的示范区，中小企业参与共同富裕建设是浙江的样板点。浙江作为民营中小企业的发展大省，有必要也有能力在中小企业群体探索出参与全省共同富裕示范区建设的亮点模式。重点关注对山区 26 县中小企业的有效帮扶，有效实现"先富"带动"后富"，研究制定分类政策，推动数智共建，鼓励一批技术创新能力强、企业规模坚实、市场话语权强的中小企业对落后地区的同行企业通过技术指导、项目合作、市场开发、资源共享等方式开展富有成效的带动作用。另外，建议深挖"绿水青山就是金山银山"理念的内涵，挖掘落后地区的本地优势生态资源，为中小企业量身定制创新发展模式，培育一批共同富裕政策下的"后起之秀"样板企业。

第二十九章　数智科技人才赋能落后山区县共同富裕建设的调查报告

习近平总书记在十八届中央政治局常委同中外记者见面会上强调："人世间的一切幸福都是要靠辛勤的劳动来创造的。我们的责任，就是要团结带领全党全国各族人民，继续解放思想，坚持改革开放，不断解放和发展社会生产力，努力解决群众的生产生活困难，坚定不移走共同富裕的道路。"[①]浙江承担高质量发展建设共同富裕示范区的重大任务，赋能山区26县实现共同富裕是解决发展不平衡不充分问题的重要路径，这也成为浙江"重要窗口"建设的新使命之一。数智化技术、工具、平台能助力科技人才流动与信息流通、知识协同、成果共享，从而更进一步赋能落后山区共富建设。课题组基于此，专题调研了丽水通过"筑巢引凤、聚才引智"的以科技人才赋能共同富裕的经验模式，对现存问题做了系统分析，并进一步提出强化科技人才赋能山区26县共同富裕建设的政策建议。

第一节　数智科技人才赋能"共同富裕"的丽水实践经验

一、政府引导，因地制宜搭建"多元化"数智引才平台

丽水政府将科技人才招引作为重大战略举措，对科技人才政策进行全面优化

---

① 资料来源：http://www.china.com.cn/zhibo/zhuanti/18da/2012-11/15/content_27096850.htm.

整合和提档升级。以政策引领为先,推出"人才科技新政 38 条、科技新政 26 条"和"157 创新引领行动计划",发布长三角一体化科技人才社团联盟宣言,定制人才专项政策。例如,院士疗休养政策,集聚高端智囊;以数智为媒,搭建数智招引平台;以常态化工程为纲,以"年度峰会"等"双引"活动推动政企同频共振,海量招揽人才;以"百博入百企"和"百博入乡镇"助推科技人才扎根乡土,深耕高层次科技人才引育。

二、产业为基,因产制宜构建"扎根式"数智引才生态

丽水制定了以半导体全链条、数字经济、健康医药、时尚创意、精密制造为重点领域的"生态工业五年倍增计划",并设置规模 60 亿元的高质量绿色发展产业基金等基金,构建数智平台,发布数字化云图推动产业招商,积极孕育产业土壤吸引科技人才扎根,推出"绿谷工程师"计划,高起点鼓励企业招引海内外优秀工程技术人才;传承与革新"科技特派员"模式:以海量产业项目与高频院士论坛,精准对接"院士科技官"等高精尖人才,助其以"揭榜挂帅协作借调随项目入驻"等方式长驻丽水,与政府协同、与产业衔接、与企业联姻,高效赋能高尖精产业,提质升级传统特色产业。

三、以人为本,跨地跨时构建"定制化"数智科技人才飞地

丽水以自身资源为基,以自身能力为本,深挖山海协作 2.0 模式,与浙江大学、之江实验室、西湖大学等多所名校大院产学研合作,与上海、杭州等多地合建产业园,搭建以全域孵化为基本特征的浙西南科创中心。基于此,积极探索柔性引才新模式——人才飞地,并通过数智化技术、工具、平台的深度植入与广泛应用,快速构建"线上线下融合跨区域跨国界结合跨领域跨界组合"多元人才集聚模式;招揽"双招双引大使",持续建设海外孵化器、合作产业园、人才驿站;推出"人才码",量身定制 5 大类 28 项全链条专属服务,帮助科技人才实现"住在外地,干为丽水"。

四、提质增效,多策并举创新科技人才数智引流方式

丽水积极推进人才链、产业链、创新链"三链"引才。人才链:邀全国各地丽水商会建"丽水人才联络站",并聘请引才大使、大学生招引联络员等,与国内六十余所重点高校和知名人才服务机构建立智力互享、人才互用、网络互通的

"人才金桥"合作长效机制。产业链：以产业助推人才集聚与回流，大力聚集"丽水发展合伙人"，并积极通过海外华侨项目打通"海外丽水"人才回流通道。创新链：新设"全球人才地图"，导入全面人才数据库，启动数字化招才引智。基于"三链"引才，丽水持续发力做大人才"蓄水池"，有力推动丽水经济社会转型升级。

第二节　丽水科技人才赋能"共同富裕"面临的问题与挑战

一、地理区位和产业基础仍制约高层次科技人才赴丽服务

丽水身处浙南山区，属于后发展地区，近年发展势头高涨，但原有产业基础仍显薄弱，特别是高科技产业体量较小，限制了高层次科技人才赴丽水发展、深度入驻与长期扎根。如何克服特殊区位以及产业基础建设与发展水平的滞后带来的在人才引进方面的弱势，成为现如今科技人才工作的重点。

二、地区"引才大战"导致丽水科技人才赋能比较优势不强

近年来，周边温州、金华、衢州等多地为招引人才推出大量具有高吸引力的政策与服务，导致科技人才招引工作的丽水磁吸效应被弱化。如何打造从"引才"到"用才""留才"全链条差异化优势，吸引科技人才"入驻丽水，留驻丽水，心驻丽水"，成为现如今科技人才工作的难点。

三、本地年轻科技人才流失持续影响科技人才生态体系

由于丽水现阶段经济发展水平与高等教育水平仍相对落后，本地科技人才造血功能薄弱，且丽水学院等一批本地院校培育的人才外流现状严重，直接影响本地人才生态构建。如何培育孵化和吸引本地人才长期留驻，如何助力外来人才深度扎根并协同发展，成为科技人才赋能的突破点。

第三节　数智科技人才赋能山区 26 县共同富裕建设的对策建议

一、持续稳定推进数智科技人才战略，树立人才灯塔效应，有效推动共同富裕示范区建设

树立和坚持科技人才赋能共同富裕建设的战略发展方向不动摇。构建常态化人才招引政策库，构建丽水特色人才"招引留用"一揽子计划，在浙江省内乃至国内树立丽水"引才"品牌，推动用人单位、科技人才参与政策话语体系构建，推动正式治理与非正式治理结合；构建数智一体化的"人才地图-培育引进-服务保障-评价激励"一体化政策链条，强化科技成果导向的评价模式，并据此细化优化人才招引全流程政策，真正实现系统性政策框架、差异性政策工具、精准性人才激励、灵活性政策指引和可持续性政策落地。

二、构建立体化数智科技人才生态，打造人才集聚高地，精准"育用留"产业技术人才

以半导体新材料等本地培育的战略性新兴产业为方向，结合本地骨干企业人才需求，合理配置人才梯度和区分人才层次，并通过数智化深入构建人才生态，实现人才适岗适能、结构稳定；以政府引领，深化和固化各地域、产业、主体间合作，加强合作广度深度频度强度以及创新程度；搭建人才飞地，以多元形式柔性引入海内外紧缺人才、高端人才、青年英才，最终促成多层次人才共生、全资源匹配得当、全系统协同共进。

三、提高对科技人才的服务水平，打造人才福地，突出数智"共富"实现科技人才扎根

强化宣传"共同富裕""服务山区"等共同使命，长效实施"丽水发展合伙人"项目，聚合传播本地特色民风民情民心民意，构筑有温度有获得感的科技人才创业创新栖息地，吸引与凝聚人才；构建畅通的"人才招聘、租赁"数智信息窗口，构筑含"安居落户、社会保障、知识产权保护、调解仲裁"等在内的系统

的数智人才保障体系与服务体系，并基于人才层次与分类需求打造个性化人才数智服务链，最终通过数字平台等便捷化服务工具，完成"引才-用才-留才"的全链条完整服务闭环，实现以产业、制度、法律硬环境和文化、服务软环境协同提升人才获得感与幸福感。

四、创新本地高校科技人才引育模式，深挖人才蓄水池，助推科技人才"内生性"突破

不断提升地方院校教育质量，在做好第一课堂的基础上重视第二课堂与第三课堂，以山海协作共建共振产学研基地，深度培育本地人才创新意识、专业应用能力、创造实践能力及与本地产业的适配能力，帮助地方产业从种子阶段保育人才火种，解决人才断层隐忧；以政策激励本地企业对高层次人才的自主培育，通过数智人才生态，更进一步实现以企业孵化人才，以人才反哺企业，从而增加本地人才黏性，减缓人才外流，助力地方实现人才内生性突破，走上"培育为主、引进为辅"的人才战略转型道路。

五、编制科技人才数智地图及其招引举措，建设人才创新沃土，吸引本地籍科技人才回流服务

加强政策谋划，基于本地特色产业构建人才数智网络，以"鼓励创新的科技激励体制、着重能力培育的教育培训机制、正直理性的浓厚学术氛围"营造知识积聚环境和创新集聚环境，激发区域内外智力流动，集聚与孵化人才，打造人才洼地；编制科技人才数智地图，以"文化传播召唤、主动赴外招引、回乡平台招徕"等方式多措并举，激发本地籍人才乡土情结，回归故土创新创业；以良好的产业基地、环境氛围、政策工具，清除人才回流阻碍要素，促进科技人才回归持续升温。

通过多方协同、多措并举、挖潜扩容，有望真正构建人才灯塔、人才高地、人才福地及创新沃土，打造一支高质量科技人才队伍，真正实现以科技人才为发展引擎和创新活水，为山区26县实现全面跨越式高质量发展提供丽水样板。

第三十章　数智化背景下少数民族地区参与共同富裕建设的调查报告

随着浙江共同富裕示范区建设的不断纵深推进，少数民族地区如何全面理解和深度参与示范区建设，借助政策红利与数智红利冲破发展桎梏，已成为示范区建设重点工作之一，并进一步成为展示浙江在中国式现代化新征程中的"示范窗口"。本章针对浙江省内少数民族地区发展特点，系统分析了少数民族地区参与共同富裕示范区建设过程中存在的问题和风险，以及在数智化背景下存在的机遇和挑战，并针对性提出了对策建议。

第一节　数智化背景下少数民族地区的发展特征调研现状

为促进各民族团结奋斗、共同繁荣发展，提高区域发展的协调性，浙江历来重视少数民族所在地发展，从规划、政策、资金方面出台扶持政策，目前丽水景宁少数民族地区存在以下发展特征，面临不少困难和挑战。

第一，山区区位资源贫瘠，并未有效分享社会经济建设成果。浙江少数民族聚集地区，如景宁畲族自治县等地处多山地带，地理格局造成交通不便，经济基础差，依赖自然资源开发，抵御各种风险能力较低。同时，基础设施建设相对滞后，公共服务效率偏低；教育、文化、医疗、通信、体育等方面软硬件配置不足；社会保障体系脆弱、兜底能力差，直接影响民生质量，制约经济社会高质量发展。

第二，青年留守与隔断发展，难以应用最新数智成果突破发展瓶颈。丽水景宁畲族群众多居山区，且基于生活便利性与血缘家族、民族风俗等原因，多以村寨形式集聚群居，且具有"年轻人+老年人"共同留守的特点。与外界接触有限，导致其对新事物、新技术、新观念接受速度较慢，认知水平较低，难以应用最新数智信息与技术贡献于发展。且受限于当地教育资源，文化程度普遍较低，成为少数民族繁荣和发展的瓶颈问题。

第三，共同富裕意愿强烈，但未充分实现建设举措的创新突破。调研中，少数民族地区民众普遍有较强共同富裕意愿，但实际对政策的认知水平较低且实际参与建设能力较弱。目前少数民族地区已通过政府扶持与自身努力实现内部发展突破，但在发展模式创新上缺乏引领性、标志性举措与系统性战略规划，未通过数智渠道快速更新知识网络、快速突破发展模式；在政策实践中以补贴式政策为主，模式相对单一，内部造血能力不足，难以形成特色示范效应。

第二节　少数民族地区实现共同富裕的重要意义

首先，共同富裕示范区建设是少数民族地区实现追赶的重要政策窗口机遇。浙江省内许多少数民族地区由于地理区位以及文化内向等，未能很好地把握改革开放初期"以先富带动后富"的第一次重大政策窗口。共同富裕政策是国家高瞻远瞩的战略选择，是对邓小平同志关于社会主义发展阶段论的政策回应。在相关政策红利、数智红利与发展资源倾斜支持下，此轮新的重大政策窗口有望进一步改善少数民族地区发展失衡，赶上邻近区域的发展水平，享受全社会发展成果。

其次，少数民族参与浙江共同富裕示范区建设将为全国民族融合发展提供新样板。浙江肩负全国共同富裕建设的先行先试区的责任和担当，少数民族地区如何全面认识和深入参与共同富裕建设是其中一项重要任务。"和则俱荣，分则凋零"，浙江政策试验成果牵动新发展格局下我国其他省市地区少数民族健康快速发展等全局问题。同样地，浙江共同富裕示范区建设中少数民族参与问题如果没有新鲜经验分享和模式形成，这也将对政策纵深发展起到不良作用。

最后，少数民族参与共同富裕建设的成就是回击国（境）外炒作民族问题等意识形态论战的最强武器。少数民族地区一直是国外敌对势力借口人权、社会公平等对中国进行无端指责和恶意造谣的舆论点。国外个别政府、境外非政府组织（Non-Governmental Organizations，NGO）屡借新疆、西藏等少数民族地区发展不均衡问题制造争议，如2021年"新疆棉"事件。共同富裕政策的目标之一就是减小少数民族与外界发展水平的差距，需要以更高站位来对待。推动少数民族地区切实富起来，是规避国内外敌对势力挑起意识形态斗争新舆论导火索的战略性工作。

第三节　少数民族地区共同富裕建设过程中的风险挑战

浙江少数民族地区发展困境内在根源复杂多样且动态变化，既有地理区位、历史遗留等客观因素，也有来自群体以及外部的结构性因素，存在多层风险挑战。

第一，少数民族地区对于共同富裕政策的认知仍不全面。丽水景宁少数民族地区由于地理、历史、教育等客观条件，造成其市场化意识薄弱、知识体系陈旧、创新意识不强等问题，对于共同富裕政策实施内容以及惠及范围也了解不深。在景宁郑坑乡、深垟村等畲族聚集村落开展抽样调研的结果发现，有近四成受访者对于共同富裕政策内容不太了解。

第二，少数民族地区的创业创新活动的积极性和效率不高，受数智浪潮影响明显较缓。少数民族地区受数字经济等新技术浪潮影响也明显慢于其他地区，在共同富裕政策实施过程中，外界更为先进的产业发展模式在少数民族地区落地过程中遇到诸多困难，导致出现如创业失败、低效经营、回报率低等问题，这易造成少数民族参与共同富裕政策的心理失衡。调研中发现，一方面少数民族企业家在景宁域外的投资创业活动数量少、规模小，且主要集中在"三小"经济；另一方面，在景宁本地的投资创业活动也缺少代表性企业案例，普遍创业效率不高。

第三，共同富裕政策的终端分配问题易引发少数民族地区对政策公平的担忧。少数民族地区共富建设问题涉及政治、经济、文化、宗教等诸多民族事务，涉及多元主体，牵涉多重利益分配与共享，共同富裕政策目前针对少数民族地区扶持细则还未能"本土化"。调研中发现，丽水景宁在实施农副产品（如生猪养殖、种植高山农作物等）补贴政策过程中，由于存在一些政策宣导欠缺，施政过程"一刀切"等问题，引起了少数民族地区的局部矛盾。如何区分须精准扶持的特困群体、弱势群体，识别当地须重点扶持的支撑产业、薄弱产业，如何在共富政策下对其增加政策的倾斜，而不影响整体民族地区资源及利益分配上的均衡性，成为当地政府需要着重考虑的重点问题。

第四，新型社交媒体的广泛应用更易放大共同富裕过程中的民族差异性问题。少数民族由于民族文化、语言文字、生活习惯、地处山区等，以往与汉族之间存在"空气墙"。但随着新型社交媒体的广泛普及和应用，不仅少数民族群众更易获得外界信息，分享社会进步的成果，同时外界也有了更多近距离观察少数民族的窗口。少数民族的一些天然习惯如果没有被正确解释和引导，容易造成误读，甚至被别有用意者借机炒作。

第四节　数智化背景下推进少数民族地区参与共同富裕建设的对策建议

第一，推进少数民族地区共同富裕建设标志性政策，通过闭环式管理推动少数民族地区享受政策红利。

在少数民族地区推进共同富裕示范区建设，带动少数民族地区享受共同富裕政策红利与发展成果，针对性地制定少数民族地区"经济倍增计划"等标志性政策。特别是基于"山海协作"政策基础，更大程度地调动先发地区的"帮、带、引"作用。在具体政策实施中要推进闭环式管理，如建立民族联系点制度，采取如"1 位领导+1 个帮扶团队+1 个民族村"的形式开展联系帮扶；开展"消薄"（即消除集体经济相对薄弱村）提升工程和"双百村结对行动"等，实现政策精准到位。构建多元主体相互合作共建机制和利益协调机制，并加速数智助推器作用，不断将统战资源转化为少数民族实现共同富裕的强大助力。

第二，以特色产业为共富载体，以山海协作 2.0 为共富举措，加强数智引领，着力探索少数民族地区产业扶贫的浙江模式。

推动丽水景宁等少数民族地区共同富裕形成持续"造血"机制，需以发展当地特色产业为基础，拓展山海协作 2.0 模式。一方面，立足资源禀赋、比较优势，大力发展绿色经济和海拔经济，不断拓展"绿水青山就是金山银山"的转化通道，积极建设品牌农业，因地制宜培育绿色生态农业、低碳高效工业，探索文旅融合、数字农业等新兴业态。最终实现以生态赋能高质量发展。另一方面，有序推动域外产业向少数民族地区梯度转移，加强产业共富基金的引导作用，加快数智技术、工具、平台引领作用，打造产业合作亮点工程，协助建设特色专业市场，不断提升和挖掘民族地区的发展潜力。

第三，以人才为共富基底，以数智化推动招才引智，智力扶贫，提升民族地区的内生性发展动力。

少数民族地区共同富裕建设须以人才为基底，构建数智引才、用才、留才平台，构建数智人才生态；以智力为引领，从单纯的共富资源倾斜到共富"造富"能力建设，提升当地自我造血能力，以智力扶贫斩断"贫根"。一方面，政府选送优秀教师、优秀干部到当地智力帮扶，送理念、送知识、送办法；当地发挥民族干部、乡贤的带头作用，积极举办"民族百村论坛""民族乡贤恳谈会"等活动，招引外部优秀人才。另一方面，大力开展"金种子"工程，持续培育当地人才，并通过就业稳岗留住人才。在浙江全省范围内鼓励优质学校承担民族班办学任务，培养高质量少数民族各专业人才，对民族地区发展产生反哺作用。

第四，以数字赋能共同富裕示范区建设，内外同频，打破少数民族樊笼，实现科技共富。

要推进少数民族实现共同富裕还须从技术层面、基础建设层面及理念层面让少数民族地区打开樊笼，追上数字经济浪潮，实现科技共富。一方面，须通过基础设施的完善与实用技术培育推广，积极应用到乡村旅游、科技农业、电商等领域。鼓励知名电商平台开展"一县一品"展销活动，销售对口民族地区产品，帮助民族地区依托浙江数字经济优势及电商平台优势，打破地域桎梏，将特色产品推向全国乃至全球。另一方面，鼓励少数民族通过普及数字技术与外界展开更高层次和频度的交流，从而同步提升知识文化水平与认知水平，打开思维樊笼，从而带动后续内生性可持续发展。

第五，以文化为共富精神动力，共建精神家园，以数智共治推动少数民族精神共富。

少数民族共富不仅须完成物质层面的共富，还须完成精神层面共富。须以数智平台推动共享共通、共识共治，通过积极宣传少数民族和汉族共同以及特色精神文化、文化遗产推动少数民族的精神文明建设。帮助少数民族与汉族共建精神家园，共享文明成果。

第三十一章　数智化背景下民营中小企业"本地反哺"对企业绩效的影响研究

民营中小企业对当地通常存在"本地反哺"效应，这一效应对当地共同富裕产生重大影响。企业这一反哺行为事实上存在部分风险。这一风险的存在以及企业的绩效反馈通常会直接影响企业的"本地反哺"行为，从而使企业层面的"绩效反馈"上升到区域绩效层面，对区域整体共富绩效产生影响。数智化环境以及工具在其中起到重要作用。

第一节　基础理论整理与文献回顾

共同富裕建设是我国经济社会追求的一项具有战略意义的目标。企业慈善捐赠作为第三次分配的重要手段，成为企业实现社会责任的有效路径，也进一步推进了共同富裕建设。我国民营企业根植于当地发展成长（Banalieva and Eddleston，2011），常因民营企业家自身情怀感念乡土，或因企业在一方水土、人民的养育和扶助下发展壮大而对企业所在地的社会责任事业出资出力，企业成长历程中形成了特殊的"本地反哺"机制（胡珺等，2017），这也是一种地方文化性的企业行为。在20世纪80年代，中国第一批乡镇企业的奋斗史就伴随着大量的企业反哺本地农业发展，补贴本地农民收入，支持所在乡村现代化建设的案例。Granovetter（1985）指出任何个人及组织都会嵌入由其构成的社会网络结构之中，并受到来自社会结构的文化及价值因素的影响。因此尽管企业经营的首要目的是追求经济利益，对于追求和保护SEW的民营企业而言，这种情怀依然会在一定程度上影响自身决策。本章基于以上理论与实践观察，提出民营企业需要同时追求经济效益和保持民营企业的 SEW，其对于本地捐赠行为是否明显有别于企业的一般性慈善捐赠行为，是否会对企业的财务绩效产生异质性的影响。

通常认为，企业慈善捐赠的正面效应包括提升品牌形象、扩大市场影响、促进政商关系、产生"伤害保险"作用、减缓负面事件影响等（高勇强等，2012；李四海等，2012；贾明和张喆，2010；Zhang et al.，2010；Koehn and Ueng，2010；山立威等，2008；钟宏武，2007；Bennett，1998）。较为有趣的是，许多研究发现企业的非经济特征对企业捐赠行为产生较为特殊的影响。例如，有研究表明CEO的贫困经历、饥荒经历会影响其心理和行为，使其更易因"移情"而做出捐赠决策（许年行和李哲，2016）；企业管理者的从军经历使其更具奉献精神而强化其捐赠意愿（朱沆等，2020）；CEO 的党员烙印体现了"为人民服务"的价值取向，促使其企业进行慈善捐赠（连燕玲等，2021）。民营企业具有强烈的维护企业SEW的动机，所以其慈善捐赠也被认为具有显著的非经济目的倾向（陈凌和陈华丽，2014）。民营企业会更多考虑在其所在地的口碑、声誉、社会关系等（李新春和邹立凯，2021），以上都属于企业本地根植性和合法性塑造的范畴。因此，当民营企业在这些非经济性的动机驱动下，会表现出对本地慈善事业投入更多人、财、物等资源的现象。

本章内容以 2009~2019 年 A 股上市民营企业为研究对象，分析了企业在不同区域进行的慈善捐赠行为对企业长、短期财务绩效的影响，并从行业竞争强度、市场化程度两个维度出发考虑该影响的情境因素。研究发现：民营企业本地捐赠主要促进了企业的长期财务绩效，而外地捐赠主要促进了企业的短期财务绩效。进一步研究发现，行业竞争强度和市场化程度在不同程度上影响了民营企业本地捐赠和外地捐赠的效果。本章内容的研究贡献可能体现在以下两点：第一，将捐赠的目标区域选择纳入企业慈善捐赠效果的研究中，从关注内外部要素对于捐赠效果影响的主流研究框架转向强调捐赠的主导动机对于捐赠效果的影响，在此基础上揭示了不同捐赠形式的作用机制，拓展了慈善捐赠影响企业财务绩效相关理论的研究框架，丰富了企业慈善捐赠领域的相关研究；第二，由于忽视了不同捐赠形式作用机制的异质性，已有文献中有关外部情境因素影响的研究结论可能存在偏差，本章内容对行业竞争强度和市场化程度两个维度的外部要素作用进行了再讨论，有利于更好地理解其作用机制。

第二节　研究假设的提出和研究框架设计

一、捐赠的主导动机与捐赠目标区域

关于企业慈善捐赠动机的研究非常丰富，大抵可分为三类：利他动机、利己动机（工具动机）和混合动机（Liket and Simaens，2013）。在针对中国企业慈善捐赠行为的经验研究中，学者们更多地支持了慈善捐赠的"工具动机"（李增福等，2016）。对于民营企业而言，一次慈善捐赠可以同时带给管理者个人、家族和企业等以声誉、经济效益及其他收益，因此企业慈善捐赠可能同时出于多种动机，其中包括利己、利企等不同的工具性动机，还有潜在的利他动机。而多种动机的糅合并不意味着每种动机在其中起到的作用相等。恰恰相反，更可能的情形是一个主导动机诱发了捐赠决策，非主导动机强化了捐赠决策的落实。企业因其处于不同的发展阶段、经营状况或行业地位而进行不同动机主导的捐赠行为。

行为代理模型认为，决策者对环境是否消极的判断会影响到企业的具体行为。在此基础上，Gómez-Mejía等（2011）提出家族成员 SEW 的得失是企业判断的首要参照点。在面对可能损害家族成员 SEW 的情境时，民营企业对财务绩效损失的承受能力增强。因此，在决策者感受到 SEW 的损失时，对保护 SEW 这一非经济目的的诉求将主导企业行为，反之，对经济目的的追求将更占上风。在对企业慈善捐赠行为的研究中，Pracejus 和 Olsen（2004）发现企业捐赠并不总能使企业获益。例如，消费者感知到企业目的与慈善目的的分离时会影响其忠诚度，更甚者将引发"逆火效应"，从而严重损害企业声誉，有损于 SEW，所以企业选择恰当的捐赠策略至关重要。结合上述，以营利为主要目的、同时注重家族成员SEW 的民营企业根据对 SEW 损失情境的判断差异一般有以下两类主导动机：一类是以资源置换为主导的动机，在没有SEW损失的预期下，通过慈善捐赠提升消费者购买意向、获取政府补贴、投资者的资金注入等方式直接获取短期资源并提升绩效；另一类是以维护利益相关者关系网络为主导的动机，出于对SEW损失的忧虑，民营企业希冀在塑造企业形象、积累企业声誉、有效保护家族成员SEW的同时与政府、合作企业、消费者等利益相关者构建良好关系来获取更有利的市场地位，构建有利于企业长期稳定发展的关系网络，提升企业从关系网络中获取关键资源的能力。

因此，根据主导动机的不同，我们将民营企业慈善捐赠划分为资源置换动机主导的捐赠与关系网络构建主导的捐赠。资源置换动机强调企业利用慈善捐赠所能获得的直接效益，如通过提升企业声誉、促进公共关系来影响消费者的购买行为。这是一种即时收益，也是短期收益。首先，战略性捐赠是一种广告营销行为，抑或"善因营销"。顾雷雷和欧阳文静（2017）通过实证检验中国上市公司样本发现，营销能力确实能促进捐赠企业的财务绩效表现。但广告具有时效性，尤其当今互联网高速发展，消费者能在短时间内接触到大量广告从而对广告时效性提出更大的挑战，企业不能凭借一次捐赠便获得长期的消费者关注。其次，企业出于资源置换目的的慈善捐赠是为了获取当前所需的关键资源，由于对经济效益的需求迫切程度的不同，没有短期绩效压力或目光长远的企业更希望通过捐赠与政府、上下游企业等建立长期的合作关系，以实现长期盈利，而当前绩效压力大或迫于其他类似压力的企业更愿意通过一次捐赠获得直接的经济收益，以缓解经营情况不佳的现状。例如，李四海等（2012）针对亏损企业的研究发现亏损企业的捐赠通常是为了换来政府的补助。最后，长期利用"善因营销"获取短期利润会增加消费者感知到企业目的与慈善目的分离的概率，使消费者认为企业目的不纯，引发"逆火效应"，从而降低捐赠的效用。

关系网络构建这一动机更注重企业和公众乃至社会的关系。由于包括经济组织在内的所有社会机构的生存权和其他所有权利都源自社会的赋予（Suchman，1995），慈善捐赠虽不一定能提高企业的财务绩效，但有助于保证企业经营的合法性（Scott，1995）并提高企业生存的可能性（Oliver，1991）。从政府角度分析，在当前转型经济背景下，政府对市场资源具有很强的控制力，政府行为对市场参与主体存在着普遍的影响，因此企业密切与政府（部门）之间的关系是重要的发展战略（张建君和张志学，2005）。同时，在政府力量显著的制度环境中，政治关联不仅直接赋予企业政治合法性，而且能够助其间接获得公众认可和社会合法性（睦文娟，2016）。从市场角度分析，慈善捐赠有利于民营企业嵌入当地市场，通过地域文化、地域产业与地域社群的相互交织家族/企业的影响力（李新春和邹立凯，2021），使企业在与其他企业或实体打交道时更易被信赖（张建君和张志学，2005），对民营企业可持续成长具有重要帮助。

本章内容以企业捐赠目标区域的不同来区分不同动机主导的企业慈善捐赠。具体而言，民营企业本地捐赠是企业对其所在地进行的慈善捐赠行为，由关系网络构建动机主导；外地捐赠是对非所在地进行的慈善捐赠行为，由资源置换动机主导。企业慈善捐赠可以帮助企业获得合法保护、产生"伤害保险"作用、直接或间接增值、政治资源等（钟宏武，2007），民营企业管理者以SEW得失为参照点对企业情境做出判断并选择捐赠策略。对于以关系构建目的为主导的企业捐赠而言，被感知到企业目的与慈善目的不一致而产生怀疑可能造成合法性损失，弱化企业与利益相关者的关系，因此选择合适的捐赠策略至关重要。胡珺等

（2017）指出，家乡认同是在中国这一特定情境下的独特的非正式制度，几乎在每个时代都可以感受到人们的这种情感。企业及家族出于对家乡的认同和回馈进行慈善捐赠易被社会接受且不会引起消费者对动机的质疑，因此以关系网络构建为主导动机的企业慈善捐赠更可能在本地开展。对于以资源置换为主要动机的企业，需要考虑的重点是如何在短期内最大化慈善捐赠的广告效应，充分发挥企业营销能力进而加强捐赠效果（顾雷雷和欧阳文静，2017）。它们的捐赠范围不再局限于本地，而是将目光聚焦社会瞩目的自然灾害或重要事件，以此扩大捐赠的影响力，更大程度地发挥捐赠的广告作用。

二、本地捐赠和外地捐赠对企业财务绩效的影响

不同捐赠策略的捐赠区域和受赠对象差异导致其对财务绩效的影响有所区别。企业的本地捐赠形式一般为助力家乡建设等。这些本地捐赠行为可以构建更高水平的社会关系网络：一方面，本地捐赠有利于当地政府的政绩指标，促进政企联系，增强政治合法性（杜勇和陈建英，2016；贾明和张喆，2010）；另一方面，中国传统文化强调家乡认同（胡珺等，2017），对所在地进行捐赠是企业在发展壮大之后回馈本土的行为，具有天然的正当性，这种行为与目的一致的捐赠对公众的态度和行为具有积极影响。因此地理区位因素使公众对本土企业的认识和接受程度较高，本地捐赠这一回馈地方的行为使企业更容易在区域内逐渐积累声誉。另外，本地消费者和合作者、企业员工等内外部利益相关者都可能直接受惠于企业的本地捐赠行为，加持了"本地企业"这一光环的捐赠企业会获得社区、市场甚至当地社会的认可，构建并强化企业的本地合法性，获得一定程度的负面声誉豁免权，更进一步增强与当地政府、企业和其他组织构建稳定的合作关系，从而拥有长期竞争优势（Porter and Kramer，2002），有效促进企业长期绩效提升。但短期而言，本地捐赠对企业财务绩效的影响力较弱。首先，家乡建设、社区活动等本地捐赠行为中受捐赠者的受关注度小，难以产生大范围的影响，广告宣传作用并不明显；其次，受捐赠者个体能力相对低下，难以在短时间内反馈企业所需的关键资源。因此，本地捐赠虽然也能给企业带来一定程度的资源、声誉，但对短期财务绩效的促进作用弱于长期。

企业外地捐赠行为通常为自然灾害捐赠和教育捐赠，其影响范围相对较广，尤其人们对于灾后援助和建设方面的关注度较高，使得灾后的慈善捐赠活动成为企业的营销重点，进而慈善捐赠榜单成为各大企业营销的主战场。跨地理区域进行的慈善捐赠面向更广泛的利益相关者群体发出了企业经营状况良好、积极履行社会责任的信号（李四海等，2012），可以在短期内获得更多的消费者认可从而

提高销售量，捐赠效果带来的短暂而高涨的声誉也会吸引投资者、潜在合作企业的青睐，从而转化为企业的盈利能力。然而，如今公众逐渐开始意识到企业慈善捐赠的战略性质，公众对企业表面捐赠实则牟利的欺骗行为产生了警惕心理，导致捐赠企业一旦出现负面报道就极易产生"逆火效应"从而引火烧身（高勇强等，2012；Yoon et al., 2006）。另外，愈发频繁的善因营销策略使各大企业纷纷进行捐赠，抬高了捐赠起效的门槛，使其机会成本日益增加，导致企业很难长期运用这一方式获取预期收益。结合捐赠作为广告营销手段具有时效性的特点，企业的外地捐赠主要导向短期效益，难以产生长远的经济回报。据此，本章内容提出以下假设：

假设 31-1： 企业本地捐赠可以有效促进企业长期财务绩效表现，但对短期财务绩效表现的促进作用较弱；

假设 31-2： 企业外地捐赠可以有效促进企业短期财务绩效表现，但与长期财务绩效表现关系不显著。

三、本地捐赠、外地捐赠、行业竞争强度和企业财务绩效

慈善捐赠作为企业维护利益相关者、增强竞争力的重要战略，在很大程度上受到行业竞争强度的影响。行业竞争强度反映了一个行业内竞争对手数量、竞争激烈程度及产品模仿程度等（杜海东和严中华，2013）。由于慈善捐赠支出消耗了企业冗余资源，具有较高的机会成本，以及其带来短期效益在很大程度上依赖于广告效应，同行业内的竞争强度会对企业慈善捐赠的效果具有一定影响，且对不同捐赠区域的慈善行为的影响有所差异。

企业慈善捐赠通过打造差异化的产品和企业形象获得公众的关注，但在相对激烈的市场竞争中，企业的产品或服务信息会与众多行业内其他企业信息同时向消费者传递，甚至被来自其他企业的信息快速覆盖，捐赠的广告效用将会明显减弱。首先，行业内企业雷同的慈善捐赠战略还会导致竞争性捐赠的出现（岳阳等，2013），抬高了捐赠起效的门槛。因此，激烈的竞争降低了单位捐赠的影响，甚至可能造成捐赠负收益。其次，市场竞争较弱时，企业有较大的利润空间，有利于企业精心设计、实施企业战略以实现企业盈利，而在激烈的市场竞争环境下，企业通过创新等行为形成产品差异化这一竞争过程缩减了企业的冗余资源，企业进行慈善捐赠的机会成本大幅增加，不能达成预期效益的捐赠行为会造成更大的经济损失。

相比外地捐赠，企业的本地捐赠天然加持了回馈本土这一光环，这使得企业不需要耗费大量资源与行业内企业攀比，承担极高的机会成本，同时恰当的本地

捐赠行为还能打造差异化的产品和企业形象，使企业在激烈的市场竞争中脱颖而出。据此，本章内容提出以下假设：

假设31-3a： 行业竞争强度削弱了企业外地捐赠对短期财务绩效表现的影响；

假设31-3b： 行业竞争强度加强了企业本地捐赠对长期财务绩效表现的影响。

四、本地捐赠、外地捐赠、市场化程度和企业财务绩效

根据资源依赖理论，企业是一个开放的系统，其生存和发展受到外部资源的制约，企业慈善捐赠活动可以有效降低外部不确定性，削减对外部资源的依赖。另外，由于在中国经济的市场化改革进程中，经济体制改革与政治体制改革相脱节，政府仍然具有较高的行政裁量权（周黎安和陶婧，2009），并且控制着企业发展所需的关键性资源，市场化进程成为战略性捐赠中不可避免的话题。

地区的市场化程度表明了政府对经济的干预程度（周晓剑等，2019）。政府对关键性资源的控制使企业需要与政府构建良好关系来获取政府手中的资源，如获得直接的政府补助（杜勇和陈建英，2016）或间接的税收减免，来改善企业竞争环境，增强企业竞争力。企业与政府的良好关系不仅直接赋予企业政治合法性，而且能够助其间接获得公众认可与社会合法性（眭文娟等，2016）。在市场化程度较低的环境中，企业更容易通过利用良好的政商关系来获取资源。因此，市场化程度在一定程度上加强了捐赠效果。

然而，不同的捐赠活动的影响力有所差别，导致相同的捐赠支出带来的企业收益大相径庭，出于利润最大化的考量，企业会尽可能选择效率最高的捐赠活动。地方政府出于绩效指标的考虑，需要企业帮助承担一部分社会和政治任务，在必要时会进行"强制性"的摊派。首先，低市场化程度地区的企业在此过程中更占据主动权，它们能够利用政府的经济裁量权，更准确地区分摊派性质，过滤掉那些影响力较小的摊派，此外，它们可以通过运用适当的技巧避开政府摊派（张建君，2013）。而高市场化程度地区的企业竞争加剧，选择权较弱，因此更可能被摊派到"吃力不讨好"的捐赠活动，降低了总体捐赠效果。其次，战略性慈善中企业品牌与慈善事业的匹配度对消费者忠诚度有显著影响（Pracejus and Olsen，2004），消费者感知到慈善目的与企业目的的分离会削弱捐赠效果。在市场化程度较高的地区，企业之间的竞争活动更加充分，市场对于战略性慈善捐赠的认识也更深，因此消费者感知到企业利己性意图的可能性更高，对于广告效果和关系网络构建的效果具有负面作用，进而降低了捐赠对财务绩效的促进作用。据此，本章内容提出以下假设：

假设31-4a： 市场化程度削弱了企业外地捐赠对短期财务绩效的影响；

假设 31-4b：市场化程度削弱了企业本地捐赠对长期财务绩效的影响。

第三节　民营中小企业本地捐赠对企业绩效影响的实证研究

一、样本和数据

本章选取 2009~2019 年创业板和中小板民营上市企业作为基础样本库。民营企业界定参考曾颖娴等（2021）的方法，同时满足以下条件：①企业的第一大股东的最终控制人是单一家族中的某个自然人或多个自然人；②实际控制人所在家族中有两人及以上持有股份或担任董监高等职位的企业被认定为民营企业。本章财务数据主要来源于 CSMAR 数据库，慈善捐赠数据来源于 CSMAR 数据库、巨潮资讯网上市公司年报、社会责任报告和公司官网。剔除关键数据缺失、资料不全的样本，最终收集了 462 家样本企业数据，共获得 1 646 个观测值。为了减少绩效对捐赠行为和规模的影响等导致的内生性问题，除被解释变量外，其余所有变量做滞后一期处理。为避免异常值影响，本章内容对连续变量在 1%水平上进行缩尾处理。

（一）变量定义

1. 因变量

本章内容中的因变量企业财务绩效包括长期财务绩效和短期财务绩效。参考 Wang 等（2008）的方法，将财务绩效用企业资产收益率度量以控制企业规模带来的影响。在时间维度上，已有相关文献在探究企业捐赠对财务绩效的影响时通常选取捐赠后一年绩效作为被解释变量，一方面是考虑到产生效应的滞后性，另一方面是为了缓解内生性问题，本章内容将其作为短期财务绩效衡量；对于捐赠的长期影响，本章内容借鉴 Wang 等（2008）的做法，考虑捐赠影响的时滞性，选取捐赠后三年的绩效均值衡量长期绩效。因此，短期财务绩效表现（P_short）用 t 期企业资产收益率度量；长期财务绩效表现（P_long）用 t 至 $t+2$ 三期的平均资产收益率度量。

2. 自变量

企业本地捐赠（Phi_local）和企业外地捐赠（Phi_nonlocal）分别用本地和外

地捐赠额与当期营业收入的比值度量，本章内容首先从 CSMAR 数据库中获得企业注册地址并将其确认为企业所在地，再对照 CSMAR 数据库中的慈善捐赠数据，从巨潮资讯网获得上市公司年报、社会责任报告对捐赠数据进行校对（不统计未标明价值的物资捐赠），根据披露的受赠方所在地按是否本省将捐赠数据划分本地捐赠与外地捐赠，对于未详细披露的数据，从公司官网或相关媒体报道处进行查证，对于不能明确受赠方所在地的，在相关回归中剔除该数据。

3. 调节变量

行业竞争强度（HHI），本章采用赫芬达尔—赫希曼指数度量市场竞争强度，$\text{HHI} = \sum (X_i / X)^2$，其中，$X = \sum X_i$，$X_i$ 为企业 i 的主营业务收入，X 为该行业内企业主营业务收入之和。该指数为反映市场集中度的综合指数，指数越小，说明市场竞争强度越大，反之亦反。

市场化程度（Market），企业所在省/直辖市的市场化相对进程，数据来源于中国市场化指数数据库。市场化程度高于均值取 1，反之则取 0。

4. 控制变量

企业年龄（Age），自企业成立至样本年份的年数；企业规模（Size），员工人数的对数值；股权集中度（Center），第一大股东占比；独立董事比例（IDR），董事会成员中独立董事占比；广告投入（AD），广告投入的对数值；两职兼任（Duality），董事长与总经理是否兼任，兼任取 1，否则取 0；企业资本结构（Lev），负债总额与资产总额的比值。

（二）研究设计

基于本章内容的研究假设，设定以下待检验的模型：

$$
\begin{aligned}
P\_short_{i,t+1} = {} & \beta_0 + \beta_1 \text{Phi\_nonlocal}_{i,t} + \beta_2 \text{Phi\_local}_{i,t} + \beta_3 \text{HHI}_{i,t} \\
& + \beta_4 \text{HHI}_{i,t} \text{Phi\_nonlocal}_{i,t} + \beta_5 \text{Market}_{i,t} \\
& + \beta_6 \text{Market}_{i,t} \text{Phi\_nonlocal}_{i,t} + \beta_7 \text{Control}_{i,t} + \varepsilon_{i,t}
\end{aligned}
\tag{31-1}
$$

$$
\begin{aligned}
P\_long_{i,t+1} = {} & \beta_0 + \beta_1 \text{Phi\_local}_{i,t} + \beta_2 \text{Phi\_nonlocal}_{i,t} + \beta_3 \text{HHI}_{i,t} \\
& + \beta_4 \text{HHI}_{i,t} \text{Phi\_local}_{i,t} + \beta_5 \text{Market}_{i,t} \\
& + \beta_6 \text{Market}_{i,t} \text{Phi\_local}_{i,t} + \beta_7 \text{Control}_{i,t} + \varepsilon_{i,t}
\end{aligned}
\tag{31-2}
$$

其中，P_short、P_long 为被解释变量，分别为企业短期、长期绩效；Phi_nonlocal、Phi_local 为解释变量，分别表示企业在外地、本地的捐赠规模；HHI、Market 为调节变量，分别表示样本企业所在行业的竞争强度和所在地区的市场化程度；Control 表示可能影响企业财务绩效的其他控制变量；ε 表示随机扰动项。此外，式（31-1）中 β_1 用来分析外地捐赠对短期财务绩效的影响，β_2 用来分析本地捐赠对于短期财务绩效的影响，β_4、β_6 分别用来分析行业竞争强度、市场化程度的调节作用；式（31-2）中 β_1 用来分析本地捐赠对长期财务绩效的影响，β_2 用来分析外地捐赠对于长期财务绩效的影响，β_4、β_6 分别用来分析行业竞争强度、市场化程度的调节作用。

二、描述性统计

表 31-1 列示了主要变量的描述性统计，结果显示企业本地捐赠（Phi_local）的均值为 0.000 03，标准差为 0.000 12，外地捐赠（Phi_nonlocal）的均值为 0.000 02，标准差为 0.000 07，表明样本企业间慈善捐赠差异明显，本地捐赠总体水平略高于外地捐赠。行业竞争强度（HHI）均值为 0.133 1，由于行业竞争强度指数越小意味着竞争越激烈，表明样本企业所在行业的总体竞争强度较高。市场化程度（Market）的均值为 0.796 2，表明样本企业总体处于市场化程度较高的地区。

表 31-1　主要变量描述性统计

变量	样本量	均值	标准差	最小值	最大值
P_short	1 646	0.020 9	0.041 7	−0.166 6	0.157 7
P_long	993	0.017 1	0.039 2	−0.114 1	0.121 2
Phi_local	1 646	0.000 03	0.000 12	0	0.000 85
Phi_nonlocal	1 646	0.000 02	0.000 07	0	0.000 62
HHI	1 646	0.133 1	0.115 7	0.024	0.43
Market	1 646	0.796 2	0.402 9	0	1
Age	1 646	17.802 6	5.140 1	3	60
Lev	1 646	0.433 4	0.214 2	0.072 3	1.128 5
AD	1 646	18.267 4	1.779 8	13.348 7	22.577 2
Center	1 646	0.326 7	0.150 7	3.390 4	89.985 8
IDR	1 646	0.371 5	0.053 1	0.181 8	0.625
Duality	1 646	0.307 1	0.461 3	0	1
Size	1 646	7.654 8	1.286 5	4.007 3	11.104 9

（一）不同区域捐赠与企业长、短期财务绩效的关系检验

表 31-2 模型 1 与表 31-3 模型 1 分别检验了本地、外地捐赠与企业短期和长期财务绩效的关系。

表 31-2　不同区域捐赠与短期财务绩效的关系检验

变量	模型 1	模型 2	模型 3	模型 4	模型 5	模型 6
	P_short					
Phi_nonlocal	0.411*** （0.029）	0.411*** （0.028）	0.499*** （0.041）	0.408*** （0.029）	0.489*** （0.069）	0.557*** （0.073）
Phi_local	0.000 3* （0.000 1）					
HHI		−0.067 （0.172）	−0.004 （0.005）			−0.018 （0.178）
Phi_nonlocal ×HHI			0.696*** （0.236）			0.675*** （0.241）
Market				0.067 （0.061）	0.078 （0.062）	0.077 （0.062）
Phi_nonlocal ×Market					−0.184** （0.078 2）	−0.147** （0.075 4）
Age	−0.000 4*** （0.000 1）	−0.000 4*** （0.000 1）	−0.000 4*** （0.000 1）	−0.000 4*** （0.000 1）	−0.000 3* （0.000 2）	−0.000 4*** （0.000 1）
Lev	−0.052*** （0.003）	−0.052*** （0.003）	−0.052*** （0.003）	−0.052*** （0.003）	−0.05*** （0.003）	−0.051*** （0.003）
AD	0.006*** （0.001）	0.005*** （0.001）	0.005*** （0.001）	0.006*** （0.001）	0.006*** （0.001）	0.005*** （0.001）
Center	0.000 3*** （0.000 04）	0.000 3*** （0.000 04）	0.000 3*** （0.000 04）	0.000 3*** （0.000 04）	0.000 3*** （0.000 04）	0.000 3*** （0.000 04）
IDR	−0.023* （0.012）	−0.022* （0.012）	−0.022* （0.012）	−0.019* （0.012）	−0.024* （0.013）	−0.02* （0.012）
Duality	0.000 1 （0.001）	0.000 2 （0.001）	0.000 2 （0.001）	−0.000 1 （0.001）	0.000 3 （0.002）	0.000 3 （0.001）
Size	−0.001 （0.001）	−0.000 1 （0.001）	−0.000 1 （0.001）	−0.000 1 （0.001）	−0.000 1 （0.001）	−0.000 3 （0.001）
常数项	−0.049*** （0.009）	−0.037*** （0.009）	−0.038*** （0.009）	−0.054*** （0.009）	−0.06*** （0.01）	−0.043*** （0.009）
Year FE （年份固定效应）	控制	控制	控制	控制	控制	控制
R^2	0.140 2	0.140 2	0.144 8	0.141 1	0.142 3	0.148 3
调整 R^2	0.131 2	0.131 2	0.135 3	0.131 8	0.132 9	0.135 5
F 值	29.48***	29.1***	27.55***	28.78***	26.07***	22.48***
观测值	1 646	1 646	1 646	1 646	1 646	1 646

*、**、***分别表示系数在 10%、5%、1%的水平上显著

注：括号内为标准误

表 31-3　　不同区域捐赠与长期财务绩效的关系检验

变量	模型 1	模型 2	模型 3	模型 4	模型 5	模型 6
	P_long					
Phi_local	0.065*** (0.007)	0.066*** (0.007)	0.092*** (0.015)	0.065*** (0.059)	0.037*** (0.016)	0.063*** (0.018)
Phi_nonlocal	−0.000 2 (0.001 3)					
HHI		−0.001 (0.009)	0.003 (0.009)			0.003 (0.009)
Phi_local ×HHI			−0.321 (0.195)			−0.503 (0.384)
Market				0.003 (0.003)	0.002 (0.003)	0.002 (0.003)
Phi_local ×Market					−0.036* (0.018)	−0.056*** (0.002)
Age	−0.000 1 (0.000 2)	−0.000 1 (0.000 2)	−0.000 1 (0.000 2)	−0.000 2 (0.000 2)	−0.000 2 (0.000 2)	−0.000 1 (0.000 2)
Lev	−0.027*** (0.003)	−0.027*** (0.003)	−0.027*** (0.003)	−0.027*** (0.003)	−0.027*** (0.003)	−0.026*** (0.003)
AD	0.005*** (0.001)	0.004*** (0.001)	0.004*** (0.001)	0.005*** (0.001)	0.005*** (0.001)	0.005*** (0.001)
Center	0.000 4*** (0.000 04)	0.000 4*** (0.000 04)	0.000 3*** (0.000 05)	0.000 4*** (0.000 05)	0.000 4*** (0.000 05)	0.000 4*** (0.000 05)
IDR	−0.018 (0.013)	−0.018 (0.013)	−0.017 (0.013)	−0.015 (0.012)	−0.015 (0.013)	−0.014 (0.013)
Duality	0.002 (0.002)	0.002 (0.002)	0.002 (0.002)	0.002 (0.002)	0.002 (0.002)	0.002 (0.002)
Size	−0.001 (0.001)	−0.001 (0.001)	−0.001 (0.001)	−0.001 (0.001)	−0.001 (0.001)	−0.001 (0.001)
常数项	−0.052*** (0.01)	−0.051*** (0.01)	−0.052*** (0.01)	−0.054*** (0.01)	−0.054*** (0.01)	−0.056*** (0.01)
Year FE （年份固定效应）	控制	控制	控制	控制	控制	控制
R^2	0.222 3	0.222 2	0.222 5	0.223 5	0.226 6	0.233 8
调整 R^2	0.210 3	0.210 3	0.210 8	0.211 1	0.213 5	0.219 1
F 值	31.02***	31.02***	28.41***	30.1***	27.55***	23.85***
观测值	993	993	993	993	993	993

*、***分别表示系数在 10%、1%的水平上显著

注：括号内为标准误

表 31-2 模型 1 显示，企业外地捐赠规模与短期财务绩效显著正相关（β=0.411，p<0.01），而本地捐赠规模虽然也与短期绩效正相关（β=0.000 3，

$p<0.1$），但系数明显小于外地捐赠规模系数，意味着尽管本地捐赠也有利于短期财务绩效提升，但其影响效果远不如外地捐赠。表 31-3 模型 1 显示，企业本地捐赠规模与长期财务绩效显著正相关（$\beta=0.065$，$p<0.01$），而外地捐赠规模与长期财务绩效关系不显著。据此，本章假设 31-1、假设 31-2 得到验证。

（二）行业竞争强度、市场化程度的调节机制分析

1. 行业竞争强度的调节作用

表 31-2 模型 3 中引入了行业竞争强度和外地捐赠水平的交互项，结果显示交互项 HHI×Phi_nonlocal 的系数显著不为零，且相比未加入交互项的模型 2，模型 3 的 R^2 明显提升，说明行业竞争强度这一调节变量具有一定的解释力。HHI 指数越低意味着企业所在行业的市场竞争越激烈，可见与我们预期的一致，激烈的市场竞争会导致企业外地捐赠的效果下降，其中原因可能是激烈的市场竞争中，消费者更关注产品本身及其价格，对慈善捐赠的敏感性有所降低。假设 31-3a 得到验证。

表 31-3 模型 3 中引入了行业竞争强度和本地捐赠水平的交互项，结果显示 HHI×Phi_local 的系数不显著，说明行业竞争强度这一调节变量对本地捐赠与长期财务绩效并没有调节作用。可能的原因是企业进行本地捐赠虽然构建了稳定的本地关系网络和资源网络，但在竞争激烈的行业中进行捐赠的机会成本也较高，因此行业竞争强度对进行本地捐赠效果的影响不显著。假设 31-3b 未得到验证。

2. 市场化程度的调节作用

表 31-2、表 31-3 模型 5 分别引入市场化程度与企业外地和企业本地捐赠规模的交互项，从估计结果看，交互项 Market×Phi_nonlocal 和 Market×Phi_local 的系数均显著不为零，且相比模型 4 的 R^2 有明显提升，说明交互项具有一定的解释力。交互项的系数在 10%的水平上显著为负，说明所处地区市场化越高的企业其外地捐赠对短期财务绩效的影响以及本地捐赠对长期绩效的影响都将更弱，市场化程度在一定程度上削弱了企业捐赠对短期作用的影响。

（三）企业慈善捐赠规模的替代性检验

前文在对于捐赠规模的衡量中，使用了捐赠与营业收入的比值，这种方式考虑了企业的实际捐赠能力，但是忽视了绝对捐赠额对于捐赠效果的影响。实际捐赠中，市场可能对于企业的实际捐赠额更为敏感。因此我们选取了捐赠额的对数值衡量企业的捐赠规模对上述回归结果进行稳健性检验。检验结果如表 31-4 所示，回归结果与前述基本一致，意味着替换捐赠规模的测量指标后各假设依然得

到验证和支持。

表 31-4　替换捐赠规模的回归结果

变量	P_short		变量	P_long	
	模型 1	模型 2		模型 3	模型 4
Phi_nonlocal$_{ln}$	0.005*** (0.000 3)	0.006*** (0.001)	Phi_local$_{ln}$	0.009*** (0.000 3)	0.007*** (0.000 7)
Phi_local$_{ln}$	0.000 8** (0.000 3)	−0.000 5 (0.000 3)	Phi_nonlocal$_{ln}$	−0.000 5 (0.000 3)	
HHI		0.047*** (0.004)	HHI		0.004 (0.004)
Phi_nonlocal$_{ln}$ ×HHI		0.011*** (0.003)	Phi_local$_{ln}$ ×HHI		0.003 (0.004)
Market		0.005*** (0.001)	Market		0.004*** (0.001)
Phi_nonlocal$_{ln}$ ×Market		−0.002* (0.001)	Phi_local$_{ln}$ ×Market		−0.001** (0.000 7)
Age	0.000 01 (0.000 1)	−0.000 01 (0.000 1)	Age	0.000 1 (0.000 1)	0.000 1 (0.000 1)
Lev	−0.053*** (0.002)	−0.052*** (0.002)	Lev	−0.037*** (0.002)	−0.037*** (0.002)
AD	0.006*** (0.000 3)	0.005*** (0.000 3)	AD	0.005*** (0.000 3)	0.005*** (0.000 3)
Center	0.000 2*** (0.000 02)	0.000 2*** (0.000 03)	Center	0.000 2*** (0.000 02)	0.000 2*** (0.000 02)
IDR	−0.021*** (0.007)	−0.02*** (0.007)	IDR	−0.024*** (0.008)	−0.024*** (0.008)
Duality	0.001 (0.001)	0.001 (0.001)	Duality	0.003** (0.001)	0.003** (0.001)
Size	−0.002*** (0.000 4)	−0.002*** (0.000 5)	Size	−0.003*** (0.000 5)	−0.003*** (0.000 5)
所有制结构	−0.005*** (0.000 8)	−0.005*** (0.001)	SOE	−0.005*** (0.001)	−0.005*** (0.001)
常数项	−0.058*** (0.005)	0.048*** (0.006)	常数项	−0.036*** (0.006)	−0.036*** (0.006)
Year FE （年份固定效应）	控制	控制	Year FE （年份固定效应）	控制	控制
R^2	0.204 2	0.221 4	R^2	0.238 4	0.238 4
调整 R^2	0.202 1	0.219 2	调整 R^2	0.235 7	0.235 7
F 值	30.49***	27.76***	F 值	26.91***	24.35***
观测值	1 646	1 646	观测值	993	993

*、**、***分别表示系数在 10%、5%、1%的水平上显著

注：括号内为标准误

（四）剔除特殊年份数据

尽管本章为了规避汶川地震中异常捐赠规模带来的影响，剔除了 2008 年的样本，但在样本期间内，2010 年也发生了危害重大的玉树地震。作为一次伤亡重大的自然灾害，玉树地震给灾区人民带来了巨大的损害，引起了全社会的关注，众多企业纷纷捐款捐物，这势必影响当年社会捐赠的构成。从企业角度看，由于社会对灾区的密切关注，出于树立企业形象、扩大捐赠效果等原因，企业将更积极地参与慈善捐赠。此外，媒体对于灾后捐助、建设的持续报道也将延长捐赠的影响时限，扩大了捐赠的广告效应。总而言之，2010 年企业捐赠受到玉树地震的影响，导致捐赠额与其他年度的偏离，与企业日常经营中的慈善捐赠行为有所出入，因此将当年样本做异常值剔除。

表31-5列示了剔除2010年样本数据的主效应和调节效应回归结果，从表中结果可知，主要解释变量与交互项系数的显著性与符号均与前文基本一致，回归结果较稳健。

表 31-5　剔除特殊年份数据的回归结果

变量	P_short		变量	P_long	
	模型 1	模型 2		模型 3	模型 4
Phi_nonlocal	0.103*** (0.017)	0.101*** (0.015)	Phi_local	0.129*** (0.003)	0.134*** (0.012)
Phi_local	0.01** (0.004)		Phi_nonlocal	0.009 (0.007)	
HHI		−0.043*** (0.005)	HHI		0.006 (0.005)
Phi_nonlocal$_{ln}$ ×HHI		0.144*** (0.064)	Phi_local$_{ln}$ ×HHI		−0.126 (0.099)
Market		0.005*** (0.001)	Market		0.005*** (0.001)
Phi_nonlocal$_{ln}$ ×Market		−0.243* (0.114)	Phi_local$_{ln}$ ×Market		−0.16* (0.09)
Age	−0.000 03 (0.000 2)	−0.000 06 (0.000 1)	Age	0.000 1 (0.000 1)	0.000 2** (0.000 1)
Lev	−0.052*** (0.002)	−0.05*** (0.002)	Lev	−0.035*** (0.002)	−0.035*** (0.002)
AD	0.005*** (0.000 4)	0.005*** (0.000 4)	AD	0.005*** (0.000 4)	0.005*** (0.000 4)
Center	0.000 2*** (0.000 03)	0.000 2*** (0.000 03)	Center	0.000 2*** (0.000 02)	0.000 2*** (0.000 03)
IDR	−0.022*** (0.007)	−0.023*** (0.008)	IDR	−0.029*** (0.008)	−0.028*** (0.009)
Duality	0.002 (0.001)	0.001 (0.001)	Duality	0.002** (0.001)	0.002 (0.001)

续表

变量	P_short		变量	P_long	
	模型 1	模型 2		模型 3	模型 4
Size	-0.001^{**} （0.000 5）	$-0.000\ 4$ （0.000 6）	Size	-0.002^{***} （0.000 5）	-0.002^{***} （0.000 5）
所有制结构	-0.005^{***} （0.000 9）	-0.004^{***} （0.001）	所有制结构	-0.005^{***} （0.000 9）	-0.002^{**} （0.001）
Constant	-0.064^{***} （0.005）	0.06^{***} （0.007）	Constant	-0.048^{***} （0.006）	-0.055^{***} （0.007）
Year FE （年份固定效应）	控制	控制	Year FE （年份固定效应）	控制	控制
R^2	0.193 8	0.201 7	R^2	0.292 3	0.312 9
调整 R^2	0.190 2	0.198 9	调整 R^2	0.290 1	0.309 7
F 值	36.15^{***}	23.96^{***}	F 值	31.02^{***}	23.85^{***}
观测值	1 548	1 548	观测值	957	957

*、**、***分别表示系数在 10%、5%、1%的水平上显著

注：括号内为标准误

第四节　研究结论与启示

对于民营企业而言，企业慈善捐赠活动可以向市场传递积极履行社会责任的信号，塑造企业形象，提升企业财务绩效，以及保护家族成员 SEW。但随着善因营销日趋频繁，消费者对企业的真实目的的感知不仅会降低捐赠效果，甚至对企业声誉造成负面影响，因此企业需要根据自身需求选择合适的捐赠形式。本章内容考察了企业对本地、外地两种捐赠形式对企业长、短期财务绩效的影响，通过对 2009~2019 年 A 股上市民营企业样本的分析，得出以下结论：企业对外地进行捐赠可以充分发挥其广告宣传作用，有效促进短期财务绩效提升，但长期而言，企业对外地捐赠对财务绩效的促进作用并不明显；企业对本地进行捐赠的营销作用相对较弱，短期而言，对财务绩效提升的促进作用较弱，但企业对本地捐赠符合中国传统的乡土情怀，并将其持续传递给消费者，有利于企业塑造并长期保持情怀企业的声誉，进而保持其竞争优势，促进企业长期财务绩效。当企业处于竞争激烈的行业，企业通过向外地捐赠以塑造差异化的形象来获取竞争优势时，由于捐赠起效门槛提高、捐赠占用了可用来获取竞争优势的研发资金等原因反而削弱了捐赠的效果，本地捐赠一方面可以构建稳定的本地关系网络，另一方面打造

了差异化的回馈家乡的责任企业形象，减少了行业竞争强度的负面影响。当企业处于市场化程度较高的地区时，一方面，政府对经济的干预能力减弱，企业通过慈善捐赠建立政商关系获取利益的能力随之减弱；另一方面，高度市场化地区的竞争相对激烈，竞争手段多样，消费者对于企业善因营销目的的感知能力更强，因此降低了捐赠的效果。

本章内容的研究提供了一些理论启示：第一，本章内容从民营企业的经济动机和非经济动机入手关注到了捐赠的不同形式，提出了企业对不同区域进行捐赠对企业财务绩效不同的影响。已有文献研究了慈善捐赠对企业绩效的影响，但忽视了捐赠动机在其中的作用，以致相关结论发散。本章内容的研究通过分析出于资源置换和关系网络构建两种主导动机的企业分别采取外地捐赠、本地捐赠两种形式以达到各自目的，扩展了现有关于企业慈善捐赠效果的研究。该研究结果也表明企业进行慈善捐赠活动有时并非出于纯粹的经济目的，因此仅通过企业绩效表现来观察捐赠效果可能是片面的。

第二，慈善捐赠影响企业绩效的作用机制已有丰富的文献提及，其中涉及信号传递理论、利益相关者理论、资源依赖理论等多种理论。然而，不同形式的企业捐赠所涉的作用机制也不尽相同。本章内容选取行业竞争强度、市场化程度两个情境因素调节变量，对其作用机制进行进一步探讨。本章内容的结论表明，本地捐赠与外地捐赠两种形式对企业绩效产生影响的具体机制有所差异。为了追求短期效益，企业向外地进行捐赠，将这一信号传递给了更广泛的受众群体，充分发挥其广告作用，因此在行业竞争加剧时企业的广告成本增加、效用减弱，导致外地捐赠效果欠佳。本地捐赠主要通过建立和维护利益相关者联系，当竞争加剧时，本地捐赠的企业仍然可以通过差异化的路径削弱其负面影响。该研究结论表明对待不同形式的捐赠策略时，应对其具体机制加以关注，避免片面地套用已有理论，进而完善相关研究。

本章内容的研究存在一定的局限性，未来研究可以进一步完善：第一，本章内容的数据多来源于 CSMAR 数据库，其中慈善捐赠数据缺失值较多，未针对企业年报进行全面比对校正。尽管已有文献中大量采用这种方式，但对比部分文献中民营企业调查数据可知，捐赠数据可能与实际捐赠行为有较大的遗漏和误差。第二，本章内容利用慈善捐赠的目标区域选择来区分企业进行广告宣传和关系构建两大主导动机，具有一定的合理性。但企业在对同一区域进行捐赠时很可能出于不同的目的，本章内容不得已将之混为一谈。第三，本章内容仅讨论了民营企业的不同捐赠形式，而事实上非民营企业同样会因非经济动机而做出捐赠决策，未来研究可以针对更广泛企业的不同捐赠形式进行捐赠效果的研究。

参 考 文 献

蔡昉，都阳，王美艳. 2005. 中国劳动力市场转型与发育[M]. 北京：商务印书馆.

蔡昉，王美艳. 2009. 为什么劳动力流动没有缩小城乡收入差距[J]. 经济学动态，582（8）：4-10.

蔡荣江. 2018. 我国深入拓展智能制造技术应用路径的对策建议[J]. 知识经济，（2）：39-40.

蔡跃洲，马文君. 2021. 数据要素对高质量发展影响与数据流动制约[J]. 数量经济技术经济研究，38（3）：64-83.

曹勇，赵莉. 2013. 专利获取、专利保护、专利商业化与技术创新绩效的作用机制研究[J]. 科研管理，34（8）：42-52.

陈斌开，林毅夫. 2013. 发展战略、城市化与中国城乡收入差距[J]. 中国社会科学，（4）：81-102，206.

陈畴镛，夏文青，王雷. 2010. 企业同质化对产业集群技术创新的影响与对策[J]. 科技进步与对策，27（3）：55-58.

陈慈航. 2016. 17世纪荷兰海洋战略的特点、原因及启示[J]. 商贸纵横，（15）：102-103.

陈德球，金雅玲，董志勇. 2016. 政策不确定性、政治关联与企业创新效率[J]. 南开管理评论，19（4）：27-35.

陈红，张玉，刘东霞. 2019. 政府补助、税收优惠与企业创新绩效：不同生命周期阶段的实证研究[J]. 南开管理评论，22（3）：187-200.

陈乐香. 2009. 论发展中小企业与缩减收入差距[J]. 湖北社会科学，（6）：93-95.

陈凌. 1998. 信息特征、交易成本和家族式组织[J]. 经济研究，（7）：28-34.

陈凌，陈华丽. 2014. 家族涉入、社会情感财富与企业慈善捐赠行为：基于全国私营企业调查的实证研究[J]. 管理世界，（8）：90-101，188.

陈涛，蔡晓曦. 2022. 数字经济发展是否能促进城乡共同富裕?[J]. 经济界，（1）：28-34.

陈晓红，李杨扬，宋丽洁，等. 2022. 数字经济理论体系与研究展望[J]. 管理世界，38（2）：208-224，13-16.

陈晓红，王傅强. 2008. 中小企业发展、城市化与城乡收入差距[C]. 第三届（2008）中国管理学年会论文集：8.

陈晓红，王艳，关勇军. 2012. 财务冗余、制度环境与中小企业研发投资[J]. 科学学研究，
　　30（10）：1537-1545.

陈艳，范炳全. 2013. 中小企业开放式创新能力与创新绩效的关系研究[J]. 研究与发展管
　　理，25（1）：24-35.

陈燕，林仲豪. 2018. 粤港澳大湾区城市间产业协同的灰色关联分析与协调机制创新[J]. 广东财
　　经大学学报，33（4）：89-97.

陈钰芬，陈劲. 2008. 开放度对企业技术创新绩效的影响[J]. 科学学研究，（2）：419-426.

陈志军，郑丽，马鹏程. 2018. 绩效下滑会驱动子公司创新吗[J]. 南开管理评论，21（5）：
　　213-224.

程聪，谢洪明，杨英楠，等. 2015. 理性还是情感：动态竞争中企业"攻击—回应"竞争行为的
　　身份域效应：基于 AMC 模型的视角[J]. 管理世界，（8）：132-146，169，188.

程华，钱芬芬. 2013. 政策力度、政策稳定性、政策工具与创新绩效：基于 2000~2009 年产业面
　　板数据的实证分析[J]. 科研管理，34（10）：103-108.

池丽旭，庄新田. 2011. 投资者的非理性行为偏差与止损策略：处置效应、参考价格角度的实证
　　研究[J]. 管理科学学报，14（10）：54-66.

池仁勇. 2005. 区域中小企业创新网络形成、结构属性与功能提升：浙江省实证考察[J]. 管理世
　　界，（10）：102-112.

池仁勇，梅小苗，阮鸿鹏. 2020. 智能制造与中小企业组织变革如何匹配?[J]. 科学学研
　　究，38（7）：1244-1250，1324.

邓曲恒. 2007. 城镇居民与流动人口的收入差异：基于 Oaxaca-Blinder 和 Quantile 方法的分解[J].
　　中国人口科学，（2）：8-16，95.

邓裕斌. 2018. 粤港澳大湾区建设与金融人才蝴蝶效应[J]. 广东经济，（2）：56-57.

丁大尉，李正风，胡明艳. 2013. 新兴技术发展的潜在风险及技术治理问题研究[J]. 中国软科
　　学，（6）：62-70.

杜海东，严中华. 2013. 环境动态性对战略导向与产品创新绩效关系的调节作用：基于珠三角数
　　据的实证研究[J]. 研究与发展管理，25（6）：27-33.

杜勇，陈建英. 2016. 政治关联、慈善捐赠与政府补助：来自中国亏损上市公司的经验证据[J]. 财
　　经研究，42（5）：4-14.

杜运周，贾良定. 2017. 组态视角与定性比较分析（QCA）：管理学研究的一条新道路[J]. 管理
　　世界，（6）：155-167.

樊轶侠. 2021. 数字经济下的城乡融合发展财政政策取向研究[J]. 人民论坛·学术前沿，
　　（2）：52-58.

范恒山. 2011. 我国促进区域协调发展的理论与实践[J]. 经济社会体制比较，（6）：1-9.

范钧，郭立强，聂津君. 2014. 网络能力、组织隐性知识获取与突破性创新绩效[J]. 科研管理，

35（1）：16-24.

冯之浚. 1999. 国家创新系统研究纲要[J]. 科学学研究，（4）：1-2.

付玉秀，张洪石. 2004. 突破性创新：概念界定与比较[J]. 数量经济技术经济研究，（3）：73-83.

高波，孔令池. 2019. 中国城乡融合发展的经济增长效应分析[J]. 农业技术经济，（8）：4-16.

高伟，高建，李纪珍. 2018. 创业政策对城市创业的影响路径：基于模糊集定性比较分析[J]. 技术经济，37（4）：68-75.

高彦彦，孙军. 2012. 开放战略、政府行为与过度工业化：以江苏省为例[J]. 经济与管理评论，28（4）：45-50，56.

高勇强，陈亚静，张云均. 2012. "红领巾"还是"绿领巾"：民营企业慈善捐赠动机研究[J]. 管理世界，（8）：106-146.

巩键，陈凌，王健茜，等. 2016. 从众还是独具一格？——中国家族企业战略趋同的实证研究[J]. 管理世界，（11）：110-124，188.

顾雷雷，欧阳文静. 2017. 慈善捐赠、营销能力和企业绩效[J]. 南开管理评论，（2）：94-107.

顾颖，岳永，房路生. 2007. 中小企业发展与行业收入差距：基于政治经济学视角的实证分析[J]. 管理世界，（1）：156-157.

关健，尹静怡. 2020. 负向绩效期望差距是否促进了企业研发投入与营销投入[J]. 科技进步与对策，37（11）：79-88.

郭蓉，文巧甜. 2017. 成功、失败和灰色地带的抉择：业绩反馈与企业适应性战略变革[J]. 南开管理评论，20（6）：28-41.

郭燕青，李磊，姚远. 2016. 中国新能源汽车产业创新生态系统中的补贴问题研究[J]. 经济体制改革，（2）：29-34.

郭元源，葛江宁，程聪，等. 2019. 基于清晰集定性比较分析方法的科技创新政策组合供给模式研究[J]. 软科学，33（1）：45-49.

何琳，蒋兵. 2012. 我国汽车产业技术发展中的政府作用研究[J]. 科研管理，33（7）：16-23.

贺康，逯东，张立光. 2022. 家族企业创始控制与企业创新投入[J]. 南开管理评论，25（5）：1-18.

贺小刚，邓浩，吕斐斐，等. 2017a. 期望落差与企业创新的动态关系：冗余资源与竞争威胁的调节效应分析[J]. 管理科学学报，20（5）：13-34.

贺小刚，邓浩，吴诗雨，等. 2015a. 赶超压力与公司的败德行为：来自中国上市公司的数据分析[J]. 管理世界，（9）：104-124.

贺小刚，李婧，吕斐斐，等. 2015b. 绩优企业的投机经营行为分析：来自中国上市公司的数据检验[J]. 中国工业经济，（5）：110-121.

贺小刚，连燕玲，吕斐斐，等. 2016a. 消极反馈与企业家创新：基于民营上市公司的实证研究[J]. 南开管理评论，19（3）：145-156，177.

贺小刚，连燕玲，吕斐斐. 2016b. 期望差距与企业家的风险决策偏好：基于中国家族上市公司的数据分析[J]. 管理科学学报，19（8）：1-20.

贺小刚，连燕玲，张远飞. 2013. 经营期望与家族内部的权威配置：基于中国上市公司的数据分析[J]. 管理科学学报，16（4）：63-82.

贺小刚，朱丽娜，杨婵，等. 2017b. 经营困境下的企业变革："穷则思变"假说检验[J]. 中国工业经济，（1）：135-154.

洪进，洪嵩，赵定涛. 2015. 技术政策、技术战略与创新绩效研究：以中国航空航天器制造业为例[J]. 科学学研究，33（2）：195-204，241.

侯世英，宋良荣. 2019. 财政激励、融资激励与企业研发创新[J]. 中国流通经济，33（7）：85-94.

胡华夏，洪荭，肖露璐，等. 2017. 税收优惠与研发投入：产权性质调节与成本粘性的中介作用[J]. 科研管理，38（6）：135-143.

胡珺，宋献中，王红建. 2017. 非正式制度、家乡认同与企业环境治理[J]. 管理世界，（3）：76-94，187-188.

胡青. 2020. 企业数字化转型的机制与绩效[J]. 浙江学刊，（2）：146-154.

黄汉涛. 2010. 网络嵌入性与技术创新绩效的关系研究[D]. 浙江大学硕士学位论文.

黄鲁成. 2003. 区域技术创新系统研究：生态学的思考[J]. 科学学研究，（2）：215-219.

黄鲁成. 2006. 区域技术创新生态系统的制约因子与应变策略[J]. 科学学与科学技术管理，（11）：93-97.

黄群慧，贺俊. 2013. "第三次工业革命"与中国经济发展战略调整：技术经济范式转变的视角[J]. 中国工业经济，（1）：5-18.

黄薇，祝伟. 2021. 精准帮扶政策的多维评估：基于 G 省 B 市扶贫实践的经验分析[J]. 管理世界，37（10）：111-128.

黄新华，韩笑. 2022. 在高质量发展中促进共同富裕的实现路径研究[J]. 海南大学学报（人文社会科学版），40（2）：118-125.

霍明. 2012. 复杂动态环境下企业 IT 能力、组织变革与绩效的关系研究[D]. 天津大学博士学位论文.

贾建锋，唐贵瑶，李俊鹏，等. 2015. 高管胜任特征与战略导向的匹配对企业绩效的影响[J]. 管理世界，（2）：120-132.

贾建锋，闫佳祺，王男. 2016. 高管胜任特征与企业文化的匹配对企业绩效的影响[J]. 管理评论，28（7）：188-199.

贾明，张喆. 2010. 高管的政治关联影响公司慈善行为吗?[J]. 管理世界，（4）：99-113.

简新华，向琳. 2003. 新型工业化道路的特点和优越性[J]. 管理世界，（7）：139-149.

江飞涛，武鹏，李晓萍. 2014. 中国工业经济增长动力机制转换[J]. 中国工业经济，（5）：5-17.

江辉，陈劲. 2000. 集成创新：一类新的创新模式[J]. 科研管理，（5）：31-39.

江诗松，龚丽敏，魏江. 2011. 转型经济中后发企业的创新能力追赶路径：国有企业和民营企业的双城故事[J]. 管理世界，（12）：96-115.

蒋天颖，孙伟，白志欣. 2013. 基于市场导向的中小微企业竞争优势形成机理：以知识整合和组织创新为中介[J]. 科研管理，34（6）：17-24，67.

焦豪，魏江，崔瑜. 2008. 企业动态能力构建路径分析：基于创业导向和组织学习的视角[J]. 管理世界，（4）：91-106.

焦瑾璞. 2014. 移动支付推动普惠金融发展的应用分析与政策建议[J]. 中国流通经济，28（7）：7-10.

金碚. 2014. 工业的使命和价值：中国产业转型升级的理论逻辑[J]. 中国工业经济，（9）：51-64.

康捷，袁永，胡海鹏. 2019. 基于全过程的科技创新政策评价框架体系研究[J]. 科技管理研究，39（2）：25-30.

康志勇. 2013. 技术选择、投入强度与企业创新绩效研究[J]. 科研管理，34（6）：42-49.

蓝管秀锋，吴亚婷，匡贤明. 2021. 市场潜能与地区收入差距：基于空间视角[J]. 技术经济，40（7）：73-83.

李爱玲，王振山. 2015. 政府研发资助能否帮助企业获得外部融资[J]. 中国科技论坛，（12）：115-119，131.

李柏洲，周森. 2012. 企业外部知识获取方式与转包绩效关系的研究：以航空装备制造企业为例[J]. 科学学研究，30（10）：1564-1572.

李璨，吕渭星，周长辉. 2019. 绩效反馈与组织响应：文献综述与展望[J]. 外国经济与管理，41（10）：86-108.

李丹，王欣. 2017. 政策工具视阈下中国创新驱动发展政策研究[J]. 中国科技论坛，（7）：19-27，48.

李富强，王林辉，董直庆. 2006. 国企治理新模式：多元目标、相容激励和有效委托理论及实证分析[J]. 中国软科学，（1）：124-131.

李海舰. 2000. 关于高技术产业化问题的几点认识[J]. 中国工业经济，（10）：21-24.

李恒毅，宋娟. 2014. 新技术创新生态系统资源整合及其演化关系的案例研究[J]. 中国软科学，（6）：129-141.

李鸿磊，黄速建. 2017. 智能化时代的商业模式特征及创新路径[J]. 经济与管理研究，38（6）：113-123.

李纪珍，李论. 2018. 压力是动力还是阻力：创业努力和创业者自我效能的影响[J]. 科学学与科学技术管理，39（11）：101-112.

李继尊. 2015. 关于互联网金融的思考[J]. 管理世界，（7）：1-7，16.

李婧，贺小刚，连燕玲，等. 2016. 业绩驱动、市场化进程与家族企业创新精神[J]. 管理评论，

28（1）：96-108.

李敬，陈澍，万广华，等. 2014. 中国区域经济增长的空间关联及其解释：基于网络分析方法[J]. 经济研究，49（11）：4-16.

李磊，郭燕青. 2014. 我国新能源汽车产业创新生态系统构建研究[J]. 科技管理研究，34（23）：59-63.

李培楠，赵兰香，万劲波. 2014. 创新要素对产业创新绩效的影响：基于中国制造业和高技术产业数据的实证分析[J]. 科学学研究，32（4）：604-612.

李实. 2021. 共同富裕的目标和实现路径选择[J]. 经济研究，56（11）：4-13.

李实，朱梦冰. 2022. 推进收入分配制度改革 促进共同富裕实现[J]. 管理世界，38（1）：52-62，76.

李世超，蔺楠. 2011. 我国产学研合作政策的变迁分析与思考[J]. 科学学与科学技术管理，32（11）：21-26.

李四海，陆琪睿，宋献中. 2012. 亏损企业慷慨捐赠的背后[J]. 中国工业经济，（8）：148-160.

李万，常静，王敏杰，等. 2014. 创新 3.0 与创新生态系统[J]. 科学学研究，32（12）：1761-1770.

李维安，李浩波，李慧聪. 2016. 创新激励还是税盾？——高新技术企业税收优惠研究[J]. 科研管理，37（11）：61-70.

李文元，梅强，顾桂芳. 2011. 基于技术创新服务体系的中小企业开放式创新研究[J]. 科技进步与对策，28（16）：5-8.

李溪，郑馨，张建琦. 2015. 绩效反馈模型的最新研究进展[J]. 经济管理，37（9）：189-199.

李溪，郑馨，张建琦. 2018. 制造企业的业绩困境会促进创新吗：基于期望落差维度拓展的分析[J]. 中国工业经济，（8）：174-192.

李晓华，刘峰. 2013. 产业生态系统与战略性新兴产业发展[J]. 中国工业经济，（3）：20-32.

李新春，何轩，陈文婷. 2008. 战略创业与家族企业创业精神的传承：基于百年老字号李锦记的案例研究[J]. 管理世界，（10）：127-140，188.

李新春，马骏，何轩，等. 2018. 家族治理的现代转型：家族涉入与治理制度的共生演进[J]. 南开管理评论，21（2）：160-171.

李新春，邹立凯. 2021. 本地嵌入与家族企业的可持续成长：基于日本长寿家族企业的多案例研究[J]. 南开管理评论，24（4）：4-15.

李增福，汤旭东，连玉君. 2016. 中国民营企业社会责任背离之谜[J]. 管理世界，（9）：136-188.

连燕玲，贺小刚，高皓. 2014. 业绩期望差距与企业战略调整：基于中国上市公司的实证研究[J]. 管理世界，（11）：119-132，188.

连燕玲，刘俊良，陈琼. 2016a. 破产威胁与战略变革——基于组织资源与市场丰腴性的调节效应研究[J]. 外国经济与管理，38（10）：20-34.

连燕玲，周兵，贺小刚，等. 2015. 经营期望，管理自主权与战略变革[J]. 经济研究，50（8）：
　　31-44.

连燕玲，周兵，刘俊良. 2016b. 合规还是违规？期望落差下的冒险决策分析：基于中国上市公
　　司的数据分析[J]. 管理学季刊，1（Z1）：47-72.

连燕玲，张明发，周琼，等. 2021. 保持先锋模范性：党员 CEO 思想烙印与企业慈善捐赠[J].
　　外国经济与管理，43（10）：3-20.

梁莱歆，张焕凤. 2005. 高科技上市公司 R&D 投入绩效的实证研究[J]. 中南大学学报（社会科
　　学版），11（2）：232-236.

林汉川，夏敏仁，何杰，等. 2003. 中小企业发展中所面临的问题：北京、辽宁、江苏、浙江、
　　湖北、广东、云南问卷调查报告[J]. 中国社会科学，（2）：84-94，206.

林慧岳，未晓霞，庞增霞. 2012. 我国技术哲学文化转向的实证研究："三大期刊"与"两大中
　　心"技术文化类论文分析[J]. 自然辩证法通讯，34（6）：94-100，128.

林洲钰，林汉川. 2012. 产业环境、自主创新与中小企业成长的政策工具[J]. 改革，（9）：
　　43-52.

刘诚，夏杰长. 2021. 数字经济助推共同富裕[J]. 智慧中国，（9）：14-16.

刘和东. 2006. 中国技术市场与自主创新关系的实证研究[J]. 科学学研究，（6）：974-978.

刘虹. 1988. 廖施市场区位论评述[J]. 地域研究与开发，（3）：59-61.

刘家树，范从来. 2019. 内外融资对企业不同阶段创新投资的异质性效应：基于中国制造业上市
　　公司的数据[J]. 商业经济与管理，（1）：88-97.

刘建国. 2017. 绩效衰退与企业创新行为：基于中国上市公司的实证分析[J]. 南开管理评论，
　　20（4）：140-152.

刘兰剑，赵志华. 2016. 财政补贴退出后的多主体创新网络运行机制仿真：以新能源汽车为
　　例[J]. 科研管理，37（8）：58-66.

刘腾飞，王艳红，王菁菁. 2022. 以"新基建"助推我国制造业数字化转型升级[J]. 时代经贸，
　　19（2）：116-119.

刘魏，张应良，王燕. 2021. 数字普惠金融发展缓解了相对贫困吗?[J]. 经济管理，43（7）：
　　44-60.

刘小鲁. 2011. 知识产权保护、自主研发比重与后发国家的技术进步[J]. 管理世界，（10）：
　　10-19，187.

刘雪芹，张贵. 2016. 创新生态系统：创新驱动的本质探源与范式转换[J]. 科技进步与对
　　策，33（20）：1-6.

刘友金，罗发友. 2004. 企业技术创新集群行为的行为生态学研究：一个分析框架的提出与
　　构思[J]. 中国软科学，（1）：68-72.

刘云，叶选挺，杨芳娟，等. 2014. 中国国家创新体系国际化政策概念、分类及演进特征：基于
　　政策文本的量化分析[J]. 管理世界，（12）：62-69，78.

柳光强. 2016. 税收优惠、财政补贴政策的激励效应分析：基于信息不对称理论视角的实证研究[J]. 管理世界，（10）：62-71.

娄美珍，俞国方. 2009. 产业生态系统理论及其应用研究[J]. 当代财经，（1）：116-122.

陆铭，陈钊. 2004. 城市化、城市倾向的经济政策与城乡收入差距[J]. 经济研究，（6）：50-58.

陆铭，陈钊. 2009. 分割市场的经济增长：为什么经济开放可能加剧地方保护?[J]. 经济研究，44（3）：42-52.

陆铭，向宽虎. 2014. 破解效率与平衡的冲突：论中国的区域发展战略[J]. 经济社会体制比较，（4）：1-16.

陆益龙. 2008. 户口还起作用吗：户籍制度与社会分层和流动[J]. 中国社会科学，（1）：149-162，207-208.

路风，慕玲. 2003. 本土创新、能力发展和竞争优势：中国激光视盘播放机工业的发展及其对政府作用的政策含义[J]. 管理世界，（12）：57-82，155-156.

路甬祥. 2009. 经济危机往往催生重大科技创新[J]. 当代经济，（4）：4-5.

罗明忠，邹佳瑜. 2011. 影响农民创业因素的研究述评[J]. 经济学动态，（8）：133-136.

罗肖肖. 2010. 面向产学研合作的大学工业技术研究院研究[D]. 浙江大学硕士学位论文.

吕迪伟，蓝海林，陈伟宏. 2018. 绩效反馈的不一致性与研发强度的关系研究[J]. 南开管理评论，21（4）：50-61.

吕斐斐，邓艳斌，贺小刚. 2017. 家族期望与创业坚持：参考点影响效应研究[J]. 南开管理评论，20（5）：41-55，68.

吕斐斐，贺小刚，葛菲. 2015. 期望差距与创始人离任方式选择：基于中国家族上市公司的分析[J]. 财经研究，41（7）：68-80.

毛荐其，刘娜，陈雷. 2011. 基于技术生态的技术自组织演化机理研究[J]. 科学学研究，29（6）：819-824，832.

孟凡生，于建雅. 2017. 新能源装备制造企业智造化发展影响因素研究[J]. 科技进步与对策，34（7）：117-123.

牟天琦，刁璐，霍鹏. 2021. 数字经济与城乡包容性增长：基于数字技能视角[J]. 金融评论，13（4）：36-57，124-125.

潘华. 2020. 中国低收入群体增收的影响因素与实现路径研究[J]. 宏观经济研究，（9）：130-139.

彭华涛，谢小三，全吉. 2017. 科技创业政策作用机理：政策连续性、稳定性及倍增效应视角[J]. 科技进步与对策，34（21）：88-94.

彭纪生，仲为国，孙文祥. 2008. 政策测量、政策协同演变与经济绩效：基于创新政策的实证研究[J]. 管理世界，（9）：25-36.

彭新敏，吴晓波，卫冬苇. 2008. 基于技术能力增长的企业技术获取模式研究[J]. 科研管理，（3）：28-34，59.

彭瑜. 2016. 中小型企业如何迈向智能制造[J]. 智慧工厂, (5): 23-24.

戚湧, 丁刚, 魏继鑫. 2014. 创业投资促进产业技术创新的实证研究[J]. 中国科技论坛, (1): 16-21.

齐振宏. 2002. 企业组织变革研究[D]. 华中农业大学博士学位论文.

乔璐, 赵广庆, 吴剑峰. 2020. 距离产生美感还是隔阂? 国家间距离与跨国并购绩效的元分析[J]. 外国经济与管理, 42 (12): 119-133.

秦书生. 2004. 技术创新系统复杂性与自组织[J]. 系统辩证学学报, (2): 62-67.

邱泽奇, 张树沁, 刘世定, 等. 2016. 从数字鸿沟到红利差异: 互联网资本的视角[J]. 中国社会科学, (10): 93-115, 203-204.

冉光和, 汤芳桦. 2012. 我国非正规金融发展与城乡居民收入差距: 基于省级动态面板数据模型的实证研究[J]. 经济问题探索, (1): 185-190.

任海云, 聂景春. 2018. 企业异质性、政府补助与R&D投资[J]. 科研管理, 39 (6): 37-47.

任晓刚, 李冠楠, 王锐. 2022. 数字经济发展、要素市场化与区域差距变化[J]. 中国流通经济, 36 (1): 55-70.

山立威, 甘犁, 郑涛. 2008. 公司捐款与经济动机: 汶川地震后中国上市公司捐款的实证研究[J]. 经济研究, 43 (11): 51-61.

史清华, 晋洪涛, 卓建伟. 2011. 征地一定降低农民收入吗: 上海7村调查: 兼论现行征地制度的缺陷与改革[J]. 管理世界, (3): 77-82, 91.

宋宝香, 彭纪生, 王玮. 2011. 外部技术获取对本土企业技术能力的提升研究[J]. 科研管理, 32 (7): 85-95.

宋铁波, 钟熙, 陈伟宏. 2017. 期望差距与企业国际化速度: 来自中国制造业的证据[J]. 中国工业经济, (6): 175-192.

宋铁波, 钟熙, 陈伟宏. 2019. 谁在"穷则思变"?基于中国民营与国有上市公司的对比分析[J]. 管理评论, 31 (2): 214-224.

宋铁波, 钟熙, 陈伟宏, 等. 2018. 研发投入还是广告投入? ——绩劣企业战略性行为的选择[J]. 研究与发展管理, 30 (1): 12-21, 91.

苏依依, 周长辉. 2008. 企业创新的集群驱动[J]. 管理世界, (3): 94-104.

眭文娟, 张慧玉, 车璐. 2016. 寓利于义?企业慈善捐赠的工具性实证解析[J]. 中国软科学, (3): 107-129.

孙晋. 2021. 数字平台的反垄断监管[J]. 中国社会科学, (5): 101-127, 206-207.

谭海波, 范梓腾, 杜运周. 2019. 技术管理能力、注意力分配与地方政府网站建设: 一项基于TOE框架的组态分析[J]. 管理世界, (9): 33-44.

汤临佳, 池仁勇, 何叶田, 等. 2016. 科技型中小企业技术管理能力的动态演化研究[J]. 科研管理, 37 (3): 21-30.

汤临佳, Hanqing "Chevy" Fang, 程聪. 2017. 民营中小企业技术研发投资的多元目标管理："循序渐进"抑或"双管齐下"[J]. 科学学研究，35（10）：1518-1526，1556.

唐立新，杨叔子，林奕鸿. 1996. 先进制造技术与系统 第二讲 智能制造：21世纪的制造技术[J]. 机械与电子，（2）：33-36，42.

田文斌. 2009. 大力扶持创办中小企业 以创业促就业保增收[J]. 中国乡镇企业，（11）：61-65.

田秀娟，李睿. 2022. 数字技术赋能实体经济转型发展：基于熊彼特内生增长理论的分析框架[J]. 管理世界，38（5）：56-74.

万海远. 2020. 实现全体人民共同富裕的现代化[J]. 中国党政干部论坛，（12）：36-40.

汪涛，谢宁宁. 2013. 基于内容分析法的科技创新政策协同研究[J]. 技术经济，32（9）：22-28.

王凤彬，江鸿，王璁. 2014. 央企集团管控架构的演进：战略决定、制度引致还是路径依赖？——一项定性比较分析（QCA）尝试[J]. 管理世界，（12）：92-114，187-188.

王晗. 2017. 业绩期望差距和企业并购行为关系研究：基于风险承担的视角[D]. 南京大学博士学位论文.

王菁，程博，孙元欣. 2014. 期望绩效反馈效果对企业研发和慈善捐赠行为的影响[J]. 管理世界，（8）：115-133.

王军，肖华堂. 2021. 数字经济发展缩小了城乡居民收入差距吗?[J]. 经济体制改革，（6）：56-61.

王珺. 2017. 区域差距再评估与缩小路径[J]. 学术研究，（11）：79-87，178.

王开阳，沈华，陈锐. 2018. 国家创新系统中的连接性政策：概念与应用[J]. 科学学研究，36（3）：418-424，445.

王美艳. 2005. 城市劳动力市场上的就业机会与工资差异：外来劳动力就业与报酬研究[J]. 中国社会科学，（5）：36-46，205.

王梦菲，张昕蔚. 2020. 数字经济时代技术变革对生产过程的影响机制研究[J]. 经济学家，（1）：52-58.

王瑞，董明，侯文皓. 2019. 制造型企业数字化成熟度评价模型及方法研究[J]. 科技管理研究，39（19）：57-64.

王文涛，曹丹丹. 2020. 互联网资本与民营经济高质量发展：基于企业创新驱动路径视角[J]. 统计研究，37（3）：72-84.

王鑫，李俊杰. 2016. 精准扶贫：内涵、挑战及其实现路径——基于湖北武陵山片区的调查[J]. 中南民族大学学报（人文社会科学版），36（5）：74-77.

王旭，褚旭. 2019. 中国制造业绿色技术创新与融资契约选择[J]. 科学学研究，37（2）：351-361.

王雪莉. 2003. 战略人力资源管理模型[J]. 中外企业文化，（5）：55-56.

王玉，张占斌. 2021. 数字经济、要素配置与区域一体化水平[J]. 东南学术，（5）：129-138.

王子敏. 2011. 我国城市化与城乡收入差距关系再检验[J]. 经济地理，31（8）：1289-1293.

韦伯 A. 1997. 工业区位论[M]. 李刚剑，陈志人，张莫保译. 北京：商务印书馆.

魏浩，赵春明. 2012. 对外贸易对我国城乡收入差距影响的实证分析[J]. 财贸经济，（1）：78-86.

魏江，许庆瑞. 1996. 企业技术能力与技术创新能力之关系研究[J]. 科研管理，（1）：22-26.

魏明海，黄琼宇，程敏英. 2013. 家族企业关联大股东的治理角色：基于关联交易的视角[J]. 管理世界，（3）：133-147，171，188.

魏源迁. 1995. 智能制造的发展趋势与前景[J]. 航天工艺，（1）：44-45.

文武，张宓之，汤临佳. 2018. 金融发展对研发投入强度的阶段性非对称影响[J]. 科学学研究，36（12）：2179-2190.

翁银娇，马文聪，叶阳平，等. 2018. 我国 LED 产业政策的演进特征、问题和对策：基于政策目标、政策工具和政策力度的三维分析[J]. 科技管理研究，38（3）：69-75.

吴建祖，肖书锋. 2016. 创新注意力转移、研发投入跳跃与企业绩效：来自中国A股上市公司的经验证据[J]. 南开管理评论，19（2）：182-192.

吴伟伟，梁大鹏，于渤. 2009. 不确定性条件下企业技术管理运作的过程模式研究[J]. 科学学与科学技术管理，30（10）：133-138，144.

吴运建，周良毅，吴健中，等. 1996. 企业技术创新风险分析[J]. 科研管理，（3）：34-38.

伍凤兰，陶一桃，申勇. 2015. 湾区经济演进的动力机制研究：国际案例与启示[J]. 科技进步与对策，32（23）：31-35.

武文霞. 2019. 粤港澳大湾区城市群协同发展路径探讨[J]. 江淮论坛，（4）：29-34.

夏杰长，刘诚. 2021. 数字经济赋能共同富裕：作用路径与政策设计[J]. 经济与管理研究，42（9）：3-13.

冼雪琳. 2017. 世界湾区与深圳湾区经济发展战略[M]. 北京：北京理工大学出版社.

肖挺，刘华. 2013. 服务业生产效率异质性对城乡收入差距影响研究[J]. 管理科学，26（4）：103-112.

肖潇，汪涛. 2015. 国家自主创新示范区大学生创业政策评价研究[J]. 科学学研究，33（10）：1511-1519.

谢安田. 1980. 企业研究方法[M]. 台北：大同工学院事业经营研究所.

谢洪明，程聪. 2012. 企业创业导向促进创业绩效提升了吗？———一项 Meta 分析的检验[J]. 科学学研究，30（7）：1082-1091.

谢康，夏正豪，肖静华. 2020. 大数据成为现实生产要素的企业实现机制：产品创新视角[J]. 中国工业经济，（5）：42-60.

谢璐，韩文龙. 2022. 数字技术和数字经济助力城乡融合发展的理论逻辑与实现路径[J]. 农业经济问题，515（11）：96-105.

谢绚丽，沈艳，张皓星，等. 2018. 数字金融能促进创业吗？——来自中国的证据[J]. 经济学，17（4）：1557-1580.

辛翔飞，秦富，王秀清. 2008. 中西部地区农户收入及其差异的影响因素分析[J]. 中国农村经济，（2）：40-52.

熊勇清，陈曼琳. 2016. 新能源汽车需求市场培育的政策取向：供给侧抑或需求侧[J]. 中国人口·资源与环境，26（5）：129-137.

熊勇清，范世伟，刘晓燕. 2018. 新能源汽车财政补贴与制造商研发投入强度差异：制造商战略决策层面异质性视角[J]. 科学学与科学技术管理，39（6）：72-83.

徐雷. 2014. 企业研发意愿影响因素与经营绩效：基于辽宁民营制造业企业的实证研究[J]. 渤海大学学报（自然科学版），35（3）：239-244.

徐小琴，王菁，马洁. 2016. 绩优企业会增加企业负面行为吗：基于中国制造业上市公司的数据分析[J]. 南开管理评论，19（2）：137-144.

许年行，李哲. 2016. 高管贫困经历与企业慈善捐赠[J]. 经济研究，（12）：133-146.

严成樑. 2012. 社会资本、创新与长期经济增长[J]. 经济研究，47（11）：48-60.

严焰，池仁勇. 2013. R&D 投入、技术获取模式与企业创新绩效：基于浙江省高技术企业的实证[J]. 科研管理，34（5）：48-55.

杨凤. 2016. 市场环境与研发投资：基于创业板上市公司的经验证据[J]. 科学学研究，34（6）：896-905.

杨萍，徐鹏杰. 2021. 以人为核心的新型城镇化能缩小我国地区收入差距吗[J]. 财经科学，（11）：50-63.

杨叔子，丁洪. 1992. 智能制造技术与智能制造系统的发展与研究[J]. 中国机械工程，（2）：18-21.

杨伟明，粟麟，王明伟. 2020. 数字普惠金融与城乡居民收入：基于经济增长与创业行为的中介效应分析[J]. 上海财经大学学报，22（4）：83-94.

杨洋，魏江，罗来军. 2015. 谁在利用政府补贴进行创新？——所有制和要素市场扭曲的联合调节效应[J]. 管理世界，（1）：75-86，98，188.

杨英光. 1994. "权变"理论与企业管理[J]. 经济与管理，（2）：26-28.

姚洪心，王喜意. 2009. 劳动力流动、教育水平、扶贫政策与农村收入差距：一个基于 multinomial logit 模型的微观实证研究[J]. 管理世界，（9）：80-90.

易开刚，孙漪. 2014. 民营制造企业"低端锁定"突破机理与路径：基于智能制造视角[J]. 科技进步与对策，31（6）：73-78.

于子添. 2021. 中国人均收入差距分析与预测的实证研究[J]. 中国市场，（34）：16-18.

余浩，陈劲. 2004. 基于知识创造的技术集成研究[J]. 科学学与科学技术管理，（8）：34-38，121.

余向华，陈雪娟. 2012. 中国劳动力市场的户籍分割效应及其变迁：工资差异与机会差异双重视角下的实证研究[J]. 经济研究，47（12）：97-110.

余泳泽. 2012. FDI 技术外溢是否存在"门槛条件"：来自我国高技术产业的面板门限回归分析[J]. 数量经济技术经济研究，29（8）：49-63.

袁志刚，余宇新. 2013. 经济全球化动力机制的演变、趋势与中国应对[J]. 学术月刊，45（5）：
　　67-80.

岳阳，戴智华，李超. 2013. 政治关联、产业竞争与企业慈善行为[J]. 哈尔滨商业大学学报（自
　　然科学版），29（6）：755-760.

曾国屏，苟尤钊，刘磊. 2013. 从"创新系统"到"创新生态系统"[J]. 科学学研究，31（1）：
　　4-12.

曾颖娴，邹立凯，李新春. 2021. 家族企业传承期更容易发生高管辞职?[J]. 经济管理，43（8）：
　　107-123.

张慈，熊艳，肖蕊. 2014. 基于生态视角下的产业技术创新体系研究：以新能源汽车产业发展
　　为例[J]. 生态经济，30（6）：106-108.

张建君. 2013. 竞争—承诺—服从：中国企业慈善捐款的动机[J]. 管理世界，240（9）：
　　118-129，143.

张建君，张志学. 2005. 中国民营企业家的政治战略[J]. 管理世界，（7）：12.

张明明，李霞，孟凡生. 2019. 我国新能源装备企业智化发展创新能力评价[J]. 哈尔滨工程大学
　　学报，40（11）：1936-1942.

张炜，费小燕，肖云，等. 2016. 基于多维度评价模型的区域创新政策评估：以江浙沪三省为
　　例[J]. 科研管理，37（S1）：614-622.

张西征，刘志远，王静. 2012. 企业规模与 R&D 投入关系研究：基于企业盈利能力的分析[J].
　　科学学研究，30（2）：265-274.

张晓燕. 2016. 互联网金融背景下普惠金融发展对城乡收入差距的影响[J]. 财会月刊，（17）：
　　94-97.

张欣炜，林娟. 2015. 中国技术市场发展的空间格局及影响因素分析[J]. 科学学研究，33（10）：
　　1471-1478.

张勋，万广华，吴海涛. 2021. 缩小数字鸿沟：中国特色数字金融发展[J]. 中国社会科学，
　　（8）：35-51，204-205.

张勋，万广华，张佳佳，等. 2019. 数字经济、普惠金融与包容性增长[J]. 经济研究，54（8）：
　　71-86.

张义博，刘文忻. 2012. 人口流动、财政支出结构与城乡收入差距[J]. 中国农村经济，（1）：
　　16-30.

张永凯. 2018. 企业技术创新模式演化分析：以苹果、三星和华为为例[J]. 广东财经大学学报，
　　33（2）：54-62.

张远飞，贺小刚，连燕玲. 2013. "富则思安"吗?——基于中国民营上市公司的实证分析[J].
　　管理世界，（7）：130-144，188.

赵婷婷，杨国亮. 2020. 数字化转型与制造企业创新决策[J]. 哈尔滨商业大学学报（社会科学
　　版），（5）：21-37.

赵晓庆，杨文亚. 2014. 新能源汽车产业的社会技术系统研究[J]. 上海管理科学，36（1）：20-23.

赵增耀，周晶晶，沈能. 2016. 金融发展与区域创新效率影响的实证研究：基于开放度的中介效应[J]. 科学学研究，34（9）：1408-1416.

郑卫华. 2018. 制造企业数字化转型路径研究：基于 acatech 工业 4.0 成熟度指数[J]. 科技与经济，31（4）：51-55.

钟宏武. 2007. 企业捐赠作用的综合解析[J]. 中国工业经济，（2）：75-83.

钟田丽，马娜，胡彦斌. 2014. 企业创新投入要素与融资结构选择：基于创业板上市公司的实证检验[J]. 会计研究，（4）：66-73，96.

周慧慧，李海霞，赵琳瑞. 2021. 制造业数字化转型对绿色创新绩效的影响研究：数字化水平的调节作用[J]. 科技与管理，23（1）：33-43.

周济. 2015. 智能制造："中国制造 2025"的主攻方向[J]. 中国机械工程，26（17）：2273-2284.

周黎安，陶婧. 2009. 政府规模、市场化与地区腐败问题[J]. 经济研究，（1）：57-69.

周青，陈畴镛. 2008. 中国区域技术创新生态系统适宜度的实证研究[J]. 科学学研究，26（S1）：242-246，223.

周晓剑，武翰涛，刘孜涵. 2019. 企业社会责任、市场化程度与慈善捐赠：来自上市公司的动态面板证据[J]. 软科学，33（8）：14-19.

周亚虹，许玲丽. 2007. 民营企业 R&D 投入对企业业绩的影响：对浙江省桐乡市民营企业的实证研究[J]. 财经研究，33（7）：102-112.

朱方长. 2005. 技术生态对技术创新的作用机制研究[J]. 科研管理，（4）：8-14.

朱桂龙，程强. 2014. 我国产学研成果转化政策主体合作网络演化研究[J]. 科学学与科学技术管理，35（7）：40-48.

朱国军，杨晨，周海林，等. 2008. 市场与技术耦合视角下企业技术跨越内涵及测度[J]. 科技管理研究，（5）：9-11，14.

朱沆，何轩，陈文婷. 2011. 企业主集权：边界理论的新观点[J]. 南开管理评论，14（5）：24-30，57.

朱沆，叶文平，刘嘉琦. 2020. 从军经历与企业家个人慈善捐赠：烙印理论视角的实证研究[J]. 南开管理评论，23（6）：179-189.

朱红根，宋成校. 2020. 互联网使用对家庭农场劳动力资源配置的影响[J]. 农业技术经济，（8）：40-53.

朱卫平，陈林. 2011. 产业升级的内涵与模式研究：以广东产业升级为例[J]. 经济学家，（2）：60-66.

朱新民. 1987. 脱贫致富与科技扶贫[J]. 科研管理，（3）：20-24.

祝振铎，李新春，叶文平. 2018. "扶上马、送一程"：家族企业代际传承中的战略变革与父爱主义[J]. 管理世界，34（11）：65-79，196.

Adams R，Almeida H，Ferreira D. 2009. Understanding the relationship between founder-CEOs and firm performance[J]. Journal of Empirical Finance，（16）：131-150.

Adner R，Kapoor R. 2010. Value creation in innovation ecosystems：how the structure of technological interdependence affects firm performance in new technology generations[J]. Strategic Management Journal，31（3）：306-333.

Adner R，Kapoor R. 2016. Innovation ecosystems and the pace of substitution：re-examining technology s-curves[J]. Strategic Management Journal，37（4）：625-648.

Ahuja G，Katila R. 2001. Technological acquisitions and the innovation performance of acquiring firms：a longitudinal study[J]. Strategic Management Journal，22（3）：197-220.

Aiken L S，West S G，Reno R R. 1991. Multiple Regression：Testing and Interpreting Interactions[M]. Thousand Oaks：Sage.

Akerlof G A. 1970. The market for "lemons"：quality uncertainty and the market mechanism[J]. The Quarterly Journal of Economics，（84）：488-500.

Alessandri T M，Cerrato D，Eddleston K A. 2018a. The mixed gamble of internationalization in family and nonfamily firms：the moderating role of organizational slack[J]. Global Strategy Journal，（8）：46-72.

Alessandri T M，Mammen J，Eddleston K A. 2018b. Managerial incentives，myopic loss aversion，and firm risk：a comparison of family and non-family firms[J]. Journal of Business Research，（91）：19-27.

Alessandri T M，Seth A. 2014. The effects of managerial ownership on international and business diversification：balancing incentives and risks[J]. Strategic Management Journal，35（13）：2064-2075.

Allen F，Demirguc-Kunt A，Klapper L，et al. 2016. The foundations of financial inclusion：understanding ownership and use of formal accounts[J]. Journal of Financial Intermediation，（27）：1-30.

Alvarez S A，Barney J B. 2004. Organizing rent generation and appropriation：toward a theory of the entrepreneurial firm[J]. Journal of Business Venturing，19（5）：621-635.

Amit R，Ding Y，Villalonga B，et al. 2015. The role of institutional development in the prevalence and performance of entrepreneur and family-controlled firms[J]. Journal of Corporate Finance，（31）：284-305.

Amit R，Glosten L，Muller E. 1990. Entrepreneurial ability，venture investments，and risksharing[J]. Management Science，36（10）：1232-1245.

Amit R，Livnat J. 1988. Diversification and the risk-return tradeoff[J]. Academy of Management Journal，（31）：154-166.

Amit R, Zott C. 2001. Value creation in e-business[J]. Strategic Management Journal, 22（6/7）: 493-520.

Anderson R C, Reeb D M. 2003. Founding-family ownership and firm performance: evidence from the S&P 500[J]. The Journal of Finance, 58（3）: 1301-1328.

Anderson R C, Reeb D M. 2004. Board composition: balancing family influence in S&P 500 firms[J]. Administrative Science Quarterly, 49（2）: 209-237.

Andersson F W, Johansson D, Karlsson J, et al. 2018. The characteristics of family firms: exploiting information on ownership, kinship, and governance using total population data[J]. Small Business Economics, （51）: 539-556.

Ang S H. 2008. Competitive intensity and collaboration: impact on firm growth across technological environments[J]. Strategic Management Journal, 29（10）: 1057-1075.

Arellano M, Bond S. 1991. Some tests of specification for panel data: Monte Carlo evidence and an application to employment equations[J]. The Review of Economic Studies, 58（2）: 277-297.

Arregle J, Hitt M A, Sirmon D G, et al. 2007. The development of organizational socialcapital: attributes of family firms[J]. Journal of Management Studies, 44（1）: 73-95.

Arregle J, Naldi L, Nordqvist M, et al. 2012. Internationalization of family-controlled firms: a study of the effects of external involvement in governance[J]. Entrepreneurship Theory and Practice, 36（6）: 1115-1143.

Astrachan J H, Shanker M C. 2003. Family businesses' contribution to the US economy: a closer look[J]. Family Business Review, （16）: 211-219.

Audia P G, Greve H R. 2006. Less likely to fail: low performance, firm size, and factory expansion in the shipbuilding industry[J]. Management Science, 52（1）: 83-94.

Augier M, Teece D J. 2007. Dynamic capabilities and multinational enterprise: penrosean insights and omissions[J]. Management International Review, 47（2）: 175-192.

Augier M, Teece D J. 2009. Dynamic capabilities and the role of managers in business strategy and economic performance[J]. Organization Science, 20（2）: 410-421.

Baird I S, Thomas H. 1985. Toward a contingency model of strategic risk taking[J]. Academy of Management Review, 10（2）: 230-243.

Baldwin J R, Sabourin D. 2002. Advanced technology use and firm performance in Canadian manufacturing in the 1990s[J]. Industrial and Corporate Change, 11（4）: 761-789.

Banalieva E R, Eddleston K A. 2011. Home-region focus and performance of family firms: the role of family vs non-family leaders[J]. Journal of International Business Studies, 42（8）: 1060-1072.

Barberis N, Huang M. 2001. Mental accounting, loss aversion and individual stock returns[J]. The Journal of Finance, （56）: 1247-1292.

Barberis N, Huang M, Thaler R. 2006. Individual preferences, monetary gambles, and stock market participation: a case for narrow framing[J]. American Economic Review, （96）: 1069-1090.

Barki H, Pinsonneault A. 2005. A model of organizational integration, implementation effort, and performance[J]. Organization Science, （16）: 627-630.

Barnett T, Kellermanns F W. 2006. Are we family and are we treated as family? Nonfamily employees' perceptions of justice in the family firm[J]. Entrepreneurship Theory and Practice, 30（6）: 837-854.

Barney J B. 1986. Strategic factor markets: expectations, luck, and business strategy[J]. Management Science, 32（10）: 1231-1241.

Barney J B. 1991. Firm resources and sustained competitive advantage[J]. Journal of Management, 17（1）: 99-120.

Barr P S, Stimpert J L, Huff A S. 1992. Cognitive change, strategic action, and organizational renewal[J]. Strategic Management Journal, 13（S1）: 15-36.

Bass B M. 1990. From transactional to transformational leadership: learning to share the vision[J]. Organizational Dynamics, 18（3）: 19-31.

Baum J A C, Rowley T J, Shipilov A V, et al. 2005. Dancing with strangers: aspiration performance and the search for underwriting syndicate partners[J]. Administrative Science Quarterly, 50（4）: 536-575.

Benartzi S, Thaler R H. 1995. Myopic loss aversion and the equity premium puzzle[J]. The Quarterly Journal of Economics, （110）: 73-92.

Benavides-Velasco C A, Quintana-García C, Guzmán-Parra V F. 2013. Trends in family business research[J]. Small Business Economics, （40）: 41-57.

Bennedsen M, Perez-Gonzalez F, Wolfenzon D. 2010. The Governance of Family Firms, Incorporate Governance: A Synthesis of Theory, Research, and Practice[M]. Hoboken: Wiley.

Benner M J, Tushman M L. 2003. Exploitation, exploration, and process management: the productivity dilemma revisited[J]. Academy of Management Review, 28（2）: 238-256.

Bennett R. 1998. Corporate philanthropy in France, Germany and the UK: international comparisons of commercial orientation towards company giving in European nations[J]. International Marketing Review, 15（6）: 458-475.

Ben-Oz C, Greve H R. 2012. Short-and long-term performance feedback and absorptive capacity[J]. Journal of Management, 41（7）: 1827-1853.

Berghaus S, Back A. 2016. Stages in digital business transformation: results of an empirical maturity study[C]. MCIS 2016 Proceedings.

Berrone P, Cruz C, Gómez-Mejía L R. 2012. Socioemotional wealth in family firms: theoretical dimensions, assessment approaches, and agenda for future research[J]. Family Business Review, 25 (3): 258-279.

Bertrand M, Johnson S, Samphantharak K, et al. 2008. Mixing family with business: a study of Thai business groups and the families behind them[J]. Journal of Financial Economics, (88): 466-498.

Bertrand M, Schoar A. 2006. The role of family in family firms[J]. The Journal of Economic Perspectives, 20 (2): 73-96.

Besharov M L, Smith W K. 2014. Multiple institutional logics in organizations: explaining their varied nature and implications[J]. Academy of Management Review, 39 (3): 364-381.

Betancourt R, Gautschi D. 1988. The economics of retail firms[J]. Managerial and Decision Economics, 9 (2): 133-144.

Bianchi M. 2010. Credit constraints, entrepreneurial talent, and economic development[J]. Small Business Economics, 34 (1): 93-104.

Bican P M, Brem A. 2020. Digital business model, digital transformation, digital entrepreneurship: is there a sustainable "digital" ?[J]. Sustainability, 12 (13): 1-15.

Binacci M, Peruffo E, Oriani R, et al. 2016. Are all non-family managers (NFMs) equal? The impact of NFM characteristics and diversity on family firm performance[J]. Corporate Governance, (24): 569-583.

Birkel H S, Veile J W, Müller J M, et al. 2019. Development of a risk framework for Industry 4.0 in the context of sustainability for established manufacturers[J]. Sustainability, 11 (2): 1-27.

Blettner D P, He Z L, Hu S, et al. 2015. Adaptive aspirations and performance heterogeneity: attention allocation among multiple reference points[J]. Strategic Management Journal, 36 (7): 987-1005.

Block J H. 2010. Family management, family ownership, and downsizing: evidence from S&P 500 firms[J]. Family Business Review, 23 (2): 109-130.

Block J H. 2011. How to pay nonfamily managers in large family firms: a principal-agent model[J]. Family Business Review, (24): 9-27.

Block J H. 2012. R&D investments in family and founder firms: an agency perspective[J]. Journal of Business Venturing, 27 (2): 248-265.

Block J H, Fisch C O, Lau J, et al. 2016. Who prefers working in family firms? An exploratory study of individuals' organizational preferences across 40 countries[J]. Journal of Family Business Strategy, (7): 65-74.

Block J H, Jaskiewicz P, Miller D. 2011. Ownership versus management effects on performance in family and founder companies: a Bayesian reconciliation[J]. Journal of Family Business

Strategy, （2）: 232-245.

Boellis A, Mariotti S, Minichilli A, et al. 2016. Family involvement and firms' establishment mode choice in foreign markets[J]. Journal of International Business Studies, 47（8）: 929-950.

Bolton M K. 1993. Organizational innovation and substandard performance: when is necessity the mother of innovation?[J]. Organization Science, 4（1）: 57-75.

Borrás S, Edquist C. 2013. The choice of innovation policy instruments[J]. Technological Forecasting & Social Change, 80（8）: 1513-1522.

Bozec Y, Laurin C. 2008. Large shareholder entrenchment and performance: empirical evidence from Canada[J]. Journal of Business Finance & Accounting, 35（1/2）: 25-49.

Breton-Miller L, Miller D. 2006. Why do some family businesses out-compete? Governance, long-term orientations, and sustainable capability[J]. Entrepreneurship Theory and　Practice, （30）: 731-746.

Breton-Miller L, Miller D. 2013. Socioemotional wealth across the family firm life cycle: a commentary on "family business survival and the role of boards" [J]. Entrepreneurship Theory and Practice, 37（6）: 1391-1397.

Bromiley P. 1991. Testing a causal model of corporate risk taking and performance[J]. Academy of Management Journal, （34）: 37-59.

Bromiley P, Harris J D. 2014. A comparison of alternative measures of organizational aspirations[J]. Strategic Management Journal, 35（3）: 338-357.

Bromiley P, McShane M, Nair A, et al. 2015. Enterprise risk management: review, critique, and research directions[J]. Long Range Planning, （48）: 265-276.

Bromiley P, Rau D, Zhang Y. 2017. Is R&D risky?[J]. Strategic Management Journal, （38）: 876-891.

Brumana M, Minola T, Garrett R P, et al. 2017. How do family firms launch new businesses? A developmental perspective on internal corporate venturing in family business[J]. Journal of Small Business Management, （55）: 594-613.

Burgelman R A. 1991. Intraorganizational ecology of strategy making and organizational adaptation[J]. Organization Science, 2（3）: 239-262.

Burke W W, Litwin G H. 1992. A causal model of organizational performance and change[J]. Journal of Management, 18（3）: 523-545.

Cabrera-Suárez K, de Saá-Pérez P, García-Almeida D. 2001. The succession process from a resource-and knowledge-based view of the family firm[J]. Family Business Review, （14）: 37-48.

Cakar N D, Erturk A. 2010. Comparing innovation capability of small and medium-sized enterprises: examining the effects of organizational culture and empowerment[J]. Journal of

Small Business Management，（48）：325-359.

Calabrò A, Minichilli A, Amore M D, et al. 2018. The courage to choose! Primogeniture and leadership succession in family firms[J]. Strategic Management Journal，39（7）：2014-2035.

Campa J M, Kedia S. 2002. Explaining the diversification discount[J]. The Journal of Finance，57（4）：1731-1762.

Campbell B A, Coff R, Kryscynski D. 2012. Rethinking sustained competitive advantage from human capital[J]. Academy of Management Review，37（3）：376-395.

Caniëls M C, Gelderman C J. 2007. Power and interdependence in buyer supplier relationships：a purchasing portfolio approach[J]. Industrial Marketing Management，36（2）：219-229.

Cannella A A, Jones C D, Withers M C. 2015. Family-versus lone-founder controlled public corporations：social identity theory and boards of directors[J]. Academy of Management Journal，58（2）：436-459.

Carnes C M, Ireland R D. 2013. Familiness and innovation：resource bundling as the missing link[J]. Entrepreneurship Theory and Practice，（37）：1399-1419.

Carney M. 2005. Corporate governance and competitive advantage in family-controlled firms[J]. Entrepreneurship Theory and Practice，（29）：249-265.

Carpenter M A. 2000. The price of change：the role of CEO compensation in strategic variation and deviation from industry strategy norms[J]. Journal of Management，26（6）：1179-1198.

Carpenter R E, Petersen B C. 2002. Is the growth of small firms constrained by internal finance?[J]. Review of Economics and Statistics，84（2）：298-309.

Casillas J C, Acedo F J, Moreno A M. 2007. International Entrepreneurship in Family Businesses[M]. Cheltenham：Edward Elgar Publishing.

Casillas J C, Moreno A M, Barbero J L. 2010. A configurational approach of the relationship between entrepreneurial orientation and growth of family firms[J]. Family Business Review，（23）：27-44.

Cassiman B, Veugelers R. 2006. In search of complementarity in innovation strategy：internal R&D and external knowledge acquisition[J]. Management Science，52（1）：68-82.

Casson M. 1999. The economics of the family firm[J]. Scandinavian Economic History Review，47（1）：10-23.

Cefis E, Orsenigo L. 2001. The persistence of innovative activities：a cross-countries and crosssectors comparative analysis[J]. Research Policy，30（7）：1139-1158.

Cennamo C, Berrone P, Cruz C, et al. 2012. Socioemotional wealth and proactive stakeholder engagement：why family-controlled firms care more about their stakeholders[J]. Entrepreneurship Theory and Practice，（36）：1153-1173.

Chandler A D. 1990. Strategy and Structure：Chapters in the History of the Industrial Enterprise[M].

Cambridge：MIT Press.

Chang S J，Shim J. 2015. When does transitioning from family to professional management improve firm performance?[J]. Strategic Management Journal，（36）：1297-1316.

Chatterjee S，Singh J. 1999. Are tradeoffs inherent in diversification moves? A simultaneous model for type of diversification and mode of expansion decisions[J]. Management Science，45（1）：25-41.

Chatterjee S，Wernerfelt B. 1991. The link between resources and type of diversification：theory and evidence[J]. Strategic Management Journal，12（1）：33-48.

Chen G，Liu C，Tjosvold D. 2005. Conflict management for effective top management teams and innovation in China[J]. Journal of Management Studies，（42）：277-300.

Chen H L，Hsu W T. 2009. Family ownership，board independence，and R&D investment[J]. Family Business Review，22（4）：347-362.

Chen H L，Hsu W T，Chang C Y. 2014. Family ownership，institutional ownership，and internationalization of SMEs[J]. Journal of Small Business Management，52（4）：771-789.

Chen W R. 2008. Determinants of firms' backward-and forward-looking R&D search behavior[J]. Organization Science，19（4）：609-622.

Chen W R，Miller K D. 2007. Situational and institutional determinants of firms' R&D search intensity[J]. Strategic Management Journal，28（4）：369-381.

Chen X，Xie E，van Essen M. 2021. Performance feedback and firms' R&D frequency：a comparison between state owned and private owned enterprises in China[J]. Asian Business & Management，20（2）：221-258.

Chirico F. 2008. Knowledge accumulation in family firms：evidence from four case studies[J]. International Small Business Journal，（26）：433-462.

Chirico F，Ireland R D，Sirmon D G. 2011. Franchising and the family firm：creating unique sources of advantage through "familiness" [J]. Entrepreneurship Theory and Practice，（35）：483-501.

Chirico F，Salvato C. 2008. Knowledge integration and dynamic organizational adaptation in family firms[J]. Family Business Review，21（2）：169-181.

Chirico F，Salvato C. 2016. Knowledge internalization and product development in family firms：when relational and affective factors matter[J]. Entrepreneurship Theory and Practice，（40）：201-229.

Chitra S，Rajaram V，Rejie G，et al. 2014. Family firms and internationalization-governance relationships：evidence of secondary agency issues[J]. Strategic Management Journal，35（4）：606-616.

Chng D H M，Shih E，Rodgers M S，et al. 2015. Managers' marketing strategy decision making during performance decline and the moderating influence of incentive pay[J]. Journal of the Academy of Marketing Science, 43（5）: 629-647.

Choi Y R, Zahra S A, Yoshikawa T, et al. 2015. Family ownership and R&D investment: the role of growth opportunities and business group membership[J]. Journal of Business Research, （68）: 1053-1061.

Chrisman J J, Chua J H, de Massis A, et al. 2015a. The ability and willingness paradox in family firm innovation[J]. Journal of Product Innovation Management, 32（3）: 310-318.

Chrisman J J, Chua J H, de Massis A, et al. 2016. Management processes and strategy execution in family firms: from "what" to "how" [J]. Small Business Economics, （47）: 719-734.

Chrisman J J, Chua J H, Litz R. 2004. Comparing the agency costs of family and non-family firms: conceptual issues and exploratory evidence[J]. Entrepreneurship Theory and Practice, （28）: 335-354.

Chrisman J J, Chua J H, Pearson A W, et al. 2012a. Family involvement, family influence, and family centered non-economic goals in small firms[J]. Entrepreneurship Theory and Practice, 36（2）: 267-293.

Chrisman J J, Chua J H, Steier L P, et al. 2012b. An agency theoretic analysis of value creation through management buy-outs of family firms[J]. Journal of Family Business Strategy, 3（4）: 197-206.

Chrisman J J, Devaraj S, Patel P C. 2017. The impact of incentive compensation on labor productivity in family and nonfamily firms[J]. Family Business Review, （30）: 119-136.

Chrisman J J, Fang H, Kotlar J, et al. 2015b. A note on family influence and the adoption of discontinuous technologies in family firms[J]. Journal of Product Innovation Management, 32（3）: 384-388.

Chrisman J J, Memili E, Misra K. 2014. Non-family managers, family firms, and the winner's curse: the influence of non-economic goals and bounded rationality[J]. Entrepreneurship Theory and Practice, 38（5）: 1103-1127.

Chrisman J J, Patel P C. 2012. Variations in R&D investments of family and nonfamily firms: behavioral agency and myopic loss aversion perspectives[J]. Academy of Management Journal, 55（4）: 976-997.

Chrisman J J, Sharma P, Steier L P, et al. 2013. The influence of family goals, governance, and resources on firm outcomes[J]. Entrepreneurship Theory and Practice, 37（6）: 1249-1261.

Christensen C M, Bower J L. 1996. Customer power, strategic investment, and the failure of leading firms [J]. Strategic Management Journal, 17（3）: 197-218.

Chu W. 2009. The influence of family ownership on SME performance: evidence from public firms in Taiwan[J]. Small Business Economics, （33）: 353-373.

Chua J H, Chrisman J J, Bergiel E B. 2009. An agency theoretic analysis of the professionalized family firm[J]. Entrepreneurship Theory and Practice, （33）: 355-372.

Chua J H, Chrisman J J, de Massis A. 2015. A closer look at socioemotional wealth: its flows, stocks, and prospects for moving forward[J]. Entrepreneurship Theory and Practice, （39）: 173-182.

Chua J H, Chrisman J J, Kellermanns F, et al. 2011. Family involvement and new venture debt financing[J]. Journal of Business Venturing, 26（4）: 472-488.

Chua J H, Chrisman J J, Sharma P. 1999. Defining the family business by behavior[J]. Entrepreneurship Theory and Practice, 23（4）: 19-39.

Chua J H, Chrisman J J, Sharma P. 2003. Succession and non-succession concerns of family firms and agency relationship with nonfamily managers[J]. Family Business Review, 16（2）: 89-108.

Chua J H, Chrisman J J, Steier L P, et al. 2012. Sources of heterogeneity in family firms: an introduction[J]. Entrepreneurship Theory and Practice, 36（6）: 1103-1113.

Classen N, van Gils A, Bammens Y, et al. 2012. Accessing resources from innovation partners: the search breadth of family SMEs[J]. Journal of Small Business Management, （50）: 191-215.

Combs J G, Penney C R, Crook T R, et al. 2010. The impact of family representation on CEO compensation[J]. Entrepreneurship Theory and Practice, 34（6）: 1125-1144.

Conner K R, Prahalad C K. 1996. A resource-based theory of the firm: knowledge versus opportunism[J]. Organization Science, 7（5）: 477-501.

Cooke P, Morgan K. 1994. The regional innovation system in Baden-Wurttemberg[J]. International Journal of Technology Management, 9（3/4）: 394-429.

Corbetta G, Salvato C. 2004. Self-serving or self-actualizing? Models of man and agency costs in different types of family firms: a commentary on "comparing the agency costs of family and non-family firms: conceptual issues and exploratory evidence" [J]. Entrepreneurship Theory and Practice, （28）: 355-362.

Costantini V, Crespi F, Palma A. 2017. Characterizing the policy mix and its impact on eco-innovation: a patent analysis of energy-efficient technologies[J]. Research Policy, 46（4）: 799-819.

Cromie S, Stepheson B, Monteith D. 1995. The management of family firms: an empirical investigation[J]. International Small Business Journal, 13: 11-34.

Cruz C C, Gómez-Mejia L R, Becerra M. 2010. Perceptions of benevolence and the design of agency contracts: CEO-TMT relationships in family firms[J]. Academy of Management Journal, 53（1）: 69-89.

Cruz C C, Nordqvist M. 2012. Entrepreneurial orientation in family firms: a generational perspective[J]. Small Business Economics, (38): 33-49.

Cucculelli M, Peruzzi V, Zazzaro A. 2019. Relational capital in lending relationships: evidence from European family firms[J]. Small Business Economics, (52): 277-301.

Cyert R M, March J G. 1963. A Behavioral Theory of the Firm Englewood Cliffs[M]. Englewood Cliffs: Prentice-Hall.

Daily C M, Dalton D R, Cannella A A. 2003. Corporate governance: decades of dialogue and data[J]. Academy of Management Review, 28 (3): 371-382.

Daspit J J, Long R G. 2014. Mitigating moral hazard in entrepreneurial networks: examining structural and relational social capital in East Africa[J]. Entrepreneurship Theory and Practice, (38): 1343-1350.

Daspit J J, Long R G, Pearson A W. 2019. How familiness affects innovation outcomes via absorptive capacity: a dynamic capability perspective of the family firm[J]. Journal of Family Business Strategy, (10): 133-143.

Datta D K, Rajagopalan N, Zhang Y. 2003. New CEO openness to change and strategic persistence: the moderating role of industrial characteristics[J]. Birtish Journal of Management, (14): 101-114.

Davies H, Walters P. 2004. Emergent patterns of strategy, environment and performance in a transition economy[J]. Strategic Management Journal, (25): 347-364.

Davis P S, Harveston P D. 1999. In the founder's shadow: conflict in the family firm[J]. Family Business Review, (12): 311-323.

Dawson A. 2012. Human capital in family businesses: focusing on the individual level[J]. Journal of Family Business Strategy, (3): 3-11.

Dawson J F. 2014. Moderation in management research: what, why, when, and how[J]. Journal of Business and Psychology, (29): 1-19.

de Massis A, Chua J H, Chrisman J J. 2008. Factors preventing intra-family succession[J]. Family Business Review, 21 (2): 183-199.

de Massis A, Di Minin A, Frattini F. 2015. Family-driven innovation: resolving the paradox in family firms[J]. California Management Review, 58 (1): 5-19.

de Massis A, Eddleston K A, Rovelli P. 2020. Entrepreneurial by design: how organizational design affects family and non-family firms' opportunity exploitation[J]. Journal of Management Studies, 58 (1): 27-62.

de Massis A, Frattini F, Kotlar J, et al. 2016a. Innovation through tradition: lessons from innovative family businesses and directions for future research[J]. The Academy of Management Perspectives, (30): 93-116.

de Massis A, Frattini F, Lichtenthaler U. 2013. Research on technological innovation in family firms: present debates and future directions[J]. Family Business Review, （26）: 10-31.

de Massis A, Frattini F, Pizzurno E, et al. 2014a. Product innovation in family versus non-family firms: an exploratory analysis[J]. Journal of Small Business Management, 12（6）: 68-80.

de Massis A, Kotlar J, Chua J H, et al. 2014b. Ability and willingness as sufficiency conditions for family oriented particularistic behavior: implications for theory and empirical studies[J]. Journal of Small Business Management, 52（2）: 344-364.

de Massis A, Kotlar J, Frattini F, et al. 2016b. Family governance at work: organizing for new product development in family SMEs[J]. Family Business Review, 29（2）: 189-213.

de Massis A, Rond E. 2020. COVID-19 and the future of family business research[J]. Journal of Management Studies, 57（8）: 1727-1731.

de Massis A, Sieger P, Chua J H, et al. 2016c. Incumbents'attitude toward intrafamily succession: an investigation of its antecedents[J]. Family Business Review, 29（3）: 278-300.

Dekker J, Lybaert N, Steijvers T, et al. 2015. The effect of family business professionalization as a multidimensional construct on firm performance[J]. Journal of Small Business Management, （53）: 516-538.

Desai V. 2016. The behavioral theory of the（governed）firm: corporate board influences on organizations' responses to performance shortfalls[J]. Academy of Management Journal, 59（3）: 860-879.

Dess G G, Lumpkin G T. 2005. The role of entrepreneurial orientation in stimulating effective corporate entrepreneurship[J]. Academy of Management Executive, 19（1）: 147-156.

Dess G G, Lumpkin G T, McGee J E. 1999. Linking corporate entrepreneurship to strategy, structure, and process: suggested research directions[J]. Entrepreneurship Theory and Practice, 23（3）: 85-102.

Dewar R, Hage J. 1978. Size, technology, complexity and structural differentiation: toward a theoretical synthesis[J]. Administrative Science Quarterly, （23）: 111-136.

Diaz-Moriana V, Clinton E, Kammerlander N, et al. 2020. Innovation motives in family firms: a transgenerational view[J]. Entrepreneurship Theory and Practice, （44）: 256-287.

Dierickx I, Cool K. 1989. Asset stock accumulation and sustainability of competitive advantage[J]. Management Science, 35（12）: 1504-1511.

Distelberg B, Sorenson R L. 2009. Updating systems concepts in family businesses: a focus on values, resource flows, and adaptability[J]. Family Business Review, （22）: 65-81.

Doz Y L, Kosonen M. 2010. Embedding strategic agility: a leadership agenda for accelerating business model renewal[J]. Long Range Planning, 43（2/3）: 370-382.

Duran P, Kammerlander N, van Essen M, et al. 2016. Doing more with less: innovation input and output in family firms[J]. Academy of Management Journal, 59（4）: 1224-1264.

Dyer W G. 1989. Integrating professional management into a family owned business[J]. Family Business Review, （2）: 221-235.

Eddleston K A. 2008. Commentary: the prequel to family firm culture and stewardship: the leadership perspective of the founder[J]. Entrepreneurship Theory and Practice, （32）: 1055-1061.

Eddleston K A, Kellermanns F W. 2007. Destructive and productive family relationships: a stewardship theory perspective[J]. Journal of Business Venturing, 22（4）: 545-565.

Eddleston K A, Otondo R F, Kellermanns F W. 2008. Conflict, participative decision making, and generational ownership dispersion: a multilevel analysis[J]. Journal of Small Business Management, 46（3）: 456-484.

Eisenhardt K M. 1988. Agency and institutional-theory explanations: the case of retail sales compensation[J]. Academy of Management Journal, 31（3）: 488-511.

Eisenhardt K M. 1989. Agency theory: an assessment and review[J]. Academy of Management Review, （14）: 57-74.

Eisenhardt K M, Martin J A. 2000. Dynamic capabilities: what are they?[J]. Strategic Management Journal, （21）: 1105-1121.

Erdogan I, Rondi E, de Massis A. 2020. Managing the tradition and innovation paradox in family firms: a family imprinting perspective[J]. Entrepreneurship Theory and Practice, 44（1）: 20-54.

Fama E F, Jensen M C. 1983. Agency problems and residual claims[J]. Journal of Law & Economics, （26）: 327-349.

Fang H, Kotlar J, Memili E, et al. 2018. The pursuit of international opportunities in family firms: generational differences and the role of knowledge-based resources[J]. Global Strategy Journal, 8（1）: 136-157.

Fang H, Memili E, Chrisman J J, et al. 2021. Narrow-framing and risk preferences in family and non-family firms[J]. Journal of Management Studies, 58（1）: 201-235.

Fang H, Randolph R V D G, Memili E, et al. 2016. Does size matter? The moderating effects of firm size on the employment of nonfamily managers in privately-held family SMEs[J]. Entrepreneurship Theory and Practice, （40）: 1017-1039.

Farh J L, Hackett R D, Liang J. 2007. Individual-level cultural values as moderators of perceived organizational support-employee outcome relationships in China: comparing the effects of power distance and traditionality[J]. Academy of Management Journal, （50）: 715-729.

Feldman M P, Kelley M R. 2016. The ex ante assessment of knowledge spillovers: government R&D policy, economic incentives and private firm behavior[J]. Research Policy, 35（10）:

1509-1521.

Fernández Z, Nieto M J. 2005. Internationalization strategy of small and medium sized family businesses: some influential factors[J]. Family Business Review, 18 (1): 77-89.

Fiegenbaum A, Hart S, Schendel D. 1996. Strategic reference point theory[J]. Strategic Management Journal, 17 (3): 219-235.

Fiegenbaum A, Thomas T. 1988. Attitudes toward risk and the risk-return paradox: prospect theory explanations[J]. Academy of Management Journal, 31 (1): 85-106.

Finkelstein S, Hambrick D C. 1990. Top-management-team tenure and organizational outcomes: the moderating role of managerial discretion[J]. Administrative Science Quarterly, 35 (3): 484-503.

Fiss P C. 2011. Building better causal theories: a fuzzy set approach to typologies in organization research[J]. Academy of Management Journal, 54 (2): 393-420.

Flammer C, Bansal P. 2017. Does a long-term orientation create value? Evidence from a regression discontinuity[J]. Strategic Management Journal, 38 (9): 1827-1847.

Flanagan K, Uyarra E, Laranja M. 2011. Reconceptualising the "policy mix" for innovation[J]. Research Policy, 40 (5): 702-713.

Fleming L, Bromiley P. 2000. A Variable Risk Propensity Model of Technological Risk Taking[M]. Boston: Harvard Business School Press.

Ford J D, Ford L W, D'Amelio A. 2008. Resistance to change: the rest of the story[J]. Academy of Management Review, 33 (2): 362-377.

Frank A G, Mendes G H S, Ayala N F, et al. 2019. Servitization and industry 4.0 convergence in the digital transformation of product firms: a business model innovation perspective[J]. Technological Forecasting and Social Change, (141): 341-351.

Freeman P. 1987. Knowledge-based management systems and data processing-sciencedirect[J]. Artificial Intelligence, (1): 51-63.

Fukuda K, Watanabe C. 2008. Japanese and US perspectives on the national innovation ecosystem[J]. Technology in Society, 30 (1): 49-63.

Gaba V, Joseph J. 2013. Corporate structure and performance feedback: aspirations and adaptation in m-form firms[J]. Organization Science, 24 (4): 1102-1119.

Galan J I, Sanchez-Bueno M J. 2009. Strategy and structure in context: universalism versus institutional effects[J]. Organization Studies, 30 (6): 609-627.

Gallo M A, Garcia-Pont C. 1996. Important factors in family business internationalization[J]. Family Business Review, 9 (1): 45-59.

Gallo M A, Sveen J. 1991. Internationalizing the family business: facilitating and restraining factors[J]. Family Business Review, 4 (2): 181-190.

Gavetti G. 2012. Toward a behavioral theory of strategy[J]. Organization Science, （23）：267-285.

Gavetti G, Greve H R, Levinthal D A, et al. 2012. The behavioral theory of the firm: assessment and prospects[J]. Academy of Management Annals, 6（1）：1-40.

Gedajlovic E, Carney M. 2010. Markets, hierarchies, and families: toward a transaction cost theory of the family firm[J]. Entrepreneurship Theory and Practice, 34（6）：1145-1171.

Gedajlovic E, Lubatkin M H, Schulze W S. 2004. Crossing the threshold from founder management to professional management: a governance perspective[J]. Journal of Management Studies, （41）：899-912.

Gentry R, Dibrell C, Kim J. 2016. Long-term orientation in publicly traded family businesses: evidence of a dominant logic[J]. Entrepreneurship Theory and Practice, （40）：733-757.

Gersick K E, Davis J A, Hampton M M, et al. 1997. Generation to Generation: Life Cycles of the Family Business[M]. Boston: Harvard Business School Press.

Goel S, He X, Karri R. 2011. Family involvement in a hierarchical culture: effect on dispersion of family ownership control and family member tenure on firm performance in Chinese family-owned firms[J]. Journal of Family Business Strategy, （2）：199-206.

Goldfarb A, Tucker C. 2017. Digital economics[J]. Journal of Economic Literature, 57（1）：3-43.

Gómez-Mejía L R, Campbell J T, Martin G, et al. 2014. Socioemotional wealth as a mixed gamble: revisiting family firm R&D investments with the behavioral agency model[J]. Entrepreneurship Theory and Practice, （38）：1351-1374.

Gómez-Mejía L R, Cruz C, Berrone P, et al. 2011. The bind that ties: socioemotional wealth preservation in family firms[J]. Academy of Management Annals, （5）：653-707.

Gómez-Mejía L R, Haynes K T, Núñez-Nickel M, et al. 2007. Socioemotional wealth and business risks in family-controlled firms: evidence from Spanish olive oil mills[J]. Administrative Science Quarterly, 52（1）：106-137.

Gómez-Mejía L R, Larraza-Kintana M, Makri M. 2003. The determinants of executive compensation in family-controlled public corporations[J]. Academy of Management Journal, （46）：226-237.

Gómez-Mejía L R, Makri M, Kintana M L. 2010. Diversification decisions in family-controlled firms[J]. Journal of Management Studies, 47（2）：223-252.

Gómez-Mejía L R, Nuñez-Nickel M, Gutierrez I. 2001. The role of family ties in agency contracts[J]. Academy of Management Journal, （44）：81-95.

Goranova M, Alessandri T M, Brandes P, et al. 2007. Managerial ownership and corporate diversification: a longitudinal view[J]. Strategic Management Journal, 28（3）：211-225.

Granovetter M. 1985. Economic action and social structure: the problem of embeddedness[J]. American Journal of Sociology, 91（3）：481-510.

Graves C, Thomas J. 2008. Determinants of the internationalization pathways of family firms: an examination of family influence[J]. Family Business Review, 21（2）: 151-167.

Greene W H. 1993. Econometric Analysis[M]. NewYork: Macmillan.

Greenwood J, Jovanovic B. 1990. Financial development, growth and the distribution of income[J]. Journal of Political Economy, 98（5）: 1076-1107.

Gregory M J. 1995. Technology management: a process approach[J]. Journal of Engineering Manufacture, 209（5）: 347-356.

Greve H R. 1998. Performance, aspirations, and risky organizational change[J]. Administrative Science Quarterly, 43（1）: 58-86.

Greve H R. 2003a. A behavioral theory of R&D expenditures and innovations: evidence from shipbuilding[J]. Academy of Management Journal, 46（6）: 685-702.

Greve H R. 2003b. Organizational learning from performance feedback: a behavioral perspective on innovation and change[J]. Administrative Science Quarterly, 49（3）: 490-494.

Greve H R. 2008. A behavioral theory of firm growth: sequential attention to size and performance goals[J]. Academy of Management Journal, 51（3）: 476-494.

Gubitta P, Gianecchini M. 2002. Governance and flexibility in family-owned SMEs [J]. Family Business Review, 15（4）: 277-297.

Guerzoni M, Raiteri E. 2015. Demand-side vs. supply-side technology policies: hidden treatment and new empirical evidence on the policy mix[J]. Research Policy, 44（3）: 726-747.

Guth W D, Ginsberg A. 1990. Guest editors' introduction: corporate entrepreneurship[J]. Strategic Management Journal, （11）: 5-15.

Habbershon T G, Williams M L. 1999. A resource-based framework for assessing the strategic advantages of family firms[J]. Family Business Review, （12）: 1-25.

Habbershon T G, Williams M L, MacMillan I. 2003. A unified systems perspective of family firm performance[J]. Journal of Business Venturing, 18: 451-465.

Hall B H. 2002. The financing of research and development[J]. Oxford Review of Economic Policy, 18（1）: 35-51.

Hambrick D C, Geletkanycz M A, Fredrickson J W. 1993. Top executive commitment to the status quo: some tests of its determinants[J]. Strategic Management Journal, 14（6）: 401-418.

Hambrick D C, MacMillan I C. 1984. Asset parsimony-managing assets to manage profits[J]. Sloan Management Review, 25（2）: 67.

Hambrick H. 1997. Explaining the premiums paid for large acquisitions: evidence of CEO hubris[J]. Administrative Science Quarterly, 42（1）: 103-127.

Hamilton B H, Nickerson J A. 2003. Correcting for endogeneity in strategic management research[J]. Strategic Organization, 1（1）: 51-78.

Hammond N L, Pearson A W, Holt D T. 2016. The quagmire of legacy in family firms: definition and implications of family and family firm legacy orientations[J]. Entrepreneurship Theory and Practice, （40）: 1209-1231.

Hannan M T, Freeman J. 1984. Structural inertia and organizational change[J]. American Sociological Review, 49（2）: 149-164.

Hansen M H, Perry L T, Reese C S. 2004. A Bayesian operationalization of the resource-based view[J]. Strategic Management Journal, （25）: 1279-1295.

Hardaker G, Ahmed P K, Graham G. 1998. An integrated response towards the pursuit of fast time to market of NPD in European manufacturing organizations[J]. European Business Review, 98（3）: 172-177.

Harper D A. 2008. Towards a theory of entrepreneurial teams[J]. Journal of Business Venturing, （23）: 613-626.

Harris J, Bromiley P. 2007. Incentives to cheat: the influence of executive compensation and firm performance on financial misrepresentation[J]. Organization Science, 18（3）: 350-367.

Hartmann G C, Myers M B, Rosenbloom R S. 2006. Planning your firm's R&D investment[J]. Research Technology Management, 49（2）: 25-36.

Hauswald H, Hack A, Kellermanns F W, et al. 2016. Attracting new talent to family firms: who is attracted and under what conditions?[J] Entrepreneurship: Theory and Practice, （40）: 963-989.

Hayes J, Allinson C W. 1998. Cognitive style and the theory and practice of individual and collective learning in organizations[J]. Human Relations, 51（7）: 847-871.

Heckman J J. 1979. Sample selection bias as a specification error[J]. Econometrica, 47（1）: 153-161.

Helson H. 1964. Adaptation Level Theory: an Experimental and Systematic Approach to Behavior[M]. New York: Harper & Row.

Henderson A D, Miller D, Hambrick D C. 2006. How quickly do CEOs become obsolete? Industry dynamism, CEO tenure, and company performance[J]. Strategic Management Journal, 27（5）: 447-460.

Hill C W, Hitt M A, Hoskisson R E. 1992. Cooperative versus competitive structures inrelated and unrelated diversified firms[J]. Organization Science, （3）: 501-521.

Hitt M A, Hoskisson R E, Ireland R D. 1994. A mid-range theory of the interactive effects of international and product diversification on innovation and performance[J]. Journal of Management, 20（2）: 297-326.

Hitt M A, Hoskisson R E, Kim H. 1997. International asset investments: effects on innovation and firm performance in product-diversified firms[J]. Academy of Management Journal, 40（4）:

767-798.

Hitt M A, Ireland R D. 1985. Corporate distinctive competence, strategy, industry and performance[J]. Strategic Management Journal, （6）: 273-293.

Hitt M A, Tyler B B. 1991. Strategic decision models: integrating different perspectives[J].Strategic Management Journal, 12（5）: 327-351.

Hjort J, Poulsen J. 2019. The arrival of fast internet and employment in Africa[J]. American Economic Review, 109（3）: 1032-1079.

Holmes J D, Nelson G O, Stump D C, et al. 1993. Improving the innovation process at Eastman Chemical[J]. Journal of Product Innovation Management, 36（3）: 27-35.

Howlett M, Rayner J. 2007. Design principles for policy mixes: cohesion and coherence in "new governance arrangements" [J]. Policy and Society, 26（4）: 1-18.

Hu B L. 2011. An empirical study of the relationships between information systems strategy and firm performance[J]. Advanced Materials Research, 228（217/218）: 5-8.

Hu S C, Gu Q, Xia J, et al. 2021. Problemistic search of the embedded firm: the joint effects of performance feedback and network positions on venture capital firms' risk taking[J]. Organization Science, 33（5）1889-1908.

Huang W, Boateng A, Newman A. 2016. Capital structure of Chinese listed SMEs: an agency theory perspective[J]. Small Business Economics, （47）: 535-550.

Hunter J E, Schmidt F L. 2004. Methods of Meta-Analysis: Correcting Error and Bias in Research Findings[M]. Thousand Oaks: Sage Publications.

Huybrechts J, Voordeckers W, Lybaert N. 2013. Entrepreneurial risk taking of private family firms: the influence of a nonfamily CEO and the moderating effect of CEO tenure[J].Family Business Review, （26）: 161-179.

Ilias N. 2006. Families and firms: agency costs and labor market imperfections in Sialkot's surgical industry[J]. Journal of Development Economics, （80）: 329-349.

Iyer D N, Baù M, Chirico F, et al. 2019. The triggers of local and distant search: relative magnitude and persistence in explaining acquisition relatedness[J]. Long Range Planning, 52（5）: 1-18.

Iyer D N, Miller K D. 2008. Performance feedback, slack, and the timing of acquisitions[J]. Academy of Management Journal, 51（4）: 808-822.

Jaffe D, Lane S. 2004. Sustaining a family dynasty: key issues facing complex multigenerational business and investment owning families[J]. Family Business Review, （17）: 81-98.

James H S. 1999. Owner as manager, extended horizons and the family firm[J]. International Journal of the Economics of Business, 6（1）: 41-55.

Jaskiewicz P, Combs J G, Rau S B. 2015. Entrepreneurial legacy: toward a theory of how some family firms nurture transgenerational entrepreneurship[J]. Journal of Business Venturing, 30（1）：29-49.

Jaskiewicz P, Luchak A A. 2013. Explaining performance differences between family firms with family and nonfamily CEOs：it's the nature of the tie to the family that counts![J]. Entrepreneurship Theory and Practice, 37（6）：1361-1367.

Jawahar I, McLaughlin G L. 2001. Toward a descriptive stakeholder theory：an organizational life cycle approach[J]. Academy of Management Review, 26（3）：397-414.

Jensen M C. 1994. Self-interest, altruism, incentives, and agency theory[J]. Journal of Applied Corporate Finance, 7（2）：1-15.

Jensen M C, Meckling W H. 1976. Theory of the firm：managerial behavior, agency costs, and economic organization[J]. Journal of Financial Economics, （3）：305-360.

Jin H H, Qian Y Y. 1998. Public versus private ownership of firms：evidence from rural China[J]. Quarterly Journal of Economics, （113）：773-808.

John J, Dana D. 2016. Aspiring to succeed：a model of entrepreneurship and fear of failure[J]. Journal of Business Venturing, 31（1）：1-21.

Joseph J, Gaba V. 2015. The fog of feedback：ambiguity and firm responses to multiple aspiration levels[J]. Strategic Management Journal, 36（13）：1960-1978.

Joseph J, Klingebiel R, Wilson A J. 2016. Organizational structure and performance feedback：centralization, aspirations, and termination decisions[J]. Organization Science, 27（5）：1065-1083.

Judson R A, Owen A L. 1999. Estimating dynamic panel data models：a guide for macroeconomists[J]. Economics Letters, （65）：9-15.

Kahneman D. 2003. Maps of bounded rationality：psychology for behavioral economics[J]. American Economic Review, （93）：1449-1475.

Kahneman D, Lovallo D. 1993. Timid choices and bold forecasts：a cognitive perspective on risk taking[J]. Management Science, （39）：17-31.

Kahneman D, Tversky A. 1979. Prospect theory：an analysis of decision under risk[J]. Econometrica, 47（2）：263-291.

Kammerlander N, Ganter M. 2014. An attention-based view of family firm adaptation to discontinuous technological change：exploring the role of family CEOs' noneconomic goals[J]. Journal of Product Innovation Management, 32（3）：361-383.

Kanuk L, Berenson C. 1975. Mail surveys and response rates：a literature review[J]. Journal of Marketing Research, （12）：440-453.

Kaplan S. 2008. Framing contests：strategy making under uncertainty[J]. Organization Science, （19）：729-752.

Kapoor R, Lee J M. 2013. Coordinating and competing in ecosystems: how organization forms shape new technology investments[J]. Strategic Management Journal, 34 (3): 274-296.

Katila R. 2002. New product-search over time: past ideas in their prime?[J]. Academy of Management Journal, 45 (5): 995-1010.

Kauffman R J, Liu J, Ma D. 2015. Innovations in financial IS and technology ecosystems: high-frequency trading in the equity market[J]. Technological Forecasting & Social Change, (99): 339-354.

Kavadias S, Ladas K, Loch C. 2016. The transformative business model[J]. Harvard Business Review, 94 (10): 91-98.

Kellermanns F W, Eddleston K A. 2007. A family perspective on when conflict benefits family firm performance[J]. Journal of Business Research, 60 (10): 1048-1057.

Kelly D, Amburgey T L. 1991. Organizational inertia and momentum: a dynamic model of strategic change[J]. Academy of Management Journal, 34 (3): 591-612.

Kets de Vries M. 1993. Human Dilemmas in Family Business[M]. London: Routledge.

Kieser A. 1989. Organizational, institutional, and societal evolution: medieval craft guilds and the genesis of formal organizations[J]. Administrative Science Quarterly, 34 (4): 540-564.

Kim J J, Haleblian J J, Finkelstein S. 2011. When firms are desperate to grow via acquisition: the effect of growth patterns and acquisition experience on acquisition premiums[J]. Administrative Science Quarterly, 56 (1): 26-60.

Kim J Y, Finkelstein S, Haleblian J. 2015. All aspirations are not created equal: the differential effects of historical and social aspirations on acquisition behavior[J]. Academy of Management Journal, 58 (5): 1361-1388.

Klassen K J, Russell R M, Chrisman J J. 1998. Efficiency and productivity measures for high contact services[J]. Service Industries Journal, 18 (4): 1-18.

Kleer R. 2010. Government R&D subsidies as a signal for private investors[J]. Research Policy, 39 (10): 1361-1374.

Klein P, Shapiro D, Young J. 2005. Corporate governance, family ownership, and firm value: the Canadian evidence[J]. Corporate Governance, 13 (6): 769-784.

Klette T J, Griliches Z. 2000. Empirical patterns of firm growth and R&D investment: aquality ladder model interpretation[J]. The Economic Journal, 110 (463): 363-387.

Klueter T, Monteiro F. 2017. How does performance feedback affect boundary spanning in multinational corporations? Insights from technology scouts[J]. Journal of Management Studies, 54 (4): 483-510.

Koehn D, Ueng J. 2010. Is philanthropy being used by corporate wrongdoers to buy good will?[J]. Journal of Management & Governance, (14): 1-16.

Kogut B, Zander U. 1992. Knowledge of the firm, combinative capabilities, and the replication of technology[J]. Organization Science, 3（3）: 383-397.

Kohtamäki M, Parida V, Patel P C, et al. 2020. The relationship between digitalization and servitization: the role of servitization in capturing the financial potential of digitalization[J]. Technological Forecasting & Social Change, （151）: 119804.

König A, Kammerlander N, Enders A. 2013. The family innovator's dilemma: how family influence affects the adoption of discontinuous technologies by incumbent firms[J]. Academy of Management Review, 38（3）: 418-441.

Kontinen T, Ojala A. 2010. The internationalization of family businesses: a review of extant research[J]. Journal of Family Business Strategy, 1（2）: 97-107.

Kor Y Y, Mahoney J T. 2005. How dynamics, management, and governance of resource deployments influence firm-level performance[J]. Strategic Management Journal, 26（5）: 489-496.

Kotlar J, de Massis A. 2013. Goal setting in family firms: goal diversity, social interactions, and collective commitment to family-centered goals[J]. Entrepreneurship Theory and Practice, 37（6）: 1263-1288.

Kotlar J, de Massis A, Fang H, et al. 2014a. Strategic reference points in family firms[J]. Small Business Economics, 43（3）: 597-619.

Kotlar J, de Massis A, Frattini F, et al. 2013. Technology acquisition in family and non-family firms: a longitudinal analysis of Spanish manufacturing firms[J]. Journal of Product Innovation Management, （30）: 1073-1088.

Kotlar J, Fang H, de Massis A, et al. 2014b. R&D investment decisions of family firms[J]. Journal of Production Innovation Management, （31）: 1128-1145.

Kotlar J, Signori A, de Massis A, et al. 2018. Financial wealth, socioemotional wealth, and IPO underpricing in family firms: a two-stage gamble model[J]. Academy of Management Journal, （61）: 1073-1099.

Kotter J P. 1979. Managing external dependence[J]. Academy of Management Review, 4（1）: 87-92.

Kowalkowski C, Witell L, Gustafsson A. 2013. Any way goes: identifying value constellations for service infusion in SMEs[J]. Industrial Marketing Management, 42（1）: 18-30.

Kristof A L. 1996. Person-organization fit: an integrative review of its conceptualization, measurement, and implications[J]. Personnel Psychology, （49）: 1-49.

Kumar A, Lim S S. 2008. How do decision frames influence the stock investment choices of individual investors?[J]. Management Science, （54）: 1052-1064.

Kumar S. 2009. The relationship between product and international asset investments: the effects of short-run constraints and endogeneity[J]. Strategic Management Journal, 30（1）: 99-116.

Kusiak A. 1990. Manufacturing systems: a knowledge and optimization-based approach[J]. Journal of Intelligent & Robotic Systems, 3（1）: 27-50.

Kuusela P, Keil T, Maula M. 2017. Driven by aspirations, but in what direction? Performance shortfalls, slack resources, and resource-consuming vs. resource-freeing organizational change[J]. Strategic Management Journal, 38（5）: 1101-1120.

Lambrecht J, Lievens J. 2008. Pruning the family tree: an unexplored path to family business continuity and family harmony[J]. Family Business Review, 21（4）: 295-313.

Langley A, Smallman C, Tsoukas H, et al. 2013. Process studies of change in organization and management: unveiling temporality, activity, and flow[J]. Academy of Management Journal, 56（1）: 1-13.

Laranja M, Uyarra E, Flanagan K. 2008. Policies for science, technology and innovation: translating rationales into regional policies in a multi-level setting[J]. Research Policy, 37（5）: 823-835.

Laursen K, Salter A. 2006. Open for innovation: the role of open-ness in explaining innovation performance among UK manufacturing firms[J]. Strategic Management Journal, 27（2）: 131-150.

Lawrence P, Lorsch J. 1969. Organization and Environment[M]. Boston: Harvard Business School Press.

Lee K S, Lim G H, Lim W S. 2003. Family business succession: appropriation risk and choice of successor[J]. Academy of Management Review,（28）: 657-666.

Lehman D W, Hahn J, Ramanujam R, et al. 2011. The dynamics of the performance risk relationship within a performance period: the moderating role of deadline proximity[J]. Organization Science, 22（6）: 1613-1630.

Lendle A, Olarreaga M, Schropp S, et al. 2016. There goes gravity: eBay and the death of distance[J]. Economic Journal, 126（591）: 406-441.

Leonard D, Sensiper S. 1998. The role of tacit knowledge in group innovation[J]. California Management Review, 40（3）: 112-130.

Lepak D P, Smith K G, Taylor M S. 2007. Value creation and value capture: a multilevel perspective[J]. Academy of Management Review, 32（1）: 180-194.

Levinthal D A. 1991. Random walks and organizational mortality[J]. Administrative Science Quarterly,（36）: 397-420.

Lewis L, Dianne S. 1994. Organizational change: relationship between reactions, behaviour and organizational performance[J]. Journal of Organizational Change Management, 7（5）: 41-55.

Li J, Tang Y. 2010. CEO hubris and firm risk taking in China: the moderating role of managerial discretion[J]. Academy of Management Journal, 53（1）: 45-68.

Lichtenthaler E. 2004. Organizing the external technology exploitation process: current practices and future challenges[J]. International Journal of Technology Management, 27（2）: 255-271.

Lichtenthaler U. 2010. Technology exploitation in the context of open innovation: finding the right "job" for your technology[J]. Technovation, 30（7）: 429-435.

Lieberman M B, Asaba S. 2006. Why do firms imitate each other?[J]. Academy of Management Review, 31（2）: 366-385.

Lien Y C, Li S. 2014. Professionalization of family business and performance effect[J]. Family Business Review, （27）: 346-364.

Liket K, Simaens A. 2013. Battling the devolution in the research on corporate philanthropy[J]. Journal of Business Ethics, （126）: 285-308.

Lin B W, Lee Y, Hung S C. 2006. R&D intensity and commercialization orientation effects on financial performance[J]. Journal of Business Research, 59（6）: 679-685.

Lin S, Hu S, Hu S Y. 2007. A family member or professional management? The choice of a CEO and its impact on performance[J]. Corporate Governance: An International Review, 15（6）: 1348-1362.

Lin W T. 2012. Family ownership and internationalization processes: internationalization pace, internationalization scope, and internationalization rhythm[J]. European Management Journal, （30）: 47-56.

Lippman S A, Rumelt R P. 1982. Uncertain imitability: an analysis of interfirm differences in efficiency under competition[J]. The Bell Journal of Economics, 13（2）: 418-438.

Liu Y J, Wang M C, Zhao L. 2010. Narrow framing: professions, sophistication, and experience[J]. Journal of Futures Markets: Futures, Options, and Other Derivative Products, （30）: 203-229.

Lubatkin M H, Ling Y, Schulze W S. 2007. An organizational justice-based view of self-control and agency costs in family firms[J]. Journal of Management Studies, （44）: 955-971.

Lubatkin M H, Schulze W S, Ling Y, et al. 2005. The effects of parental altruism on the governance of family managed firms[J]. Journal of Organizational Behavior, （26）: 313-330.

Lubatkin M H, Simsek Z, Ling Y, et al. 2006. Ambidexterity and performance in small-to medium-sized firms: the pivotal role of top management team behavioral integration[J]. Journal of Management, 32（5）: 646-672.

Lucas G J M, Knoben J, Meeus M T H. 2018. Contradictory yet coherent? Inconsistency in performance feedback and R&D investment change[J]. Journal of Management, 44（2）: 658-681.

Lui S S, Ngo H Y. 2012. Drivers and outcomes of long-term orientation in cooperative relationships[J]. British Journal of Management, （23）：80-95.

Lumpkin G T, Brigham K H. 2011. Long-term orientation and intertemporal choice in family firms[J]. Entrepreneurship Theory and Practice, 35（6）：1149-1169.

Lumpkin G T, Brigham K H, Moss T W. 2010. Long-term orientation: implications for the entrepreneurial orientation and performance of family businesses[J]. Entrepreneurship and Regional Development, （22）：241-264.

Lumpkin G T, Dess G G. 1996. Clarifying the entrepreneurial orientation construct and linking it to performance[J]. Academy of Management Review, （21）：135-172.

Lumpkin G T, Wales W J, Ensley M D. 2007. Assessing the Context for Corporate Entrepreneurship: the Role of Entrepreneurial Orientation[M]. Westport: Praeger.

Lundvall B A. 1998. Why study national systems and national styles of innovation?[J]. Technology Analysis & Strategic Management, 10（4）：403-422.

Lv D D, Chen W H, Zhu H, et al. 2019. How does inconsistent negative performance feedback affect the R&D investments of firms? A study of publicly listed firms[J]. Journal of Business Research, （102）：151-162.

Lyytinen K, Yoo Y, Boland R J. 2016. Digital product innovation within four classes of innovation networks[J]. Information Systems Journal, 26（1）：47-75.

Macher J T, Boerner C. 2012. Technological development at the boundaries of the firm: a knowledge-based examination in drug development[J]. Strategic Management Journal, 33（9）：1016-1036.

Madison K, Daspit J J, Turner K, et al. 2018. Family firm human resource practices: investigating the effects of professionalization and bifurcation bias on performance[J]. Journal of Business Research, （84）：327-336.

Magro E, Wilson J R. 2019. Policy-mix evaluation: governance challenges from new place-based innovation policies[J]. Research Policy, 48（10）：103612-103622.

Makadok R. 2001. Toward a synthesis of the resource-based and dynamic-capability view of rent creation[J]. Strategic Management Journal, （22）：387-401.

Makarevich A. 2018. Performance feedback as a cooperation "switch": a behavioral perspective on the success of venture capital syndicates among competitors[J]. Strategic Management Journal, 39（12）：3247-3272.

March J G, Shapira Z. 1987. Managerial perspectives on risk and risk taking[J]. Management Science, 33（11）：1404-1418.

March J G, Shapira Z. 1992. Variable risk preferences and the focus of attention[J]. Psychological Review, 99（1）：172-183.

March J G, Simon H A. 1958. Organizations[M]. New York: John Wiley.

Martin G P, Gómez-Mejía L R, Wiseman R M. 2013. Executive stock options as mixed gambles: revisiting the behavioral agency model[J]. Academy of Management Journal, （56）: 451-472.

Mavrot C, Hadorn S, Sager F. 2020. Mapping the mix: linking instruments, settings and target groups in the study of policy mixes[J]. Research Policy, 48（10）: 103614.

McConaughy D L. 2000. Family CEOs vs. nonfamily CEOs in the family-controlled firm: an examination of the level and sensitivity of pay to performance[J]. Family Business Review, （13）: 121-131.

Memili E, Fang H C, Chrisman J J, et al. 2015a. The impact of small-and medium-sized family firms on economic growth[J]. Small Business Economics, 45（4）: 771-785.

Memili E, Fang H C, Welsh D H. 2015b. Value creation and value appropriation in innovation process in publicly-traded family firms[J]. Management Decision, 53（9）: 1921-1952.

Memili E, Misra K, Chang E P C, et al. 2013. The propensity to use incentive compensation for non-family managers in SME family firms[J]. Journal of Family Business Management, （3）: 62-80.

Mezias S J, Chen Y R, Murphy P R. 2002. Aspiration-level adaptation in an American financial services organization: a field study[J]. Management Science, 48（10）: 1285-1300.

Michael J, Geringer P W, Beamish R C, et al. 1989. Diversification strategy and internationalization: implications for MNE performance[J]. Strategic Management Journal, 10（2）: 109-119.

Miller D, Breton-Miller I L. 2005. Managing for the Long Run: Lessons in Competitive Advantage from Great Family Businesses[M]. Boston: Harvard Business School Press.

Miller D, Breton-Miller I L, Lester R H. 2013. Family firm governance, strategic conformity, and performance: institutional vs. strategic perspectives[J]. Organization Science, 24（1）: 189-209.

Miller D, Breton-Miller I L, Lester R H, et al. 2007. Are family firms really superior performers?[J]. Journal of Corporate Finance, 13（5）: 829-858.

Miller D, Breton-Miller I L, Scholnick B. 2008. Stewardship vs. stagnation: an empirical comparison of small family and non-family businesses[J]. Journal of Management Studies, （45）: 51-78.

Miller D, Chen M J. 1994. Sources and consequences of competitive inertia: a study of the U.S. airline industry[J]. Administrative Science Quarterly, 39（1）: 1-23.

Miller K D, Bromiley P. 1990. Strategic risk and corporate performance: an analysis of alternative risk measures[J]. Academy of Management Journal, （33）: 756-779.

Miller K D, Chen W R. 2004. Variable organizational risk preferences: tests of the March-Shapira model[J]. Academy of Management Journal, 47（1）: 105-115.

Minola T, Brumana M, Campopiano G, et al. 2016. Corporate venturing in family business: a developmental approach of the enterprising family[J]. Strategic Entrepreneurship Journal, （10）：395-412.

Misangyi V F, Acharya A G. 2014. Substitutes or complements? A configurational examination of corporate governance mechanisms[J]. Academy of Management Journal, 57（6）：1681-1705.

Mishra C S, McConaughy D L. 1999. Founding family control and capital structure: the risk of loss of control and the aversion to debt[J]. Entrepreneurship Theory and Practice, （23）：53-64.

Mitchell R K, Agle B R, Chrisman J J, et al. 2011. Toward a theory of stakeholder salience in family firms[J]. Business Ethics Quarterly, （21）：235-255.

Moeuf A, Pellerin R, Lamouri S, et al. 2018. The industrial management of SMEs in the era of Industry 4.0[J]. International Journal of Production Research, 56（3）：1118-1136.

Molly V, Uhlaner L M, de Massis A, et al. 2019. Family-centered goals, family board representation, and debt financing[J]. Small Business Economics, （53）：269-286.

Morck R K, Wolfenzon D, Yeung B. 2005. Corporate governance, economic entrenchment, and growth[J]. Journal of Economic Literature, 43（3）：655-720.

Morck R K, Steier L. 2005. The global history of corporate governance: an introduction//Morck R K. A History of Corporate Governance Around the World: Family Business Groups to Professional Managers[M]. Chicago: University of Chicago Press: 1-64.

Morck R K, Yeung B. 2003. Agency problems in large family business groups[J]. Entrepreneurship Theory and Practice, 27（4）：367-382.

Morgan D P, Collins J H, Sutherland J G. 1972. Asynchronous operation of an analog convolver[J]. Proceedings of the IEEE, 60（12）：1556-1557.

Mudambi R, Swift T. 2011. Proactive R&D management and firm growth: a punctuated equilibrium model[J]. Research Policy, 40（3）：429-440.

Murat T, Nüfer Y A, Steven W, et al. 2018. Performance feedback and middle managers' divergent strategic behavior: the roles of social comparisons and organizational identification[J]. Strategic Management Journal, 39（4）：1139-1162.

Nadolska A M, Barkema H G. 2007. Learning to internationalise: the pace and success of foreign acquisitions[J]. Journal of International Business Studies, 38（7）：1170-1186.

Nadolska A M, Barkema H G. 2014. Good learners: how top management teams affect the success and frequency of acquisitions[J]. Strategic Management Journal, 35（10）：1483-1507.

Nahapiet J, Ghoshal S. 1998. Social capital, intellectual capital, and the organizational advantage[J]. Academy of Management Review, 23（2）：242-266.

Naldi L, Cennamo C, Corbetta G, et al. 2013. Preserving socioemotional wealth in family firms: asset or liability? The moderating role of business context[J]. Entrepreneurship Theory and Practice, 37（6）：1341-1360.

Nason R S, Bacq S, Gras D. 2018. A behavioral theory of social performance: social identity and stakeholder expectations[J]. Academy of Management Review, 43（2）: 259-283.

Nellore R, Söderquist K. 2000. Portfolio approaches to procurement: analyzing the missing link to specifications[J]. Long Range Planning, 33（2）: 245-267.

Nyantakyi B E. 2016. Family ties, firm performance and managerial compensations in African SMEs[J]. Small Business Economics,（46）: 493-501.

Ocasio W. 2011. Attention to attention[J]. Organization Science, 22（5）: 1286-1296.

Oliver C. 1991. Strategic responses to institutional processes[J]. Academy of Management Review, 16（1）: 145-179.

Opler T C, Titman S. 1994. Financial distress and corporate performance[J]. Journal of Finance, 49（3）: 1015-1040.

Oswald S L, Muse L A, Rutherford M W. 2009. The influence of large stake family control on performance: is it agency or entrenchment?[J]. Journal of Small Business Management, 47（1）: 116-135.

Oturakci M, Yuregir O H. 2018. New approach to Rogers' innovation characteristics and comparative implementation study[J]. Journal of Engineering and Technology Management, 47: 53-67.

Ouchi W. 1979. A conceptual framework for the design of organization control mechanisms[J]. Management Science,（2）: 833-848.

Palmer T B, Wiseman R M. 1999. Decoupling risk taking from income stream uncertainty: a holistic model of risk[J]. Strategic Management Journal,（20）: 1037-1062.

Park C. 2002. The effects of prior performance on the choice between related and unrelated acquisitions: implications for the performance consequences of diversification strategy[J]. Journal of Management Studies,（39）: 1003-1019.

Parker O N, Krause R, Covin J G. 2017. Ready, set, slow: how aspiration-relative product quality impacts the rate of new product introduction[J]. Journal of Management, 43（7）: 2333-2356.

Patel P C, Chrisman J J. 2014. Risk abatement as a strategy for R&D investments in family firms[J]. Strategic Management Journal, 35（4）: 617-627.

Patel P C, Cooper D. 2014. Structural power equality between family and non-family TMT members and the performance of family firms[J]. Academy of Management Journal,（57）: 1624-1649.

Patel P C, Fiet J O. 2011. Knowledge combinations and the potential advantages of family firms in searching for opportunities[J]. Entrepreneurship Theory and Practice,（35）: 1179-1197.

Pearson A, Carr J, Shaw J. 2008. Toward a theory of familiness: a social capital perspective[J]. Entrepreneurship Theory and Practice,（32）: 949-969.

Pearson A W, Marler L E. 2010. A leadership perspective of reciprocal stewardship in family firms[J]. Entrepreneurship Theory and Practice, （34）: 1117-1124.

Penrose E G. 1959. The Theory of the Growth of the Firm[M]. New York: Wiley.

Pérez-González F. 2006. Inherited control and firm performance[J]. American Economic Review, 96（5）: 1559-1588.

Pfeffer J, Salancik G. 1978. The External Control of Organizations: a Resource Dependence Perspective[M]. NewYork: Harper & Row.

Podsakoff P M, Mackenzie S B, Lee J Y, et al. 2003. Common method biases in behavioral research: a critical review of the literature and recommended remedies[J]. Journal of Applied Psychology, 88（5）: 879-903.

Polanyi M. 1962. Personal Knowledge: Towards a Post-Critical Philosophy[M]. London: Psychology Press.

Pollak R A. 1985. A transaction cost approach to families and households[J]. Journal of Economic Literature, （23）: 581-608.

Poorkavoos M, Duan Y Q, Edwards J S, et al. 2016. Identifying the configurational paths to innovation in SMEs: a fuzzy-set qualitative comparative analysis[J]. Journal of Business Research, 69（12）: 5843-5854.

Porter M E. 1980. Competitive Strategy[M]. NewYork: Free Press.

Porter M E, Kramer M R. 2002. The competitive advantage of corporate philanthropy[J]. Harvard Business Review, 80（12）: 56-69.

Pracejus J W, Olsen G D. 2004. The role of brand/cause fit in the effectiveness of cause-related marketing campaigns[J]. Journal of Business Research, 57（6）: 635-640.

Prahalad C K, Bettis R A. 1986. The dominant logic: a new linkage between diversity and performance[J]. Strategic Management Journal, （7）: 485-501.

Pukall T J, Calabrò A. 2014. The internationalization of family firms: a critical review and integrative model[J]. Family Business Review, 27（2）: 103-125.

Ragin C C. 2014. The Comparative Method: Moving Beyond Qualitative and Quantitative Strategies[M]. Berkeley: University of California Press.

Ramezan M, Sanjaghi M E, Baly H R K. 2013. Organizational change capacity and organizational performance: an empirical analysis on an innovative industry[J]. Journal of Knowledge-based Innovation in China, 5（3）: 188-212.

Ramírez-Pasillas M, Lundberg H, Nordqvist M. 2020. Next generation external venturing practices in family owned businesses[J]. Journal of Management Studies, 58（1）: 63-103.

Read D, Loewenstein G. 1995. Diversification bias: explaining the discrepancy in variety seeking between combined and separated choices[J]. Journal of Experimental Psychology Applied, （1）: 34-49.

Read D, Loewenstein G, Rabin M. 1999. Choice bracketing[J]. Journal of Risk and Uncertainty, (19): 171-197.

Ref O, Shapira Z. 2017. Entering new markets: the effect of performance feedback near aspiration and well below and above it[J]. Strategic Management Journal, 38 (7): 1416-1434.

Rhee L, Ocasio W, Kim T H. 2019. Performance feedback in hierarchical business groups: the cross-level effects of cognitive accessibility on R&D search behavior[J]. Organization Science, 30 (1): 51-69.

Rogers D L. 2017. The Digital Transformation Playbook: Rethink Your Business for the Digital Age[M]. Beijing: China Renmin University Press.

Rogge K S, Reichardt K. 2016. Policy mixes for sustainability transitions: an extended concept and framework for analysis[J]. Research Policy, 45 (8): 132-147.

Rondi E, de Massis A, Kotlar J. 2019. Unlocking innovation potential: a typology of family business innovation postures and the critical role of the family system[J]. Journal of Family Business Strategy, 10 (4): 100236.

Rosenkopf L, Nerkar A. 2001. Beyond local search: boundary-spanning, exploration, and impact in the optical disk industry[J]. Strategic Management Journal, 22 (4): 287-306.

Ross S A. 1973. The economic theory of agency: the principal's problem[J]. American Economic Review, (63): 134-139.

Rozelle S. 1994. Rural industrialization and increasing inequality: emerging patterns in China's reforming economy[J]. Journal of Comparative Economics, (19): 362-391.

Ruefli T W, Collins J M, Lacugna J R. 1999. Risk measures in strategic management research: auld lang syne?[J]. Strategic Management Journal, (20): 167-194.

Rugman A M. 1979. International Diversification and the Multinational Enterprise[M]. Lexington: Lexington Books.

Rugman A M, Verbeke A. 2001. Subsidiary-specific advantages in multinational enterprises[J]. Strategic Management Journal, 22 (3): 237-250.

Rumelt R P. 1984. Towards a Strategic Theory of the Firm[M]. Englewood Cliffs: Prentice Hall.

Sailer P, Stutzmann B, Kobold D. 2019. Successful digital transformation: how change management helps you to hold course[R]. Siemens IoT Services.

Salvato C, Melin L. 2008. Creating value across generations in family-controlled businesses: the role of family social capital[J]. Family Business Review, (21): 259-276.

Sasaki I, Kotlar J, Ravasi D, et al. 2020. Dealing with revered past: historical identity statements and strategic change in Japanese family firms[J]. Strategic Management Journal, 41 (3): 590-623.

Scherer F M. 1965. Firm size, market structure, opportunity, and the output of patented inventions[J]. American Economic Review, 55（5）: 1097-1125.

Schmidt T S, Sewerin S. 2018. Measuring the temporal dynamics of policy mixes: an empirical analysis of renewable energy policy mixes' balance and design features in nine countries[J]. Research Policy, 48（10）: 103557.

Schreyögg G, Sydow J. 2011. Organizational path dependence: a process view[J]. Organization Studies, 32（3）: 321-335.

Schulze W S, Lubatkin M H, Dino R N. 2002. Altruism, agency, and the competitiveness of family firms[J]. Managerial and Decision Economics, （23）: 247-259.

Schulze W S, Lubatkin M H, Dino R N, et al. 2001. Agency relationships in family firms: theory and evidence[J]. Organization Science, （12）: 99-116.

Schumpeter J A. 1934. The Theory of Economic Development[M]. Cambridge: Harvard University Press.

Sciascia S, Mazzola P, Astrachan J H, et al. 2012. The role of family ownership in international entrepreneurship: exploring nonlinear effects[J]. Small Business Economics, 38（1）: 15-31.

Sciascia S, Mazzola P, Kellermanns F W. 2014. Family management and profitability in private familyowned firms: introducing generational stage and the socioemotional wealth perspective[J]. Journal of Family Business Strategy, （5）: 131-137.

Scott W R. 1995. Organizations and institutions[J]. Research in the Sociology of Organizations, 2（5）: 44-45.

Sedera D, Lokuge S, Grover V, et al. 2016. Innovating with enterprise systems and digital platforms: a contingent resource-based theory view[J]. Information & Management, 53（3）: 366-379.

Sengul M, Obloj T. 2017. Better safe than sorry: subsidiary performance feedback and internal governance in multiunit firms[J]. Journal of Management, 43（8）: 2526-2554.

Sharma P. 2004. An overview of the field of family business studies: current status and directions for future[J]. Family Business Review, （17）: 1-36.

Sharma P, Chrisman J J. 1999. Toward a reconciliation of the definitional issues in the field of corporate entrepreneurship[J]. Entrepreneurship Theory and Practice, 23（3）: 11-28.

Shinkle G A. 2012. Organizational aspirations, reference points, and goals[J]. Journal of Management, 38（1）: 415-455.

Shleifer A, Vishny R. 1997. A survey of corporate governance[J]. The Journal of Finance, （52）: 737-783.

Shorrocks A F. 1980. The class of additively decomposable inequality measures[J]. Econometrica, （48）: 613-626.

Sirmon D G, Arregle J L, Hitt M A, et al. 2008. The role of family influence in firms' strategic responses to threat of imitation[J]. Entrepreneurship Theory and Practice, 32（6）: 979-988.

Sirmon D G, Hitt M A. 2003. Managing resources: linking unique resources, management and wealth creation in family firms[J]. Entrepreneurship Theory and Practice, （27）: 339-358.

Sirmon D G, Hitt M A, Ireland R D. 2007. Managing firm resources in dynamic environments to create value: looking inside the black box[J]. Academy of Management Review, 32（1）: 273-292.

Sirmon D G, Hitt M A, Ireland R D, et al. 2011. Resource orchestration to create competitive advantage breadth, depth, and life cycle effects[J]. Journal of Management, （37）: 1390-1412.

Sitkin S B, Pable A L. 1992. Reconceptualizing the determinants of risk behavior[J]. Academy of Management Review, （17）: 9-38.

Smith K, Collins C, Clark K. 2005. Existing knowledge, knowledge creation capability, and the rate of new product introduction in high-technology firms[J]. Academy of Management Journal, （48）: 346-357.

Smith K G, Grimm C M. 1987. Environmental variation, strategic change and firm performance: a study of railroad deregulation[J]. Strategic Management Journal, 8（4）: 363-376.

Smith K G, Grimm C M, Gannon M J, et al. 1991. Organizational information processing, competitive responses, and performance in the U.S. domestic airline industry[J]. Academy of Management Journal, 34（1）: 60-85.

Song M, Montoya-Weiss M M. 2001. The effect of perceived technological uncertainty on Japanese new product development [J]. Academy of Management Journal, 44（1）: 61-80.

Song X M, Parry M E. 1997. Across-national comparative study of new product development processes: Japan and the United States[J]. The Journal of Marketing, 61（2）: 1-18.

Songcui H, Bettis R A. 2018. Multiple organizational goals with feedback from shared technological task environments[J]. Organization Science, 29（5）: 873-889.

Songcui H, Gu Q, Xia J. 2021. Problemistic search of the embedded firm: the joint effects of performance feedback and network positions on venture capital firms' risk taking[J]. Organization Science, 33（5）: 1889-1908.

Stanovich K E, West R F. 2000. Individual differences in reasoning: implications for the rationality debate?[J]. Behavioral and Brain Sciences, （23）: 645-665.

Staw B M, Sandelands L E, Dutton J E. 1981. Threat rigidity effects in organizational behavior: a multilevel analysis[J]. Administrative Science Quarterly, 26（4）: 501-524.

Steier L. 2003. Variants of agency contracts in family-financed ventures as a continuum of familial altruistic and market rationalities[J]. Journal of Business Venturing, （18）: 597-618.

Steier L P, Miller D. 2010. Pre-and post-succession governance philosophies in entrepreneurial family firms[J]. Journal of Family Business Strategy, 1（3）: 145-154.

Stewart A, Hitt M A. 2012. Why can't a family business be more like a nonfamily business? Modes of professionalization in family firms[J]. Family Business Review, 25（1）: 58-86.

Strike V M, Berrone P, Sapp S G, et al. 2015. A socioemotional wealth approach to CEO career horizons in family firms[J]. Journal of Management Studies, （52）: 555-583.

Subramanian M, Youndt M. 2005. The influence of intellectual capital on the types of innovative capabilities[J]. Academy of Management Journal, 48（3）: 450-463.

Suchman M C. 1995. Managing legitimacy: strategic and institutional approaches[J]. Academy of Management Review, 20（3）: 571-610.

Sydow J, Schreyögg G, Koch J. 2009. Organizational path dependence: opening the black box[J]. Academy of Management Review, 34（4）: 689-709.

Szulanski G. 1996. Exploring internal stickiness: impediments to the transfer of best practice within the firm[J]. Strategic Management Journal, （17）: 27-43.

Tabor W, Chrisman J J, Madison K, et al. 2018. Nonfamily members in family firms: a review and future research agenda[J]. Family Business Review, （31）: 54-79.

Tan J. 2002. Impact of ownership type on environment—strategy linkage and performance: evidence from a transitional economy[J]. Journal of Management Studies, 39（3）: 333-354.

Tarakci M, Ate N Y, Floyd S W, et al. 2018. Performance feedback and middle managers' divergent strategic behavior: the roles of social comparisons and organizational identification[J]. Strategic Management Journal, 39（4）: 1139-1162.

Taylor B A. 2000. Retail characteristics and ownership structure[J]. Small Business Economics, （12）: 157-164.

Teece D J, Pisano G, Shuen A. 1997. Dynamic capabilities and strategic management[J]. Strategic Management Journal, 18（7）: 509-530.

Thaler R H. 1980. Toward a positive theory of consumer choice[J]. Journal of Economic Behavior & Organization, （1）: 39-60.

Thaler R H. 1985. Mental accounting and consumer choice[J]. Marketing Science, （4）: 199-214.

Thaler R H, Johnson E J. 1990. Gambling with the house money and trying to break even: the effects of prior outcomes on risky choice[J]. Management Science, （36）: 643-660.

The World Bank. 2006. Remittances, households, and poverty[R]. Global Economic Prospects 2006: Economic Implications of Remittances and Migration.

Tidd J, Bessant J R. 2009. Managing Innovation: Integrating Technological, Market and Organizational Change[M]. Chichester: John Wiley & Sons Inc.

Tihanyi L, Johnson R A, Hoskisson R E, et al. 2003. Institutional ownership differences and international diversification: the effects of boards of directors and technological opportunity[J].

Academy of Management Journal, 46（2）: 195-211.

Trencher G, van der Heijden J. 2019. Instrument interactions and relationships in policy mixes: achieving complementarity in building energy efficiency policies in New York, Sydney and Tokyo[J]. Energy Research & Social Science, 54（10）: 34-45.

Tsai K H, Wang J C. 2009. External technology sourcing and innovation performance in LMT sectors: an analysis based on the Taiwanese technological innovation survey[J]. Research Policy, 38（3）: 518-526.

Tsui-Auch L S. 2004. The professionally managed family-ruled enterprise: ethic Chinese business in Singapore[J]. Journal of Management Studies,（41）: 693-723.

Tversky A, Kahneman D. 1981. The framing of decisions and the psychology of choice[J]. Science,（211）: 453-458.

Tyler B B, Caner T. 2016. New product introductions below aspirations, slack and R&D alliances: a behavioral perspective[J]. Strategic Management Journal, 37（5）: 896-910.

Verbeke A, Kano L. 2012. The transaction cost economics theory of the family firm: family-based human asset specificity and the bifurcation bias[J]. Entrepreneurship Theory and Practice,（36）: 1183-1205.

Vergne J P, Durand R. 2010. The missing link between the theory and empirics of path dependence: conceptual clarification, testability issue, and methodological implications[J]. Journal of Management Studies, 47（4）: 736-759.

Verhoef P C, Broekhuizen T, Bart Y, et al. 2021. Digital transformation: a multidisciplinary reflection and research agenda[J]. Journal of Business Research,（122）: 889-901

Veugelers R. 1997. Internal R&D expenditures and external technology sourcing[J]. Research Policy, 26（3）: 303-315.

Walsh J P, Seward J K. 1990. On the efficiency of internal and external corporate control mechanisms[J]. Academy of Management Review,（15）: 421-458.

Wang H, Choi J, Li J. 2008. Too little or too much? Untangling the relationship between corporate philanthropy and firm financial performance[J]. Organization Science, 19（1）: 143-159.

Warner K S R, Wäger M. 2019. Building dynamic capabilities for digital transformation: an ongoing process of strategic renewal[J]. Long Range Planning, 52（3）: 326-349.

Wei Z, Jin Y, Wang J. 2015. Greenization of venture capital and green innovation of Chinese entity industry[J]. Ecological Indicators,（51）: 31-41.

Wernerfelt B. 1984. Consumers with differing reaction speeds, scale advantages and industry structure[J]. European Economic Review, 24（2）: 257-270.

West J, Vanhaverbeke W, Chesbrough H. 2005. Open innovation: a research agenda[J]. Research Policy, 28（11）: 55-64.

Westerman G, Bonnet D. 2015. Revamping your business through digital transformation[J]. MIT Sloan Management Review, 56（3）: 10-13.

White H. 1980. A heteroskedasticity-consistent covariance matrix estimator and a direct test for heteroskedasticity[J]. Econometrica, 48（4）: 817-838.

Williamson O E. 1996. The Limits of Firms: Incentive and Bureaucratic Features[M]. Cambridge: Cambridge University Press.

Williamson O E. 1999. Strategy research: governance and competence perspectives[J]. Strategic Management Journal, 20（12）: 1087-1108.

Wiseman R M, Bromiley P. 1996. Toward a model of risk in declining organizations: an empirical examination of risk, performance and decline[J]. Organization Science, 7（5）: 524-543.

Wiseman R M, Gómez-Mejía L R. 1998. A behavioral agency model of managerial risk taking[J]. Academy of Management Review, 23（1）: 133-153.

Wright P K, Bourne D A. 1988. Manufacturing Intelligence[M]. Boston: Addsion-Wesley.

Yang Y, Li S C, Zhao F M. 2016. Study on the impact of government subsidies on innovation performance. International association for management of technology 2016 conference proceedings[C]. Orlando: 1012-1022.

Yoon T E, George J F. 2013. Why aren't organizations adopting virtual worlds?[J]. Computers in Human Behavior, 29（3）: 772-790.

Yoon Y, Gürhan-Canli Z, Bozok B. 2006. Drawing inferences about others on the basis of corporate associations[J]. Journal of the Academy of Marketing Science, 34（2）: 167-173.

Yu W, Minniti M, Nason R. 2019. Underperformance duration and innovative search: evidence from the high-tech manufacturing industry[J]. Strategic Management Journal, 40（5）: 836-861.

Zahra S A. 1991. Predictors and financial outcomes of corporate entrepreneurship: an exploratory study[J]. Journal of Business Venturing, （6）: 259-285.

Zahra S A. 2003. International expansion of U.S. manufacturing family businesses: the effect of ownership and involvement[J]. Journal of Business Venturing, 18（4）: 495-512.

Zahra S A. 2005. Entrepreneurial risk taking in family firms[J]. Family Business Review, （18）: 23-40.

Zahra S A. 2018. Entrepreneurial risk taking in family firms: the wellspring of the regenerative capability[J]. Family Business Review, （31）: 216-226.

Zahra S A, Covin J G. 1995. Contextual influences on the corporate entrepreneurship-performance relationship: a longitudinal analysis[J]. Journal of Business Venturing, （10）: 43-58.

Zahra S A, Neubaum D O, Larraneta B. 2007. Knowledge sharing and technological capabilities: the moderating role of family involvement[J]. Journal of Business Research, 60（10）:

1070-1079.

Zajac E J, Kraatz M S, Bresser R K F. 2000. Modeling the dynamics of strategic fit: a normative approach to strategic change[J]. Strategic Management Journal, 21（4）: 429-453.

Zander U, Kogut B. 1995. Knowledge and the speed of the transfer and imitation of organizational capabilities: an empirical test[J]. Organization Science, 6（1）: 76-92.

Zellweger T M, Astrachan J H. 2008. On the emotional value of owning a firm[J]. Family Business Review, 21（4）: 347-363.

Zellweger T M, Kammerlander N. 2015. Family, wealth, and governance: an agency account[J]. Entrepreneurship Theory and Practice, 39（6）: 1281-1303.

Zellweger T M, Kellermanns F W, Chrisman J J, et al. 2012. Family control and family firm valuation by family CEOs: the importance of intentions for transgenerational control[J]. Organization Science, 23（3）: 851-868.

Zellweger T M, Nason R S. 2008. A stakeholder perspective on family firm performance[J]. Family Business Review, （21）: 203-216.

Zellweger T M, Nason R S, Nordqvist M. 2012. From longevity of firms to transgenerational entrepreneurship of families: introducing family entrepreneurial orientation[J]. Family Business Review, （25）: 136-155.

Zhang R, Zhu J, Zhu Y C. 2010. Corporate philanthropic giving, advertising intensity, and industry competition level[J]. Journal of Business Ethics, 94（1）: 39-52.

Zhang X. 2014. Reference-dependent electric vehicle production strategy considering subsidies and consumer trade-offs[J]. Energy Policy, 67（2）: 422-430.

Zhang Y. 2006. The presence of a separate COO/president and its impact on strategic change and CEO dismissal[J]. Strategic Management Journal, 27（3）: 283-300.

Zhang Y, Rajagopalan N. 2010. Once an outsider, always an outsider? CEO origin, strategic change, and firm performance[J]. Strategic Management Journal, （31）: 334-346.

Zhou K Z, Yim C K, Tse D K. 2005. The effects of strategic orientations on technology-and market-Based breakthrough innovations[J]. Journal of Marketing, 69（2）: 42-60.